KB060397

최신 관세법

한낙현
박지문
허윤석

KOREA
CUSTOMS
LAW

박영사

머리말

관세란 국세의 일종으로서 관세선을 통과하는 화물에 대하여 부과하는 세금을 말한다. 이 정의를 적용한다면, 수입세, 수출세, 통과세(화물이 국가를 경유할 때 부과하는 관세)는 모두 관세의 종류라 볼 수 있다. 다만 우리나라에서는 수입화물에만 관세를 부과하고 있기에 우리나라 관세법에서의 관세란 수입물품에 부과되는 세금이라 보아도 무방하다. 관세선이란, 관세 법규를 적용할 때 경계가 되는 선을 말한다. 보통 국경선과 관세선은 동일한 선이라 볼 수도 있으나 관세선은 국경선과는 달리 개념적인 선이기 때문에 그 선의 변경이 가능하다. 따라서 우리나라임에도 불구하고 관세법상으로 외국지역으로 취급되는 곳이 있으며, 이러한 곳을 넓은 의미의 보세구역이라 한다. 즉, 관세선은 관세법상 외국지역과 관세법상 내국지역을 구분하는 경계로 보는 것이 가장 합리적인 정의라 할 수 있다.

한편, 우리나라의 2023년 수출은 전년 대비 7.4% 감소한 6,326억 달러, 2023년 수입은 전년 대비 12.1% 감소한 6,426억 달러, 무역수지는 99억 7,000만 달러 적자를 기록했다. 특히 수입의 감소로 인해 2023년의 관세수입은 전년에 비해 3조 원이 감소한 7조 2,882억 원이 되고 있다. 한편 관세환급실적은 2023년 말 기준 수출용 원재료에 대한 관세환급액은 4조 1,974억 원으로 전년 대비 25% 증가하였다. 이처럼 관세수입은 국가 재정 수입에 일조하고 있으며, 관세환급은 수출을 유인하는 전략이 되기도 한다.

관세법은 관세를 부과 · 징수하기 위한 내용과 통관(수출 · 수입 · 반송)을 적정하게 하기 위한 내용, 그리고 관세수입을 확보하기 위한 내용을 담고 있는 법이라고 할 수 있다. 그 이외에도 관세법에는 관세법을 위반한 자를 관리하는 형벌에 관한 내용과 법원에 의한 소송 전 심사청구 · 심판청구 등 행정 쟁송에 대한 내용을 포함하고 있다. 이렇듯 관세법은 수출입화물에 관련하여 조세 및 절차, 그리고 형벌 등 여러 내용을 포함하고 있는 독특한 법이라 볼 수 있다.

본서에서는 「관세법」, 「관세법 시행령」, 「관세법 시행규칙」 등 최근의 신설조항, 개정 내용 등을 최대한 반영하여 구성하고 있다. 또한 「관세법」은 "법", 「관세법 시행령」은 "법 시행령", 「관세법 시행규칙」은 "법 시행규칙" 등으로 약칭하고 있으며, 또한 「관세환급특례법」은 "특례법", 「관세환급특례법 시행령」은 "특례법 시행령", 「관세환급특례법 시행규칙」은 "특례법 시행규칙" 등으로 약칭하고 있다.

본서는 관세사, 원산지관리사 등의 자격증을 준비하고 있는 분이나, 대학교 · 연구소 등에서 관세를 담당하고 있는 학자 · 학생 · 연구원 등에 하나의 기초 자료로서 활용할 수 있을 것으로 보인다.

끝으로 작금의 출판 사정의 어려움이 많이 있는데도 불구하고 흔쾌히 본서의 출판을 허락해 주신 박영사 출판사의 대표님 이하 관계자 여러분에 감사의 뜻을 전한다.

2024년 9월
공저자

목차

1부 관세의 개요

2부 관세법

3부 관세환급특례법

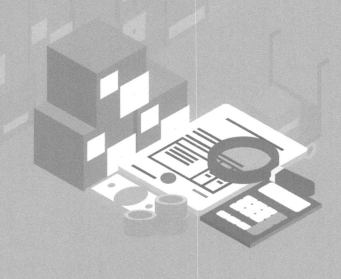

제1부

관세의 개요

제1절 관세의 의의와 역사

 의의

관세(customs, customs duties, tariff)는 한 나라의 관세선(customs line)을 통과하는 물품에 대하여 부과되는 세금(조세)를 말한다. 관세의 시초는 고대 시대에 도로, 교량, 항만시설 및 창고 등의 사용수수료 및 운송물품과 통과여객에 대한 보호, 경비 등에 대한 관습적 지불(customary payment)이었다.

관세의 어원과 관련하여 스미스(A. Smith)의 「국부론」(The Wealth of Nations)에서는 "관세는 내국소비세보다 훨씬 오래된 것으로서 관세로 불리게 된 것은 옛날부터 행하여진 관습적 지불(customary payment)을 뜻하는 것이다."고 설명하고 있다. 하지만 관습에서 시작한 것은 관세에 한정되는 것만은 아니다. 관세와 관습관계가 특히 강조되는 이유는 영어 "customs"란 어원에서 찾을 수 있다. 한편 길버트(G. B. Gilbert)는 관세(customs)라는 말은 관습에서 유래한 것이 아니라, 그 옛날 영국에서 "custodian"이라 불리던 보관료에서 기원한 것으로 보았다.

이탈리아인은 당시의 관세를 "portorium"으로 불렀지만, 이 말은 어원적으로 "transport"의 세금, 즉 물품이동에 따라 과세되는 것으로 역시 관습과는 관계가 없다. 당초에 관세는 단지 상인의 이윤에 대한 조세로 간주하고 그것이 가격메커니즘(price mechanism)에 의하여 최종적으로는 소비자의 부담으로 되돌아온다는 것이 이해되지 못했다는 점이다.

현대적 의미의 관세란 상품 수출입에 따라 거기에 부과되는 일종의 조세라는 일반적 정의에 따른다면 관세의 필요조건은, 첫째, 공권력이 존재할 것, 둘째, 해당 국가 또는 도시영역을 넘어서 교역이 이루어질 것, 즉 대외무역이 존재해야 한다.

② 관세의 역사

1) 수수료시대

고대도시국가 중 특히 인도의 서해안 도시국가에서는 무역에 수반한 수수료로서 각종의 헌납품이 있었다고 전해지고 있다. 수수료시대에서는 교통세 내지 통과세의 의미로 사용되었으며, 시설물사용에 대한 반대급부의 성격이 있었다.

2) 내국관세시대

16-18세기의 절대왕정 시대에서는 영국의 동인도회사로 대표되는 것과 같이 국가가 무역에 깊이 관여하고 있었다. 이 시대의 정책체계는 중상주의로 불리고 있었으며, 부(富)의 원천이 수출과 수입의 무역차액에 있다고 보고 국가에 의한 산업보호와 수출장려가 이루어지고 수입은 제한되었다.

중세기 국가들은 도시의 도로, 하천 등 이용자로부터 요금, 즉 통행세, 교량세, 차세, 하천세 등 화물운송조세를 비롯하여 시장판매세, 항만세 등을 세관에서 부과·징수하였으며, 특히 '베니스'와 같은 도시국가는 외래자에 대하여 시장세, 토지사용세 등을 징수하였는데 이는 통행세와 관세의 복합체라고 볼 수 있다. 즉, 내국관세시대의 특징은 일방적인 부과로서 조세의 성격이 있었다.

3) 국경관세시대

스미스(A. Smith)는 중상주의의 정책체계에 근본적 비판을 하였으며 그는 자유무역(교역)에 의한 분업이 경제발전의 원천이 된다고 하여 「국부론」에서 자유무역을 주장하였다(「절대우위론」(absolute advantage theory)). 리카도(D. Ricardo)는 스미스의 자유무역론을 체계적으로 정비하였는데, 리카도는 「비교우위론」(Comparative Advantage Theory)에 의해 자유무역의 장점을 제시하고 당시의 곡물법(수입화물에 대한 고관세)을 비판하였다. 1846년에 곡물법이 폐지된 후 영국은 자유무역을 선택하게 되었다. 한편 맬서스(T. R. Malthus)는 「인구론」(An Essay on the Principle of Population)에서 식량의 안정공급이라는 관점에서 곡물법을 옹호하여 리카도와 대립하였다. 또한 독일의 경제학자 리스트(F. List)는 산업발전이 지연된 단계에서 자유무역을 채택하면 산업의 발전이 저해된다고 하여 관세에 의한 보호무역을 주장하였다.

국경관세시대의 특징은 종래 관세가 재정수입의 목적에서 국내산업보호의 목적으로 바뀌게 되었다는 사실이다.

4) 무역자유화시대

1930년대 세계대공황에 의해 경제상황이 악화되자 자유무역을 채택하고 있던 영국도 자국 산업보호를 위해 경제블록(영연방 특혜관세제도)을 형성하여 영연방 이외의 국가 · 지역에서의 무역을 제한하였다. 이것을 계기로 세계경제의 블록화가 진행되고 또한 세계대전 상황에 대한 반성으로 탄생한 것이 국제연합(United Nations : UN)과 관세 및 무역에 관한 일반협정(General Agreement on Tariffs and Trade : GATT), 국제통화기금(International Monetary Funds : IMF), 국제부흥개발은행(세계은행)(International Banks for Reconstruction and Development : IBRD) (World Bank : WB)으로서, 미국을 중심으로 한 세계대전 후의 Bretton Woods 체제가 구축되었다.

그 후 GATT의 회원국 수가 증대함과 동시에 세계의 관세율이 점차로 인하되게 되어 GATT는 경제의 블록화를 추진하는 원동력이 되었다. 게다가 1995년에는 세계무역기구(World Trade Organization : WTO)가 성립하여 사회주의 노선에서 GATT를 비판해 왔던 중국도 2001년에 WTO에 가입하고, 더욱이 2012년 러시아도 WTO에 가입하게 되어 WTO는 세계 무역질서를 협의하는 중요한 기구가 되고 있다. 이러한 국제협력기구체제에 의하여 관세장벽이 허물어지는 추세이다.

제2절 관세의 성격

관세란 국가가 재정수입을 얻기 위하여 관세영역을 출입하는 물품에 대하여 법률이나 조약에 따라 징수하는 금전적 급부를 말한다. 관세의 성격은 조세적 성격, 소비세적 성격, 특수한 성격으로 나눌 수 있다.

표 1-1 관세의 성격

구 분	내 용
조세적 성격	- 관세징수의 주체 : 국가 - 관세의 부과목적 : 재정수입과 국내산업보호 등 - 관세의 부과 · 징수 : 법률이나 조약에 규정함 - 반대급부 없이 강제적으로 징수
소비세적 성격	- 관세의 궁극적인 대상은 소비임 - 생활필수품보다는 사치품에 중과하는 것이 원칙임 - 관세의 전가 : 전전 또는 후전
특수한 성격	- 무역장벽이 됨 - 수입물품에 부과함(대개의 국가의 경우) - 대물세 · 수시세

1 법률 · 조(협)약에 의하여 부과 · 징수

관세는 조세의 일종이며 조세는 재산권 침해행위로도 볼 수 있으므로 법률에서 규정해야만 징수가 가능한 것이다. 우리나라 「헌법」 제59조에 "조세의 종목과 세율은 법률로서 정한다."고 규정하여 조세법률주의를 채택하고 있다. 그러나 탄력관세제도는 조세법률주의에 대한 하나의 예외조치이고, 조(협)약은 국내법의 법률과 동일한 효력을 갖고 있는 것이며, 행정협정은 다른 정부와 체결되고 법률의 위임범위 내에서만 가능하다.

2 대물세 · 수시세

물품에 대해 부과하는 대물세로서 소득세나 재산세와 같은 대인세와 구분되고 있다. 대물세는 납세의무자와 담세자가 일치하지 않기 때문에 간접세라고 할 수 있다. 대물세는 담세능력을 고려하지 않기 때문에 대인세보다 공평성이 없는 것은 사실이다. 또한 소득세, 법인세와 같이 정기적으로 징수하지 않고 물품이 수입될 때마다 수시로 징수하기 때문에 수시세이기도 하다.

3 관세영역을 출입하는 물품에 대해 부과

근대적 의미의 관세란 관세선을 통과하는 상품에 대해 부과하는 조세를 말하며, 관세선은 일국의 경제적 경계선으로서 관세가 부과되는 경계선으로 반드시 국경선과 동일한 개념이 아니다. 관세영역은 흔히 국가와의 영역을 말하는 것이나, 자유무역지역(Free Trade Zone : FTZ)과 같은 특수한 구역에서는 관세를 부과하지 않고 있으므로 관세영역은 반드시 국가영역을 의미하지 않는다. 관세영역은 국가영역과 일치하지 않는 경우도 있으며, 관세의 과세권이 미치지 않는 지역을 제외한 것이 관세영역이라 할 수 있다.

4 관세의 전가

관세는 간접세로서 납세의무자와 담세자가 서로 다르다. 납세의무자가 부담한 금액을 담세자에게 떠넘기는 것을 관세전가라 하는데 수입자 → 도매업자 → 소매업자 → 소비자의 순서를 '전전'이라고 하고, 반면 수입자 → 외국수출자 → 외국제조업자의 순서를 '후전'이라 한다.

가격 변동에 따른 수요변동의 크기를 '수요의 가격탄력성'이라고 하는데 생필품은 탄력성이 작아 '전전'하고, 사치품은 전전은 적게 되고 '후전'이 크게 되거나 수입자에게 부담하게 하는 것이다.

5 자유무역의 장벽

자유무역의 3대 장벽은 수량통제, 외환관리 및 관세를 들 수 있는데 수량통제는 쿼터제, 외환관리는 외환사용규제, 관세는 관세율을 조작하는 것이다.

6 비관세장벽

관세를 제외한 모든 무역규제는 비관세장벽(Non-Tariff Barriers : NTB)이라 한다. NTB란 수입상품에 대하여 비용증가나 수입수량제한 또는 수출자에게 보조금이나 특혜금융 등을 실시함으로써 수출을 촉진하고 수입을 억제하는 관세 이외의 모든 무역장벽이라 볼 수 있다.

1) 의의

첫째, NTB는 그 성격이 매우 다양하고 적용이나 운용이 매우 복잡하다. NTB는 법률에 의해 제정되는 것이 있는 반면에 체계적인 조정 없이 여러 행정기관의 정책에서 파생되는 경우도 많다. 따라서 종합적인 관리조직 없이 개별부처나 기관에서 운영하는 사례가 많다.

둘째, 불확실성을 들 수 있다. WTO 설립 이후 각국이 새로이 제정하는 기술장벽의 경우 WTO·무역기술장벽(Technical Barriers to Trade : TBT) 위원회에 통보하도록 되어 있어 어느 정도 투명성이 개선되었으나 여타 NTB의 경우 통보의 강제성이 없다. 따라서 항상 상대방에 대해 정보비대칭이 발생할 수밖에 없고 수출자는 수시로 변하는 수입국의 무역정책 불확실성으로 인해 상당한 부담을 느끼는 것이 현실이다.

셋째, 완화 또는 철폐의 어려움을 들 수 있다. WTO는 불가피한 사유로 인한 규제를 허용하고 있다. 국민의 건강과 안전, 동식물보호, 천연자원보호, 국가안보 등을 목적으로 한 조치를 합리적 규제로 인정하고 있다. 따라서 이러한 근거에 기반을 둔 NTB는 철폐가 어려운 것이 현실이다.

넷째, NTB는 그 효과와 영향을 계량화하는 것이 어렵다. 구체적인 수치로 표현되지 않을 뿐아니라 그 효과도 광범위하게 미치기 때문에 이를 수치화하는 것이 어렵다.

다섯째, NTB는 차별적 무역정책수단으로 사용되기도 한다. 특히 선진국이 개발도상국의 시장진입을 목적으로 운용되는 사례가 많은데 기술적 우위에 있는 선진국이 환경보호 등의 목적으로 인증기준을 높인다면 기술수준이 미치지 못하는 개발도상국들은 대부분 그 나라로의 시장진입이 어려워지는 것이다. 이때 인증기준이 일종의 NTB가 되는 것이다.

2) 비관세장벽의 유형

NTB는 여러 유형이 있지만, WTO에서는 다음과 같이 분류하고 있다.[1]

① 기술적 조치 : 위생 및 식물위생조치(SPS), 무역기술장벽(TBT)
② 무역방어 조치(무역구제조치라고도 불림) : 덤핑방지관세, 상계관세, 긴급수입제한조치(Safeguards)
③ 농업협정에서 파생된 비관세조치 : 특별수입제한, 관세할당, 수출보조금
④ 기타 : 수량제한, 수입허가, 국영기업

---

1) 최보영·방호경·이보람·유새별(2015), "한·중·일의 비관세장벽 완화를 위한 3국 협력방안 : 규제적 조치를 중심으로", 「연구보고서」, 15-12, 대외경제정책연구원, p.21.

제3절 관세의 기능

① 재정수입의 확보

관세법(이하 "법"이라 한다) 제1조(목적)에서 "이 법은 관세의 부과·징수 및 수출입물품의 통관을 적정하게 하여 국민경제의 발전에 기여하고 관세수입의 확보를 기함에 있다."고 규정함으로써 관세가 재정수입의 원천임을 알 수 있다.

② 국내산업의 보호

관세부과는 수입을 억제하여 국내산업을 보호하는 기능이 있다. 19세기 중엽 영국은 자유무역정책, 미국·독일은 해밀턴(A. Hamilton)·리스트(F. List)의 보호무역론이 대두된 바 있지만, 지나친 보호정책은 무역의 장애를 초래하여 경제발전을 저해하게 된다. 그러나 저개발국은 국제경쟁력이 약한 산업의 육성·보호를 위해 보호무역정책은 필요불가결한 것이다.

③ 소비의 억제

수입물품에 관세를 부과하면 가격이 상승하여 수요는 줄고 소비가 억제된다. 수요의 가격탄력성이 적은 품목은 소비억제효과는 작고 사치품과 같은 것은 소비억제효과가 크다.

④ 수입대체 및 국제수지 개선

어떤 상품은 국내생산이 가능한데도 가격이 저렴하여 수입되는 경우가 있는데 관세를 부과하는 경우 수입은 억제되고 국내생산이 증가되어 수입대체효과를 창출한다. 또한 수입이 억제되어 외화사용이 감소하는 이른바 국제수지 개선기능도 있다.

제4절 관세의 종류

관세의 종류는 대체로 다음과 같은 기준으로 분류되고 있다.

표 1-2 관세의 종류

구 분	내 용
과세의 기회	수출관세(수출세), 수입관세(수입세), 통과관세(통과세)
과세의 방법	종가관세(종가세), 종량관세(종량세), 복합세와 선택세
과세의 목적	재정관세, 보호관세
관세율 수	단일세, 다수세
과세부과의 형평성	공통관세, 차별관세
과세의 성격	일반관세(국정관세, 협정관세), 특수관세(특혜관세, 덤핑방지관세, 상계관세, 긴급관세, 보복관세, 조정관세, 편익관세, 계절관세, 할당관세)

① 과세의 기회

1) 수입세

보편적인 관세형태로서 오늘날 관세의 지배적 유형은 수입세(import duties)이고, 관세라고 하면 일반적으로 수입세를 의미한다.

2) 수출세

자국의 보유자원에 대해 해외유출의 억제와 재정수입을 확보할 목적으로 수출물품에 부과하는 관세를 말한다. 극히 예외적인 경우를 제외하고는 부과하는 경우가 없다. 즉, 수출세(export duties)는 수출물품에 부과하는 관세이며 브라질의 커피, 태국의 쌀, 쿠바의 담배 등 독점상품이며 판로에 지장이 없는 물품에 부과된다.

3) 통과세

통과세(transit duties)는 한 나라 또는 관세구역을 통과하여 다른 나라로 송부하는 화물에 부과(중상주의시대에 부과)하는 형태이나 오늘날에는 부과하지 않고 있다.

2 과세의 방법

1) 종가세

종가세(ad valorem duties)에서는 과세표준이 금액으로 표시되고 세율은 백분비로 정해진다. 종가세의 장점으로는 관세 부담이 종량세에 비해 균등·공평하고 시장가격의 등락에도 과세부담균형이 유지(인플레이션 하에서 효과)된다. 반면 단점으로는 과세가격의 산출(평가)이 어렵고 수출국에 따라 관세부과의 차이가 있다.

2) 종량세

종량세(specific duties)에서는 과세표준이 개수·길이·면적·중량 등의 수량으로 표시되고 세율은 금액으로 표시된다. 종량세의 장점으로는 과세방법이 간단하고 행정상 편리하다. 반면 단점으로는 물가변동에 따른 세율적용이 불가능하다는 것을 들 수 있는데, 예를 들어 중량산정·계량단위의 통일이 어렵고, 관세부담의 공평성이 상실되고, 인플레이션 하에서 재정수입의 확보가 곤란하다는 등이다.

3) 복합세와 선택세

복합세는 종가세와 종량세를 동시에 산출한 세액을 말하며, 선택세는 종량세와 종가세를 정해놓고 그 중 세액이 높은 쪽(경우에 따라서는 낮은 쪽)에 관세를 부과하여 수입을 억제하는 것을 말하는데, 즉 가격 하락시 종량세를, 상승시에는 종가세를 부과하는 것이 효과적이다.

3 과세의 목적

1) 재정관세

재정관세(revenue duties)는 세입관세·수입관세라고도 하며 재정수입증대에 그 목적이 있다. 주로 습관성 소비재, 커피, 차, 담배, 향료 등에 부과하고 있다.

2) 보호관세

보호관세(protective duties)는 국내의 유치산업을 보호 · 육성하고 기존산업을 유지 · 발전시키기 위함이며 높은 관세율이 보통이다.

① 육성관세 : 유치산업의 보호 · 육성
② 유지관세 : 사양 · 쇠퇴산업 보호
③ 공황관세 : 공황의 악영향 방지
④ 금지관세 : 외국제품을 완전히 몰아내기 위함
⑤ 방위관세 : 외국시장의 압박을 방지

④ 관세율 수

단일세는 동일 상품에 일정 세율을 부과하는 것을 말하며, 다수세는 두 가지 이상의 관세율을 적용하여 자국 상품의 불리 · 유리한 경우 적정하게 대비하기 위해서다.

⑤ 관세부과의 형평성

1) 공통관세

관세동맹을 결성한 국가들이 회원국 이외의 국가로부터의 수입물품에 대하여 공통적으로 부과되는 관세를 말한다.

2) 차별관세

대개는 모든 국가의 상품에 대하여 동등한 관세를 부과하는 것이 원칙이지만, 차별관세(differential duties)는 특정국가 · 특정상품에 대해 다른 상품보다 세율을 달리 부과하는 것을 말하며, 할인세율, 할증세율이 있다. 보호관세주의적 색채는 WTO 협정세율에 의해 거의 없어지고 있다.

제1절   관세정책의 개요

넓은 의미의 관세정책은 재정수입확보, 합리적인 국내산업보호, 물가안정, 수출진흥 등 국가 경제상의 목표를 달성하기 위한 관세관련 제반정책을 말한다. 한편, 좁은 의미의 관세정책은 수입되는 상품에 품목별 관세수준을 결정하고, 정책과 법률로 정해진 관세수준을 경우에 따라서 경감하는 관세감면, 관세환급 그리고 탄력관세 등의 적용기준과 범위 등을 정하는 일련의 정책을 말한다.

제2절   관세율 정책

관세율 정책은 국내산업보호, 재정수입확보, 소비억제, 고용증대, 소득재분배, 국제수지개선, 교역조건개선 등의 목적을 위해 적당한 관세율을 책정하고 또한 책정된 관세율을 인상 · 인하하는 정책을 말한다.

1 차등관세제도와 균등관세제도

1) 차등관세제도

원료품은 관세율을 무세 또는 저세율로 하고 가공도가 높을수록 고세율로 하여 최종제품의 관세율을 높게 하는 관세의 경사구조를 차등관세제도(tariff escalation system)라고 한다.

2) 균등관세제도

장기적으로 무세를 지향하면서 부가가치에 대해 동일세율을 적용하는 것으로 가공단계에 관계없이 동일세율을 적용하는 관세구조를 균등관세제도(uniform tariff system)라고 한다.

2 관세의 실효보호율과 명목보호율

수입물품에 대한 관세의 부과는 동종의 국내산업을 보호할 뿐만 아니라, 나아가 보조금의 역할을 한다. 수입원자재에 대하여 관세를 부과하게 되면 이를 투입하는 국내산업에서는 보호효과가 약화되고, 오히려 반보호(anti-protection)효과의 발생가능성이 있다. 대부분의 물품은 본원적 생산요소에서 직접 생산되는 것이 아니고, 중간생산물의 투입에 의하여 생산된다.

수입관세에 의하여 커다란 보호를 받을 경우 그 산업의 실효보호율(effective rate of tariff : effective rate of protection)은 크고, 반대로 보호를 제대로 받지 못할 경우에는 실효보호율은 낮다.

관세의 실효보호율은 완제품에 부과되는 관세만을 고려한 명목보호율(nominal rate of protection)과 대비되는 개념으로 관세의 보호정책에 의해 창출되는 실질적인 국내부가가치의 증가율을 말하는데 관세율과 국내부가가치 상승률과의 관계로서 관세에 의한 국내산업보호의 실질적 효과를 실효보호율이라 한다.

실효보호율은 한 나라의 관세구조를 정확하게 파악하는 데 상당히 중요할 뿐만 아니라, 그 구조나 또는 수입관세에 의한 산업의 보호과정을 평가하는 데 결정적 역할을 한다.

❑ **관세의 실효보호율**

$$실효보호율 = \frac{관세\ 후의\ 부가가치 - 관세\ 전의\ 부가가치}{관세\ 전의\ 부가가치}$$

$$= \frac{명목관세율 - 원자재의\ 가중평균관세율}{상품\ 1달러당\ 부가가치}$$

한편 명목보호율이란 최종재에 대한 관세보호효과를 측정하는 것으로 이는 관세부과에 의해 특정산업이 받고 있는 보호의 정도를 알아보는 방법이다.

❑ **관세의 명목보호율**

$$명목보호율 = \frac{국내가격 - 국제가격}{국제가격}$$

주: 국내가격은 관세부과 후 가격이며, 국제가격은 자유무역하의 가격

예를 들어 자유무역하에서 노트북의 가격은 200만원이다. 노트북 1대의 국내생산을 위한 수입부품가격은 100만원이다. 한편 수입관세는 완제품은 30%이고 부품에는 10%를 부과한다. 이 예에서 명목보호율은 30%가 되는데 이는 관세의 명목보호율이 실제적으로 그 나라의 완제품 관세율과 동일함을 보여준다.

완제품에 대한 관세율이 투입재의 관세율보다 높은 경우에 국내산업의 실질적인 보호효과를 가져올 수 있다. 따라서 관세부가에 따른 국내부가가치 상승률인 실효보호율을 높이기 위해서는 최종재(완제품)에 대한 관세율은 높이고 중간재(부품, 원자재)에 대한 관세율은 낮추는 것이 효과적임을 알 수 있다.

③ 최적관세율과 최대수입관세율

관세의 부과는 관세부과국의 교역조건을 개선시키는 반면 수입량을 감소시킨다. 이 때 일정한 관세율을 적용하면 교역조건개선의 이익이 수입감소의 불이익을 상계한 후 관세부과국의 이익을 최대로 하는 경우 이와 같이 후생을 최대로 하는 관세를 '최적관세'라고 하며 그 관세율을 '최적관세율(optimum tariff rate)'이라 한다.

또한 최적관세율이란 최대수입관세율과는 다른 개념이다. 최대수입관세율이란 관세수입을 최대로 하는 관세율로서 그 나라의 후생이라든가 국내산업보호 등을 무시하고 국가재정수입면만을 고려한 개념이다. 최대수입관세율은 수입수요의 탄력성에 따라 상품별로 그 크기가 달라진다.

예를 들어 생필품과 같이 수요탄력성이 적은 품목은 관세율이 높아짐에 따라 관세수입도 커지므로 최대수입관세율은 높은 편이며, 사치품과 같이 수요탄력성이 큰 품목은 반대로 최대수입관세율은 낮은 편이 될 것이다. 최대수입관세율과 최적관세율은 반드시 일치하는 것이 아니라 통상 전자가 후자보다 크다는 것을 알 수 있다.

④ 관세율의 결정

1) 의의

과세표준에 대하여 적용하는 세율을 말하고 관세율표는 수입물품에 대하여 부과할 관세율을 규정한 표를 말한다. 관세율표는 간단히 말하면 법에서 특정 수입물품에 관세를 부과하기 위하여 세율을 정한 것이다. 우리나라 「헌법」 제59조는 "조세의 종목과 세율은 법률로 정한다."고 규정하고 있기 때문에 관세율표는 엄격한 조세법률주의를 요구한다. 이에 따라 관세법(이하 "법"이라 한다)에 관세율표의 법적 근거를 마련하고 있다.

2) 부과원칙

관세의 부과원칙은 다음과 같다.

> ① 생필품 경과 · 사치품 중과 원칙 → 국민생활안정, 사치풍조 억제
> ② 원료품 경과 · 완제품 중과 원칙 → 국내가공, 제조업 육성, 고용증대, 국제수지개선

3) 재정관세율

관세율이 지나치게 높으면 수입량이 줄게 되어 재정수입은 오히려 감소하게 되며, 관세율이 과도히 낮으면 수입량은 증대하나 재정수입은 오히려 축소되므로 적정한 관세율을 책정하여야 하는데 일반적으로 낮은 세율을 적용하고 있다.

4) HS 코드

(1) 의의

우리나라는 1987년까지는 관세협력이사회 품목분류표(Customs Cooperation Council Nomenclature : CCCN)를 적용하다가 1988년 1월 1일 HS 협약(「통일상품명 및 부호체계에 관한 국제협약(International Convention on the Harmonized Commodity Description and Coding System)」)의 발효로 종전의 CCCNK 대신에 관세·통계통합품목분류표[HSK(HS of Korea)]를 제정·시행하였다.[1]

주요 특징은 CCCN이 순수하게 관세부과 목적인데 반해 HS는 관세, 무역, 통계, 운송, 보험 등 전분야에 사용될 수 있도록 CCCN을 보완한 다국적 상품분류표이다. HS는 Harmonized System의 약자로서, 국제통일상품분류체계(HS 코드)에 따라 대외무역거래 상품을 총괄적으로 분류한 품목분류코드이다. 전 세계에서 거래되는 각종 물품을 세계관세기구(World Customs Organization : WCO)가 정한 HS 코드에 의거 하나의 품목번호(Heading)에 분류하는 것으로서 HS 협약에 의해 체약국은 HS 체계에서 정한 원칙에 따라 품목분류업무를 수행한다.

예를 들어 HS 코드의 구조 : 0102.90-1000(HSK 10단위)의 경우는 다음과 같이 된다.

01 : 류(Chapter) → 산동물이 분류되는 류로서 앞 2자리를 말하며, 0102 : 호(Heading) → 소(牛)가 분류되는 호로서 앞 4자리를 말하며, 0102.90 : 소호(Sub-heading) → 기타의 소가 분류되는 소호로서 앞 5, 6자리를 말한다. 그리고 0102.90-1000 : 젖소가 분류되는 10자리 코드이다.

국제협약에 따라 HS 코드는 10자리까지 사용할 수 있으며, 6자리까지는 국제공통으로 사용하는 코드이며 7자리부터는 각 나라에서 세분화하여 부여하는 숫자이다.

---

1) ① 표준국제무역분류표(Standard International Trade Classification : SITC)는 무역통계의 국제적 비교를 위해 1950년 7월 유엔경제사회이사회(United Nations·Economic and Social Council)에서 제정한 무역상품분류표이다. SITC는 1974년에 개정되었는데, 여기서는 무역상품을 1914개 기본항목(basic item)별로 구분하고 있다.
② 브뤼셀품목분류표(Brussels Tariff Nomenclature : BTN)는 1952년 벨기에의 수도 브뤼셀에서 설립된 것으로 관세협력이사회가 제정한 것이다. 그런데 이 분류표는 브뤼셀이라는 특정 지역을 명칭을 사용하고 있었기 때문에 계속 사용되지 못했다. 그 후 1977년 1월 1일부터 관세협력이사회(CCC)의 명칭을 따서 CCCN으로 개칭하였다. 우리나라는 1968년 7월 2일 CCC에 가입하였고 1979년 1월부터 CCCN을 개정관세율표로 적용하였다.
③ HS 코드는 SITC, CCCN, 미국관세율표(Tariff Schedule of the United States Annotated : TSUSA) 등을 국제적으로 통일하기 위하여 1981년 초에 HS 초안이 작성되어 1983년 6월 CCC총회에서 채택되었으며 1988년 1월 1일부터 발효된 것이다.

[그림 1-1] HS 코드의 기본구조

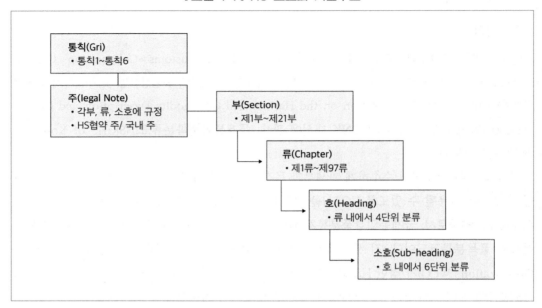

예를 들어 번식용(Pure-bred breeding) 말(제0101.21호)의 품목분류는 다음과 같다.

[그림 1-2] HS 품목분류 예시

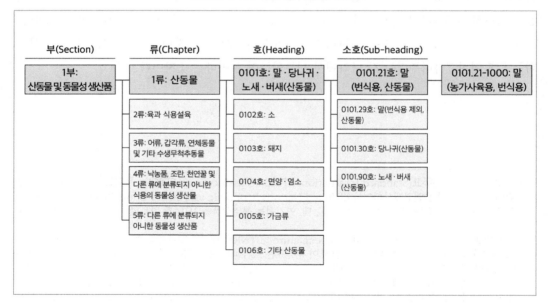

(2) HS 코드의 중요성

HS 코드는 관세, 무역통계, 운송, 보험 등과 같은 다양한 목적에 사용될 수 있도록 만든 다목적 상품분류제도로서 이러한 HS 제정의 목적은 상품분류체계의 통일을 기하여 국제무역을 원활히 하고 관세율 적용의 일관성을 유지하기 위한 것이다. 수입물품에 대한 관세는 해당 품목번호마다 적용되는 관세율이 미리 정해져 있으므로, 정확한 품목분류가 선행되어야 납부할 관세액이 결정된다. 특히, 품목번호는 기능은 유사하지만 형태가 다르거나, 형태는 유사하나 기능이 다른 경우 또는 범용성 부분품인지 아니면 전용부분품인지 여부에 따라 달라지게 된다. 따라서 정확한 관세를 납부하기 위해서는 수입신고 시 올바른 품목분류가 중요하다.

(3) HS 코드의 운용비교

물품이 분류되는 HS 코드에 따라 수입 시 부과되는 관세, 내국세 및 FTA 특혜세율 등이 결정되므로, 우리나라에서 외국으로 물품을 수출하는 경우, 수입국의 HS 코드로 품목분류가 이루어져야 한다. 현재 한국은 10자리를 사용하고 있으며 HSK에 의하여 해당 물품의 관세율 및 수출입통관시 이행하여야 할 요건을 확인할 수 있다.

제3장 관세 관련 국제기구

제1절   세계무역기구

① 우루과이라운드(Uruguay Round : UR, 1986년-1993년)

1986년 9월 20일 우루과이의 푼타델에스테(Punta del Este)에서 개시된 GATT 체제의 제8차 다자간 무역협상(Multilateral Trade Negotiation : MTN)인 UR 협상은 1994년 4월 15일 모로코의 마라케시(Marrakesh)에서 최종의정서(Final Act Embodying the Results of the Uruguay Round of Multilateral Trade Negotiation)를 채택하였고(1994년 GATT), 다음 해인 1995년 1월 1일 WTO가 공식 출범하였다(GATT는 잠정협정에 불과하였으나, WTO 출범 전까지 국제무역을 관장하는 유일한 다자간 수단으로 존재하였다).

UR은 GATT의 MTN 중 가장 포괄적인 무역협상이었다. UR 협상은 무역장벽을 대폭 완화하였을 뿐 아니라 자유무역환경을 보장하는 다자간 무역규범을 크게 강화함으로써 무역확대를 통한 세계경제도약의 계기를 마련한 것으로 평가되고 있다.

② WTO 체제의 개요

GATT 체제를 대신하여 세계무역질서를 세우고 UR 협상의 이행을 감시하는 국제기구이다. 주로 UR 협상의 사법부 역할을 맡아 국가간 경제분쟁에 대한 판결권과 그 판결의 강제집행권이 있으며 규범에 따라 국가간 분쟁이나 마찰을 조정한다. 또한 GATT에 없던 세계무역분쟁 조정, 관세인하 요구 등 준사법적 권한과 구속력을 행사한다. 게다가 과거 GATT의 기능을 강화하여 서비스, 지적재산권 등 새로운 교역과제를 포괄하고 회원국의 무역관련법·제도·관행 등을 제고하여 세계 교역을 증진하는 데 목적을 두고 있다. 의사결정 방식도 GATT의 만장일치 방식에서 탈피하여 다수결원칙을 도입하였다.

③ WTO의 체계와 기본원칙

1) WTO의 체계

(1) UR MTN의 결과를 구현한 최종의정서(1994년 마라케쉬 최종의정서)와 1994년 마라케쉬 최종의정서의 부속서이며 불가분의 일부이다. 즉, ① WTO 설립협정, ② 각료선언 및 결정, ③ 금융서비스약속에 관한 양해와 관련된 것이다.

(2) WTO 설립협정에는 다음의 MTN과 복수국간 무역협정(Plurilateral Trade Agreement : PTA)이 부속되어 있다. WTO 협정은 그 자체로서 WTO라는 국제기구를 창설하며, 국제무역에 관한 실체적 다자규범은 WTO 협정의 부속서에 규정되어 있다.

(3) WTO 협정의 부속서 1, 2, 3에 부속된 MTN은 모든 WTO 회원국을 구속한다. WTO 협정의 부속서 1A에 포함된 MTN은 상품무역에 관한 다자간협정(Multilateral Agreements on Trade in Goods)이며, 부속서 1B에 포함된 MTN은 서비스무역에 관한 일반협정(General Agreement on Trade in Services : GATS)이며, 부속서 1C에 포함된 MTN은 무역관련 지적재산권에 관한 협정(Agreement on Trade-Related Aspects of Intellectual Property Rights : TRIPs)이다.

(4) WTO 협정의 부속서 2에 포함된 MTN은 분쟁해결규칙 및 절차에 관한 양해(Understanding on Rules and Procedures Governing the Settlement of Disputes : DSU)이며, WTO 부속서 3에 포함된 MTN은 무역정책검토제도(Trade Policy Review Mechanism : TPRM)이다. 회원국들이 WTO 협정을 수락하는 것은 이 협정은 물론 이 협정에 부속된 이들 MTN의 수락을 의미한다.

(5) WTO 협정 부속서 4의 PTA들은 부속서 1, 2, 3의 MTN들과 달리 이 협정에 가입한 WTO 회원국에 대해서만 법적 구속력을 갖는다. 이러한 PTA는 1995년 WTO 설립 당시에는 민간항공기협정, 정부조달협정, 국제낙농협정, 국제우육협정 등 4가지가 있었으며, 국제낙농협정, 국제우육협정은 1997년 12월 31일자로 종료되었다.

(6) WTO에는 1996년 체결된 정보기술협정(Information Technology Agreement : ITA)과 같이 일부 회원국들(체결 당시 29개국)만이 참여한 무역협정도 있지만, 일반적인 의미의 WTO·

PTA과는 차이가 있다. ITA는 참여국들 사이에서만 IT 제품 관세철폐의 의무를 지는 것이 아니라, 모든 WTO 회원국들에게 협정품목 관세철폐 혜택을 제공하도록 규정하고 있다.

(7) 우리나라를 포함하여 서비스교역 자유화에 관심이 많은 일부 WTO 회원국들을 중심으로 복수국간 서비스무역협정(Trade in Services Agreement : TISA)이 추진되고 있으나, 이는 엄밀히 말해 WTO 틀에서 진행되는 논의라기보다는 FTA와 같은 특혜무역협정의 일종으로 볼 수 있다. 다만, TISA는 향후 보다 많은 참여국을 확보하여, 궁극적으로는 TISA에서 합의된 사항이 향후 다자무역규범으로 확장되는 것을 목표로 추진 중이다.

(8) 최근 선진국들은 투명성 강화 및 통보 개선, WTO 분쟁해결제도 개혁, 21C 글로벌 무역환경의 변화를 고려한 신무역규범의 제정, 개도국 세분화, 복수국간 협상방식 등 구체적인 주제를 가지고 WTO 체제개편을 논의하고 있다.

2) WTO의 기본원칙

WTO의 기본원칙에는 관세양허의 원칙, MFN, NT, 수량제한금지의 원칙이 있다.

(1) 관세양허의 원칙

관세양허는 관련 회원국 간의 상호주의에 기초한 협상과 합의에 의한다. 이렇게 이루어진 관세양허는 MFN 원칙에 의해 모든 회원국들에게 비차별적으로 적용된다. GATT · WTO를 "상호주의에 기초한 다자주의"라고 하는 것은 이러한 이유 때문이다. MFN 원칙이 관세양허의 혜택을 모든 회원국들에게 비차별적으로 보장하는 것이라면 NT 원칙은 내국세 · 국내판매규칙이 수입상품과 국내상품 간에 차별적으로 적용됨으로써 관세양허의 효과를 무력화시키는 것을 방지한다. 이 두 가지 원칙은 결국 원산지를 달리하는 동종상품(like product)들에 대해 국제무역에 있어 공정한 경쟁조건을 보장하여 세계자원의 효율적 이용과 국제무역의 확대를 달성하는 데 기여한다.

(2) 최혜국대우원칙

① 최혜국대우(Most Favoured Nations : MFN)원칙이란 수출입에 있어 외국 간에 차별하는 것을 금지하는 의무이다. 국가 간에 차별하는 것을 횡적 차별이라고 하는데, 이러한 금지의 목적은 경쟁조건을 동등하게 부여하기 위함이다.

② MFN 원칙은 WTO 회원국이 시장의 경쟁조건에 개입하여 특정국가의 상품을 유리하게 하거나 불리하게 하는 것을 금지하여 공정한 경쟁조건 속에서 경제적으로 가장 효율적인 상품이 시장을 지배할 수 있도록 하기 위해 고안된 원칙이다. 이를 위해 WTO 회원국이 다른 어떤

국가의 상품에 대해 혜택을 부여하면 즉시 무조건적으로 다른 모든 회원국의 같은 상품에도 비차별적으로 그러한 혜택을 부여하도록 하는 것이다. MFN 원칙은 1994년 GATT뿐만 아니라 GATS와 TRIPs에도 모든 회원국들이 동등하게 준수하여야 할 의무로서 규정되어 있다.

③ 예외조항 : 일반회원국에 대한 예외(공중도덕, 인간과 동식물의 생명, 건강, 천연자원의 보호, 안전보장, 긴급사태시 면책, 국제수지 악화)와 특정회원국에 대한 예외(특정국가 간 특혜관세제도(영연방 관세), 개도국에 대한 특혜, 관세동맹 또는 자유무역지대 등에 특혜)가 있다. 예를 들어 특정회원국에 대한 예외로서 지역무역협정(Regional Trade Agreement : RTA)을 체결할 수 있는데, RTA는 일정 요건을 충족하면 WTO의 사전 또는 사후의 승인을 요하지 않고 체결사실을 각료회의에 통고하는 것만으로 인정되게 된다. RTA의 대표적인 것으로 미국·멕시코·캐나다협정(USMCA), 역내포괄적경제동반자협정(RCEP), 포괄적·점진적 환태평양경제동반자협정(CPTPP) 등이 있다.

(3) 내국민대우원칙

① 내국민대우(National Treatment : NT)원칙이란 수입물품과 국내상품간에 같은 상품이라면 내국세·국내판매에 영향을 미치는 국가 조치로 차별하는 것을 금지하는 의무이다. NT 원칙은 수입물품과 국내상품간에 공정한 경쟁조건을 보장하기 위한 의무이고, 내국세 등 국내조치가 보호주의적으로 적용되지 못하게 하는 목적을 가지고 있다.

② NT의 예외 : 스크린쿼터제, 정부조달제도 등이 있다.

(4) 수량제한금지의 원칙

수량제한금지의 원칙이란 쿼터, 수출입허가제도 등 조치의 형태와 관계없이 수출입을 금지하거나 제한하는 국가조치를 철폐하여야 할 의무 또는 신설하는 것을 금지하는 의무이다. 수량제한조치는 국제무역 자체를 단절시키기 때문에 무역에 미치는 효과가 매우 중대하다. 다만, ① 식료품 등 수출국에 필수적인 상품의 긴급한 부족을 방지하거나 완화시키기 위한 일시적인 수출금지·제한을 허용하고, ② 국제수지옹호를 위한 수입제한을 허용하며, ③ 일반적 예외, 국가안보를 위한 예외, 의무면제 등이 허용된다.

제2절 유엔무역개발회의

　선진국 중심인 GATT에 대한 개발도상국의 불만으로 개발도상국의 통상이익을 확대할 수 있는 새로운 국제기구를 설립하였다. 1962년 유엔총회에서 유엔무역개발회의(United Nations Conference on Trade and Development : UNCTAD)를 설립하기로 하고 1964년 제1차 총회를 개최하였다.

1 UNCTAD의 조직

　4년마다 개최되는 최고의사결정기구인 총회와 매년 1회 개회되는 무역개발이사회가 있다. 의사결정은 총회는 2/3, 무역개발이사회는 다수결 방식에 따르고 있다.

2 UNCTAD의 성과

1) 일반특혜관세제도의 도입

　UNCTAD에서 결의하여 1971년부터 일반특혜관세제도(Generalized System of Preference : GSP)를 실시하고 있으며, 선진국이 개발도상국으로부터 수입하는 제품에 대하여 관세를 면제하거나 저율관세를 부과하는 관세우대조치를 말하는데 이 제도는 한시적으로 시행하는 것을 내용으로 하고 있다.

2) 범개발도상국간 무역특혜제도

　1989년 GSTP 협정의 발효에 따라 개발도상국간 관세상의 특혜제도로서 범개발도상국간 무역특혜제도(Global System of Trade Preferences among Developing Countries : GSTP)는 '77그룹' 개발도상국간에 관세·비관세장벽을 완화하여 무역·생산·고용증진을 도모하기 위한 제도로서 관세양허대상품목의 수출입시 상호특혜 관세율을 적용하는 것을 말한다.

3) 신국제경제질서

신국제경제질서(New International Economic Order : NIEO)는 1973년 말의 석유수출국기구(Organization of the Petroleum Exporting Countries : OPEC) 공세 이래 개발도상국이 강력히 요청하고 있는 개발도상국의 이익을 중시한 새로운 세계의 경제질서이다. 현재 세계경제의 체제는 선진국에 이익을 가져오는 것이며 근본적으로 변혁되지 않는 한 개발도상국의 이익은 있을 수 없다고 하는 사고방식이 바탕을 이루고 있다.

1974년 제6회 UN 특별총회(자원총회)에서 이것을 원칙적으로 인정하여 NIEO 수립선언이 채택되었다. 구체적으로는 자원의 항구주권, 개발도상국 상품의 가격연동제에 의한 가격보상, 생산국 카르텔 촉진 등이 요구항목이다. 개발도상국은 UN이나 UNCTAD, 비동맹회의, 국제경제협력회의(Conference of International Economic Cooperation : CIEC) 등을 통해 NIEO의 실현을 요구하고 있다. 이 선언은 남북관계를 시정하여 모든 국가간의 주권평등, 상호의존, 공동이익 등 새로운 경제질서를 창출하는 것을 내용으로 하고 있다.

제3절   세계관세기구

---

1 의 의

1) 세계관세기구(World Customs Organization : WCO)는 벨기에 브뤼셀에 본부를 두고 있는 국제기구이다. WCO는 관세 커뮤니티의 대변인 역할을 담당하고 있으며, 관세에 관한 국제 협약 개발, 상품 분류, 관세 평가, 원산지, 관세 세입징수, 물류 공급망 안전, 국제 무역 원활화, 관세 조사 감시, 위조 방지 등 지식재산권 보호, 세관 공무원 청렴성, 세관 현대화를 위한 능력 개발 등이 주된 업무이다.

2) WCO는 국제통일상품분류 협약(The International Convention on the Harmonized Commodity Description and Coding System : HS)과 WTO의 관세평가 협정(Agreement on Customs Valuation), 그리고 원산지협정(Agreement on Rules of Origin)의 기술 부문을 담당하고 있다.

2 설립 배경 및 목적

1) 관세기술 및 법규를 국제적 수준에서 간소화 및 표준화
2) 품목분류 및 평가에 관한 조약의 적용과 해석의 통일
3) 관세절차에 관한 정보의 국제적 교환 및 기술적 지원 제공
4) 관세분야에 관한 연구와 정부간 협조지원

3 비전과 목표

　WCO는 관세분야에 관한 국제적인 이슈의 개발과 전파, 세관 현대화 작업 등을 주도하고 있다. 즉, 세관행정의 모범 사례를 제시함으로 회원국의 필요에 부응하고 있다. WCO의 기본 목표는 세입 확충, 국가 안전, 무역 원활화, 공동체 보호, 무역통계 작성 등을 통해 회원국 세관행정의 효율성과 효과성을 제고함으로 국가발전에 기여하는 것이다.

4 협 약

　이러한 목표를 달성하기 위해 WCO는 아래의 협약을 운용하고 있다.

1) 국제통일상품분류협약(The International Convention on the Harmonized Commodity Description and Coding System)

　이 협약은 1983년 채택되고 1988년부터 발효된 것으로 체계적인 상품분류를 통해 관세율 책정과 국제 무역 통계작성에 관한 기반을 제공하고 있다. 즉, 5,000여 개의 개별상품 각각에 대해 6단위의 코드를 체계적으로 부여하여 무역정책, 원산지 분류, 통제물자에 대한 모니터, 내국세 과세, 화물에 대한 관세, 교통통계, 가격정보 수집, 국민계정 통계작성, 경제조사와 분석 등에 활용하도록 하고 있다.

2) 세관절차의 간소화 및 조화에 관한 국제협약(The International Convention on the Simplification and Harmonization of Customs Procedures)

　이 협약은 1974년에 채택되고 1999년에 개정된 것으로 (개정 협약은 2006년 발효) 여기에는

세관절차 간소화에 대한 다수 원칙을 규정하고 있다. (1) 관세행정의 투명성과 예측성, (2) 통관절차 및 서류의 표준화와 간소화, (3) 공인된 사업자에 대한 간소화된 절차의 적용, (4) 정보기술의 최대한 활용, (5) 세관 통제의 최소화, (6) 위험관리 및 감사 기능의 활용, (7) 여타 국경관리 기관과의 협력, (8) 무역부문과의 파트너십 등이다. 즉, 이 협정은 무역 원활화와 효과적인 세관 행정을 위한 기본적인 기준을 제시하고 있다.

3) 물품의 일시수입을 위한 일시수입통관증서에 관한 관세협약 및 이스탄불 협약(ATA Convention and the Convention on Temporary Admission)

이 2건의 협약은 일시적으로 국경을 통과하는 물품에 대해 관세 및 세금의 유예를 허용하여 원활한 무역을 도모하는 것으로 ATA carnet 증서에 의해 보장된다.

4) 세관의 청렴성에 관한 아루샤 선언(The Arusha Declaration on Customs Integrity)

이 선언은 1993년에 채택되고 2003년에 개정된 것으로 비록 회원국에 대한 구속력은 없으나 세관공무원의 청렴성을 제고하고 세관행정의 부패를 방지하기 위한 기본원칙들을 담고 있다.

5) 무역안전과 원활화를 위한 세이프 프레임워크(The SAFE Framework of Standards to Secure and Facilitate Global Trade)

이 프레임워크는 9.11 테러 이후 국제물류안전이 핵심 이슈로 부상함에 따라 WCO가 이를 수용하여 2003년 채택한 것이다. 이 프레임워크는 민간사업자와의 협력을 강화하는 가운데 세관이 정한 일정한 기준을 충족하여 물류안전에 관한 수출입안전관리 우수공인업체(Authorized Economic Operator : AEO)에 대해서는 통관절차를 간소화함으로 공정무역을 촉진하고, 다른 한편으로 위험이 높은 부문에 대해서는 세관의 감시를 강화하는 것을 주된 내용으로 하고 있다.

⑤ 최근 주요활동

1) 무역 안전 및 원활화 추구 : 지속적인 테러 위협에 대해 WCO에서는 무역안전과 원활화의 조화를 위한 방안 마련 및 구체적인 실행 방안 모색

2) 개정교토협약(Revised Kyoto Convention) 발효 : 개정교토협약은 통관절차의 간소화 및

조화에 관한 WCO협약('99년 제정)으로 2006.2.3에 발효되었음.

3) 테러 등 급증하는 국제관세범죄에 효율적으로 대처하기 위해 세관 당국간 정보 등을 제공하는 것을 주요 내용으로 기존의 나이로비 협약을 전면 개정하여 승인('03년 총회)

4) 21세기 세관의 역할 제시(Customs in 21st century) : (1) e-customs를 통한 세계적 세관망 구축, (2) 국경관리 협조체제 개선, (3) 정보활동에 기반한 위험관리, (4) 세관-무역업계간 협력체제, (5) 현대적 업무방식 이행, (6) 신기술 및 도구의 활용, (7) 세관의 집행권한 강화, (8) 지식기반의 전문적 서비스 문화, (9) 능력배양, (10) 청렴

5) 능력배양 활동 : (1) 지역 능력배양 사무소(Regional Office of Capacity Building : ROCB) 및 지역훈련센터(Regional Training Center : RTC)를 설치하여 개도국 능력배양 활동 사업 추진, (2) WCO SAFE Framework(무역안전 및 원활화를 위한 Framework)와 개정교토협약(Revised Kyoto Convention)의 원활한 이행을 돕기 위한 개발도상국 대상 콜럼버스 프로그램 실시, (3) 관세행정 분야 학술연구 강화 및 관리자 양성을 위한 세관-대학 간 파트너쉽 구축(PICARD 프로그램)

6) 세관신고항목(Customs Data Model) 통일 : (1) 세관신고사항 및 배치(layout)를 세계적으로 통일함으로써 창구단일화 추구, (2) 화물고유번호제도(Unique Consignment Reference Number : UCR) 시행

7) 국제적인 화물의 추적 및 감시가 가능하도록 화물고유번호 부여

8) 세관정보교류 채널 활성화 : 세관감시망(Customs Enforcement Network : CEN)의 활성화, 부정무역단속공조기구(Regional Intelligence Liaison Office : RILO)의 기능 강화

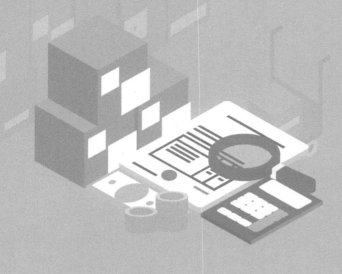

제2부

관세법

제1장 총 칙

제1절 통 칙

1 제1조(목적)

이 법은 관세의 부과·징수 및 수출입물품의 통관을 적정하게 하고 관세수입을 확보함으로써 국민경제의 발전에 이바지함을 목적으로 한다. 또한 법 시행령은 이 법에서 위임된 사항과 그 시행에 필요한 사항을 규정함을 목적으로 하며, 법 시행규칙은 이 법 및 법 시행령에서 위임된 사항과 그 시행에 필요한 사항을 규정함을 목적으로 한다.

표 2-1 관세법의 성격

구 분	내 용
조세법적 성격	관세부과, 징수, 감면
통관법적 성격	통관절차 구성
쟁송절차법적 성격	심사청구, 심판청구 절차
국제법적 성격	평가협약, 긴급관세, 지적재산권
형사법적 성격	처벌적 성격, 조사와 처분
행정법으로서의 관세법	법적합성, 공정력, 확정력, 강제성, 구속력

2 제2조(정의)

1) 수입과 수출

"수입"이란 외국물품을 우리나라에 반입(보세구역을 경유하는 것은 보세구역으로부터 반입하는 것을 말한다)하거나 우리나라에서 소비 또는 사용하는 것[(우리나라의 운송수단 안에서의 소비 또는 사용을 포함하며, 법 제239조(수입으로 보지 아니하는 소비 또는 사용) 각 호의 어느 하나에 해당하는 소비 또는 사용은 제외한다]을 말한다. "수출"이란 내국물품을 외국으로 반출하는 것을 말한다.

2) 반송

반송이란 국내에 도착한 외국물품이 수입통관절차를 거치지 아니하고 다시 외국으로 반출되는 것을 말한다.

3) 외국물품과 내국물품

(1) 외국물품이란 다음의 어느 하나에 해당하는 물품을 말한다.

① 외국으로부터 우리나라에 도착한 물품[외국의 선박 등이 공해(외국의 영해가 아닌 경제수역을 포함한다)에서 채집하거나 포획한 수산물 등을 포함한다]으로서 법 제241조(수출·수입 또는 반송의 신고) 제1항에 따른 수입의 신고(이하 "수입신고"라 한다)가 수리되기 전의 것
② 법 제241조 제1항에 따른 수출의 신고(이하 "수출신고"라 한다)가 수리된 물품.

(2) 내국물품이란 다음의 하나에 해당하는 물품을 말한다.

① 우리나라에 있는 물품으로서 외국물품이 아닌 것
② 우리나라의 선박 등이 공해에서 채집하거나 포획한 수산물 등
③ 법 제244조(입항전 수입신고) 제1항에 따른 입항전 수입신고(이하 "입항전 수입신고"라 한다)가 수리된 물품
④ 법 제252조(수입신고수리전 반출)에 따른 수입신고수리전 반출승인을 받아 반출된 물품
⑤ 법 제253조(수입신고전의 물품 반출) 제1항에 따른 수입신고전 즉시반출신고를 하고 반출된 물품

4) 국제무역선(기)

국제무역선(기)이란 무역을 위하여 우리나라와 외국 간을 운항하는 선박(항공기)을 말한다.[1]

5) 국내운항선(기)

국내운항선(기)란 국내에서만 운항하는 선박(항공기)을 말한다.

6) 선박용품과 항공기용품

선박용품이란 음료, 식품, 연료, 소모품, 밧줄, 수리용 예비부분품 및 부속품[2], 집기, 그 밖에 이와 유사한 물품[3]으로서 해당 선박에서만 사용되는 것을 말한다. 또한 항공기용품이란 선용품에 준하는 물품으로서 해당 항공기에서만 사용되는 것을 말한다.

7) 차량용품

선박용품에 준하는 물품으로서 해당 차량에서만 사용되는 것을 말한다.

8) 통관

통관이란 이 법에 따른 절차를 이행하여 물품을 수출·수입 또는 반송하는 것을 말한다.

9) 환적과 복합환적

환적이란 동일한 세관의 관할구역에서 입국 또는 입항하는 운송수단에서 출국 또는 출항하는 운송수단으로 물품을 옮겨 싣는 것을 말한다. 또한 복합환적이란 입국 또는 입항하는 운송수단의 물품을 다른 세관의 관할구역으로 운송하여 출국 또는 출항하는 운송수단으로 옮겨 싣는 것을 말한다.

---

1) 그 준용규정은 국제무역선(기)의 선박(항공기)으로서 외국을 왕래하는 선박(항공기)에 대하여 국제무역선(기)에 관한 규정을 적용(원양어선, 해양대학 실습선, 경찰선)한다. 다만, 군함, 군용기와 국가원수·정부대표 외교사절 전용 선박(항공기)은 제외된다.

2) 수리용 예비부분품 및 부속품은 해당 선박과 시설의 일부가 소모·마모되어 수리·교체가 예상되는 부분품 및 부속품으로서 일반적으로 항해 도중 선원에 의하여 자체적으로 수리·교체할 수 있는 것을 말한다.

3) 예를 들어 닻, 구명용구, dunnage, 계기류 및 사소한 전기기구류 등 선박항해에 직·간접적으로 필요한 물품을 말한다.

10) 운영인

운영인이란 다음의 하나에 해당하는 자를 말한다.

> ① 법 제174조(특허보세구역의 설치·운영에 관한 특허) 제1항에 따라 특허보세구역의 설치·운영에 관한 특허를 받은 자
> ② 법 제198조(종합보세사업장의 설치·운영에 관한 신고 등) 제1항에 따라 종합보세사업장의 설치·운영에 관한 신고를 한 자

11) 세관공무원

세관공무원이란 다음의 하나에 해당하는 자를 말한다.

> ① 관세청장, 세관장 및 그 소속 공무원
> ② 그 밖에 관세청 소속기관의 장 및 그 소속 공무원

12) 탁송품

탁송품이란 상업서류, 견본품, 자가사용물품, 그 밖에 이와 유사한 물품으로서 국제무역선(기) 또는 국경출입차량을 이용한 물품의 송달을 업으로 하는 자(물품을 휴대하여 반출입하는 것을 업으로 하는 자는 제외한다)에게 위탁하여 우리나라에 반입하거나 외국으로 반출하는 물품을 말한다.

13) 전자상거래물품

전자상거래물품이란 사이버몰(컴퓨터 등과 정보통신설비를 이용하여 재화를 거래할 수 있도록 설정된 가상의 영업장을 말한다. 이하 같다) 등을 통하여 전자적 방식으로 거래가 이루어지는 수출입 물품을 말한다.

14) 관세조사

관세조사란 관세의 과세표준과 세액을 결정 또는 경정하기 위하여 방문 또는 서면으로 납세 자의 장부·서류 또는 그 밖의 물건을 조사(법 제110조의2(통합조사의 원칙)에 따라 통합하여 조사하는 것을 포함한다)하는 것을 말한다.

③ 제3조(관세징수의 우선)

1) 관세를 납부하여야 하는 물품에 대하여는 다른 조세, 그 밖의 공과금 및 채권에 우선하여 그 관세를 징수한다.

2) 국세징수의 예에 따라 관세를 징수하는 경우 강제징수의 대상이 해당 관세를 납부하여야 하는 물품이 아닌 재산인 경우에는 관세의 우선순위는「국세기본법」에 따른 국세와 동일하게 한다.

④ 제4조(내국세 등의 부과 · 징수)

1) 의의

(1) 수입물품에 대하여 세관장이 부과 · 징수하는 부가가치세, 지방소비세, 담배소비세, 지방교육세, 개별소비세, 주세, 교육세, 교통 · 에너지 · 환경세 및 농어촌특별세(이하 "내국세 등"이라 하되, 내국세 등의 가산세 및 강제징수비를 포함한다)의 부과 · 징수 · 환급 등에 관하여「국세기본법」,「국세징수법」,「부가가치세법」,「지방세법」,「개별소비세법」,「주세법」,「교육세법」,「교통 · 에너지 · 환경세법」및「농어촌특별세법」의 규정과 이 법의 규정이 상충되는 경우에는 이 법의 규정을 우선하여 적용한다.

(2) 수입물품에 대하여 세관장이 부과 · 징수하는 내국세 등의 체납이 발생하였을 때에는 징수의 효율성 등을 고려하여 필요하다고 인정되는 경우 대통령령으로 정하는 바에 따라 납세의무자의 주소지(법인의 경우 그 법인의 등기부에 따른 본점이나 주사무소의 소재지)를 관할하는 세무서장이 체납세액을 징수할 수 있다.

(3) 이 법에 따른 가산세 및 강제징수비의 부과 · 징수 · 환급 등에 관하여는 이 법 중 관세의 부과 · 징수 · 환급 등에 관한 규정을 적용한다.

(4) 수입물품에 대하여 세관장이 부과 · 징수하는 내국세등에 대한 담보제공 요구, 국세충당, 담보해제, 담보금액 등에 관하여는 이 법 중 관세에 대한 담보 관련 규정을 적용한다.

2) 체납된 내국세 등의 세무서장 징수

(1) 위의 1) (2)에 따라 납세의무자의 주소지(법인의 경우 그 법인의 등기부에 따른 본점이나 주사

무소의 소재지)를 관할하는 세무서장이 체납된 부가가치세, 지방소비세, 개별소비세, 주세, 교육세, 교통·에너지·환경세 및 농어촌특별세(이하 "내국세 등"이라 하며, 내국세 등의 가산세 및 강제징수비를 포함한다)를 징수하기 위하여는 체납자가 다음의 모든 요건에 해당해야 한다. 다만, 법에 따른 이의신청·심사청구·심판청구 또는 행정소송이 계류 중인 경우, 「채무자 회생 및 파산에 관한 법률」 제243조(회생계획인가의 요건)에 따라 회생계획인가 결정을 받은 경우 및 압류 등 강제징수가 진행 중이거나 압류 또는 매각을 유예받은 경우에는 세무서장이 징수하게 할 수 없다.

> ① 체납자의 체납액 중 관세의 체납은 없고 내국세 등만이 체납되었을 것
> ② 체납된 내국세 등의 합계가 1,000만원을 초과했을 것

(2) 세관장은 위의 (1)의 요건에 해당되는 체납자의 내국세 등을 세무서장이 징수하게 하는 경우 법 제45조(관세체납정리위원회)에 따른 관세체납정리위원회의 의결을 거쳐 관세청장이 정하는 바에 따라 체납자의 내국세 등의 징수에 관한 사항을 기재하여 해당 세무서장에게 서면으로 요청하여야 하며, 그 사실을 해당 체납자에게도 통지하여야 한다.

(3) 위의 (2)에 따라 징수를 요청받은 세무서장이 체납된 내국세 등을 징수한 경우에는 징수를 요청한 세관장에게 징수 내역을 통보해야 하며, 체납된 내국세 등에 대한 불복절차 또는 회생절차의 개시, 체납자의 행방불명 등의 사유로 더 이상의 강제징수 절차의 진행이 불가능하게 된 경우에는 그 사실을 징수를 요청한 세관장 및 체납자에게 통보 및 통지해야 한다.

제2절 법 적용의 원칙

① 일반적 이해

1) 소급과세금지의 원칙의 의의

소급과세금지의 원칙이란 조세행정관행에 의하여 확정된 조세법률관계에 대하여 새로이 시행하는 조세법의 해석·조세행정관행을 소급적용하여 소급과세를 하는 것을 금지한다는 원칙이다. 이 원칙은 국민의 재산권을 소급과세에 의하여 침해되는 것을 막기 위한 것이다. 이와 같

이 소급과세를 금지하는 것은 조세법률관계에서의 법적 안정성과 예측가능성을 보장하고 국민의 신뢰를 보호하여 국민의 재산권을 보호하고자 하는 데 그 궁극적인 목적이 있다.

2) 내용

소급과세금지는 소급입법에 의한 소급과세금지와 법률해석 또는 행정관행의 소급적용에 의한 소급과세금지가 있다. 우리나라 「헌법」 제13조 제2항에 "모든 국민은 소급입법에 의하여 참정권의 제한을 받거나 재산권을 박탈당하지 아니한다."라고 규정하고 있으므로 일반적으로 이 헌법 정신에 따라 국민의 재산권이 침해되는 소급입법은 하지 아니하는 것이 원칙이다. 따라서 소급입법에 의한 소급과세는 거의 없다고 할 수 있다.

② 신의성실

1) 의의

(1) 신의성실의 원칙(신의칙)이란 사람은 사회공동생활의 일원으로서 서로 상대방으로부터 일반적으로 기대되는 신뢰를 저버리지 않도록 성의를 가지고 행동하여야 한다는 원칙을 말한다. 내국세에서는 「국세기본법」 제정 당시부터 이 원칙의 적용을 채택하였으며 관세에서는 2001년부터 이 원칙의 적용을 채택하였다.

(2) 물품을 수출입하는 자는 법에 관한 전문가인 관세사에게 물품통관을 위탁하는 제도를 두고 있다. 이러한 점으로 미루어 보아 법의 해석·적용에 관하여 과세관청, 즉 세관공무원의 언동을 납세의무자는 신뢰할 수밖에 없는 상황이다.

(3) 법의 해석·적용에 있어서 세관공무원의 언동을 믿고 새로운 법률관계를 형성한 경우에 그것이 잘못되었다고 하여 사후에 이미 형성된 법률관계를 뒤엎는 것은 정의와 형평의 원리에 맞지 않을 뿐만 아니라 이로 인하여 국가의 법적 안정성을 해치는 결과를 초래할 수도 있다.

(4) 이러한 여러 가지 사정을 감안할 때 세관공무원의 언동을 신뢰하고 새로운 법률관계를 형성한 납세의무자는 보호되어야 하고, 그 신뢰를 보호할 가치가 있는 이러한 경우에는 이미 형성된 법률관계를 그대로 인정하여 납세의무자를 보호하고자 하는 것이 신의칙이다.

2) 적용대상

(1) 신의칙은 관세채무자인 납세의무자와 과세관청인 세관공무원에게 다 같이 적용된다. 그

러나 납세의무자에 대하여는 이 원칙은 극히 제한적으로 적용된다고 할 수 있다.

(2) 즉, 납세의무자가 과세관청에 대하여 신의칙에 반하는 행위를 하게 되면 위법·부당한 행위가 되거나 의무불이행이 되는 경우가 대부분이므로 법에 의한 조사를 받게 되어 그 결과에 따라 처리되거나 가산세를 부담하는 등의 불이익을 받게 되므로 이 원칙은 극히 제한적으로 적용된다고 할 수 있다.

3) 합법성과의 관계

(1) 합법성의 원칙은 법에서 정하는 과세요건이 갖추어지면 관세채권·채무관계의 확정 절차에 따라 관세채권과 채무관계가 확정되고 그 확정된 내용에 따라 관세를 징수하는 것이다.

(2) 예를 들어 과세관청이 법의 해석을 잘못하여 관세채무를 감면하는 언동을 한 경우에는 그 잘못된 언동을 바로잡아 법에서 정하는 바에 따라 감면한 관세를 징수하는 경우라 할 수 있다. 이와 같은 경우에도 과세관청의 언동에 의하여 납세의무자의 신뢰가 형성되어 이루어진 관세 감면이라면 그 신뢰를 보호하기 위하여 기존 법률관계를 그대로 인정하는 것이 신의칙이다.

(3) 조세법률주의의 합법성의 원칙과 신의칙은 상반되는 원칙이지만, 이를 조화롭게 적용하여야 한다. 합법성의 원칙은 조세법률주의의 원칙이므로 신의칙보다 일반적으로 우월한 지위에 있다고 볼 수 있다. 그런데 합법성의 원칙의 적용을 배제하더라도 신뢰를 보호할 필요가 있다고 인정되는 경우에 한하여 신의칙을 적용할 수 있다고 할 것이다.

4) 소급과세금지의 원칙과의 관계

(1) 신의칙은 납세의무자와 과세권자 쌍방에 적용할 수 있으나, 소급과세금지의 원칙은 과세권자만을 그 적용대상으로 하고 있다.

(2) 신의칙의 적용은 구체적인 사안에 대한 개별적 판단을 필요로 하지만, 소급과세금지의 원칙은 법의 해석·관세행정의 관행이 일반적으로 납세의무자에게 받아 들여졌다는 객관적 기준과 이 기준에 따른 납세의무자의 신뢰 보호를 법률에서 특별히 정하여 납세의무자의 신뢰를 일반적으로 보호하는 것이다.

(3) 소급과세금지의 원칙은 신의칙의 예시적인 것이라고 할 수 있으므로 소급과세금지에 관한 규정이 없더라도 신의칙은 적용할 수 있다고 보아야 할 것이다.[4]

---

4) 고우복(2005), 「관세이론과 통관실무(개정 8판)」, 두남출판사, pp. 77-79.

❸ 제5조(법 해석의 기준과 소급과세의 금지)

1) 의의

(1) 이 법을 해석하고 적용할 때에는 과세의 형평과 해당 조항의 합목적성에 비추어 납세자의 재산권을 부당하게 침해하지 아니하도록 하여야 한다.

(2) 이 법의 해석이나 관세행정의 관행이 일반적으로 납세자에게 받아들여진 후에는 그 해석이나 관행에 따른 행위 또는 계산은 정당한 것으로 보며, 새로운 해석이나 관행에 따라 소급하여 과세되지 아니한다.

(3) 위의 (1) 및 (2)의 기준에 맞는 이 법의 해석에 관한 사항은 「국세기본법」 제18조의2(국세예규심사위원회)에 따른 국세예규심사위원회에서 심의할 수 있다.

(4) 이 법의 해석에 관한 질의회신의 처리 절차 및 방법 등에 관하여 필요한 사항은 대통령령으로 정한다.

① 과세형평의 원칙 : 과세자와 납세의무자간 형평과 서로 다른 납세의무자간 형평
② 합목적성의 원칙 : 조세법의 기본이념을 기초화하여 그 조항의 목적에 맞도록 해석

2) 이 법 해석에 관한 질의회신의 절차와 방법

(1) 기획재정부장관 및 관세청장은 법의 해석과 관련된 질의에 대하여 법 제5조에 따른 해석의 기준에 따라 해석하여 회신하여야 한다.

(2) 관세청장은 위의 (1)에 따라 회신한 문서의 사본을 해당 문서의 시행일이 속하는 달의 다음 달 말일까지 기획재정부장관에게 송부하여야 한다.

(3) 관세청장은 위의 (1)의 질의가 「국세기본법 시행령」 제9조의3(국세예규심사위원회) 제1항 각 호의 어느 하나에 해당한다고 인정하는 경우에는 기획재정부장관에게 의견을 첨부하여 해석을 요청하여야 한다.

(4) 관세청장은 위의 (3)에 따른 기획재정부장관의 해석에 이견이 있는 경우에는 그 이유를 붙여 재해석을 요청할 수 있다.

(5) 기획재정부장관에게 제출된 법 해석과 관련된 질의는 관세청장에게 이송하고 그 사실을 민원인에게 알려야 한다. 다만, 다음의 어느 하나에 해당하는 경우에는 기획재정부장관이 직접 회신할 수 있으며, 이 경우 회신한 문서의 사본을 관세청장에게 송부하여야 한다.

① 「국세기본법 시행령」 제9조의3(국세예규심사위원회) 제1항 각 호의 어느 하나에 해당하여 「국세기본법」 제18조의2(국세예규심사위원회)에 따른 국세예규심사위원회의 심의를 거쳐야 하는 질의
② 관세청장의 법 해석에 대하여 다시 질의한 사항으로서 관세청장의 회신문이 첨부된 경우의 질의(사실판단과 관련된 사항은 제외한다)
③ 법이 새로 제정되거나 개정되어 이에 대한 기획재정부장관의 해석이 필요한 경우
④ 그 밖에 법의 입법 취지에 따른 해석이 필요한 경우로서 납세자의 권리보호를 위해 필요하다고 기획재정부장관이 인정하는 경우

(6) 관세청장은 법을 적용할 때 우리나라가 가입한 관세에 관한 조약에 대한 해석에 의문이 있는 경우에는 기획재정부장관에게 의견을 첨부하여 해석을 요청하여야 한다. 이 경우 기획재정부장관은 필요하다고 인정될 때에는 관련 국제기구에 질의할 수 있다.

(7) 위의 (1)부터 (6)까지에서 규정한 사항 외에 법 해석에 관한 질의회신 등에 필요한 사항은 기획재정부령으로 정한다.

4 제6조(신의성실)

납세자가 그 의무를 이행할 때에는 신의에 따라 성실하게 하여야 한다. 세관공무원이 그 직무를 수행할 때에도 또한 같다.

5 제7조(세관공무원 재량의 한계)

1) 세관공무원은 그 재량으로 직무를 수행할 때에는 과세의 형평과 이 법의 목적에 비추어 일반적으로 타당하다고 인정되는 한계를 엄수하여야 한다.

2) 특히 관세행정에서는 조세법률주의에 따라야 함으로 법이 정하는 바에 따라 관세행정을 이행하여야 한다. 그러나 법률은 입법기술상 모든 경우를 예상하여 만들 수 없고, 또한 행정은 항상 변천·발전하는 사회에 맞추어야 함으로 행정청이 재량에 의하여 행정을 하는 경우가 많게 된다.

3) 이와 같이 행정청에 재량이 인정된 경우이더라도 행정청의 자의나 독단을 인정한 것은 아니므로 재량에는 일정한 한계와 원칙이 지켜져야 한다. 따라서 행정청이 자기의 재량에 속하는 처분이더라도 재량권의 한계를 넘거나 그 남용이 있는 경우에는 위법이 되어 행정심판은 물론 사법심사의 대상이 된다.

제3절 기간과 기한

1 제8조(기간 및 기한의 계산)

1) 기간의 계산

이 법에 따른 기간을 계산할 때 법 제252조(수입신고수리전 반출)에 따른 수입신고수리전 반출 승인을 받은 경우에는 그 승인일을 수입신고의 수리일로 본다. 이 법에 따른 기간의 계산은 이 법에 특별한 규정이 있는 것을 제외하고는 「민법」에 따른다.

2) 기한의 계산

(1) 이 법에 따른 기한이 다음의 어느 하나에 해당하는 경우에는 그 다음 날을 기한으로 한다.

① 토요일 및 일요일
② 「공휴일에 관한 법률」에 따른 공휴일 및 대체공휴일
③ 「근로자의 날 제정에 관한 법률」에 따른 근로자의 날
④ 그 밖에 금융기관(한국은행 국고대리점 및 국고수납대리점인 금융기관에 한한다) 또는 체신관서의 휴무, 그 밖에 부득이한 사유로 인하여 정상적인 관세의 납부가 곤란하다고 관세청장이 정하는 날

(2) 정전, 프로그램의 오류, 한국은행(그 대리점을 포함한다) 또는 체신관서의 정보처리장치의 비정상적인 가동이나 그 밖에 관세청장이 정하는 사유로 법 제327조(국가관세종합정보망의 구축 및 운영)에 따른 국가관세종합정보시스템, 연계정보통신망 또는 전산처리설비의 가동이 정지되어 법에 따른 신고 · 신청 · 승인 · 허가 · 수리 · 교부 · 통지 · 통고 · 납부 등을 기한까지 할 수 없게 된 때에는 해당 국가관세종합정보시스템, 연계정보통신망 또는 전산처리설비의 장애가 복구된 날의 다음 날을 기한으로 한다.

2 제9조(관세의 납부기한 등)

1) 의의

(1) 관세의 납부기한은 이 법에서 달리 규정하는 경우를 제외하고는 다음의 구분에 따른다.

① 법 제38조(신고납부) 제1항에 따른 납세신고를 한 경우 : 납세신고 수리일부터 15일 이내
② 법 제39조(부과고지) 제3항에 따른 납부고지를 한 경우 : 납부고지를 받은 날부터 15일 이내
③ 법 제253조(수입신고전의 물품반출) 제1항에 따른 수입신고전 즉시반출신고를 한 경우 : 수입신고일부터 15일 이내

(2) 납세의무자는 위의 1)에도 불구하고 수입신고가 수리되기 전에 해당 세액을 납부할 수 있다.

(3) 세관장은 납세실적 등을 고려하여 관세청장이 정하는 요건을 갖춘 성실납세자가 대통령령으로 정하는 바에 따라 신청을 할 때에는 위의 (1) ① 및 ③에도 불구하고 납부기한이 동일한 달에 속하는 세액에 대하여는 그 기한이 속하는 달의 말일까지 한꺼번에 납부하게 할 수 있다. 이 경우 세관장은 필요하다고 인정하는 경우에는 납부할 관세에 상당하는 담보를 제공하게 할 수 있다

2) 월별납부

(1) 의의

① 위의 1) (3)의 규정에 의하여 납부기한이 동일한 달에 속하는 세액을 월별로 일괄하여 납부(이하 "월별납부"라 한다)하고자 하는 자는 납세실적 및 수출입실적에 관한 서류 등 관세청장이 정하는 서류를 갖추어 세관장에게 월별납부의 승인을 신청하여야 한다.

② 세관장은 위의 ①의 규정에 의하여 월별납부의 승인을 신청한 자가 위의 1) (3)의 규정에 의하여 관세청장이 정하는 요건을 갖춘 경우에는 세액의 월별납부를 승인하여야 한다. 이 경우 승인의 유효기간은 승인일부터 그 후 2년이 되는 날이 속하는 달의 마지막 날까지로 한다.

③ 세관장은 납세의무자가 다음의 어느 하나에 해당하게 된 때에는 위의 ②에 따른 월별납부의 승인을 취소할 수 있다. 이 경우 세관장은 월별납부의 대상으로 납세신고된 세액에 대해서는 15일 이내의 납부기한을 정하여 납부고지해야 한다.

④ 위의 ②에 따른 승인을 갱신하려는 자는 위의 ①에 따른 서류를 갖추어 그 유효기간 만료일 1개월 전까지 승인갱신 신청을 하여야 한다.

⑤ 세관장은 위의 ②에 따라 승인을 받은 자에게 승인을 갱신하려면 승인의 유효기간이 끝나는 날의 1개월 전까지 승인갱신을 신청하여야 한다는 사실과 갱신절차를 승인의 유효기간이 끝나는 날의 2개월 전까지 휴대폰에 의한 문자전송, 전자메일, 팩스, 전화, 문서 등으로 미리 알려야 한다.

(2) 승인 신청

① 납부기한이 동일한 달에 속하는 세액을 월별로 일괄하여 납부하고자 하는 자는 납세실적 및 수출입실적에 관한 서류 등 관세청장이 정하는 「월별납부제도 운영에 관한 고시」 서류를 갖추어 세관장에게 월별납부의 승인을 신청하여야 한다. 또한 「월별납부제도 운영에 관한 고시」 제2조(정의)에 따르면 월별납부업체란 월별납부를 승인받은 사업자를 말한다고 규정하고 있다. 또한 담보제공 생략대상자란 「관세 등에 대한 담보제도운영에 관한 고시(담보고시)」 제7조 및 제8조에 따라 관할지세관장으로부터 담보제공 생략대상으로 확인받은 자를 말한다.

② 월별납부업체 승인은 각 사업자(사업자등록번호)별로 하여야 한다. 위의 1) (3)에 따라 월별납부를 하려는 사업자는 다음의 요건을 갖추어야 한다.

③ 관할지 세관장은 담보제공 생략대상자가 시설확장 등으로 사업장을 신설하는 경우에는 해당 사업장에 대해서도 담보제공 생략대상자 자격에 따라 월별납부업체의 승인을 할 수 있다. 다만, 위의 ㉮~㉰에서 규정한 기간이 경과 후에는 이에 따라 승인요건을 심사한다.

(3) 승인취소

① 관할지 세관장은 월별납부업체가 승인 유효기간 중 다음의 어느 하나에 해당하는 경우에는 월별납부업체의 승인을 취소하여야 한다.

㉮ 위의 (2) ②의 요건에 따른 자격을 상실한 경우
㉯ 사업의 폐업, 부도, 파산선고, 법인의 해산 등 월별납부 자격유지가 곤란하다고 판단되는 경우
㉰ 사업자가 월별납부업체를 자진 철회하는 경우

② 관할지 세관장은 월별납부업체 승인을 취소하는 경우에는 별지 제5호 서식으로 그 사실을 해당업체에 즉시 통보하여야 한다.

③ 월별납부업체의 승인을 취소한 관할지 세관장은 해당 업체가 월별납부의 대상으로 납세신고한 세액에 대하여는 15일 이내의 납부기한을 정하여 별지 제6호서식에 따라 납세고지 하여야 한다. 다만, 월별납부서가 이미 작성된 경우는 제외한다.

④ 관할지 세관장은 다음의 어느 하나에 해당하는 경우 해당 월별납부업체에 대하여 별지 제7호서식에 따라 경고 처분할 수 있다.

㉮ 「월별납부제도 운영에 관한 고시」 제5조(월별납부업체승인시항의 변경신고) 제1항 및 제2항의 월별납부
   업체승인사항 변경신고 의무를 위반한 경우
㉯ 그 밖에 월별납부제도 운영과 관련하여 세관장의 명령이나 지시사항을 위반한 경우

(4) 승인기간 갱신 신청

승인을 갱신하려는 자는 서류를 갖추어 그 유효기간 만료일 1개월 전까지 승인갱신 신청을 하여야 한다. 세관장은 승인을 받은 자에게 승인을 갱신하려면 승인의 유효기간이 끝나는 날의 1개월 전까지 승인갱신을 신청하여야 한다는 사실과 갱신절차를 승인의 유효기간이 끝나는 날의 2개월 전까지 휴대폰에 의한 문자전송, 전자메일, 팩스, 전화, 문서 등으로 미리 알려야 한다. 한편 「월별납부제도 운영에 관한 고시」 제7조(월별납부업체의 승인기간 갱신)상의 규정은 다음과 같다.

① 월별납부업체는 월별납부업체의 승인기간을 갱신하려는 경우에는 승인 유효기간 만료 1개월 전까지 별지 제1호서식의 월별납부업체기간갱신승인신청서에 서류를 첨부하여 관할지 세관장에게 제출하여야 한다.

② 월별납부업체로 승인받고자 하는 자가 최초 승인 신청시 별지 제1호서식에 따라 지정기간 자동 갱신의사를 표시한 경우에는 기간갱신 신청을 한 것으로 본다.

③ 승인기간 갱신 신청을 받은 관할지 세관장은 월별납부업체의 승인요건을 심사하여 이에 적합한 경우에는 승인 유효기간을 직전 유효기간 만료일의 다음날부터 2년이 되는 날이 속하는 달의 말일까지로 하고, 월별납부한도액을 설정하여 승인한다.

④ 월별납부하려는 포괄담보업체인 사업자가 월별납부업체의 승인 유효기간을 포괄담보업체의 지정기간과 동일하게 설정하는 것을 희망하는 경우에는 승인 유효기간 내에서 해당 유효기간의 만료일을 그 지정기간의 만료일로 할 수 있다.

⑤ 관할지 세관장은 월별납부업체의 승인기간을 연장하는 때에는 신청인에게 별지 제3호 서식으로 그 승인사실을 통지하여야 한다.

(5) 담보제공

① 관할지 세관장은 월별납부 대상으로 납세신고된 물품에 대하여 납세의무자로 하여금 법 제24조(담보의 제공 등) 제4항에 따른 포괄담보를 제공하도록 하여야 한다. 다만, 월별납부업체가 담보제공 생략대상자에 해당하는 경우에는 관할지 세관장이 정하는 월별납부한도액 범위 내에서 담보제공을 생략하도록 할 수 있다.

② 위의 단서에 따른 월별납부한도액은 별표 1의 방법에 의하여 설정한다. 다만, 관할지 세관장은 해당 업체의 수출입실적 및 납세실적 등의 증가로 최근 실적에 의하여 월별납부한도액을 설정함이 합리적이라고 인정하는 경우에는 신청한 날이 속하는 월의 전월(전산시스템에 의한 확인이 곤란한 경우에는 전전월)부터 이전 1년간 각종 세금의 납부실적 등을 기초로 월별납부한도액을 설정할 수 있다.

③ 월별납부업체가 법인단위로 월별납부한도액을 설정하려는 경우에는 법인단위로 월별납부한도액을 신청할 수 있다. 이 경우 주된 사무소가 일괄하여 다른 사업장의 월별납부업체 승인(갱신)을 신청하여야 한다.

④ 월별납부업체가 이 고시에 따른 월별납부승인과 「수출용 원재료에 대한 관세 등의 일괄납부 및 정산에 관한 고시」에 따른 일괄납부업체 지정을 동시에 받은 경우에는 월별납부한도액 설정단위(사업장 또는 법인단위)를 일괄납부한도액 설정단위와 일치시킬 수 있다.

⑤ 관세청장은 관세체납의 증감, 세수의 추이 및 그 밖의 사항을 고려하여 필요하다고 인정되는 경우 별표 1에서 정한 월별납부한도액의 설정 또는 조정방법을 변경할 수 있다.

(6) 월별납부 방식

「월별납부제도 운영에 관한 고시」제14조(월별납부)는 다음과 같이 규정하고 있다.

① 월별납부업체는 월별납부대상으로 납세신고한 세액에 대하여 납부기한이 동일한 달에 속하는 세액을 별지 제9호서식의 월별납부서로 그 달의 말일까지 국고수납은행 또는 우체국에 납부하여야 한다. 다만, 컴퓨터를 이용하여 관세 등을 계좌이체방식으로 납부하는 경우에는 전자적인 방법으로 월별납부세액을 조회하여 납부할 수 있다.

② 월별납부세액은 동일한 납세의무자의 것으로서 동일한 신고인별로 이를 일괄하여 납부하여야 한다.

③ 월별납부세액을 납부하는 경우에는 월별납부대상으로 납세신고한 세관장(수입징수관)별로 이를 일괄하여 납부하여야 한다.

③ 제10조(천재지변 등으로 인한 기한의 연장)

1) 의의

세관장은 천재지변이나 그 밖에 대통령령으로 정하는 사유로 이 법에 따른 신고, 신청, 청구, 그 밖의 서류의 제출, 통지, 납부 또는 징수를 정하여진 기한까지 할 수 없다고 인정되는 경우에는 1년을 넘지 아니하는 기간을 정하여 다음의 하나에 해당하는 경우에 따라 그 기한을 연장할 수 있다. 이 경우 세관장은 필요하다고 인정하는 경우에는 납부할 관세에 상당하는 담보를 제공하게 할 수 있다. 세관장은 납부기한을 연장하는 때에는 관세청장이 정하는 (「납부기한의 연장 및 분할납부에 관한 고시」) 기준에 의하여야 한다.

① 전쟁·화재 등 재해나 도난으로 인하여 재산에 심한 손실을 입은 경우
② 사업에 현저한 손실을 입은 경우
③ 사업이 중대한 위기에 처한 경우
④ 그 밖에 세관장이 위의 ①부터 ③까지의 규정에 준하는 사유가 있다고 인정하는 경우

2) 신청서의 제출

납부기한을 연장받고자 하는 자는 다음의 사항을 기재한 신청서를 해당 납부기한이 종료되기 전에 세관장에게 제출하여야 한다. 세관장은 납부기한을 연장한 때에는 법 제39조(부과고지)의 규정에 의한 납세고지를 하여야 한다.

① 납세의무자의 성명·주소 및 상호
② 납부기한을 연장받고자 하는 세액 및 해당 물품의 신고일자·신고번호·품명·규격·수량 및 가격
③ 납부기한을 연장받고자 하는 사유 및 기간

3) 납부기한의 연장과 분할 납부(「납부기한의 연장 및 분할납부에 관한 고시」)

(1) 제1조(목적)

이 고시는 법 제10조(천재지변 등으로 인한 기한의 연장) 및 제107조(관세의 분할납부), 법 시행령 제2조(천재지변 등으로 인한 기한의 연장) 제2항 및 제125조(천재지변 등으로 인한 관세의 분할납부) 제2항에 따른 납부기한 연장과 분할납부 방법을 규정함을 목적으로 한다.

(2) 제2조(납부기한의 연장과 분할납부)

① 법 시행령 제2조(천재지변 등으로 인한 기한의 연장) 제2항에 따른 납부기한 연장 기준은 다음 표와 같다. 다만, 「중소기업기본법」 제2조(중소기업자의 범위)에 해당하는 중소기업의 경우에는 법 시행령 제2조 제1항 제1호에 해당하는 기준을 적용한다.

관련 법조문	연장기간	분할납부 횟수
법 시행령 제2조 제1항 제1호	1년 이내	1년 이내 6회
법 시행령 제2조 제1항 제2호 및 제3호	9개월 이내	9개월 이내 4회
법 시행령 제2조 제1항 제4호	6개월 이내	6개월 이내 3회

② 법 시행령 제2조 제3항 또는 제126조(관세의 분할납부 승인신청)에 따라 납부기한을 연장 또는 분할납부를 받고자 하는 자는 납부기한이 종료되기 전에 별지 제1호 서식의 납부기한 연장(분할납부) 승인 신청서를 세관장에게 제출하여 세관장의 승인을 받아야 한다.

③ 위의 ②에 따라 납부기한의 연장 또는 분할납부 승인을 받은 자가 최초 납부기한의 연장 또는 분할납부 사유가 해소되지 않아 납부기한을 재연장하거나 분할납부 횟수를 확대하고자 하는 경우에는 위의 ①의 연장기간 및 분할납부 횟수를 초과하지 않는 범위 내에서 납부기한이 종료되기 전까지 별지 제2호 서식의 납부기한 재연장(분할납부 횟수 확대) 승인 신청서를 세관장에게 제출하여 세관장의 승인을 받아야 한다.

(3) 제3조(재검토기한)

관세청장은 「훈령·예규 등의 발령 및 관리에 관한 규정」에 따라 이 고시에 대하여 2022년 7월 1일을 기준으로 매 3년이 되는 시점(매 3년째의 6월 30일까지를 말한다)마다 그 타당성을 검토하여 개선 등의 조치를 하여야 한다.

4) 납부기한 연장의 취소

세관장은 납부기한연장을 받은 납세의무자가 다음의 하나에 해당하게 된 때에는 납부기한연장을 취소할 수 있다. 세관장은 납부기한연장을 취소한 때에는 15일 이내의 납부기한을 정하여 법 제39조(부과고지)의 규정에 의한 납세고지를 하여야 한다.

① 관세를 지정한 납부기한내에 납부하지 아니하는 때
② 재산상황의 호전 기타 상황의 변화로 인하여 납부기한연장을 할 필요가 없게 되었다고 인정되는 때
③ 파산선고, 법인의 해산 기타의 사유로 해당 관세의 전액을 징수하기 곤란하다고 인정되는 때

제4절 서류의 송달

❶ 제11조(납부고지서의 송달)

1) 의의

관세 납부고지서의 송달은 납세의무자에게 직접 발급하는 경우를 제외하고는 인편(人便), 우편 또는 법 327조(국가관세종합정보망의 구축 및 운영)에 따른 전자송달의 방법으로 한다.

2) 서류의 송달

(1) 납부고지서를 송달받아야 할 자가 다음의 어느 하나에 해당하는 경우에는 납부고지사항을 공고한 날부터 14일이 지나면 위의 1)의 납부고지서의 송달이 된 것으로 본다.

① 주소, 거소(居所), 영업소 또는 사무소가 국외에 있고 송달하기 곤란한 경우
② 주소, 거소, 영업소 또는 사무소가 분명하지 아니한 경우
③ 납세의무자가 송달할 장소에 없는 경우로서 등기우편으로 송달하였으나 수취인 부재로 반송되는 경우 등 다음에 해당하는 경우

> ㉮ 서류를 등기우편으로 송달하였으나 수취인이 부재중(不在中)인 것으로 확인되어 반송됨으로써 납부기한까지 송달이 곤란하다고 인정되는 경우
> ㉯ 세관공무원이 2회 이상 납세자를 방문[처음 방문한 날과 마지막 방문한 날 사이의 기간이 3일(기간을 계산할 때 공휴일, 대체공휴일, 토요일 및 일요일은 산입하지 않는다) 이상이어야 한다]해 서류를 교부하려고 하였으나 수취인이 부재중인 것으로 확인되어 납부기한까지 송달이 곤란하다고 인정되는 경우

(2) 위의 공고는 다음의 하나에 해당하는 방법으로 게시하거나 게재하여야 한다. 이 경우 공시송달을 하는 경우에는 다른 공시송달 방법과 함께 하여야 한다.

① 법 제327조(국가관세종합정보망의 구축 및 운영)의 국가관세종합정보시스템에 게시하는 방법
② 관세청 또는 세관의 홈페이지, 게시판이나 그 밖의 적절한 장소에 게시하는 방법
③ 해당 서류의 송달 장소를 관할하는 특별자치시·특별자치도·시·군·구(자치구를 말한다)의 홈페이지, 게시판이나 그 밖의 적절한 장소에 게시하는 방법
④ 관보 또는 일간신문에 게재하는 방법

② 제12조(장부 등의 보관)

1) 이 법에 따라 가격신고, 납세신고, 수출입신고, 반송신고, 보세화물반출입신고, 보세운송신고를 하거나 적재화물목록을 제출한 자는 신고 또는 제출한 자료의 내용을 증빙할 수 있는 장부 및 증거서류(신고필증을 포함한다)를 성실하게 작성하여 신고 또는 자료를 제출한 날부터 5년의 범위에서 다음의 구분에 따른 기간 동안 갖추어 두어야 한다. 이 경우 장부 및 증거서류 중 법 제37조의4(특수관계자의 수입물품 과세가격결정자료등 제출) 제1항 및 제2항에 따라 세관장이 법 제30조(과세가격 결정의 원칙) 제3항 제4호에 따른 특수관계에 있는 자에게 제출하도록 요구할 수 있는 자료의 경우에는 「소득세법」 제6조(납세지) 또는 「법인세법」 제9조(납세지)에 따른 납세지(「소득세법」 제9조(납세지의 지정) 또는 「법인세법」 제10조(납세지의 지정)에 따라 국세청장이나 관할지방국세청장이 지정하는 납세지를 포함한다)에 갖추어 두어야 한다.

2) 위의 1)에 따라 장부 및 증거서류를 작성·보관하여야 하는 자는 그 장부와 증거서류의 전부 또는 일부를 「전자문서 및 전자거래 기본법」에 따른 정보처리시스템을 이용하여 작성할 수 있다. 이 경우 그 처리과정 등을 다음의 요건에 따라 디스켓 또는 그 밖의 정보보존 장치에 보존하여야 한다.

① 자료를 저장하거나 저장된 자료를 수정·추가 또는 삭제하는 절차·방법 등 정보보존 장치의 생산과 이용에 관련된 전산시스템의 개발과 운영에 관한 기록을 보관할 것
② 정보보존 장치에 저장된 자료의 내용을 쉽게 확인할 수 있도록 하거나 이를 문서화할 수 있는 장치와 절차가 마련되어 있어야 하며, 필요시 다른 정보보존 장치에 복제가 가능하도록 되어 있을 것
③ 정보보존 장치가 거래 내용 및 변동사항을 포괄하고 있어야 하며, 과세표준과 세액을 결정할 수 있도록 검색과 이용이 가능한 형태로 보존되어 있을 것

3) 위의 1)을 적용하는 경우 「전자문서 및 전자거래 기본법」에 따른 전자문서로 작성하거나 같은 법 제5조(전자문서의 보관) 제2항에 따른 전자화문서로 변환하여 같은 법 제31조의2(공인전자문서센터의 지정)에 따른 공인전자문서센터에 보관한 경우에는 위의 (1)에 따라 장부 및 증거서류를 갖춘 것으로 본다. 다만, 계약서 등 위조·변조하기 쉬운 장부 및 증거서류로서 다음의 어느 하나에 해당하는 문서는 그러하지 아니하다.

① 「상법 시행령」 등 다른 법령에 따라 원본을 보존해야 하는 문서

② 등기 · 등록 또는 명의개서가 필요한 자산의 취득 및 양도와 관련하여 기명날인 또는 서명한 계약서

③ 소송과 관련하여 제출 · 접수한 서류 및 판결문 사본. 다만, 재발급이 가능한 서류는 제외한다.

④ 인가 · 허가와 관련하여 제출 · 접수한 서류 및 인가증 · 허가증. 다만, 재발급이 가능한 서류는 제외한다.

제2장 과세가격과 관세의 부과 · 징수

제1절 통 칙

과세요건은 조세를 부과함에 있어 갖추어야 할 요건을 말하는데, 이는 납세의무자(과세주체), 과세물건(과세객체), 과세표준(과표), (관)세율을 말한다.

[그림 2-1] 관세의 계산

① 제14조(과세물건)

1) 의의

수입물품에는 관세를 부과한다. 따라서 우리나라는 수출물품과 통과물품은 과세물건이 아니므로 관세를 부과하지 아니한다.

2) 수입물품

수입물품은 유체물과 무체물로 구분된다.

① 유체물 : 민법상의 동산과 일치 – 과세객체
② 무체물 : 특허권, 실용신안권, 디자인권, 상표권 및 이와 유사한 권리 – 권리사용료가 산입된 경우에 대상

3) 관세의무주의와 관세면제주의

(1) 모든 수입물품을 과세물건으로 하는 제도를 '관세의무주의' 또는 '관세포괄주의'라 하며, 관세율표에 유세품만을 게기하고 무세품은 게기하지 아니하는 제도를 '관세면제주의'라 한다.

(2) 우리나라는 모든 수입물품을 우선은 과세물건으로 하고 있다. 관세율표에는 유세품과 무세품이 다 같이 게기되어 있을 뿐만 아니라, 관세율표에 게기되어 있는 어느 물품에도 해당되지 아니하는 물품은 그 물품과 가장 유사한 물품으로 분류하므로 수입물품은 관세율표에 총망라되어 있다. 따라서 우리나라는 관세의무주의를 채택하고 있다.

② 제15조(과세표준)

1) 의의

(1) 관세의 과세표준은 수입물품의 가격 또는 수량으로 한다. 종가세 대상물품의 경우 관세액을 산출하기 위한 과세표준은 수입물품의 가격인데, 이 가격을 과세표준으로 하는 수입물품에 대하여 정하여진 원칙에 따라 관세의 과세가격을 결정하는 일련의 절차를 말한다.

(2) 과세표준에는 가격을 과세표준으로 하는 종가세와 수량을 과세표준으로 하는 종량세가 있으며 이 중 과세가격의 결정과 관련되는 것은 종가세가 적용되는 물품이 수입되는 경우이다. 우리나라는 수입물품 대부분의 과세표준을 수입물품의 가격으로 하는 종가세주의를 취하고 있기 때문에 사실상 관세의 과세표준이라 함은 과세가격을 의미하는 것이다.

2) 납부세액의 산출방법

관세의 과세표준은 수입물품의 가격 또는 수량으로 한다. 납부세액의 산출방법은 세율을 정하는 방법에 따라 다음과 같이 서로 다르다.

[그림 2-2] 납부세액의 산출방법

납부세액	=	과세표준	×	세 율

| 종량세물품 | : | 수입물품의 수량 | × | 수량단위당 납부세액 |
| 종가세물품 | : | 수입물품의 가격
(과세가격) | × | 세율(%) |

③ 제16조(과세물건 확정의 시기)

1) 의의

(1) 물품은 시간의 흐름에 따라 또는 그 밖의 사유로 그 성질과 수량이 변하는 것이 일반적이다. 따라서 이와 같이 변하는 물품에 대하여 관세를 부과할 때 어느 때의 물품 성질과 수량을 기준으로 할 것인가 하는 문제가 있다. 따라서 관세를 부과하려면 어느 한 때를 기준으로 하고 그 때의 물품 성질과 수량에 의하여 관세를 부과하여야 한다. 이와 같이 관세를 부과하는 물품 성질과 수량을 결정하는 때를 과세물건의 확정시기라고 한다.

(2) 과세물건의 확정시기는 그 물품이 수입되는 방법에 따라 각각 다르다. 물품이 수입되는 방법은 크게 다음과 같이 두 가지로 구분할 수 있다. 첫째, 정상통관절차를 이행하고 수입하는 방법이며, 둘째, 정상통관절차의 이행을 할 수 없거나 하기가 곤란하거나 어떤 목적을 위하여 그 이행을 생략하는 등 정상통관절차를 이행하지 아니하고, 그 물품의 관세징수만으로 수입하는 방법이다.

2) 물품의 성질과 수량에 따라 결정

관세는 수입신고(입항전 수입신고를 포함한다)를 하는 때의 물품의 성질과 그 수량에 따라 부과한다. 다만, 다음의 하나에 해당하는 물품에 대하여는 각각에 규정된 때의 물품의 성질과 그 수량에 따라 부과한다.

① 법 제143조(선용품 및 기용품의 하역 등) 제6항 [(제151조(물품의 하역 등) 제2항에 따라 준용되는 경우를 포함한다)]에 따라 관세를 징수하는 물품 : 하역을 허가받은 때
② 법 제158조(보수작업) 제7항에 따라 관세를 징수하는 물품 : 보세구역 밖에서 하는 보수작업을 승인받은 때
③ 법 제160조(장치물품의 폐기) 제2항에 따라 관세를 징수하는 물품 : 해당 물품이 멸실되거나 폐기된 때
④ 법 제187조(보세공장 외 작업 허가) 제7항 [(제195조(보세건설장 외 작업 허가) 제2항과 제202조(설비의 유지의무 등) 제3항에 따라 준용되는 경우를 포함한다)]에 따라 관세를 징수하는 물품 : 보세공장 외 작업, 보세건설장 외 작업 또는 종합보세구역 외 작업을 허가받거나 신고한 때
⑤ 법 제217조(보세운송기간 경과 시의 징수)에 따라 관세를 징수하는 물품 : 보세운송을 신고하거나 승인받은 때
⑥ 수입신고가 수리되기 전에 소비하거나 사용하는 물품[(법 제239조(수입으로 보지 아니하는 소비 또는 사용)에 따라 소비 또는 사용을 수입으로 보지 아니하는 물품은 제외한다)] : 해당 물품을 소비하거나 사용한 때
⑦ 법 제253조(수입신고전의 물품 반출) 제1항에 따른 수입신고전 즉시반출신고를 하고 반출한 물품 : 수입신고전 즉시반출신고를 한 때
⑧ 우편으로 수입되는 물품[(법 제258조(우편물통관에 대한 결정) 제2항에 해당하는 우편물은 제외한다)] : 제256조(통관우체국)에 따른 통관우체국(이하 "통관우체국"이라 한다)에 도착한 때
⑨ 도난물품 또는 분실물품 : 해당 물품이 도난되거나 분실된 때
⑩ 이 법에 따라 매각되는 물품 : 해당 물품이 매각된 때
⑪ 수입신고를 하지 아니하고 수입된 물품(위의 ①부터 ⑩까지에 규정된 것은 제외한다) : 수입된 때

4 제17조(적용 법령)

관세는 수입신고 당시의 법령에 따라 부과한다. 다만, 다음의 하나에 해당하는 물품에 대하여는 각각에 규정된 날에 시행되는 법령에 따라 부과한다.

① 법 제16조(과세물건 확정의 시기)의 하나에 해당되는 물품 : 그 사실이 발생한 날
② 법 제192조(사용 전 수입신고)에 따라 보세건설장에 반입된 외국물품 : 사용 전 수입신고가 수리된 날

5 제18조(과세환율)

1) 의의

세율은 과세의 4대 요건의 하나이다. 관세율은 수입물품에 대하여 적용되는 세율을 말하며 수입물품에 대한 관세는 "과세표준 × 관세율 = 관세액"에 의하여 계산된다. 관세율은 조세법률주의에 의해 법률을 규정하는 것이 원칙이며 국제경제여건 등의 변동에 신속하고 탄력적으로 대응할 수 있도록 조정할 수 있으며 외국과의 조약, 협약 등에 의한 협정세율을 정할 수 있다.

2) 관세율표

현행 관세율표는 우리나라가 '통일상품명 및 부호체계에 관한 국제협약'에 가입함에 따라 '국제통일상품명 및 코딩시스템'에 의해 품목이 분류되고 있다.

3) 내국통화로 환산

(1) 과세가격을 결정하는 경우 외국통화로 표시된 가격을 내국통화로 환산할 때에는 법 제17조(적용법령)에 따른 날(보세건설장에 반입된 물품의 경우에는 수입신고를 한 날을 말한다)이 속하는 주의 전주(前週)의 기준환율 또는 재정환율을 평균하여 관세청장이 그 율을 정한다.

(2) 관세청장은 「외국환거래법」 제9조(외국환중개업무 등) 제2항에 따른 외국환중개회사가 법 제17조(적용법령)에 따른 날(보세건설장에 반입된 물품의 경우에는 수입신고를 한 날을 말한다)이 속하는 주의 전주(前週) 월요일부터 금요일까지 매일 최초 고시하는 기준환율 또는 재정환율을 평균하여 위의 (1)에 따른 과세환율을 결정한다.

(3) 관세청장은 위의 (1)에 따른 과세환율의 세부 결정방법 등 필요한 사항을 따로 정할 수 있다.

6 제19조(납세의무자)

1) 본래의 납세의무자

(1) 원칙적 납세의무자

수입신고를 한 물품인 경우에는 그 물품을 수입신고하는 때의 화주(화주가 불분명할 때에는 다음의 어느 하나에 해당하는 자를 말한다). 다만, 수입신고가 수리된 물품 또는 법 제252조(수입신고 수리전 반출)에 따른 수입신고수리전 반출승인을 받아 반출된 물품에 대하여 납부하였거나 납부하여야 할 관세액이 부족한 경우 해당 물품을 수입신고하는 때의 화주의 주소 및 거소가 분명하지 아니하거나 수입신고인이 화주를 명백히 하지 못하는 경우에는 그 신고인이 해당 물품을 수입신고하는 때의 화주와 연대하여 해당 관세를 납부하여야 한다.

① 수입을 위탁받아 수입업체가 대행수입한 물품인 경우 : 그 물품의 수입을 위탁한 자
② 수입을 위탁받아 수입업체가 대행수입한 물품이 아닌 경우 : 송품장, 선하증권 또는 항공화물운송장에 적힌 물품수신인
③ 수입물품을 수입신고 전에 양도한 경우 : 그 양수인

(2) 특별납세의무자

① 법 제143조(선박용품 및 항공기용품 등의 하역 등) 제6항(법 제151조(물품의 하역 등) 제2항에 따라 준용되는 경우를 포함한다)에 따라 관세를 징수하는 물품인 경우에는 하역허가를 받은 자
② 법 제158조(보수작업) 제7항에 따라 관세를 징수하는 물품인 경우에는 보세구역 밖에서 하는 보수작업을 승인받은 자
③ 법 제160조(장치물품의 폐기) 제2항에 따라 관세를 징수하는 물품인 경우에는 운영인 또는 보관인
④ 법 제187조(보세공장 외 작업 허가) 제7항(제195조(보세건설장 외 작업 허가) 제2항 또는 제202조(설비의 유지의무 등) 제3항에 따라 준용되는 경우를 포함한다)에 따라 관세를 징수하는 물품인 경우에는 보세공장 외 작업, 보세건설장 외 작업 또는 종합보세구역 외 작업을 허가받거나 신고한 자
⑤ 법 제217조(보세운송기간 경과 시의 징수)에 따라 관세를 징수하는 물품인 경우에는 보세운송을 신고하였거나 승인을 받은 자
⑥ 수입신고가 수리되기 전에 소비하거나 사용하는 물품(법 제239조(수입으로 보지 아니하는 소비 또는 사용)에 따라 소비 또는 사용을 수입으로 보지 아니하는 물품은 제외한다)인 경우에는 그 소비자 또는 사용자
⑦ 법 제253조(수입신고전의 물품 반출) 제4항에 따라 관세를 징수하는 물품인 경우에는 해당 물품을 즉시 반출한 자
⑧ 우편으로 수입되는 물품인 경우에는 그 수취인
⑨ 도난물품이나 분실물품인 경우에는 다음 각 목에 규정된 자

> ㉮ 보세구역의 장치물품(藏置物品): 그 운영인 또는 제172조(물품에 대한 보관책임) 제2항에 따른 화물관리인(이하 "화물관리인"이라 한다)
> ㉯ 보세운송물품: 보세운송을 신고하거나 승인을 받은 자
> ㉰ 그 밖의 물품: 그 보관인 또는 취급인

⑩ 이 법 또는 다른 법률에 따라 따로 납세의무자로 규정된 자
⑪ 위의 원칙적 납세의무자부터 ⑩까지 외의 물품인 경우에는 그 소유자 또는 점유자

(3) 원칙적 납세의무자와 특별납세의무자가 경합하는 경우

위의 원칙적 납세의무자인 화주 또는 연대납세의무자인 신고인과 위의 ②부터 ⑪까지에 규정된 자가 경합되는 경우에는 위의 ②부터 ⑪까지에 규정된 자를 납세의무자(특별납세의무자)로 한다.

(4) 연대납세의무자

① 위의 원칙적 납세의무자와 특별납세의무자(①-⑪)에 따른 물품에 관계되는 관세·가산세 및 강제징수비에 대해서는 다음에 규정된 자가 연대하여 납부할 의무를 진다.

㉮ 위의 원칙적 납세의무자에 따른 수입신고물품의 경우 다음에 규정된 자

㉠ 수입신고물품이 공유물이거나 공동사업에 속하는 물품인 경우 : 그 공유자 또는 공동사업자인 납세의무자

㉡ 수입신고인이 수입신고를 하면서 수입신고하는 때의 화주가 아닌 자를 납세의무자로 신고한 경우 : 수입신고인 또는 납세의무자로 신고된 자가 법 제270조(관세포탈죄 등) 제1항 또는 제4항에 따른 관세포탈 또는 부정감면의 범죄를 저지르거나 법 제271조(미수범 등) 제1항(제270조 제1항 또는 제4항에 따른 행위를 교사하거나 방조한 경우에 한정한다)에 따른 범죄를 저질러 유죄의 확정판결을 받은 경우 그 수입신고인 및 납세의무자로 신고된 자와 해당 물품을 수입신고하는 때의 화주. 다만, 관세포탈 또는 부정감면으로 얻은 이득이 없는 수입신고인 또는 납세의무자로 신고된 자는 제외한다.

㉢ 다음 중 어느 하나를 업으로 하는 자(이하 "구매대행업자"라 한다)가 화주로부터 수입물품에 대하여 납부할 관세 등에 상당하는 금액을 수령하고, 수입신고인 등에게 과세가격 등의 정보를 거짓으로 제공한 경우 : 구매대행업자와 수입신고하는 때의 화주

> (a) 자가사용물품을 수입하려는 화주의 위임에 따라 해외 판매자로부터 해당 수입물품의 구매를 대행하는 것
> (b) 사이버몰(컴퓨터 등과 정보통신설비를 이용하여 재화등을 거래할 수 있도록 설정된 가상의 영업장을 말한다) 등을 통하여 해외로부터 구매 가능한 물품의 정보를 제공하고 해당 물품을 자가사용물품으로 수입하려는 화주의 요청에 따라 그 물품을 구매해서 판매하는 것

㉯ 위의 특별납세의무자(①~⑪)의 규정에 따른 물품에 대한 납세의무자가 2인 이상인 경우 그 2인 이상의 납세의무자

② 다음의 어느 하나에 해당되는 경우 「국세기본법」 제25조(연대납세의무) 제2항부터 제4항까지의 규정을 준용하여 분할되는 법인이나 분할 또는 분할합병으로 설립되는 법인, 존속하는 분할합병의 상대방 법인 및 신회사가 관세·가산세 및 강제징수비를 연대하여 납부할 의무를 진다.

㉮ 법인이 분할되거나 분할합병되는 경우
㉯ 법인이 분할 또는 분할합병으로 해산하는 경우
㉰ 법인이 「채무자 회생 및 파산에 관한 법률」 제215조(주식회사 또는 유한회사의 신회사 설립)에 따라 신회사를 설립하는 경우

2) 납세의무자의 확장

(1) 납세보증자

이 법 또는 다른 법령, 조약, 협약 등에 따라 관세의 납부를 보증한 자는 보증액의 범위에서 납세의무를 진다.

(2) 제2차 납세의무자

법인이 합병하거나 상속이 개시된 경우에는 「국세기본법」 제23조(법인의 합병으로 인한 납세 의무의 승계) 및 제24조(상속으로 인한 납세의무의 승계)를 준용하여 관세·가산세 및 강제징수비 의 납세의무를 승계한다. 이 경우 같은 법 제24조 제2항 및 제4항의 "세무서장"은 "세관장"으로 본다.

3) 준용규정

(1) 이 법에 따라 관세·가산세 및 강제징수비를 연대하여 납부할 의무에 관하여는 「민법」 제 413조(연대채무의 내용)부터 제416조(이행청구의 절대적 효력)까지, 제419조(면제의 절대적 효력), 제421조(소멸시효의 절대적 효력), 제423조(효력의 상대성의 원칙) 및 제425조(출재채무자의 구상 권)부터 제427조(상환무자력자의 부담부분)까지의 규정을 준용한다.

(2) 관세의 징수에 관하여는 「국세기본법」 제38조(청산인 등의 제2차 납세의무)부터 제41조(사 업양수인의 제2차 납세의무)까지의 규정을 준용한다.

(3) 「국세기본법」 제38조부터 제41조까지의 규정에 따른 제2차 납세의무자는 관세의 담보 로 제공된 것이 없고 납세의무자와 관세의 납부를 보증한 자가 납세의무를 이행하지 아니하는 경우에 납세의무를 진다.

(4) 납세의무자(관세의 납부를 보증한 자와 제2차 납세의무자를 포함한다. 이하 이 조에서 같다)가 관세·가산세 및 강제징수비를 체납한 경우 그 납세의무자에게 「국세기본법」 제42조(양도담보권 자의 물적 납세의무) 제3항에 따른 양도담보재산[1])이 있을 때에는 그 납세의무자의 다른 재산에 대하여 강제징수를 하여도 징수하여야 하는 금액에 미치지 못한 경우에만 「국세징수법」 제7조 (제2차 납세의무자 등에 대한 납부고지)를 준용하여 그 양도담보재산으로써 납세의무자의 관세· 가산세 및 강제징수비를 징수할 수 있다. 다만, 그 관세의 납세신고일(법 제39조(부과고지)에 따라 부과고지하는 경우에는 그 납부고지서의 발송일을 말한다) 전에 담보의 목적이 된 양도담보재산에 대해서는 그러하지 아니하다.

---

1) 양도담보재산이란 당사자 사이의 계약에 의하여 납세의무자가 그 재산을 양도한 때 실질적으로 양도인에 대한 채 권담보의 목적이 된 재산을 말한다. 양도담보재산으로서 납세의무자의 관세·가산세 및 체납처분비를 징수하고 자 할 때에는 양도담보채권자에게 납부고지를 하고, 납세의무자에게 그 뜻을 통지하여야 한다.

제2절 납세의무의 소멸

① 제20조(납부의무의 소멸)

관세 또는 강제징수비를 납부하여야 하는 의무는 다음의 어느 하나에 해당되는 때에는 소멸한다.

① 관세를 납부하거나 관세에 충당한 때
② 관세부과가 취소된 때
③ 법 제21조(관세부과의 제척기간)에 따라 관세를 부과할 수 있는 기간에 관세가 부과되지 아니하고 그 기간이 만료된 때
④ 법 제22조(관세징수권 등의 소멸시효)에 따라 관세징수권의 소멸시효가 완성된 때

② 제21조(관세부과의 제척기간)

1) 관세부과권의 의의

관세부과권은 이미 성립된 관세채권의 구체적 내용, 즉 세관의 확인을 주된 내용으로 하는 공법상 형성권, 예를 들어 관세의 부과, 결정 등의 행정처분을 할 수 있는 권리를 말한다. 또한 제척기간은 특정한 권리에 관하여 법률이 미리 정하여 놓은 존속기간으로서 그 동안에 권리가 행사되지 않으면 그 권리가 소멸하게 된다.

2) 관세부과의 제척기간

(1) 관세는 해당 관세를 부과할 수 있는 날부터 5년이 지나면 부과할 수 없다. 다만, 부정한 방법으로 관세를 포탈하였거나 환급 또는 감면받은 경우에는 관세를 부과할 수 있는 날부터 10년이 지나면 부과할 수 없다.

(2) 다음의 어느 하나에 해당하는 경우에는 위의 (1)에도 불구하고 해당 호에 규정된 기간까지는 해당 결정·판결·회신결과 또는 경정청구에 따라 경정이나 그 밖에 필요한 처분을 할 수 있다.

① 다음의 어느 하나에 해당하는 경우 : 그 결정ㆍ판결이 확정된 날부터 1년

⑦ 법 제5장 제2절(제119조(불복의 신청)부터 제132조(이의신청)까지)에 따른 이의신청, 심사청구 또는 심판청구에 대한 결정이 있는 경우
⑭ 「감사원법」에 따른 심사청구에 대한 결정이 있는 경우
⑮ 「행정소송법」에 따른 소송에 대한 판결이 있는 경우
⑯ 법 제313조(압수물품의 반환)에 따른 압수물품의 반환결정이 있는 경우

② 이 법과 「자유무역협정의 이행을 위한 관세법의 특례에 관한 법률」 및 조약ㆍ협정 등에서 정하는 바에 따라 양허세율의 적용여부 및 세액 등을 확정하기 위하여 원산지증명서를 발급한 국가의 세관이나 그 밖에 발급권한이 있는 기관에게 원산지증명서 및 원산지증명서확인자료의 진위 여부, 정확성 등의 확인을 요청한 경우 : 다음의 날 중 먼저 도래하는 날부터 1년

⑦ 해당 요청에 따라 회신을 받은 날
⑭ 이 법과 「자유무역협정의 이행을 위한 관세법의 특례에 관한 법률」 및 조약ㆍ협정 등에서 정한 회신기간이 종료된 날

③ 다음의 어느 하나에 해당하는 경우 : 경정청구일 또는 결정통지일부터 2개월

⑦ 법 제38조의3(수정 및 경정) 제2항ㆍ제3항 또는 제38조의4(수입물품의 과세가격 조정에 따른 경정) 제1항에 따른 경정청구가 있는 경우
⑭ 법 제38조의4(수입물품의 과세가격 조정에 따른 경정) 제4항에 따른 조정 신청에 대한 결정통지가 있는 경우

(3) 위의 (1)에도 불구하고 위의 (2) ① ⑦부터 ⑮까지의 결정 또는 판결에 따라 명의대여 사실이 확인된 경우에는 당초의 부과처분을 취소하고 그 결정 또는 판결이 확정된 날부터 1년 이내에 실제로 사업을 경영한 자에게 경정이나 그 밖에 필요한 처분을 할 수 있다.

(4) 위의 (1)에 따른 관세를 부과할 수 있는 날은 대통령령으로 정한다.

3) 관세부과 제척기간의 기산일

위의 2) (1)에 따른 관세부과의 제척기간을 산정할 때 수입신고한 날의 다음날을 관세를 부과할 수 있는 날로 한다. 다만, 다음의 경우에는 해당 호에 규정된 날을 관세를 부과할 수 있는 날로 한다.

① 법 제16조(과세물건 확정 시기) 제1호 내지 제11호에 해당되는 경우에는 그 사실이 발생한 날의 다음날
② 의무불이행 등의 사유로 감면된 관세를 징수하는 경우에는 그 사유가 발생한 날의 다음날
③ 보세건설장에 반입된 외국물품의 경우에는 다음의 날중 먼저 도래한 날의 다음날

> ㉮ 법 시행령 제211조(건설공사 완료보고)의 규정에 의하여 건설공사완료보고를 한 날
> ㉯ 법 제176조(특허기간)의 규정에 의한 특허기간(특허기간을 연장한 경우에는 연장기간을 말한다)이 만료되는 날

④ 과다환급 또는 부정환급 등의 사유로 관세를 징수하는 경우에는 환급한 날의 다음날
⑤ 법 제28조(잠정가격의 신고)에 따라 잠정가격을 신고한 후 확정된 가격을 신고한 경우에는 확정된 가격을 신고한 날의 다음 날(다만, 법 제28조 제2항에 따른 기간 내에 확정된 가격을 신고하지 아니하는 경우에는 해당 기간의 만료일의 다음날)

❸ 제22조(관세징수권 등의 소멸시효)

1) 의의

관세의 징수권은 이를 행사할 수 있는 날부터 다음의 구분에 따른 기간 동안 행사하지 아니하면 소멸시효가 완성된다. '소멸시효가 완성된다'라 함은 관세징수권이 소멸하는 것을 말한다.

(1) 관세의 징수권은 이를 행사할 수 있는 날부터 다음의 구분에 따른 기간 동안 행사하지 아니하면 소멸시효가 완성된다.

① 5억원 이상의 관세(내국세를 포함한다) : 10년
② 위의 ① 외의 관세 : 5년

(2) 납세자가 납부한 금액 중 잘못 납부하거나 초과하여 납부한 금액 또는 그 밖의 관세의 환급청구권은 그 권리를 행사할 수 있는 날부터 5년간 행사하지 아니하면 소멸시효가 완성된다.
(3) 위의 (1)에 따른 관세의 징수권과 위의 (2)에 따른 잘못 납부하거나 초과하여 납부한 금액 또는 그 밖의 관세의 환급청구권을 행사할 수 있는 날은 대통령령으로 정한다.

2) 관세징수권 소멸시효의 기산일

(1) 위 1) (1)에 따른 관세징수권을 행사할 수 있는 날은 다음의 날로 한다.

① 법 제38조(신고납부)에 따라 신고납부하는 관세에 있어서는 수입신고가 수리된 날부터 15일이 경과한 날의 다음 날. 다만, 법 시행령 제1조의5(월별납부)에 따른 월별납부의 경우에는 그 납부기한이 경과한 날의 다음 날로 한다.

② 법 제38조의2(보정) 제4항에 의하여 납부하는 관세에 있어서는 부족세액에 대한 보정신청일의 다음 날의 다음 날

③ 법 제38조의3(수정 및 경정) 제1항에 의하여 납부하는 관세에 있어서는 수정신고일의 다음 날의 다음 날

④ 법 제39조(부과고지)에 따라 부과고지하는 관세의 경우 납부고지를 받은 날부터 15일이 경과한 날의 다음 날

⑤ 법 제253조(수입신고전의 물품 반출) 제3항에 의하여 납부하는 관세에 있어서는 수입신고한 날부터 15일이 경과한 날의 다음 날

⑥ 그 밖의 법령에 따라 납부고지하여 부과하는 관세의 경우 납부기한을 정한 때에는 그 납부기한이 만료된 날의 다음 날

(2) 위의 1) (2)에 따른 관세환급청구권을 행사할 수 있는 날은 다음의 날로 한다.

① 법 제38조의3(수정 및 경정) 제6항에 따른 경정으로 인한 환급의 경우에는 경정결정일

② 착오납부 또는 이중납부로 인한 환급의 경우에는 그 납부일

③ 법 제106조(계약 내용과 다른 물품 등에 대한 관세 환급) 제1항에 따른 계약과 상이한 물품 등에 대한 환급의 경우에는 해당 물품의 수출신고수리일 또는 보세공장반입신고일

④ 법 제106조 제3항 및 제4항에 따른 폐기, 멸실, 변질, 또는 손상된 물품에 대한 환급의 경우에는 해당 물품이 폐기, 멸실, 변질 또는 손상된 날

⑤ 법 제106조의2(수입한 상태 그대로 수출되는 자가사용물품 등에 대한 관세 환급) 제1항에 따른 수입한 상태 그대로 수출되는 자가사용물품에 대한 환급의 경우에는 수출신고가 수리된 날. 다만, 수출신고가 생략되는 물품의 경우에는 운송수단에 적재된 날로 한다.

⑥ 법 제106조의2 제2항에 따라 국제무역선, 국제무역기 또는 보세판매장에서 구입한 후 환불한 물품에 대한 환급의 경우에는 해당 물품이 환불된 날

⑦ 종합보세구역에서 물품을 판매하는 자가 법 제199조의2(종합보세구역의 판매물품에 대한 관세 등의 환급) 및 법 시행령 제216조의5(판매인에 대한 관세 등의 환급 등) 제2항에 의하여 환급받고자 하는 경우에는 동 규정에 의한 환급에 필요한 서류의 제출일

⑧ 수입신고 또는 입항전수입신고를 하고 관세를 납부한 후 법 제250조(신고의 취하 및 각하)에 의하여 신고가 취하 또는 각하된 경우에는 신고의 취하일 또는 각하일

⑨ 적법하게 납부한 후 법률의 개정으로 인하여 환급하는 경우에는 그 법률의 시행일

4 제23조(시효의 중단 및 정지)

1) 의의

(1) 소멸시효는 그 본질이 권리의 불행사라고 하는 상태가 법정기간 동안 계속되면 권리를 소멸시키는 제도이므로 시효기간의 진행 중에 권리의 불행사를 중단케하는 권리자 또는 의무자의 일정한 행위가 있는 경우에는 이미 경과한 시효기간을 소멸하게 하고 그 때부터 다시 소멸시효를 진행하게 하는 제도를 시효의 중단이라고 한다. 원칙적 납세의무자에 대하여 관세징수권의 소멸시효가 완성된 때에는 해당 건과 관련된 제2차 납세의무자, 납세보증인 및 물적 납세의무자 등에 대하여도 그 효력이 미친다. 세관장이 제2차 납세의무자, 납세보증인 및 물적 납세의무자 등에 대하여 관세징수권을 행사함으로써 해당 관세징수권의 소멸시효가 중단된 경우 그 효력은 원칙적 납세의무자에게도 미친다.

(2) 시효의 정지는 시효기간의 진행 중에 권리자가 중단행위를 하는 것이 불가능하거나 현저히 곤란한 사유가 있는 경우에 일정한 유예기간 동안만 시효기간의 진행을 멈추게 하였다가 그러한 사유가 해소되면 계속하여 나머지 기간을 진행하게 함으로써 시효가 완성되도록 하는 제도이다.

2) 소멸시효의 중단

(1) 관세징수권의 소멸시효는 다음의 어느 하나에 해당하는 사유로 중단된다.

① 납부고지
② 경정처분
③ 납부독촉
④ 통고처분
⑤ 고발
⑥ 「특정범죄 가중처벌 등에 관한 법률」 제16조(소추에 관한 특례)에 따른 공소제기
⑦ 교부청구
⑧ 압류

(2) 환급청구권의 소멸시효는 환급청구권의 행사로 중단된다.

3) 소멸시효의 정지

(1) 관세징수권의 소멸시효는 관세의 분할납부기간, 징수유예기간, 압류·매각의 유예기간 또는 사해행위(詐害行爲) 취소소송기간 중에는 진행하지 아니한다.

(2) 위의 (1)에 따른 사해행위 취소소송으로 인한 시효정지의 효력은 소송이 각하, 기각 또는 취하된 경우에는 효력이 없다.

(3) 관세징수권과 환급청구권의 소멸시효에 관하여 이 법에서 규정한 것을 제외하고는 「민법」을 준용한다.

제3절 납세담보

---

1 제24조(담보의 종류 등)

1) 의의

(1) 세관장이 관세채권을 확보하기 위하여 납세의무자가 관세를 납부하지 아니하는 사태가 발생하는 때 관세를 강제로 징수할 수 있도록 관세담보물의 제공을 관세법령에서 규정하고 있다.

(2) 종전의 수입통관절차에서는 관세를 납부하지 않는 한 수입물품을 보세구역에서 인취할 수 없으므로 수입물품자체가 관세담보물이라 할 수 있었으나 수입물품의 신속한 통관으로 수입업체의 물류비를 절감시키기 위하여 수입통관 후 관세채권확보를 위하여 수입통관 시 관세담보를 제공하게 하는 것이 일반적이다.

(3) 그러므로 관세담보제공은 보세구역에서 수입물품이 반출된 이후의 관세채권을 확보하기 위한 때에 주로 이용된다.

2) 담보의 종류

(1) 이 법에 따라 제공하는 담보의 종류는 다음 각 호와 같다.

① 금전
② 국채 또는 지방채
③ 세관장이 인정하는 유가증권
④ 납세보증보험증권
⑤ 토지
⑥ 보험에 가입된 등기 또는 등록된 건물 · 공장재단 · 광업재단 · 선박 · 항공기 또는 건설기계
⑦ 세관장이 인정하는 보증인의 납세보증서

(2) 위의 ④에 따른 납세보증보험증권 및 ⑦에 따른 납세보증서는 세관장이 요청하면 특정인이 납부하여야 하는 금액을 일정 기일 이후에는 언제든지 세관장에게 지급한다는 내용의 것이어야 한다.

(3) 위의 (1)에 따른 담보의 제공에 필요한 사항은 대통령령으로 정한다.

(4) 납세의무자(관세의 납부를 보증한 자를 포함한다)는 이 법에 따라 계속하여 담보를 제공하여야 하는 사유가 있는 경우에는 관세청장이 정하는 바에 따라 일정 기간에 제공하여야 하는 담보를 포괄하여 미리 세관장에게 제공할 수 있다.

3) 담보물의 평가

(1) 위의 2) (1) ② 및 ③에 따른 담보물의 평가는 다음 각 호에 따른다.

① 「자본시장과 금융투자업에 관한 법률」에 따라 거래소가 개설한 증권시장에 상장된 유가증권 중 매매사실이 있는 것: 담보로 제공하는 날의 전날에 공표된 최종시세가액
② 위의 ① 외의 유가증권: 담보로 제공하는 날의 전날에 「상속세 및 증여세법 시행령」 제58조(국채 · 공채 등 그 밖의 유가증권의 평가) 제1항 제2호를 준용하여 계산한 가액

(2) 위의 2) (1) ⑤ 및 ⑥에 따른 담보물에 대한 평가는 다음 각 호에 따른다.

① 토지 또는 건물의 평가: 「상속세 및 증여세법」 제61조(부동산 등의 평가)를 준용하여 평가한 가액
② 공장재단 · 광업재단 · 선박 · 항공기 또는 건설기계: 「감정평가 및 감정평가사에 관한 법률」에 따른 감정평가법인등의 평가액 또는 「지방세법」에 따른 시가표준액

4) 담보의 제공절차

(1) 관세의 담보를 제공하고자 하는 자는 담보의 종류 · 수량 · 금액 및 담보사유를 기재한 담보제공서를 세관장에게 제출하여야 한다.

(2) 금전을 담보로 제공하려는 자는 「국고금 관리법 시행령」제11조(금융회사 등의 범위)제1항 각 호의 금융기관 중 관세청장이 지정한 금융기관에 이를 납입하고 그 확인서를 담보제공서에 첨부해야 한다.

(3) 국채 또는 지방채를 담보로 제공하려는 자는 해당 채권에 관하여 모든 권리를 행사할 수 있는 자의 위임장을 담보제공서에 첨부하여야 한다.

(4) 위의 2) (1) ③에 따른 유가증권을 담보로 제공하려는 자는 해당 증권발행자의 증권확인서와 해당 증권에 관한 모든 권리를 행사할 수 있는 자의 위임장을 담보제공서에 첨부하여야 한다.

(5) 위의 2) (1) ④에 따른 납세보증보험증권이나 2) (1) ⑦에 따라 세관장이 인정하는 보증인의 납세보증서를 담보로 제공하려는 자는 그 납세보증보험증권 또는 납세보증서를 담보제공서에 첨부하여야 한다. 이 경우 담보가 되는 보증 또는 보험의 기간은 해당 담보를 필요로 하는 기간으로 하되, 납부기한이 확정되지 아니한 경우에는 관세청장이 정하는 기간으로 한다.

(6) 위의 2) (1) ⑤에 따른 토지, 2) (1) ⑥에 따른 건물·공장재단·광업재단·선박·항공기나 건설기계를 담보로 제공하려는 자는 저당권을 설정하는 데에 필요한 서류를 담보제공서에 첨부하여야 한다. 이 경우 세관장은 저당권의 설정을 위한 등기 또는 등록의 절차를 밟아야 한다.

(7) 위의 (6)에 따라 보험에 든 건물·공장재단·광업재단·선박·항공기나 건설기계를 담보로 제공하려는 자는 그 보험증권을 제출하여야 한다. 이 경우에 그 보험기간은 담보를 필요로 하는 기간에 30일 이상을 더한 것이어야 한다.

(8) 제공하고자 하는 담보의 금액은 납부하여야 하는 관세에 상당하는 금액이어야 한다. 다만, 그 관세가 확정되지 아니한 경우에는 관세청장이 정하는 금액으로 한다.

(9) 세관장은 다음의 어느 하나에 해당하는 경우에는 법 제39조(부과고지)에 따른 납부고지를 할 수 있다.

① 관세의 담보를 제공하고자 하는 자가 담보액의 확정일부터 10일 이내에 담보를 제공하지 아니하는 경우
② 납세의무자가 수입신고 후 10일 이내에 법 제248조(신고의 수리) 제2항의 규정에 의한 담보를 제공하지 아니하는 경우

5) 포괄담보

(1) 의의

① 포괄담보제도란 외국으로부터 계속적 반복적으로 외국물품을 수입하는 업체가 물품을 통관할 때마다 매 건별로 담보를 제공하는 절차를 생략하고 일정기간(1년) 일정액의 담보를 미리

제공함으로써 신속한 통관절차와 관세 등 제세액을 사후에 납부하거나 정산하도록 하여 신속한 물류 흐름을 촉진하는 제도를 말한다.

② 납세의무자(관세의 납부를 보증한 자를 포함한다)는 법에 따라 계속하여 담보를 제공하여야 하는 사유가 있는 경우에는 관세청장이 정하는 바에 따라 일정기간에 제공하여야 하는 담보를 포괄하여 미리 세관장에게 제공할 수 있다.

③ 위의 2) (4)의 규정에 의하여 담보를 포괄하여 제공하고자 하는 자는 그 기간 및 담보의 최고액과 담보제공자의 전년도 수출입실적 및 예상수출입물량을 기재한 신청서를 세관장에게 제출하여야 한다. 담보를 포괄하여 제공할 수 있는 요건, 그 담보의 종류 기타 필요한 사항은 관세청장이 정한다(「관세 등에 대한 담보제도운영에 관한 고시」).

(2) 포괄담보의 제공

① 포괄담보를 제공하려는 자는 담보제공신청서와 담보물을 관할지세관장에게 제출하여야 한다(「관세 등에 대한 담보제공과 정산제도 운영에 관한 고시」 제25조(포괄담보의 제공)).

② 포괄담보는 다음에 해당하는 담보물에 한하여 제공할 수 있다.

> ㉮ 금전
> ㉯ 국채 또는 지방채
> ㉰ 「은행법」에 따른 은행업 인가를 받아 설립된 은행이 발행하는 보증서
> ㉱ 납세보증보험증권
> ㉲ 「신용보증기금법」에 따른 신용보증기금 또는 지역신용보증재단법에 따른 신용보증재단이 발행하는 보증서
> ㉳ 「기술신용보증기금법」에 따른 기술신용보증기금이 발행하는 보증서

③ 위의 ㉰부터 ㉳까지의 담보물은 납세담보가 되는 보증 또는 보험기간 중에 해당 담보물이 사용된 때에는 보증 또는 보험기간이 종료된 후 해당 관세 등의 납기가 도래하는 경우에도 해당 관세 등을 납부한다는 문구가 기재된 것이어야 한다.

④ 세관장은 담보물에 대하여 국가관세종합정보망의 전산처리설비를 이용하여 전자보증서를 제출하게 할 수 있다.

⑤ 포괄담보제공 신청을 받은 관할지세관장은 이를 심사하고 다음 사항을 전산등록하여야 한다.

> ㉮ 상호 대표자 및 주소
> ㉯ 사업자등록증 및 통관고유부호
> ㉰ 제공한 담보물종류
> ㉱ 담보제공의 금액 및 기간

⑥ 관세 등의 일괄납부용도에 사용하기 위한 포괄담보물은 일괄납부하려는 세액에 상당하여야 하며 관할지 세관장은 담보물 제공을 받은 때에 일괄납부업체로 국가관세종합정보망에 등록하여야 한다.

⑦ 일괄납부용도의 담보물은 각 사업장 단위로 제공하거나 주된 사무소에서 일괄하여 제공할 수 있다. 다만, 관세 등의 환급의 경우에는 법인 단위로 제공하여야 한다.

⑧ 포괄담보를 제공한 자가 담보를 사용하려는 경우에는 해당 신고서·신청서에 포괄담보 사용내역(사업자등록번호, 통관고유부호, 담보종류, 담보제공금액, 담보제공 기간)을 기재하여 해당 세관장에게 제출하여야 한다. 다만, 담보를 사용하려는 경우에는 수입신고서의 징수형태란에 담보사용에 관한 부호를 기재함으로써 포괄담보 사용신청에 갈음한다.

(3) 포괄담보관리 업무흐름도

포괄담보 신청 ⇒ 담보제공 ⇒ 담보대체통지 및 변경·해제 ⇒ 체납관리 및 담보물의 관세충당

❷ 제25조(담보의 관세충당)

1) 의의

세관장은 담보를 제공한 납세의무자가 그 납부기한까지 해당 관세를 납부하지 아니하면 그 담보를 해당 관세에 충당할 수 있다. 이 경우 담보로 제공된 금전을 해당 관세에 충당할 때에는 납부기한이 지난 후에 충당하더라도 법 제42조(가산세)를 적용하지 아니한다.

2) 관세충당 후 남은 금액의 처리

(1) 세관장은 담보를 관세에 충당하고 남은 금액이 있을 때에는 담보를 제공한 자에게 이를 돌려주어야 하며, 돌려줄 수 없는 경우에는 이를 공탁할 수 있다.

(2) 세관장은 관세의 납세의무자가 아닌 자가 관세의 납부를 보증한 경우 그 담보로 관세에 충당하고 남은 금액이 있을 때에는 그 보증인에게 이를 직접 돌려주어야 한다.

3) 관세충당 방법

위의 1)에 따른 담보의 관세충당은 다음의 구분에 의한 방법에 따른다.

① 담보물이 국채 또는 지방채·세관장이 인정하는 유가증권·토지 및 보험에 가입된 등기 또는 등록된 건물·공장재단·광업재단·선박·항공기 또는 건설기계에 해당하는 경우 : 이를 매각하는 방법
② 담보물이 납세보증보험증권 및 세관장이 인정하는 보증인의 납세보증서에 해당하는 경우 : 그 보증인에게 담보한 관세에 상당하는 금액을 납부할 것을 즉시 통보하는 방법

③ 제26조(담보 등이 없는 경우의 관세징수)

1) 담보 제공이 없거나 징수한 금액이 부족한 관세의 징수에 관하여는 이 법에 규정된 것을 제외하고는 「국세기본법」과 「국세징수법」의 예에 따른다.

2) 세관장은 관세의 강제징수를 할 때에는 재산의 압류, 보관, 운반 및 공매에 드는 비용에 상당하는 강제징수비를 징수할 수 있다.

④ 제26조의2(담보의 해제)

1) 의의

세관장은 납세담보의 제공을 받은 관세 및 강제징수비가 납부되었을 때에는 지체 없이 담보 해제의 절차를 밟아야 한다.

2) 담보의 변경

(1) 관세의 담보를 제공한 자는 해당 담보물의 가격감소에 따라 세관장이 담보물의 증가 또는 변경을 통지한 때에는 지체없이 이를 이행하여야 한다.

(2) 관세의 담보를 제공한 자는 담보물, 보증은행, 보증보험회사, 은행지급보증에 의한 지급기일 또는 납세보증보험기간을 변경하고자 하는 때에는 세관장의 승인을 얻어야 한다.

3) 담보의 해제신청

제공된 담보를 해제받고자 하는 자는 담보의 종류·수량 및 금액, 담보제공연월일과 해제사유를 기재한 신청서에 해제사유를 증명하는 서류를 첨부하여 세관장에게 제출하여야 한다. 다만, 법 제327조(국가관세종합정보망의 구축 및 운영)에 따른 국가관세종합정보망의 전산처리설비를 이용하여 세관장이 관세의 사후납부사실 등 담보의 해제사유를 확인할 수 있는 경우에는 해

당 사유를 증명하는 서류로서 관세청장이 정하여 고시하는 서류 등을 제출하지 아니할 수 있다.

4) 담보물의 매각

(1) 세관장은 제공된 담보물을 매각하고자 하는 때에는 담보제공자의 주소·성명·담보물의 종류·수량, 매각사유, 매각장소, 매각일시 기타 필요한 사항을 공고하여야 한다.

(2) 세관장은 납세의무자가 매각예정일 1일 전까지 관세와 비용을 납부하는 때에는 담보물의 매각을 중지하여야 한다.

제4절 과세가격의 신고 및 결정

Ⅰ. 가격신고

1 제27조(가격신고)

1) 의의

(1) 관세의 납세의무자는 수입신고를 할 때 대통령령으로 정하는 바에 따라 세관장에게 해당 물품의 가격에 대한 신고(이하 "가격신고"라 한다)를 하여야 한다. 다만, 통관의 능률을 높이기 위하여 필요하다고 인정되는 경우에는 대통령령으로 정하는 바에 따라 물품의 수입신고를 하기 전에 가격신고를 할 수 있다.

(2) 가격신고를 할 때에는 대통령령으로 정하는 바에 따라 과세가격의 결정과 관계되는 자료(이하 "과세가격결정자료"라 한다)를 제출하여야 한다.

(3) 과세가격을 결정하기가 곤란하지 아니하다고 인정하여 기획재정부령으로 정하는 물품에 대하여는 가격신고를 생략할 수 있다.

2) 가격신고

(1) 위의 1) (1) 본문에 따른 가격신고를 하려는 자는 다음의 사항을 적은 서류를 세관장에게 제출하여야 한다.

① 수입관련거래에 관한 사항
② 과세가격산출내용에 관한 사항

(2) 세관장은 다음의 어느 하나에 해당하는 경우로서 관세청장이 정하여 고시하는 경우에는 위의 (1) 각 호에 해당하는 서류의 전부 또는 일부를 제출하지 아니하게 할 수 있다.

① 같은 물품을 같은 조건으로 반복적으로 수입하는 경우
② 수입항까지의 운임 및 보험료 외에 우리나라에 수출하기 위하여 판매되는 물품에 대하여 구매자가 실제로 지급하였거나 지급하여야 할 가격에 가산할 금액이 없는 경우
③ 그 밖에 과세가격결정에 곤란이 없다고 인정하여 관세청장이 정하는 경우

(3) 세관장은 가격신고를 하려는 자가 위의 (2) ①에 해당하는 경우에는 위의 1) (1) 본문에 따른 가격신고를 일정기간 일괄하여 신고하게 할 수 있다.

(4) 위의 1) (1) 단서의 규정에 의하여 물품의 수입신고일 이전에 가격신고를 하고자 하는 자는 그 사유와 제1항 각호의 사항을 기재한 신고서를 세관장에게 제출하여야 한다.

(5) 위의 1) (2)의 규정에 의하여 가격신고를 할 때에 제출하여야 하는 과세자료는 다음과 같다. 다만, 해당 물품의 거래의 내용, 과세가격결정방법 등에 비추어 과세가격결정에 곤란이 없다고 세관장이 인정하는 경우에는 자료의 일부를 제출하지 아니할 수 있다.

① 송품장
② 계약서
③ 각종 비용의 금액 및 산출근거를 나타내는 증빙자료
④ 기타 가격신고의 내용을 입증하는 데에 필요한 자료

3) 가격신고의 생략

(1) 위의 1) (3)의 규정에 따라 가격신고를 생략할 수 있는 물품은 다음과 같다.

① 정부 또는 지방자치단체가 수입하는 물품

② 정부조달물품

③ 「공공기관의 운영에 관한 법률」 제4조(공공기관)에 따른 공공기관이 수입하는 물품

④ 관세 및 내국세 등이 부과되지 않는 물품

⑤ 방위산업용 기계와 그 부분품 및 원재료로 수입하는 물품. 다만, 해당 물품과 관련된 중앙행정기관의 장의 수입확인 또는 수입추천을 받은 물품에 한정한다.

⑥ 수출용 원재료

⑦ 「특정연구기관 육성법」의 규정에 의한 특정연구기관이 수입하는 물품

⑧ 과세가격이 10,000달러 이하인 물품. 다만, 개별소비세, 주세, 교통·에너지·환경세가 부과되는 물품과 분할하여 수입되는 물품은 제외한다.

⑨ 종량세 적용물품. 다만, 종량세와 종가세 중 높은 세액 또는 높은 세율을 선택하여 적용해야 하는 물품의 경우에는 제외한다.

⑩ 법 제37조(과세가격 결정방법의 사전심사) 제1항 제3호에 따른 과세가격 결정방법의 사전심사 결과가 통보된 물품. 다만, 법 시행령 제16조 제1항 각 호의 물품은 제외한다.

(2) 다음의 어느 하나에 해당하는 물품은 위의 (1)(⑩은 제외한다)에 따른 가격신고 생략물품에 해당하지 않는 것으로 한다.

① 과세가격을 결정함에 있어서 법 제30조(과세가격 결정의 원칙) 제1항 제1호 내지 제5호의 규정에 의한 금액을 가산하여야 하는 물품

② 법 제30조 제2항에 따른 구매자가 실제로 지급하였거나 지급하여야 할 가격에 구매자가 해당 수입물품의 대가와 판매자의 채무를 상계(相計)하는 금액, 구매자가 판매자의 채무를 변제하는 금액, 그 밖의 간접적인 지급액이 포함되어 있는 경우에 해당하는 물품

③ 과세가격이 법 제31조(동종·동질물품의 거래가격을 기초로 한 과세가격의 결정)부터 제35조(합리적 기준에 따른 과세가격의 결정)까지에 따라 결정되는 경우에 해당하는 물품

④ 법 제39조(부과고지)에 따라 세관장이 관세를 부과·징수하는 물품

⑤ 법 시행령 제16조(잠정가격의 신고 등) 제1항 각 호의 물품

⑥ 법 시행령 제8조(수입신고수리전 세액심사 대상물품) 제1항 제3호부터 제5호까지의 물품

2 제28조(잠정가격의 신고 등)

1) 의의

(1) 잠정가격신고란 거래관행상 수입 후 일정기간이 경과한 후에 거래가격이 결정되는 수입물품(예 : 원유, 곡물, 광석등)에 대하여 수입신고시에는 일단 잠정가격으로 가격신고를 하여 그에 따른 세액을 납부하게 하는 제도이다.

(2) 이와 같이 잠정가격신고제도를 두고 있는 것은 가격이 확정된 후에 통관절차를 거치게 하는 경우 통관의 지연에 따른 지정장치장 및 보세창고의 체화현상이 발생할 수 있기 때문이며 사전에 잠정가격으로 신고하여 해당세액을 납부하고 물품을 반출하도록 함으로써 신속한 통관을 도모하고 있다.

2) 잠정가격의 신고

(1) 납세의무자는 가격신고를 할 때 신고하여야 할 가격이 확정되지 아니한 경우로서 다음의 어느 하나의 경우에는 잠정가격으로 가격신고를 할 수 있다. 이 경우 신고의 방법과 그 밖에 필요한 사항은 대통령령으로 정한다.

① 거래관행상 거래가 성립된 때부터 일정기간이 지난 후에 가격이 정하여지는 물품(원유·곡물·광석 그 밖의 이와 비슷한 1차산품으로 한정한다)으로서 수입신고일 현재 그 가격이 정하여지지 아니한 경우
② 법 제30조(과세가격 결정의 원칙) 제1항 각 호에 따라 조정하여야 할 금액이 수입신고일부터 일정기간이 지난 후에 정하여 질 수 있음이 제2항에 따른 서류 등으로 확인되는 경우
③ 법 제37조(과세가격 결정방법의 사전심사) 제1항 제3호에 따라 과세가격 결정방법의 사전심사를 신청한 경우
④ 법 시행령 제23조(특수관계의 범위 등) 제1항의 어느 하나에 해당하는 특수관계가 있는 구매자와 판매자 사이의 거래 중 법 제30조 제1항 본문에 따른 수입물품의 거래가격이 수입신고 수리 이후에 「국제조세조정에 관한 법률」 제8조(정상가격의 산출방법)에 따른 정상가격으로 조정될 것으로 예상되는 거래로서 판매자와 구매자가 수립하는 수입물품의 거래가격 조정계획에 따라 조정(「국제조세조정에 관한 법률」 제7조(정상가격에 의한 결정 및 경정)에 따른 조정은 제외한다)하는 금액이 실제로 지급 또는 영수되고 해당 거래의 수입물품에 객관적으로 배분·계산될 것으로 판단되는 거래로서 다음의 요건을 모두 갖춘 경우를 말한다.

> ㉮ 납세의무자가 다음의 어느 하나에 해당될 것
>
> > ㉠ 법 제37조 제1항 제3호에 따라 과세가격 결정방법의 사전심사를 신청하여 과세가격 결정방법을 통보받아 법 시행령 제16조(잠정가격의 신고 등) 제1항 제2호의2에 따른 잠정가격 신고의 자격이 없는 경우 중 해당 통보받은 과세가격 결정방법이 법 제30조(과세가격 결정의 원칙) 제1항 본문에 따른 방법인 경우
> > ㉡ 「국제조세조정에 관한 법률」 제14조(사전승인의 신청 및 승인)에 따른 정상가격 산출방법의 사전승인을 받은 경우
>
> ㉯ 납세의무자가 위의 ㉮ ㉠에 따른 과세가격 결정방법을 통보받거나 ㉮ ㉡에 따른 정상가격 산출방법 사전승인을 받은 이후 해당 거래의 수입물품 수입신고 1개월 전까지 별지 제1호의5 서식의 수입물품 거래가격 조정 계획서에 다음의 서류를 첨부하여 세관장에게 제출했을 것
>
> > ㉠ 수입물품별 가격의 산출방법을 구체적으로 설명하는 다음의 자료

        (a) 구매자와 판매자간 가격결정 및 조정에 관하여 합의한 계약서, 구매자의 내부지침 등 자료
        (b)「국제조세조정에 관한 법률」제8조(정상가격의 산출방법)에 따른 정상가격을 산출하기 위
            하여 작성한 검토 보고서 및 관련 재무자료
    ㉡ 과세관청으로부터 과세가격 결정방법을 통보받은 내역 또는「국제조세조정에 관한 법률」제14조
        (사전승인의 신청 및 승인)에 따른 정상가격 산출방법의 사전승인을 받은 내역
    ㉢「국제조세조정에 관한 법률」제16조(국제거래에 대한 자료 제출의무) 제1항에 따른 국제거
        래정보통합보고서
    ㉣ 그 밖에 잠정가격 신고요건을 확인하기 위하여 필요한 서류로서 세관장이 요청하는 서류

⑤ 계약의 내용이나 거래의 특성상 잠정가격으로 가격신고를 하는 것이 불가피한 경우로서 다음의 어느 하나
에 해당하는 경우를 말한다.

    ㉮ 법 제33조(국내판매가격을 기초로 한 과세가격의 결정)에 따라 과세가격을 결정하기 위한 이윤 및
        일반경비 산출 등에 오랜 시간이 소요되는 경우
    ㉯ 설계·시공 일괄입찰 방식으로 계약된 플랜트 등 물품의 최초 발주시기보다 상당기간이 지나 인도
        가 완료되는 경우
    ㉰ 수입 후에 수입물품의 가격이 확정되는 경우로서 다음의 요건을 모두 충족하는 경우

        ㉠ 수입 이전에 거래 당사자간의 계약에 따라 최종 거래가격 산출공식이 확정되어 있을 것
        ㉡ 최종 거래가격은 수입 후 발생하는 사실에 따라 확정될 것
        ㉢ 수입 후 발생하는 사실은 거래 당사자가 통제할 수 없는 변수에 기초할 것
        ㉣ 그 밖에 계약의 내용이나 거래의 특성상 잠정가격으로 가격신고를 하는 것이 불가피하다고
            세관장이 인정하는 경우

    ㉱ 그 밖에 계약의 내용이나 거래의 특성상 잠정가격으로 가격신고를 하는 것이 불가피하다고 세관장
        이 인정하는 경우

    (2) 납세의무자는 위의 (1)에 따른 잠정가격으로 가격신고를 하였을 때에는 대통령령으로 정
하는 기간 내에 해당 물품의 확정된 가격을 세관장에게 신고하여야 한다.

    (3) 세관장은 납세의무자가 위의 (2)에 따른 기간 내에 확정된 가격을 신고하지 아니하는 경
우에는 해당 물품에 적용될 가격을 확정할 수 있다. 다만, 납세의무자가 폐업, 파산신고, 법인해
산 등의 사유로 확정된 가격을 신고하지 못할 것으로 인정되는 경우에는 위의 (2)에 따른 기간
중에도 해당 물품에 적용될 가격을 확정할 수 있다.

    (4) 세관장은 위의 (2)에 따라 확정된 가격을 신고받거나 위의 (3)에 따라 가격을 확정하였을
때에는 대통령령으로 정하는 바에 따라 잠정가격을 기초로 신고납부한 세액과 확정된 가격에
따른 세액의 차액을 징수하거나 환급하여야 한다.

3) 잠정가격의 신고시의 서류의 제출

(1) 잠정가격으로 가격신고를 하려는 자는 다음의 사항을 적은 신고서에 법 시행령 제15조 (가격신고) 제5항 각 호의 서류를 첨부하여 세관장에게 제출하여야 한다.

① 법 시행령 제15조(가격신고) 제1항 각호의 사항
② 거래내용
③ 가격을 확정할 수 없는 사유
④ 잠정가격 및 잠정가격의 결정방법
⑤ 가격확정예정시기

(2) 잠정가격으로 가격신고를 한 자는 2년의 범위안에서 구매자와 판매자 간의 거래계약의 내용 등을 고려하여 세관장이 지정하는 기간내에 확정된 가격(이하 "확정가격"이라 한다)을 신고 하여야 한다. 이 경우 잠정가격으로 가격신고를 한 자는 관세청장이 정하는 바에 따라 전단에 따른 신고기간이 끝나기 30일 전까지 확정가격의 계산을 위한 가산율을 산정해 줄 것을 요청할 수 있다.

(3) 세관장은 구매자와 판매자간의 거래계약내용이 변경되는 등 잠정가격을 확정할 수 없는 불가피한 사유가 있다고 인정되는 경우로서 납세의무자의 요청이 있는 경우에는 기획재정부령 으로 정하는 바에 따라 위의 (2) 전단에 따른 신고기간을 연장할 수 있다. 이 경우 연장하는 기 간은 위의 (2) 전단에 따른 신고기간의 만료일부터 2년을 초과할 수 없다.

(4) 위의 2) (2)에 따라 확정가격을 신고하려는 자는 다음의 사항이 적힌 신고서에 법 시행령 제15조(가격신고) 제5항 제3호 및 제4호의 자료를 첨부하여 세관장에게 제출하여야 한다.

① 잠정가격신고번호 또는 수입신고번호와 신고일자
② 품명 및 수입신고수리일자
③ 잠정가격 및 확정가격과 그 차액

(5) 위의 2) (4)에 따라 잠정가격을 기초로 신고납부한 세액과 확정가격에 의한 세액과의 차액 을 징수하거나 환급하는 때에는 법 시행령 제33조(수정신고), 제34조(세액의 경정) 제3항부터 제5 항까지 및 제50조(관세환급금의 환급신청) 내지 제55조(미지급자금의 정리)의 규정을 준용한다.

4) 확정가격 신고기간의 연장방법

(1) 위의 3) (3)에 따라 확정가격 신고기간의 연장을 요청하려는 자는 확정가격 신고기간이 만료되기 3일 전까지 관세청장이 정하는 확정가격 신고기간 연장신청서에 관련 증빙자료를 첨부하여 위의 3) (1)에 따라 잠정가격을 신고한 세관장에게 제출해야 한다.

(2) 위의 (1)에 따라 확정가격 신고기간 연장을 신청하려는 자는 잠정가격을 신고한 세관장이 둘 이상인 경우 그 중 어느 하나의 세관장에게 일괄적으로 확정가격 신고기간 연장을 신청할 수 있다.

(3) 세관장은 위의 3) (3)에 따라 확정가격 신고기간의 연장 여부가 결정되면 세관장은 그 결과를 신청인에게 통보해야 한다.

❸ 제29조(가격조사 보고 등)

1) 의의

(1) 기획재정부장관 또는 관세청장은 과세가격을 결정하기 위하여 필요하다고 인정되는 경우에는 수출입업자, 경제단체 또는 그 밖의 관계인에게 과세가격 결정에 필요한 자료를 제출할 것을 요청할 수 있다. 이 경우 그 요청을 받은 자는 정당한 사유가 없으면 이에 따라야 한다.

(2) 관세청장은 다음의 어느 하나에 해당하는 경우 국민 생활에 긴요한 물품으로서 국내물품과 비교 가능한 수입물품의 평균 신고가격이나 반입 수량에 관한 자료를 대통령령으로 정하는 바에 따라 집계하여 공표할 수 있다.

① 원활한 물자수급을 위하여 특정물품의 수입을 촉진시킬 필요가 있는 경우
② 수입물품의 국내가격을 안정시킬 필요가 있는 경우

2) 수입신고가격 등의 공표

(1) 관세청장은 위의 1) (2)의 규정에 따라 수입물품의 평균 신고가격이나 반입 수량에 관한 자료의 집계결과를 공표할 때에는 관세청의 인터넷 홈페이지를 통하여 공표하여야 한다. 이 경우 공표대상 수입물품의 선정기준 및 수입물품의 평균 신고가격이나 반입 수량에 관한 자료의 집계방법 등을 함께 공표하여야 한다.

(2) 관세청장은 다음의 어느 하나에 해당하는 사항은 공표하여서는 아니 된다.

① 수입물품의 상표 및 상호
② 수입자의 영업상 비밀에 관한 사항
③ 그 밖에 공개될 경우 수입자의 정당한 이익을 현저히 침해할 우려가 있는 사항

(3) 위의 1) (2)에 따른 국내물품과 비교 가능한 수입물품은 다음의 요건을 모두 충족하는 것으로 한다.

① 법 시행령 제98조(품목분류표 등)에 따른 관세 · 통계통합품목분류표상 품목번호에 해당할 것. 다만, 품목번호에 해당하는 품목의 가격 공표만으로 위의 2) (2) 각 호에 해당하는 목적을 달성하기 어렵다고 인정되는 경우로서 관세청장이 수입물품의 용도 · 특성 등을 고려하여 품목번호보다 세분화된 수입물품의 번호를 정하는 경우에는 그 세분화된 번호에 해당할 것
② 해당 수입물품의 수입자가 2인 이상일 것

Ⅱ. 과세가격의 결정

1 관세평가의 의의

1) 관세평가(customs valuation)는 수입물품의 과세가격을 결정하는 절차와 방법을 말한다.

2) 관세는 일반적으로 관세의 징수를 통한 재정수입의 확보와 국제경쟁력이 약한 국내산업을 보호하는 산업정책적 기능을 가지고 있으므로 관세율의 적정한 책정과 부과는 매우 중요하다. 그런데 관세율이 적정하게 책정되더라도 관세평가면에서 공정한 과세가격이 포착되지 아니한다면 관세부과의 실질적인 목적을 달성할 수 없으므로 관세평가 또한 매우 중요하다.

3) 관세평가의 목적은 수입물품의 저가신고를 방지하여 관세수입을 확보하고, 부정무역 및 불공정무역을 방지하며, 아울러 고가신고로 인한 부당한 외화도피 및 조세회피와 합법무역거래를 가장한 불법자금 세탁행위를 방지함으로써 공평하고 적정한 과세확보를 도모하는 데 그 목적이 있다. 또한 관세평가제도의 국제적 통일은 각국의 자의적인 관세평가 운용에 의한 무역확대의 장애요소를 제거하여 무역마찰을 줄이고 자유무역의 진흥에 기여한다.

4) 이러한 과세가격의 결정에 대한 합리적이며 객관적인 기준과 평가의 투명성을 확보하기 위하여 세계 각국은 수개의 관세평가협약을 통하여 관세평가의 규범을 정립해 가고 있다.

② 관세평가의 형태

관세평가의 형태로는 발송지가격, 도착지가격, 법정가격 그리고 시가역산가격의 4가지가 있는데, 우리나라의 경우 도착지가격(CIF 가격)을 원칙으로 하여 과세가격을 결정한다.

1) 발송지가격

발송지가격은 관세의 과세가격에 운임과 보험료를 합하지 않은 FOB 가격을 말한다. 이는 과세가격이 낮아 관세부담이 적고, 이로 인한 수입가격의 인하효과가 있으며, 근거리 수입품이나 장거리 수입물품이 똑같은 조건으로 과세되어 수입선 전환효과가 있다. 또한 관세를 산출하기 위해 운임이나 보험료를 합산하는 시간과 절차가 없으므로 관세액을 쉽게 계산할 수 있어 신속 통관의 장점을 가지지만, 도착가격주의, 즉 CIF 가격주의에 비해 관세수입이 적다.

2) 도착지가격

도착지가격은 FOB 가격에 운임과 보험료를 가산한 CIF 가격을 기준으로 관세를 부과하는 것이다. 이는 FOB 가격에 비하여 과세가격이 높아 납세의무자의 관세부담이 커지고 따라서 재정수입의 증대에 기여하지만, 한편 운임과 보험료가 적게 드는 근거리 수입물품이 원거리 수입물품보다 적게 과세되어 근거리 수입을 조장한다.

3) 법정가격

법정가격은 어느 기간 중의 국내시장 평균가격을 조사하여 그 가격을 과세가격으로 정하는 것을 말한다. 이 법정가격주의는 과세가격 결정이 매우 간편한 반면에, 과거 일정기간내의 평균가격을 기초로 하므로 실제 수입 당시의 가격과는 항상 차이가 생기며, 그 결과 과세 공평을 기할 수 없다는 단점이 있다.

4) 시가역산가격

시가역산제(Deducted System from Market Price)는 수입물품의 가격을 결정하는 데 있어서, 그 상품의 국내시장가격을 조사한 후에 수입물품과 동종 · 동질 물품의 도착지의 국내시장가격에서 수입제세와 수입관련비용, 수입 후 판매할 때까지의 정상판매비용과 정상이윤을 공제한 것을 과세가격으로 하는 방법으로서, 도착지시장가격이라고도 한다.

과세가격을 시가역산가격으로 정하는 경우 동일한 물품의 가격도 시간과 장소, 그리고 거래수량에 따라 상이해진다. 따라서 여러 가지 가격 중에서 어떤 가격을 과세가격으로 채택하고 이들 가격은 수입물품에 대하여 구체적으로 어떻게 결정하는가 하는 것은 관세액을 결정함에 있어 중요한 사항이다. 우리나라는 여행자 휴대품 등의 과세가격평가에 시가역산제를 적용하고 있다.

③ 관세평가에 대한 국제협약과 우리나라 관세평가제도

1) GATT 신관세평가협약

(1) 브뤼셀관세평가정의(Brussels Definition of Value : BDV)는 일부 협약규정이 상이한 해석의 가능성으로 인하여 이들 규정이 일관성 있게 적용되지 않았는데, 이러한 문제에는, 첫째, 관념가격으로서의 정상가격이 그 추상성으로 인하여 실제 운영상에서는 가격포착의 곤란을 야기함에 따라 각국은 자의적 평가 또는 가공적 가격을 관세의 과세가격으로 사용하는 등의 문제가 있고, 둘째, 협약자체의 강제성의 결여로 인하여 관세평가에 관한 분쟁의 발생시 이를 해결하기가 어렵다는 점이다.

(2) 이러한 문제는 궁극적으로 새로운 평가협약을 필요로 하게 되어 그 결과 1973년 9월 도쿄 각료회의에서 채택된 도쿄라운드 이래 작업을 진행하여 1979년 4월 12일 및 동년 11월 1일 신관세평가협약(New Valuation Code : NVC)과 동 의정서가 결실을 보게 되었다. NVC는 1981년 1월 1일 발효되었고, 그 정식명칭은 'GATT 제7조의 시행에 관한 협정'(Agreement on Implementation of Article 7 of the General Agreement on Tariffs and Trade)이며 통상 'GATT 관세평가협정'으로 불리고 있다.

(3) GATT·NVC의 주요 내용 및 특징을 보면, 관세평가는 송품장에 표기되어 있는 평가대상물품의 실제가격에 기초를 두어야 한다고 규정하고 있다.

(4) 여기서의 가격은 특정한 조정을 조건으로 한 거래가격(transaction value)으로서, 수입의 경우 과세가격은 이 거래가격에 따르지만, 거래가격이 없는 경우 또는 가격의 왜곡으로 거래가격을 채택할 수 없는 경우에 협약은 다음 순위와 방법에 따라 적용될 관세평가의 6가지 다른 평가방법을 두고 있다.

① 평가대상물품의 거래가격(제1평가방법)
② 동종 · 동질물품의 거래가격(제2평가방법)
③ 유사물품의 거래가격(제3평가방법)
④ 공제(예산)가격(제4평가방법)
⑤ 제조원가 및 이윤에 의한 산정가격(제5평가방법)
⑥ 합리적으로 산출한 가격(제6평가방법)

2) WTO 관세평가협정

NVC가 GATT의 본 내용이 아닌 한 부속협약의 형식으로 존재하고 있는 불완전한 점에 대하여 동 협정 자체의 부속서로서 '1994년 관세 및 무역에 관한 일반협정 제7조의 이행에 관한 협정'(Agreement on Implementation of Article Ⅶ of the General Agreement on Tariffs and Trade 1994)을 약칭하여 'WTO 관세평가협정'으로 포괄하여 제정하였다.

WTO 관세평가협정은 GATT · NVC가 WTO 체제로 편입됨에 따라 제정된 것으로 내용에 있어서 거의 전적으로 기존의 GATT · NVC와 동일하다. 다만, GATT · NVC는 부속협약의 형식이지만 WTO 관세평가협정은 WTO 가입시 반드시 이 협정을 수용해야 한다.

3) 우리나라의 관세평가제도

(1) 우리나라는 1968년 BDV에 가입한 이래로 WCO의 정상도착가격원칙을 법에 도입하여 이를 적용해 오다가 1981년 GATT · NVC에 가입함으로써 평가제도를 대폭 변경하였다.

(2) 1984년 7월부터 수입물품의 과세가격은 우리나라에 수출판매되는 물품에 대하여 구매자가 실제로 지급하였거나 지급하여야 할 가격을 과세가격의 기초로 하게 되었다. 거래가격을 과세가격으로 하는 경우에도 그 가격은 수입항까지의 운임 · 보험료 그 밖에 운송과 관련한 부대비용을 포함하도록 하고 있는데, 이는 도착지가격(CIF 가격)을 의미한다.

(3) 우리나라 법에서도 WTO 관세평가협정상의 과세가격결정원칙을 수용하고 있으며, 그리고 평가와 관련한 과세가격결정방법의 적용원칙으로는 다음과 같은 과세가격의 결정에 관한 6가지 방법을 순차적으로 적용하며, 선순위의 결정 방법을 적용할 수 없는 경우에 한하여 후순위의 결정방법을 적용하고 있다.

(4) 다만, 납세의무자의 요청이 있는 때에는 산정가격을 기초로 한 과세가격의 결정방법(제5방법)을 국내판매가격을 기초로 한 과세가격결정방법(제4방법)에 우선하여 적용하고 있다.

표 2-2 과세가격결정방법의 적용순위

적용순위	종 류	근거	
		WTO 관세평가협정	법
제1방법	과세가격결정의 원칙	제1조	제30조
제2방법	동종 · 동질물품의 거래가격을 기초로 한 과세가격의 결정	제2조	제31조
제3방법	유사물품의 거래가격을 기초로 한 과세가격의 결정	제3조	제32조
제4방법	국내판매가격을 기초로 한 과세가격의 결정	제4조	제33조
제5방법	산정가격을 기초로 한 과세가격의 결정	제5조	제34조
제6방법	합리적 기준에 의한 과세가격의 결정	제6조	제35조

4 제30조(과세가격 결정의 원칙)

1) 의의

(1) 과세가격의 결정원칙(제1방법)은 관세평가에서 가장 기본적인 방법으로서 수입물품의 과세가격은 우리나라에 수출하기 위하여 판매되는 물품에 대하여 구매자가 실제로 지급하였거나 지급하여야 할 가격에 다음의 금액을 더하여 조정한 거래가격으로 한다. 다만, 다음의 금액을 더할 때에는 객관적이고 수량화할 수 있는 자료에 근거하여야 하며, 이러한 자료가 없는 경우에는 이 조에 규정된 방법으로 과세가격을 결정하지 아니하고 제31조(동종 · 동질물품의 거래가격을 기초로 한 과세가격의 결정)(제2방법)부터 제35조(합리적 기준에 따른 과세가격의 결정(제6방법)까지에 규정된 방법으로 과세가격을 결정한다.

① 구매자가 부담하는 수수료와 중개료. 다만, 구매수수료는 제외한다.
② 해당 수입물품과 동일체로 취급되는 용기의 비용과 해당 수입물품의 포장에 드는 노무비와 자재비로서 구매자가 부담하는 비용
③ 구매자가 해당 수입물품의 생산 및 수출거래를 위하여 구매자가 직접 또는 간접으로 공급하는 것으로서 다음의 어느 하나에 해당하는 것을 무료 또는 인하된 가격으로 직접 또는 간접으로 공급한 경우에는 그 물품 및 용역의 가격 또는 인하차액을 해당 수입물품의 총생산량 등 대통령령으로 정하는 요소를 고려하여 적절히 배분한 금액

  ㉮ 수입물품에 결합되는 재료 · 구성요소 · 부분품 및 그 밖에 이와 비슷한 물품
  ㉯ 수입물품의 생산에 사용되는 공구 · 금형 · 다이스 및 그 밖에 이와 비슷한 물품으로서 해당 수입물품의 조립 · 가공 · 성형 등의 생산과정에 직접 사용되는 기계 · 기구 등

> ㉰ 수입물품의 생산과정에 소비되는 물품
> ㉱ 수입물품의 생산에 필요한 기술·설계·고안·공예 및 디자인. 다만, 우리나라에서 개발된 것은 제외한다.

④ 특허권, 실용신안권, 디자인권, 상표권 및 다음의 하나에 해당하는 것을 사용하는 대가로 지급하는 것으로서 대통령령으로 정하는 바에 따라 산출된 금액

> ㉠ 저작권 등의 법적 권리
> ㉡ 법적 권리에는 속하지 아니하지만 경제적 가치를 가지는 것으로서 상당한 노력에 의하여 비밀로 유지된 생산방법·판매방법 기타 사업활동에 유용한 기술상 또는 경영상의 정보 등(이하 "영업비밀"이라 한다)

⑤ 해당 수입물품의 전매·처분대금, 임대료 중 판매자에게 직접 또는 간접으로 귀속되는 금액. 다만, 주식배당금 및 금융서비스의 대가 등 수입물품과 관련이 없는 금액은 제외한다.
⑥ 수입항까지의 운임·보험료와 그 밖에 운송과 관련되는 비용으로서 대통령령으로 정하는 바에 따라 결정된 금액. 다만, 기획재정부령으로 정하는 수입물품의 경우에는 이의 전부 또는 일부를 제외할 수 있다.

(2) 위의 (1) 각 호 외의 부분 본문에서 "구매자가 실제로 지급하였거나 지급하여야 할 가격"이란 해당 수입물품의 대가로서 구매자가 지급하였거나 지급하여야 할 총금액을 말하며, 구매자가 해당 수입물품의 대가와 판매자의 채무를 상계하는 금액, 구매자가 판매자의 채무를 변제하는 금액, 그 밖의 간접적인 지급액을 포함한다. 다만, 구매자가 지급하였거나 지급하여야 할 총금액에서 다음의 어느 하나에 해당하는 금액을 명백히 구분할 수 있을 때에는 그 금액을 뺀 금액을 말한다.

① 수입 후에 하는 해당 수입물품의 건설, 설치, 조립, 정비, 유지 또는 해당 수입물품에 관한 기술지원에 필요한 비용
② 수입항에 도착한 후 해당 수입물품을 운송하는 데에 필요한 운임·보험료와 그 밖에 운송과 관련되는 비용
③ 우리나라에서 해당 수입물품에 부과된 관세 등의 세금과 그 밖의 공과금
④ 연불조건의 수입인 경우에는 해당 수입물품에 대한 연불이자

(3) 다음의 어느 하나에 해당하는 경우에는 제1항에 따른 거래가격을 해당 물품의 과세가격으로 하지 아니하고 법 제31조부터 제35조까지에 규정된 방법으로 과세가격을 결정한다. 이 경우 세관장은 다음의 어느 하나에 해당하는 것으로 판단하는 근거를 납세의무자에게 미리 서면으로 통보하여 의견을 제시할 기회를 주어야 한다.

① 해당 물품의 처분 또는 사용에 제한이 있는 경우. 다만, 세관장이 위의 1) (3)에 따른 다음의 어느 하나에 해당하는 제한이 있는 경우는 제외한다.

> ㉮ 우리나라의 법령이나 법령에 의한 처분에 의하여 부과되거나 요구되는 제한
> ㉯ 수입물품이 판매될 수 있는 지역의 제한
> ㉰ 그 밖에 해당 수입물품의 특성, 해당 산업부문의 관행 등을 고려하여 통상적으로 허용되는 제한으로서 수입가격에 실질적으로 영향을 미치지 않는다고 세관장이 인정하는 제한

② 해당 물품에 대한 거래의 성립 또는 가격의 결정이 금액으로 계산할 수 없는 조건 또는 사정에 따라 영향을 받은 경우
③ 해당 물품을 수입한 후에 전매·처분 또는 사용하여 생긴 수익의 일부가 판매자에게 직접 또는 간접으로 귀속되는 경우. 다만, 위의 ①에 따라 적절히 조정할 수 있는 경우는 제외한다.
④ 구매자와 판매자 간에 다음의 어느 하나에 해당하는 경우(이하 "특수관계"라 한다)가 있어 그 특수관계가 해당 물품의 가격에 영향을 미친 경우.

> ㉮ 구매자와 판매자가 상호 사업상의 임원 또는 관리자인 경우
> ㉯ 구매자와 판매자가 상호 법률상의 동업자인 경우
> ㉰ 구매자와 판매자가 고용관계에 있는 경우
> ㉱ 특정인이 구매자 및 판매자의 의결권 있는 주식을 직접 또는 간접으로 5퍼센트 이상 소유하거나 관리하는 경우
> ㉲ 구매자 및 판매자중 일방이 상대방에 대하여 법적으로 또는 사실상으로 지시나 통제를 할 수 있는 위치에 있는 등 일방이 상대방을 직접 또는 간접으로 지배하는 경우
> ㉳ 구매자 및 판매자가 동일한 제3자에 의하여 직접 또는 간접으로 지배를 받는 경우
> ㉴ 구매자 및 판매자가 동일한 제3자를 직접 또는 간접으로 공동지배하는 경우
> ㉵ 구매자와 판매자가 「국세기본법 시행령」 제1조의2(특수관계인의 범위) 제1항 각 호의 어느 하나에 해당하는 친족관계에 있는 경우

⑤ 다만, 다음의 어느 하나에 해당하는 경우는 제외한다.

> ㉮ 특수관계가 없는 구매자와 판매자간에 통상적으로 이루어지는 가격결정방법으로 결정된 경우
> ㉯ 해당 산업부문의 정상적인 가격결정 관행에 부합하는 방법으로 결정된 경우
> ㉰ 해당 물품의 가격이 다음의 어느 하나의 가격(이하 "비교가격"이라 한다)에 근접하는 가격으로서 수입가격과 아래의 ㉠, ㉡의 가격(이하 "비교가격"이라 한다)과의 차이가 비교가격을 기준으로 하여 비교할 때 10/100 이하인 경우를 말한다. 다만, 세관장은 해당 물품의 특성·거래내용·거래관행 등으로 보아 그 수입가격이 합리적이라고 인정되는 때에는 비교가격의 110/100을 초과하더라도 비교가격에 근접한 것으로 볼 수 있으며, 수입가격이 불합리한 가격이라고 인정되는 때에는 비교가격의 110/100 이하인 경우라도 비교가격에 근접한   것으로 보지 아니할 수 있는 가격에 해당함을 구매자가 입증한 경우. 이 경우 비교가격 산출의 기준시점은 기획재정부령으로 정한다.

⊙ 특수관계가 없는 우리나라의 구매자에게 수출되는 동종·동질물품 또는 유사물품의 거래가격
ⓒ 법 제33조(국내판매가격을 기초로 한 과세가격의 결정) 및 법 제34조(산정가격을 기초로 한 과세가격의 결정)의 규정에 의하여 결정되는 동종·동질물품 또는 유사물품의 과세가격
ⓒ 위의 ㉯의 후단에 따른 비교가격 산출의 기준시점은 다음과 같다.

> (a) 특수관계가 없는 우리나라의 구매자에게 수출되는 동종·동질물품 또는 유사물품의 거래가격: 선적 시점
> (b) 법 제33조(국내판매가격을 기초로 한 과세가격의 결정)에 따라 결정되는 동종·동질물품 또는 유사물품의 과세가격: 국내판매 시점
> (c) 법 제34조(산정가격을 기초로 한 과세가격의 결정)에 따라 결정되는 동종·동질물품 또는 유사물품의 과세가격: 수입신고 시점

(4) 세관장은 납세의무자가 위의 (1)에 따른 거래가격으로 가격신고를 한 경우 해당 신고가격이 동종·동질물품 또는 유사물품의 거래가격과 현저한 차이가 있는 등 이를 과세가격으로 인정하기 곤란한 경우로서 다음의 어느 하나에 해당하는 경우에는 대통령령으로 정하는 바에 따라 납세의무자에게 신고가격이 사실과 같음을 증명할 수 있는 자료를 제출할 것을 요구할 수 있다.

① 납세의무자가 신고한 가격이 동종·동질물품 또는 유사물품의 가격과 현저한 차이가 있는 경우
② 납세의무자가 동일한 공급자로부터 계속하여 수입하고 있음에도 불구하고 신고한 가격에 현저한 변동이 있는 경우
③ 신고한 물품이 원유·광석·곡물 등 국제거래시세가 공표되는 물품인 경우 신고한 가격이 그 국제거래시세와 현저한 차이가 있는 경우
④ 신고한 물품이 원유·광석·곡물 등으로서 국제거래시세가 공표되지 않는 물품인 경우 관세청장 또는 관세청장이 지정하는 자가 조사한 수입물품의 산지 조사가격이 있는 때에는 신고한 가격이 그 조사가격과 현저한 차이가 있는 경우
⑤ 납세의무자가 거래처를 변경한 경우로서 신고한 가격이 종전의 가격과 현저한 차이가 있는 경우
⑥ 위의 ①부터 ⑤까지의 사유에 준하는 사유로서 기획재정부령으로 정하는 경우

(5) 세관장은 납세의무자가 다음의 어느 하나에 해당하면 위의 (1)과 (2)에 규정된 방법으로 과세가격을 결정하지 아니하고 법 제31조(동종·동질물품의 거래가격을 기초로 한 과세가격의 결정)부터 제35조(합리적 기준에 따른 과세가격의 결정)까지에 규정된 방법으로 과세가격을 결정한다. 이 경우 세관장은 빠른 시일 내에 과세가격 결정을 하기 위하여 납세의무자와 정보교환 등 적절한 협조가 이루어지도록 노력하여야 하고, 신고가격을 과세가격으로 인정하기 곤란한 사유와 과세가격 결정 내용을 해당 납세의무자에게 통보하여야 한다.

① 위의 (4)에 따라 요구받은 자료를 제출하지 아니한 경우
② 위의 (4)의 요구에 따라 제출한 자료가 일반적으로 인정된 회계원칙에 부합하지 아니하게 작성된 경우
③ 그 밖에 다음의 어느 하나에 해당하는 경우

> ㉮ 납세의무자가 제출한 자료가 수입물품의 거래관계를 구체적으로 나타내지 못하는 경우
> ㉯ 그 밖에 납세의무자가 제출한 자료에 대한 사실관계를 확인할 수 없는 등 신고가격의 정확성이나 진실성을 의심할 만한 합리적인 사유가 있는 경우

2) 구매수수료의 범위

(1) 위의 1) (1) ① 단서에 따른 구매수수료(이하 "구매수수료"라 한다)는 해당 수입물품의 구매와 관련하여 외국에서 구매자를 대리하여 행하는 용역의 대가로서 구매자가 구매대리인에게 지급하는 비용으로 한다.

(2) 구매자가 구매대리인에게 지급한 비용에 구매수수료 외의 비용이 포함된 경우에는 그 지급한 비용 중 구매수수료에 해당하는 금액이 따로 구분하여 산정될 수 있는 경우에만 해당 금액을 구매수수료로 한다.

(3) 세관장은 필요하다고 인정하는 경우 구매수수료에 관한 자료의 제출을 구매자에게 요청할 수 있다.

(4) 위의 (1)에 따른 구매자를 대리하여 행하는 용역은 구매자의 계산과 위험부담으로 공급자물색, 구매 관련 사항 전달, 샘플수집, 물품검사, 보험·운송·보관 및 인도 등을 알선하는 용역으로 한다. 다만, 다음의 어느 하나에 해당하는 경우에는 그러하지 아니하다.

① 구매대리인이 자기의 계산으로 용역을 수행하는 경우
② 구매대리인이 해당 수입물품에 대하여 소유권 또는 그 밖의 이와 유사한 권리가 있는 경우
③ 구매대리인이 해당 거래나 가격을 통제하여 실질적인 결정권을 행사하는 경우

3) 우리나라에 수출하기 위하여 판매되는 물품의 범위

위의 1) (1) 본문에 따른 우리나라에 수출하기 위하여 판매되는 물품은 해당 물품을 우리나라에 도착하게 한 원인이 되는 거래를 통해 판매되는 물품으로 한다. 다만, 다음의 물품은 포함되지 않는다.

① 무상으로 국내에 도착하는 물품
② 국내 도착 후 경매 등을 통해 판매가격이 결정되는 위탁판매물품
③ 수출자의 책임으로 국내에서 판매하기 위해 국내에 도착하는 물품
④ 별개의 독립된 법적 사업체가 아닌 지점 등과의 거래에 따라 국내에 도착하는 물품
⑤ 임대차계약에 따라 국내에 도착하는 물품
⑥ 무상으로 임차하여 국내에 도착하는 물품
⑦ 산업쓰레기 등 수출자의 부담으로 국내에서 폐기하기 위해 국내에 도착하는 물품

4) 특수관계의 범위

(1) 해당 물품의 가격과 비교가격을 비교할 때에는 거래단계, 거래수량 및 위의 1) (1) 각 호의 금액의 차이 등을 고려해야 한다.

(2) 위의 1) (3) ⑤의 규정을 적용받고자 하는 자는 관세청장이 정하는 바에 따라 가격신고를 하는 때에 그 증명에 필요한 자료를 제출하여야 한다.

(3) 비교가격은 비교의 목적으로만 사용되어야 하며, 비교가격을 과세가격으로 결정하여서는 아니된다.

5) 간접지급금액

(1) 위의 1) (2) 각 호 외의 부분 본문의 "그 밖의 간접적인 지급액"에는 다음의 금액이 포함되는 것으로 한다.

① 수입물품의 대가 중 전부 또는 일부를 판매자의 요청으로 제3자에게 지급하는 경우 그 금액
② 수입물품의 거래조건으로 판매자 또는 제3자가 수행해야 하는 하자보증을 구매자가 대신하고 그에 해당하는 금액을 할인받았거나 하자보증비 중 전부 또는 일부를 별도로 지급하는 경우 그 금액
③ 수입물품의 거래조건으로 구매자가 외국훈련비, 외국교육비 또는 연구개발비 등을 지급하는 경우 그 금액
④ 그 밖에 일반적으로 판매자가 부담하는 금융비용 등을 구매자가 지급하는 경우 그 금액

(2) 위의 1) (1) 각 호의 가산금액 외에 구매자가 자기의 계산으로 행한 활동의 비용은 같은 조 (2) 각 호 외의 부분 본문의 "그 밖의 간접적인 지급액"으로 보지 않는다.

(3) 위의 1) (2) ④에 따라 구매자가 지급하였거나 지급하여야 할 총금액에서 수입물품에 대한 연불이자를 빼는 경우는 해당 연불이자가 다음의 요건을 모두 갖춘 경우로 한다.

① 연불이자가 수입물품의 대가로 실제로 지급하였거나 지급하여야 할 금액과 구분될 것
② 금융계약이 서면으로 체결되었을 것
③ 해당 물품이 수입신고된 가격으로 판매되고, 그 이자율은 금융이 제공된 국가에서 당시 금융거래에 통용되는 수준의 이자율을 초과하지 않을 것

6) 무료 또는 인하된 가격으로 공급하는 물품 및 용역금액의 배분

(1) 위의 1) (3) ③에 따라 무료 또는 인하된 가격으로 공급하는 물품 및 용역의 금액(실제 거래가격을 기준으로 산정한 금액을 말하며 국내에서 생산된 물품 및 용역을 공급하는 경우에는 부가가치세를 제외하고 산정한다)을 더하는 경우 다음의 요소를 고려하여 배분한다.

① 해당 수입물품의 총생산량 대비 실제 수입된 물품의 비율
② 공급하는 물품 및 용역이 해당 수입물품 외의 물품 생산과 함께 관련되어 있는 경우 각 생산 물품별 거래가격(해당 수입물품 외의 물품이 국내에서 생산되는 경우에는 거래가격에서 부가가치세를 제외한다) 합계액 대비 해당 수입물품 거래가격의 비율

(2) 위의 (1)에도 불구하고 납세의무자는 위의 1) (3) ③에 따라 무료 또는 인하된 가격으로 공급하는 물품 및 용역의 가격 또는 인하차액 전액을 최초로 수입되는 물품의 실제로 지급하였거나 지급하여야 할 가격에 배분할 수 있다. 이 경우 수입되는 전체 물품에 관세율이 다른 여러 개의 물품이 혼재된 경우에는 전단에 따른 전액을 관세율이 다른 물품별로 최초로 수입되는 물품의 가격에 안분하여 배분한다.

(3) 위의 5) (1) 각 호의 물품 및 용역의 가격은 다음의 구분에 따른 금액으로 결정한다.

① 해당 물품 및 용역을 위의 1) (3) ④에 따른 특수관계가 없는 자로부터 구입 또는 임차하여 구매자가 공급하는 경우 : 그 구입 또는 임차하는 데에 소요되는 비용과 이를 생산장소까지 운송하는 데에 소요되는 비용을 합한 금액
② 해당 물품 및 용역을 구매자가 직접 생산하여 공급하는 경우 : 그 생산비용과 이를 수입물품의 생산장소까지 운송하는 데에 소요되는 비용을 합한 금액
③ 해당 물품 및 용역을 구매자와 위의 1) (3) ④에 따른 특수관계에 있는 자로부터 구입 또는 임차하여 공급하는 경우 : 다음의 어느 하나에 따라 산출된 비용과 이를 수입물품의 생산장소까지 운송하는 데에 소요되는 비용을 합한 금액

    ㉮ 해당 물품 및 용역의 생산비용
    ㉯ 특수관계에 있는 자가 해당 물품 및 용역을 구입 또는 임차한 비용

④ 수입물품의 생산에 필요한 기술 · 설계 · 고안 · 공예 및 의장(이하 "기술 등"이라 한다)이 수입물품 및 국내
  생산물품에 함께 관련된 경우 : 해당 기술 등이 제공되어 생산된 수입물품에 해당되는 기술 등의 금액

(4) 위의 1) (1) ③ ㉯에 의한 수입물품의 생산에 필요한 기술은 특허기술 · 노하우 등 이미 개발되어 있는 기술과 새로이 수행하여 얻은 기술로 한다.

7) 처분 또는 사용에 대한 제한의 범위

위의 1) (3) ①의 규정에 의한 물품의 처분 또는 사용에 제한이 있는 경우에는 다음의 경우가 포함되는 것으로 한다.

① 전시용 · 자선용 · 교육용 등 해당 물품을 특정용도로 사용하도록 하는 제한
② 해당 물품을 특정인에게만 판매 또는 임대하도록 하는 제한
③ 기타 해당 물품의 가격에 실질적으로 영향을 미치는 제한

8) 과세가격 불인정의 범위

세관장은 위의 1) (4)에 따라 자료제출을 요구하는 경우 그 사유와 자료제출에 필요한 기획재정부령으로 정하는 기간은 자료제출 요구일로부터 15일로 한다. 다만, 부득이한 사유로 납세의무자가 자료제출 기간 연장을 요청하는 경우에는 세관장이 해당 사유를 고려하여 타당하다고 인정하는 기간을 적은 서면으로 해야 한다.

9) 권리사용료의 산출

(1) 위의 1) (1)의 규정에 의하여 해당 물품에 대하여 구매자가 실제로 지급하였거나 지급하여야 할 가격에 가산하여야 하는 특허권 · 실용신안권 · 디자인권 · 상표권 및 이와 유사한 권리를 사용하는 대가(특정한 고안이나 창안이 구현되어 있는 수입물품을 이용하여 우리나라에서 그 고안이나 창안을 다른 물품에 재현하는 권리를 사용하는 대가를 제외하며, 이하 "권리사용료"라 한다)는 해당 물품에 관련되고 해당 물품의 거래조건으로 구매자가 직접 또는 간접으로 지급하는 금액으로 한다.

(2) 위의 (1)의 규정을 적용함에 있어서 다음의 하나에 해당하는 경우에는 권리사용료가 해당 물품과 관련되는 것으로 본다.

① 권리사용료가 특허권에 대하여 지급되는 때에는 수입물품이 다음의 하나에 해당하는 물품인 경우

> ㉮ 특허발명품
> ㉯ 방법에 관한 특허에 의하여 생산된 물품
> ㉰ 국내에서 해당 특허에 의하여 생산될 물품의 부분품·원재료 또는 구성요소로서 그 자체에 해당 특허의 내용의 전부 또는 일부가 구현되어 있는 물품
> ㉱ 방법에 관한 특허를 실시하기에 적합하게 고안된 설비·기계 및 장치(그 주요특성을 갖춘 부분품 등을 포함한다)

② 권리사용료가 디자인권에 대하여 지급되는 때에는 수입물품이 해당 디자인을 표현하는 물품이거나 국내에서 해당 디자인권에 의하여 생산되는 물품의 부분품 또는 구성요소로서 그 자체에 해당 디자인의 전부 또는 일부가 표현되어 있는 경우
③ 권리사용료가 상표권에 대하여 지급되는 때에는 수입물품에 상표가 부착되거나 희석·혼합·분류·단순 조립·재포장 등의 경미한 가공후에 상표가 부착되는 경우
④ 권리사용료가 저작권에 대하여 지급되는 때에는 수입물품에 가사·선율·영상·컴퓨터소프트웨어 등이 수록되어 있는 경우
⑤ 권리사용료가 실용신안권 또는 영업비밀에 대하여 지급되는 때에는 해당 실용신안권 또는 영업비밀이 수입물품과 위의 ①의 규정에 준하는 관련이 있는 경우
⑥ 권리사용료가 기타의 권리에 대하여 지급되는 때에는 해당 권리가 수입물품과 위의 ① 내지 ⑤의 규정 중 권리의 성격상 해당 권리와 가장 유사한 권리에 대한 규정에 준하는 관련이 있는 경우

(3) 위의 (1)을 적용할 때 컴퓨터소프트웨어에 대하여 지급되는 권리사용료는 컴퓨터소프트웨어가 수록된 마그네틱테이프·마그네틱디스크·시디롬 및 이와 유사한 물품[법 별표 관세율표 번호(이하 "관세율표 번호"라 한다) 제8523호에 속하는 것으로 한정한다]과 관련되지 아니하는 것으로 본다.

(4) 위의 (1)의 규정을 적용함에 있어서 다음의 하나에 해당하는 경우에는 권리사용료가 해당 물품의 거래조건으로 지급되는 것으로 본다.

① 구매자가 수입물품을 구매하기 위하여 판매자에게 권리사용료를 지급하는 경우
② 수입물품의 구매자와 판매자간의 약정에 따라 구매자가 수입물품을 구매하기 위하여 해당 판매자가 아닌 자에게 권리사용료를 지급하는 경우
③ 구매자가 수입물품을 구매하기 위하여 판매자가 아닌 자로부터 특허권 등의 사용에 대한 허락을 받아 판매자에게 그 특허권 등을 사용하게 하고 해당 판매자가 아닌 자에게 권리사용료를 지급하는 경우

(5) 위의 (1)를 적용할 때 구매자가 지급하는 권리사용료에 수입물품과 관련이 없는 물품이나 국내 생산 및 그 밖의 사업 등에 대한 활동 대가가 포함되어 있는 경우에는 전체 권리사용료 중 수입물품과 관련된 권리사용료만큼 가산한다. 이 경우 관세청장은 필요한 계산식을 정할 수 있다.

(6) 구매자가 수입물품과 관련하여 판매자가 아닌 자에게 권리사용료를 지급하는 경우 그 권리사용료가 위의 (1)에 따른 해당 물품의 거래조건에 해당하는지를 판단할 때에는 다음 각 호를 고려해야 한다.

① 물품판매계약 또는 물품판매계약 관련 자료에 권리사용료에 대해 기술한 내용이 있는지 여부
② 권리사용계약 또는 권리사용계약 관련 자료에 물품 판매에 대해 기술한 내용이 있는지 여부
③ 물품판매계약·권리사용계약 또는 각각의 계약 관련 자료에 권리사용료를 지급하지 않는 경우 물품판매계약이 종료될 수 있다는 조건이 있는지 여부
④ 권리사용료가 지급되지 않는 경우 해당 권리가 결합된 물품을 제조·판매하는 것이 금지된다는 조건이 권리사용계약에 있는지 여부
⑤ 상표권 등 권리의 사용을 허락한 자가 품질관리 수준을 초과하여 우리나라에 수출하기 위해 판매되는 물품의 생산 또는 판매 등을 관리할 수 있는 조건이 권리사용계약에 포함되어 있는지 여부
⑥ 그 밖에 실질적으로 권리사용료에 해당하는 지급의무가 있고, 거래조건으로 지급된다고 인정할 만한 거래사실이 존재하는지 여부

10) 운임 등의 결정

(1) 위의 1) (1) ⑥의 규정에 의한 운임 및 보험료는 해당 사업자가 발급한 운임명세서·보험료명세서 또는 이에 갈음할 수 있는 서류에 의하여 산출한다.

(2) 위의 (1)에 따라 운임 및 보험료를 산출할 수 없는 경우의 운임 및 보험료는 운송거리·운송방법 등을 고려하여 다음에 정하는 바에 따라 산출한다.

① 법 제241조(수출·수입 또는 반송의 신고) 제2항 제3호의2 가목²)에 따른 운송수단이 외국에서 우리나라로 운항하여 수입되는 경우 : 해당 운송수단이 수출항으로부터 수입항에 도착할 때까지의 연료비, 승무원의 급식비, 급료, 수당, 선원 등의 송출비용 및 그 밖의 비용 등 운송에 실제로 소요되는 금액
② 하나의 용선계약으로 여러 가지 화물을 여러 차례에 걸쳐 왕복운송하거나 여러 가지 화물을 하나의 운송계약에 따라 일괄운임으로 지급하는 경우 : 수입되는 물품의 중량을 기준으로 계산하여 배분한 운임. 다만, 수입되는 물품의 중량을 알 수 없거나 중량을 기준으로 계산하는 것이 현저히 불합리한 경우에는 가격을 기준으로 계산하여 배분한 운임으로 한다.
③ 운송계약상 선적항 및 수입항의 구분 없이 총 허용정박 시간만 정하여 체선료 또는 조출료의 발생장소를 명확히 구분할 수 없는 경우 : 총 허용정박 시간을 선적항과 수입항에서의 허용 정박시간으로 반분(半分)하여 계산된 선적항에서의 체선료를 포함한 운임. 이 경우 실제 공제받은 조출료는 운임에 포함하지 않는다.

④ 법 제254조의2(탁송품의 특별통관) 제6항에 따라 통관하는 탁송품으로서 그 운임을 알 수 없는 경우 : 관세청장이 정하는 탁송품 과세운임표에 따른 운임

(3) 다음의 어느 하나에 해당하는 물품이 항공기로 운송되는 경우에는 위의 (1)에도 불구하고 해당 물품이 항공기 외의 일반적인 운송방법에 의하여 운송된 것으로 보아 기획재정부령으로 정하는 바에 따라 운임 및 보험료를 산출한다.

① 무상으로 반입하는 상품의 견본, 광고용품 및 그 제조용 원료로서 운임 및 보험료를 제외한 총 과세가격이 20만원 이하인 물품
② 수출물품의 제조·가공에 사용할 외화획득용 원재료로서 세관장이 수출계약의 이행에 필요하다고 인정하여 무상으로 반입하는 물품
③ 계약조건과 다르거나 하자보증기간 안에 고장이 생긴 수입물품을 대체·수리 또는 보수하기 위해 무상으로 반입하는 물품
④ 계약조건과 다르거나 하자보증 기간 안에 고장이 생긴 수입물품을 외국으로 반출한 후 이를 수리하여 무상으로 반입하는 물품으로서 운임 및 보험료를 제외한 총 과세가격이 20만원 이하인 물품
⑤ 계약조건과 다르거나 하자보증 기간 안에 고장이 생긴 수출물품을 수리 또는 대체하기 위해 무상으로 반입하는 물품
⑥ 신문사, 방송국 또는 통신사에서 반입하는 뉴스를 취재한 사진필름, 녹음테이프 및 이와 유사한 취재물품
⑦ 우리나라의 거주자가 받는 물품으로서 자가 사용할 것으로 인정되는 것 중 운임 및 보험료를 제외한 총 과세가격이 20만원 이하인 물품
⑧ 법 시행규칙 제48조의2(관세가 면제되는 이사물품) 제1항에 따른 우리나라 국민, 외국인 또는 재외영주권자가 입국할 때 반입하는 이사화물로서 운임 및 보험료를 제외한 총 과세가격이 50만원 이하인 물품
⑨ 여행자가 휴대하여 반입하는 물품
⑩ 항공사가 자기 소유인 운송수단으로 운송하여 반입하는 항공기용품과 외국의 본사 또는 지사로부터 무상으로 송부받은 해당 운송사업에 사용할 소모품 및 사무용품
⑪ 항공기 외의 일반적인 운송방법으로 운송하기로 계약된 물품으로서 해당 물품의 제작지연, 그 밖에 수입자의 귀책사유가 아닌 사유로 수출자가 그 운송방법의 변경에 따른 비용을 부담하고 항공기로 운송한 물품
⑫ 항공기 외의 일반적인 운송방법으로 운송하기로 계약된 물품으로서 천재지변이나 법 시행령 제2조(천재지변 등으로 인한 기한의 연장) 제1항 각 호에 해당하는 사유로 운송수단을 변경하거나 해외 거래처를 변경하여 항공기로 긴급하게 운송하는 물품

(4) 다음의 어느 하나에 해당하는 물품의 운임이 통상의 운임과 현저하게 다른 때에는 위의 (1)에도 불구하고 법 제225조(보세화물 취급 선박회사 등의 신고 및 보고) 제1항에 따른 선박회사 또는 항공사(그 업무를 대행하는 자를 포함한다. 이하 "선박회사 등"이라 한다)가 통상적으로 적용하는 운임을 해당 물품의 운임으로 할 수 있다.

(5) 위의 1) (1) ⑥ 본문에 따른 금액은 해당 수입물품이 수입항에 도착하여 본선하역준비가 완료될 때까지 발생하는 비용으로 한다.

(6) 위의 (3)에 따라 산출된 운임 및 보험료를 적용받으려는 납세의무자는 해당 물품에 대하여 법 제27조(가격신고)에 따른 가격신고를 할 때 해당 물품이 위의 (3)에 따른 기획재정부령으로 정하는 물품에 해당됨을 증명하는 자료를 세관장에게 제출해야 한다. 다만, 과세가격 금액이 소액인 경우 등으로서 세관장이 자료 제출이 필요하지 않다고 인정하는 경우는 제외한다.

(7) 위의 (3) 각 호의 물품은 다음 각 호의 구분에 따라 운임을 산출한다. 이 경우 다음의 적용운임이 실제 발생한 항공운임을 초과하는 경우에는 해당 항공운임을 적용한다.

(8) 위의 (3)에 따른 (2) 각 호의 물품에 대한 보험료는 보험사업자가 통상적으로 적용하는 항공기 외의 일반적인 운송방법에 대한 보험료로 계산할 수 있다.

11) 거래가격에 영향을 미치지 아니하는 제한 등

위의 1) (3) ②의 규정에 의하여 금액으로 계산할 수 없는 조건 또는 사정에 의하여 영향을 받은 경우에는 다음의 경우가 포함되는 것으로 한다.

⑤ 제31조(동종·동질물품의 거래가격을 기초로 한 과세가격의 결정)

1) 의의

(1) 법 제30조(과세가격 결정의 원칙)에 따른 방법으로 과세가격을 결정할 수 없는 경우에는 과세가격으로 인정된 사실이 있는 동종·동질물품의 거래가격으로서 다음의 요건을 갖춘 가격을 기초로 하여 과세가격을 결정한다.

> ① 과세가격을 결정하려는 해당 물품의 생산국에서 생산된 것으로서 해당 물품의 선적일에 선적되거나 해당 물품의 선적일을 전후하여 가격에 영향을 미치는 시장조건이나 상관행에 변동이 없는 기간 중에 선적되어 우리나라에 수입된 것일 것
> ② 거래 단계, 거래 수량, 운송 거리, 운송 형태 등이 해당 물품과 같아야 하며, 두 물품 간에 차이가 있는 경우에는 그에 따른 가격차이를 조정한 가격일 것

(2) 위의 (1)에 따라 과세가격으로 인정된 사실이 있는 동종·동질물품의 거래가격이라 하더라도 그 가격의 정확성과 진실성을 의심할만한 합리적인 사유가 있는 경우 그 가격은 과세가격 결정의 기초자료에서 제외한다.

(3) 위의 (1)을 적용할 때 동종·동질물품의 거래가격이 둘 이상 있는 경우에는 생산자, 거래시기, 거래 단계, 거래 수량 등(이하 "거래내용 등"이라 한다)이 해당 물품과 가장 유사한 것에 해당하는 물품의 가격을 기초로 하고, 거래내용 등이 같은 물품이 둘 이상이 있고 그 가격도 둘 이상이 있는 경우에는 가장 낮은 가격을 기초로 하여 과세가격을 결정한다.

2) 동종·동질물품의 범위

(1) 과세가격의 결정원칙(제1방법)으로 과세가격을 결정할 수 없는 경우에는 동종·동질 물품의 거래가격(제2방법)으로서 일정한 거래요건을 갖춘 가격을 기초로 하여 과세가격을 결정한다.

(2) 위의 1) (1) ①에서 "선적일"은 수입물품을 수출국에서 우리나라로 운송하기 위하여 선적하는 날로 하며, 선하증권, 송품장 등으로 확인한다. 다만, 선적일의 확인이 곤란한 경우로서 해당 물품의 선적국 및 운송수단이 동종·동질물품의 선적국 및 운송수단과 동일한 경우에는 같은 호에 따른 "선적일"을 "입항일"로, "선적"을 "입항"으로 본다.

(3) 위의 1) (1) ①에서 "해당 물품의 선적일을 전후하여 가격에 영향을 미치는 시장조건이나 상관행에 변동이 없는 기간"은 해당 물품의 선적일 전 60일과 선적일 후 60일을 합한 기간으로 한다. 다만, 농림축산물 등 계절에 따라 가격의 차이가 심한 물품의 경우에는 선적일 전 30일과

선적일 후 30일을 합한 기간으로 한다.

(4) 위의 1) (1) ②에 따른 가격차이의 조정은 다음의 구분에 따른 방법으로 한다.

---

① 거래 단계가 서로 다른 경우 : 수출국에서 통상적으로 인정하는 각 단계별 가격차이를 반영하여 조정
② 거래 수량이 서로 다른 경우 : 수량할인 등의 근거자료를 고려하여 가격차이를 조정
③ 운송 거리가 서로 다른 경우 : 운송 거리에 비례하여 가격차이를 조정
④ 운송 형태가 서로 다른 경우 : 운송 형태별 통상적으로 적용되는 가격차이를 반영하여 조정

---

(5) 위의 1) (3)을 적용할 때 해당 물품의 생산자가 생산한 동종 · 동질물품은 다른 생산자가 생산한 동종 · 동질물품보다 우선하여 적용한다.

6 제32조(유사물품의 거래가격을 기초로 한 과세가격의 결정)

1) 의의

(1) 법 제30조(과세가격 결정의 원칙)와 법 제31조(동종 · 동질물품의 거래가격을 기초로 한 과세가격의 결정)에 따른 방법으로 과세가격을 결정할 수 없을 때에는 과세가격으로 인정된 사실이 있는 유사물품의 거래가격으로서 법 제31조 제1항 각 호의 요건을 갖춘 가격을 기초로 하여 과세가격을 결정한다.

(2) 위의 (1)에 따라 과세가격으로 인정된 사실이 있는 유사물품의 거래가격이라 하더라도 그 가격의 정확성과 진실성을 의심할만한 합리적인 사유가 있는 경우 그 가격은 과세가격 결정의 기초자료에서 제외한다.

(3) 위의 (1)을 적용할 때 유사물품의 거래가격이 둘 이상이 있는 경우에는 거래내용 등이 해당 물품과 가장 유사한 것에 해당하는 물품의 가격을 기초로 하고, 거래내용 등이 같은 물품이 둘 이상이 있고 그 가격도 둘 이상이 있는 경우에는 가장 낮은 가격을 기초로 하여 과세가격을 결정한다.

2) 유사물품의 범위

(1) 위의 1) (1)에서 "유사물품"이라 함은 해당 수입물품의 생산국에서 생산된 것으로서 모든 면에서 동일하지는 아니하지만 동일한 기능을 수행하고 대체사용이 가능할 수 있을 만큼 비슷한 특성과 비슷한 구성요소를 가지고 있는 물품을 말한다.

(2) 위의 1)에 따라 과세가격을 결정할 때에는 법 시행령 제25조(동종·동질물품의 범위) 제2항부터 제5항까지의 규정을 준용한다. 이 경우 "동종·동질물품"은 "유사물품"으로 본다.

7 제33조(국내판매가격을 기초로 한 과세가격의 결정)

1) 의의

(1) 법 제30조부터 법 제32조까지에 규정된 방법으로 과세가격을 결정할 수 없을 때에는 아래의 ①의 금액에서 ②부터 ④까지의 금액을 뺀 가격을 과세가격으로 한다. 다만, 납세의무자가 요청하면 법 제34조에 따라 과세가격을 결정하되 법 제34조(산정가격을 기초로 한 과세가격의 결정)에 따라 결정할 수 없는 경우에는 이 조, 법 제35조(합리적 기준에 따른 과세가격의 결정)의 순서에 따라 과세가격을 결정한다.

① 해당 물품, 동종·동질물품 또는 유사물품이 수입된 것과 동일한 상태로 해당 물품의 수입신고일 또는 수입신고일과 거의 동시에 특수관계가 없는 자에게 가장 많은 수량으로 수입 후 최초의 거래에서 판매되는 단위가격을 기초로 하여 산출한 금액으로 한다. 다만, 다음의 하나에 해당하는 경우의 가격은 이를 국내에서 판매되는 단위가격으로 보지 아니한다.

> ㉮ 최초거래의 구매자가 판매자 또는 수출자와 특수관계에 있는 경우
> ㉯ 최초거래의 구매자가 판매자 또는 수출자에게 법 시행령 제18조(무료 또는 인하된 가격으로 공급하는 물품 및 용역의 범위)의 물품 및 용역을 수입물품의 생산 또는 거래에 관련하여 사용하도록 무료 또는 인하된 가격으로 공급하는 경우

② 국내판매와 관련하여 통상적으로 지급하였거나 지급하여야 할 것으로 합의된 수수료 또는 해당 수입물품이 제조되는 특정산업 또는 산업부문에서 생산되고 해당 수입물품과 일반적으로 동일한 범주에 속하는 물품(동종·동질물품 또는 유사물품을 포함한다)이 국내에서 판매되는 때에 통상적으로 부가되는 이윤 및 일반경비에 해당하는 금액으로 한다.
③ 수입항에 도착한 후 국내에서 발생한 통상의 운임·보험료와 해당 물품, 동종·동질물품 또는 유사물품의 하역, 검수, 검역, 검사, 통관 비용 등 수입과 관련하여 발생하는 비용
④ 해당 물품의 수입 및 국내판매와 관련하여 납부하였거나 납부하여야 하는 조세와 그 밖의 공과금으로 한다.

(2) 위의 (1) ①에 따른 국내에서 판매되는 단위가격이라 하더라도 해당 물품의 국내판매가격이 동종·동질물품 또는 유사물품의 국내판매가격보다 현저하게 낮은 경우에는 위의 (1)을 적용하지 아니할 수 있다.

(3) 해당 물품, 동종·동질물품 또는 유사물품이 수입된 것과 동일한 상태로 국내에서 판매되는 사례가 없는 경우 납세의무자가 요청할 때에는 해당 물품이 국내에서 가공된 후 특수관계가

없는 자에게 가장 많은 수량으로 판매되는 단위가격을 기초로 하여 산출된 금액에서 다음의 금액을 뺀 가격을 과세가격으로 한다.

① 위의 (1) ②부터 ④까지의 금액
② 국내 가공에 따른 부가가치

2) 수입물품의 국내판매가격

(1) 위의 1) (1) ①에 따른 금액을 산출할 때에는 해당 물품, 동종·동질물품, 유사물품의 순서로 적용한다. 이 경우 해당 수입자가 동종·동질물품 또는 유사물품을 판매하고 있는 경우에는 해당 수입자의 판매가격을 다른 수입자의 판매가격에 우선하여 적용한다.

(2) 위의 1) (1) ①의 규정을 적용함에 있어서의 수입신고일과 거의 동시에 판매되는 단위가격은 해당 물품의 종류와 특성에 따라 수입신고일의 가격과 가격변동이 거의 없다고 인정되는 기간 중의 판매가격으로 한다. 다만, 수입신고일부터 90일이 경과된 후에 판매되는 가격을 제외한다.

(3) 위의 1) (1) ②에 따른 이윤 및 일반경비는 일체로서 취급하며, 일반적으로 인정된 회계원칙에 따라 작성된 회계보고서를 근거로 하여 다음의 구분에 따라 계산한다.

① 납세의무자가 제출한 회계보고서를 근거로 계산한 이윤 및 일반경비의 비율이 아래의 (4) 또는 (6)에 따라 산출한 이윤 및 일반경비의 비율(이하 "동종·동류비율"이라 한다)의 120/100 이하인 경우 : 납세의무자가 제출한 이윤 및 일반경비
② 위의 ① 외의 경우 : 동종·동류비율을 적용하여 산출한 이윤 및 일반경비

(4) 세관장은 관세청장이 정하는 바에 따라 해당 수입물품의 특성, 거래 규모 등을 고려하여 동종·동류의 수입물품을 선정하고 이 물품이 국내에서 판매되는 때에 부가되는 이윤 및 일반경비의 평균값을 기준으로 동종·동류비율을 산출하여야 한다.

(5) 세관장은 동종·동류비율 및 그 산출근거를 납세의무자에게 서면으로 통보하여야 한다.

(6) 납세의무자는 세관장이 산출한 동종·동류비율이 불합리하다고 판단될 때에는 위의 (5)에 따른 통보를 받은 날부터 30일 이내에 관세청장이 정하는 바에 따라 해당 납세의무자의 수입물품을 통관했거나 통관할 세관장을 거쳐 관세청장에게 이의를 제기할 수 있다. 이 경우 관세청장은 해당 납세의무자가 제출하는 자료와 관련 업계 또는 단체의 자료를 검토하여 동종·동류비율을 다시 산출할 수 있다.

3) 가산율 또는 공제율의 적용

(1) 관세청장 또는 세관장은 장기간 반복하여 수입되는 물품에 대하여 법 제30조(과세가격 결정의 원칙) 제1항이나 위의 1) (1) 또는 (3)을 적용함에 있어서 납세의무자의 편의와 신속한 통관업무를 위하여 필요하다고 인정되는 때에는 해당 물품에 대하여 통상적으로 인정되는 가산율 또는 공제율을 정하여 이를 적용할 수 있다.

(2) 위의 (1)에 따른 가산율 또는 공제율의 적용은 납세의무자의 요청이 있는 경우에 한한다.

4) 가산율 또는 공제율의 결정방법

(1) 위의 3) (2)에 따라 가산율 또는 공제율의 적용을 받으려 하는 자는 관세청장이 정하는 가산율 또는 공제율 산정신청서에 다음의 서류를 첨부하여 관세청장 또는 세관장에게 제출해야 한다.

① 최근 3년간의 해당 물품의 수입실적 자료
② 법 시행령 제31조(과세가격 결정방법의 사전심사) 제1항의 서류
③ 최근 3년간 해당 수입물품의 국내판매 가격자료와 이윤 및 일반경비를 확인할 수 있는 자료(공제율 산정의 경우에 한정한다)

(2) 위의 3) (1)에 따라 가산율 또는 공제율을 산정하는 경우 관세청장 또는 세관장은 해당 납세의무자에게 의견을 제시할 기회를 주어야 한다.

(3) 위의 1)에 따른 신청을 받은 관세청장 또는 세관장은 신청서류 및 신청인의 최근 거래관계와 거래내용을 심사하여 20일 이내에 관세청장이 정하는 가산율 또는 공제율 결정서를 신청인에게 발급해야 한다. 다만, 다음의 어느 하나에 해당하여 가산율 또는 공제율의 산정이 곤란한 경우에는 가산율 또는 공제율 결정서를 발급하지 아니한다.

① 가산 또는 공제할 금액의 지급기준이 변경되는 경우
② 가산율 또는 공제율 결정의 기초가 되는 거래관계나 내용이 변경된 경우
③ 그 밖에 관세청장 또는 세관장이 거래관계나 거래내용 등을 고려하여 가산율 또는 공제율의 산정이 곤란하다고 인정하는 경우

(4) 위의 (3)에 따라 결정되는 가산율 또는 공제율은 소수점 이하 셋째 자릿수까지 계산한 후 이를 반올림하여 둘째 자릿수까지 산정한다.

(5) 가산율 또는 공제율은 위의 (3)에 따른 가산율 또는 공제율 결정서를 발급한 날부터 1년간 적용한다. 다만, 세관장이 필요하다고 인정하는 경우에는 적용 기간을 다르게 정할 수 있다.

8 **제34조(산정가격을 기초로 한 과세가격의 결정)**

1) 의의

(1) 법 제30조(과세가격결정의 원칙)(제1방법)부터 법 제33조(국내판매가격을 기초로 한 과세가격의 결정)(제4방법)까지에 규정된 방법으로 과세가격을 결정할 수 없을 때에는 다음의 금액을 합한 가격을 기초로 하여 과세가격을 결정하는 것을 말한다.

> ① 해당 물품의 생산에 사용된 원자재 비용 및 조립이나 그 밖의 가공에 드는 비용 또는 그 가격
> ② 수출국 내에서 해당 물품과 동종·동류의 물품의 생산자가 우리나라에 수출하기 위하여 판매할 때 통상적으로 반영하는 이윤 및 일반 경비에 해당하는 금액
> ③ 해당 물품의 수입항까지의 운임·보험료와 그 밖에 운송과 관련된 비용으로서 법 제30조(과세가격결정의 원칙) 제1항 제6호에 따라 결정된 금액

(2) 납세의무자가 위의 (1) 각 호의 금액을 확인하는데 필요한 자료를 제출하지 않은 경우에는 위의 (1)을 적용하지 않을 수 있다.

2) 산정가격을 기초로 한 과세가격의 결정

(1) 위의 1) (1) ①에 해당하는 금액은 해당 물품의 생산자가 생산국에서 일반적으로 인정된 회계원칙에 따라 작성하여 제공하는 회계장부 등 생산에 관한 자료를 근거로 하여 산정한다.

(2) 위의 1) (1) ①에 따른 조립이나 그 밖의 가공에 드는 비용 또는 그 가격에는 위의 1) (1) ②에 따른 금액이 포함되는 것으로 하며, 우리나라에서 개발된 기술·설계·고안·디자인 또는 공예에 드는 비용을 생산자가 부담하는 경우에는 해당 비용이 포함되는 것으로 한다.

9 **제35조(합리적 기준에 따른 과세가격의 결정)**

1) 의의

(1) 법 제30조부터 제34조까지에 규정된 방법으로 과세가격을 결정할 수 없을 때에는 대통령령으로 정하는 바에 따라 법 제30조부터 제34조까지에 규정된 원칙과 부합되는 합리적인 기준에 따라 과세가격을 결정한다.

(2) 위의 (1)에 따른 방법으로 과세가격을 결정할 수 없을 때에는 국제거래시세·산지조사가

격을 조정한 가격을 적용하는 방법 등 거래의 실질 및 관행에 비추어 합리적으로 인정되는 방법에 따라 과세가격을 결정한다.

2) 합리적 기준에 의한 과세가격의 결정

(1) 위의 1)에 따라 과세가격을 결정할 때에는 국내에서 이용 가능한 자료를 기초로 다음의 방법을 적용한다. 이 경우 적용순서는 법 제30조(과세가격 결정의 원칙)부터 제34조(산정가격을 기초로 한 과세가격의 결정)까지의 규정을 따른다.

① 법 제31조(동종·동질물품의 거래가격을 기초로 한 과세가격의 결정) 또는 법 제32조를 적용함에 있어서 다음의 요건을 신축적으로 해석·적용하는 방법

⑦ 해당 물품의 생산국에서 생산된 것이라는 장소적 요건을 다른 생산국에서 생산된 것으로 확대하여 해석·적용하는 방법
⑭ 해당 물품의 선적일 또는 선적일 전후라는 시간적 요건을 성적일 전후 90일로 확대하여 해석·적용하는 방법. 다만 가격에 영향을 미치는 시장조건이나 상관행이 유사한 경우에는 90일을 초과하는 기간으로 확대하여 해석·적용할 수 있다.

② 법 제33조(국내판매가격을 기초로 한 과세가격의 결정)를 적용함에 있어서 납세의무자의 요청이 없는 경우에도 법 제33조 제3항에 따라 과세가격을 결정하는 방법
③ 법 제33조 또는 법 제34조(산정가격을 기초로 한 과세가격의 결정)에 의하여 과세가격으로 인정된 바 있는 동종·동질물품 또는 유사물품의 과세가격을 기초로 과세가격을 결정하는 방법
④ 수입신고일부터 180일까지 판매되는 가격을 적용하는 방법
⑤ 그 밖에 거래의 실질 및 관행에 비추어 합리적이라고 인정되는 방법

(2) 위의 1)의 규정에 의하여 과세가격을 결정함에 있어서는 다음의 어느 하나에 해당하는 가격을 기준으로 하여서는 아니된다.

① 우리나라에서 생산된 물품의 국내판매가격
② 선택가능한 가격중 반드시 높은 가격을 과세가격으로 하여야 한다는 기준에 따라 결정하는 가격
③ 수출국의 국내판매가격
④ 동종·동질물품 또는 유사물품에 대하여 법 제34조의 규정에 의한 방법 외의 방법으로 생산비용을 기초로 하여 결정된 가격
⑤ 우리나라 외의 국가에 수출하는 물품의 가격
⑥ 특정수입물품에 대하여 미리 설정하여 둔 최저과세기준가격
⑦ 자의적 또는 가공적인 가격

(3) 위의 2) (1)(①-④)의 규정에 따른 방법을 적용하기 곤란하거나 적용할 수 없는 경우로서 다음의 어느 하나에 해당하는 물품에 대한 과세가격 결정에 필요한 기초자료, 금액의 계산방법 등 세부사항은 기획재정부령으로 정할 수 있다.

① 수입신고 전에 변질·손상된 물품
② 여행자 또는 승무원의 휴대품·우편물·탁송품 및 별송품
③ 임차수입물품
④ 중고물품
⑤ 법 제188조(제품과세) 단서의 규정에 의하여 외국물품으로 보는 물품
⑥ 범칙물품
⑦ 「석유 및 석유대체연료 사업법」 제2조(정의) 제1호의 석유로서 국제거래시세를 조정한 가격으로 보세구역에 거래되는 물품
⑧ 그 밖에 과세가격 결정에 혼란이 발생할 우려가 있는 물품으로서 기획재정부령으로 정하는 물품

(3)-1. 수입신고 전에 변질·손상 물품의 과세가격 결정

위의 (3) ①에 해당하는 물품의 과세가격은 다음의 가격을 기초로 하여 결정할 수 있다.

① 변질 또는 손상으로 인해 구매자와 판매자간에 다시 결정된 가격
② 변질 또는 손상되지 않은 물품의 가격에서 다음 각 목 중 어느 하나의 금액을 공제한 가격

⑦ 관련 법령에 따른 감정기관의 손해평가액
⑭ 수리 또는 개체(改替)비용
⑭ 보험회사의 손해보상액

(3)-2. 여행자 또는 승무원의 휴대품·우편물 등의 과세가격 결정

① 위의 (3) ②에 따른 여행자 또는 승무원의 휴대품·우편물·탁송품 및 별송품(이하 "여행자 휴대품·우편물 등"이라 한다)의 과세가격을 결정하는 때에는 다음의 가격을 기초로 하여 결정할 수 있다.

⑦ 신고인의 제출 서류에 명시된 신고인의 결제금액(명칭 및 형식에 관계없이 모든 성격의 지급수단으로 결제한 금액을 말한다)
⑭ 외국에서 통상적으로 거래되는 가격으로서 객관적으로 조사된 가격
⑭ 해당 물품과 동종·동질물품 또는 유사물품의 국내도매가격에 관세청장이 정하는 시가역산율을 적용하여 산출한 가격
⑭ 관련 법령에 따른 감정기관의 감정가격
⑭ 중고 승용차(화물자동차를 포함한다) 및 이륜자동차에 대해 위의 ⑦ 또는 ⑭를 적용하는 경우 최초

등록일 또는 사용일부터 수입신고일까지의 사용으로 인한 가치감소에 대해 관세청장이 정하는 기준을 적용하여 산출한 가격

㉺ 그 밖에 신고인이 제시하는 가격으로서 세관장이 타당하다고 인정하는 가격

② 위의 ① ㉺의 국내도매가격을 산출하려는 경우에는 다음의 방법에 따른다.

㉮ 해당 물품과 동종·동질물품 또는 유사물품을 취급하는 2곳 이상의 수입물품 거래처(인터넷을 통한 전자상거래처를 포함한다)의 국내도매가격을 조사해야 한다. 다만, 다음 각 목의 경우에는 1곳의 수입물품 거래처만 조사하는 등 국내도매가격 조사방법을 신축적으로 적용할 수 있다.

　㉠ 국내도매가격이 200만원 이하인 물품으로 신속한 통관이 필요한 경우
　㉡ 물품 특성상 2곳 이상의 거래처를 조사할 수 없는 경우
　㉢ 과세가격 결정에 지장이 없다고 세관장이 인정하는 경우

㉯ 위의 ①에 따라 조사된 가격이 둘 이상인 경우에는 다음 각 목에 따라 국내도매가격을 결정한다.

　㉠ 조사된 가격 중 가장 낮은 가격을 기준으로 최고가격과 최저가격의 차이가 10%를 초과하는 경우에는 조사된 가격의 평균가격
　㉡ 조사된 가격 중 가장 낮은 가격을 기준으로 최고가격과 최저가격의 차이가 10% 이하인 경우에는 조사된 가격 중 최저가격

㉰ 위의 ① ㉺의 시가역산율은 국내도매가격에서 법 제33조(국내판매가격을 기초로 한 과세가격의 결정) 제1항 제2호부터 제4호까지의 금액을 공제하여 과세가격을 산정하기 위한 비율을 말하며, 산출방법은 관세청장이 정하는 바에 따른다.

(3)-3. 임차수입물품의 과세가격의 결정

① 위의 (3) ③에 따른 임차수입물품의 과세가격은 다음을 순차적으로 적용한 가격을 기초로 하여 결정할 수 있다.

㉮ 임차료의 산출 기초가 되는 해당 임차수입물품의 가격
㉯ 해당 임차수입물품, 동종·동질물품 또는 유사물품을 우리나라에 수출할 때 공개된 가격 자료에 기재된 가격(중고물품의 경우에는 법 시행규칙 제7조의5(중고물품의 과세가격의 결정)에 따라 결정된 가격을 말한다)
㉰ 해당 임차수입물품의 경제적 내구연한 동안 지급될 총 예상임차료를 기초로 하여 계산한 가격. 다만, 세관장이 일률적인 내구연한의 적용이 불합리하다고 판단하는 경우는 제외한다.
㉱ 임차하여 수입하는 물품에 대해 수입자가 구매선택권을 가지는 경우에는 임차계약상 구매선택권을 행사할 수 있을 때까지 지급할 총 예상임차료와 구매선택권을 행사하는 때에 지급해야 할 금액의 현

재가격(② ④ 및 ⑥를 적용하여 산정한 가격을 말한다)의 합계액을 기초로 하여 결정한 가격
⑧ 그 밖에 세관장이 타당하다고 인정하는 합리적인 가격

② 위의 ① ⑥에 따라 과세가격을 결정할 때에는 다음에 따른다.

⑦ 해당 수입물품의 경제적 내구연한 동안에 지급될 총 예상임차료(해당 물품을 수입한 후 이를 정상으로 유지 사용하기 위해 소요되는 비용이 임차료에 포함되어 있을 때에는 그에 상당하는 실비를 공제한 총 예상임차료)를 현재가격으로 환산한 가격을 기초로 한다.
④ 수입자가 임차료 외의 명목으로 정기적 또는 비정기적으로 지급하는 특허권 등의 사용료 또는 해당 물품의 거래조건으로 별도로 지급하는 비용이 있는 경우에는 이를 임차료에 포함한다.
⑥ 현재가격을 계산하는 때에 적용할 이자율은 임차계약서에 따르되, 해당 계약서에 이자율이 정해져 있지 않거나 규정된 이자율이 법 시행규칙 제9조의3(관세 등 환급가산금의 이율)에서 정한 이자율 이상인 때에는 법 시행규칙 제9조의3에서 정한 이자율을 적용한다.

(3)-4. 중고물품의 과세가격의 결정

① 위의 (3) ④에 따른 중고물품의 과세가격은 다음의 가격을 기초로 하여 결정할 수 있다.

⑦ 관련 법령에 따른 감정기관의 감정가격
④ 국내도매가격에 법 시행규칙 제7조의3(여행자 휴대품 · 우편물 등의 과세가격의 결정) 제1항 제3호의 시가역산율을 적용하여 산출한 가격
⑥ 해외로부터 수입되어 국내에서 거래되는 신품 또는 중고물품의 수입당시의 과세가격을 기초로 하여 가치감소분을 공제한 가격. 다만, 내용연수가 경과된 물품의 경우는 제외한다.
⑧ 그 밖에 세관장이 타당하다고 인정하는 합리적인 가격

② 위의 ① ⑥의 가치감소 산정기준은 관세청장이 정할 수 있다.

(3)-5. 위의 (3) ⑤에 의하여 외국물품으로 보는 물품의 과세가격 결정

① 위의 (3) ⑤에 따라 내국물품과 외국물품의 혼용에 관한 승인을 받아 제조된 물품의 과세가격은 다음의 산식에 따른다.

$$제품가격 \times [외국물품가격 / (외국물품가격 + 내국물품가격)]$$

② 위의 ①을 적용할 때 제품가격, 외국물품가격 및 내국물품 가격은 다음의 방법으로 결정한다.
⑦ 제품가격은 보세공장에서 외국물품과 내국물품을 혼용하여 제조된 물품의 가격으로 하며, 법 제30조(과세가격 결정의 원칙)부터 제35조(합리적 기준에 따른 과세가격의 결정)까지에서 정하는 방법에 따른다.
④ 제조에 사용된 외국물품의 가격은 법 제30조부터 제35조까지에서 정하는 방법에 따른다.
⑥ 제조에 사용된 내국물품의 가격은 해당 보세공장에서 구매한 가격으로 한다.

㉒ 다음의 어느 하나에 해당하는 경우에는 해당 물품과 동일하거나 유사한 물품의 국내판매가격을 구매가격으로 한다. 이 경우 거래 단계 등이 같아야 하며, 두 물품 간 거래 단계 등에 차이가 있는 경우에는 그에 따른 가격 차이를 조정해야 한다.

> ㉠ 구매자와 판매자가 법 시행령 제23조(특수관계의 범위 등) 제1항에서 정하는 특수관계가 있는 경우
> ㉡ 법 시행령 제18조(무료 또는 인하된 가격으로 공급하는 물품 및 용역의 범위) 각 호에서 정하는 물품 및 용역을 무료 또는 인하된 가격으로 직접 또는 간접으로 공급한 사실이 있는 경우

㉓ 위의 ㉯부터 ㉒까지의 가격은 법 제186조(사용신고 등) 제1항에 따라 사용신고를 하는 때에 이를 확인해야 하며, 각각 사용신고 하는 때의 원화가격으로 결정한다.

(3)-6. 범칙물품의 과세가격의 결정

위의 (3) ⑥에 따른 범칙물품의 과세가격은 법 시행규칙 제7조의2(수입신고 전 변질 또는 손상물품의 과세가격의 결정)부터 제7조의6(보세공장에서 내국물품과 외국물품을 혼용하여 제조한 물품의 과세가격의 결정)까지 및 제7조의8(보세구역에서 거래되는 석유의 과세가격의 결정)에 따라 결정한다.

(3)-7. 보세구역에서 거래되는 석유의 과세가격의 결정

① 위의 (3) ⑦에 따른 국제거래시세를 조정한 가격으로 보세구역에서 거래되는 석유의 과세가격은 보세구역에서 거래되어 판매된 가격을 알 수 있는 송품장, 계약서 등의 자료를 기초로 하여 결정할 수 있다.
② 국내에서 발생한 하역비, 보관료 등의 비용이 보세구역에서 거래되어 판매된 가격에 포함되어 있고, 이를 입증자료를 통해 구분할 수 있는 경우 그 비용을 해당 가격에서 공제할 수 있다.

⑩ 제36조(과세가격 결정방법 등의 통보)

세관장은 납세의무자가 서면으로 요청하면 과세가격을 결정하는 데에 사용한 방법과 과세가격 및 그 산출근거를 그 납세의무자에게 서면으로 통보하여야 한다.

⑪ 제37조(과세가격 결정방법의 사전심사)

1) 의의

납세의무를 확정시키는 방법에는 신고납부방식과 부과고지방식이 있는데, 우리나라의 경우

신고납부방식을 원칙으로 하고 있으므로, 납세의무자는 납세신고를 할 때 수입하고자 하는 물품의 과세가격을 결정지어 신고하여야 한다. 과세가격 사전심사제도는 신고할 과세가격이 합당한 것인지 여부에 대하여 의문이 있는 경우에 납세의무자의 편의를 위하여 과세가격을 세관에 신고하기 전에 관세청장에게 미리 가격에 대한 심사를 요청하는 것이다.

(1) 법 제38조(신고납부) 제1항에 따라 납세신고를 하여야 하는 자는 과세가격 결정과 관련하여 다음의 사항에 관하여 의문이 있을 때에는 가격신고를 하기 전에 대통령령으로 정하는 바에 따라 관세청장에게 미리 심사하여 줄 것을 신청할 수 있다.

① 법 제30조(과세가격 결정의 원칙) 제1항부터 제3항까지에 규정된 사항
② 법 제30조에 따른 방법으로 과세가격을 결정할 수 없는 경우에 적용되는 과세가격 결정방법
③ 특수관계가 있는 자들 간에 거래되는 물품의 과세가격 결정방법

(2) 위의 (1)에 따른 신청을 받은 관세청장은 다음의 구분에 따른 기간 이내에 과세가격의 결정방법을 심사한 후 그 결과를 신청인에게 통보하여야 한다. 이 경우 관세청장이 아래의 2) (2)에 따라 제출된 신청서 및 서류의 보완을 요구한 경우에는 그 기간은 산입하지 아니한다.

① 위의 (1) ① 및 ②에 해당하는 경우 : 1개월
② 위의 (1) ③에 해당하는 경우 : 1년

(3) 위의 (2)에 따라 결과를 통보받은 자가 그 결과에 이의가 있는 경우에는 그 결과를 통보받은 날부터 30일 이내에 대통령령으로 정하는 바에 따라 관세청장에게 재심사를 신청할 수 있다. 이 경우 재심사의 기간 및 결과의 통보에 관하여는 위의 (2)를 준용한다.

(4) 세관장은 관세의 납세의무자가 위의 (2) 또는 (3)에 따라 통보된 과세가격의 결정방법에 따라 납세신고를 한 경우 다음의 요건을 갖추었을 때에는 그 결정방법에 따라 과세가격을 결정하여야 한다.

① 위의 1) (1)에 따른 신청인과 납세의무자가 동일할 것
② 아래의 2) (1)에 따라 제출된 내용에 거짓이 없고 그 내용이 가격신고된 내용과 같을 것
③ 사전심사의 기초가 되는 법령이나 거래관계 등이 달라지지 아니하였을 것
④ 위의 1) (2)에 따른 결과의 통보일로부터 3년(법 시행령 제23조(특수관계의 범위 등) 제1항에 따른 특수관계에 있는 자가 위의 1) (2)에 따른 결과의 통보일을 기준으로 2년 이후부터 3년이 도래하기 30일 전까지 신고기간을 2년 연장하여 줄 것을 신청한 경우로서 관세청장이 이를 허용하는 경우에는 5년) 이내에 신고될 것

(5) 위의 (1) ③에 따라 사전심사를 신청하여 위의 (2)에 따라 결과를 통보받은 자는 심사결과

결정된 과세가격 결정방법을 적용하여 산출한 과세가격 및 그 산출과정 등이 포함된 보고서를 대통령령으로 정하는 바에 따라 관세청장에게 제출하여야 한다.

(6) 관세청장은 다음의 구분에 따른 사유에 해당하는 경우에는 위의 (2)에 따른 사전심사 결과를 변경, 철회 또는 취소할 수 있다. 이 경우 관세청장은 사전심사를 신청한 자에게 그 사실을 즉시 통보하여야 한다.

① 사전심사 결과를 변경할 수 있는 사유: 다음의 어느 하나에 해당하는 경우

> ㉮ 사전심사 결과 결정된 과세가격 결정방법의 전제가 되는 조건 또는 가정의 중요한 부분이 변경되거나 실현되지 않은 경우
> ㉯ 관련 법령 또는 국제협약이 변경되어 사전심사 결과 결정된 과세가격 결정방법이 적정하지 않게 된 경우
> ㉰ 사전심사 결과 결정된 과세가격 결정방법을 통보받은 자가 국내외 시장상황 변동 등으로 인하여 과세가격 결정방법의 변경을 요청하는 경우
> ㉱ 그 밖에 사전심사 결과 결정된 과세가격 결정방법의 변경이 필요하다고 관세청장이 정하여 고시하는 사유에 해당하는 경우

② 사전심사 결과를 철회할 수 있는 사유: 다음의 어느 하나에 해당하는 경우

> ㉮ 신청인이 아래의 2) (6)에 따른 보고서의 전부 또는 중요한 부분을 제출하지 않아 보완을 요구했으나 보완을 하지 않은 경우
> ㉯ 신청인이 아래의 2) (6)에 따른 보고서의 중요한 부분을 고의로 누락했거나 허위로 작성한 경우

③ 사전심사 결과를 취소할 수 있는 사유: 다음의 어느 하나에 해당하는 경우

> ㉮ 신청인이 아래의 2) (1)에 따른 자료의 중요한 부분을 고의로 누락했거나 허위로 작성한 경우
> ㉯ 신청인이 사전심사 결과 결정된 과세가격 결정방법의 내용 또는 조건을 준수하지 않고 과세가격을 신고한 경우

2) 과세가격 결정방법의 사전심사

(1) 위의 1) (1)에 따라 과세가격 결정에 관한 사전심사를 신청하려는 자는 거래당사자 · 통관예정세관 · 신청내용 등을 적은 신청서에 다음의 서류를 첨부하여 관세청장에게 제출해야 한다.

① 거래관계에 관한 기본계약서(투자계약서 · 대리점계약서 · 기술용역계약서 · 기술도입계약서 등)
② 수입물품과 관련된 사업계획서
③ 수입물품공급계약서
④ 수입물품가격결정의 근거자료

⑤ 위의 1) (1) ③의 사항에 해당하는 경우에는 기획재정부령으로 정하는 서류(다음 각 호의 서류). 다만, 아래의 ㉯ 및 ㉾의 서류는 특수관계 사전심사 신청 물품의 과세가격 결정방법과 관련이 없다고 관세청장이 인정하는 경우에는 제출하지 않을 수 있다.

> ㉮ 거래당사자의 사업연혁, 사업내용, 조직 및 출자관계 등에 관한 설명자료
> ㉯ 관할 세무서에 신고한 거래당사자의 최근 3년 동안의 재무제표, 무형자산 및 용역거래를 포함한 「국제조세조정에 관한 법률」 제16조(국제거래에 대한 자료 제출의무) 제2항 제3호에 따른 정상가격 산출방법 신고서
> ㉰ 원가분담 계약서, 비용분담 계약서 등 수입물품 거래에 관한 서류
> ㉱ 수입물품 가격의 산출방법을 구체적으로 설명하는 다음의 자료
>
> > ㉠ 가격산출 관련 재무자료
> > ㉡ 가격산출의 전제가 되는 조건 또는 가정에 대한 설명자료
> > ㉢ 특수관계자간 가격결정에 관한 내부지침 및 정책
>
> ㉲ 「국제조세조정에 관한 법률」 제14조(사전승인의 신청 및 승인)에 따른 정상가격 산출방법의 사전승인을 받은 경우 이를 증명하는 서류
> ㉳ 회계법인이 작성한 이전가격보고서가 있는 경우 산출근거자료 및 자산·용역의 가격에 영향을 미치는 요소에 관한 분석자료가 포함된 보고서
> ㉴ 판매 형태에 따라 구분한 최근 3년간 수입품목별 매출액·매출원가
> ㉵ 특수관계가 거래가격에 영향을 미치지 않았음을 확인할 수 있는 자료

⑥ 그 밖에 과세가격결정에 필요한 참고자료

(2) 관세청장은 위의 (1)에 따라 제출된 신청서 및 서류가 과세가격의 심사에 충분하지 않다고 인정되는 때에는 다음의 구분에 따른 기간을 정하여 보정을 요구할 수 있다.

① 위의 1) (1) ① 및 ②에 해당하는 경우 : 20일 이내
② 위의 1) (1) ③에 해당하는 경우 : 30일 이내

(3) 위의 1) (3) 전단에 따라 사전심사의 결과에 대하여 재심사를 신청하려는 자는 재심사 신청의 요지와 내용이 기재된 신청서에 다음의 서류 및 자료를 첨부하여 관세청장에게 제출하여야 한다.

① 위의 1) (2)에 따른 과세가격 결정방법 사전심사서 사본
② 재심사 신청의 요지와 내용을 입증할 수 있는 자료

(4) 위의 2) (1) 각 호 및 2) (3) 각 호의 서류 및 자료는 한글로 작성하여 제출해야 한다. 다만, 관세청장이 허용하는 경우에는 영문 등으로 작성된 서류 및 자료를 제출할 수 있다.

(5) 관세청장은 위의 1) (1)에 따른 사전심사 또는 위의 1) (3) 전단에 따른 재심사의 신청이 다음의 어느 하나에 해당하는 경우에는 해당 신청을 반려할 수 있다.

① 해당 신청인에 대해 관세조사(과세가격에 대한 관세조사에 한정한다)가 진행 중인 경우
② 해당 신청인에 대한 관세조사를 통해 과세가격결정방법이 확인된 후에 계약관계나 거래실질에 변동이 없는 경우
③ 해당 신청인이 법 제119조에 따른 이의신청·심사청구 및 심판청구나 행정소송을 진행 중인 경우
④ 위의 2) (2)에 따른 기간 내에 보정자료를 제출하지 않은 경우

(6) 위의 1) (5)에 따라 보고서를 제출해야 하는 자는 매년 사업연도 말일 이후 6개월 이내에 다음의 사항이 포함된 보고서를 관세청장에게 제출해야 한다.

① 사전심사 결과 결정된 과세가격 결정방법의 전제가 되는 조건 또는 가정의 실현 여부
② 사전심사 결과 결정된 과세가격 결정방법으로 산출된 과세가격 및 그 산출과정
③ 위의 ②에 따라 산출된 과세가격과 실제의 거래가격이 다른 경우에는 그 차이에 대한 처리내역
④ 그 밖에 관세청장이 위의 2) (2)에 따라 결과를 통보할 때 보고서에 포함하도록 통보한 사항

(7) 신청인은 관세청장이 위의 1) (2) 또는 1) (3)에 따라 과세가격의 결정방법을 통보하기 전까지는 신청내용을 변경하여 다시 신청하거나 신청을 철회할 수 있으며, 관세청장은 신청인이 신청을 철회한 때에는 위의 2) (1)·(2)·(3) 및 (4)에 따라 제출된 모든 자료를 신청인에게 반환해야 한다.

(8) 관세청장 또는 세관장은 위의 2) (1)·(2)·(3) 및 (4) 및 (6)에 따라 제출된 서류 및 자료 등을 법 제37조에 따른 과세가격 결정방법의 사전심사 외의 용도로는 사용할 수 없다.

3) 특수관계자간 거래물품의 과세가격 결정방법 사전심사

(1) 위의 2) (1) ⑤에도 불구하고 사전심사를 신청하는 자가 「중소기업기본법」 제2조(중소기업자의 범위)에 따른 중소기업인 경우에는 2) (1) ⑤의 "기획재정부령으로 정하는 서류"는 위의 2) (1) ⑤ ㉮ 및 ㉯의 자료를 말한다.

(2) 위의 2) (3)에 따라 특수관계 사전심사 결과의 적용기간을 연장하려는 자는 관세청장이 정하는 특수관계 사전심사 적용기간 연장 신청서에 다음의 서류를 첨부하여 관세청장에게 제

출해야 한다. 다만, 연장 신청일 이전에 위의 1) (5)에 따른 보고서에 다음의 서류를 포함하여 제출하였고, 연장 신청일 현재 거래사실 등이 변동되지 않은 경우에는 첨부하지 않을 수 있다.

① 수입물품 거래 관련 계약서(수입물품과 관련된 기술용역 계약서 등을 포함한다)
② 사전심사 결정물품의 거래 상대방 및 거래단계 등을 확인할 수 있는 서류
③ 사전심사 결과 결정된 과세가격 결정방법의 전제가 되는 조건 또는 가정의 변동 여부를 확인할 수 있는 자료

12 제37조의2(관세의 과세가격 결정방법과 국세의 정상가격 산출방법의 사전조정)

1) 의의

(1) 법 제37조(과세가격 결정방법의 사전심사) 제1항 제3호에 관하여 의문이 있어 같은 항에 따른 사전심사를 신청하는 자는 관세의 과세가격과 국세의 정상가격을 사전에 조정(이하 "사전조정"이라 한다)받기 위하여 「국제조세조정에 관한 법률」 제14조(사전승인의 신청 및 승인) 제1항에 따른 정상가격 산출방법의 사전승인(같은 조 제2항 단서에 따른 일방적 사전승인의 대상인 경우에 한정한다)을 관세청장에게 동시에 신청할 수 있다.

(2) 관세청장은 위의 (1)에 따라 신청을 받은 경우에는 국세청장에게 정상가격 산출방법의 사전승인 신청서류를 첨부하여 신청을 받은 사실을 통보하고, 국세청장과 과세가격 결정방법, 정상가격 산출방법 및 사전조정 가격의 범위에 대하여 대통령령으로 정하는 바에 따라 협의하여야 한다.

(3) 관세청장은 위의 (2)에 따른 협의가 이루어진 경우에는 사전조정을 하여야 한다.

(4) 관세청장은 위의 (1)에 따른 신청의 처리결과를 사전조정을 신청한 자와 기획재정부장관에게 통보하여야 한다.

(5) 위의 (1)부터 (4)까지의 규정에 따른 사전조정 신청 방법 및 절차 등에 관하여 필요한 사항은 대통령령으로 정한다.

2) 사전조정절차

(1) 관세청장은 위의 1) (1)에 따른 신청을 받은 날부터 90일 이내에 위의 1) (2)에 따른 사전조정 절차를 시작하고, 그 사실을 신청자에게 통지하여야 한다. 다만, 관세청장은 법 제31조(동종·동질물품의 거래가격을 기초로 한 과세가격의 결정) 제1항 및 제2항에 따른 자료가 제출되지 아

니하거나 거짓으로 작성되는 등의 사유로 사전조정 절차를 시작할 수 없으면 그 사유를 신청자에게 통지하여야 한다.

(2) 신청자는 위의 (1) 단서에 따라 사전조정 절차를 시작할 수 없다는 통지를 받은 경우에는 그 통지를 받은 날부터 30일 이내에 자료를 보완하여 제출하거나 법 제37조(과세가격 결정방법의 사전심사) 제1항 제3호의 사항에 관한 사전심사와 「국제조세조정에 관한 법률」 제14조(사전승인의 신청 및 승인) 제2항 단서에 따른 사전승인 절차를 따로 진행할 것인지를 관세청장에게 통지할 수 있다.

(3) 위의 1) (5)에 따른 사전조정 신청 방법 및 절차 등에 관하여는 법 시행령 제31조(과세가격 결정방법의 사전심사) 및 「국제조세조정에 관한 법률 시행령」 제26조(정상가격 산출방법의 사전승인 신청 등), 제27조(사전승인 신청의 심사), 제29조(일방적 사전승인 절차), 제30조(사전승인의 취소 등), 제32조(사전승인에 따른 연례보고서 제출) 및 제40조(사전조정의 절차 등) 제3항을 준용한다.

(4) 위의 (1)부터 (3)까지에서 규정한 사항 외에 사전조정의 실시, 그 밖에 사전조정에 필요한 사항은 기획재정부령으로 정한다.

⑬ 제37조의3(관세의 부과 등을 위한 정보제공)

관세청장 또는 세관장은 과세가격의 결정 · 조정 및 관세의 부과 · 징수를 위하여 필요한 경우에는 국세청장, 지방국세청장 또는 관할 세무서장에게 다음의 정보 또는 자료를 요청할 수 있다. 이 경우 요청을 받은 기관은 정당한 사유가 없으면 요청에 따라야 한다.

① 「국제조세조정에 관한 법률」 제7조(정상가격에 의한 결정 및 경정)에 따른 과세표준 및 세액의 결정 · 경정과 관련된 정보 또는 자료
② 그 밖에 과세가격의 결정 · 조정에 필요한 자료

⑭ 제37조의4(특수관계자의 수입물품 과세가격결정자료등 제출)

1) 의의

(1) 세관장은 관세조사 및 법 제38조(신고납부) 제2항에 따른 세액심사시 특수관계에 있는 자가 수입하는 물품의 과세가격의 적정성을 심사하기 위하여 해당 특수관계자에게 과세가격결정자료(전산화된 자료를 포함한다)를 제출할 것을 요구할 수 있다. 이 경우 자료의 제출범위, 제출방

법 등은 대통령령으로 정한다.

(2) 세관장은 위의 (1)에 따라 제출받은 과세가격결정자료에서 법 제30조(과세가격 결정의 원칙) 제1항의 어느 하나에 해당하는 금액이 이에 해당하지 아니하는 금액과 합산되어 있는지 불분명한 경우에는 이를 구분하여 계산할 수 있는 객관적인 증명자료(전산화된 자료를 포함한다)의 제출을 요구할 수 있다.

(3) 위의 (1)에 따른 과세가격결정자료 또는 위의 (2)에 따른 증명자료(이하 "과세가격결정자료 등"이라 한다)의 제출을 요구받은 자는 자료제출을 요구받은 날부터 60일 이내에 해당 자료를 제출하여야 한다. 다만, 다음의 어느 하나에 해당하는 경우로 제출기한의 연장을 신청하는 경우에는 세관장은 한 차례만 60일까지 연장할 수 있다.

> ① 자료제출을 요구받은 자가 화재·도난 등의 사유로 자료를 제출할 수 없는 경우
> ② 자료제출을 요구받은 자가 사업이 중대한 위기에 처하여 자료를 제출하기 매우 곤란한 경우
> ③ 관련 장부·서류가 권한 있는 기관에 압수되거나 영치된 경우
> ④ 자료의 수집·작성에 상당한 기간이 걸려 기한까지 자료를 제출할 수 없는 경우
> ⑤ 위의 ①부터 ④까지에 준하는 사유가 있어 기한까지 자료를 제출할 수 없다고 판단되는 경우

(4) 세관장은 특수관계에 있는 자가 다음의 어느 하나에 해당하는 경우에는 법 제31조(동종·동질물품의 거래가격을 기초로 한 과세가격의 결정)부터 제35조(합리적 기준에 따른 과세가격의 결정)까지의 규정에 따른 방법으로 과세가격을 결정할 수 있다. 이 경우 세관장은 과세가격을 결정하기 전에 특수관계에 있는 자와 대통령령으로 정하는 바에 따라 협의를 하여야 하며 의견을 제시할 기회를 주어야 한다.

> ① 과세가격결정자료 등을 위의 (3)에 따른 기한까지 제출하지 아니하는 경우
> ② 과세가격결정자료 등을 거짓으로 제출하는 경우

(5) 위의 (4)에도 불구하고 세관장은 특수관계에 있는 자가 법 제30조(과세가격 결정의 원칙) 제3항 제4호 단서에 해당하는 경우임을 증명하는 경우에는 같은 조 제1항 및 제2항에 따라 과세가격을 결정하여야 한다.

(6) 세관장은 과세가격결정자료등의 제출을 요구받은 자가 법 제277조(과태료) 제1항에 따라 과태료를 부과받고도 자료를 제출하지 아니하거나 거짓의 자료를 시정하여 제출하지 아니하는 경우에는 미제출된 자료를 제출하도록 요구하거나 거짓의 자료를 시정하여 제출하도록 요구할 수 있다.

(7) 위의 (6)에 따라 자료제출을 요구받은 자는 그 요구를 받은 날부터 30일 이내에 그 요구에 따른 자료를 제출하여야 한다.

2) 특수관계자 수입물품 과세자료 제출범위

(1) 위의 1) (1)에 따라 세관장이 해당 특수관계자에게 요구할 수 있는 자료는 다음과 같다. 이 경우 세관장은 요구사유 및 자료제출에 필요한 기간을 적은 문서로 자료를 요구해야 한다.

① 특수관계자 간 상호출자현황
② 수입물품 가격산출 내역 등 내부가격 결정자료와 국제거래가격 정책자료
③ 수입물품 구매계약서 및 원가분담계약서
④ 권리사용료, 기술도입료 및 수수료 등에 관한 계약서
⑤ 광고 및 판매촉진 등 영업·경영지원에 관한 계약서
⑥ 해당 거래와 관련된 회계처리기준 및 방법
⑦ 해외 특수관계자의 감사보고서 및 연간보고서
⑧ 해외 대금 지급·영수 내역 및 증빙자료
⑨ 「국제조세조정에 관한 법률 시행령」 제33조(국제거래정보통합보고서의 종류)에 따른 통합기업보고서 및 개별기업보고서
⑩ 그 밖에 수입물품에 대한 과세가격 심사를 위하여 필요한 자료

(2) 위의 (1)에 해당하는 자료는 한글로 작성하여 제출하여야 한다. 다만, 세관장이 허용하는 경우에는 영문으로 작성된 자료를 제출할 수 있다.

(3) 위의 1) (3) 단서에 따라 제출기한의 연장을 신청하려는 자는 제출기한이 끝나기 15일 전까지 관세청장이 정하는 자료제출기한연장신청서를 세관장에게 제출하여야 한다.

(4) 세관장은 위의 (3)의 자료제출기한 연장신청이 접수된 날부터 7일 이내에 연장 여부를 신청인에게 통지하여야 한다. 이 경우 7일 이내에 연장 여부를 신청인에게 통지를 하지 아니한 경우에는 연장신청한 기한까지 자료제출기한이 연장된 것으로 본다.

(5) 세관장은 위의 1) (4) 후단에 따라 특수관계에 있는 자와 다음의 사항에 대하여 협의해야 하며, 10일 이상의 기간 동안 의견을 제시할 기회를 주어야 한다.

① 특수관계에 있는 자가 위의 1) (5)에 따라 법 제30조(과세가격 결정의 원칙) 제3항 제4호 단서에 해당하는 경우임을 증명하여 같은 조 제1항 및 제2항에 따라 과세가격을 결정해야 하는지 여부

② 법 제31조(동종ㆍ동질물품의 거래가격을 기초로 한 과세가격의 결정)부터 제35조(합리적 기준에 따른 과세가격의 결정)까지의 규정에 따른 방법 중 과세가격을 결정하는 방법

3) 자료의 미제출

세관장은 과세가격결정자료 등의 제출을 요구받은 자가 법 제277조(과태료) 제1항에 따라 과태료를 부과받고도 자료를 제출하지 아니하거나 거짓의 자료를 시정하여 제출하지 아니하는 경우에는 미제출된 자료를 제출하도록 요구하거나 거짓의 자료를 시정하여 제출하도록 요구할 수 있다. 이와 관련하여 자료제출을 요구받은 자는 그 요구를 받은 날부터 30일 이내에 그 요구에 따른 자료를 제출하여야 한다.

제5절 부과와 징수

Ⅰ. 세액의 확정

세액의 변경을 정리하면 다음과 같다.

표 2-3 세액의 변경

구분	변경주체	변경사유	변경기간
정정	납세의무자	납세신고한 세액의 과부족	납부하기 전
보정	납세의무자	신고납부한 세액의 부족 또는 과세가격·품목분류 등의 오류	신고납부한 날부터 6개월 이내(보정기간)
수정	납세의무자	신고납부한 세액의 부족	보정기간이 지난 날부터 관세부과 제척기간 만료 전까지
경정	납세의무자	신고납부한 세액의 과다	최초 납세신고한 날부터 5년 이내

❶ 제38조(신고납부)

1) 의의

(1) 물품(법 제39조(부과고지)에 따라 세관장이 부과고지하는 물품은 제외한다)을 수입하려는 자는 수입신고를 할 때에 세관장에게 관세의 납부에 관한 신고(이하 "납세신고"라 한다)를 하여야 한다.

(2) 세관장은 납세신고를 받으면 수입신고서에 기재된 사항과 이 법에 따른 확인사항 등을 심사하되, 신고한 세액 등 납세신고 내용에 대한 심사(이하 "세액심사"라 한다)는 수입신고를 수리한 후에 한다. 다만, 신고한 세액에 대하여 관세채권을 확보하기가 곤란하거나, 수입신고를 수리한 후 세액심사를 하는 것이 적당하지 아니하다고 인정하여 기획재정부령으로 정하는 물품의 경우에는 수입신고를 수리하기 전에 이를 심사한다.

(3) 세관장은 위의 (2) 본문에도 불구하고 납세실적과 수입규모 등을 고려하여 관세청장이 정하는 요건을 갖춘 자가 신청할 때에는 납세신고한 세액을 자체적으로 심사(이하 "자율심사"라 한다)하게 할 수 있다. 이 경우 해당 납세의무자는 자율심사한 결과를 세관장에게 제출하여야 한다.

(4) 납세의무자는 납세신고한 세액을 납부하기 전에 그 세액이 과부족하다는 것을 알게 되었을 때에는 납세신고한 세액을 정정할 수 있다. 이 경우 납부기한은 당초의 납부기한(법 제9조(관세의 납부기한 등)에 따른 납부기한을 말한다)으로 한다.

(5) 납세신고, 자율심사 및 위의 (4)에 따른 세액의 정정과 관련하여 그 방법 및 절차 등 필요한 사항은 대통령령으로 정한다.

(6) 관세의 납부에 관하여는 「국세징수법」 제12조(납부의 방법) 제1항 제3호, 같은 조 제2항 및 제3항을 준용한다.

2) 수입신고수리전 세액심사 대상물품

(1) 위의 1) (2) 단서의 규정에 의하여 수입신고수리전에 세액심사를 하는 물품은 다음과 같다.

① 법률 또는 조약에 의하여 관세 또는 내국세를 감면받고자 하는 물품
② 법 제107조(관세의 분할납부)의 규정에 의하여 관세를 분할납부하고자 하는 물품
③ 관세를 체납하고 있는 자가 신고하는 물품(체납액이 10만원 미만이거나 체납기간 7일 이내에 수입신고하는 경우를 제외한다)
④ 납세자의 성실성 등을 참작하여 관세청장이 정하는 기준에 해당하는 불성실신고인이 신고하는 물품
⑤ 물품의 가격변동이 큰 물품 기타 수입신고수리후에 세액을 심사하는 것이 적합하지 아니하다고 인정하여 관세청장이 정하는 물품

(2) 위의 (1)의 규정에 의하여 수입신고수리전에 세액심사를 하는 물품중 위의 (1) ① 및 ②에 규정된 물품의 감면 또는 분할납부의 적정 여부에 대한 심사는 수입신고수리전에 하고, 과세가격 및 세율 등에 대한 심사는 수입신고수리후에 한다.

3) 납세신고

(1) 위의 1) (1)의 규정에 의하여 납세신고를 하고자 하는 자는 법 시행령 제246조(수출·수입 또는 반송의 신고)에 따른 수입신고서에 동 조의 사항 외에 다음의 사항을 기재하여 세관장에게 제출하여야 한다.

① 해당 물품의 관세율표상의 품목분류 · 세율과 품목분류마다 납부하여야 할 세액 및 그 합계액
② 법 기타 관세에 관한 법률 또는 조약에 의하여 관세의 감면을 받는 경우에는 그 감면액과 법적 근거
③ 법 시행령 제23조(특수관계의 범위 등) 제1항에 따른 특수관계에 해당하는지 여부와 그 내용
④ 기타 과세가격결정에 참고가 되는 사항

(2) 관세청장은 위의 1) (2)에 의한 세액심사의 원활을 기하기 위하여 필요한 때에는 심사방법 등에 관한 기준을 정할 수 있다.

4) 자율심사

(1) 세관장은 납세의무자가 위의 1) (3)에 따라 납세신고세액을 자체적으로 심사하고자 신청하는 경우에는 관세청장이 정하는 「수출입 안전관리 우수업체공인 및 운영에 관한 고시」 절차에 의하여 자율심사를 하는 납세의무자(자율심사업체)로 승인할 수 있다. 이 경우 세관장은 자율심사의 방법 및 일정 등에 대하여 자율심사업체와 사전협의할 수 있다.

(2) 세관장은 자율심사업체에게 수출입업무의 처리방법 및 체계 등에 관한 관세청장이 정한 자료를 제공하여야 한다.

(3) 자율심사업체는 위의 (2)의 규정에 따라 세관장이 제공한 자료에 따라 다음의 사항을 기재한 자율심사결과 및 조치내용을 세관장에게 제출하여야 한다. 이 경우 자율심사업체는 해당 결과를 제출하기 전에 납부세액의 과부족분에 대하여는 보정신청하거나 수정신고 또는 경정청구하여야 하며, 과다환급금이 있는 경우에는 세관장에게 통지하여야 한다.

① 위의 (2)의 규정에 의하여 세관장이 제공한 자료에 따라 작성한 심사결과
② 자율심사를 통하여 업무처리방법 · 체계 및 세액 등에 대한 보완이 필요한 것으로 확인된 사항에 대하여 조치한 내용

(4) 세관장은 위의 (3)의 규정에 의하여 제출된 결과를 평가하여 자율심사업체에 통지하여야 한다. 다만, 자율심사가 부적절하게 이루어진 것으로 판단되는 경우에는 추가적으로 필요한 자료의 제출을 요청하거나 방문하여 심사한 후에 통지할 수 있다.

(5) 세관장은 위의 (4) 단서 규정에 의한 자료의 요청 또는 방문심사한 결과에 따라 해당 자율심사업체로 하여금 자율심사를 적정하게 할 수 있도록 보완사항을 고지하고, 개선방법 및 일정 등에 대한 의견을 제출하게 하는 등 자율심사의 유지에 필요한 조치를 할 수 있다.

(6) 세관장은 자율심사업체가 다음의 하나에 해당하는 때에는 자율심사의 승인을 취소할 수 있다.

① 법 제38조(신고납부) 제3항에 따른 관세청장이 정한 요건을 갖추지 못하게 되는 경우
② 자율심사를 하지 아니할 의사를 표시하는 경우
③ 자율심사 결과의 제출 등 자율심사의 유지를 위하여 필요한 의무 등을 이행하지 아니하는 경우

5) 세액의 정정

위의 1) (4)에 의하여 세액을 정정하고자 하는 자는 해당 납세신고와 관련된 서류를 세관장으로부터 교부받아 과세표준 및 세액 등을 정정하고, 그 정정한 부분에 서명 또는 날인하여 세관장에게 제출하여야 한다.

6) 신용카드 등에 의한 관세 등의 납부

(1) 위의 1) (6)에 따라 납세의무자가 신고하거나 세관장이 부과 또는 경정하여 고지한 세액(세관장이 관세와 함께 징수하는 내국세 등의 세액을 포함한다)은 신용카드, 직불카드 등(이하 "신용카드 등"이라 한다)으로 납부할 수 있다.

(2) 위의 1) (6)에 따라 준용되는 「국세징수법」 제12조(납부의 방법) 제1항 제3호 각 목 외의 부분에 따른 국세납부대행기관이란 정보통신망을 이용하여 신용카드 등에 의한 결제를 수행하는 기관으로서 다음의 어느 하나에 해당하는 자를 말한다.

① 「민법」 제32조(비영리법인의 설립과 허가) 및 「금융위원회 소관 비영리법인의 설립 및 감독에 관한 규칙」에 따라 설립된 금융결제원
② 시설, 업무수행능력, 자본금 규모 등을 고려하여 관세청장이 관세납부대행기관으로 지정하는 자

(3) 관세납부대행기관은 납세자로부터 신용카드 등에 의한 관세납부대행용역의 대가로 기획재정부령으로 정하는 바에 따라 납부대행수수료를 받을 수 있다. 다만 납부대행수수료는 관세청장이 관세납부대행기관의 운영경비 등을 종합적으로 고려하여 승인하되, 해당 납부세액의 10/1,000을 초과할 수 없다.

(4) 관세청장은 납부에 사용되는 신용카드 등의 종류, 그 밖에 관세납부에 필요한 사항을 정할 수 있다.

② 제38조의2(보정)

1) 의의

(1) 납세의무자는 신고납부한 세액이 부족하다는 것을 알게 되거나 세액산출의 기초가 되는 과세가격 또는 품목분류 등에 오류가 있는 것을 알게 되었을 때에는 신고납부한 날부터 6개월 이내(이하 "보정기간"이라 한다)에 대통령령으로 정하는 바에 따라 해당 세액을 보정하여 줄 것을 세관장에게 신청할 수 있다.

(2) 세관장은 신고납부한 세액이 부족하다는 것을 알게 되거나 세액산출의 기초가 되는 과세가격 또는 품목분류 등에 오류가 있다는 것을 알게 되었을 때에는 대통령령으로 정하는 바에 따라 납세의무자에게 해당 보정기간에 보정신청을 하도록 통지할 수 있다. 이 경우 세액보정을 신청하려는 납세의무자는 대통령령으로 정하는 바에 따라 세관장에게 신청하여야 한다.

(3) 납세의무자가 위의 (1)과 (2) 후단에 따라 부족한 세액에 대한 세액의 보정을 신청한 경우에는 해당 보정신청을 한 날의 다음 날까지 해당 관세를 납부하여야 한다.

(4) 세관장은 위의 (1)과 (2) 후단에 따른 신청에 따라 세액을 보정한 결과 부족한 세액이 있을 때에는 법 제42조(가산세)에도 불구하고 납부기한(법 제9조(관세의 납부기한 등)에 따른 납부기한을 말한다) 다음 날부터 보정신청을 한 날까지의 기간과 금융회사의 정기예금에 대하여 적용하는 이자율을 고려하여 대통령령으로 정하는 이율에 따라 계산한 금액을 더하여 해당 부족세액을 징수하여야 한다. 다만, 다음의 어느 하나에 해당하는 경우에는 그러하지 아니하다.

---

① 다음의 어느 하나에 해당하는 물품의 경우

> ㉮ 국가 또는 지방자치단체(「지방자치법」에 따른 지방자치단체조합을 포함한다. 이하 같다)가 직접 수입하는 물품과 국가 또는 지방자치단체에 기증되는 물품
> ㉯ 우편물. 다만, 법 제241조에 따라 수입신고를 해야 하는 것은 제외한다.

② 신고납부한 세액의 부족 등에 대하여 납세의무자에게 다음의 어느 하나에 해당하는 사유가 있는 경우

> ㉮ 법 제10조에 따른 기한 연장 사유에 해당하는 경우
> ㉯ 법 해석에 관한 질의ㆍ회신 등에 따라 신고ㆍ납부했으나 이후 동일한 사안에 대해 다른 과세처분을 하는 경우
> ㉰ 그 밖에 납세자가 의무를 이행하지 않은 정당한 사유가 있는 경우

---

(5) 위의 (4)에도 불구하고 납세의무자가 법 제42조(가산세) 제2항에 따른 부정한 행위로 과소신고한 후 위의 (1)과 (2) 후단에 따른 신청을 한 경우에는 세관장은 법 제42조 제2항에 따른

가산세를 징수하여야 한다.

2) 세액의 보정

(1) 세관장은 위의 1) (2) 전단의 규정에 의하여 세액의 보정을 통지하는 경우에는 다음의 사항을 기재한 보정통지서를 교부하여야 한다.

① 해당 물품의 수입신고번호와 품명·규격 및 수량
② 보정 전 해당 물품의 품목분류·과세표준·세율 및 세액
③ 보정 후 해당 물품의 품목분류·과세표준·세율 및 세액
④ 보정사유 및 보정기한
⑤ 그 밖의 참고사항

(2) 위의 1) (1) 및 (2) 후단의 신고납부한 세액을 보정하고자 하는 자는 세관장에게 세액보정을 신청한 다음에 이미 제출한 수입신고서를 교부받아 수입신고서상의 품목분류·과세표준·세율 및 세액 그 밖의 관련사항을 보정하고, 그 보정한 부분에 서명 또는 날인하여 세관장에게 제출하여야 한다.

(3) 위의 1) (4) 본문에 따라 부족세액에 가산하여야 할 이율의 계산에 관하여는 법 시행령 제56조(관세환급가산금 등의 결정) 제2항의 규정을 준용한다.

(4) 위의 1) (4) ②에 따라 부족세액에 가산하여야 할 금액을 면제받으려는 자는 다음의 사항을 적은 신청서를 세관장에게 제출하여야 한다. 이 경우 위의 (2) 및 (3)와 관련한 증명자료가 있으면 이를 첨부할 수 있다.

① 납세의무자의 성명 또는 상호 및 주소
② 면제받으려는 금액
③ 정당한 사유

(5) 세관장은 위의 (4)에 따른 신청서를 제출받은 경우에는 신청일부터 20일 이내에 면제 여부를 서면으로 통지하여야 한다.

3 제38조의3(수정 및 경정)

1) 의의

(1) 납세의무자는 신고납부한 세액이 부족한 경우에는 대통령령으로 정하는 바에 따라 수정신고(보정기간이 지난 날부터 법 제21조(관세부과의 제척기간) 제1항에 따른 기간이 끝나기 전까지로 한정한다)를 할 수 있다. 이 경우 납세의무자는 수정신고한 날의 다음 날까지 해당 관세를 납부하여야 한다.

(2) 납세의무자는 신고납부한 세액, 법 제38조의2(보정) 제1항에 따라 보정신청한 세액 및 이 조 제1항에 따라 수정신고한 세액이 과다한 것을 알게 되었을 때에는 최초로 납세신고를 한 날부터 5년 이내에 대통령령으로 정하는 바에 따라 신고한 세액의 경정을 세관장에게 청구할 수 있다.

(3) 납세의무자는 다음의 어느 하나에 해당하는 사유가 발생하여 납부한 세액이 과다한 것을 알게 되었을 때에는 위의 (2)에 따른 기간에도 불구하고 그 사유가 발생한 것을 안 날부터 2개월 이내에 대통령령으로 정하는 바에 따라 납부한 세액의 경정을 세관장에게 청구할 수 있다.

① 최초의 신고 또는 경정에서 과세표준 및 세액의 계산근거가 된 거래 또는 행위 등이 그에 관한 소송에 대한 판결(판결과 같은 효력을 가지는 화해나 그 밖의 행위를 포함한다)에 의하여 다른 것으로 확정된 경우
② 최초의 신고 또는 경정을 할 때 장부 및 증거서류의 압수, 그 밖의 부득이한 사유로 과세표준 및 세액을 계산할 수 없었으나 그 후 해당 사유가 소멸한 경우
③ 법 제233조(원산지증명서 등의 확인요청 및 조사) 제1항 후단에 따라 원산지증명서 등의 진위 여부 등을 회신받은 세관장으로부터 그 회신 내용을 통보받은 경우

(4) 세관장은 위의 (2) 또는 (3)에 따른 경정의 청구를 받은 날부터 2개월 이내에 세액을 경정하거나 경정하여야 할 이유가 없다는 뜻을 그 청구를 한 자에게 통지하여야 한다.

(5) 위의 (2) 또는 (3)에 따라 경정을 청구한 자가 위의 (4)에 따라 2개월 이내에 통지를 받지 못한 경우에는 그 2개월이 되는 날의 다음 날부터 법 제5장(납세자의 권리 및 불복절차)에 따른 이의신청, 심사청구, 심판청구 또는 「감사원법」에 따른 심사청구를 할 수 있다.

(6) 세관장은 납세의무자가 신고납부한 세액, 납세신고한 세액 또는 위의 (2) 또는 (3)에 따라 경정청구한 세액을 심사한 결과 과부족하다는 것을 알게 되었을 때에는 대통령령으로 정하는 바에 따라 그 세액을 경정하여야 한다.

2) 수정신고

위의 1) (1)의 규정에 의하여 수정신고를 하고자 하는 자는 다음의 사항을 기재한 수정신고서를 세관장에게 제출하여야 한다.

① 해당 물품의 수입신고번호와 품명 · 규격 및 수량
② 수정신고 전의 해당 물품의 품목분류 · 과세표준 · 세율 및 세액
③ 수정신고 후의 해당 물품의 품목분류 · 과세표준 · 세율 및 세액
④ 가산세액
⑤ 기타 참고사항

3) 세액의 경정

(1) 위의 1) (2)의 규정에 의하여 경정의 청구를 하고자 하는 자는 다음의 사항을 기재한 경정청구서를 세관장에게 제출하여야 한다.

① 해당 물품의 수입신고번호와 품명 · 규격 및 수량
② 경정 전의 해당 물품의 품목분류·과세표준 · 세율 및 세액
③ 경정 후의 해당 물품의 품목분류 · 과세표준 · 세율 및 세액
④ 경정사유
⑤ 기타 참고사항

(2) 세관장은 위의 1) (6)에 따라 세액을 경정하려는 때에는 납세의무자가 신고납부한 세액, 납세신고한 세액 또는 경정청구한 세액을 심사한 결과 과부족하다는 것을 알게 되었을 때에는 대통령령으로 정하는 바에 따라 그 세액을 경정하여야 한다. 세액을 경정하려는 때에는 다음의 사항을 적은 경정통지서를 납세의무자에게 교부하여야 한다.

① 해당 물품의 수입신고번호와 품명 · 규격 및 수량
② 경정 전의 해당 물품의 품목분류 · 과세표준 · 세율 및 세액
③ 경정 후의 해당 물품의 품목분류 · 과세표준 · 세율 및 세액
④ 가산세액
⑤ 경정사유
⑥ 기타 참고사항

(3) 위의 (2)에 따라 경정을 하는 경우 이미 납부한 세액에 부족이 있거나 납부할 세액에 부족이 있는 경우에는 그 부족세액에 대하여 법 시행령 제36조(납부고지)에 따른 납부고지를 해야 한다. 이 경우 동일한 납세의무자에게 경정에 따른 납부고지를 여러 건 해야 할 경우 통합하여 하나의 납부고지를 할 수 있다.

(4) 세관장은 위의 (2)의 규정에 의하여 경정을 한 후 그 세액에 과부족이 있는 것을 발견한 때에는 그 경정한 세액을 다시 경정한다.

④ 제38조의4(수입물품의 과세가격 조정에 따른 경정)

1) 의의

(1) 의의 납세의무자는 「국제조세조정에 관한 법률」 제7조(정상가격에 의한 결정 및 경정) 제1항에 따라 관할 지방국세청장 또는 세무서장이 해당 수입물품의 거래가격을 조정하여 과세표준 및 세액을 결정·경정 처분하거나 같은 법 제14조(사전승인의 신청 및 승인) 제3항(일방적 사전승인의 대상인 경우에 한정한다)에 따라 국세청장이 해당 수입물품의 거래가격과 관련하여 소급하여 적용하도록 사전승인을 함에 따라 그 거래가격과 이 법에 따라 신고납부·경정한 세액의 산정기준이 된 과세가격 간 차이가 발생한 경우에는 그 결정·경정 처분 또는 사전승인이 있음을 안 날(처분 또는 사전승인의 통지를 받은 경우에는 그 받은 날)부터 3개월 또는 최초로 납세신고를 한 날부터 5년 내에 대통령령으로 정하는 바에 따라 세관장에게 세액의 경정을 청구할 수 있다.

(2) 위의 (1)에 따른 경정청구를 받은 세관장은 대통령령으로 정하는 바에 따라 해당 수입물품의 거래가격 조정방법과 계산근거 등이 법 제30조(과세가격 결정의 원칙)부터 제35조(합리적 기준에 따른 과세가격의 결정)까지의 규정에 적합하다고 인정하는 경우에는 세액을 경정할 수 있다.

(3) 세관장은 위의 (1)에 따른 경정청구를 받은 날부터 2개월 내에 세액을 경정하거나 경정하여야 할 이유가 없다는 뜻을 청구인에게 통지하여야 한다.

(4) 위의 (3)에 따른 세관장의 통지에 이의가 있는 청구인은 그 통지를 받은 날(2개월 내에 통지를 받지 못한 경우에는 2개월이 지난 날)부터 30일 내에 기획재정부장관에게 국세의 정상가격과 관세의 과세가격 간의 조정을 신청할 수 있다. 이 경우 「국제조세조정에 관한 법률」 제20조(납부의무의 소멸)를 준용한다.

(5) 청구인은 위의 (3)에 따라 2개월 이내에 통지를 받지 못한 경우에는 그 2개월이 되는 날의 다음 날부터 법 제5장(납세자의 권리 및 불복절차)에 따른 이의신청, 심사청구, 심판청구 또는 「감사원법」에 따른 심사청구를 할 수 있다.

(6) 세관장은 위의 (2)에 따라 세액을 경정하기 위하여 필요한 경우에는 관할 지방국세청장 또는 세무서장과 협의할 수 있다.

2) 수입물품의 과세가격 조정에 따른 경정

(1) 위의 1) (1)에 따라 경정청구를 하려는 자는 다음의 사항을 적은 경정청구서를 세관장에게 제출하여야 한다.

① 해당 물품의 수입신고번호와 품명·규격 및 수량
② 경정 전의 해당 물품의 품목분류 · 과세표준 · 세율 및 세액
③ 경정 후의 해당 물품의 품목분류 · 과세표준 · 세율 및 세액
④ 수입물품 가격의 조정내역, 가격결정방법 및 계산근거 자료
⑤ 경정사유
⑥ 그 밖의 필요한 사항

(2) 위의 (1)에 따른 경정청구서를 제출받은 세관장은 경정청구의 대상이 되는 납세신고의 사실과 경정청구에 대한 의견을 첨부하여 관세청장에게 보고하여야 한다. 이 경우 관세청장은 세관장을 달리하는 동일한 내용의 경정청구가 있으면 경정처분의 기준을 정하거나, 경정청구를 통합 심사할 세관장을 지정할 수 있다.

(3) 세관장은 위의 1) (2)에 따라 다음의 어느 하나에 해당하는 경우에는 세액을 경정할 수 있다.

① 지방국세청장 또는 세무서장의 결정·경정처분에 따라 조정된 사항이 수입물품의 지급가격, 권리사용료 등 법 제30조(과세가격 결정의 원칙) 1)의 과세가격으로 인정되는 경우
② 지방국세청장 또는 세무서장이 「국제조세조정에 관한 법률」 제8조(정상가격의 산출방법)에 따른 정상가격의 산출방법에 따라 조정하는 경우로서 그 비교대상거래, 통상이윤의 적용 등 조정방법과 계산근거가 법 제31조(동종 · 동질물품의 거래가격을 기초로 한 과세가격의 결정)부터 제35조(합리적 기준에 따른 과세가격의 결정)까지의 규정에 적합하다고 인정되는 경우

(4) 위의 (3)에 따른 세액경정을 하는 경우 경정통지서의 교부, 납부고지, 경정에 대한 재경정 등의 절차에 관하여는 법 시행령 제34조(세액의 경정) 제3항부터 제5항까지의 규정을 준용한다.

⑤ 제38조의5(경정청구서 등 우편제출에 따른 특례)

법 제38조의2(보정) 제1항, 제38조의3(수정 및 경정) 제1항부터 제3항까지, 제38조의4(수입 물품의 과세가격 조정에 따른 경정) 제1항 및 제4항에 따른 각각의 기한까지 우편으로 발송(「국세 기본법」제5조의2(우편신고 및 전자신고)에서 정한 날을 기준으로 한다)한 청구서 등이 세관장 또는 기획재정부장관에게 기간을 지나서 도달한 경우 그 기간의 만료일에 신청·신고 또는 청구된 것으로 본다.

⑥ 제39조(부과고지)

1) 의의

세관장이 세액을 직접 결정하여 이를 고지하면 납세의무자가 고지를 받은 날부터 고지된 세액을 소정의 기일 내에 납부하는 방식으로서 관세채권·채무를 세관장이 확정시키는 것을 말한다. 대부분의 수입물품에 대하여 신고납부방식을 원칙으로 하고 있으나, 예외적으로 일부 수입물품에 대하여 부과고지방식을 채택하고 있으며 부과고지 대상물품은 과세가격에 관한 자료가 미비한 특수한 경우로서 이러한 물품들은 납세의무자에 의한 세액결정에 정확을 기할 수 없는 것으로 처음부터 세관장이 세액을 결정하여 고지하는 것이다.

2) 부과고지

(1) 다음의 어느 하나에 해당하는 경우에는 법 제38조(신고납부)에도 불구하고 세관장이 관세를 부과·징수한다.

① 법 제16조 (과세물건 확정의 시기) 제1호부터 제6호까지 및 제8부터 제11호까지에 해당되어 관세를 징수하는 경우
② 보세건설장에서 건설된 시설로서 법 제248조(신고의 수리)에 따라 수입신고가 수리되기 전에 가동된 경우
③ 보세구역(법 제156조(보세구역 외 장치의 허가) 제1항에 따라 보세구역 외 장치를 허가받은 장소를 포함한다)에 반입된 물품이 법 제248조(신고의 수리) 제3항을 위반하여 수입신고가 수리되기 전에 반출된 경우
④ 납세의무자가 관세청장이 정하는 사유로 과세가격이나 관세율 등을 결정하기 곤란하여 부과고지를 요청하는 경우
⑤ 법 제253조(수입신고전의 물품 반출)에 따라 즉시 반출한 물품을 같은 조 제3항의 기간 내에 수입신고를

(2) 세관장은 과세표준, 세율, 관세의 감면 등에 관한 규정의 적용 착오 또는 그 밖의 사유로 이미 징수한 금액이 부족한 것을 알게 되었을 때에는 그 부족액을 징수한다.

(3) 위의 (1)과 (2)에 따라 세관장이 관세를 징수하려는 경우에는 대통령령으로 정하는 바에 따라 납세의무자에게 납부고지를 하여야 한다.

3) 부과고지 대상물품

위의 2) (1) ⑥의 규정에 의하여 세관장이 관세를 부과고지하는 물품은 다음과 같다.

① 여행자 또는 승무원의 휴대품 및 별송품
② 우편물(법 제258조(우편물통관에 대한 결정) 제2항에 해당하는 것을 제외한다)
③ 법령의 규정에 의하여 세관장이 관세를 부과·징수하는 물품
④ 위의 ① 내지 ③ 외에 납세신고가 부적당하다고 인정하여 관세청장이 지정하는 물품

4) 납부고지

세관장은 법 제39조(부과고지) 제3항·제47조(과다환급관세의 징수) 제1항 또는 제270조(관세 포탈죄 등) 제5항 후단에 따라 관세를 징수하려는 경우에는 세목·세액·납부장소 등을 기재한 납부고지서를 납세의무자에게 교부해야 한다. 다만, 법 제43조(관세의 현장 수납)에 따라 물품을 검사한 공무원이 관세를 수납하는 경우에는 그 공무원으로 하여금 말로써 고지하게 할 수 있다.

⑦ 제40조(징수금액의 최저한)

1) 세관장은 납세의무자가 납부하여야 하는 세액이 10,000원 미만인 경우에는 이를 징수하지 아니한다.

2) 관세를 징수하지 아니하게 된 경우에는 해당 물품의 수입신고수리일을 그 납부일로 본다.

⑧ 제42조(가산세)

1) 의의

(1) 세관장은 납세의무자가 제9조(관세의 납부기한 등)에 따른 납부기한(이하 "법정납부기한"이라 한다)까지 납부하지 아니한 관세액(이하 "미납부세액"이라 한다)을 징수하거나 제38조의3(수정 및 경정) 제1항 또는 제6항에 따라 부족한 관세액(이하 "부족세액"이라 한다)을 징수할 때에는 다음 각 호의 금액을 합한 금액을 가산세로 징수한다.

> ① 부족세액의 10/100
> ② 다음의 금액을 합한 금액
>> ㉮ 미납부세액 또는 부족세액 × 법정납부기한의 다음 날부터 납부일까지의 기간(납세고지일부터 납세고지서에 따른 납부기한까지의 기간은 제외한다) × 금융회사 등이 연체대출금에 대하여 적용하는 이자율 등을 고려하여 1일 22/100,000의 율
>> ㉯ 법정납부기한까지 납부하여야 할 세액 중 납세고지서에 따른 납부기한까지 납부하지 아니한 세액 × 3/100(관세를 납세고지서에 따른 납부기한까지 완납하지 아니한 경우에 한정한다)

(2) 납세자가 부정한 행위(납세자가 관세의 과세표준 또는 세액계산의 기초가 되는 사실의 전부 또는 일부를 은폐하거나 가장하는 것에 기초하여 관세의 과세표준 또는 세액의 신고의무를 위반하는 것으로서 다음의 행위를 말한다)로 과소신고한 경우에는 세관장은 부족세액의 40/100에 상당하는 금액과 위의 금액을 합한 금액을 가산세로 징수한다.

> ① 이중송품장·이중계약서 등 허위증명 또는 허위문서의 작성이나 수취
> ② 세액심사에 필요한 자료의 파기
> ③ 관세부과의 근거가 되는 행위나 거래의 조작·은폐
> ④ 그 밖에 관세를 포탈하거나 환급 또는 감면을 받기 위한 부정한 행위

2) 가산세 징수

세관장은 법 제16조(과세물건 확정의 시기) 제11호에 따른 물품에 대하여 관세를 부과·징수할 때에는 다음 각 호의 금액을 합한 금액을 가산세로 징수한다. 다만, 제241조(수출·수입 또는 반송의 신고) 제5항에 따라 가산세를 징수하는 경우와 천재지변 등 수입신고를 하지 아니하고 수입한 데에 정당한 사유가 있는 것으로 세관장이 인정하는 경우는 제외한다.

① 해당 관세액의 20/100(법 제269조(밀수출입죄)의 죄에 해당하여 처벌받거나 통고처분을 받은 경우에는 40/100)

② 다음의 금액을 합한 금액

> ㉮ 해당 관세액 × 수입된 날부터 납부일까지의 기간(납세고지일부터 납세고지서에 따른 납부기한까지의 기간은 제외한다) × 금융회사 등이 연체대출금에 대하여 적용하는 이자율 등을 고려하여 각각 1일 22/100,000의 율
>
> ㉯ 해당 관세액 중 납세고지서에 따른 납부기한까지 납부하지 아니한 세액 × 3/100(관세를 납세고지서에 따른 납부기한까지 완납하지 아니한 경우에 한정한다)

3) 납부기한

위의 1)부터 2)까지의 규정을 적용할 때 납세고지서에 따른 납부기한의 다음 날부터 납부일까지의 기간이 5년을 초과하는 경우에는 그 기간은 5년으로 한다.

4) 가산세를 적용하지 않는 금액

체납된 관세(세관장이 징수하는 내국세가 있을 때에는 그 금액을 포함한다)가 150만원 미만인 경우에는 (1) ② ㉮ 및 2) ② ㉮의 가산세를 적용하지 아니한다.

5) 납부지연가산세

(1) 위의 1) (1) ② 및 2) ②에 따른 가산세(이하 "납부지연가산세"라 한다) 중 납부고지서에 따른 납부기한 후의 납부지연가산세를 징수하는 경우에는 납부고지서를 발급하지 아니할 수 있다.

(2) 납부지연가산세(납부고지서에 따른 납부기한 후의 납부지연가산세에 한정한다)의 납세의무의 성립 및 확정에 관하여는 「국세기본법」 제21조(납세의무의 성립시기) 제2항 제11호 나목·다목 및 제22조(납세의무의 확정) 제4항 제5호를 준용한다. 이 경우 「국세기본법」 제21조 제2항 제11호 나목의 "제47조의4(납부지연가산세) 제1항 제1호·제2호에 따른 납부지연가산세" 및 "법정납부기한"은 각각 "제1항 제2호 가목 및 제3항 제2호 가목에 따른 가산세" 및 "납부고지서에 따른 납부기한"으로, 같은 호 다목의 "제47조의4 제1항 제3호에 따른 납부지연가산세"는 "제1항 제2호 나목 및 제3항 제2호 나목에 따른 가산세"로 본다.

9 **제42조의2(가산세의 감면)**

1) 의의

(1) 세관장은 다음의 어느 하나에 해당하는 경우에는 법 제42조(가산세) 제1항에 따른 가산세액에서 다음에 정하는 금액을 감면한다.

① 법 제9조(관세의 납부기한 등) 제2항에 따라 수입신고가 수리되기 전에 관세를 납부한 결과 부족세액이 발생한 경우로서 수입신고가 수리되기 전에 납세의무자가 해당 세액에 대하여 수정신고를 하거나 세관장이 경정하는 경우 : 제42조(가산세) 제1항 제1호 및 제2호의 금액을 합한 금액

② 법 제28조(잠정가격의 신고 등) 제1항에 따른 잠정가격신고를 기초로 납세신고를 하고 이에 해당하는 세액을 납부한 경우(납세의무자가 제출한 자료가 사실과 다름이 판명되어 추징의 사유가 발생한 경우는 제외한다): 제42조 제1항 제1호 및 제2호의 금액을 합한 금액

③ 법 제37조(과세가격 결정방법의 사전심사) 제1항 제3호에 관한 사전심사의 결과를 통보받은 경우 그 통보일부터 2개월 이내에 통보된 과세가격의 결정방법에 따라 해당 사전심사 신청 이전에 신고납부한 세액을 수정신고하는 경우 : 법 제42조(가산세) 제1항 제1호의 금액

④ 법 제38조(신고납부) 제2항 단서에 따라 기획재정부령으로 정하는 물품 중 감면대상 및 감면율을 잘못 적용하여 부족세액이 발생한 경우 : 법 제42조(가산세) 제1항 제1호의 금액

⑤ 법 제38조의3(수정 및 경정) 제1항에 따라 수정신고(법 제38조의2(보정) 제1항에 따른 보정기간이 지난 날부터 1년 6개월이 지나기 전에 한 수정신고로 한정한다)를 한 경우에는 다음의 구분에 따른 금액

㉮ 법 제38조의2(보정) 제1항에 따른 보정기간이 지난 날부터 6개월 이내에 수정신고한 경우 : 법 제42조 (가산세) 제1항 제1호의 금액의 30/100

㉯ 법 제38조의2 제1항에 따른 보정기간이 지난 날부터 6개월 초과 1년 이내에 수정신고한 경우 : 법 제42조 제1항 제1호의 금액의 20/100

㉰ 법 제38조의2(보정) 제1항에 따른 보정기간이 지난 날부터 1년 초과 1년 6개월 이내에 수정신고한 경우 : 법 제42조(가산세) 제1항 제1호의 금액의 10/100

⑥ 다만, 해당 관세에 대하여 과세표준과 세액을 경정할 것을 미리 알고 수정신고를 한 경우로서 다음에 정하는 경우는 제외한다.

㉑ 납세자가 법 제114조(관세조사의 사전통지와 연기신청) 제1항 본문에 따른 관세조사의 사전통지를 받은 후 수정신고서를 제출한 경우
㉴ 납세자가 법 제114조 제1항 단서에 따라 사전통지 없이 법 제110조(납세자권리헌장의 제정 및 교부) 제2항 각 호의 조사가 개시된 사실을 알고 수정신고서를 제출한 경우
㉲ 납세자가 법 제118조(과세전적부심사) 제1항에 따른 서면통지를 받은 후 수정신고서를 제출한 경우

⑦ 법 시행령 제32조의4(세액의 보정) 제5항 중의 다음 하나에 해당하는 물품의 경우 : 제42조 제1항제1호 및 제2호의 금액을 합한 금액

㉑ 국가 또는 지방자치단체(「지방자치법」에 따른 지방자치단체조합을 포함한다)가 직접 수입하는 물품과 국가 또는 지방자치단체에 기증되는 물품
㉴ 우편물. 다만, 법 제241조(수출·수입 또는 반송의 신고)에 따라 수입신고를 해야 하는 것은 제외한다.

⑧ 법 제118조의4(납세자보호위원회) 제9항 전단에 따른 관세심사위원회가 법 제118조(과세전적부심사) 제3항 본문에 따른 기간 내에 과세전적부심사의 결정·통지(이하 "결정·통지"라 한다)를 하지 아니한 경우 : 결정·통지가 지연된 기간에 대하여 부과되는 가산세(법 제42조(가산세) 제1항 제2호 가목에 따른 계산식에 결정·통지가 지연된 기간을 적용하여 계산한 금액에 해당하는 가산세를 말한다) 금액의 50/100
⑨ 신고납부한 세액의 부족 등에 대하여 납세의무자에게 법 시행령 제32조의4(세액의 보정) 제6항 각 호의 어느 하나에 해당하는 경우 : 법 제42조(가산세) 제1항 제1호 및 제2호의 금액을 합한 금액

㉑ 법 제10조(천재지변 등으로 인한 기한의 연장)에 따른 기한 연장 사유에 해당하는 경우
㉴ 법 시행령 제1조의3(관세법 해석에 관한 질의회신의 절차와 방법)에 따른 법 해석에 관한 질의·회신 등에 따라 신고·납부했으나 이후 동일한 사안에 대해 다른 과세처분을 하는 경우
㉲ 그 밖에 납세자가 의무를 이행하지 않은 정당한 사유가 있는 경우

(2) 가산세 감면을 받으려는 자는 대통령령으로 정하는 바에 따라 감면을 신청할 수 있다.

2) 준용규정

위의 1) (2)에 따른 가산세 감면 절차에 관하여는 법 시행령 제32조의4(세액의 보정) 제7항 및 제8항을 준용한다.

🔟 제43조(관세의 현장수납)

1) 다음의 하나에 해당하는 물품에 대한 관세는 그 물품을 검사한 공무원이 검사 장소에서 수납할 수 있다.

① 여행자의 휴대품
② 조난 선박에 적재된 물품으로서 보세구역이 아닌 장소에 장치된 물품

2) 물품을 검사한 공무원이 관세를 수납할 때에는 부득이한 사유가 있는 경우를 제외하고는 다른 공무원을 참여시켜야 한다.

3) 출납공무원이 아닌 공무원이 관세를 수납하였을 때에는 지체 없이 출납공무원에게 인계하여야 한다.

4) 출납공무원이 아닌 공무원이 선량한 관리자로서의 주의를 게을리하여 수납한 현금을 잃어버린 경우에는 변상하여야 한다.

Ⅱ. 강제징수

❶ 제43조의2(압류ㆍ매각의 유예)

1) 의의

(1) 세관장은 재산의 압류나 압류재산의 매각을 유예함으로써 사업을 정상적으로 운영할 수 있게 되어 체납액의 징수가 가능하다고 인정되는 경우에는 그 체납액에 대하여 강제징수에 의한 재산의 압류나 압류재산의 매각을 대통령령으로 정하는 바에 따라 유예할 수 있다.

(2) 세관장은 위의 (1)에 따라 유예하는 경우에 필요하다고 인정하면 이미 압류한 재산의 압류를 해제할 수 있다.

(3) 세관장은 위의 (1) 및 (2)에 따라 재산의 압류를 유예하거나 압류한 재산의 압류를 해제하는 경우에는 그에 상당하는 납세담보의 제공을 요구할 수 있다.

(4) 위의 (3)에도 불구하고 세관장은 압류 또는 매각의 유예 결정일 기준으로 최근 3년 이내에 이 법, 「자유무역협정의 이행을 위한 관세법의 특례에 관한 법률」, 「수출용 원재료에 대한

관세 등 환급에 관한 특례법」 또는 「조세범 처벌법」 위반으로 처벌받은 사실이 없는 체납자로부터 체납액 납부계획서를 제출받고 그 납부계획의 타당성을 인정하는 경우에는 납세담보의 제공을 요구하지 아니할 수 있다.

(5) 세관장은 압류 또는 매각의 유예를 받은 체납자가 다음의 어느 하나에 해당하는 경우에는 그 압류 또는 매각의 유예를 취소하고, 유예에 관계되는 체납액을 한꺼번에 징수할 수 있다. 다만, 아래의 ①에 정당한 사유가 있는 것으로 세관장이 인정하는 경우에는 압류 또는 매각의 유예를 취소하지 아니할 수 있다.

① 체납액을 분납계획에 따라 납부하지 아니한 경우
② 담보의 변경이나 그 밖에 담보 보전에 필요한 세관장의 명령에 따르지 아니한 경우
③ 재산상황이나 그 밖의 사정의 변화로 유예할 필요가 없다고 인정될 경우
④ 다음 중 어느 하나의 경우에 해당되어 그 유예한 기한까지 유예에 관계되는 체납액의 전액을 징수할 수 없다고 인정될 경우

> ㉮ 국세·지방세 또는 공과금의 체납으로 강제징수 또는 체납처분이 시작된 경우
> ㉯ 「민사집행법」에 따른 강제집행·담보권 실행 등을 위한 경매가 시작된 경우
> ㉰ 「어음법」 및 「수표법」에 따른 어음교환소에서 거래정지처분을 받은 경우
> ㉱ 「채무자 회생 및 파산에 관한 법률」에 따른 파산선고를 받은 경우
> ㉲ 법인이 해산된 경우
> ㉳ 관세의 체납이 발생되거나 관세를 포탈하려는 행위가 있다고 인정되는 경우

(6) 세관장은 위의 (1)에 따라 압류 또는 매각을 유예하였거나 위의 (5)에 따라 압류 또는 매각의 유예를 취소하였을 때에는 체납자에게 그 사실을 통지하여야 한다.

(7) 세관장은 다음의 어느 하나에 해당하는 경우에는 위의 (1)에 따라 압류 또는 매각의 유예를 받은 체납액에 대하여 유예기간이 지난 후 다시 압류 또는 매각의 유예를 할 수 있다.

① 위의 (5) 각 호 외의 부분 단서에 따라 압류 또는 매각의 유예를 취소하지 아니한 경우
② 위의 (5) ③에 따라 압류 또는 매각의 유예를 취소한 경우

(8) 관세청장은 위의 (4)에 따른 법 위반 사실을 확인하기 위하여 관계 기관의 장에게 범죄경력자료(이 법, 「자유무역협정의 이행을 위한 관세법의 특례에 관한 법률」, 「수출용 원재료에 대한 관세 등 환급에 관한 특례법」 또는 「조세범 처벌법」 위반에 한정한다)의 조회를 요청할 수 있으며, 그 요청을 받은 관계 기관의 장은 정당한 사유가 없으면 이에 따라야 한다.

(9) 위의 (1)부터 (8)까지에서 규정한 사항 외에 압류 또는 매각의 유예 신청, 통지 및 유예기간 등 압류 또는 매각의 유예에 필요한 세부사항은 대통령령으로 정한다.

2) 압류·매각의 유예

(1) 체납자는 위의 1) (1)에 따라 압류 또는 매각의 유예를 받으려는 경우에는 다음의 사항을 적은 신청서를 세관장에게 제출해야 한다.

① 체납자의 주소 또는 거소와 성명
② 납부할 체납액의 세목, 세액과 납부기한
③ 압류 또는 매각의 유예를 받으려는 이유와 기간
④ 체납자가 체납액을 분할하여 납부하려는 경우에는 그 분납액 및 분납횟수

(2) 세관장이 위의 1)의 신청에 따라 압류 또는 매각을 유예하는 경우 그 유예기간은 유예한 날부터 2년 이내로 한다. 이 경우 세관장은 그 유예기간 이내에 분할하여 납부하게 할 수 있다.
(3) 위의 1) (4)에 따라 제출받는 체납액 납부계획서에는 다음의 사항이 포함되어야 한다.

① 체납액 납부에 제공될 재산 또는 소득에 관한 사항
② 체납액의 납부일정에 관한 사항(분할하여 납부하게 된 경우에는 분납일정을 포함해야 한다)
③ 그 밖에 체납액 납부계획과 관련된 사항으로서 관세청장이 정하여 고시하는 사항

(4) 세관장이 위의 (1)의 신청에 따라 압류 또는 매각을 유예하여 그 사실을 통지하는 경우에는 다음의 사항을 적은 문서로 해야 한다.

① 압류 또는 매각을 유예한 체납액의 세목, 세액과 납부기한
② 체납액을 분할하여 납부하게 하는 경우에는 그 분납액 및 분납횟수
③ 압류 또는 매각의 유예기간

(5) 세관장이 위의 (1)에 따른 신청을 거부하거나 위의 1) (5)에 따라 압류 또는 매각의 유예를 취소하는 경우에는 그 사유를 적은 문서로 통지해야 한다.

3) 압류·매각의 유예 신청

(1) 위의 2) (1)에 따른 압류 또는 매각의 유예 신청은 별지 제59호서식의 압류·매각 유예 신청서에 따른다.

(2) 위의 2) (4)에 따른 압류 또는 매각의 유예 통지 및 2) (5)에 따른 압류 또는 매각의 유예 신청에 대한 거부의 통지는 별지 제60호서식의 압류·매각의 유예(거부) 통지서에 따른다.

(3) 위의 2) (5)에 따른 압류 또는 매각 유예의 취소 통지는 별지 제61호서식의 압류·매각의 유예 취소 통지서에 따른다.

4) 담보의 제공

(1) 세관장은 재산의 압류를 유예하거나 압류한 재산의 압류를 해제하는 경우에는 그에 상당하는 납세담보의 제공을 요구할 수 있다.

(2) 세관장은 압류 또는 매각의 유예 결정일 기준으로 최근 3년 이내에 이 법, 「자유무역협정의 이행을 위한 관세법의 특례에 관한 법률」, 「수출용 원재료에 대한 관세 등 환급에 관한 특례법」 또는 「조세범 처벌법」 위반으로 처벌받은 사실이 없는 체납자로부터 체납액 납부계획서를 제출받고 그 납부계획의 타당성을 인정하는 경우에는 납세담보의 제공을 요구하지 아니할 수 있다.

② 제44조(체납자료의 제공)

1) 의의

(1) 세관장은 관세징수 또는 공익목적을 위하여 필요한 경우로서 「신용정보의 이용 및 보호에 관한 법률」 제2조(정의) 제6호3)에 따른 신용정보집중기관, 그 밖에 다음의 어느 하나에 해당하는 체납자의 인적사항 및 체납액에 관한 자료(이하 "체납자료"라 한다)를 요구한 경우에는 이를 제공할 수 있다.

> ① 체납 발생일부터 1년이 지나고 체납액이 500만원 이상인 자
> ② 1년에 3회 이상 체납하고 체납액이 500만원 이상인 자

---

3) 6. "신용정보집중기관"이란 신용정보를 집중하여 관리·활용하는 자로서 제25조제1항에 따라 금융위원회로부터 허가받은 자를 말한다.

(2) 체납된 관세 및 내국세 등과 관련하여 이 법에 따른 이의신청·심사청구 또는 심판청구 및 행정소송이 계류 중인 경우나 그 밖에 다음의 하나에 해당하는 경우에는 체납자료를 제공하지 아니한다.

① 법 시행령 제2조(천재지변 등으로 인한 기한의 연장) 제1항 제1호부터 제3호까지의 사유에 해당되는 경우
② 압류 또는 매각이 유예된 경우

(3) 위의 1) (1)에 따라 체납자료를 제공받은 자는 이를 업무 목적 외의 목적으로 누설하거나 이용하여서는 아니 된다.

2) 체납자료의 작성 및 요구

(1) 체납자료의 제공 절차 등에 필요한 사항은 대통령령으로 정한다.

(2) 세관장은 위의 1) (1) 외의 부분 본문에 따른 체납자료를 전산정보처리조직에 의하여 처리하는 경우에는 체납자료 파일(자기테이프, 자기디스크, 그 밖에 이와 유사한 매체에 체납자료가 기록보관된 것을 말한다)을 작성할 수 있다. 체납자료 파일의 정리, 관리, 보관 등에 필요한 사항 또는 규정한 사항 외에 체납자료의 요구 및 제공 등에 필요한 사항은 관세청장이 정한다(「체납처리 사무처리에 관한 훈령」).

(3) 위의 1) (1) 외의 부분 본문에 따라 체납자료를 요구하려는 자(이하 "요구자"라 한다)는 다음의 사항을 적은 문서를 세관장에게 제출하여야 한다. 체납자료를 요구받은 세관장은 체납자료 파일이나 문서로 제공할 수 있다. 제공한 체납자료가 체납액의 납부 등으로 체납자료에 해당되지 아니하게 되는 경우에는 그 사실을 사유 발생일부터 15일 이내에 요구자에게 통지하여야 한다.

① 요구자의 이름 및 주소
② 요구하는 자료의 내용 및 이용 목적

③ 제45조(관세체납정리위원회)

1) 관세체납정리위원회의 구성

관세(세관장이 징수하는 내국세 등을 포함한다)의 체납정리에 관한 사항을 심의하기 위하여 세관에 관세체납정리위원회를 둘 수 있다.

(1) 세관에 관세체납정리위원회(이하 "관세체납정리위원회"라 한다)를 둔다.

(2) 관세체납정리위원회는 위원장 1인을 포함한 5인 이상 7인 이내의 위원으로 구성한다.

(3) 관세체납정리위원회의 위원장은 세관장이 되며, 위원은 다음의 자 중에서 세관장이 임명 또는 위촉한다.

① 세관공무원
② 변호사 · 관세사 · 공인회계사 · 세무사
③ 상공계의 대표
④ 기획재정에 관한 학식과 경험이 풍부한 자

(4) 위의 (3) ②부터 ④까지의 규정에 해당하는 위원의 임기는 2년으로 하되, 한번만 연임할 수 있다. 다만, 보궐위원의 임기는 전임위원 임기의 남은 기간으로 한다.

2) 관세체납정리위원회 위원의 해임

세관장은 관세체납정리위원회의 위원이 다음의 하나에 해당하는 경우에는 해당 위원을 해임 또는 해촉할 수 있다.

① 심신장애로 인하여 직무를 수행할 수 없게 된 경우
② 직무와 관련된 비위사실이 있는 경우
③ 직무태만, 품위손상이나 그 밖의 사유로 인하여 위원으로 적합하지 아니하다고 인정되는 경우
④ 위원 스스로 직무를 수행하는 것이 곤란하다고 의사를 밝히는 경우
⑤ 위의 1) (3) ① 및 ②에 따른 신분을 상실한 경우
⑥ 법 시행령 제45조의2(관세체납정리위원회 위원의 제척 · 회피) 제1항의 하나에 해당함에도 불구하고 회피하지 아니한 경우
⑦ 관할 구역 내에 거주하지 아니하게 된 경우
⑧ 관세 및 국세를 체납한 경우

3) 관세체납정리위원회의 위원장의 직무

(1) 관세체납정리위원회의 위원장은 해당 위원회의 사무를 총괄하고 해당 위원회를 대표한다.

(2) 관세체납정리위원회의 위원장이 직무를 수행하지 못하는 부득이한 사정이 있는 때에는 위원장이 지명하는 위원이 그 직무를 대행한다.

4) 관세체납정리위원회의 회의

(1) 관세체납정리위원회의 위원장은 체납세액이 관세청장이 정하는 금액 이상인 경우로서 다음의 어느 하나에 해당하는 경우 회의를 소집하고 그 의장이 된다.

① 법 제26조(담보 등이 없는 경우의 관세징수) 제1항에 따라 「국세징수법」 제57조(압류 해제의 요건) 제1항 제4호 본문에 따른 사유로 압류를 해제하려는 경우
② 법 제4조(내국세등의 부과ㆍ징수) 제2항에 따라 체납된 내국세 등에 대해 세무서장이 징수하게 하는 경우

(2) 관세체납정리위원회의 회의의 의사는 위원장을 포함한 재적위원 과반수의 출석으로 개의하고 출석위원 과반수의 찬성으로 의결한다.

5) 관세체납정리위원회 위원의 제척ㆍ회피

(1) 관세체납정리위원회의 위원이 다음의 하나에 해당하는 경우에는 심의ㆍ의결에서 제척된다.

① 위원이 해당 안건의 당사자(당사자가 법인ㆍ단체 등인 경우에는 그 임원을 포함한다. 이하 이 항에서 같다) 이거나 해당 안건에 관하여 직접적인 이해관계가 있는 경우
② 위원의 배우자, 4촌 이내의 혈족 및 2촌 이내의 인척의 관계에 있는 사람이 해당 안건의 당사자이거나 해당 안건에 관하여 직접적인 이해관계가 있는 경우
③ 위원이 해당 안건 당사자의 대리인이거나 최근 5년 이내에 대리인이었던 경우
④ 위원이 해당 안건 당사자의 대리인이거나 최근 5년 이내에 대리인이었던 법인ㆍ단체 등에 현재 속하고 있거나 속하였던 경우
⑤ 위원이 최근 5년 이내에 해당 안건 당사자의 자문ㆍ고문에 응하였거나 해당 안건 당사자와 연구ㆍ용역 등의 업무 수행에 동업 또는 그 밖의 형태로 직접 해당 안건 당사자의 업무에 관여를 하였던 경우
⑥ 위원이 최근 5년 이내에 해당 안건 당사자의 자문ㆍ고문에 응하였거나 해당 안건 당사자와 연구ㆍ용역 등의 업무 수행에 동업 또는 그 밖의 형태로 직접 해당 안건 당사자의 업무에 관여를 하였던 법인ㆍ단체 등에 현재 속하고 있거나 속하였던 경우

(2) 관세체납정리위원회의 위원은 위의 (1)의 어느 하나에 해당하는 경우에는 스스로 해당 안건의 심의ㆍ의결에서 회피하여야 한다.

6) 의견청취

관세체납정리위원회는 의안에 관하여 필요하다고 인정되는 때에는 체납자 또는 이해관계인 등의 의견을 들을 수 있다

7) 관세체납정리위원회의 회의록

관세체납정리위원회의 위원장은 회의를 개최한 때에는 회의록을 작성하여 이를 비치하여야 한다.

8) 의결사항의 통보

관세체납정리위원회의 위원장은 해당 위원회에서 의결된 사항을 관세청장에게 통보하여야 한다.

9) 수당

관세체납정리위원회의 회의에 출석한 공무원이 아닌 위원에 대하여는 예산의 범위 안에서 수당을 지급할 수 있다.

Ⅲ. 관세환급금의 환급

① 제46조(관세환급금의 환급)

1) 의의

(1) 세관장은 납세의무자가 관세·가산세 또는 강제징수비로 납부한 금액 중 잘못 납부하거나 초과하여 납부한 금액 또는 이 법에 따라 환급하여야 할 환급세액의 환급을 청구할 때에는 대통령령으로 정하는 바에 따라 지체 없이 이를 관세환급금으로 결정하고 30일 이내에 환급하여야 하며, 세관장이 확인한 관세환급금은 납세의무자가 환급을 청구하지 아니하더라도 환급하여야 한다.

(2) 세관장은 위의 (1)에 따라 관세환급금을 환급하는 경우에 환급받을 자가 세관에 납부하여야 하는 관세와 그 밖의 세금, 가산세 또는 강제징수비가 있을 때에는 환급하여야 하는 금액에서 이를 충당할 수 있다.

(3) 납세의무자의 관세환급금에 관한 권리는 대통령령으로 정하는 바에 따라 제3자에게 양도할 수 있다.

(4) 위의 (1)에 따른 관세환급금의 환급은 「국가재정법」 제17조(예산총계주의)에도 불구하고 대통령령으로 정하는 바에 따라 「한국은행법」에 따른 한국은행의 해당 세관장의 소관 세입금에서 지급한다.

2) 관세환급금의 환급신청

위의 1) (1)에 따른 관세환급금(이하 이 조부터 제56조까지에서 "관세환급금"이라 한다)의 환급을 받고자 하는 자는 해당 물품의 품명·규격·수량·수입신고수리연월일·신고번호 및 환급사유와 환급받고자 하는 금액을 기재한 신청서를 세관장에게 제출하여야 한다.

3) 관세환급의 통지

(1) 세관장은 관세환급 사유를 확인한 때에는 권리자에게 그 금액과 이유 등을 통지하여야 한다.
(2) 세관장은 관세환급금결정부와 그 보조부를 비치하고, 이에 필요한 사항을 기록하여야 한다.
(3) 세관장은 매월 관세환급금결정액보고서를 작성하여 기획재정부장관에게 제출하여야 한다.
(4) 세관장은 관세환급금결정액계산서와 그 증빙서류를 감사원장이 정하는 바에 따라 감사원에 제출하여야 한다.

4) 환급의 절차

(1) 세관장은 관세환급금을 결정한 때에는 즉시 환급금 해당액을 환급받을 자에게 지급할 것을 내용으로 하는 지급지시서를 한국은행(국고대리점을 포함한다. 이하 같다)에 송부하고, 그 환급받을 자에게 환급내용 및 방법 등을 기재한 환급통지서를 송부하여야 한다.

(2) 한국은행은 세관장으로부터 위의 (1)의 규정에 의한 지급지시서를 송부받은 때에는 즉시 세관장의 해당 연도 소관세입금중에서 환급에 필요한 금액을 세관장의 환급금지급계정에 이체하고 그 내용을 세관장에게 통지하여야 한다.

(3) 한국은행은 위의 (1)의 규정에 의한 환급통지서를 제시받은 때에는 이를 세관장으로부터 송부받은 지급지시서와 대조·확인한 후 환급금을 지급하고 지급내용을 세관장에게 통지하여야 한다.

(4) 한국은행은 위의 (3)의 규정에 의하여 환급금을 지급하는 때에는 환급받을 자로 하여금 주민등록증 기타 신분증을 제시하도록 하여 그가 정당한 권리자인지를 확인하여야 한다.

(5) 관세환급금을 환급받으려는 자는 법 시행령 제50조(관세환급금의 환급신청)의 규정에 의한 신청을 하는 때에 다른 지역의 한국은행으로 지급받을 환급금을 송금할 것을 신청하거나, 금융기관에 계좌를 개설하고 세관장에게 계좌개설신고를 한 후 그 계좌에 이체입금하여 줄 것을 신청할 수 있다.

(6) 위의 (5)의 규정에 의한 신청을 받은 세관장은 위의 (1)의 규정에 의하여 그 내용을 기재한 지급지시서를 한국은행에 송부하여야 한다. 이 경우 국고금송금요구서 또는 국고금입금의뢰서를 첨부하여야 한다.

(7) 한국은행은 세관장으로부터 위의 (6)에 의한 지급지시서를 송부받은 때에는 즉시 그 금액을 해당 은행에 송금하거나 지정 금융기관의 계좌에 이체입금하고 그 내용을 세관장에게 통지하여야 한다.

(8) 위의 (7)에 의하여 환급금을 송금받은 다른 지역의 한국은행은 위의 (3) 및 (4)의 규정에 의하여 해당 환급금을 지급한다.

5) 관세환급금의 충당통지

세관장은 위의 1) (2)의 규정에 의하여 관세환급금을 충당한 때에는 그 사실을 권리자에게 통보하여야 한다. 다만, 권리자의 신청에 의하여 충당한 경우에는 그 통지를 생략한다.

6) 관세환급금의 양도

위의 1) (3)에 따라 관세환급금에 관한 권리를 제3자에게 양도하고자 하는 자는 다음의 사항을 적은 문서를 세관장에게 제출해야 한다.

① 양도인의 주소와 성명
② 양수인의 주소와 성명
③ 환급사유
④ 환급금액

7) 미지급자금의 정리

(1) 한국은행은 세관장이 환급금지급계정에 이체된 금액으로부터 해당 회계연도의 환급통지서 발행금액중 다음 회계연도 1월 15일까지 지급하지 못한 환급금을 세관환급금지급미필이월계정에 이월하여 정리하여야 한다.

(2) 세관환급금지급미필이월계정에 이월한 금액중 환급통지서발행일부터 1년내에 지급하지 못한 금액은 그 기간이 만료한 날이 속하는 회계연도의 세입에 편입하여야 한다.

(3) 관세환급금을 환급받을 자가 환급통지서발행일부터 1년내에 환급금을 지급받지 못한 때에는 세관장에게 다시 환급절차를 밟을 것을 요구할 수 있으며, 세관장은 이를 조사·확인하여 그 지급에 필요한 조치를 하여야 한다.

② 제47조(과다환급관세의 징수)

1) 의의

(1) 세관장은 법 제46조(관세환급가산금)에 따른 관세환급금의 환급에 있어서 그 환급액이 과다한 것을 알게 되었을 때에는 해당 관세환급금을 지급받은 자로부터 과다지급된 금액을 징수하여야 한다.

(2) 세관장은 위의 (1)에 따라 관세환급금의 과다환급액을 징수할 때에는 과다환급을 한 날의 다음 날부터 징수결정을 하는 날까지의 기간에 대하여 대통령령으로 정하는 이율에 따라 계산한 금액을 과다환급액에 더하여야 한다.

2) 관세환급가산금 등의 결정

(1) 세관장은 법 제46조(관세환급금의 환급)에 따라 충당 또는 환급(법 제28조(잠정가격의 신고 등) 제4항에 따라 잠정가격을 기초로 신고납부한 세액과 확정된 가격에 따른 세액을 충당 또는 환급하는 경우는 제외한다)하거나 위의 1) (1)에 따라 과다환급금을 징수하는 때에는 위의 1) (2) 또는 법 제48조(관세환급가산금)에 따른 가산금을 결정하여야 한다.

(2) 위의 (1)에 따른 가산금의 이율은 「은행법」에 따른 은행업의 인가를 받은 은행으로서 서울특별시에 본점을 둔 은행의 1년 만기 정기예금 이자율의 평균을 고려하여 연 35/1,000의 이자율로 한다.

③ 제48조(관세환급가산금)

1) 세관장은 법 제46조(관세환급금의 환급)에 따라 관세환급금을 환급하거나 충당할 때에는 다음 구분에 따른 날의 다음 날부터 환급결정 또는 충당결정을 하는 날까지의 기간과 이율에 따라 계산한 금액을 관세환급금에 더하여야 한다.

① 착오납부, 이중납부 또는 납부 후 그 납부의 기초가 된 신고 또는 부과를 경정하거나 취소함에 따라 발생한 관세환급금 : 납부일. 다만, 2회 이상 분할납부된 것인 경우에는 그 최종 납부일로 하되, 관세환급금액이 최종 납부된 금액을 초과하는 경우에는 관세환급금액이 될 때까지 납부일의 순서로 소급하여 계산한 관세환급금의 각 납부일로 한다.
② 적법하게 납부된 관세의 감면으로 발생한 관세환급금 : 감면 결정일
③ 적법하게 납부된 후 법률이 개정되어 발생한 관세환급금 : 개정된 법률의 시행일
④ 이 법에 따라 신청한 환급세액(잘못 신청한 경우 이를 경정한 금액을 말한다)을 환급하는 경우 : 신청을 한 날부터 30일이 지난 날. 다만, 환급세액을 신청하지 아니하였으나 세관장이 직권으로 결정한 환급세액을 환급하는 경우에는 해당 결정일로부터 30일이 지난 날로 한다.
⑤ 「자유무역협정의 이행을 위한 관세법의 특례에 관한 법률」 제9조(협정관세 사후적용의 신청) 제5항에 따른 관세환급금 : 같은 조 제4항 후단에 따른 협정관세 적용 등의 통지일

2) 다만, 국가 또는 지방자치단체가 직접 수입하는 물품 등 다음에 정하는 물품에 대하여는 그러하지 아니하다.

① 국가 또는 지방자치단체(지방자치법에 따른 지방자치단체조합을 포함한다)가 직접 수입하는 물품과 국가 또는 지방자치단체에 기증되는 물품
② 우편물. 다만, 법 제241조(수출ㆍ수입 또는 반송의 신고)에 따라 수입신고를 해야 하는 것은 제외한다.

3) 세관장은 법 제46조(관세환급금의 환급)에 따라 충당 또는 환급(법 제28조(잠정가격의 신고 등) 제4항에 따라 잠정가격을 기초로 신고납부한 세액과 확정된 가격에 따른 세액을 충당 또는 환급하는 경우는 제외한다)하거나 법 제47조(과다환급관세의 징수) 제1항에 따라 과다환급금을 징수하는 때에는 법 제47조 제2항 또는 법 제48조(관세환급가산금)에 따른 가산금을 결정하여야 한다.

4) 가산금의 이율은 은행법에 의한 은행업의 인가를 받은 은행으로서 서울특별시에 본점을 둔 은행의 1년 만기 정기예금 이자율의 평균을 감안하여 연 35/1,000로 정하는 이자율로 한다.

제3장 세율 및 품목분류

제1절 통 칙

1 제49조(세율의 종류)

1) 의의

관세율은 별표 관세율표에 따르며, 관세율표는 수입물품을 분류하기 위한 품목표와 각 품목마다의 세율로 구성되어 있다. 현행 우리나라 관세율은 '국정관세율'과 '협정관세율'로 구분된다.

2) 우리나라의 관세율

(1) 국정관세율

국정관세율이란 우리나라 법률에 의해 독자적으로 정하는 관세율을 말하고, 이러한 세율을 적용하는 관세를 '국정관세' · '자주관세'라고도 하며, 우리나라의 국정관세율은 기본관세율, 잠정관세율, 탄력관세율, 일반특혜관세율(Generalized System of preference : GSP)로 나누고 있다. 법 제14조(과세물건)에 따라 수입물품에 부과되는 관세의 세율은 다음과 같다.

① 기본세율 : 법 별표 관세율표상의 기본관세율을 말한다. 이는 국회에서 제정하고 개정하며 통상적인 상태에서 원칙적으로 적용하는 관세율이다.
② 잠정세율 : ㉮ 관세율표에 기본관세율과 함께 표시되어 있는 세율로서 특정품목에 대하여 기본관세율과는 다른 세율을 잠정적으로 적용하기 위하여 마련된 세율이다. 이와 같은 잠정관세율은 기본관세율과 같이

국회의결을 거쳐 법률로 정해진 것이나, 잠정관세율의 적용을 받는 물품에 대하여는 그 물품의 전부 또는 일부에 대하여 잠정관세율의 적용을 정지하거나 기본관세율과의 세율차를 좁히도록 잠정관세율을 인상·인하할 수 있다. ④ 법 별표 관세율표중 잠정관세율의 적용을 받는 물품과 관련이 있는 관계부처의 장 또는 이해관계인은 잠정관세율의 적용정지나 잠정관세율의 인상·인하의 필요가 있다고 인정되는 때에는 이를 기획재정부장관에게 요청할 수 있다. 기획재정부장관은 잠정관세율의 적용정지 등에 관한 사항을 조사하기 위하여 필요하다고 인정되는 때에는 관계기관·수출입자 기타 이해관계인에게 관련자료의 제출 기타 필요한 협조를 요청할 수 있다.

③ 탄력관세율 : 조세법률주의에 의거 관세율을 변경, 조정시에는 국회입법 절차를 거쳐야 하는 것이 원칙이다. 그러나 정치적·경제적 여건 또는 국내산업보호, 국민경제안정, 국제수지의 악화방지 등의 목적을 위해 행정권이 세율을 탄력적으로 운영할 수 있는데 이를 탄력관세율이라 한다. 이것에 해당하는 세율에는 법 제51조(덤핑방지관세의 부과대상)에서부터 법 제67조(긴급관세에 대한 재심사 등)까지, 법 제67조의2(특정국물품 긴급관세의 부과) 및 법 제68조(농림축산물에 대한 특별긴급관세)부터 법 제77조(일반특혜관세의 적용 정지 등)까지의 규정에 따라 대통령령 또는 기획재정부령으로 정하는 세율 등이다.

④ 일반특혜관세율 : 개도국 지원을 목적으로 해당국으로부터 수입되는 물품에 대하여 무관세 또는 저율관세를 적용하는 제도이다.

(2) 협정관세율

대외무역증진을 위해 특정국가·기구와 관세에 관한 협상을 하게 되며 그 결과에 따라 외국과의 조약·국제기구협정에 의거하여 결정된 관세율을 '협정관세율'이라 한다. 협정관세율에는 WTO협정 일반양허관세율, WTO 협정 개발도상국간 양허관세율, 아시아태평양무역(APTA)협정 양허관세율, 개발도상국간 특혜무역제도의 양허관세, 특정국가와 관세협상에 따른 국제협력관세율, FTA협정관세율이 있다.

① 세계무역기구(WTO)협정 일반양허관세율 : WTO 회원국에 대하여 적용하는 세율로서 '16년 기준 전체 12,243개 품목의 90%에 해당하는 11,024개 품목에 대해 관세를 양허하고 있다.

② 세계무역기구(WTO)협정 개발도상국간 양허관세율 : WTO협정 개도국간 무역협정에 관한 의정서에 서명 및 가입한 국가간에 적용하는 세율로서 방글라데시 등 14개국에 적용하고 있다.

③ 아시아태평양무역(APTA) 협정 양허관세율 : UN ESCAP(아시아태평양경제사회이사회) 주관하에 한국, 중국, 인도, 방글라데시, 스리랑카, 라오스(6개국)간의 특혜무역 협정이다.

④ 개발도상국간 특혜무역제도(GSTP) 양허관세 : 개발도상국간 특혜무역제도에 관련한 협정에 서명 및 가입한 국가에 대하여 적용하는 세율이다.

⑤ 특정국가와 관세협상에 따른 국제협력관세율 : WTO양허관세협정에 반영되지 않았으나 양허 필요가 있는 물품에 대해 특정국가와 협상하여 양허하는 특혜관세로서 최혜국대우 원칙

에 따라 협상국가 외의 모든 WTO 회원국에게 적용된다.

⑥ FTA 특혜관세제도 : FTA 협정에 따라 무세 또는 순차적으로 세율을 인하하는 관세이다.

> ㉮ 협정주체별 : 양국간 협정에 의한 세율, 다국간 협정에 의한 세율
> ㉯ 협정종류별 : WTO협정 일반 양허관세율, WTO협정 개도국간 양허관세율, 방콕협정 양허관세율, 범개발
> 도상국간 무역특혜제도(GSTP) 양허관세율, 특정국가와의 관세협상에 따른 국제협력관세율, 아시아태평
> 양무역(APTA) 협정 양허관세율

2 제50조(세율 적용의 우선순위)

1) 의의

(1) 기본세율과 잠정세율은 별표 관세율표에 따르되, 잠정세율을 기본세율에 우선하여 적용한다.

(2) 법 제49조(세율의 종류) 제3호의 세율은 다음의 순서에 따라 별표 관세율표의 세율에 우선하여 적용한다.

> ① 법 제51조(덤핑방지관세의 부과대상), 제57조(상계관세의 부과대상), 제63조(보복관세의 부과대상), 제
> 65조(긴급관세의 부과대상 등), 제67조의2(특정국물품 긴급관세의 부과), 제68조(농림축산물에 대한 특
> 별긴급관세) 및 제69조(조정관세의 부과대상) 제2호에 따른 세율
> ② 법 제73조(국제협력관세) 및 제74조(편익관세의 적용기준 등)에 따른 세율
> ③ 법 제69조(조정관세의 부과대상) 제1호 · 제3호 · 제4호, 제71조(할당관세) 및 제72조(계절관세)에 따른 세율
> ④ 법 제76조(일반특혜관세의 적용기준)에 따른 세율

(3) 제73조(국제협력관세) 및 제74조(편익관세의 적용기준 등)에 따른 세율은 기본세율, 잠정세율, 제69조(조정관세의 부과대상) 제1호 · 제3호 · 제4호, 제71조(할당관세)과 제72조(계절관세)에 따른 세율 및 제76조(일반특혜관세의 적용기준)에 따른 세율보다 낮은 경우에만 우선하여 적용하고, 제69조(조정관세의 부과대상) 제1호 · 제3호 · 제4호, 제71조(할당관세) 및 제72조(계절관세)에 따른 세율 중 법 제71조(할당관세)에 따른 세율은 제76조(일반특혜관세의 적용기준)에 따른 세율의 세율보다 낮은 경우에만 우선하여 적용한다. 다만, 제73조(국제협력관세)에 따라 국제기구와의 관세에 관한 협상에서 국내외의 가격차에 상당하는 율로 양허하거나 국내시장 개방과 함께 기본세율보다 높은 세율로 양허한 농림축산물 중 별표 1의 나 및 별표 3의 나의 품명란에 규정된 물품에 대하여 양허한 세율(시장접근물량에 대한 양허세율을 포함한다)은 기본세율 및 잠정세율

에 우선하여 적용한다.

(4) 별표 관세율표 중 잠정세율을 적용받는 물품에 대하여는 대통령령으로 정하는 바에 따라 그 물품의 전부 또는 일부에 대하여 잠정세율의 적용을 정지하거나 기본세율과의 세율차를 좁히도록 잠정세율을 올리거나 내릴 수 있다. 법 제49조(세율의 종류) 제3호에 따른 세율을 적용할 때 별표 관세율표 중 종량세인 경우에는 해당 세율에 상당하는 금액을 적용한다.

2) 잠정세율의 적용정지

(1) 법 별표 관세율표 중 잠정세율의 적용을 받는 물품과 관련이 있는 관계부처의 장 또는 이해관계인은 잠정세율의 적용정지나 잠정세율의 인상 또는 이하의 필요가 있다고 인정되는 때에는 이를 기획재정부장관에게 요청할 수 있다.

(2) 관계부처의 장 또는 이해관계인은 요청을 하려는 경우에는 해당 물품과 관련된 다음의 사항에 관한 자료를 기획재정부장관에게 제출하여야 한다.

① 해당 물품의 관세율표 번호·품명·규격·용도 및 대체물품
② 해당 물품의 제조용 투입원료 및 해당 물품을 원료로 하는 관련 제품의 제조공정설명서 및 용도
③ 적용을 정지하여야 하는 이유 및 기간
④ 변경하여야 하는 세율·이유 및 그 적용기간
⑤ 최근 1년간의 월별 주요 수입국별 수입가격 및 수입실적
⑥ 최근 1년간의 월별 주요 국내제조업체별 공장도가격 및 출고가격
⑦ 기타 참고사항

(3) 기획재정부장관은 잠정세율의 적용정지 등에 관한 사항을 조사하기 위하여 필요하다고 인정되는 때에는 관계기관·수출입자 기타 이해관계인에게 관련자료의 제출 기타 필요한 협조를 요청할 수 있다.

표 2-4 관세율 적용의 우선 순위

순위	종류	비고
1순위	법 제51조(덤핑방지관세의 부과대상), 제57조(상계관세의 부과대상), 제63조(보복관세의 부과대상), 제65조(긴급관세의 부과대상), 제67조의2(특정국물품 긴급관세의 부과), 제68조(농림축산물에 대한 특별긴급관세), 제69조(조정관세의 부과대상) 제2호	최우선 적용

2순위	법 제73조(국제협력관세), 제74조(편익관세의 적용기준)	1) 2순위의 세율은 3순위, 4순위, 5순위, 6순위의 세율보다 낮은 경우에만 우선하여 적용함 2) 다만, 제73조(국제협력관세)에 따라 국제기구와의 관세에 관한 협상에서 국내외의 가격차에 상당하는 율로 양허하거나 국내시장 개방과 함께 기본세율보다 높은 세율로 양허한 농림축산물 중 대통령령으로 정하는 물품에 대하여 양허한 세율(시장접근물량에 대한 양허세율을 포함한다)은 5순위 및 6순위에 우선하여 적용
3순위	법 제69조(조정관세의 부과대상) 제1호·제3호·제4호, 제72조(계절관세)	4순위, 5순위, 6순위보다 우선하여 적용함
	법 제71조(할당관세)	4순위보다 낮은 경우 우선적용 5순위, 6순위보다 우선 적용
4순위	법 제76조(일반특혜관세의 적용기준)	5순위, 6순위보다 우선하여 적용
5순위	잠정세율	6순위보다 우선하여 적용
6순위	기본세율	

제2절 세율의 조정

탄력관세제도(flexible tariff system)란 법률에 의하여 일정한 범위 내에서 관세율의 변경권을 행정권에 위임하여 세율을 탄력적으로 변경함으로써 관세율 조정의 신축성을 발휘하는 제도를 말한다. 이는 국내외적으로 급격한 변화에 대응하여 신축성 있게 관세정책을 수립하고자 하는 것이다. 그 기능은 다음과 같다.

① 법률의 경직성 탈피
② 국내산업보호(공정·불공정 무역으로 인한 산업피해 구제)
③ 물가안정
④ 주요 자원의 안정적 확보(할당관세)
⑤ 세율불균형(조정관세, 할당관세)개선

Ⅰ. 덤핑방지관세

❶ 제51조(덤핑방지관세의 부과대상)

1) 의의

덤핑방지관세(Anti-Dumping Duty)는 외국의 물품이 정상가격 이하로 수입되어 국내산업이 실질적인 피해를 받거나 받을 우려가 있거나 또는 국내산업의 확립이 실질적으로 지연되었음이 조사를 통하여 확인되고 해당 국내산업을 보호할 필요가 있다고 인정될 때에 그 물품과 수출자 또는 수출국을 지정하여 해당 물품에 대하여 관세 외에 정상가격과 덤핑가격과의 차액(덤핑차액)에 상당하는 금액 이하의 관세(덤핑방지관세)를 추가하여 부과하는 것을 말한다.

2) 용어의 정리

(1) 덤핑가격 : 조사가 개시된 조사대상물품에 대하여 실제로 지급하였거나 지급하여야 하는 가격을 말한다. 다만, 공급자와 수입자 또는 제3자 사이에 특수관계 또는 보상약정이 있어 실제로 지급하였거나 지급하여야 하는 가격에 의할 수 없는 때에는 다음의 하나의 가격으로 할 수 있다.

① 수입물품이 그 특수관계 또는 보상약정이 없는 구매자에게 최초로 재판매된 경우에는 그 재판매 가격을 기초로 산정한 가격
② 수입물품이 그 특수관계 또는 보상약정이 없는 구매자에게 재판매된 실적이 없거나 수입된 상태로 물품이 재판매되지 아니하는 때에는 합리적인 기준에 의한 가격

(2) 정상가격 : ① 해당 물품의 공급국에서 소비되는 동종물품의 통상거래가격을 말한다. 다만, 동종물품이 거래되지 아니하거나 특수한 시장상황 등으로 인하여 통상거래가격을 적용할 수 없는 때에는 해당 국가에서 제3국으로 수출되는 수출가격 중 대표적인 가격으로서 비교가능한 가격 또는 원산지국에서의 제조원가에 합리적인 수준의 관리비 및 판매비와 이윤을 합한 가격(이하 "구성가격"이라 한다)을 정상가격으로 본다. ② 해당 물품의 원산국으로부터 직접 수입되지 아니하고 제3국을 거쳐 수입되는 경우에는 그 제3국의 통상거래가격을 정상가격으로 본다. 다만. 제3국 안에서 해당 물품을 단순히 옮겨 싣거나 동종 물품의 생산실적이 없는 때 또는 그 제3국 내에 통상거래가격으로 인정될 가격이 없는 때에는 원산국의 통상거래가격을 정상가격으로 본다.

(3) 동종물품 : 해당 수입물품과 물리적 특성, 품질 및 소비자의 평가 등 모든 면에서 동일한 물품(겉모양에 경미한 차이가 있는 물품을 포함한다)을 말하며, 그러한 물품이 없는 때에는 해당 수입물품과 매우 유사한 기능·특성 및 구성요소를 가지고 있는 물품을 말한다.

(4) 국내산업에 이해관계가 있는 자 : 실질적 피해 등을 받은 국내산업에 속하는 국내생산자와 이들을 구성원으로 하거나 이익을 대변하는 법인·단체 및 개인으로서 국내생산자로 구성된 협회·조합 등을 말한다.

3) 덤핑방지관세의 부과대상

실질적 피해 등을 받은 국내산업에 속하는 국내생산자와 이들을 구성원으로 하거나 이익을 대변하는 법인·단체 및 개인으로서 국내생산자로 구성된 협회·조합으로서 대통령령으로 정하는 자 또는 주무부장관이 부과요청을 한 경우로서 외국의 물품이 대통령령으로 정하는 정상가격 이하로 수입(이하 "덤핑"이라 한다)되어 다음의 어느 하나에 해당하는 것(이하 "실질적 피해 등"이라 한다)으로 조사를 통하여 확인되고 해당 국내산업을 보호할 필요가 있다고 인정되는 경우에는 그 물품과 공급자 또는 공급국을 지정하여 해당 물품에 대하여 정상가격과 덤핑가격 간의 차액(이하 "덤핑차액"이라 한다)에 상당하는 금액 이하의 관세(이하 "덤핑방지관세"라 한다)를 추가하여 부과할 수 있다.

① 국내산업이 실질적인 피해를 받거나 받을 우려가 있는 경우
② 국내산업의 발전이 실질적으로 지연된 경우

4) 덤핑방지관세의 부과

(1) 위의 3)에 의한 덤핑방지관세는 실질적 피해 등을 구제하기 위하여 필요한 범위에서 공급자 또는 공급국별로 덤핑방지관세율 또는 기준수입가격을 정하여 부과한다. 다만, 정당한 사유 없이 법 시행령 제64조(이해관계인에 대한 자료협조요청)의 규정에 의한 자료를 제출하지 아니하거나 해당 자료의 공개를 거부하는 경우 및 기타의 사유로 조사 또는 자료의 검증이 곤란한 공급자에 대하여는 단일 덤핑방지관세율 또는 단일 기준수입가격을 정하여 부과할 수 있다.

(2) 법 시행령 제60조(덤핑 및 실질적 피해 등의 조사개시) 제1항에 의하여 조사대상으로 선정되지 아니한 공급자에 대하여는 조사대상으로 선정된 공급자의 덤핑방지관세율 또는 기준수입가격을 기획재정부령이 정하는 바에 따라 가중평균한 덤핑방지관세율 또는 기준수입가격에 의

하여 덤핑방지관세를 부과한다. 다만, 조사대상기간 중에 수출을 한 자로서 조사대상으로 선정되지 아니한 자 중 법 시행령 제64조(이해관계인에 대한 자료협조요청)에 의한 자료를 제출한 자에 대하여는 위의 (1)에 따른다.

(3) 위의 3)에 의하여 공급국을 지정하여 덤핑방지관세를 부과하는 경우 법 시행령 제60조 제1항에 의한 조사대상기간 이후에 수출하는 해당 공급국의 신규공급자가 덤핑방지관세가 부과되는 공급자와 법 시행령 제23조(특수관계의 범위 등) 제1항에 의한 특수관계에 있는 때에는 그 공급자에 대한 덤핑방지관세율 또는 기준수입가격을 적용하여 덤핑방지관세를 부과한다. 다만, 신규공급자가 특수관계에 있지 아니하다고 증명하는 경우에는 조사를 통하여 별도의 덤핑방지관세율 또는 기준수입가격을 정하여 부과할 수 있다. 이 경우 기획재정부령이 정하는 바에 따라 기존 조사대상자에 대한 조사방법 및 조사절차 등과 달리할 수 있다.

(4) 위의 (3)의 단서규정에 따라 신규공급자에 대한 조사가 개시된 경우 세관장은 그 신규공급자가 공급하는 물품에 대하여 이를 수입하는 자로부터 담보를 제공받고 조사 완료일까지 덤핑방지관세의 부과를 유예할 수 있다.

(5) 위의 (3)의 단서규정에 따라 정한 덤핑방지관세율 또는 기준수입가격은 해당 조사의 개시일부터 적용한다.

(6) 위의 (3)의 단서규정에 따라 조사가 개시된 신규공급자의 가격수정·수출중지 등의 약속에 관하여는 법 시행령 제68조(가격수정·수출중지 등의 약속) 제1항부터 제3항까지, 제5항 및 제6항을 준용한다. 이 경우 법 시행령 제68조 제1항 전단 중 "법 시행령 제61조(덤핑 및 실질적 피해 등의 조사) 제5항의 규정에 의한 본조사의 결과에 따른 최종판정"은 "법 시행령 제65조(덤핑방지관세의 부과) 제3항 단서에 따른 조사의 종결"로 본다.

(7) 위의 (1)-(3)에 규정된 기준수입가격은 법 시행령 제58조(정상가격 및 덤핑가격의 비교) 제5항에 따라 조정된 공급국의 정상가격에 수입관련비용을 가산한 범위안에서 결정한다.

5) 덤핑방지관세의 부과요청

(1) 법 제51조의 규정에 의한 실질적 피해 등(이하 "실질적 피해 등"이라 한다)을 받은 국내산업에 이해관계가 있는 자 또는 해당 산업을 관장하는 주무부장관은 기획재정부령이 정하는 바에 따라 기획재정부장관에게 덤핑방지관세의 부과를 요청할 수 있으며, 이 요청은 「불공정무역행위 조사 및 산업피해구제에 관한 법률」 제27조(무역위원회의 설치)에 따른 무역위원회(이하 "무역위원회"라 한다)에 대한 덤핑방지관세의 부과에 필요한 조사신청으로 갈음한다.

(2) 주무부장관은 기획재정부장관에게 덤핑방지관세 부과를 요청하기 전에 관세청장에게 해

당 수입물품의 덤핑거래에 관한 검토를 요청할 수 있다.

(3) 관세청장은 덤핑거래에 관한 검토 요청이 없는 경우에도 덤핑거래 우려가 있다고 판단되는 경우에는 해당 수입물품의 덤핑거래 여부에 대하여 검토하고 그 결과를 주무부장관에게 통지할 수 있다.

(4) 국내산업은 정상가격 이하로 수입되는 물품과 동종물품의 국내생산사업(해당 수입물품의 공급자 또는 수입자와 법 시행령 제23조(특수관계의 범위 등) 제1항에 의한 특수관계에 있는 생산자에 의한 생산사업과 해당 수입물품을 수입한 생산자 중 다음의 자를 제외한 자를 말한다)의 전부 또는 국내총생산량의 상당부분을 점하는 국내생산사업으로 한다.

① 아래의 (6)에 따른 신청서 접수일부터 6개월 이전에 덤핑물품을 수입한 생산자
② 덤핑물품의 수입량이 근소한 생산자

(5) 특수관계에 있는 생산자의 범위를 판정함에 있어서 해당 수입물품과 동종물품의 생산자가 법 시행령 제23조(특수관계의 범위 등) 제1항에 따른 특수관계에 속하지 아니하는 자와 동일 또는 유사한 가격 및 조건 등으로 이를 판매하는 때에는 해당 생산자를 특수관계에 있는 생산자의 범위에서 제외할 수 있다.

(6) 조사를 신청하려는 자는 다음의 자료를 무역위원회에 제출해야 한다.

① 다음의 사항을 기재한 신청서 3부
　㉮ 해당 물품의 품명 · 규격 · 특성 · 용도 · 생산자 및 생산량
　㉯ 해당 물품의 공급국 · 공급자 · 수출실적 및 수출가능성과 우리나라의 수입자 · 수입실적 및 수입가능성
　㉰ 해당 물품의 공급국에서의 공장도가격 및 시장가격과 우리나라에의 수출가격 및 제3국에의 수출가격
　㉱ 국내의 동종물품의 품명 · 규격 · 특성 · 용도 · 생산자 · 생산량 · 공장도가격 · 시장가격 및 원가계산
　㉲ 해당 물품의 수입으로 인한 국내산업의 실질적 피해 등
　㉳ 국내의 동종물품생산자들의 해당 조사신청에 대한 지지 정도
　㉴ 신청서의 기재사항 및 첨부자료를 비밀로 취급할 필요가 있는 경우에는 그 사유
　㉵ 기타 기획재정부장관이 필요하다고 인정하는 사항
② 덤핑물품의 수입사실과 해당 물품의 수입으로 인한 실질적 피해 등의 사실에 관한 충분한 증빙자료 3부

(7) 무역위원회는 조사신청을 받은 사실을 기획재정부장관 및 관계 행정기관의 장과 해당 물품의 공급국 정부에 통보해야 한다. 이 경우 위의 (6)의 자료는 법 시행령 제60조(덤핑 및 실질적 피해 등의 조사개시) 제1항에 따른 조사개시결정을 한 후에 통보해야 한다.

6) 덤핑방지관세 부과요청의 철회

(1) 위의 5) (1)에 의하여 조사를 신청한 자는 해당 신청을 철회하고자 하는 때에는 서면으로 그 뜻을 무역위원회에 제출하여야 한다. 이 경우 무역위원회는 법 시행령 제61조(덤핑 및 실질적 피해 등의 조사) 제2항에 의한 예비조사결과를 제출하기 전에 해당 철회서를 접수한 때에는 기획재정부장관 및 관계행정기관의 장과 협의하여 조사개시여부의 결정을 중지하거나 예비조사를 종결할 수 있으며, 예비조사결과를 제출한 후에 해당 철회서를 접수한 때에는 기획재정부장관에게 이를 통보하여야 한다.

(2) 기획재정부장관은 위의 (1)에 의한 통보를 받은 때에는 무역위원회 및 관계행정기관의 장과 협의하여 조사를 종결하도록 할 수 있으며, 잠정조치가 취하여진 경우에는 이를 철회할 수 있다.

(3) 기획재정부장관은 잠정조치를 철회하는 때에는 해당 잠정조치에 의하여 납부된 잠정덤핑방지관세를 환급하거나 제공된 담보를 해제하여야 한다.

7) 정상가격 및 덤핑가격의 비교

(1) 해당 물품이 통제경제를 실시하는 시장경제체제가 확립되지 아니한 국가로부터 수입되는 때에는 위의 2) (2)의 규정에 불구하고 다음의 하나에 해당하는 가격을 정상가격으로 본다. 다만, 시장경제체제가 확립되지 아니한 국가가 시장경제로의 전환체제에 있는 등 기획재정부령이 정하는 경우에는 위의 2) (2)의 규정에 따른 통상거래가격 등을 정상가격으로 볼 수 있다.

① 우리나라를 제외한 시장경제국가에서 소비되는 동종물품의 통상거래가격
② 우리나라를 제외한 시장경제국가에서 우리나라를 포함한 제3국으로의 수출가격 또는 구성가격

(2) 정상가격과 덤핑가격의 비교는 가능한 한 동일한 시기 및 동일한 거래단계(통상적으로 공장도 거래단계를 말한다)에서 비교하여야 한다. 이 경우 해당 물품의 물리적 특성, 판매수량, 판매조건, 과세상의 차이, 거래단계의 차이, 환율변동 등이 가격비교에 영향을 미치는 경우에는 기획재정부령이 정하는 바에 따라 정상가격 및 덤핑가격을 조정하여야 하며, 덤핑률 조사대상기간은 6월 이상의 기간으로 한다.

(3) 이해관계인은 물리적 특성, 판매수량 및 판매조건의 차이로 인하여 위의 (2)의 규정에 의한 가격조정을 요구하는 때에는 그러한 차이가 시장가격 또는 제조원가에 직접적으로 영향을 미친다는 사실을 입증하여야 한다.

(4) 위의 2) (2) ① 본문의 규정에 의한 통상거래가격과 동항 단서의 규정에 의한 제3국으로 수출되는 수출가격을 결정함에 있어서 동종물품의 판매가 다음의 하나에 해당하는 경우에는 그 판매가격을 근거로 하지 아니할 수 있다.

> ① 조사대상기간 동안 정상가격을 결정하기 위하여 고려되고 있는 거래 중 해당 물품의 제조원가에 합리적인 수준의 판매비 및 일반관리비를 가산한 가격(이하 "원가"라 한다) 이하로 판매한 양이 20/100 이상이거나 정상가격을 결정하기 위하여 고려되고 있는 거래의 가중평균 판매가격이 당해 거래의 가중평균 원가 이하이고, 당해 원가 이하의 판매에 의하여 적절한 기간 내에 그 물품의 원가수준에 상당하는 비용을 회수할 수 없는 경우(판매시 원가 이하인 가격이 조사대상기간 동안의 가중평균 원가보다 높은 때에는 그 물품의 원가수준에 상당하는 비용을 회수할 수 있는 것으로 본다)
> ② 법 시행령 제23조(특수관계의 범위 등) 제1항의 규정에 의한 특수관계가 있는 당사자 간의 판매가격으로서 해당 가격이 당사자 간의 관계에 의하여 영향을 받은 경우

(5) 위의 2) (2) ① 단서의 규정에 의한 특수한 시장상황 등에는 공급국안에서의 판매량이 그 공급국으로부터의 수입량의 5/100 미만으로서 정상가격결정의 기초로 사용하기에 부적당한 경우를 포함한다. 다만, 공급국안에서의 판매량이 5/100 미만인 경우에도 덤핑가격과 비교할 수 있음이 입증되는 때에는 그러하지 아니하다.

(6) 위의 2) (2) ① 단서의 규정에 의한 구성가격을 산정함에 있어서 판매비 · 일반관리비 및 이윤의 금액은 조사대상 공급자에 의하여 동종물품의 통상적인 거래에서 발생한 생산 및 판매와 관련된 실제자료에 기초하여야 한다. 이 경우 현재 또는 미래의 생산에 기여할 수 있는 일회성 비용이나 조사대상기간중의 생산개시비용 등으로 인하여 원가가 적절히 반영되지 아니한 때에는 이를 조정하여야 한다.

(7) 위의 (6)의 규정에 의하여 구성가격을 산정함에 있어서 실제자료에 기초할 수 없는 때에는 다음의 자료에 기초할 수 있다.

> ① 조사대상 공급자에 의하여 원산지국가의 국내시장에서 동일부류의 물품의 생산 · 판매와 관련하여 발생되고 실현된 실제금액
> ② 원산지국가의 국내시장에서 동종물품의 생산 · 판매와 관련하여 다른 조사대상 공급자에 의하여 발생되고 실현된 실제금액의 가중평균
> ③ 기타 합리적이라고 인정되는 방법. 다만, 이러한 방법으로 산정된 이윤은 원산지국가 안에서 동일부류의 물품을 다른 공급자가 판매하여 통상적으로 실현시킨 이윤을 초과하여서는 아니 된다.

(8) 위의 (1) 각호 외의 부분 본문의 규정을 적용함에 있어서의 시장경제국가는 원칙적으로 해당 물품을 공급한 국가와 경제발전정도, 해당 물품의 생산기술수준 등이 비슷한 국가로 한다.

(9) 위의 2) (1) ①의 규정에 의한 재판매가격을 기초로 산정한 가격은 수입과 재판매 사이에 발생하는 제세를 포함한 비용과 그로 인한 이윤을 공제한 가격으로 하며, 위의 2) (1) ②의 규정에 의한 합리적인 기준에 의한 가격은 해당 물품의 수입가격에 해당 수입과 관련하여 발생하거나 해당 수입과 재판매 사이에서 발생하는 비용과 적정한 이윤 등을 참작하여 산출한 가격으로 한다.

(10) 위의 (2) 전단의 규정에 의하여 정상가격과 덤핑가격을 비교하는 때에는 원칙적으로 거래량을 가중치로 하여 가중산술평균한 가격으로 비교하여야 한다. 이 경우 개별 덤핑가격이 정상가격보다 높은 경우를 포함하여 모든 개별 덤핑가격을 가중산술평균한 가격을 덤핑가격으로 한다.

(11) 위의 (2) 전단에 따라 정상가격과 덤핑가격을 비교할 때 적용하는 환율은 원칙적으로 해당 물품 거래일의 환율로 한다. 다만, 해당 물품 거래가 선물환거래와 직접적으로 연계되어 있는 경우에는 그 약정환율을 적용할 수 있다.

(12) 위의 (2) 후단의 규정에 의하여 물리적 특성의 차이로 가격조정을 하는 때에는 그 물리적 특성이 공급국의 시장가격에 미치는 영향을 기준으로 계산하여야 한다. 다만, 공급국의 시장가격에 관한 자료를 구할 수 없거나 그 자료가 가격비교에 사용하기에 부적합한 때에는 물리적 특성의 차이에 따른 제조원가의 차이를 기준으로 조정할 수 있다.

(13) 위의 (2) 후단의 규정에 의하여 판매수량의 차이로 가격조정을 하는 경우는 대량생산에 따른 생산비의 절감에 의한 것이거나 통상적인 거래에서 모든 구매자에게 제공되는 대량판매에 의한 할인이 있는 경우로 한다.

(14) 위의 (2) 후단의 규정에 의하여 판매조건의 차이로 가격조정을 하는 경우는 그 판매조건이 해당 판매가격에 영향을 미칠 정도의 직접적인 관계가 있는 경우에 한한다.

(15) 위의 (2) 후단의 규정에 의하여 환율변동으로 가격을 조정하는 경우는 덤핑률 조사대상 기간 중 환율이 일정한 방향으로 변동하여 지속된 경우로 하며, 그 조정된 가격을 조사대상 공급자에게 환율변동 후 60일 동안 적용할 수 있게 하여야 한다.

8) 덤핑방지관세의 산정방식

(1) 덤핑방지관세를 부과하는 때에는 다음의 방법에 따른다.

① 덤핑방지관세를 정률세의 방법으로 부과하는 경우 : 다음의 산식에 의하여 산정된 덤핑률의 범위 안에서 결정한 율을 과세가격에 곱하여 산출한 금액

$$덤핑률 = \frac{조정된\ 정상가격 - 조정된\ 덤핑\ 가격}{과세가격} \times 100$$

② 덤핑방지관세를 기준수입가격의 방법으로 부과하는 경우 : 법 시행령 제65조(덤핑방지관세의 부과) 제7항에 따른 기준수입가격에서 과세가격을 차감하여 산출한 금액

(2) 가중평균 덤핑방지관세율 또는 기준수입가격을 산정함에 있어서 공급자가 다수인 때에는 공급자별 수출량에 따라 가중치를 둘 수 있다. 이 경우 다음의 어느 하나에 해당하는 공급자는 산정대상에서 제외한다.

① 덤핑차액이 없거나 덤핑가격대비 덤핑차액이 2/100 미만인 공급자
② 법 시행령 제64조(이해관계인에 대한 자료협조요청) 제5항에 따라 이용가능한 자료 등을 사용하여 덤핑차액 등을 산정한 공급자

(3) 기획재정부장관은 신규공급자에 대하여 법 시행령 제61조(덤핑 및 실질적 피해 등의 조사)에 의한 조사를 조속히 행하여야 한다. 이 경우 실질적 피해 등의 조사는 법 시행령 제65조(덤핑방지관세의 부과) 제3항의 규정에 의한 공급국에 대한 실질적 피해 등의 조사로 갈음할 수 있다.

② 제52조(덤핑 및 실질적 피해 등의 조사)

1) 의의

법 제51조(덤핑방지관세의 부과대상)에 따른 덤핑 사실과 실질적 피해 등의 사실에 관한 조사는 대통령령으로 정하는 바에 따른다. 기획재정부장관은 덤핑방지관세를 부과할 때 관련 산업의 경쟁력 향상, 국내 시장구조, 물가안정, 통상협력 등을 고려할 필요가 있는 경우에는 이를 조사하여 반영할 수 있다.

2) 덤핑 및 실질적 피해의 조사개시

(1) 무역위원회는 법 시행령 제59조(덤핑방지관세의 부과요청) 제1항에 따른 조사신청을 받은 경우 덤핑사실과 실질적인 피해 등의 사실에 관한 조사의 개시여부를 결정하여 조사신청을 받은 날부터 2개월 이내에 그 결과와 다음의 사항을 기획재정부장관에게 통보하여야 한다.

① 조사대상물품(조사대상물품이 많은 경우에는 기획재정부령이 정하는 바에 따라 선정된 조사대상물품)
② 조사대상기간
③ 조사대상 공급자(조사대상공급자가 많은 경우에는 기획재정부령이 정하는 바에 따라 선정된 조사대상 공급자)

(2) 무역위원회는 조사의 개시 여부를 결정할 때에 조사신청이 다음의 어느 하나에 해당하면 그 조사신청을 기각하여야 한다.

① 신청서를 제출한 자가 법 시행령 제59조(덤핑방지관세의 부과요청) 제1항에 따라 부과·요청을 할 수 있는 자가 아닌 경우
② 덤핑사실과 실질적인 피해 등의 사실에 관한 충분한 증빙자료를 제출하지 아니한 경우
③ 덤핑차액 또는 덤핑물품의 수입량이 다음의 요건을 모두 갖추는 기준에 미달되거나 실질적 피해 등이 경미하다고 인정되는 경우

> ㉮ 덤핑차액: 덤핑가격의 2/100 이상인 경우
> ㉯ 덤핑물품 수입량: 다음의 어느 하나에 해당하는 경우
> > ㉠ 특정 공급국으로부터의 수입량이 동종물품의 국내수입량의 3/100 이상인 경우
> > ㉡ 동종물품의 국내수입량의 3/100 미만의 점유율을 보이는 공급국들로부터의 수입량의 합계가 국내수입량의 7/100을 초과하는 경우

④ 해당 조사신청에 찬성의사를 표시한 국내생산자들의 생산량합계가 다음의 어느 하나에 해당하는 기준에 미달된다고 인정되는 경우

> ㉮ 부과요청에 대하여 찬성 또는 반대의사를 표시한 국내생산자들의 동종물품 국내 생산량 합계 중 찬성의사를 표시한 국내생산자들의 생산량 합계가 50/100을 초과하는 경우
> ㉯ 부과요청에 대하여 찬성의사를 표시한 국내생산자들의 생산량합계가 동종물품 국내총생산량의 25/100 이상인 경우

⑤ 조사개시 전에 국내산업에 미치는 나쁜 영향을 제거하기 위한 조치가 취하여지는 등 조사개시가 필요없게 된 경우

(3) 무역위원회는 조사개시결정을 한 때에는 그 결정일부터 10일 이내에 조사개시의 결정에 관한 사항을 조사신청자, 해당 물품의 공급국 정부 및 공급자, 그 밖의 이해관계인에게 통지하고, 관보에 게재해야 한다. 이 경우 해당 물품의 공급국 정부 및 공급자에게는 법 시행령 제59조(덤핑방지관세의 부과요청) 제6항 각 호의 자료를 함께 제공해야 한다.

(4) 무역위원회는 조사대상물품의 품목분류 등에 대해서는 관세청장과 협의하여 선정할 수 있다.

(5) 조사대상물품 또는 공급자를 선정함에 있어서는 이용가능한 자료를 기초로 통계적으로 유효한 표본추출방법(공급자의 수 또는 물품의 수를 수입량의 비율이 큰 순서대로 선정하는 방법 등을 포함한다)을 사용함을 원칙으로 한다.

3) 덤핑 및 실질적 피해의 조사

(1) 덤핑사실 및 실질적 피해 등의 사실에 관한 조사는 무역위원회가 담당한다. 이 경우 무역위원회는 필요하다고 인정하는 때에는 관계행정기관의 공무원 또는 관계전문가로 하여금 조사활동에 참여하도록 할 수 있다.

(2) 조사개시의 결정에 관한 사항이 관보에 게재된 날부터 3월 이내에 덤핑사실 및 그로 인한 실질적 피해 등의 사실이 있다고 추정되는 충분한 증거가 있는지에 관한 예비조사를 하여 그 결과를 기획재정부장관에게 제출해야 한다.

(3) 기획재정부장관은 예비조사결과가 제출된 날부터 1월 이내에 법 제53조(덤핑방지관세를 부과하기 전의 잠정조치) 제1항에 의한 조치의 필요여부 및 내용에 관한 사항을 결정하여야 한다. 다만, 필요하다고 인정되는 경우에는 20일의 범위내에서 그 결정기간을 연장할 수 있다.

(4) 무역위원회는 기획재정부령이 정하는 특별한 사유가 없는 한 예비조사결과를 제출한 날의 다음 날부터 본조사를 개시하여야 하며, 본조사개시일부터 3월 이내에 본조사결과를 기획재정부장관에게 제출하여야 한다.

(5) 무역위원회는 조사와 관련하여 조사기간을 연장할 필요가 있거나 이해관계인이 정당한 사유를 제시하여 조사기간의 연장을 요청하는 때에는 2월의 범위내에서 그 조사기간을 연장할 수 있다.

(6) 기획재정부장관은 본조사 결과가 접수되면 관보게재일부터 12개월 이내에 덤핑방지관세의 부과여부 및 내용을 결정하여 덤핑방지관세의 부과조치를 해야 한다. 다만, 특별한 사유가 있다고 인정되는 경우에는 관보게재일부터 18개월 이내에 덤핑방지관세의 부과조치를 할 수 있다.

(7) 기획재정부장관은 위의 (6) 단서규정에 따라 18개월 이내에 덤핑방지관세의 부과조치를 할 특별한 사유가 있다고 인정하는 경우 무역위원회와 협의하여 본조사 기간을 2개월의 범위에서 추가로 연장하게 할 수 있다.

(8) 무역위원회는 위의 (2) 및 (4)에 따라 조사결과를 제출하는 경우 필요하다고 인정되는 때에는 기획재정부장관에게 다음의 사항을 건의할 수 있다.

① 법 제51조(덤핑방지관세의 부과대상)의 규정에 의한 덤핑방지관세부과
② 법 제53조(덤핑방지관세를 부과하기 전의 잠정조치) 제1항의 규정에 의한 잠정조치
③ 법 제54조(덤핑방지관세와 관련된 약속의 제의) 제1항에 따른 약속의 제의 또는 수락

(9) 위의 (1)부터 (8)까지에서 규정한 사항 외에 덤핑방지관세부과 신청·조사·판정 절차에 관하여 필요한 사항은 무역위원회가 기획재정부장관과 협의하여 고시한다(「덤핑방지관세 및 상계관세부과 신청·조사·판정에 관한 세부운영 규정」).

4) 실질적 피해의 판정

(1) 무역위원회는 위의 3) (1)에 따라 실질적 피해 등의 사실을 조사·판정하는 때에는 다음의 사항을 포함한 실질적 증거에 근거해야 한다.

① 덤핑물품의 수입물량(해당 물품의 수입이 절대적으로 또는 국내생산이나 국내소비에 대하여 상대적으로 뚜렷하게 증가되었는지 여부를 포함한다)
② 덤핑물품의 가격(국내 동종물품의 가격과 비교하여 뚜렷하게 하락되었는지 여부를 포함한다)
③ 덤핑차액의 정도(덤핑물품의 수입가격이 수출국내 정상가격과 비교하여 뚜렷하게 하락되었는지 여부를 포함한다)
④ 국내산업의 생산량·가동률·재고·판매량·시장점유율·가격(가격하락 또는 인상억제의 효과를 포함한다)·이윤·생산성·투자수익·현금수지·고용·임금·성장·자본조달·투자능력
⑤ 위의 ① 및 ②의 내용이 국내산업에 미치는 실재적 또는 잠재적 영향

(2) 실질적 피해 등을 조사·판정하는 경우 실질적 피해 등을 받을 우려가 있는지에 대한 판정은 위의 (1)의 사항뿐만 아니라 다음의 사항을 포함한 사실에 근거를 두어야 하며, 덤핑물품으로 인한 피해는 명백히 예견되고 급박한 것이어야 한다.

① 실질적인 수입증가의 가능성을 나타내는 덤핑물품의 현저한 증가율
② 우리나라에 덤핑수출을 증가시킬 수 있는 생산능력의 실질적 증가(다른 나라에의 수출가능성을 고려한 것이어야 한다)
③ 덤핑물품의 가격이 동종물품의 가격을 하락 또는 억제시킬 수 있는지 여부 및 추가적인 수입수요의 증대 가능성
④ 덤핑물품의 재고 및 동종물품의 재고상태

(3) 무역위원회는 덤핑물품 외의 다른 요인으로서 국내산업에 피해를 미치는 요인들을 조사해야 하며, 이러한 요인들에 의한 산업피해 등을 덤핑물품으로 인한 것으로 간주해서는 안 된다.

5) 덤핑방지조치 관련 비밀취급자료

비밀로 취급하는 자료는 다음의 사항에 관한 자료로서 이들이 공개되는 경우 그 제출자나 이해관계인의 이익이 침해되거나 그 경쟁자에게 중대한 경쟁상 이익이 될 우려가 있는 것으로 한다.

① 제조원가
② 공표되지 않은 회계자료
③ 거래처의 성명·주소 및 거래량
④ 비밀정보의 제공자에 관한 사항
⑤ 그 밖에 비밀로 취급하는 것이 타당하다고 인정되는 자료

6) 덤핑방지조치 관련 이용가능한 자료

(1) 무역위원회는 이해관계인이 관계자료를 제출하지 않거나 제출한 자료가 불충분하여 아래의 7) (5)에 따라 조사 또는 자료의 검증이 곤란하다고 판단한 경우에는 그 사실을 즉시 해당 이해관계인에게 통보하고, 특별한 사정이 없는 한 7일 이내에 추가 자료제출 또는 설명을 할 수 있는 기회를 제공해야 한다.

(2) 무역위원회는 아래의 7) (5)에 따라 이용가능한 자료를 사용할 경우 조사절차가 지나치게 지연되지 않는 한 공식 수입통계 등 다른 자료로부터 취득하거나 조사 과정에서 다른 이해관계인으로부터 얻은 정보를 확인해야 한다.

(3) 무역위원회는 아래의 7) (5)에 따라 이용가능한 자료를 사용하여 조사·판정한 경우에는 해당 자료를 사용한 사유를 법 시행령 제71조(이해관계인에 대한 통지·공고 등) 제2항 제3호 및 제9호에 따른 통지(법 시행령 제71조의9(우회덤핑과 관련한 이해관계인에 대한 자료협조요청 등) 제1항에 따라 준용되는 경우에는 법 시행령 제71조의11(우회덤핑과 관련한 이해관계인에 대한 통지·공고 등) 제2항 제2호 나목에 따른 통지를 말한다) 시에 이해관계인에게 함께 통지해야 한다.

7) 이해관계인에 대한 자료협조요청

(1) 기획재정부장관 또는 무역위원회는 조사 및 덤핑방지관세의 부과여부 등을 결정하기 위하여 필요하다고 인정하는 때에는 관계행정기관·국내생산자·공급자·수입자 및 이해관계인에게 관계자료의 제출 등 필요한 협조를 요청할 수 있다. 다만, 공급자에게 덤핑사실여부를 조사하기 위한 질의를 하는 때에는 회신을 위하여 질의서발송일부터 40일 이상의 회신기간을 주

어야 하며 공급자가 사유를 제시하여 동 기한의 연장을 요청할 경우 이에 대하여 적절히 고려하여야 한다.

(2) 기획재정부장관 또는 무역위원회는 제출된 자료 중 성질상 비밀로 취급하는 것이 타당하다고 인정되거나 조사신청자나 이해관계인이 정당한 사유를 제시하여 비밀로 취급해 줄 것을 요청한 자료에 대해서는 해당 자료를 제출한 자의 명시적인 동의 없이 이를 공개해서는 안 된다.

(3) 기획재정부장관 또는 무역위원회는 비밀로 취급하여 줄 것을 요청한 자료를 제출한 자에게 해당 자료의 비밀이 아닌 요약서의 제출을 요구할 수 있다. 이 경우 해당 자료를 제출한 자가 그 요약서를 제출할 수 없는 때에는 그 사유를 기재한 서류를 제출하여야 한다.

(4) 기획재정부장관 또는 무역위원회는 비밀취급요청이 정당하지 아니하다고 인정됨에도 불구하고 자료의 제출자가 정당한 사유없이 자료의 공개를 거부하는 때 또는 비밀이 아닌 요약서의 제출을 거부한 때에는 해당 자료의 정확성이 충분히 입증되지 아니하는 한 해당 자료를 참고하지 아니할 수 있다.

(5) 기획재정부장관 또는 무역위원회는 조사 및 덤핑방지관세의 부과여부 등을 결정함에 있어서 이해관계인이 관계자료를 제출하지 아니하거나 무역위원회의 조사를 거부·방해하는 경우 등의 사유로 조사 또는 자료의 검증이 곤란한 경우에는 이용가능한 자료 등을 사용하여 덤핑방지를 위한 조치를 할 것인지 여부를 결정할 수 있다.

(6) 기획재정부장관 및 무역위원회는 덤핑방지관세의 부과절차와 관련하여 이해관계인으로부터 취득한 정보·자료 및 인지한 사실을 다른 목적으로 사용할 수 없다.

(7) 기획재정부장관 및 무역위원회는 이해관계인이 법 시행령 제59조(덤핑방지관세의 부과요청) 제6항에 따라 제출한 관계증빙자료와 위의 (1), 아래의 (8) 후단 및 법 시행령 제68조(가격수정·수출중지 등의 약속)에 따라 제출 또는 통보된 자료 중 비밀로 취급되는 것 외의 자료 제공을 요청하는 경우에는 특별한 사유가 없는 한 이에 따라야 한다. 이 경우 이해관계인의 자료제공요청은 그 사유 및 자료목록을 기재한 서면으로 해야 한다.

(8) 기획재정부장관 또는 무역위원회는 필요하다고 인정하거나 이해관계인의 요청이 있는 때에는 이해관계인에게 공청회 등을 통해 의견을 진술할 기회를 주거나 상반된 이해관계인과 협의할 수 있는 기회를 줄 수 있다. 이 경우 이해관계인이 구두로 진술하거나 협의한 내용은 공청회 등이 있은 후 7일 이내에 서면으로 제출된 경우에만 해당 자료를 참고할 수 있다.

8) 덤핑방지관세부과를 위한 공청회

(1) 무역위원회는 공청회를 개최하는 때에는 그 계획 및 결과를 기획재정부장관에게 통보해야 한다.

(2) 기획재정부장관 및 무역위원회는 공청회를 개최하고자 하는 때에는 신청인 및 이해관계인에게 공청회의 일시 및 장소를 개별통지하고, 관보 등 적절한 방법으로 공청회개최일 30일 이전에 공고하여야 한다. 다만, 사안이 시급하거나 조사일정상 불가피한 때에는 7일 이전에 알려줄 수 있다.

(3) 공청회에 참가하고자 하는 자는 공청회개최예정일 7일전까지 신청인 또는 이해관계인이라는 소명자료와 진술할 발언의 요지, 관련근거자료, 자신을 위하여 진술할 자의 인적사항 등을 첨부하여 기획재정부장관 및 무역위원회에 신청하여야 한다.

(4) 신청인 또는 이해관계인은 공청회에 대리인과 공동으로 참가하여 진술하거나 필요한 때에는 대리인으로 하여금 진술하게 할 수 있다.

(5) 공청회에 참가하는 자는 공청회에서 진술한 내용과 관련되는 보완자료를 공청회 종료후 7일 이내에 기획재정부장관 및 무역위원회에 서면으로 제출할 수 있다.

(6) 신청인 또는 이해관계인은 공청회에서 진술하는 때에는 한국어를 사용하여야 한다.

(7) 외국인이 공청회에 직접 참가하는 때에는 통역사를 대동할 수 있다. 이 경우 통역사가 통역한 내용을 해당 외국인이 진술한 것으로 본다.

9) 덤핑방지관세부과에 필요한 조사신청의 철회

(1) 조사신청을 철회하고자 하는 자는 철회사유를 기재한 철회서 및 관련자료를 무역위원회에 제출하여야 한다.

(2) 기획재정부장관 또는 무역위원회는 예비조사 또는 본조사의 기간중에 철회서가 접수된 경우로서 해당 철회의 사유가 부당하다고 인정되는 경우에는 해당 예비조사 또는 본조사가 종료될 때까지 철회에 따른 조사종결여부에 대한 결정을 유보할 수 있다.

③ 제53조(덤핑방지관세를 부과하기 전의 잠정조치)

1) 의의

(1) 기획재정부장관은 덤핑방지관세의 부과 여부를 결정하기 위하여 조사가 시작된 경우로

서 다음의 어느 하나에 해당하는 경우에는 조사기간 중에 발생하는 피해를 방지하기 위하여 해당 조사가 종결되기 전이라도 대통령령으로 정하는 바에 따라 그 물품과 공급자 또는 공급국 및 기간을 정하여 잠정적으로 추계(推計)된 덤핑차액에 상당하는 금액 이하의 잠정덤핑방지관세를 추가하여 부과하도록 명하거나 담보를 제공하도록 명하는 조치(이하 "잠정조치"라 한다)를 할 수 있다.

① 해당 물품에 대한 덤핑 사실 및 그로 인한 실질적 피해 등의 사실이 있다고 추정되는 충분한 증거가 있는 경우
② 법 제54조(덤핑방지관세와 관련된 약속의 제의)에 따른 약속을 위반하거나 약속의 이행에 관한 자료제출 요구 및 제출자료의 검증 허용 요구에 응하지 아니한 경우로서 이용할 수 있는 최선의 정보가 있는 경우

(2) 다음의 어느 하나에 해당하는 경우에는 대통령령으로 정하는 바에 따라 납부된 잠정덤핑 방지관세를 환급하거나 제공된 담보를 해제하여야 한다.

① 잠정조치를 한 물품에 대한 덤핑방지관세의 부과요청이 철회되어 조사가 종결된 경우
② 잠정조치를 한 물품에 대한 덤핑방지관세의 부과 여부가 결정된 경우
③ 법 제54조(덤핑방지관세와 관련된 약속의 제의)에 따른 약속이 수락된 경우

(3) 위의 (2)에도 불구하고 다음의 어느 하나에 해당하는 경우 덤핑방지관세액이 잠정덤핑방 지관세액 또는 제공된 담보금액을 초과할 때에는 그 차액을 징수하지 아니하며, 덤핑방지관세 액이 잠정덤핑방지관세액 또는 제공된 담보금액에 미달될 때에는 그 차액을 환급하거나 차액 에 해당하는 담보를 해제하여야 한다.

① 덤핑과 그로 인한 산업피해를 조사한 결과 해당 물품에 대한 덤핑 사실 및 그로 인한 실질적 피해 등의 사 실이 있는 것으로 판정된 이후에 법 제54조(덤핑방지관세와 관련된 약속의 제의)에 따른 약속이 수락된 경우
② 법 제55조(덤핑방지관세의 부과 시기) 단서에 따라 덤핑방지관세를 소급하여 부과하는 경우

2) 잠정조치의 적용

(1) 위의 1) (1)의 규정에 의한 잠정조치는 법 시행령 제61조(덤핑 및 실질적 피해 등의 조사) 제2항의 규정에 의한 예비조사결과 덤핑사실 및 그로 인한 실질적 피해 등의 사실이 있다고 추 정되는 충분한 증거가 있다고 판정된 경우로서 해당 조사의 개시후 최소한 60일이 경과된 날 이후부터 적용할 수 있다.

(2) 법 시행령 제61조(덤핑 및 실질적 피해 등의 조사) 제3항의 규정에 의한 잠정조치의 적용기간은 4월 이내로 하여야 한다. 다만, 해당 물품의 무역에 있어서 중요한 비중을 차지하는 공급자가 요청하는 경우에는 그 적용기간을 6월까지 연장할 수 있다.

(3) 위의 (2)에도 불구하고 덤핑차액에 상당하는 금액 이하의 관세 부과로도 국내산업 피해를 충분히 제거할 수 있는지 여부를 조사하는 경우 등 기획재정부장관이 필요하다고 인정하는 때에는 국제협약에 따라 잠정조치의 적용기간을 9개월까지 연장할 수 있다.

(4) 위의 1) (1)의 규정에 의하여 제공되는 담보는 법 제24조(담보의 종류 등) 제1항 제1호부터 제4호까지 및 제7호에 해당하는 것으로서 잠정덤핑방지관세액에 상당하는 금액이어야 한다.

3) 잠정덤핑방지관세액의 정산

(1) 법 시행령 제69조(덤핑방지관세의 소급부과) 제1항의 규정에 해당되는 경우로서 법 제53조(덤핑방지관세를 부과하기 전의 잠정조치) 제3항의 규정에 의하여 잠정조치가 적용된 기간 중에 수입된 물품에 대하여 부과하는 덤핑방지관세액이 잠정덤핑방지관세액과 같거나 많은 때에는 그 잠정덤핑방지관세액을 덤핑방지관세액으로 하여 그 차액을 징수하지 아니하며, 적은 때에는 그 차액에 상당하는 잠정덤핑방지관세액을 환급하여야 한다.

(2) 위의 1) (1)의 규정에 의하여 담보가 제공된 경우로서 법 시행령 제69조 제1항의 규정에 해당되는 경우에는 해당 잠정조치가 적용된 기간중에 소급부과될 덤핑방지관세액이 제공된 담보금액과 같거나 많은 경우에는 그 담보금액을 덤핑방지관세액으로 하여 그 차액을 징수하지 않으며, 적은 경우에는 그 차액에 상당하는 담보를 해제해야 한다.

(3) 법 시행령 제68조(가격수정·수출중지 등의 약속) 제1항의 규정에 의한 약속이 법 시행령 제61조(덤핑 및 실질적 피해 등의 조사) 제5항의 규정에 의한 본조사의 결과에 따라 해당 물품에 대한 덤핑사실 및 그로 인한 실질적 피해 등의 사실이 있는 것으로 판정된 후에 수락된 경우로서 조사된 최종덤핑률을 기초로 산정한 덤핑방지관세액이 잠정덤핑방지관세액 또는 제공된 담보금액과 같거나 많은 경우에는 그 차액을 징수하지 않으며, 적은 경우에는 그 차액을 환급하거나 차액에 상당하는 담보를 해제해야 한다.

4) 잠정조치 적용기간의 연장요청

위의 2) (2)의 규정에 의하여 잠정조치 적용기간의 연장을 요청하고자 하는 자는 그 잠정조치의 유효기간종료일 10일 전까지 이를 요청하여야 한다.

④ 제54조(덤핑방지관세와 관련된 약속의 제의)

1) 의의

(1) 덤핑방지관세의 부과 여부를 결정하기 위하여 예비조사를 한 결과 해당 물품에 대한 덤핑사실 및 그로 인한 실질적 피해 등의 사실이 있는 것으로 판정된 경우 해당 물품의 수출자 또는 기획재정부장관은 덤핑으로 인한 피해가 제거될 정도의 가격수정이나 덤핑수출의 중지에 관한 약속을 제의할 수 있다.

(2) 약속이 수락된 경우 기획재정부장관은 잠정조치 또는 덤핑방지관세의 부과 없이 조사가 중지 또는 종결되도록 하여야 한다. 다만, 기획재정부장관이 필요하다고 인정하거나 수출자가 조사를 계속하여 줄 것을 요청한 경우에는 그 조사를 계속할 수 있다.

2) 가격수정·수출중지의 약속

(1) 덤핑방지관세의 부과여부를 결정하기 위한 조사가 개시된 물품의 수출자가 위의 1) (1)에 따라 약속을 제의하거나 위의 1) (2) 단서에 따라 피해조사를 계속하여 줄 것을 요청하고자 하는 때에는 법 시행령 제61조(덤핑 및 실질적 피해 등의 조사) 제5항에 따른 본조사의 결과에 따라 최종판정을 하기 45일 전에 서면으로 그 뜻을 무역위원회에 제출해야 한다. 이 경우 무역위원회는 제출된 서류의 원본을 지체없이 기획재정부장관에게 송부해야 한다.

(2) 위의 (1)의 규정에 의하여 제의한 약속의 내용이 즉시로 가격을 수정하거나 약속일부터 6월 이내에 덤핑수출을 중지하는 것인 때에는 기획재정부장관은 그 약속을 수락할 수 있다. 다만, 동 약속의 이행을 확보하는 것이 곤란하다고 인정되는 경우로서 기획재정부령이 정하는 경우에는 그러하지 아니하다.

(3) 기획재정부장관은 필요하다고 인정되는 때에는 위의 1) (1)의 규정에 의한 약속을 수출자를 지정하여 제의할 수 있다.

(4) 기획재정부장관은 법 시행령 제61조(덤핑 및 실질적 피해 등의 조사) 제2항의 규정에 의한 예비조사결과 덤핑사실 및 그로 인한 실질적 피해등의 사실이 있다고 추정되는 충분한 증거가 있다고 판정하기 전에는 위의 (2)의 규정에 의한 약속의 수락이나 위의 (3)의 규정에 의한 약속의 제의를 할 수 없다.

(5) 기획재정부장관은 수출자가 위의 1) (2)에 따라 수락된 약속을 이행하지 아니한 경우 덤핑방지를 위하여 다음 각 호의 구분에 따른 신속한 조치를 취할 수 있다. 이 경우 아래의 ②에 따른 조치의 적용기간에 관하여는 법 시행령 제66조(잠정조치의 적용) 제2항 및 제3항을 준용한다.

① 위의 1) (2) 단서에 따라 조사를 계속하여 덤핑방지관세율 등 부과내용을 정한 경우 : 덤핑방지관세의 부
   과
② 위의 ① 외의 경우 : 위의 1) (2)에 따른 잠정조치

(6) 기획재정부장관이 위의 1) (2) 단서의 규정에 의하여 조사를 계속한 결과 실질적 피해등
의 사실이 없거나 덤핑차액이 없는 것으로 확인한 때에는 해당 약속의 효력은 소멸된 것으로 본
다. 다만, 실질적 피해 등의 사실이 없거나 덤핑차액이 없는 원인이 약속으로 인한 것으로 판단
되는 때에는 기획재정부장관은 적정한 기간을 정하여 약속을 계속 이행하게 할 수 있으며, 수출
자가 그 약속의 이행을 거부하는 때에는 이용 가능한 최선의 정보에 의하여 잠정조치를 실시하
는 등 덤핑방지를 위한 신속한 조치를 취할 수 있다.

3) 가격수정·수출중지의 약속 제의

(1) 위의 2) (1)에 따라 수출자가 기획재정부장관에게 약속을 제의하는 경우 그 약속에는 다
음의 사항이 포함되어야 한다.

① 수출자가 수출가격을 실질적 피해 등이 제거될 수 있는 수준으로 인상한다는 내용 또는 기획재정부장관과
   협의하여 정하는 기간 내에 덤핑수출을 중지한다는 내용
② 약속수락 전까지 계약되거나 선적되는 물품에 관한 내용
③ 형식·모양·명칭등의 변경이나 저급품의 판매 등의 방법으로 약속의 이행을 회피하는 행위를 하지 아니
   하겠다는 내용
④ 제3국이나 제3자를 통한 판매 등의 방법으로 사실상 약속을 위반하지 아니하겠다는 내용
⑤ 수출국안에서의 판매물량 및 판매가격과 우리나라로의 수출물량 및 수출가격에 대하여 기획재정부장관에
   게 정기적으로 보고하겠다는 내용
⑥ 관련자료에 대한 검증을 허용하겠다는 내용
⑦ 그 밖의 상황변동의 경우에 기획재정부장관의 요구에 대하여 재협의할 수 있다는 내용

(2) 기획재정부장관은 위의 약속을 수락하기 전에 무역위원회, 관계행정기관의 장 및 이해관
계인의 의견을 물을 수 있다.
(3) 기획재정부장관은 다음의 하나에 해당하는 경우에는 약속을 수락하지 아니할 수 있다.

① 다수의 수출자를 대리하여 약속을 제의한 자가 그 다수의 수출자간에 완전한 합의가 이루어졌음을 입증하
   지 못하는 경우
② 약속의 이행여부에 대한 적절한 확인 또는 조사를 곤란하게 하는 조건이 있는 경우
③ 과거에 약속을 위반하였던 사실이 있는 등 약속을 수락할 수 없다고 인정되는 합리적인 사유가 있는 경우

(4) 기획재정부장관으로부터 약속을 제의받은 수출자는 1개월 이내에 수락여부를 통보하여야 한다.

5 제55조(덤핑방지관세의 부과 시기)

1) 의의

덤핑방지관세의 부과와 잠정조치는 각각의 조치일 이후 수입되는 물품에 대하여 적용된다. 다만, 잠정조치가 적용된 물품에 대하여 국제협약에서 달리 정하는 경우와 그 밖에 덤핑방지관세의 소급부과의 경우에는 그 물품에 대하여도 덤핑방지관세를 부과할 수 있다.

2) 덤핑방지관세의 소급부과

(1) 위의 1) 단서에 따라 잠정조치가 적용된 물품으로서 덤핑방지관세가 부과되는 물품은 다음과 같다.

① 실질적 피해 등이 있다고 최종판정이 내려진 경우 또는 실질적인 피해 등의 우려가 있다는 최종판정이 내려졌으나 잠정조치가 없었다면 실질적인 피해 등이 있다는 최종판정이 내려졌을 것으로 인정되는 경우에는 잠정조치가 적용된 기간동안 수입된 물품
② 비교적 단기간내에 대량 수입되어 발생되는 실질적 피해 등의 재발을 방지하기 위하여 덤핑방지관세를 소급하여 부과할 필요가 있는 경우로서 해당 물품이 과거에 덤핑되어 실질적 피해 등을 입힌 사실이 있었던 경우 또는 수입자가 덤핑사실과 그로 인한 실질적 피해 등의 사실을 알았거나 알 수 있었을 경우에는 잠정조치를 적용한 날부터 90일전 이후에 수입된 물품
③ 법 제54조(덤핑방지관세와 관련된 약속의 제의) 제1항에 따른 약속(이하 "약속"이라 한다)을 위반하여 잠정조치가 적용된 물품의 수입으로 인한 실질적 피해 등의 사실이 인정되는 경우에는 잠정조치를 적용한 날부터 90일전 이후에 수입된 물품(기획재정부장관이 필요하다고 인정한 경우 약속을 위반한 물품으로 한정할 수 있다). 이 경우 약속위반일 이전에 수입된 물품을 제외한다.
④ 기타 국제협약에서 정하는 바에 따라 기획재정부장관이 정하는 기간에 수입된 물품

(2) 법 제59조(상계관세를 부과하기 전의 잠정조치)의 규정에 의한 국내산업에 이해관계가 있는 자는 법 시행령 제61조(덤핑 및 실질적 피해 등의 조사) 제5항에 따른 본조사의 결과에 따라 최종판정의 통지를 받은 날부터 7일 이내에 해당 물품이 위의 하나에 해당된다는 증거를 제출하여 덤핑방지관세의 부과를 요청할 수 있다.

6 **제56조(덤핑방지관세에 대한 재심사 등)**

1) 의의

(1) 기획재정부장관은 필요하다고 인정될 때에는 대통령령으로 정하는 바에 따라 다음 각 호의 조치(이하 "덤핑방지조치"라 한다)에 대하여 재심사를 할 수 있으며, 재심사의 결과에 따라 덤핑방지조치의 변경, 환급 등 필요한 조치를 할 수 있다.

> ① 덤핑방지관세의 부과
> ② 법 제54조(덤핑방지관세와 관련된 약속의 제의)에 따른 약속

(2) 기획재정부장관은 위의 (1)에 따른 재심사에 필요한 사항으로서 다음의 사항을 조사할 수 있다.

> ① 덤핑방지조치 물품의 수입 및 징수실적
> ② 가격수정·수출중지 등의 약속 준수 여부
> ③ 그 밖에 기획재정부장관이 덤핑방지관세의 부과와 약속의 재심사를 위하여 조사가 필요하다고 인정하는 사항

(3) 덤핑방지조치는 기획재정부령으로 그 적용시한을 따로 정하는 경우를 제외하고는 해당 덤핑방지조치의 시행일부터 5년이 지나면 그 효력을 잃으며, 위의 (1)에 따라 덤핑과 산업피해를 재심사하고 그 결과에 따라 내용을 변경할 때에는 기획재정부령으로 그 적용시한을 따로 정하는 경우를 제외하고는 변경된 내용의 시행일부터 5년이 지나면 그 효력을 잃는다. 다만, 덤핑방지조치의 종료로 덤핑 및 국내산업피해가 지속되거나 재발될 우려가 있는 경우로 재심사하는 경우에는 재심사가 끝나기 전에 해당 덤핑방지조치의 적용시한이 종료되더라도 재심사기간 동안 그 덤핑방지조치는 효력을 잃지 아니한다.

(4) 위의 (1)부터 (3)까지의 규정과 법 제51조(덤핑방지관세의 부과대상)부터 법 제55조(덤핑방지관세의 부과시기)까지의 규정에 따른 덤핑방지관세의 부과 및 시행 등에 필요한 사항은 대통령령으로 정한다.

2) 덤핑방지관세 및 약속의 재심사

(1) 기획재정부장관은 재심사가 필요하다고 인정되거나 이해관계인이나 해당 산업을 관장하

는 주무부장관이 다음의 어느 하나에 해당하는 경우에 관한 명확한 정보 제공과 함께 재심사 요청서를 제출한 때에는 덤핑방지관세가 부과되고 있거나 법 제54조(덤핑방지관세와 관련된 약속의 제의)에 따른 약속(이하 "약속"이라 한다)이 시행되고 있는 물품에 대하여 위의 1) (1)에 따른 재심사여부를 결정해야 한다.

① 덤핑방지관세 또는 약속(이하 "덤핑방지조치"라 한다)의 시행 이후 그 조치의 내용변경이 필요하다고 인정할 만한 충분한 상황변동이 발생한 경우
② 덤핑방지조치의 종료로 덤핑 및 국내산업피해가 지속되거나 재발될 우려가 있는 경우
③ 실제 덤핑차액보다 덤핑방지관세액이 과다하게 납부된 경우 또는 약속에 따른 가격수정이 과도한 경우

(2) 위의 (1)에 따른 재심사의 요청은 덤핑방지조치의 시행일부터 1년이 경과된 날 이후에 할 수 있으며, 덤핑방지조치의 효력이 상실되는 날 6월 이전에 요청해야 한다.

(3) 기획재정부장관은 위의 (1)에 따라 재심사를 요청받은 날부터 2개월 이내에 재심사의 필요 여부를 결정해야 하며, 그 결정일부터 10일 이내에 재심사 개시의 결정에 관한 사항을 재심사 요청자, 해당 물품의 공급국 정부 및 공급자, 그 밖의 이해관계인에게 통지하고, 관보에 게재해야 한다. 이 경우 해당 물품의 공급국 정부 및 공급자에게는 위의 (1)에 따른 요청서를 함께 제공해야 한다.

(4) 기획재정부장관은 위의 (1)의 규정에 의하여 재심사를 하는 경우 외에 시행 중인 덤핑방지조치의 적정성 여부에 관한 재심사를 할 수 있으며, 이를 위하여 덤핑방지조치의 내용(재심사에 따라 변경된 내용을 포함한다)에 관하여 매년 그 시행일이 속하는 달에 덤핑가격에 대한 재검토를 하여야 한다. 이 경우 관세청장은 재검토에 필요한 자료를 작성하여 매년 그 시행일이 속하는 달에 기획재정부장관에게 제출해야 한다.

(5) 기획재정부장관은 위의 (1) 또는 (4)에 따라 재심사의 필요 여부를 결정하는 때에는 관계 행정기관의 장 및 무역위원회와 협의할 수 있으며, 재심사가 필요한 것으로 결정된 때에는 무역위원회는 이를 조사해야 한다. 이 경우 무역위원회는 재심사의 사유가 되는 부분에 한정하여 조사할 수 있다.

(6) 무역위원회는 재심사 개시일부터 6개월 이내에 위의 (5)에 따른 조사를 종결하여 그 결과를 기획재정부장관에게 제출해야 한다. 다만, 무역위원회는 조사기간을 연장할 필요가 있거나 이해관계인이 정당한 사유를 제시하여 조사기간의 연장을 요청하는 때에는 4개월의 범위에서 그 조사기간을 연장할 수 있다.

(7) 기획재정부장관은 위의 (6)에 따른 조사결과가 제출되면 위의 (3) 전단에 따른 관보게재일

부터 12개월 이내에 위의 1) (1)에 따른 조치 여부 및 내용을 결정하여 필요한 조치를 해야 한다.

(8) 재심사기간 중 덤핑방지관세가 계속 부과된 물품에 대하여 위의 1) (1)에 따라 기획재정부장관이 새로운 덤핑방지관세의 부과 또는 가격수정·수출중지 등의 약속을 시행하는 때에는 법 시행령 제67조(잠정덤핑방지관세액 등의 정산) 제1항 및 제3항의 예에 따라 정산할 수 있다.

(9) 기획재정부장관은 위의 (1) 또는 (4)에 따른 재심사 결과 약속의 실효성이 상실되거나 상실될 우려가 있다고 판단되는 때에는 해당 약속을 이행하고 있는 수출자에게 약속의 수정을 요구할 수 있으며, 해당 수출자가 약속의 수정을 거부하는 때에는 이용가능한 정보를 바탕으로 덤핑방지관세율을 산정하여 덤핑방지관세를 부과할 수 있다.

(10) 위의 (1)에 따라 재심사를 요청한 자가 해당 요청을 철회하려는 경우에는 서면으로 그 뜻을 기획재정부장관에게 제출해야 한다. 이 경우 기획재정부장관은 무역위원회 및 관계 행정기관의 장과 협의하여 위의 (3) 전단에 따른 재심사 개시 여부의 결정을 중지하거나 위의 (5)에 따른 조사를 종결하도록 할 수 있다.

(11) 위의 (5)에 따른 조사를 위한 자료협조 요청에 관하여는 법 시행령 제64조(이해관계인에 대한 자료협조요청)를 준용하고, 위의 1) (1)의 재심사 결과에 따른 기획재정부장관의 조치 중 덤핑방지관세의 부과에 관하여는 법 시행령 제65조(덤핑방지관세의 부과)를, 가격수정·수출중지 등의 약속에 관하여는 법 시행령 제68조(가격수정·수출중지 등의 약속) 제1항 전단, 제2항, 제3항, 제5항 및 제6항을 준용한다. 이 경우 제68조 제1항 전단 중 "법 시행령 제61조(덤핑 및 실질적 피해 등의 조사) 제5항의 규정에 의한 본조사의 결과에 따른 최종판정"은 "법 시행령 제70조(덤핑방지관세 및 약속의 재심사) 제5항에 따른 조사의 종결"로, "무역위원회"는 "기획재정부장관"으로 본다.

(12) 위의 (1)에 따라 덤핑방지관세 및 약속의 재심사를 요청할 수 있는 이해관계인은 다음 각 호와 같다.

① 동종물품의 국내생산자 또는 그 단체
② 해당 덤핑방지조치대상 물품의 공급자·수입자 또는 그 단체
③ 그 밖에 이해관계가 있다고 기획재정부장관이 인정하는 자

3) 이해관계인에 대한 통지·공고

(1) 기획재정부장관은 다음의 어느 하나에 해당하는 때에는 그 내용을 관보에 게재하고, 이해관계인에게 서면으로 통지해야 한다.

① 법 제51조(덤핑방지관세의 부과대상) 및 법 제53조(덤핑방지관세를 부과하기 전의 잠정조치) 제1항에 의한 조치를 결정하거나 해당 조치를 하지 아니하기로 결정한 때
② 법 제54조(덤핑방지관세와 관련된 약속의 제의) 제1항에 의한 약속을 수락하여 조사를 중지 또는 종결하거나 조사를 계속하는 때
③ 위의 1) (1)에 의한 재심사 결과 덤핑방지조치의 내용을 변경한 때
④ 위의 1) (3) 단서 및 위의 2) (8)에 따라 덤핑방지조치의 효력이 연장되는 때

(2) 기획재정부장관 또는 무역위원회는 다음의 어느 하나에 해당되는 때에는 그 내용을 이해관계인에게 통지해야 한다.

① 법 시행령 제60조(덤핑 및 실질적 피해 등의 조사개시) 제2항에 따라 조사신청이 기각되거나 제61조(덤핑 및 실질적 피해 등의 조사) 제4항에 의하여 조사가 종결된 때
② 법 시행령 제61조 제2항의 규정에 의한 예비조사의 결과에 따라 예비판정을 한 때
③ 법 시행령 제61조 제5항의 규정에 의한 본조사의 결과에 따라 최종판정을 한 때
④ 법 시행령 제61조 제6항 및 제8항, 위의 2) (6) 단서에 따라 조사기간을 연장한 때
⑤ 법 시행령 제61조 제7항 단서에 따라 기간을 연장한 때
⑥ 법 시행령 제62조(덤핑방지관세 부과요청의 철회) 및 위의 2) (11)에 따라 덤핑방지관세의 부과 요청 또는 재심사 요청이 철회되어 조사의 개시 여부 또는 재심사의 개시 여부에 관한 결정이 중지되거나 조사가 종결된 때
⑦ 법 시행령 제66조(잠정조치의 적용) 제2항 또는 제3항에 의하여 잠정조치의 적용기간을 연장한 때
⑧ 위의 2) (3)에 의하여 기획재정부장관이 약속을 제의한 때
⑨ 위의 2) (6)에 따른 재심사 조사의 결과에 따라 최종판정을 한 때

(3) 기획재정부장관 또는 무역위원회는 조사과정에서 법 시행령 제61조(덤핑 및 실질적 피해 등의 조사)의 규정에 의한 조사와 관련된 이해관계인의 서면요청이 있는 때에는 조사의 진행상황을 통지하여야 한다.

(4) 무역위원회는 법 시행령 제61조(덤핑 및 실질적 피해 등의 조사) 제5항에 따른 본조사의 결과 및 위의 2) (6)에 따른 재심사조사의 결과에 따라 최종판정을 하기 전에 해당 판정의 근거가 되는 핵심적 고려사항을 관련된 이해관계인에게 통지해야 한다.

⑦ 제56조의2(우회덤핑 물품에 대한 덤핑방지관세의 부과)

한국 정부는 2024년 2월 29일 법과 법 시행령을 개정하고, 3월 22일 법 시행규칙을 개정하여 한국 반덤핑조사 당국이 우회덤핑에 대해 조사할 수 있는 근거 규정을 도입하였다. 우회덤핑과 관련하여 개정된 내용은 2025년 1월 1일부터 시행될 예정이다. 우회덤핑은 덤핑방지관세가

부과되는 품목에 대한 경미한 변경, 제3국 조립 등을 통해 덤핑방지관세를 우회하는 수출 행위를 의미한다. 이러한 행위는 덤핑방지관세의 효과를 무력화시킬 수 있기 때문에 WTO는 우회덤핑방지관세 개념을 반덤핑협정에 규정하고자 우루과이라운드 협상과 2001년부터 개시되었던 도하개발아젠다(Doha Development Agenda : DDA) 협상에서 논의를 진행하였으나 결과적으로 우회덤핑방지관세 제도는 WTO 규정에 도입되지 않았다. 이러한 WTO상 규정 공백 상태로 인해 미국, EU, 호주 등 각국은 우회덤핑을 제재하기 위한 우회덤핑방지제도를 자체적으로 운용하고 있다. 한국도 우회덤핑에 대한 조치 필요성이 제기된 바 있고, 이러한 흐름에 따라 한국 정부도 우회덤핑방지제도를 마련하게 되었다.

1) 의의

(1) 다음의 어느 하나에 해당하는 경우로서 법 제51조(덤핑방지관세의 부과대상)에 따라 덤핑방지관세가 부과되는 물품(이하 "덤핑방지관세물품"이라 한다)에 대해 해당 물품의 공급국 안에서 그 물품의 본질적 특성을 변경하지 않는 범위에서 물리적 특성이나 형태, 포장방법 또는 용도 등을 변경하는 행위(그 행위로 법 제84조(품목분류체계의 수정) 제3호에 따른 관세·통계통합품목분류표상 품목번호가 변경되는 경우를 포함하며, 이하 "경미한 변경행위"라 한다)를 통하여 해당 덤핑방지관세의 부과를 회피(이하 "우회덤핑"이라 한다)하려는 사실이 조사를 통하여 확인되는 경우에는 기획재정부령으로 그 물품을 지정하여 덤핑방지관세를 부과할 수 있다.

① 법 제51조(덤핑방지관세의 부과대상)에 따른 부과요청을 한 자가 우회덤핑 해당 여부에 대한 조사를 신청한 경우
② 그 밖에 무역위원회가 덤핑방지관세물품에 대한 경미한 변경행위를 통해 해당 덤핑방지관세의 부과를 회피하려는 사실에 관한 충분한 증거를 확보하는 등 직권으로 조사를 개시할 수 있는 특별한 상황이 인정되는 경우

(2) 위의 물품(이하 "우회덤핑 물품"이라 한다)에 대해서는 법 제53조(덤핑방지관세를 부과하기 전의 잠정조치) 및 제54조(덤핑방지관세와 관련된 약속의 제의)를 적용하지 아니한다.

(3) 법 제55조(덤핑방지관세의 부과 시기)에도 불구하고 위의 (1)에 따른 덤핑방지관세의 부과는 해당 우회덤핑에 대한 조사의 개시일 이후 수입되는 물품에 대해서도 적용한다.

(4) 우회덤핑에 관한 조사, 우회덤핑 물품에 대한 덤핑방지관세의 부과 및 시행 등에 필요한 사항은 대통령령으로 정한다.

2) 우회덤핑의 행위 유형

(1) 덤핑방지관세물품과 변경된 물품의 생산설비 등 경미한 변경행위 여부를 판단할 때 고려해야 하는 사항은 기획재정부령으로 정한다.

(2) 위의 (1)에 따라 경미한 변경행위 여부를 판단할 때에는 다음의 사항을 고려해야 한다.

① 법 제51조(덤핑방지관세의 부과대상)에 따라 덤핑방지관세가 부과되는 물품과 위의 1) (1)에 따른 우회덤핑조사대상물품의 물리적 특성 및 화학성분 차이
② 덤핑방지관세물품과 우회덤핑 조사대상물품의 법 제84조(품목분류체계의 수정) 제3호에 따른 관세·통계통합품목분류표상 품목번호 차이
③ 덤핑방지관세물품을 우회덤핑 조사대상물품으로 대체할 수 있는 범위 및 우회덤핑 조사대상물품의 용도
④ 덤핑방지관세물품과 우회덤핑 조사대상물품의 생산설비 차이
⑤ 위의 1) (1)에 따른 경미한 변경행위에 소요되는 비용
⑥ 그 밖에 무역위원회가 필요하다고 인정하는 사항

3) 우회덤핑 조사의 신청

(1) 위의 1) (1) ①에 따른 우회덤핑 해당 여부에 대한 조사를 신청하려는 자는 무역위원회에 다음의 자료를 제출해야 한다.

① 다음의 사항을 적은 신청서 3부
  ㉮ 덤핑방지관세물품에 대한 덤핑방지관세 부과 내용
  ㉯ 덤핑방지관세물품과 관련된 무역위원회의 의결서 공개본 내용
  ㉰ 신청인이 덤핑방지관세물품의 덤핑방지관세 부과요청을 한 자인지 여부
  ㉱ 우회덤핑 조사대상물품의 사진·도면·사양·표준 등 시각적 요소를 제공하는 자료 및 품명·규격·특성·용도·생산자·생산량
  ㉲ 우회덤핑 조사대상물품의 공급국·공급자·수출실적 및 수출가능성과 우리나라의 수입자·수입실적 및 수입가능성
  ㉳ 우회덤핑 조사대상물품과 같은 종류의 국내 물품의 품명·규격·특성·용도·생산자·생산량
  ㉴ 신청서의 기재사항 및 첨부자료를 비밀로 취급할 필요가 있는 경우에는 그 사유
  ㉵ 그 밖에 무역위원회가 우회덤핑의 조사에 필요하다고 인정하는 사항
② 우회덤핑 조사대상물품이 수입된 사실과 해당 물품이 우회덤핑에 해당함을 충분히 증명할 수 있는 자료 3부
③ 신청인이 우회덤핑이라고 판단한 이유를 적은 사유서 3부

(2) 무역위원회는 위의 (1)에 따른 신청을 받은 경우에는 그 사실을 기획재정부장관 및 관계 행정기관의 장과 해당 물품의 공급국 정부에 통보해야 한다. 이 경우 위의 (1) 각 호에 따른 자료는 아래의 4) (1)에 따른 조사개시 결정을 한 후에 통보해야 한다.

4) 우회덤핑 조사의 개시

(1) 무역위원회는 위의 3) (1)에 따른 신청을 받은 경우 신청인이 제출한 자료의 정확성 및 적정성을 검토하여 우회덤핑 조사의 개시 여부를 결정한 후 신청일부터 30일 이내에 그 결과와 다음의 사항을 기획재정부장관에게 통보해야 한다. 다만, 무역위원회가 필요하다고 인정하는 경우에는 15일의 범위에서 그 기간을 연장할 수 있다.

① 우회덤핑 조사대상물품
② 우회덤핑 조사대상기간
③ 우회덤핑 조사대상 공급자

(2) 무역위원회는 위의 (1)에 따라 우회덤핑 조사의 개시 여부를 결정할 때 그 신청인이 다음의 어느 하나에 해당하는 경우에는 그 조사 신청을 기각해야 한다.

① 신청인이 위의 1) (1) ①에 따른 우회덤핑 해당 여부에 대한 조사를 신청할 수 있는 자가 아닌 경우
② 우회덤핑 사실에 관한 충분한 증명자료를 제출하지 않은 경우

(3) 무역위원회는 우회덤핑 조사의 개시를 결정한 경우에는 결정일부터 10일 이내에 조사개시의 결정에 관한 사항을 조사신청인, 해당 물품의 공급국 정부 및 공급자와 그 밖의 이해관계인에게 통보하고, 관보에 게재해야 한다. 이 경우 해당 물품의 공급자에게는 법 시행령 위의 3) (1) ① 각 호의 자료를 함께 제공해야 한다.

(4) 무역위원회는 우회덤핑 조사대상물품의 품목분류 등에 대해서는 관세청장과 협의하여 선정할 수 있다.

5) 우회덤핑 직권조사의 개시

(1) 무역위원회는 1) (1) ②에 따라 우회덤핑에 대한 직권조사(이하 "직권조사"라 한다)의 개시 여부를 결정하기 위해 필요하면 관세청장에게 우회덤핑 여부에 관한 검토를 요청할 수 있다.

(2) 관세청장은 위의 (1)에 따른 검토 요청이 없는 경우에도 우회덤핑 우려가 있다고 판단되

는 경우에는 해당 수입물품에 대해 우회덤핑 여부를 검토하고 그 결과를 무역위원회에 통지할 수 있다.

(3) 무역위원회는 직권조사를 개시하기로 결정한 경우에는 즉시 그 결정 내용과 위의 4) (1) 각 호의 사항을 기획재정부장관에게 통보해야 한다.

(4) 무역위원회는 직권조사의 개시를 결정한 경우에는 결정일부터 10일 이내에 조사개시의 결정에 관한 사항을 해당 물품의 공급국 정부 및 공급자와 그 밖의 이해관계인에게 통보하고, 관보에 게재해야 한다.

(5) 무역위원회는 직권조사 대상 물품의 품목분류 등에 대해서는 관세청장과 협의하여 선정할 수 있다.

6) 우회덤핑의 조사 절차

(1) 위의 1)에 따른 우회덤핑의 사실에 관한 조사는 무역위원회가 담당한다. 이 경우 무역위원회는 필요하다고 인정되면 관계 행정기관의 공무원 또는 관계 전문가를 조사활동에 참여하게 할 수 있다.

(2) 무역위원회는 위의 4) (3) 전단 및 위의 5) (4)에 따른 관보게재일부터 6개월 이내에 우회덤핑 여부에 관한 조사를 하여 그 결과를 기획재정부장관에게 제출해야 한다.

(3) 무역위원회는 위의 (2)에 따른 조사기간을 연장할 필요가 있거나 이해관계인이 정당한 사유를 제시하여 조사기간의 연장을 요청하는 경우에는 1개월의 범위에서 그 조사기간을 연장할 수 있다.

(4) 무역위원회는 위의 (2)에 따라 조사결과를 제출할 때 필요하다고 인정되면 기획재정부장관에게 우회덤핑 사실이 확인된 물품에 대해 위의 1)에 따른 덤핑방지관세의 부과를 건의할 수 있다.

(5) 기획재정부장관은 위의 (2)에 따라 조사결과를 받은 경우에는 위의 5) (3) 전단 및 위의 5) (4)에 따른 관보게재일부터 8개월 이내에 덤핑방지관세의 부과 여부 및 내용을 결정하여 위의 1)에 따른 덤핑방지관세를 부과해야 한다. 다만, 특별한 사유가 있다고 인정되는 경우에는 관보게재일부터 9개월 이내에 덤핑방지관세를 부과할 수 있다.

(6) 위의 (1)부터 (5)까지에서 규정한 사항 외에 우회덤핑 조사 및 판정 절차와 우회덤핑 물품에 대한 덤핑방지관세의 부과에 필요한 사항은 무역위원회가 기획재정부장관과 협의하여 고시한다.

7) 우회덤핑 조사 신청의 철회 및 종결

(1) 위의 3) (1)에 따라 우회덤핑 해당 여부의 조사를 신청한 자는 그 신청을 철회하려는 경우에는 위의 6) (2)에 따라 무역위원회가 조사결과를 제출하기 전까지 그 뜻을 적은 서면을 무역위원회에 제출해야 한다. 이 경우 무역위원회는 기획재정부장관 및 관계 행정기관의 장과 협의하여 위의 4) (1)에 따른 조사개시 여부의 결정을 중지하거나 위의 6) (2)에 따른 조사를 종결할 수 있다.

(2) 무역위원회는 위의 5)에 따라 개시된 조사를 더 이상 진행할 필요가 없는 경우에는 기획재정부장관 및 관계 행정기관의 장과 협의하여 그 조사를 종결할 수 있다.

(3) 위의 (1) 전단에 따라 우회덤핑 해당 여부의 조사를 신청한 자가 그 신청을 철회하려는 경우에는 철회 사유를 적은 철회서 및 관련 자료를 무역위원회에 제출해야 한다.

(4) 무역위원회는 위의 6) (2)에 따른 조사 기간 중에 위의 (1)에 따른 철회서가 접수된 경우 해당 철회사유가 부당하다고 인정되면 해당 조사가 종료될 때까지 철회에 따른 조사종결 여부에 대한 결정을 유보할 수 있다.

8) 우회덤핑 · 조사 관련 비밀취급자료

아래의 9) (3)에 따라 비밀로 취급하는 자료는 다음의 사항에 관한 자료로서 공개되는 경우 그 제출자나 이해관계인의 이익이 침해되거나 그 경쟁자에게 중대한 경쟁상 이익이 될 우려가 있는 것으로 한다.

① 제조원가
② 공표되지 않은 회계자료
③ 거래처의 성명 · 주소 및 거래량
④ 비밀정보의 제공자에 관한 사항
⑤ 그 밖에 비밀로 취급하는 것이 타당하다고 인정되는 자료

9) 우회덤핑과 관련한 이해관계인에 대한 자료협조요청

(1) 우회덤핑과 관련한 이해관계인에 대한 자료협조요청에 관하여는 법 시행령 제64조(이해관계인에 대한 자료협조요청)를 준용한다. 이 경우 법 시행령 제64조(이해관계인에 대한 자료협조요청) 제1항 본문 중 "법 제52조(덤핑 및 실질적 피해 등의 조사)에 의한 조사"는 "법 제56조의2(우

회덤핑 물품에 대한 덤핑방지관세의 부과)에 따른 우회덤핑 조사"로 보고, 같은 항 단서 중 "덤핑사실여부"는 "우회덤핑 여부"로 보며, 같은 조 제2항 중 "법 시행령 제59조(덤핑방지관세의 부과요청) 제6항"은 "위의 3) (1)"으로 보고, 같은 조 제5항 중 "법 제52조(덤핑 및 실질적 피해 등의 조사)의 조사"는 "법 제56조의2(우회덤핑 물품에 대한 덤핑방지관세의 부과)에 따른 우회덤핑 조사"로 보며, 같은 조 제7항 전단 중 "법 시행령 제59조(덤핑방지관세의 부과요청) 제6항"은 "법 시행령 제71조의4(우회덤핑 조사의 신청) 제1항"으로, "제1항, 제8항 후단 및 법 시행령 제68조(가격수정·수출중지 등의 약속)에 따라 제출 또는 통보된 자료"는 "제1항 및 제8항 후단에 따라 제출된 자료"로 보고, 같은 조 제8항 전단 중 "공청회 등을 통해 의견"은 "의견"으로 보며, 같은 항 후단 중 "공청회 등이"는 "진술 또는 협의가"로 본다.

(2) 관세청장은 위의 5) (1) 및 (2)에 따른 우회덤핑 여부 검토를 위해 필요하다고 인정되면 관계 행정기관, 국내생산자, 수입자 및 국내 이해관계인에게 관계 자료의 제출 등 필요한 협조를 요청할 수 있다.

(3) 관세청장은 제출된 자료 중 성질상 비밀로 취급하는 것이 타당하다고 인정되거나 자료제출자가 정당한 사유를 제시하여 비밀로 취급해 줄 것을 요청한 자료에 대해서는 해당 자료를 제출한 자의 명시적인 동의 없이 이를 공개해서는 안 된다.

(4) 관세청장은 위의 (2)에 따라 취득한 자료, 정보 및 인지한 사실을 다른 목적으로 사용할 수 없다.

10) 우회덤핑에 대한 덤핑방지관세의 부과

(1) 위의 1)에 따른 우회덤핑 물품에 대한 덤핑방지관세의 부과는 법 제51조(덤핑방지관세의 부과대상) 및 법 시행령 제65조(덤핑방지관세의 부과)에 따라 해당 덤핑방지관세물품에 적용되는 공급자 또는 공급국별 덤핑방지관세율이나 기준수입가격에 따른다. 다만, 정당한 사유 없이 위의 9) (1)에 따라 준용되는 법 시행령 제64조(이해관계인에 대한 자료협조요청) 제1항에 따른 자료제출 요청에 응하지 않거나 제64조 제4항에 따라 자료의 공개를 거부하는 경우 또는 그 밖의 사유로 조사 또는 자료의 검증이 곤란한 공급자에 대해서는 덤핑방지관세물품에 부과되는 덤핑방지관세율 또는 기준수입가격을 초과하지 않는 범위에서 별도로 정하여 부과할 수 있다.

(2) 위의 1) (3)에 따른 우회덤핑에 대한 조사의 개시일은 위의 4) (3) 전단 및 위의 5) (4)에 따른 관보게재일로 한다.

11) 우회덤핑과 관련한 이해관계인에 대한 통지·공고

(1) 기획재정부장관은 위의 1)에 따른 덤핑방지관세를 부과하거나 부과하지 않기로 결정한 경우에는 그 내용을 관보에 게재하고 이해관계인에게 통지해야 한다.

(2) 기획재정부장관 또는 무역위원회는 다음의 구분에 따른 경우에는 그 내용을 이해관계인에게 통지해야 한다.

> ① 기획재정부장관: 위의 6) (5) 단서에 따라 덤핑방지관세의 부과 기한을 연장한 경우
> ② 무역위원회: 다음의 어느 하나에 해당하는 경우
> ㉮ 위의 4) (2)에 따라 조사신청이 기각된 경우
> ㉯ 위의 6) (2)에 따른 우회덤핑 조사의 결과에 따라 최종판정을 한 경우
> ㉰ 위의 6) (3)에 따라 조사기간을 연장한 경우
> ㉱ 위의 7) (1)에 따른 조사 신청의 철회로 조사개시 여부의 결정을 중지하거나 조사를 종결한 경우 또는 같은 조 (2)에 따라 조사를 종결한 경우

(3) 기획재정부장관 또는 무역위원회는 조사과정에서 위의 6)에 따른 조사와 관련된 이해관계인의 서면요청이 있는 경우에는 조사의 진행상황을 통지해야 한다.

(4) 무역위원회는 위의 6) (2)에 따른 우회덤핑 조사의 결과에 따라 최종판정을 하기 전에 해당 판정의 근거가 되는 핵심적 고려사항을 이해관계인에게 통지해야 한다.

II. 상계관세

1 제57조(상계관세의 부과대상)

1) 의의

(1) 상계관세(countervailing duties ; anti-subsidy duties)는 외국의 공급자가 공급국 정부로부터 보조금·장려금을 지급받아 수출경쟁력이 높아진 물품이 수입됨으로 인하여 국내산업이 실질적 피해를 입거나 입을 우려가 있는 등의 사유가 발생한 경우, 보조금 범위 내에서 상계관세를 부과함으로써 국내산업이 공정경쟁을 도모하고 관련 국내산업을 보호하는 제도이다.[4]

---

4) 김대식 외(2007), 「현대경제학원론」, 박영사, p. 834.

(2) 국내산업과 이해관계가 있는 자로서 대통령령으로 정하는 자 또는 주무부장관이 부과요청을 한 경우로서, 외국에서 제조 · 생산 또는 수출에 관하여 직접 또는 간접으로 보조금이나 장려금(이하 "보조금 등"이라 한다)을 받은 물품의 수입으로 인하여 다음의 어느 하나에 해당하는 것(이하 "실질적 피해 등"이라 한다)으로 조사를 통하여 확인되고 해당 국내산업을 보호할 필요가 있다고 인정되는 경우에는 기획재정부령으로 그 물품과 수출자 또는 수출국을 지정하여 그 물품에 대하여 해당 보조금 등의 금액 이하의 관세(이하 "상계관세"라 한다)를 추가하여 부과할 수 있다.

① 국내산업이 실질적인 피해를 받거나 받을 우려가 있는 경우
② 국내산업의 발전이 실질적으로 지연된 경우

2) 보조금

(1) 보조금의 의의

① 보조금 등은 정부 · 공공기관 등의 재정지원 등에 의한 혜택 중 특정성이 있는 것을 말한다. 다만, 특정성은 있으나 연구 · 지역개발 및 환경관련 보조금 또는 장려금으로서 국제협약에서 인정하고 있는 것은 제외한다.
② 특정성이라 함은 보조금 등이 특정기업이나 산업 또는 특정기업군이나 산업군에 지급되는 경우를 말하며, 구체적인 판별기준은 기획재정부령으로 정한다.
③ 보조금 등의 금액은 수혜자가 실제로 받는 혜택을 기준으로 하여 기획재정부령이 정하는 바에 따라 계산한다.

(2) 보조금의 범위

① 다음의 하나에 해당되는 경우에는 위의 2) (1) ②에 따른 특정성이 있는 것으로 본다.

㉮ 보조금 등이 일부 기업 등에 대하여 제한적으로 지급되는 경우
㉯ 보조금 등이 제한된 수의 기업 등에 의하여 사용되어지는 경우
㉰ 보조금 등이 특정한 지역에 한정되어 지급되는 경우
㉱ 기타 국제협약에서 인정하고 있는 특정성의 기준에 부합되는 경우

② 위의 2) (1) ③에 따라 보조금 등의 금액을 산정함에 있어서는 다음의 기준에 의한다.

㉮ 지분참여의 경우 : 해당 지분참여와 통상적인 투자와의 차이에 의하여 발생하는 금액 상당액
㉯ 대출의 경우 : 해당 대출금리에 의하여 지급하는 금액과 시장금리에 의하여 지급하는 금액과의 차액 상당액
㉰ 대출보증의 경우 : 해당 대출에 대하여 지급하는 금액과 대출보증이 없을 경우 비교가능한 상업적 차입에 대하여 지급하여야 하는 금액과의 차액 상당액
㉱ 재화·용역의 공급 또는 구매의 경우 : 해당 가격과 시장가격과의 차이에 의하여 발생하는 금액 상당액
㉲ 기타 국제협약에서 인정하고 있는 기준에 의한 금액

③ 보조금률의 산정

㉮ 상계관세를 부과하는 경우 상계관세는 다음의 산식에 의하여 산정된 보조금률의 범위안에서 결정한 율을 과세가격에 곱하여 산출한다.

$$보조금률 = \frac{보조금\ 등의\ 금액}{과세가격} \times 100$$

㉯ 법 시행령 제79조(상계관세의 부과) 제2항 제1호에 따라 가중평균 상계관세율을 산정함에 있어서 보조금 등을 받는 수출자가 다수인 때에는 수출자별 수출량에 따라 가중치를 둘 수 있다. 이 경우 보조금 등의 금액이 과세가격의 1/100 미만인 수출자를 상계관세율 산정대상에서 제외할 수 있다.

㉰ 기획재정부장관은 법 시행령 제79조 제2항 제2호에 따라 자료를 제출한 신규수출자에 대하여 법 시행령 제75조(보조금 등을 받은 물품의 수입 및 실질적 피해 등의 조사)에 따른 조사를 조속히 행하여야 한다. 이 경우 실질적 피해 등의 조사는 법 시행령 제79조 제2항 각 호 외의 부분에 따른 수출국에 대한 실질적 피해 등의 조사로 갈음할 수 있다.

3) 상계관세의 부과

(1) 위의 1) (2)에 의한 상계관세는 법 시행령 제74조(보조금 등을 받은 물품의 수입 및 실질적 피해 등의 조사개시) 제1항 제2호에 따른 조사대상기간(이하 "조사대상기간"이라 한다)에 수출을 한 수출자 중 다음의 자에 대해서는 수출자 또는 수출국별로 상계관세율을 정하여 부과할 수 있다. 다만, 정당한 사유없이 법 시행령 제78조(이해관계인에 대한 자료협조요청)에 의한 자료를 제출하지 아니하거나 해당 자료의 공개를 거부하는 경우 및 기타의 사유로 조사 또는 자료의 검증이 곤란한 수출자에 대하여는 단일 상계관세율을 정하여 부과할 수 있다.

① 법 시행령 제74조(보조금 등을 받은 물품의 수입 및 실질적 피해 등의 조사개시) 제1항 제3호에 따른 조사대상 수출자(이하 "조사대상수출자"라 한다)
② 조사대상수출자와 법 시행령 제23조(특수관계의 범위 등) 제1항에 따른 특수관계가 있는 수출자

(2) 위의 1)에 따라 수출국을 지정하여 상계관세를 부과하는 경우로서 조사대상기간에 수출을 한 수출자 중 위의 (1)을 적용받지 않는 자 및 조사대상기간 후에 수출하는 해당 수출국의 신규 수출자(이하 "신규수출자"라 한다)에 대해서는 다음에 따라 상계관세를 부과한다.

① 조사대상수출자에게 적용되는 상계관세율을 기획재정부령으로 정하는 바에 따라 가중평균한 상계관세율을 적용하여 부과할 것
② 자료를 제출한 자에 대해서는 조사를 통해 수출자 또는 수출국별로 상계관세율을 정하여 부과할 것. 이 경우 해당 자료를 제출한 신규수출자에 대해서는 기획재정부령으로 정하는 바에 따라 조사대상수출자와 다른 조사방법 및 조사절차를 적용할 수 있다.
③ 조사대상수출자와 특수관계가 있는 신규수출자에 대해서는 조사대상수출자에 대한 상계관세율을 적용하여 부과할 것. 다만, 정당한 사유 없이 특수관계 관련 자료를 제출하지 않는 등의 사유로 특수관계 여부에 대한 검증이 곤란한 신규수출자에 대해서는 단일 상계관세율을 정하여 부과할 수 있다.

(3) 신규수출자에 대한 조사가 개시된 경우 세관장은 그 신규수출자가 수출하는 물품에 대하여 이를 수입하는 자로부터 담보를 제공받고 조사 완료일까지 상계관세의 부과를 유예할 수 있다.

(4) 신규수출자에 대해 정한 상계관세율은 해당 조사의 개시일부터 적용한다.

(5) 조사가 개시된 신규수출자의 가격수정 등의 약속에 관하여는 법 시행령 제81조(보조금 등의 철폐 또는 삭감, 가격수정 등의 약속) 제1항부터 제3항까지, 제5항 및 제6항을 준용한다. 이 경우 법 시행령 제81조 제1항 전단 중 "법 시행령 제75조(보조금 등을 받은 물품의 수입 및 실질적 피해 등의 조사) 제5항의 규정에 의한 본조사의 결과에 따른 최종판정"은 "법 시행령 제79조(상계관세의 부과) 제2항 제2호 전단에 따른 조사의 종결"로 본다.

4) 상계관세의 부과요청

(1) 실질적 피해 등을 받은 국내산업에 이해관계가 있는 자(실질적 피해 등을 받은 국내산업에 속하는 국내생산자와 이들을 구성원으로 하거나 이익을 대변하는 법인·단체 및 개인으로서 국내생산자로 구성된 협회·조합 등) 또는 해당 산업을 관장하는 주무부장관은 기획재정부령이 정하는 바에 따라 기획재정부장관에게 상계관세의 부과를 요청할 수 있으며, 이 요청은 무역위원회에 대한 상계관세의 부과에 필요한 조사신청으로 갈음한다.

(2) 주무부장관은 기획재정부장관에게 상계관세 부과를 요청하기 전에 관세청장에게 해당 보조금등을 받은 물품의 수입사실에 관한 검토를 요청할 수 있다.

(3) 관세청장은 보조금 등을 받은 물품의 수입사실에 관한 검토 요청이 없는 경우에도 보조금 등을 받은 물품의 수입 우려가 있다고 판단되는 경우에는 해당 보조금 등을 받은 물품의 수입사실 여부에 대하여 검토하고 그 결과를 주무부장관에게 통지할 수 있다.

(4) 국내산업은 보조금 등을 받은 물품과 동종물품(해당 수입물품과 물리적 특성, 품질 및 소비자의 평가 등 모든 면에서 동일한 물품(겉모양에 경미한 차이가 있는 물품을 포함한다)을 말하며, 그러한 물품이 없는 경우 해당 수입물품과 매우 유사한 기능·특성 및 구성요소를 가지고 있는 물품을 말한다)의 국내생산사업(해당 수입물품의 수출국정부 또는 수출자 또는 수입자와 특수관계에 있는 생산자에 의한 생산사업과 해당 수입물품의 수입자인 생산자로서 다음의 자를 제외한 자를 말한다)의 전부 또는 국내총생산량의 상당부분을 점하는 국내생산사업으로 한다.

① 법 시행령 제73조(상계관세의 부과요청) 제4항에 따른 신청서접수일부터 6월 이전에 보조금 등을 받은 물품을 수입한 생산자
② 보조금 등을 받은 물품의 수입량이 매우 적은 생산자

(5) 조사를 신청하려는 자는 다음의 자료를 무역위원회에 제출해야 한다.

① 다음의 사항을 기재한 신청서 3부
  ㉮ 해당 물품의 품명·규격·특성·용도·생산자 및 생산량
  ㉯ 해당 물품의 수출국·수출자·수출실적 및 수출가능성과 우리나라의 수입자·수입실적 및 수입가능성
  ㉰ 해당 물품의 수출국에서의 공장도가격 및 시장가격과 우리나라로의 수출가격 및 제3국에의 수출가격
  ㉱ 국내의 동종물품의 품명·규격·특성·용도·생산자·생산량·공장도가격·시장가격 및 원가 계산
  ㉲ 해당 물품의 수입으로 인한 관련 국내산업의 실질적 피해
  ㉳ 수출국에서 해당 물품의 제조·생산 또는 수출에 관하여 지급한 보조금 등의 내용과 이로 인한 해당 물품의 수출가격 인하효과
  ㉴ 국내의 동종물품 생산자들의 해당 조사신청에 대한 지지 정도
  ㉵ 신청서의 기재사항 및 첨부자료를 비밀로 취급할 필요가 있는 때에는 그 사유
  ㉶ 그 밖에 기획재정부장관이 필요하다고 인정하는 사항
② 보조금 등을 받은 물품의 수입사실과 해당 물품의 수입으로 인한 실질적 피해 등의 사실에 관한 충분한 증빙자료 3부

(6) 무역위원회는 위의 (5)에 따라 조사신청을 받은 사실을 기획재정부장관 및 관계 행정기관의 장과 해당 물품의 수출국 정부에 통보해야 한다. 이 경우 위의 (5) 각 호의 자료는 법 시행령

제74조(보조금 등을 받은 물품의 수입 및 실질적 피해 등의 조사개시) 제1항에 따른 조사개시결정을 한 후에 통보해야 한다.

5) 상계관세의 부과에 필요한 조사신청

위의 4) (4)에 따라 특수관계에 있는 생산자를 판정할 때 해당 수입물품과 동종물품의 생산자가 법 시행령 제23조(특수관계의 범위 등) 제1항에 따른 특수관계가 없는 자와 동일 또는 유사한 가격 및 조건 등으로 이를 판매하는 경우에는 해당 생산자를 특수관계가 있는 생산자의 범위에서 제외할 수 있다.

② 제58조(보조금 등의 지급과 실질적 피해 등의 조사)

1) 의의

(1) 보조금 등의 지급과 실질적 피해 등의 사실에 관한 조사는 대통령령으로 정하는 바에 따른다.

(2) 기획재정부장관은 상계관세를 부과할 때 관련 산업의 경쟁력 향상, 국내 시장구조, 물가안정, 통상협력 등을 고려할 필요가 있는 경우에는 이를 조사하여 반영할 수 있다.

2) 보조금을 받은 물품의 수입 및 실질적 피해의 조사개시

(1) 무역위원회는 법 시행령 제73조(상계관세의 부과요청) 제1항의 후단 규정에 따른 조사신청을 받은 경우 보조금 등을 받은 물품의 수입사실과 실질적 피해 등의 사실에 관한 조사의 개시여부를 결정하여 조사신청을 받은 날부터 2월 이내에 그 결과와 다음의 사항을 기획재정부장관에게 통보하여야 한다.

① 조사대상물품(조사대상물품이 많은 경우에는 기획재정부령이 정하는 바에 따라 선정된 조사대상물품)
② 조사대상기간
③ 조사대상 수출국정부 또는 수출자(조사대상 수출국정부 또는 수출자가 많은 경우에는 기획재정부령이 정하는 바에 따라 선정된 조사대상 수출국정부 또는 수출자)

(2) 무역위원회는 위의 1)의 규정에 의하여 조사의 개시여부를 결정함에 있어서 조사신청이 다음의 어느 하나에 해당하는 경우에는 해당 조사신청을 기각할 수 있다.

① 신청서를 제출한 자가 법 시행령 제73조(상계관세의 부과요청) 제1항의 규정에 의하여 부과요청을 할 수 있는 자가 아닌 경우

② 보조금 등을 받은 물품의 수입사실과 실질적 피해 등의 사실에 관한 충분한 증빙자료를 제출하지 아니한 경우

③ 보조금 등의 금액 또는 보조금 등을 받은 물품의 수입량이 국제협약에서 달리 정하지 아니하는 한 보조금 등의 금액이 해당 물품가격대비 1/100 이상인 경우에 미달되거나 실질적 피해 등이 경미하다고 인정되는 경우

④ 해당 조사신청에 찬성의사를 표시한 국내생산자들의 생산량합계가 다음의 기준에 미달된다고 인정되는 경우

> ㉮ 법 시행령 제73조(상계관세의 부과요청) 제1항에 의한 부과요청에 대하여 찬성 또는 반대의사를 표시한 국내생산자들의 동종물품 국내생산량합계중 찬성의사를 표시한 국내생산자들의 생산량합계가 50/100 이하인 경우
>
> ㉯ 법 시행령 제73조(상계관세의 부과요청) 제1항에 의한 부과요청에 대하여 찬성의사를 표시한 국내생산자들의 생산량합계가 동종물품 국내총생산량의 25/100 미만인 경우

⑤ 조사개시 전에 국내산업에 미치는 나쁜 영향을 제거하기 위한 조치가 취하여지는 등 조사개시가 필요 없게 된 경우

(3) 무역위원회는 위의 (1)에 따른 조사개시결정을 한 때에는 그 결정일부터 10일 이내에 조사개시의 결정에 관한 사항을 조사신청자, 해당 물품의 수출국정부 및 수출자 기타 이해관계인에게 통지하고, 관보에 게재하여야 한다. 이 경우 해당 물품의 수출국 정부 및 수출자에게는 법 시행령 제73조(상계관세의 부과요청) 제6항 각 호의 자료를 함께 제공해야 한다.

(4) 무역위원회는 위의 (1) ①에 따른 조사대상물품의 품목분류 등에 대해서는 관세청장과 협의하여 선정할 수 있다.

(5) 위의 2) (1) ① 및 ③의 규정에 의하여 조사대상 물품과 수출국정부 또는 수출자를 선정함에 있어서는 이용가능한 자료를 기초로 통계적으로 유효한 표본추출방법(수출국정부 또는 수출자의 수 또는 물품의 수를 수입량의 비율이 큰 순서대로 선정하는 방법 등을 포함한다)을 사용함을 원칙으로 한다.

3) 보조금을 받은 물품의 수입 및 실질적 피해의 조사

(1) 위의 1)의 규정에 의한 보조금 등을 받은 물품의 수입사실 및 실질적 피해 등의 사실에 관한 조사는 무역위원회가 담당한다. 이 경우 무역위원회는 필요하다고 인정하는 때에는 관계행

정기관의 공무원 또는 관계전문가로 하여금 조사활동에 참여하도록 할 수 있다.

(2) 무역위원회는 위의 2) (3) 전단에 따라 상계관세의 부과에 관한 사항과 조사개시의 결정에 관한 사항이 관보에 게재된 날부터 3개월 이내에 보조금 등을 받은 물품의 수입사실 및 그로 인한 실질적 피해 등의 사실이 있다고 추정되는 충분한 증거가 있는지에 관한 예비조사를 하여 그 결과를 기획재정부장관에게 제출해야 한다.

(3) 기획재정부장관은 위의 (2)의 규정에 의한 예비조사결과가 제출된 날부터 1월 이내에 법 제59조(상계관세를 부과하기 전의 잠정조치) 제1항에 의한 조치의 필요여부 및 내용에 관한 사항을 결정하여야 한다. 다만, 필요하다고 인정되는 경우에는 20일의 범위내에서 그 결정기간을 연장할 수 있다.

(4) 무역위원회는 위의 (2)의 예비조사에 따른 보조금 등의 금액 또는 보조금 등을 받은 물품의 수입량이 국제협약에서 달리 정하지 않는 한 보조금 등의 금액이 해당 물품 가격대비 1/100 이상인 경우에 미달하거나 실질적 피해 등이 경미한 것으로 인정되는 때에는 아래의 (5)에 따른 본조사를 종결해야 한다. 이 경우 무역위원회는 본조사 종결에 관한 사항을 기획재정부장관에게 통보해야 하며, 기획재정부장관은 이를 관보에 게재해야 한다.

(5) 무역위원회는 기획재정부령이 정하는 특별한 사유가 없는 한 위의 (2)에 따른 예비조사결과를 제출한 날의 다음 날부터 본조사를 개시하여야 하며, 본조사개시일부터 3월 이내에 본조사결과를 기획재정부장관에게 제출하여야 한다.

(6) 무역위원회는 위의 (2) 및 (5)에 의한 조사와 관련하여 조사기간을 연장할 필요가 있거나 이해관계인이 정당한 사유를 제시하여 조사기간의 연장을 요청하는 때에는 2월의 범위내에서 그 조사기간을 연장할 수 있다.

(7) 기획재정부장관은 위의 (5)에 따른 본조사 결과가 접수되면 위의 2) (3) 전단에 따른 관보게재일부터 12개월 이내에 상계관세의 부과여부 및 내용을 결정하여 법 제57조(상계관세의 부과대상)에 따른 상계관세의 부과조치를 해야 한다. 다만, 특별한 사유가 있다고 인정되는 경우에는 관보게재일부터 18개월 이내에 상계관세의 부과조치를 할 수 있다.

(8) 위의 (6)에도 불구하고 기획재정부장관은 위의 위의 (7) 단서에 따라 18개월 이내에 상계관세의 부과조치를 할 특별한 사유가 있다고 인정하는 경우 무역위원회와 협의하여 위의 위의 (6)에 따른 본조사 기간을 2개월의 범위에서 추가로 연장하게 할 수 있다.

(9) 무역위원회는 위의 (2) 및 (5)에 따른 조사결과 제출 시 필요하다고 인정되는 때에는 기획재정부장관에게 다음의 사항을 건의할 수 있다.

① 법 제57조(상계관세의 부과대상)에 따른 상계관세 부과
② 법 제59조(상계관세를 부과하기 전의 잠정조치) 제1항에 따른 잠정조치
③ 법 제60조(상계관세와 관련된 약속의 제의) 제1항에 따른 약속의 제의 또는 수락

(10) 위의 (1)부터 (9)까지에서 규정한 사항 외에 상계관세부과 신청·조사·판정 절차에 관하여 필요한 사항은 무역위원회가 기획재정부장관과 협의하여 고시한다.

4) 실질적 피해의 판정

(1) 무역위원회는 법 시행령 제75조(보조금 등을 받은 물품의 수입 및 실질적 피해 등의 조사)에 따라 실질적 피해 등의 사실을 조사·판정하는 때에는 다음의 사항을 포함한 실질적 증거에 근거해야 한다.

① 보조금 등을 받은 물품의 수입물량(해당 물품의 수입이 절대적으로 또는 국내생산이나 국내소비에 대하여 상대적으로 뚜렷하게 증가되었는지 여부를 포함한다)
② 보조금 등을 받은 물품의 가격(국내의 동종물품의 가격과 비교하여 뚜렷하게 하락되었는지 여부를 포함한다)
③ 보조금 등의 금액의 정도(보조금 등을 받은 물품의 수입가격이 수출국내 정상가격과 비교하여 뚜렷하게 하락되었는지 여부를 포함한다)
④ 국내산업의 생산량·가동률·재고·판매량·시장점유율·가격(가격하락 또는 인상억제의 효과를 포함한다)·이윤·생산성·투자수익·현금수지·고용·임금·성장·자본조달·투자능력
⑤ 위의 ① 및 ②의 내용이 국내산업에 미치는 실재적 또는 잠재적 영향

(2) 위의 (1)에 따라 실질적 피해 등을 조사·판정하는 경우 실질적 피해 등을 받을 우려가 있는지에 대한 판정은 위의 (1) 각 호의 사항뿐만 아니라 다음의 사항을 포함한 사실에 근거를 두어야 하며, 보조금 등을 받은 물품으로 인한 피해는 명백히 예견되고 급박한 것이어야 한다.

① 해당 보조금 등의 성격 및 이로부터 발생할 수 있는 무역효과
② 실질적인 수입증가의 가능성을 나타내는 보조금 등을 받은 물품의 현저한 증가율
③ 우리나라에 보조금 등을 받은 물품의 수출을 증가시킬 수 있는 생산능력의 실질적 증가(다른 나라에의 수출가능성을 고려한 것이어야 한다)
④ 보조금 등을 받은 물품의 가격이 동종물품의 가격을 하락 또는 억제시킬 수 있는지의 여부 및 추가적인 수입수요의 증대가능성
⑤ 보조금 등을 받은 물품의 재고 및 동종물품의 재고상태

(3) 무역위원회는 위의 (1)에 의하여 실질적 피해 등의 사실을 조사·판정함에 있어 2 이상의 국가로부터 수입된 물품이 동시에 조사대상물품이 되고 다음에 모두 해당하는 경우에는 그 수입에 따른 피해를 통산하여 평가할 수 있다.

① 보조금 등의 금액 및 보조금 등을 받은 물품의 수입량이 국제협약에서 달리 정하지 아니하는 한 보조금 등의 금액이 해당 물품 가격대비 1/100 이상인 경우
② 보조금 등을 받은 물품이 상호 경쟁적이고 국내 동종물품과 경쟁적인 경우

(4) 무역위원회는 보조금 등을 받은 물품의 수입외의 다른 요인으로서 국내산업에 피해를 미치는 요인들을 조사하여야 하며, 이러한 요인들에 의한 산업피해 등을 보조금 등을 받은 물품의 수입에 의한 것으로 간주하여서는 아니된다.

5) 이해관계인에 대한 자료협조요청

(1) 기획재정부장관 또는 무역위원회는 위의 1)에 의한 조사 및 상계관세의 부과여부 등을 결정하기 위하여 필요하다고 인정하는 경우에는 관계행정기관·국내생산자·수출국정부 또는 수출자·수입자 및 이해관계인에게 관계자료의 제출 등 필요한 협조를 요청할 수 있다. 다만, 수출국정부 또는 수출자에게 보조금 등의 지급여부를 조사하기 위한 질의를 하는 경우에는 회신을 위하여 수출국정부 또는 수출자에게 40일 이상의 회신기간을 주어야 한다. 수출국정부 또는 수출자가 사유를 제시하여 동 기한의 연장을 요청할 경우 이에 대하여 적절히 고려하여야 한다.

(2) 기획재정부장관 또는 무역위원회는 위의 (1), 아래의 (8) 후단 및 법 시행령 제73조(상계관세의 부과요청) 제6항에 따라 제출된 자료 중 성질상 비밀로 취급하는 것이 타당하다고 인정되거나 조사신청자나 이해관계인이 정당한 사유를 제시하여 비밀로 취급해 줄 것을 요청한 자료에 대해서는 해당 자료를 제출한 자의 명시적인 동의 없이 이를 공개해서는 안 된다. 비밀로 취급하는 자료는 다음 각 호의 사항에 관한 자료로서 이들이 공개되는 경우 그 제출자나 이해관계인의 이익이 침해되거나 그 경쟁자에게 중대한 경쟁상 이익이 될 우려가 있는 것으로 한다.

① 제조원가
② 공표되지 않은 회계자료
③ 거래처의 성명·주소 및 거래량
④ 비밀정보의 제공자에 관한 사항
⑤ 그 밖에 비밀로 취급하는 것이 타당하다고 인정되는 자료

(3) 기획재정부장관 또는 무역위원회는 위의 (2)의 규정에 의하여 비밀로 취급하여 줄 것을 요청한 자료를 제출한 자에게 해당 자료의 비밀이 아닌 요약서의 제출을 요구할 수 있다. 이 경우 해당 자료를 제출한 자가 그 요약서를 제출할 수 없는 때에는 그 사유를 기재한 서류를 제출하여야 한다.

(4) 기획재정부장관 또는 무역위원회는 위의 (2)의 규정에 의한 비밀취급요청이 정당하지 아니하다고 인정됨에도 불구하고 자료의 제출자가 정당한 사유없이 자료의 공개를 거부하는 때 또는 위의 (3)의 규정에 의한 비밀이 아닌 요약서의 제출을 거부한 때에는 해당 자료의 정확성이 충분히 입증되지 아니하는 한 해당 자료를 참고하지 아니할 수 있다.

(5) 기획재정부장관 또는 무역위원회는 위의 1)의 조사 및 상계관세의 부과여부 등을 결정할 때 이해관계인이 관계자료를 제출하지 아니하거나 무역위원회의 조사를 거부·방해하는 경우 및 기타 사유로 조사 또는 자료의 검증이 곤란한 경우에는 이용 가능한 자료 등을 사용하여 상계관세조치를 할 것인지 여부를 결정할 수 있다.

(6) 기획재정부장관 및 무역위원회는 상계관세의 부과절차와 관련하여 이해관계인으로부터 취득한 정보·자료 및 인지한 사실을 다른 목적으로 사용할 수 없다.

(7) 기획재정부장관 및 무역위원회는 이해관계인이 법 시행령 제73조(상계관세의 부과요청) 제6항에 따라 제출한 관계증빙자료와 위의 (1), 아래의 (8) 후단 및 법 시행령 제81조(보조금 등의 철폐 또는 삭감, 가격수정 등의 약속)에 따라 제출 또는 통보된 자료 중 비밀로 취급되는 것 외의 자료 제공을 요청하는 경우에는 특별한 사유가 없는 한 이에 따라야 한다. 이 경우 이해관계인의 자료제공요청은 그 사유 및 자료목록을 기재한 서면으로 해야 한다.

(8) 기획재정부장관 또는 무역위원회는 필요하다고 인정하거나 이해관계인의 요청이 있는 때에는 이해관계인에게 공청회 등을 통해 의견을 진술할 기회를 주거나 상반된 이해관계인과 협의할 수 있는 기회를 줄 수 있다. 이 경우 이해관계인이 구두로 진술하거나 협의한 내용은 공청회 등이 있은 후 7일 이내에 서면으로 제출된 경우에만 해당 자료를 참고할 수 있다.

6) 상계조치 관련 이용가능한 자료

(1) 무역위원회는 이해관계인이 관계자료를 제출하지 않거나 제출한 자료가 불충분하여 위의 5) (5)에 따라 조사 또는 자료의 검증이 곤란하다고 판단한 경우에는 그 사실을 즉시 해당 이해관계인에게 통보하고, 특별한 사정이 없는 한 7일 이내에 추가 자료제출 또는 설명을 할 수 있는 기회를 제공해야 한다.

(2) 무역위원회는 위의 5) (5)에 따라 이용가능한 자료를 사용할 경우 조사절차가 지나치게 지연되지 않는 한 공식 수입통계 등 다른 자료로부터 취득하거나 조사 과정에서 다른 이해관계인으로부터 얻은 정보를 확인해야 한다.

(3) 무역위원회는 위의 5) (5)에 따라 이용가능한 자료를 사용하여 조사·판정한 경우에는 해당 자료를 사용한 사유를 법 시행령 제85조(이해관계인에 대한 통지·공고 등) 제2항 제3호 및 제9호에 따른 통지 시에 이해관계인에게 함께 통지해야 한다.

③ 제59조(상계관세를 부과하기 전의 잠정조치)

1) 의의

(1) 기획재정부장관은 상계관세의 부과 여부를 결정하기 위하여 조사가 시작된 물품이 보조금등을 받아 수입되어 다음의 어느 하나에 해당한다고 인정되는 경우에는 대통령령으로 정하는 바에 따라 국내산업의 보호를 위하여 조사가 종결되기 전이라도 그 물품의 수출자 또는 수출국 및 기간을 정하여 보조금 등의 추정액에 상당하는 금액 이하의 잠정상계관세를 부과하도록 명하거나 담보를 제공하도록 명하는 조치(이하 "잠정조치"라 한다)를 할 수 있다.

① 국내산업에 실질적 피해 등이 발생한 사실이 있다고 추정되는 충분한 증거가 있음이 확인되는 경우
② 법 제60조(상계관세와 관련된 약속의 제의)에 따른 약속을 철회하거나 위반한 경우와 그 약속의 이행에 관한 자료를 제출하지 아니한 경우로서 이용할 수 있는 최선의 정보가 있는 경우

(2) 잠정조치가 취하여진 물품에 대하여 상계관세의 부과요청이 철회되어 조사가 종결되거나 상계관세의 부과 여부가 결정된 경우 또는 법 제60조(상계관세와 관련된 약속의 제의)에 따른 약속이 수락된 경우에는 대통령령으로 정하는 바에 따라 납부된 잠정상계관세를 환급하거나 제공된 담보를 해제하여야 한다. 다만, 다음의 어느 하나에 해당하는 경우 상계관세액이 잠정상계관세액 또는 제공된 담보금액을 초과할 때에는 그 차액을 징수하지 아니하며, 상계관세액이 잠정상계관세액 또는 제공된 담보금액에 미달될 때에는 그 차액을 환급하거나 차액에 해당하는 담보를 해제하여야 한다.

① 보조금 등의 지급과 그로 인한 산업피해를 조사한 결과 해당 물품에 대한 보조금 등의 지급과 그로 인한 실질적 피해 등의 사실이 있다고 판정된 이후에 법 제60조(상계관세와 관련된 약속의 제의)에 따른 약속이 수락된 경우
② 법 제61조(상계관세의 부과 시기) 단서에 따라 상계관세를 소급하여 부과하는 경우

2) 잠정조치의 적용

(1) 위의 1) (1)에 의한 잠정조치는 법 시행령 제75조(보조금 등을 받은 물품의 수입 및 실질적 피해 등의 조사) 제2항의 규정에 의한 예비조사결과 보조금 등의 지급과 그로 인한 실질적 피해 등의 사실이 있다고 추정되는 충분한 증거가 있다고 판정된 경우로서 해당 조사의 개시후 최소한 60일이 경과된 후부터 적용할 수 있다.

(2) 법 시행령 제75조(보조금 등을 받은 물품의 수입 및 실질적 피해 등의 조사) 제3항에 따른 잠정조치의 적용기간은 4개월 이내로 해야 한다. 다만, 해당 물품의 무역에서 중요한 비중을 차지하는 수출자가 요청하는 경우에는 그 적용기간을 6개월까지 연장할 수 있다.

(3) 위의 (2)에도 불구하고 보조금 등에 상당하는 금액 이하의 관세 부과로도 국내산업 피해를 충분히 제거할 수 있는지를 조사하는 경우 등 기획재정부장관이 필요하다고 인정하는 때에는 국제협약에 따라 잠정조치의 적용기간을 9개월까지 연장할 수 있다.

(4) 위의 1) (1)에 의하여 제공되는 담보는 법 제24조(담보의 종류 등) 제1항 제1호부터 제4호까지 및 제7호에 해당하는 것으로서 잠정상계관세액에 상당하는 금액이어야 한다.

3) 잠정상계관세액의 정산

(1) 법 시행령 제82조(상계관세의 소급부과) 제1항에 해당되는 경우로서 위의 1) (2)에 의하여 잠정조치가 적용된 기간 중에 수입된 물품에 대하여 부과하는 상계관세액이 잠정상계관세액과 같거나 많은 때에는 그 잠정상계관세액을 상계관세액으로 하여 그 차액을 징수하지 아니하며, 적은 때에는 그 차액에 상당하는 잠정상계관세액을 환급하여야 한다.

(2) 위의 1) (1)의 규정에 의하여 담보가 제공된 경우로서 법 시행령 제82조(상계관세의 소급부과) 제1항의 규정에 해당되는 경우에는 해당 잠정조치가 적용된 기간중에 소급 부과될 상계관세액이 제공된 담보금액과 같거나 많은 경우에는 그 담보금액을 상계관세액으로 하여 그 차액을 징수하지 않으며, 적은 경우에는 그 차액에 상당하는 담보를 해제해야 한다.

(3) 법 시행령 제81조(보조금 등의 철폐 또는 삭감, 가격수정 등의 약속) 제1항에 의한 약속이 법 시행령 제75조(보조금 등을 받은 물품의 수입 및 실질적 피해 등의 조사) 제5항에 의한 본조사의 결과에 따라 보조금 등의 지급과 그로 인한 실질적 피해 등의 사실이 있는 것으로 판정이 내려진 후에 수락된 경우로서 조사된 최종상계관세율을 기초로 산정한 상계관세액이 잠정상계관세액 또는 제공된 담보금액과 같거나 많은 경우에는 그 차액을 징수하지 않으며, 적은 경우에는 그 차액을 환급하거나 차액에 상당하는 담보를 해제해야 한다.

4) 상계관세 부과요청의 철회

(1) 법 시행령 제73조(상계관세의 부과요청) 제1항의 규정에 의하여 조사를 신청한 자가 해당 신청을 철회하고자 하는 때에는 서면으로 그 뜻을 무역위원회에 제출하여야 한다. 이 경우 무역위원회는 법 시행령 제75조(보조금 등을 받은 물품의 수입 및 실질적 피해 등의 조사) 제2항의 규정에 의한 예비조사결과를 제출하기 전에 해당 철회서를 접수한 때에는 기획재정부장관 및 관계행정기관의 장과 협의하여 법 시행령 제74조(보조금 등을 받은 물품의 수입 및 실질적 피해 등의 조사개시) 제1항의 규정에 의한 조사개시여부의 결정을 중지하거나 법 시행령 제75조 제2항의 규정에 의한 조사를 종결할 수 있으며, 제75조 제2항의 예비조사결과를 제출한 후에 해당 철회서를 접수한 때에는 기획재정부장관에게 이를 통보하여야 한다.

(2) 기획재정부장관은 위의 (1)의 통보를 받은 때에는 무역위원회 및 관계행정기관의 장과 협의하여 법 시행령 제75조의 규정에 의한 조사를 종결하게 할 수 있으며, 위의 1) (1)의 규정에 의한 잠정조치가 취하여진 경우에는 이를 철회할 수 있다.

(3) 기획재정부장관은 위의 (2) 후단의 규정에 의하여 잠정조치를 철회하는 때에는 해당 잠정조치에 의하여 납부된 잠정상계관세를 환급하거나 제공된 담보를 해제하여야 한다.

(4) 기획재정부장관 또는 무역위원회는 법 시행령 제75조(보조금 등을 받은 물품의 수입 및 실질적 피해등의 조사) 제2항 또는 제5항에 따른 예비조사 또는 본조사의 기간중에 철회서가 접수된 경우로서 해당 철회의 사유가 부당하다고 인정되는 경우에는 해당 예비조사 또는 본조사가 종료될 때까지 철회에 따른 조사종결여부에 대한 결정을 유보할 수 있다.

④ 제60조(상계관세와 관련된 약속의 제의)

1) 의의

(1) 법 제57조(상계관세의 부과대상)에 따른 상계관세의 부과 여부를 결정하기 위하여 예비조사를 한 결과 보조금 등의 지급과 그로 인한 실질적 피해 등의 사실이 있는 것으로 판정된 경우 해당 물품의 수출국 정부 또는 기획재정부장관은 해당 물품에 대한 보조금 등을 철폐 또는 삭감하거나 보조금 등의 국내산업에 대한 피해효과를 제거하기 위한 적절한 조치에 관한 약속을 제의할 수 있으며, 해당 물품의 수출자는 수출국 정부의 동의를 받아 보조금 등의 국내산업에 대한 피해효과가 제거될 수 있을 정도로 가격을 수정하겠다는 약속을 제의할 수 있다.

(2) 약속이 수락된 경우 기획재정부장관은 잠정조치 또는 상계관세의 부과 없이 조사가 중지

또는 종결되도록 하여야 한다. 다만, 기획재정부장관이 필요하다고 인정하거나 수출국 정부가 피해 조사를 계속하여 줄 것을 요청한 경우에는 그 조사를 계속할 수 있다.

2) 보조금 등의 철폐 또는 삭감, 가격수정의 약속

(1) 상계관세의 부과여부를 결정하기 위한 조사가 개시된 물품의 수출국정부 또는 수출자가 위의 1) (1)의 규정에 의하여 약속을 제의하거나 위의 1) (2)의 규정에 의하여 피해조사를 계속하여 줄 것을 요청하고자 하는 때에는 법 시행령 제75조(보조금 등을 받은 물품의 수입 및 실질적 피해 등의 조사) 제5항의 규정에 의한 본조사의 결과에 따른 최종판정을 하기 45일 전에 서면으로 그 뜻을 무역위원회에 제출하여야 한다. 이 경우 무역위원회는 제출된 서류의 원본을 지체없이 기획재정부장관에게 송부하여야 한다.

(2) 기획재정부장관은 위의 (1)의 규정에 의하여 제의한 약속이 다음 각호의 하나에 해당하는 것인 때에는 그 약속을 수락할 수 있다. 다만, 그 약속의 이행을 확보하는 것이 곤란하다고 인정되는 경우로서 기획재정부령이 정하는 경우에는 그러하지 아니하다.

① 즉시로 가격을 수정하는 약속인 경우
② 약속일부터 6월 이내에 보조금 등을 철폐 또는 삭감하는 약속인 경우
③ 약속일부터 6월 이내에 보조금 등의 국내산업에 대한 피해효과를 제거하기 위한 적절한 조치에 관한 약속인 경우

(3) 기획재정부장관은 필요하다고 인정되는 때에는 위의 1) (1)의 규정에 의한 약속을 수출국 정부 또는 수출자를 지정하여 제의할 수 있다.

(4) 기획재정부장관은 법 시행령 제75조(보조금 등을 받은 물품의 수입 및 실질적 피해 등의 조사) 제2항의 규정에 의한 예비조사결과 보조금등의 지급과 그로 인한 실질적 피해등의 사실이 있다고 추정되는 충분한 증거가 있다고 판정하기 전에는 위의 (2)의 규정에 의한 약속의 수락이나 위의 (3)의 규정에 의한 약속의 제의를 할 수 없다.

(5) 기획재정부장관은 수출국 정부 또는 수출자가 위의 1) (2)에 따라 수락된 약속을 이행하지 않은 경우 이용가능한 최선의 정보에 근거하여 다음의 구분에 따른 신속한 조치를 취할 수 있다. 이 경우 아래의 ②에 따른 조치의 적용기간에 관하여는 법 시행령 제80조(잠정조치의 적용) 제2항 및 제3항을 준용한다.

① 위의 1) (2) 단서에 따라 조사를 계속하여 상계관세율 등 부과내용을 정한 경우 : 상계관세의 부과
② 위의 ① 외의 경우 : 법 제59조(상계관세를 부과하기 전의 잠정조치) 제1항 제2호에 따른 잠정조치

(6) 기획재정부장관은 위의 1) (2) 단서의 규정에 의하여 조사를 계속한 결과 실질적 피해 등의 사실이 없거나 보조금 등의 금액이 없는 것으로 확인된 경우에는 해당 약속의 효력은 실효된 것으로 본다. 다만, 실질적 피해 등의 사실이 없거나 보조금 등의 금액이 없는 원인이 약속으로 인한 것으로 판단되는 때에는 기획재정부장관은 적정한 기간을 정하여 약속을 계속 이행하게 할 수 있으며, 수출국정부 또는 수출자가 그 약속의 이행을 거부하는 때에는 이용가능한 최선의 정보에 의하여 잠정조치를 실시하는 등 상계관세부과를 위한 신속한 조치를 취할 수 있다.

(7) 위의 2) (1)에 따라 수출자가 기획재정부장관에게 약속을 제의하는 경우 그 약속에는 다음의 사항이 포함되어야 한다.

① 수출자가 수출가격을 실질적 피해 등이 제거될 수 있는 수준으로 인상한다는 내용
② 약속수락 전까지 계약되거나 선적되는 물품에 관한 내용
③ 형식·모양·명칭 등의 변경이나 저급품의 판매 등의 방법으로 약속의 이행을 회피하는 행위를 하지 아니하겠다는 내용
④ 제3국이나 제3자를 통한 판매 등의 방법으로 사실상 약속을 위반하지 아니하겠다는 내용
⑤ 수출국안에서의 판매물량 및 판매가격과 우리나라로의 수출물량 및 수출가격에 대하여 기획재정부장관에게 정기적으로 보고하겠다는 내용
⑥ 관련자료에 대한 검증을 허용하겠다는 내용
⑦ 그 밖의 상황변동의 경우 기획재정부장관의 요구에 대하여 재협의할 수 있다는 내용

(8) 기획재정부장관은 위의 2) (2)에 따라 약속을 수락하기 전에 무역위원회·관계행정기관의 장 및 이해관계인의 의견을 물을 수 있다.

(9) 기획재정부장관은 다음의 하나에 해당하는 경우에는 위의 2) (2) 단서규정에 따라 약속을 수락하지 아니할 수 있다.

① 다수의 수출자를 대리하여 약속을 제의한 자가 그 다수의 수출자간에 완전한 합의가 이루어졌음을 입증하지 못하는 경우
② 약속의 이행여부에 대한 적절한 확인 또는 조사를 곤란하게 하는 조건이 있는 경우
③ 과거에 약속을 위반하였던 사실이 있는 등 약속을 수락할 수 없다고 인정되는 합리적인 사유가 있는 경우

(10) 위의 2) (3)에 따라 기획재정부장관으로부터 약속을 제의받은 수출자는 1개월 이내에 수락여부를 통보하여야 한다.

5 제61조(상계관세의 부과 시기)

1) 의의

상계관세의 부과와 잠정조치는 각각의 조치일 이후 수입되는 물품에 대하여 적용된다. 다만, 잠정조치가 적용된 물품에 대하여 국제협약에서 달리 정하고 있는 경우와 그 밖에 상계관세의 소급부과의 경우에는 그 물품에 대하여도 상계관세를 부과할 수 있다.

2) 상계관세의 소급부과

(1) 위의 1) 단서의 규정에 의하여 잠정조치가 적용된 물품으로서 상계관세가 부과되는 물품은 다음과 같다.

① 실질적 피해 등이 있다고 최종판정이 내려진 경우 또는 실질적 피해 등의 우려가 있다는 최종판정이 내려졌으나 잠정조치가 없었다면 실질적 피해 등이 있다는 최종판정이 내려졌을 것으로 인정되는 경우에는 잠정조치가 적용된 기간동안 수입된 물품
② 비교적 단기간 내에 대량 수입되어 발생되는 실질적 피해 등의 재발을 방지하기 위하여 상계관세를 소급하여 부과할 필요가 있는 경우로서 해당 물품이 과거에 보조금 등을 받아 수입되어 실질적 피해 등을 입힌 사실이 있었던 경우 또는 수입자가 보조금 등을 받은 물품의 수입사실과 그로 인한 실질적 피해 등의 사실을 알았거나 알 수 있었을 경우에는 잠정조치를 적용한 날부터 90일 전 이후에 수입된 물품
③ 약속을 위반하여 잠정조치가 적용된 물품의 수입으로 인한 실질적 피해 등의 사실이 인정되는 때에는 잠정조치를 적용한 날부터 90일 전 이후에 수입된 물품. 이 경우 약속위반일 이전에 수입된 물품을 제외한다.
④ 기타 국제협약에서 정하는 바에 따라 기획재정부장관이 정하는 기간에 수입된 물품

(2) 법 시행령 제73조(상계관세의 부과요청)에 따른 국내산업에 이해관계가 있는 자는 본조사의 결과에 따라 최종판정의 통지를 받은 날부터 7일 이내에 해당 물품이 위의 (1)에 해당된다는 증거를 제출하여 위의 1)의 단서의 규정에 의한 상계관세의 부과를 요청할 수 있다.

6 제62조(상계관세에 대한 재심사 등)

1) 의의

(1) 기획재정부장관은 필요하다고 인정될 때에는 대통령령으로 정하는 바에 따라 다음의 조치(이하 "상계조치"라 한다)에 대하여 재심사를 할 수 있으며, 재심사의 결과에 따라 상계조치의 변경, 환급 등 필요한 조치를 할 수 있다.

① 상계관세의 부과
② 법 제60조(상계관세와 관련된 약속의 제의)에 따른 약속

(2) 기획재정부장관은 위의 (1)에 따른 재심사에 필요한 사항으로서 다음의 사항을 조사할 수 있다.

① 상계조치 물품의 수입 및 징수실적
② 가격수정 등의 약속 준수 여부
③ 그 밖에 기획재정부장관이 상계관세의 부과와 약속의 재심사를 위하여 조사가 필요하다고 인정하는 사항

(3) 상계조치는 기획재정부령으로 그 적용시한을 따로 정하는 경우를 제외하고는 해당 상계조치의 시행일부터 5년이 지나면 그 효력을 잃으며, 위의 (1)에 따라 보조금 등의 지급과 산업피해를 재심사하고 그 결과에 따라 내용을 변경할 때에는 기획재정부령으로 그 적용시한을 따로 정하는 경우를 제외하고는 변경된 내용의 시행일부터 5년이 지나면 그 효력을 잃는다. 다만, 위의 (1) ②(법 제60조(상계관세와 관련된 약속의 제의)에 따른 약속)에 해당하는 사유로 재심사하는 경우에는 재심사가 끝나기 전에 해당 상계조치의 적용시한이 종료되더라도 재심사기간 동안 그 상계조치는 효력을 잃지 아니한다.

(4) 위의 (1)부터 (3)까지의 규정과 법 제57조(상계관세의 부과대상)부터 제61조(상계관세와 관련된 약속의 제의)까지의 규정에 따른 상계관세의 부과 및 시행 등에 필요한 사항은 대통령령으로 정한다.

2) 상계관세 및 약속의 재심사

(1) 기획재정부장관은 재심사가 필요하다고 인정되거나 이해관계인이나 해당 산업을 관장하는 주무부장관이 다음의 어느 하나에 해당하는 경우에 명확한 정보 제공과 함께 재심사 요청서를 제출한 때에는 상계관세가 부과되고 있거나 법 제60조(상계관세와 관련된 약속의 제의)에 따른 약속(이하 "약속"이라 한다)이 시행되고 있는 물품에 대하여 위의 1) (2)에 따른 재심사여부를 결정해야 한다.

① 상계관세 또는 약속(이하 "상계조치"라 한다)의 시행 이후 그 조치의 내용변경이 필요하다고 인정할 만한 충분한 상황변동이 발생한 경우
② 상계조치의 종료로 국내산업이 피해를 입을 우려가 있는 경우
③ 실제 보조금 등의 금액보다 상계관세액이 과다하게 납부된 경우 또는 약속에 따른 가격수정이 과도한 경우

(2) 위의 (1)에 따른 재심사의 요청은 상계조치의 시행일부터 1년이 경과된 날 이후에 할 수 있으며, 상계조치의 효력이 상실되는 날 6개월 이전에 요청해야 한다.

(3) 기획재정부장관은 위의 (1)에 따라 재심사를 요청받은 날부터 2개월 이내에 재심사의 필요 여부를 결정해야 하며, 그 결정일부터 10일 이내에 재심사 개시 결정에 관한 사항을 재심사 요청자, 해당 물품의 수출국 정부 및 수출자, 그 밖의 이해관계인에게 통지하고, 관보에 게재해야 한다. 이 경우 해당 물품의 수출국 정부 및 수출자에게는 위의 (1)에 따른 요청서를 함께 제공해야 한다.

(4) 기획재정부장관은 위의 (1)에 따라 재심사를 하는 경우 외에 시행 중인 상계조치의 적정성 여부에 관한 재심사를 할 수 있으며, 이를 위해 상계조치의 내용(재심사에 따라 변경된 내용을 포함한다)에 관하여 매년 그 시행일이 속하는 달에 보조금등을 받은 물품의 수입가격에 대한 재검토를 해야 한다. 이 경우 관세청장은 재검토에 필요한 자료를 작성하여 매년 그 시행일이 속하는 달에 기획재정부장관에게 제출해야 한다.

(5) 기획재정부장관은 위의 (1) 또는 (4)에 따라 재심사의 필요 여부를 결정하는 때에는 관계 행정기관의 장 및 무역위원회와 협의할 수 있으며, 재심사가 필요한 것으로 결정된 때에는 무역위원회는 이를 조사해야 한다. 이 경우 무역위원회는 해당 재심사의 사유가 되는 부분에 한정하여 조사할 수 있다.

(6) 무역위원회는 재심사 개시일부터 6개월 이내에 위의 (5)에 따른 조사를 종결하여 그 결과를 기획재정부장관에게 제출해야 한다. 다만, 무역위원회는 조사기간을 연장할 필요가 있거나 이해관계인이 정당한 사유를 제시하여 조사기간의 연장을 요청하는 때에는 4개월의 범위에서 그 조사기간을 연장할 수 있다.

(7) 기획재정부장관은 위의 (6)에 따른 조사결과가 제출되면 위의 (3) 전단에 따른 관보게재일부터 12개월 이내에 위의 1) (1)에 따른 조치 여부 및 내용을 결정하여 필요한 조치를 해야 한다.

(8) 위의 1) (3)에 따라 재심사기간 중 상계관세가 계속 부과된 물품에 대하여 위의 1) (1)에 따라 기획재정부장관이 새로운 상계관세의 부과 또는 가격수정 등의 약속을 시행하는 때에는 법 시행령 제83조(잠정상계관세액 등의 정산) 제1항 및 제3항의 예에 따라 정산할 수 있다.

(9) 기획재정부장관은 위의 (1) 또는 (4)에 따른 재심사결과 약속의 실효성이 상실되거나 상실될 우려가 있다고 판단되는 때에는 해당 약속을 이행하고 있는 수출국정부 또는 수출자에게 약속의 수정을 요구할 수 있으며, 해당 수출국정부 또는 수출자가 약속의 수정을 거부하는 때에는 이용가능한 정보를 바탕으로 상계관세율을 산정하여 상계관세를 부과할 수 있다.

(10) 위의 (1)에 따라 재심사를 요청한 자가 해당 요청을 철회하려는 경우에는 서면으로 그 뜻을 기획재정부장관에게 제출해야 한다. 이 경우 기획재정부장관은 무역위원회 및 관계 행정기관의 장과 협의하여 위의 (3) 전단에 따른 재심사 개시 여부의 결정을 중지하거나 위의 (5)에 따른 조사를 종결하도록 할 수 있다.

(11) 위의 (5)에 따른 조사를 위한 자료협조 요청에 관하여는 법 시행령 제78조(이해관계인에 대한 자료협조요청)를 준용하고, 위의 1) (1)의 재심사 결과에 따른 기획재정부장관의 조치 중 상계관세의 부과에 관하여는 법 시행령 제79조(상계관세의 부과)를, 가격수정 등의 약속에 관하여는 법 시행령 제81조(보조금 등의 철폐 또는 삭감, 가격수정 등의 약속) 제1항 전단, 같은 조 제2항, 제3항, 제5항 및 제6항을 준용한다. 이 경우 법 시행령 제81조 제1항 전단 중 "법 시행령 제75조(보조금 등을 받은 물품의 수입 및 실질적 피해 등의 조사) 제5항의 규정에 의한 본조사의 결과에 따른 최종판정"은 "위의 2) (6)에 따른 조사의 종결"로, "무역위원회"는 "기획재정부장관"으로 본다.

(12) 위의 2) (1)에 따라 재심사를 요청할 수 있는 이해관계인은 다음과 같다.

① 동종물품의 국내생산자 또는 그 단체
② 해당 상계조치대상 물품의 수출국정부 또는 수출자와 수입자 또는 그 단체
③ 그 밖에 이해관계가 있다고 기획재정부장관이 인정하는 자

3) 이해관계인에 대한 통지·공고

(1) 기획재정부장관은 다음의 어느 하나에 해당되는 때에는 그 내용을 관보에 게재하고, 이해관계인에게 서면으로 통지해야 한다.

① 법 제57조(상계관세의 부과대상) 및 법 제59조(상계관세를 부과하기 전의 잠정조치) 제1항에 의한 조치를 결정하거나 해당 조치를 하지 아니하기로 결정한 때
② 법 제60조(상계관세와 관련된 약속의 제의) 제1항에 의한 약속을 수락하여 조사를 중지 또는 종결하거나 조사를 계속하는 때
③ 위의 1) (1)에 의한 재심사를 개시하거나 재심사결과 상계조치의 내용을 변경한 때
④ 위의 1) (3) 단서 및 위의 2) (8)에 따라 상계조치의 효력이 연장되는 때

(2) 기획재정부장관 또는 무역위원회는 다음의 어느 하나에 해당되는 때에는 그 내용을 이해관계인에게 통지해야 한다.

① 법 시행령 제74조(보조금 등을 받은 물품의 수입 및 실질적 피해 등의 조사개시) 제2항의 규정에 의하여 조사신청이 기각되거나 법 시행령 제75조(보조금 등을 받은 물품의 수입 및 실질적 피해 등의 조사) 제4항의 규정에 의하여 조사가 종결된 때
② 법 시행령 제75조(보조금 등을 받은 물품의 수입 및 실질적 피해 등의 조사) 제2항의 규정에 의한 예비조사의 결과에 따라 예비판정을 한 때
③ 법 시행령 제75조 제5항의 규정에 의한 본조사의 결과에 따라 최종판정을 한 때
④ 법 시행령 제75조 제6항 및 제8항, 위의 2) (6) 단서에 따라 조사기간을 연장한 때
⑤ 법 시행령 제75조(보조금 등을 받은 물품의 수입 및 실질적 피해 등의 조사) 제7항 단서에 따라 기간을 연장한 때
⑥ 법 시행령 제76조(상계관세 부과요청의 철회)에 의하여 상계관세의 부과요청이 철회되어 조사의 개시여부에 관한 결정이 중지되거나 조사가 종결된 때
⑦ 법 시행령 제81조(보조금 등의 철폐 또는 삭감, 가격수정 등의 약속) 제3항의 규정에 의하여 기획재정부장관이 약속을 제의한 때
⑧ 위의 2) (6)에 따른 재심사 조사의 결과에 따라 최종판정을 한 때

(3) 기획재정부장관 또는 무역위원회는 조사과정에서 법 시행령 제75조(보조금 등을 받은 물품의 수입 및 실질적 피해 등의 조사)의 규정에 의한 조사와 관련된 이해관계인의 서면요청이 있는 때에는 조사의 진행상황을 통지하여야 한다.

(4) 무역위원회는 법 시행령 제75조 제5항에 따른 본조사의 결과 및 위의 2) (6)에 따른 재심사 조사의 결과에 따라 최종판정을 하기 전에 해당 판정의 근거가 되는 핵심적 고려사항을 이해관계인에게 통지해야 한다.

Ⅲ. 보복관세

1 제63조(보복관세의 부과대상)

1) 의의

보복관세(retaliatory duties)는 어느 나라가 긴급관세를 발동한 결과 국내산업이 그 영향을 받아 피해를 입었을 경우 이 긴급관세에 대항하기 위하여, 긴급관세를 발동한 국가로부터의 주요 수입물품에 대하여 부과하는 할증관세를 말한다. 보복관세는 교역상대국이 자국의 수출물

품·선박(항공기)에 대하여 제3국보다 불리한 대우를 하는 경우에는 그 교역상대국으로부터 수입되는 물품에 대하여 할증부과하는 관세는 피해상당액 범위내에서 관세를 부과한다.

2) 보복관세의 부과

(1) 교역상대국이 우리나라의 수출물품 등에 대하여 다음의 하나에 해당하는 행위를 하여 우리나라의 무역이익이 침해되는 경우에는 그 나라로부터 수입되는 물품에 대하여 피해상당액의 범위에서 관세(이하 "보복관세"라 한다)를 부과할 수 있다.

> ① 관세 또는 무역에 관한 국제협정이나 양자 간의 협정 등에 규정된 우리나라의 권익을 부인하거나 제한하는 경우
> ② 그 밖에 우리나라에 대하여 부당하거나 차별적인 조치를 하는 경우

(2) 보복관세를 부과하여야 하는 대상 국가, 물품, 수량, 세율, 적용시한, 그 밖에 필요한 사항은 대통령령으로 정한다.

(3) 관계부처의 장 또는 이해관계인이 보복관세의 부과를 요청하고자 하는 때에는 해당 물품에 대한 다음의 사항에 관한 자료를 기획재정부장관에게 제출하여야 한다.

> ① 위의 (1)의 하나에 해당하는 행위를 한 나라 및 그 행위의 내용
> ② 우리나라에서 보복조치를 할 물품
> ③ 피해상당액의 금액과 그 산출내역 및 관세부과의 내용

(4) 기획재정부장관은 보복관세의 적용에 관하여 필요한 사항을 조사하기 위하여 필요하다고 인정되는 때에는 관계기관·수출입자·기타 이해관계인에게 관계자료의 제출 기타 필요한 협조를 요청할 수 있다.

3) 서류의 제출

(1) 관계부처의 장 또는 이해관계인이 법 제63조의 규정에 의한 보복관세(이하 "보복관세"라 한다)의 부과를 요청하고자 하는 때에는 당해 물품에 대한 다음의 사항에 관한 자료를 기획재정부장관에게 제출하여야 한다.

① 위의 2) (1)의 하나에 해당하는 행위를 한 나라 및 그 행위의 내용
② 우리나라에서 보복조치를 할 물품
③ 피해상당액의 금액과 그 산출내역 및 관세부과의 내용

(2) 기획재정부장관은 보복관세의 적용에 관하여 필요한 사항을 조사하기 위하여 필요하다고 인정되는 때에는 관계기관·수출자·수입자 기타 이해관계인에게 관계자료의 제출 기타 필요한 협조를 요청할 수 있다.

2 제64조(보복관세의 부과에 관한 협의)

기획재정부장관은 보복관세를 부과할 때 필요하다고 인정되는 경우에는 관련 국제기구 또는 당사국과 미리 협의할 수 있다.

Ⅳ. 긴급관세

1 제65조(긴급관세의 부과대상 등)

1) 의의

긴급관세(emergency duties)는 특정물품의 수입증가로 인하여 동종물품 또는 직접적인 경쟁관계에 있는 물품을 생산하는 국내산업이 심각한 피해를 받거나 받을 우려가 있음이 조사를 통하여 확인되고 해당 국내산업을 보호할 필요가 있다고 인정될 때에는 해당 물품에 대한 심각한 피해 등을 방지하거나 치유하고 조정을 촉진하기 위하여 필요한 범위 안에서 관세를 추가하여 부과하는 관세를 말한다. 즉, 긴급관세는 교역상대국의 부당한 가격조작에 의한 덤핑방지관세 및 상계관세와는 달리 시장상황에 의하여 가격이 하락하여 수입된 경우, 피해의 구제범위 내에서 부과하는 제도이다.

2) 긴급관세의 부과대상

(1) 특정물품의 수입증가로 인하여 동종물품 또는 직접적인 경쟁관계에 있는 물품을 생산하

는 국내산업(이하 "국내산업"이라 한다)이 심각한 피해를 받거나 받을 우려(이하 "심각한 피해 등"이라 한다)가 있음이 조사를 통하여 확인되고 해당 국내산업을 보호할 필요가 있다고 인정되는 경우에는 해당 물품에 대하여 심각한 피해등을 방지하거나 치유하고 조정을 촉진(이하 "피해의 구제 등"이라 한다)하기 위하여 필요한 범위에서 관세(이하 "긴급관세"라 한다)를 추가하여 부과할 수 있다.

(2) 긴급관세는 해당 국내산업의 보호 필요성, 국제통상관계, 긴급관세 부과에 따른 보상 수준 및 국민경제 전반에 미치는 영향 등을 검토하여 부과 여부와 그 내용을 결정한다.

(3) 기획재정부장관은 긴급관세를 부과하는 경우에는 이해당사국과 긴급관세부과의 부정적 효과에 대한 적절한 무역보상방법에 관하여 협의를 할 수 있다.

(4) 긴급관세의 부과와 법 제66조(잠정긴급관세의 부과 등) 제1항에 따른 잠정긴급관세의 부과는 각각의 부과조치 결정 시행일 이후 수입되는 물품에 한정하여 적용한다.

(5) 긴급관세의 부과기간은 4년을 초과할 수 없으며, 법 제66조 제1항에 따른 잠정긴급관세는 200일을 초과하여 부과할 수 없다. 다만, 법 제67조(긴급관세에 대한 재심사 등)에 따른 재심사의 결과에 따라 부과기간을 연장하는 경우에는 잠정긴급관세의 부과기간, 긴급관세의 부과기간, 「대외무역법」 제39조(수입수량 제한조치) 제1항5)에 따른 수입수량제한 등(이하 이 조와 법 제66조에서 "수입수량제한 등"이라 한다)의 적용기간 및 그 연장기간을 포함한 총 적용기간은 8년을 초과할 수 없다.

(6) 긴급관세 또는 법 제66조 제1항에 따른 잠정긴급관세를 부과하여야 하는 대상 물품, 세율, 적용기간, 수량, 수입관리방안, 그 밖에 필요한 사항은 기획재정부령으로 정한다.

(7) 기획재정부장관은 긴급관세 또는 법 제66조 제1항에 따른 잠정긴급관세의 부과 여부를 결정하기 위하여 필요하다고 인정되는 경우에는 관계 행정기관의 장 및 이해관계인 등에게 관련 자료의 제출 등 필요한 협조를 요청할 수 있다.

(8) 위의 (1)의 규정에 의한 긴급관세의 부과여부 및 그 내용은 무역위원회의 부과건의가 접수된 날부터 1월 이내에 결정하여야 한다. 다만, 주요 이해당사국과 긴급관세의 부과에 관한 협의 등을 하기 위하여 소요된 기간은 이에 포함되지 아니한다.

---

5) 제39조(수입수량 제한조치) ① 산업통상자원부장관은 특정 물품의 수입 증가로 인하여 같은 종류의 물품 또는 직접적인 경쟁 관계에 있는 물품을 생산하는 국내산업(이하 이 조에서 "국내산업"이라 한다)이 심각한 피해를 입고 있거나 입을 우려(이하 "심각한 피해 등"이라 한다)가 있음이 「불공정무역행위 조사 및 산업피해구제에 관한 법률」 제27조(무역위원회의 설치)에 따른 무역위원회(이하 "무역위원회"라 한다)의 조사를 통하여 확인되고 심각한 피해 등을 구제하기 위한 조치가 건의된 경우로서 그 국내산업을 보호할 필요가 있다고 인정되면 그 물품의 국내산업에 대한 심각한 피해 등을 방지하거나 치유하고 조정을 촉진하기 위하여 필요한 범위에서 물품의 수입수량을 제한하는 조치(이하 "수입수량제한조치"라 한다)를 시행할 수 있다.

3) 긴급관세 관련 비밀취급자료

(1) 위의 2) (7)의 규정에 의하여 제출된 자료중 자료를 제출하는 자가 정당한 사유를 제시하여 비밀로 취급하여 줄 것을 요청한 자료에 대하여는 해당 자료를 제출한 자의 명시적인 동의없이는 이를 공개하여서는 아니된다.

(2) 위의 (1)의 규정에 의하여 비밀로 취급하는 자료에 대하여는 법 시행규칙 제15조(덤핑방지조치 관련 비밀취급자료)의 규정을 준용한다.

2 제66조(잠정긴급관세의 부과 등)

1) 의의

(1) 긴급관세의 부과 여부를 결정하기 위하여 조사가 시작된 물품 또는 「불공정무역행위 조사 및 산업피해구제에 관한 법률」 제7조(잠정조치) 제1항6)에 따라 잠정조치가 건의된 물품에 대하여 조사기간 중에 발생하는 심각한 피해 등을 방지하지 아니하는 경우 회복하기 어려운 피해가 초래되거나 초래될 우려가 있다고 판단될 때에는 조사가 종결되기 전에 피해의 구제 등을 위하여 필요한 범위에서 잠정긴급관세를 추가하여 부과할 수 있다.

(2) 긴급관세의 부과 또는 수입수량제한 등의 조치 여부를 결정한 때에는 잠정긴급관세의 부과를 중단한다.

(3) 긴급관세의 부과 또는 수입수량제한 등의 조치 여부를 결정하기 위하여 조사한 결과 수입증가가 국내산업에 심각한 피해를 초래하거나 초래할 우려가 있다고 판단되지 아니하는 경우에는 납부된 잠정긴급관세를 환급하여야 한다.

2) 잠정긴급관세의 부과

(1) 잠정긴급관세의 부과여부 및 그 내용은 무역위원회의 부과건의가 접수된 날부터 1월 이내에 법 제65조(긴급관세의 부과대상 등) 제2항의 검토사항을 고려하여 결정하여야 한다. 다만, 기획재정부장관은 필요하다고 인정하는 경우에는 20일의 범위내에서 그 결정기간을 연장할 수 있다.

(2) 잠정긴급관세가 적용중인 특정수입물품에 긴급관세를 부과하기로 결정한 경우로서 긴급

---

6) 제7조(잠정조치) ① 무역위원회에 조사를 신청하였거나 무역위원회가 직권으로 조사 중인 불공정무역행위로 회복할 수 없는 피해를 입고 있거나 입을 우려가 있는 자는 무역위원회에 불공정무역행위의 중지나 그 밖에 피해를 예방할 수 있는 조치를 하여 줄 것을 신청할 수 있다.

관세액이 잠정긴급관세액과 같거나 많은 경우에는 그 잠정긴급관세액을 긴급관세액으로 하여 그 차액을 징수하지 아니하고, 적은 경우에는 그 차액에 상당하는 잠정긴급관세액을 환급하는 조치를 하여야 한다.

(3) 무역위원회가 국내산업의 피해가 없다고 판정하고 이를 기획재정부장관에게 통보한 때에는 이 피해와 관련하여 납부된 잠정긴급관세액을 환급하는 조치를 하여야 한다.

③ 제67조(긴급관세에 대한 재심사 등)

1) 의의

기획재정부장관은 필요하다고 인정되는 때에는 긴급관세의 부과결정에 대하여 재심사를 할 수 있으며, 재심사결과에 따라 부과내용을 변경할 수 있다. 이 경우 변경된 내용은 최초의 조치 내용보다 더 강화되어서는 아니 된다.

2) 긴급관세의 재심사

기획재정부장관은 부과 중인 긴급관세에 대하여 무역위원회가 그 내용의 완화 · 해제 또는 연장 등을 건의하는 때에는 그 건의가 접수된 날부터 1월 이내에 재심사를 하여 긴급관세부과의 완화 · 해제 또는 연장 등의 조치여부를 결정하여야 한다. 다만, 기획재정부장관은 필요하다고 인정되는 때에는 20일의 범위내에서 그 결정기간을 연장할 수 있다.

④ 제67조의2(특정국물품 긴급관세의 부과)

1) 의의

(1) 국제조약 또는 일반적인 국제법규에 따라 허용되는 한도에서 대통령령으로 정하는 국가를 원산지로 하는 물품(이하 "특정국물품"이라 한다)이 다음의 하나에 해당하는 것으로 조사를 통하여 확인된 경우에는 피해를 구제하거나 방지하기 위하여 필요한 범위에서 관세(이하 "특정국물품 긴급관세"라 한다)를 추가하여 부과할 수 있다.

① 해당 물품의 수입증가가 국내시장의 교란 또는 교란우려의 중대한 원인이 되는 경우
② WTO 회원국이 해당 물품의 수입증가에 대하여 자국의 피해를 구제하거나 방지하기 위하여 한 조치로 인하여 중대한 무역전환이 발생하여 해당 물품이 우리나라로 수입되거나 수입될 우려가 있는 경우

(2) "국내시장의 교란 또는 교란우려"란 특정국물품의 수입증가로 인하여 동종물품 또는 직접적인 경쟁관계에 있는 물품을 생산하는 국내산업이 실질적 피해를 받거나 받을 우려가 있는 경우를 말한다.

2) 특정국물품 긴급관세의 부과

(1) 특정국물품 긴급관세 또는 특정국물품 잠정긴급관세를 부과하여야 하는 대상 물품, 세율, 적용기간, 수량, 수입관리방안 등에 관하여 필요한 사항은 기획재정부령으로 정한다.

(2) 기획재정부장관은 특정국물품 긴급관세를 부과할 때에는 이해당사국과 해결책을 모색하기 위하여 사전 협의를 할 수 있다.

(3) 특정국물품 긴급관세의 부과 여부를 결정하기 위한 조사가 시작된 물품에 대하여 조사기간 중에 발생하는 국내시장의 교란을 방지하지 아니하는 경우 회복하기 어려운 피해가 초래되거나 초래될 우려가 있다고 판단될 때에는 조사가 종결되기 전에 피해를 구제하거나 방지하기 위하여 필요한 범위에서 특정국물품에 대한 잠정긴급관세를 200일의 범위에서 부과할 수 있다.

(4) 특정국물품 긴급관세의 부과 여부를 결정하기 위하여 조사한 결과 국내시장의 교란 또는 교란우려가 있다고 판단되지 아니하는 경우에는 납부된 특정국물품 잠정긴급관세를 환급하여야 한다.

(5) 특정국물품 긴급관세 부과의 원인이 된 WTO 회원국의 조치가 종료된 때에는 그 종료일부터 30일 이내에 특정국물품 긴급관세 부과를 중지하여야 한다.

3) 준용규정

특정국물품 긴급관세 또는 특정국물품 잠정긴급관세의 부과에 관하여는 법 제65조(긴급관세의 부과대상 등) 제2항 · 제4항 · 제7항, 제66조(잠정긴급관세의 부과 등) 제2항 및 제67조(긴급관세에 대한 재심사 등)를 준용한다. 또한 법 시행령 제87조(긴급관세의 부과) 내지 제89조(긴급관세의 재심사)는 특정국물품 긴급관세 또는 위의 2) (3)에 따른 특정국물품 잠정긴급관세의 부과에 관하여 이를 준용한다.

V. 농림축산물에 대한 특별긴급관세

① 제68조(농림축산물에 대한 특별긴급관세)

1) 의의

(1) 농림축산물에 대한 특별긴급관세(special emergency duties on agricultural, forest and livestock products)를 부과할 수 있는 경우는 다음에 해당하는 경우로 한다. 법 제73조(국제협력관세)에 따라 국내외 가격차에 상당한 율로 양허한 농림축산물의 수입물량이 급증하거나 수입가격이 하락하는 경우에는 대통령령으로 정하는 바에 따라 양허한 세율을 초과하여 관세(이하 "특별긴급관세"라 한다)를 부과할 수 있다.

(2) 법 제73조(국제협력관세)에 따라 국내외 가격차에 상당한 율로 양허한 농림축산물의 수입물량이 급증하거나 수입가격이 하락하는 경우에는 대통령령으로 정하는 바에 따라 양허한 세율을 초과하여 관세를 부과할 수 있다.

(3) 특별긴급관세를 부과하여야 하는 대상 물품, 세율, 적용시한, 수량 등은 기획재정부령으로 정한다.

2) 적용기준

(1) 특별긴급관세를 부과할 수 있는 경우는 다음의 하나에 해당하는 경우로 한다. 다만, 다음의 모두에 해당하는 경우에는 그중 하나를 선택하여 적용할 수 있다.

① 해당 연도 수입량이 기준발동물량을 초과하는 경우
② 원화로 환산한 운임 및 보험료를 포함한 해당 물품의 수입가격이 1988년부터 1990년까지의 평균수입가격(별표 1에 해당하는 물품의 경우에는 1986년부터 1988년까지의 평균수입가격으로 하며, 이하 "기준가격"이라 한다)의 10/100을 초과하여 하락하는 경우

(2) 위 (1) ①에서 규정한 기준발동물량은 자료입수가 가능한 최근 3년간의 평균수입량에 다음의 구분에 의한 계수(이하 "기준발동계수"라 한다)를 곱한 것과 자료입수가 가능한 최근 연도의 해당 품목 국내소비량의 그 전년도대비 변화량을 합한 물량(이하 "기준발동물량"이라 한다)으로 한다. 다만, 기준발동물량이 최근 3년간 평균수입량의 105/100 미만인 경우에는 기준발동물량을 최근 3년간 평균수입량의 105/100로 한다.

① 자료입수가 가능한 최근 3년 동안의 해당 물품 국내소비량에 대한 수입량 비율(시장점유율)이 10/100 이하인 때 : 125/100
② 시장점유율이 10/100 초과 30/100 이하인 때 : 110/100
③ 시장점유율이 30/100을 초과하는 때 : 105/100
④ 시장점유율을 산정할 수 없는 때 : 125/100

(3) 위의 (1) ①의 규정에 의하여 특별긴급관세는 국내외가격차에 상당한 율인 해당 양허세율에 그 양허세율의 1/3까지를 추가한 세율로 부과할 수 있으며 해당 연도 말까지 수입되는 분에 대하여서만 이를 적용한다.

(4) 특별긴급관세를 부과하는 경우에는 국내외가격차에 상당한 율인 해당 양허세율에 따른 관세에 다음 표의 금액을 추가하여 부과할 수 있다. 다만, 수입량이 감소하는 경우에는 기획재정부령으로 정하는 바에 따라 다음 표에 따른 특별긴급관세를 부과하지 않을 수 있다.

기준가격 대비 수입가격의 하락률	특별긴급관세액
10% 초과 40% 이하	기준가격×(하락률−10%포인트)×30%
40% 초과 60% 이하	기준가격×[9%+(하락률−40%포인트)×50%]
60% 초과 75% 이하	기준가격×[19%+(하락률−60%포인트)×70%]
75% 초과	기준가격×[29.5%+(하락률−75%포인트)×90%]

(5) 부패하기 쉽거나 계절성이 있는 물품에 대하여는 기준발동물량을 산정함에 있어서는 3년보다 짧은 기간을 적용하거나 기준가격을 산정시 다른 기간동안의 가격을 적용하는 등 해당 물품의 특성을 고려할 수 있다.

(6) 법 제73조(국제협력관세)에 의하여 국제기구와 관세에 관한 협상에서 양허된 시장접근물량으로 수입되는 물품은 특별긴급관세 부과대상에서 제외한다. 다만, 그 물품은 특별긴급관세의 부과를 위하여 수입량을 산정하는 때에는 이를 산입한다.

(7) 특별긴급관세가 부과되기 전에 계약이 체결되어 운송중에 있는 물품은 특별긴급관세 부과대상에서 제외한다. 다만, 해당 물품은 다음 해에 특별긴급관세를 부과하기 위하여 필요한 수입량에는 산입할 수 있다.

(8) 관계부처의 장 또는 이해관계인이 조치를 요청하려는 경우에는 해당 물품과 관련된 다음의 사항에 관한 자료를 기획재정부장관에게 제출하여야 한다.

① 해당 물품의 관세율표 번호 · 품명 · 규격 · 용도 및 대체물품
② 해당 물품의 최근 3년간 연도별 국내소비량 · 수입량 및 기준가격
③ 인상하여야 하는 세율, 인상이유, 적용기간 및 그 밖의 참고사항

(9) 기획재정부장관은 특별긴급관세의 적용에 관하여 필요한 사항을 조사하기 위하여 필요하다고 인정되는 때에는 관계기관 · 수출자 · 수입자 기타 이해관계인에게 관계자료의 제출 기타 필요한 협조를 요청할 수 있다.

② 법 제68조에 따른 특별긴급관세 부과에 관한 규칙[시행 2024. 1. 1.] [기획재정부령 제1029호, 2023. 12. 29., 일부개정]

1) 제1조(목적)

이 규칙은 법 제68조(농림축산물에 대한 특별긴급관세) 및 법 시행령 제90조(농림축산물에 대한 특별긴급관세)에 의한 특별긴급관세 부과에 관하여 필요한 사항을 정함을 목적으로 한다.

2) 제2조(부과대상물품 및 세율 등)

특별긴급관세를 부과할 물품 · 세율 또는 세액은 별표 1 및 별표 2와 같다. 다만, 별표 1 및 별표 2를 동시에 적용할 수 있는 경우에는 부과하여야 할 세율 또는 세액이 높은 것부터 적용한다.

3) 제3조(물량기준에 의한 특별긴급관세)

(1) 법 시행령 제90조 제1항 제1호에 의한 특별긴급관세는 해당 연도 수입량의 누계가 별표 1의 기준발동물량을 초과하는 날의 다음 날(이하 "특별긴급관세부과가 가능하게 된 날"이라 한다)부터 수입신고되는 물품에 부과한다.

(2) 연간 수입량의 누계를 계산할 때에는 「세계무역기구협정 등에 의한 양허관세 규정」 별표 1 나의 양허된 시장접근물량(이하 "시장접근물량"이라 한다)은 이미 수입된 것으로 본다.

(3) 별표 1에 있는 물품과 특별긴급관세부과대상이 아닌 다른 물품의 시장접근물량이 구분되어 있지 아니한 경우 기획재정부장관은 법 시행령 제90조 제6항 및 이 규칙 제3조 제2항의 적

용을 위하여 필요한 때에는 농림축산식품부장관과 협의하여 해당 특별긴급관세부과대상 물품의 시장접근물량을 구분하여 정할 수 있다.

(4) 특별긴급관세부과가 가능하게 된 날 전에 계약이 체결되고 우리나라에 수출하기 위하여 수출국에서 선적된 물품에 대하여는 위의 (1)에 의한 특별긴급관세를 부과하지 아니한다.

4) 제4조(가격기준에 의한 특별긴급관세)

(1) 법 시행령 제90조 제1항 제2호에 의한 특별긴급관세는 동조 동항 동호의 규정에 의한 수입가격이 별표 2에 규정된 기준가격보다 10% 이상 하락한 물품이 수입신고 되는 때에 부과한다.

(2) 수입자가 세관장에게 수입신고를 할 때 수입신고일부터 과거 6월간의 수입량이 계속 감소하고 있다는 증빙자료를 첨부하여 특별긴급관세 적용배제를 신청하고 세관장이 동 사실을 확인하는 경우에는 법 시행령 제90조 제4항 단서의 규정에 의하여 위의 (1)에 의한 특별긴급관세를 부과하지 아니한다.

5) 제5조(보고)

(1) 관세청장은 별표 1 및 별표 2에 규정한 특별긴급관세대상물품의 수입량·수입가격 및 수입자등 관련사항을 매월 기획재정부장관 및 농림축산식품부장관에게 보고하여야 한다.

(2) 관세청장은 위의 제3조 및 제4조에 의하여 특별긴급관세를 부과한 경우에는 부과물품·부과물량·원산지·수입자 및 특별긴급관세액 등 관련사항을 지체없이 기획재정부장관 및 농림축산식품부장관에게 보고하여야 한다.

Ⅵ. 조정관세

1 제69조(조정관세의 부과대상)

1) 의의

조정관세(adjustment duties)는 국내산업을 저해하거나 국민소비생활의 질서문란을 방지하기 위하여 관세율을 높여 부과함으로써 국내산업을 보호하려는 데 목적이 있다. 현행법에서, 일시적으로 일정 기간 동안 세율을 조정하여 부과하는 관세로서 산업구조의 변동 등으로 물품간의 세율이 현저히 불균형하여 이를 시정할 필요가 있는 경우, 국민건강·환경보전·소비자보호 등을 위하여 필요한 경우, 농림축수산물 등 국제경쟁력이 취약한 물품의 수입증가로 국내시장이 교란되거나 산업기반을 붕괴시킬 우려가 있어 이를 시정 또는 방지할 필요가 있는 경우에 부과할 수 있다.

2) 적용기준

(1) 다음의 어느 하나에 해당하는 경우에는 100/100에서 해당 물품의 기본세율을 뺀 율을 기본세율에 더한 율의 범위에서 관세를 부과할 수 있다. 다만, 농림축수산물 또는 이를 원재료로 하여 제조된 물품의 국내외 가격차가 해당 물품의 과세가격을 초과하는 경우에는 국내외 가격차에 상당하는 율의 범위에서 관세를 부과할 수 있다.

① 산업구조의 변동 등으로 물품 간의 세율 불균형이 심하여 이를 시정할 필요가 있는 경우
② 공중도덕 보호, 인간·동물·식물의 생명 및 건강 보호, 환경보전, 한정된 천연자원 보존 및 국제평화와 안전보장 등을 위하여 필요한 경우
③ 국내에서 개발된 물품을 일정 기간 보호할 필요가 있는 경우
④ 농림축수산물 등 국제경쟁력이 취약한 물품의 수입증가로 인하여 국내시장이 교란되거나 산업기반이 붕괴될 우려가 있어 이를 시정하거나 방지할 필요가 있는 경우

(2) 관세율을 인상하는 물품과 그 세율은 별표와 같다.

② 제70조(조정관세의 적용 세율 등)

1) 의의

(1) 법 제69조(조정관세의 부과대상)에 따른 관세는 해당 국내산업의 보호 필요성, 국제통상관계, 국제평화·국가안보·사회질서·국민경제 전반에 미치는 영향 등을 검토하여 부과 여부와 그 내용을 정한다.
(2) 조정관세를 부과하여야 하는 대상 물품, 세율 및 적용시한 등은 대통령령으로 정한다.

2) 자료의 제출

(1) 관계부처의 장 또는 이해관계인이 법 제69조(조정관세의 부과대상)에 따른 조치를 요청하려는 경우에는 해당 물품과 관련된 다음의 사항에 관한 자료를 기획재정부장관에게 제출해야 한다.

① 해당 물품의 관세율표 번호 · 품명 · 규격 · 용도 및 대체물품
② 해당 물품의 제조용 투입원료 및 해당 물품을 원료로 하는 관련제품의 제조공정설명서 및 용도
③ 해당 연도와 그 전후 1년간의 수급실적 및 계획
④ 최근 1년간의 월별 주요 수입국별 수입가격 및 수입실적
⑤ 최근 1년간의 월별 주요 국내제조업체별 공장도가격 및 출고실적
⑥ 인상하여야 하는 세율 · 인상이유 및 그 적용기간
⑦ 세율 인상이 국내 산업, 소비자 이익, 물가 등에 미치는 영향(법 제69조(조정관세의 부과대상) 제2호에 해당하는 경우에 한정한다)

(2) 기획재정부장관은 조정관세의 적용에 관하여 필요한 사항을 조사하기 위하여 필요하다고 인정되는 때에는 관계기관 · 수출입자 기타 이해관계인에게 관계자료의 제출 기타 필요한 협조를 요청할 수 있다.

(3) 기획재정부장관은 조정관세를 부과하려는 때에는 미리 관계부처의 장의 의견을 들어야 한다.

VII. 할당관세

1 제71조(할당관세)

1) 의의

할당관세(autonomous duties)란 관세율의 조작에 의하여 수입수량을 규제하는 제도로서 특정물품의 수입에 대하여 일정한 수량의 쿼터를 설정하여 놓고 그 수량 또는 금액만큼 수입되는 분량에 대하여는 무세 내지 저세율을 적용하고 그 이상 수입되는 분량에 대하여는 고세율을 적용하는 관세로서 일종의 이중관세율제도이다.

2) 적용기준

(1) 다음의 하나에 해당하는 경우에는 40/100의 범위의 율을 기본세율에서 빼고 관세를 부과할 수 있다. 이 경우 필요하다고 인정될 때에는 그 수량을 제한할 수 있다.

① 원활한 물자수급 또는 산업의 경쟁력 강화를 위하여 특정물품의 수입을 촉진할 필요가 있는 경우
② 수입가격이 급등한 물품 또는 이를 원재료로 한 제품의 국내가격을 안정시키기 위하여 필요한 경우
③ 유사물품 간의 세율이 현저히 불균형하여 이를 시정할 필요가 있는 경우

(2) 특정물품의 수입을 억제할 필요가 있는 경우에는 일정한 수량을 초과하여 수입되는 분에 대하여 40/100의 범위의 율을 기본세율에 더하여 관세를 부과할 수 있다. 다만, 농림축수산물인 경우에는 기본세율에 동종물품·유사물품 또는 대체물품의 국내외 가격차에 상당하는 율을 더한 율의 범위에서 관세를 부과할 수 있다.

(3) 위의 (1)과 (2)에 따른 관세를 부과하여야 하는 대상 물품, 수량, 세율, 적용기간 등은 대통령령으로 정한다.

(4) 기획재정부장관은 매 회계연도 종료 후 5개월 이내에 관세의 전년도 부과 실적 및 그 결과(관세 부과의 효과 등을 조사·분석한 보고서를 포함한다)를 국회 소관 상임위원회에 보고하여야 한다.

② 자료의 제출

1) 관계부처의 장 또는 이해관계인은 위의 ❶ 2) (1)의 규정에 의하여 할당관세의 부과를 요청하고자 하는 때에는 해당 물품에 관련된 다음의 사항에 관한 자료를 기획재정부장관에게 제출하여야 한다.

① 법 시행령 제91조(조정관세) 제1항 제1호 내지 제5호의 사항에 관한 자료
② 해당 할당관세를 적용하고자 하는 세율·인하이유 및 그 적용기간
③ 위의 ❶ 2) (1) 후단의 규정에 의하여 수량을 제한하여야 하는 때에는 그 수량 및 산출근거

2) 관계부처의 장 또는 이해관계인은 위의 ❶ 2) (2)의 규정에 의하여 할당관세의 부과를 요청하고자 하는 때에는 해당 물품에 관련된 다음의 사항에 관한 자료를 기획재정부장관에게 제출하여야 한다.

① 법 시행령 제91조(조정관세) 제1항 제1호 내지 제5호의 사항에 관한 자료
② 해당 할당관세를 적용하여야 하는 세율·인상이유 및 그 적용기간
③ 기본관세율을 적용하여야 하는 수량 및 그 산출근거
④ 농림축수산물의 경우에는 최근 2년간의 월별 또는 분기별 동종물품·유사물품 또는 대체물품별 국내외 가격동향

3) 위의 ❶ 2)의 규정에 의한 일정수량의 할당은 해당 수량의 범위안에서 주무부장관 또는 그 위임을 받은 자의 추천으로 행한다. 다만, 기획재정부장관이 정하는 물품에 있어서는 수입신고 순위에 따르되, 일정수량에 달하는 날의 할당은 그날에 수입신고되는 분을 해당 수량에 비례하여 할당한다.

4) 위의 3) 본문에 따라 주무부장관 또는 그 위임을 받은 자의 추천을 받은 자는 해당 추천서를 수입신고수리전까지 세관장에게 제출하여야 한다. 다만, 해당 물품이 보세구역에서 반출되지 않은 경우에는 수입신고 수리일부터 15일이 되는 날까지 제출한다.

5) 위의 ❶ 2)의 규정에 의한 일정수량까지의 수입통관실적의 확인은 관세청장이 이를 행한다.

6) 관계부처의 장은 할당관세의 부과를 요청하는 경우 다음의 사항을 해당 관계부처의 인터넷 홈페이지 등에 10일 이상 게시하여 의견을 수렴하고 그 결과를 기획재정부장관에게 제출하여야 한다. 다만, 자연재해 또는 가격급등 등으로 할당관세를 긴급히 부과할 필요가 있는 경우에는 기획재정부장관과 협의하여 의견 수렴을 생략할 수 있다.

① 해당 물품의 관세율표 번호, 품명, 규격, 용도 및 대체물품
② 위의 1) ② · ③ 또는 2) ② · ③의 사항

7) 기획재정부장관은 위의 1) 및 2)의 규정에 의한 할당관세의 적용에 관하여 필요한 사항을 조사하기 위하여 필요하다고 인정되는 때에는 관계기관 · 수출자 · 수입자 기타 이해관계인에게 관계자료의 제출 기타 필요한 협조를 요청할 수 있다.

8) 기획재정부장관은 위의 ❶ 2) (4)에 따른 관세의 전년도 부과 실적 등의 보고를 위하여 관계부처의 장에게 매 회계연도 종료 후 3개월 이내에 관세 부과 실적 및 효과 등에 관한 자료를 기획재정부장관에게 제출할 것을 요청할 수 있다. 이 경우 요청을 받은 관계부처의 장은 특별한 사유가 없으면 그 요청에 따라야 한다.

VIII. 계절관세

① 제72조(계절관세)

1) 의의

계절관세(seasonal duties)란 1년 중 어떤 특정한 계절에만 부과하는 관세를 말한다. 이는 계절에 따라 가격변동이 민감 품목의 경우 수입물품으로 인한 심한 가격변동을 방지하기 위하여 부과된다. 일반적으로 공산품의 경우 계절에 따라 가격변동이 민감 품목은 거의 없으므로 대부분 농산물에 한정되는데, 농산물의 수확기에는 보통보다 높은 수입관세를 부과하여 가격이 하락하는 것을 방지하고, 비수확기에는 수입관세를 면제하여 가격이 상승하는 것을 막아 자국의 생산자를 보호하기 위한 수단으로 이용된다. 계절관세는 계절에 따른 가격 차이가 클 경우에 임의적인 기준에 의해 부과할 수 있다는 점에서 일정한 피해를 입고 있다는 정당한 근거에 기초하여 부과하는 조정관세나 긴급관세와는 구별된다.

2) 적용기준

(1) 계절에 따라 가격의 차이가 심한 물품으로서 동종물품·유사물품 또는 대체물품의 수입으로 인하여 국내시장이 교란되거나 생산 기반이 붕괴될 우려가 있을 때에는 계절에 따라 해당 물품의 국내외 가격차에 상당하는 율의 범위에서 기본세율보다 높게 관세를 부과하거나 40/100의 범위의 율을 기본세율에서 빼고 관세를 부과할 수 있다.

(2) 관세를 부과하여야 하는 대상 물품, 세율 및 적용시한 등은 기획재정부령으로 정한다.

② 자료의 제출

1) 관계행정기관의 장 또는 이해관계인이 계절관세의 부과를 요청하고자 하는 때에는 해당 물품에 관련한 다음의 사항에 관한 자료를 기획재정부장관에게 제출하여야 한다.

① 품명·규격·용도 및 대체물품
② 최근 1년간의 월별 수입가격 및 주요 국제상품시장의 가격동향
③ 최근 1년간의 월별 주요국내제조업체별 공장도가격

2) 기획재정부장관은 계절관세의 적용에 관하여 필요한 사항을 조사하기 위하여 필요하다고 인정하는 때에는 관계기관 · 수출자 · 수입자 기타 이해관계인에게 관계자료의 제출 기타 필요한 협조를 요청할 수 있다.

IX. 국제협력관세

❶ 제73조(국제협력관세)

1) 의의

대외무역의 증진을 위하여 필요하다고 인정되는 때에는 특정국가 · 국제기구와 관세에 관한 협상을 할 수 있다. 예를 들어 WTO 협정 일반 양허관세, WTO 협정 개발도상국간의 양허관세, 아시아 · 태평양 무역협정에 따른 양허관세, 개발도상국간 특혜무역제도의 양허관세, 양허세율 우선 적용물품, 시장접근 물량증량 등이 이에 포함된다. 국제협력관세(International Cooperation Tariffs)는 관세율을 인하하는 것이므로 WTO 체제상 MFN 원칙이 적용되어 WTO 회원국 모두에게 인하된 세율을 적용해야 하며 관세협상 대상국이었던 특정국가 · 국제기구의 회원국에게만 적용할 수 없다.

2) 적용기준

2 자료의 제출

국제기구와 관세에 관한 협상에서 국내외 가격차에 상당한 율로 양허하거나 국내 시장개방과 함께 기본세율보다 높은 세율로 양허한 농림축산물을 시장접근물량 이내로 수입하는 자로서 관련기관의 추천을 받은 자는 해당 추천서를 수입신고 수리 전까지 세관장에게 제출하여야 한다. 다만, 해당 농림축산물이 보세구역에서 반출되지 않은 경우에는 수입신고 수리일부터 15일이 되는 날까지 제출할 수 있다.

X. 편익관세

1 제74조(편익관세의 적용기준 등)

1) 의의

편익관세(beneficial duties)는 조약 · 협약에 의한 관세상의 편익을 받지 아니하는 특정국가에서 생산된 특정물품이 수입될 때 기존 외국과의 조약에 의하여 부여하고 있는 관세상 혜택의 범위 한도내에서 관세에 관한 편익을 부여하는 것을 말한다. 예를 들어 세계무역기구(WTO) 회원국으로부터 물품이 수입되는 경우에는 WTO 회원국에게 가장 혜택이 되는 관세율을 적용한다는 의미에서 최혜국대우(Most favoured nation : MFN) 원칙이라고 할 수 있다. 반면에 WTO 회원국이 아닌 국가로부터 물품이 수입될 때에는 MFN 원칙을 적용할 조약상의 의무가 없으므로 기본세율 등 높은 관세율을 적용하게 되는 것이며 이는 우리나라의 자유에 속하는 것이다. 이와 같이 MFN을 부여할 조약상의 의무가 없는 국가에 대하여 우리나라가 일방적으로 MFN를 부여하는 것을 편익관세라고 한다.

2) 편익관세의 부여

(1) 관세에 관한 조약에 따른 편익을 받지 아니하는 나라의 생산물로서 우리나라에 수입되는 물품에 대하여 이미 체결된 외국과의 조약에 따른 편익의 한도에서 편익관세를 부여할 수 있다.

(2) 편익관세를 부여할 수 있는 대상 국가, 대상 물품, 적용 세율, 적용방법, 그 밖에 필요한 사항은 대통령령으로 정한다.

3) 적용기준

(1) 위의 1)에 따라 관세에 관한 편익을 적용받을 수 있는 국가는 다음 표와 같다.

지 역	국 가
1. 아시아	부탄
2. 중동	이란 · 이라크 · 레바논 · 시리아
3. 대양주	나우루
4. 아프리카	코모로, 에티오피아, 소말리아
5. 유럽	안도라 · 모나코 · 산마리노 · 바티칸 · 덴마크(그린란드 및 페로제도에 한정한다)

(2) 편익관세를 적용 받을 수 있는 물품은 위의 (1)의 표에 따른 국가의 생산물 중 「세계무역기구(WTO) 등에 의한 양허관세 규정」 별표 1(이하 "양허표"라 한다)의 가 및 나에 따른 물품으로 한다. 이 경우 해당 물품에 대한 관세율표상의 품목분류가 세분되거나 통합된 때에도 동일한 편익을 받는다.

(3) 위의 (2)에 해당하는 물품에 대하여는 해당 양허표에 규정된 세율을 적용한다. 다만, 다음의 경우에는 해당 양허표에 규정된 세율보다 다음에 규정된 세율을 우선하여 적용한다.

① 법에 의한 세율이 해당 양허표에 규정된 세율보다 낮은 경우에는 법에 의한 세율. 다만, 법 제50조(세율 적용의 우선순위) 제3항 단서의 규정에 의한 농림축산물의 경우에는 해당 양허표에 규정된 세율을 기본세율 및 잠정세율에 우선하여 적용한다.
② 법 제51조(덤핑방지관세의 부과대상) · 법 제57조(상계관세의 부과대상) · 법 제63조(보복관세의 부과대상) · 법 제65조(긴급관세의 부과대상 등) 또는 법 제68조(농림축산물에 대한 특별긴급관세)에 의하여 대통령령 또는 기획재정부령으로 세율을 정하는 경우에는 그 세율

4) 자료제출의 요청

기획재정부장관은 편익관세의 적용에 관하여 필요한 사항을 조사하기 위하여 필요하다고 인정되는 때에는 관계행정기관 · 수출입자 기타 이해관계인에게 관계자료의 제출 기타 필요한 협조를 요청할 수 있다.

2 제75조(편익관세의 적용 정지 등)

기획재정부장관은 다음의 하나에 해당하는 경우에는 국가, 물품 및 기간을 지정하여 편익관세의 적용을 정지시킬 수 있다.

① 편익관세의 적용으로 국민경제에 중대한 영향이 초래되거나 초래될 우려가 있는 경우
② 그 밖에 편익관세의 적용을 정지시켜야 할 긴급한 사태가 있는 경우

XI. 일반특혜관세

1 제76조(일반특혜관세의 적용기준)

1) 의의

일반특혜관세제도(Generalized System of Preferences : GSP)는 개발도상국의 수출확대 및 공업화 촉진을 위해 선진국이 개발도상국의 수입품에 일반적인 특혜관세를 부여하는 제도로 즉, 무관세의 적용 또는 저율의 관세를 부여하는 관세상의 특별대우를 말한다.

2) 적용기준

(1) 대통령령으로 정하는 개발도상국(이하 "특혜대상국"이라 한다)을 원산지로 하는 물품 중 대통령령으로 정하는 물품(이하 "특혜대상물품"이라 한다)에 대하여는 기본세율보다 낮은 세율의 관세(이하 "GSP"라 한다)를 부과할 수 있다.

(2) GSP를 부과할 때 해당 특혜대상물품의 수입이 국내산업에 미치는 영향 등을 고려하여 그 물품에 적용되는 세율에 차등을 두거나 특혜대상물품의 수입수량 등을 한정할 수 있다.

(3) 국제연합총회의 결의에 따른 최빈개발도상국(별표 1에 규정된 국가를 말한다) 중 「최빈개발도상국에 대한 특혜관세 공여 규정」에서 정하는 국가를 원산지로 하는 물품에 대하여는 다른 특혜대상국보다 우대하여 GSP를 부과할 수 있다.

(4) 특혜대상물품에 적용되는 세율 및 적용기간과 그 밖에 필요한 사항은 「최빈개발도상국에 대한 특혜관세 공여 규정」에서 정한다.

② 제77조(일반특혜관세의 적용 정지 등)

1) 의의

기획재정부장관은 특정한 특혜대상 물품의 수입이 증가하여 이와 동종의 물품 또는 직접적인 경쟁관계에 있는 물품을 생산하는 국내산업에 중대한 피해를 주거나 줄 우려가 있는 등 GSP를 부과하는 것이 적당하지 아니하다고 판단될 때에는 대통령령으로 정하는 바에 따라 해당 물품과 그 물품의 원산지인 국가를 지정하여 GSP의 적용을 정지할 수 있다.

2) 적용 배제

기획재정부장관은 특정한 특혜대상국의 소득수준, 우리나라의 총수입액 중 특정한 특혜대상국으로부터의 수입액이 차지하는 비중, 특정한 특혜대상국의 특정한 특혜대상물품이 지니는 국제경쟁력의 정도, 그 밖의 사정을 고려하여 GSP를 부과하는 것이 적당하지 아니하다고 판단될 때에는 「최빈개발도상국에 대한 특혜관세 공여 규정」에서 정하는 바에 따라 해당 국가를 지정하거나 해당 국가 및 물품을 지정하여 GSP의 적용을 배제할 수 있다.

3) 국내 산업피해의 구제

(1) 특혜대상물품 중 특정 물품의 수입이 증가하여 이와 같은 종류의 물품 또는 직접적인 경쟁관계에 있는 물품을 생산하는 국내 산업에 중대한 피해를 주거나 줄 우려가 있어 이를 방지할 필요가 있는 경우 관계 중앙행정기관의 장 또는 이해관계인은 해당 물품에 대한 특혜관세의 적용 정지를 기획재정부장관에게 요청할 수 있다.

(2) 관계 중앙행정기관의 장 또는 이해관계인은 위의 (1)에 따라 특혜관세의 적용 정지를 요청하려는 경우에는 다음의 사항에 관한 자료를 기획재정부장관에게 제출하여야 한다.

① 해당 물품의 품목번호 · 품명 · 규격 · 용도 및 대체물품
② 해당 물품의 제조용 투입원료와 그 물품을 원료로 하는 관련 제품의 제조공정설명서 및 용도
③ 해당 연도의 전후 1년간의 수급(需給) 실적 및 계획
④ 최근 1년간의 월별 주요 수입국별 수입가격 및 수입실적
⑤ 최근 1년간의 월별 주요 국내 제조업체별 공장도가격 및 출고실적
⑥ 국내 산업의 피해내용 및 적용정지 기간
⑦ 그 밖에 국내 산업에 중대한 피해를 주거나 줄 우려가 있다고 판단할 수 있는 자료

(3) 기획재정부장관은 특별한 사유가 없으면 위의 (1)에 따른 조치를 요청받은 날부터 15일 내에 특혜관세의 적용을 정지할 사유가 있었는지를 심사하여야 한다.

(4) 위의 (3)에 따른 심사 결과 특혜관세의 적용을 정지할 사유가 있다고 판단되는 경우 기획재정부장관은 지체없이 특혜관세의 적용 정지를 결정하고 그 사실을 고시하여야 한다.

(5) 특혜관세 적용 정지의 효력은 위의 (4)에 따른 고시가 있은 날부터 발생한다.

XⅡ. 관세양허에 관한 조치

1 제78조(양허의 철회 및 수정)

1) 정부는 외국에서의 가격 하락이나 그밖에 예상하지 못하였던 사정의 변화 또는 조약상 의무의 이행으로 인하여 특정물품의 수입이 증가됨으로써 이와 동종의 물품 또는 직접 경쟁관계에 있는 물품을 생산하는 국내 생산자에게 중대한 피해를 가져오거나 가져올 우려가 있다고 인정되는 경우에는 다음의 구분에 따른 조치를 할 수 있다.

① 조약에 따라 관세를 양허하고 있는 경우 : 해당 조약에 따라 이루어진 특정물품에 대한 양허를 철회하거나 수정하여 이 법에 따른 세율이나 수정 후의 세율에 따라 관세를 부과하는 조치
② 특정물품에 대하여 위의 (1)의 조치를 하려고 하거나 그 조치를 한 경우 : 해당 조약에 따른 협의에 따라 그 물품 외에 이미 양허한 물품의 관세율을 수정하거나 양허품목을 추가하여 새로 관세의 양허를 하고 수정 또는 양허한 후의 세율을 적용하는 조치

2) 위의 ②의 조치는 ①의 조치에 대한 보상으로서 필요한 범위에서만 할 수 있다.

3) 위의 1)에 따른 조치의 시기 및 내용과 그 밖에 필요한 사항은 「세계무역기구협정 등에 관한 양허관세 규정」에서 정한다.

2 제79조(대항조치)

1) 정부는 외국이 특정물품에 관한 양허의 철회·수정 또는 그 밖의 조치를 하려고 하거나 그 조치를 한 경우 해당 조약에 따라 대항조치를 할 수 있다고 인정될 때에는 다음의 조치를 할 수 있다.

① 특정물품에 대하여 이 법에 따른 관세 외에 그 물품의 과세가격 상당액의 범위에서 관세를 부과하는 조치
② 특정물품에 대하여 관세의 양허를 하고 있는 경우에는 그 양허의 적용을 정지하고 이 법에 따른 세율의 범위에서 관세를 부과하는 조치

2) 위의 1)의 조치는 외국의 조치에 대한 대항조치로서 필요한 범위에서만 할 수 있다.

3) 위의 1)에 따른 조치의 대상 국가, 시기, 내용, 그 밖에 필요한 사항은 「세계무역기구협정 등에 관한 양허관세 규정」에서 정한다.

③ 제80조(양허 및 철회의 효력)

1) 조약에 따라 우리나라가 양허한 품목에 대하여 그 양허를 철회한 경우에는 해당 조약에 따라 철회의 효력이 발생한 날부터 이 법에 따른 세율을 적용한다.

2) 양허의 철회에 대한 보상으로 우리나라가 새로 양허한 품목에 대하여는 그 양허의 효력이 발생한 날부터 이 법에 따른 세율을 적용하지 아니한다.

제3절 세율의 적용 등

① 제81조(간이세율의 적용)

1) 의의

수입물품의 관세 이외에 부가가치세, 특별소비세, 주세, 교육세 등도 부과되는데, 이를 조세를 각 개별로 세율과 과세가격을 정하고 세액을 결정하여 부과 · 징수함에 있어 시간이 많이 소요되므로 일부 대상에 대하여 간이세율을 적용하여 과세의 간소화를 도모하고 있다.

2) 적용대상물품

(1) 다음의 어느 하나에 해당하는 물품 중 대통령령으로 정하는 물품에 대하여는 다른 법령에도 불구하고 간이세율을 적용할 수 있다.

① 여행자 또는 외국을 오가는 운송수단의 승무원이 휴대하여 수입하는 물품
② 우편물. 다만, 법 제258조(우편물통관에 대한 결정) 제2항에 따라 법 제241조(수출·수입 또는 반송의 신고) 제1항에 따른 수입신고를 하여야 하는 우편물은 제외한다.
③ 탁송품 또는 별송품

(2) 간이세율은 수입물품에 대한 관세, 임시수입부가세 및 내국세의 세율을 기초로 하여 대통령령으로 정한다.

(3) 위의 (1) ①에 해당하는 물품으로서 그 총액이 대통령령으로 정하는 금액 이하인 물품에 대하여는 일반적으로 휴대하여 수입하는 물품의 관세, 임시수입부가세 및 내국세의 세율을 고려하여 위의 (2)에 따른 세율을 단일한 세율로 할 수 있다.

3) 간이세율의 적용 제외 물품

(1) 위의 1)의 규정에 의하여 간이세율(이하 "간이세율"이라 한다)을 적용하는 물품과 그 세율은 별표 2와 같다.

(2) 위의 (1)의 규정에 불구하고 다음의 물품에 대하여는 간이세율을 적용하지 아니한다.

① 관세율이 무세인 물품과 관세가 감면되는 물품
② 수출용원재료
③ 법 제11장(벌칙)(제268조의2(전자문서 위조·변조죄 등)-제282조(몰수·추징))의 범칙행위에 관련된 물품
④ 종량세가 적용되는 물품
⑤ 다음의 어느 하나에 해당하는 물품으로서 관세청장이 정하는 물품

> ㉮ 상업용으로 인정되는 수량의 물품
> ㉯ 고가품
> ㉰ 해당 물품의 수입이 국내산업을 저해할 우려가 있는 물품
> ㉱ 위의 2) (3)에 의한 단일한 간이세율의 적용이 과세형평을 현저히 저해할 우려가 있는 물품

⑥ 화주가 수입신고를 할 때에 과세대상물품의 전부에 대하여 간이세율의 적용을 받지 아니할 것을 요청한 경우의 해당 물품

2 제82조(합의에 따른 세율 적용)

1) 의의

합의세율은 화주의 요청이 있는 경우 품목별 세율중 화주와 합의하여 가장 높은 세율을 모든 품목에 적용하여 과세통관할 수 있도록 하는 제도를 말하는데, 이는 과세편의와 신속통관을 도모하는데 그 목적이 있다.

2) 적용 요건

(1) 그 요건은 일괄하여 수입신고되어야 하고 품목별로 세율이 상이하여야 하며 신고인(화주)의 신청이 있어야 한다. 또한 특이사항으로는 납세의무자가 합의한 것이므로 심사청구·심판청구와 같은 행정소송을 할 수 없다는 점이다.

(2) 위의 (1)을 적용할 때에는 법 제119조(불복의 신청)부터 제132조(이의신청)까지는 적용하지 아니한다.

3 제83조(용도세율의 적용)

1) 의의

동일한 물품이라 하더라도 해당 물품의 용도에 따라 관세율이 상이한 경우가 있는데 이때 용도에 따라 세율을 달리하는 세율 중에서 낮은 세율을 '용도세율'이라 한다.

2) 용도세율의 적용

(1) 별표 관세율표나 법 제50조(세율 적용의 우선순위) 제4항, 제51조(덤핑방지관세의 부과대상), 제57조(상계관세의 부과대상), 제63조(보복관세의 부과대상), 제65조(긴급관세의 부과대상 등), 제67조의2(특정국물품 긴급관세의 부과), 제68조(농림축산물에 대한 특별긴급관세), 제70조(국제협력관세)부터 제74조(편익관세의 적용기준 등)까지 및 제76조(일반특혜관세의 적용기준)에 따른 대통령령 또는 기획재정부령으로 용도에 따라 세율을 다르게 정하는 물품을 세율이 낮은 용도에 사용하여 해당 물품에 그 낮은 세율(이하 "용도세율"이라 한다)의 적용을 받으려는 자는 대통령령으로 정하는 바에 따라 세관장에게 신청하여야 한다. 다만, 대통령령으로 정하는 바에 따라 미리 세관장으로부터 해당 용도로만 사용할 것을 승인받은 경우에는 신청을 생략할 수 있다

(2) 용도세율이 적용된 물품은 그 수입신고의 수리일부터 3년의 범위에서 대통령령으로 정하는 기준에 따라 관세청장이 정하는 기간에는 해당 용도 외의 다른 용도에 사용하거나 양도할 수 없다. 다만, 대통령령으로 정하는 바에 따라 미리 세관장의 승인을 받은 경우에는 그러하지 아니하다.

(3) 위의 (1)의 물품을 (2)에 따른 기간에 해당 용도 외의 다른 용도에 사용하거나 그 용도 외의 다른 용도에 사용하려는 자에게 양도한 경우에는 해당 물품을 특정용도 외에 사용한 자 또는 그 양도인으로부터 해당 물품을 특정용도에 사용할 것을 요건으로 하지 아니하는 세율에 따라 계산한 관세액과 해당 용도세율에 따라 계산한 관세액의 차액에 상당하는 관세를 즉시 징수하며, 양도인으로부터 해당 관세를 징수할 수 없을 때에는 그 양수인으로부터 즉시 징수한다. 다만, 재해나 그 밖의 부득이한 사유로 멸실되었거나 미리 세관장의 승인을 받아 폐기한 경우에는 그러하지 아니하다.

3) 용도세율 적용신청

(1) 위의 2) (1) 본문에 따라 용도세율을 적용받으려는 자는 해당 물품을 수입신고하는 때부터 수입신고가 수리되기 전까지 그 품명·규격·수량·가격·용도·사용방법 및 사용장소를 기재한 신청서를 세관장에게 제출해야 한다. 다만, 해당 물품을 보세구역에서 반출하지 않은 경우에는 수입신고 수리일부터 15일이 되는 날까지 신청서를 제출할 수 있다.

(2) 위의 2) (1) 단서에 따라 세관장으로부터 해당 용도로만 사용할 것을 승인받으려는 자는 관세청장이 정하여 고시하는 신청서에 해당 물품의 품명, 규격 및 용도 등을 확인할 수 있는 서류를 첨부하여 세관장에게 신청해야 한다.

(3) 위의 (2)에서 규정한 사항 외에 위의 2) (1) 단서에 따른 승인에 필요한 사항은 관세청장이 정하여 고시한다.

4) 감면물품의 용도 외 사용 등에 대한 승인신청

(1) 위의 2) (2) 단서·법 제88조(외교관용 물품 등의 면세) 제2항 단서·법 제97조(재수출면세) 제2항 단서(법 제98조(재수출 감면) 제2항에서 준용하는 경우를 포함한다) 또는 법 제102조(관세감면물품의 사후관리) 제1항 단서에 의하여 세관장의 승인을 얻고자 하는 자는 다음 각호의 사항을 기재한 신청서를 해당 물품의 소재지를 관할하는 세관장(이하 "관할지세관장"이라 한다)에게 제출하여야 한다. 다만, 법 제97조(재수출면세) 제2항 단서(법 제98조(재수출 감면) 제2항에서 준용하는

경우를 포함한다)의 규정에 해당하는 경우에는 해당 물품을 최초에 수입신고한 세관에서도 할 수 있다.

① 해당 물품의 품명 · 규격 · 수량 · 관세감면액 또는 적용된 용도세율 · 수입신고수리 연월일 및 수입신고번호
② 해당 물품의 통관세관명
③ 승인신청이유
④ 해당 물품의 양수인의 사업의 종류, 주소 · 상호 및 성명(법인인 경우에는 대표자의 성명)

(2) 재해 기타 부득이한 사유로 인하여 멸실된 물품에 대하여 위의 2) (3) 단서 · 법 제97조(재수출면세) 제3항 단서(법 제98조(재수출 감면) 제2항에서 준용하는 경우를 포함한다) · 법 제102조(관세감면물품의 사후관리) 제2항 단서 또는 법 제109조(다른 법령 등에 따른 감면물품의 관세징수) 제2항 단서의 규정을 적용받고자 하는 자는 멸실 후 지체없이 다음의 사항을 기재한 신청서에 그 사실을 증빙할 수 있는 서류를 첨부하여 세관장에게 제출하여야 한다.

① 멸실된 물품의 품명 · 규격 · 수량 · 수입신고수리 연월일 및 수입신고번호
② 멸실연월일 및 멸실장소
③ 멸실된 물품의 통관세관명

(3) 위의 2) (3) 단서 · 법 제97조(재수출면세) 제3항 단서(법 제98조(재수출 감면) 제2항에서 준용하는 경우를 포함한다) · 법 제102조(관세감면물품의 사후관리) 제2항 단서 또는 법 제109조(다른 법령 등에 따른 감면물품의 관세징수) 제2항 단서에 의하여 물품폐기에 대한 세관장의 승인을 얻고자 하는 자는 다음의 사항을 기재한 신청서를 세관장에게 제출하여야 한다.

① 해당 물품의 품명 · 규격 · 수량 · 수입신고수리 연월일 및 수입신고번호
② 해당 물품의 통관세관명
③ 폐기의 사유 · 방법 및 장소와 폐기예정연월일

제4절 품목분류

① 제84조(품목분류체계의 수정)

1) 의의

기획재정부장관은 「통일상품명 및 부호체계에 관한 국제협약」에 따른 관세협력이사회의 권고 또는 결정 등 대통령령으로 정하는 사유로 다음에 따른 표 또는 품목분류의 품목을 수정할 필요가 있는 경우 그 세율이 변경되지 아니하는 경우에는 대통령령으로 정하는 바에 따라 품목을 신설 또는 삭제하거나 다시 분류할 수 있다.

① 별표 관세율표
② 법 제73조(국제협력관세) 및 법 제76조(일반특혜관세의 적용기준)에 따라 「세계무역기구협정 등에 의한 양허관세규정」 별표 1부터 별표 4까지, 「특정국가와의 관세협상에 따른 국제협력관세의 적용에 관한 규정」 별표 및 「최빈개발도상국에 대한 특혜관세 공여규정」 별표 2에 따른 품목분류
③ 「통일상품명 및 부호체계에 관한 국제협약」 및 별표 관세율표를 기초로 기획재정부장관이 품목을 세분하여 고시하는 관세·통계통합품목분류표(이하 "품목분류표"라 한다)

2) 품목분류표

(1) 기획재정부장관은 「통일상품명 및 부호체계에 관한 국제협약」(이하 "협약"이라 한다) 제3조 제3항에 따라 수출입물품의 신속한 통관, 통계파악 등을 위하여 협약 및 법 별표 관세율표를 기초로 하여 품목을 세분한 관세·통계통합품목분류표(이하 "품목분류표"라 한다)를 고시할 수 있다.

(2) 법 제84조(품목분류체계의 수정) 각 호 외의 부분에서 "「통일상품명 및 부호체계에 관한 국제협약」에 따른 관세협력이사회의 권고 또는 결정 등 대통령령으로 정하는 사유"란 다음의 어느 하나에 해당하는 경우를 말한다.

① 관세협력이사회로부터 협약의 통일상품명 및 부호체계에 관한 권고 또는 결정이 있은 경우
② 관계 법령이 개정된 경우
③ 그 밖에 위의 ① 및 ②와 유사한 경우로서 위의 1) 각 호에 따른 품목을 수정(품목을 신설 또는 삭제하거나 다시 분류하는 것을 말한다)할 필요가 있다고 기획재정부장관이 인정하는 경우

(3) 기획재정부장관은 위의 1)의 규정에 따라 같은 조 각 호에 따른 품목을 수정한 경우에는 이를 고시해야 한다.

(4) 기획재정부장관은 위의 (2) ①의 사유로 위의 1) ① 및 1) ③에 따른 품목을 수정하는 경우에는 협약 제16조(개정절차) 제4항에 따른 기한 내에 수정해야 한다.

3) 품목분류분쟁 해결 절차

(1) 기획재정부장관 또는 관세청장은 상대국과의 품목분류 분쟁 사실을 알게 된 경우 협약 제10조(분쟁의 해결) 제1항에 따라 그 상대국과 분쟁에 대한 협의를 진행한다. 다만, 관세청장이 해당 협의를 진행하는 경우에는 매 반기 마지막 날까지 그 분쟁 사실과 협의 내용 등을 기획재정부장관에게 보고해야 한다.

(2) 기획재정부장관은 협의를 진행한 품목분류 분쟁이 상대국과 합의되지 않은 경우에는 협약 제10조(분쟁의 해결) 제2항에 따라 관세협력이사회에 해당 분쟁의 해결을 요구할 수 있다.

2 제85조(품목분류의 적용기준 등)

1) 의의

(1) 기획재정부장관은 품목분류를 적용하는 데에 필요한 기준을 정할 수 있다.
(2) 다음의 사항을 심의하기 위하여 관세청에 관세품목분류위원회(이하 "분류위원회"라 한다)를 둔다.

① 품목분류 적용기준의 신설 또는 변경과 관련하여 관세청장이 기획재정부장관에게 요청할 사항
② 법 제86조에 따른 특정물품에 적용될 품목분류의 사전심사 및 재심사
③ 법 제87조에 따른 특정물품에 적용될 품목분류의 변경 및 재심사
④ 그 밖에 품목분류에 관하여 관세청장이 분류위원회에 부치는 사항

(3) 분류위원회의 구성, 기능, 운영 등에 필요한 사항은 대통령령으로 정한다.

2) 품목분류의 적용기준

(1) 위의 1) (1)에 따른 품목분류의 적용기준은 기획재정부령으로 정한다.

(2) 기획재정부장관은 관세협력이사회가 협약에 따라 권고한 통일상품명 및 부호체계의 품목분류에 관한 사항을 관세청장으로 하여금 고시하게 할 수 있다. 이 경우 관세청장은 고시할 때 기획재정부장관의 승인을 받아야 한다.

3) 관세품목분류위원회

(1) 관세품목분류위원회의 구성

① 위의 1) (2)에 따른 관세품목분류위원회는 위원장 1명과 30명 이상 40명 이하의 위원으로 구성한다.
② 관세품목분류위원회의 위원장은 관세청의 3급 공무원 또는 고위공무원단에 속하는 일반직공무원으로서 관세청장이 지정하는 자가 되고, 위원은 다음의 하나에 해당하는 자 중에서 관세청장이 임명 또는 위촉한다.

> ㉮ 관세청소속 공무원
> ㉯ 관계중앙행정기관의 공무원
> ㉰ 시민단체(「비영리민간단체 지원법」 제2조(정의)의 규정에 의한 비영리민간단체를 말한다)에서 추천한 자
> ㉱ 기타 상품학에 관한 지식이 풍부한 자

③ 위원의 임기는 2년으로 하되, 한번만 연임할 수 있다. 다만, 보궐위원의 임기는 전임위원 임기의 남은 기간으로 한다.
④ 관세청장은 관세품목분류위원회의 위원이 다음의 하나에 해당하는 경우에는 해당 위원을 해임 또는 해촉할 수 있다.

> ㉮ 심신장애로 인하여 직무를 수행할 수 없게 된 경우
> ㉯ 직무와 관련된 비위사실이 있는 경우
> ㉰ 직무태만, 품위손상이나 그 밖의 사유로 인하여 위원으로 적합하지 아니하다고 인정되는 경우
> ㉱ 위원 스스로 직무를 수행하는 것이 곤란하다고 의사를 밝히는 경우
> ㉲ 아래의 (3) ①의 하나에 해당함에도 불구하고 회피하지 아니한 경우

⑤ 관세품목분류위원회의 위원장은 위원회의 회무를 통할하고 위원회를 대표한다.
⑥ 관세품목분류위원회의 위원장이 직무를 수행하지 못하는 부득이한 사정이 있는 때에는 위원장이 지명하는 위원이 그 직무를 대행한다.

⑦ 관세품목분류위원회의 위원중 공무원인 위원이 회의에 출석하지 못할 부득이한 사정이 있는 때에는 그가 소속된 기관의 다른 공무원으로 하여금 회의에 출석하여 그 직무를 대행하게 할 수 있다.

⑧ 관세청장은 회의의 원활한 운영을 위하여 품목분류와 관련된 기술적인 사항 등에 대한 의견을 듣기 위하여 관련 학계·연구기관 또는 협회 등에서 활동하는 자를 기술자문위원으로 위촉할 수 있다.

(2) 관세품목분류위원회의 회의

① 관세품목분류위원회의 위원장은 위원회의 회의를 소집하고 그 의장이 된다.

② 관세품목분류위원회의 회의는 위원장과 위원장이 매 회의마다 지정하는 14명 이상 16명 이하의 위원으로 구성하되, 위의 (1) ② ㉯의 위원 2명 이상과 위의 (1) ② ㉰ 또는 ㉱의 위원 8명 이상이 포함되어야 한다.

③ 관세품목분류위원회의 회의는 구성원 과반수의 출석과 출석위원 과반수의 찬성으로 의결한다.

④ 관세품목분류위원회에서 품목분류의 재심사를 심의하려는 경우로서 위원을 회의의 구성원으로 포함시키려는 경우에는 재심사의 대상인 품목분류의 사전심사 또는 품목분류의 변경을 심의할 때 출석하지 않은 위원을 회의의 구성원으로 포함시켜야 한다.

(3) 관세품목분류위원회 위원의 제척·회피

① 관세품목분류위원회의 위원은 다음의 하나에 해당하는 경우에는 심의·의결에서 제척된다.

㉮ 위원이 해당 안건의 당사자(당사자가 법인·단체 등인 경우에는 그 임원을 포함한다. 이하 이 항에서 같다)이거나 해당 안건에 관하여 직접적인 이해관계가 있는 경우

㉯ 위원의 배우자, 4촌 이내의 혈족 및 2촌 이내의 인척의 관계에 있는 사람이 해당 안건의 당사자이거나 해당 안건에 관하여 직접적인 이해관계가 있는 경우

㉰ 위원이 해당 안건 당사자의 대리인이거나 최근 5년 이내에 대리인이었던 경우

㉱ 위원이 해당 안건 당사자의 대리인이거나 최근 5년 이내에 대리인이었던 법인·단체 등에 현재 속하고 있거나 속하였던 경우

㉲ 위원이 최근 5년 이내에 해당 안건 당사자의 자문·고문에 응하였거나 해당 안건 당사자와 연구·용역 등의 업무 수행에 동업 또는 그 밖의 형태로 직접 해당 안건 당사자의 업무에 관여를 하였던 경우

㉳ 위원이 최근 5년 이내에 해당 안건 당사자의 자문·고문에 응하였거나 해당 안건 당사자와 연구·용역 등의 업무 수행에 동업 또는 그 밖의 형태로 직접 해당 안건 당사자의 업무에 관여를 하였던 법인·단체 등에 현재 속하고 있거나 속하였던 경우

② 관세품목분류위원회의 위원은 (3) ①의 어느 하나에 해당하는 경우에는 스스로 해당 안건의 심의·의결에서 회피하여야 한다.

(4) 관세품목분류위원회의 간사

① 관세품목분류위원회의 서무를 처리하기 위하여 위원회에 간사 1인을 둔다.
② 관세품목분류위원회의 간사는 관세청장이 소속공무원 중에서 임명한다.

(5) 수당

관세품목분류위원회의 회의에 출석한 공무원이 아닌 위원 및 기술자문위원에 대하여는 예산의 범위 안에서 수당과 여비를 지급할 수 있다.

(6) 관세품목분류위원회의 운영세칙

법 시행령에서 규정한 것 외에 관세품목분류위원회의 운영에 관하여 필요한 사항은 위원회의 의결을 거쳐 위원장이 정한다.

③ 제86조(특정물품에 적용될 품목분류의 사전심사)

1) 의의

관세액을 산출하기 위해서는 세율을 알아야 하는데 세율을 알기 위해서는 물품별로 세율이 정해져 있는 관세율표상의 어떤 품목번호에 해당하는지 알아야 한다. 이를 수입신고 전에 사전에 알고자 할 경우 관세청장에게 질의하여 회답을 받는 제도를 '품목분류 사전심사'라 한다. 그 신청은 화주, 관세사, 관세사법인, 통관취급법인이 할 수 있다.

2) 사전심사의 신청

(1) 다음의 어느 하나에 해당하는 자는 법 제241조(수출·수입 또는 반송의 신고) 제1항에 따른 수출입신고를 하기 전에 대통령령으로 정하는 서류를 갖추어 관세청장에게 해당 물품에 적용될 별표 관세율표 또는 품목분류표상의 품목분류를 미리 심사하여 줄 것을 신청할 수 있다.

① 물품을 수출입하려는 자
② 수출할 물품의 제조자
③ 「관세사법」에 따른 관세사·관세법인 또는 통관취급법인(이하 "관세사 등"이라 한다)

(2) 위의 (1)에 따른 심사(이하 "사전심사"라 한다)의 신청을 받은 관세청장은 해당 물품에 적용될 품목분류를 심사하여 사전심사의 신청을 받은 날부터 30일(다음의 기간은 제외한다) 이내에 이를 신청인에게 통지하여야 한다. 다만, 제출자료의 미비 등으로 품목분류를 심사하기 곤란한 경우에는 그 뜻을 통지하여야 한다.

① 법 제85조(품목분류의 적용기준 등) 제2항에 따라 관세품목분류위원회에서 사전심사를 심의하는 경우 해당 심의에 소요되는 기간
② 법 제85조(품목분류의 적용기준 등) 제2항에 따른 보정기간
③ 해당 물품에 대한 구성재료의 물리적 · 화학적 분석이 필요한 경우로서 해당 분석에 소요되는 기간
④ 관세협력이사회에 질의하는 경우 해당 질의에 소요되는 기간
⑤ 전문기관에 기술 자문을 받는 경우 해당 자문에 걸리는 기간
⑥ 다른 기관의 의견을 들을 필요가 있는 경우 해당 의견을 듣는 데 걸리는 기간
⑦ 신청인의 의견 진술이 필요한 경우 관세청장이 정하는 절차를 거치는 데 걸리는 기간

(3) 위의 (2)에 따라 통지를 받은 자는 통지받은 날부터 30일 이내에 대통령령으로 정하는 서류를 갖추어 관세청장에게 재심사를 신청할 수 있다. 이 경우 관세청장은 해당 물품에 적용될 품목분류를 재심사하여 재심사의 신청을 받은 날부터 60일(법 제85조 제2항에 따라 관세품목분류위원회에서 재심사를 심의하는 경우 해당 심의에 소요되는 기간과 제4항제2호부터 제7호까지에 해당하는 기간은 제외한다) 이내에 이를 신청인에게 통지하여야 하며, 제출자료의 미비 등으로 품목분류를 심사하기 곤란한 경우에는 그 뜻을 통지하여야 한다.

(4) 관세청장은 위의 (2) 본문에 따라 품목분류를 심사한 물품 및 위의 (3)에 따른 재심사 결과 적용할 품목분류가 변경된 물품에 대하여는 해당 물품에 적용될 품목분류와 품명, 용도, 규격, 그 밖에 필요한 사항을 고시 또는 공표하여야 한다. 다만, 신청인의 영업 비밀을 포함하는 등 해당 물품에 적용될 품목분류를 고시 또는 공표하는 것이 적당하지 아니하다고 인정되는 물품에 대하여는 고시 또는 공표하지 아니할 수 있다.

(5) 세관장은 법 제241조(수출 · 수입 또는 반송의 신고) 제1항에 따른 수출입신고가 된 물품이 제2항 본문 및 제3항에 따라 통지한 물품과 같을 때에는 그 통지 내용에 따라 품목분류를 적용하여야 한다.

(6) 관세청장은 위의 (2) 본문 및 (3)에 따라 품목분류를 심사 또는 재심사하기 위하여 해당 물품에 대한 구성재료의 물리적 · 화학적 분석이 필요한 경우에는 해당 품목분류를 심사 또는 재심사하여 줄 것을 신청한 자에게 기획재정부령으로 정하는 수수료를 납부하게 할 수 있다.

(7) 위의 (2) 본문에 따라 통지받은 사전심사 결과 또는 (3)에 따라 통지받은 재심사 결과는 법 제87조(특정물품에 적용되는 품목분류의 변경 및 적용) 제1항 또는 제3항에 따라 품목분류가 변경되기 전까지 유효하다.

(8) 품목분류 사전심사 및 재심사의 절차, 방법과 그 밖에 필요한 사항은 대통령령으로 정한다.

(9) 관세청장은 사전심사의 신청이 없는 경우에도 수출입신고된 물품에 적용될 품목분류를 결정할 수 있다. 이 경우 법 제85조(품목분류의 적용기준 등) 제2항 제4호에 따라 관세품목분류위원회의 심의를 거쳐 품목분류가 결정된 물품에 대해서는 위의 (4)를 준용하여 해당 물품의 품목분류에 관한 사항을 고시 또는 공표하여야 한다.

3) 특정물품에 적용될 품목분류의 사전심사

(1) 위의 1) (1) · (3) 및 법 제87조(특정물품에 적용되는 품목분류의 변경 및 적용) 제3항에 따라 특정물품에 적용될 품목분류의 사전심사 또는 재심사(이하 "사전심사 또는 재심사"라 한다)를 신청하려는 자는 관세청장에게 다음의 서류 및 물품을 제출하여야 한다. 다만, 관세청장은 물품의 성질상 견본을 제출하기 곤란한 물품으로서 견본이 없어도 품목분류 심사에 지장이 없고, 해당 물품의 통관 시에 세관장이 이를 확인할 수 있다고 인정되는 때에는 아래의 ②에 따른 견본의 제출을 생략하게 할 수 있다.

① 물품의 품명 · 규격 · 제조과정 · 원산지 · 용도 · 통관예정세관 및 신청사유 등을 기재한 신청서
② 신청대상물품의 견본
③ 그 밖의 설명자료

(2) 관세청장은 위의 (1)에 따라 제출된 신청서와 견본 및 그 밖의 설명자료가 미비하여 품목분류를 심사하기가 곤란한 때에는 20일 이내의 기간을 정하여 보정을 요구할 수 있다.

(3) 관세청장은 사전심사 또는 재심사의 신청이 다음의 어느 하나에 해당하는 경우에는 해당 신청을 반려할 수 있다.

① 위의 (2)에 따른 보정기간 내에 보정하지 아니한 경우
② 신청인이 사전심사 또는 재심사를 신청한 물품과 동일한 물품을 이미 수출입신고한 경우
③ 신청인이 반려를 요청하는 경우
④ 이의신청 등 불복 또는 소송이 진행 중인 경우
⑤ 그 밖에 사전심사 또는 재심사가 곤란한 경우로서 다음의 경우

(4) 관세청장은 위의 1) (2)에 따라 품목분류를 심사하여 신청인에게 통지하는 경우에는 통관 예정세관장에게도 그 내용을 통지하여야 한다. 이 경우 설명자료를 함께 송부하여야 한다.

(5) 관세청장은 위의 1) (2)에 따라 품목분류를 심사할 때 신청인이 법 별표 관세율표에 따른 호 및 소호까지의 품목분류에 대한 심사를 요청하는 경우에는 해당 번호까지의 품목분류에 대해서만 심사하여 통지할 수 있다.

(6) 관세청장은 위의 1) (3) 또는 법 제87조(특정물품에 적용되는 품목분류의 변경 및 적용) 제3항에 따라 재심사를 신청한 물품이 다음의 어느 하나에 해당하는 경우에는 관세품목분류위원회의 심의에 부쳐야 한다.

① 해당 물품의 품목분류가 변경될 경우 등 납세자(수출자를 포함한다)의 권리 및 의무에 중대한 영향을 미칠 수 있다고 판단되는 경우
② 법 별표 관세율표, 품목분류 적용기준 및 품목분류표에 대하여 사전(事前)적 해석이 필요하다고 판단되는 경우
③ 그 밖에 위의 ① 및 ②와 유사한 경우로서 관세청장이 정하여 고시하는 경우

4) 품목분류 사전심사 및 재심사 신청물품에 대한 분석수수료

위의 1) (6)에 따른 분석수수료는 분석이 필요한 물품에 대한 품목분류 사전심사 및 재심사 신청품목당 30,000원으로 한다.

4 제87조(특정물품에 적용되는 품목분류의 변경 및 적용)

1) 의의

(1) 관세청장은 법 제86조(특정물품에 적용될 품목분류의 사전심사)에 따라 사전심사 또는 재심사한 품목분류를 변경하여야 할 필요가 있거나 그 밖에 다음의 경우에는 해당 물품에 적용할 품목분류를 변경할 수 있다.

① 신청인의 허위자료 제출 등으로 품목분류에 중대한 착오가 생긴 경우
② 협약에 따른 관세협력이사회의 권고 또는 결정 및 법원의 확정판결이 있는 경우
③ 동일 또는 유사한 물품에 대하여 서로 다른 품목분류가 있는 경우

(2) 관세청장은 위의 (1)에 따라 품목분류를 변경하였을 때에는 그 내용을 고시 또는 공표하고, 법 제86조 제2항 및 제3항에 따라 통지한 신청인에게는 그 내용을 통지하여야 한다. 다만, 신청인의 영업 비밀을 포함하는 등 해당 물품에 적용될 품목분류를 고시 또는 공표하는 것이 적당하지 아니하다고 인정되는 물품에 대해서는 고시 또는 공표하지 아니할 수 있다.

(3) 위의 (2)에 따라 통지를 받은 자는 통지받은 날부터 30일 이내에 대통령령으로 정하는 서류를 갖추어 관세청에게 재심사를 신청할 수 있다. 이 경우 재심사의 기간, 재심사 결과의 통지 및 고시·공표, 수수료 및 재심사의 절차·방법 등에 관하여는 법 제86조 제3항, 제4항, 제6항 및 제8항을 준용한다.

(4) 위의 (1) 및 (3)에 따라 품목분류가 변경된 경우에는 법 제86조에 따른 신청인이 변경 내용을 통지받은 날과 변경 내용의 고시 또는 공표일 중 빠른 날(이하 "변경일"이라 한다)부터 변경된 품목분류를 적용한다. 다만, 다음의 구분에 따라 변경 내용을 달리 적용할 수 있다.

① 변경일부터 30일이 지나기 전에 우리나라에 수출하기 위하여 선적된 물품에 대하여 변경 전의 품목분류를 적용하는 것이 수입신고인에게 유리한 경우 : 변경 전의 품목분류 적용
② 다음의 어느 하나에 해당하는 경우 : 법 제86조에 따라 품목분류가 결정된 이후 변경일 전까지 수출입신고가 수리된 물품에 대해서도 소급하여 변경된 품목분류 적용

　㉮ 법 제86조에 따른 사전심사 또는 재심사 과정에서 거짓자료 제출 등 신청인에게 책임있는 사유로 해당 물품의 품목분류가 결정되었으나 이를 이유로 품목분류가 변경된 경우
　㉯ 다음의 어느 하나에 해당하는 경우로서 수출입신고인에게 유리한 경우
　　㉠ 법 제86조에 따른 사전심사 또는 재심사 과정에서 신청인에게 자료제출 미비 등의 책임 있는 사유 없이 해당 물품의 품목분류가 결정되었으나 다른 이유로 품목분류가 변경된 경우
　　㉡ 법 제86조에 따른 신청인이 아닌 자가 관세청장이 결정하여 고시하거나 공표한 품목분류에 따라 수출입신고를 하였으나 품목분류가 변경된 경우

(5) 법 제86조에 따라 사전심사 또는 재심사한 품목분류가 위의 (1) 또는 (3)에 따라 변경된 경우 그 변경된 품목분류는 위의 (1) 또는 (3)에 따라 다시 변경되기 전까지 유효하다.

2) 품목분류의 변경

관세청장은 협약에 따른 관세협력이사회의 권고·결정이나 법원의 판결로 위의 1) (1)에 따른 품목분류 변경이 필요한 경우에는 그 권고·결정이 있은 날 또는 판결이 확정된 날부터 3개월 이내에 이를 관세품목분류위원회의 심의에 부쳐야 한다.

제4장 감면·환급 및 분할납부

제1절 감 면

---

1 감면 제도의 개념

1) 감면세 : 관세의 납부의무를 특정의 경우에 무조건 또는 일정한 조건하에서 관세의 일부 또는 전부를 면제해 주는 제도이다. 감세란 납세의무를 일부면제 또는 경감시키는 것이며, 면세란 전액을 면제하는 것을 말한다. 관세감면의 요건은 법, 조세감면규제법, 외자도입법, 협정 또는 조약에 구체적인 규정이 있는 경우에 감면하게 된다.

2) 목적별로는 외교관례(외교관면세), 기술개발주도산업육성(항공기 제조용원료품 감면세, 첨단기술), 방위산업육성(방위산업용품 감면세), 학술연구증진(학술연구용품 감면세), 사회정책수행(특정물품 감면세), 교역증진(재수출면세, 재수출 감면세), 환경오염방지(환경오염방지 물품 등에 대한 감면세) 등이 있다.

3) 무조건 감면세 : 외교관면세(양수제한품목 제외), 정부용품면세, 준외교관면세, 손상감세, 재수입면세 등이 있다.

4) 조건부 감면세 : 감면세 승인시 해제조건을 붙여서 특정 행위를 금지하고 해제조건이 성취된 경우 감면세를 취소하여 소급징수하도록 하고 있으며, 이들 조건의 이행 등을 확인하기 위하여 사후관리제도를 두고 있다. 이에 해당하는 것으로는 학술연구용품감면, 특정물품감면, 환경오염방지물품감면, 재수출면세, 재수출감면세, 수출용원재료 감면세 및 환급, 첨단기술 및 방위산업감면 등이 있다.

5) 감면신청시기 : 해당 수입물품의 수입신고 수리 전에 하여야 한다. 과세표준, 세율, 관세감면세에 관한 규정 등의 적용착오, 이미 징수한 금액에 부족이 있어 세관장이 부과·징수하는 경우 납부고지를 받은 날로부터 5일 이내 신청하여야 한다. 그 밖에 수입신고수리 전까지 감면신청서를 제출하지 못한 경우에는 해당 수입신고수리일부터 15일 이내(해당 물품이 보세구역에서 반출되지 아니한 경우로 한정한다)에 신청하여야 한다.

6) 담보제공 : 무조건 면세는 원칙적으로 담보를 제공할 필요가 없고 조건부 면세인 경우에도 재수출면세, 재수출감면세에 대하여만 성질, 종류, 채권확보가능성 등의 기준에 따라 담보를 제공해야 한다.

② 제88조(외교관용 물품 등의 면세)

1) 의의

(1) 다음의 하나에 해당하는 물품이 수입될 때에는 그 관세를 면제한다.

① 우리나라에 있는 외국의 대사관·공사관 및 그 밖에 이에 준하는 기관의 업무용품
② 우리나라에 주재하는 외국의 대사·공사 및 그 밖에 이에 준하는 사절과 그 가족이 사용하는 물품
③ 우리나라에 있는 외국의 영사관 및 그 밖에 이에 준하는 기관의 업무용품
④ 우리나라에 있는 외국의 대사관·공사관·영사관 및 그 밖에 이에 준하는 기관의 직원 중 다음의 하나에 해당하는 직위 또는 이와 동등 이상이라고 인정되는 직위에 있는 사람이 사용하는 물품

> ㉮ 대사관 또는 공사관의 참사관·1등서기관·2등서기관·3등서기관 및 외교관보
> ㉯ 총영사관 또는 영사관의 총영사·영사·부영사 및 영사관보(명예총영사 및 명예영사를 제외한다)
> ㉰ 대사관·공사관·총영사관 또는 영사관의 외무공무원으로서 위의 ㉮ 및 ㉯에 해당하지 아니하는 사람

⑤ 정부와 체결한 사업계약을 수행하기 위하여 외국계약자가 계약조건에 따라 수입하는 업무용품
⑥ 국제기구 또는 외국 정부로부터 우리나라 정부에 파견된 고문관·기술단원 및 그 밖에 면세업무와 관련된 조약 등에 의하여 외교관에 준하는 대우를 받는 자로서 해당 업무를 관장하는 중앙행정기관의 장이 확인한 자가 사용하는 물품

(2) 관세를 면제받은 물품 중 수입신고 수리일부터 3년의 범위에서 「사후관리에 관한 고시」에서 정하는 기간에 위의 (1)의 용도 외의 다른 용도로 사용하기 위하여 양수할 수 없다. 다만, 미리 세관장의 승인을 받았을 때에는 그러하지 아니하다.

(3) 위의 (2)에 따라 물품을 (2)에 따른 기간에 (1)에 따른 용도 외의 다른 용도로 사용하기 위하여 양수한 경우에는 그 양수자로부터 면제된 관세를 즉시 징수한다.

2) 외교관용 물품에 대한 면세 신청

(1) 위의 1) (1) ⑤의 규정에 의하여 관세를 면제받고자 하는 자는 법 시행령 제112조(관세감면신청) 제1항 각 호의 사항 외에 계약의 종류, 사업장소재지와 사용목적 및 사용방법을 기재하여 해당 업무를 관장하는 중앙행정기관의 장의 확인을 받은 신청서에 계약서 사본을 첨부하여야 한다.

(2) 위의 1) (1) ⑥의 규정에 의하여 관세를 면제받고자 하는 자는 해당 업무를 관장하는 중앙행정기관의 장이 국제기구 또는 외국정부로부터 정부에 파견된 자임을 증명하는 서류를 신청서에 첨부하여야 한다.

(3) 위의 1) (2)의 규정에 의하여 양수가 제한되는 물품은 다음과 같다.

① 자동차(삼륜자동차와 이륜자동차를 포함한다)
② 선박
③ 피아노
④ 전자오르간 및 파이프오르간
⑤ 엽총

③ 제89조(세율불균형물품의 면세)

1) 의의

(1) 세율불균형을 시정하기 위하여 「조세특례제한법」 제6조(창업중소기업 등에 대한 세액감면) 제1항에 따른 중소기업(이하 "중소기업"이라 한다)이 대통령령으로 정하는 바에 따라 세관장이 지정하는 공장에서 다음의 어느 하나에 해당하는 물품을 제조 또는 수리하기 위하여 사용하는 부분품과 원재료(수출한 후 외국에서 수리·가공되어 수입되는 부분품과 원재료의 가공수리분을 포함한다) 중 기획재정부령으로 정하는 물품에 대해서는 그 관세를 면제할 수 있다.

① 항공기(부분품을 포함한다)
② 반도체 제조용 장비(부속기기를 포함한다)

(2) 다음의 어느 하나에 해당하는 자는 위의 (1)에 따른 지정을 받을 수 없다.

① 법 제175조(운영인의 결격사유) 제1호부터 제5호까지 및 제7호의 어느 하나에 해당하는 자
② 아래의 (4)에 따라 지정이 취소(법 제175조 제1호부터 제3호까지의 어느 하나에 해당하여 취소된 경우는 제외한다)된 날부터 2년이 지나지 아니한 자
③ 위의 ① 또는 ②에 해당하는 사람이 임원(해당 공장의 운영업무를 직접 담당하거나 이를 감독하는 자로 한정한다)으로 재직하는 법인

(3) 위의 (1)에 따른 지정기간은 3년 이내로 하되, 지정받은 자의 신청에 의하여 연장할 수 있다.
(4) 세관장은 위의 (1)에 따라 지정을 받은 자가 다음의 어느 하나에 해당하는 경우에는 그 지정을 취소할 수 있다. 다만, 아래의 ① 또는 ②에 해당하는 경우에는 지정을 취소하여야 한다.

① 위의 (2) 각 호의 어느 하나에 해당하는 경우. 다만, 위의 (2) ③에 해당하는 경우로서 법 제175조 제2호 또는 제3호에 해당하는 사람을 임원으로 하는 법인이 3개월 이내에 해당 임원을 변경하는 경우에는 그러하지 아니하다.
② 거짓이나 그 밖의 부정한 방법으로 지정을 받은 경우
③ 1년 이상 휴업하여 세관장이 지정된 공장의 설치목적을 달성하기 곤란하다고 인정하는 경우

(5) 위의 (1)에 따라 지정된 공장에 대하여는 법 제179조(특허의 효력상실 및 승계), 제180조(특허보세구역의 설치·운영에 관한 감독 등) 제2항, 제182조(특허의 효력상실 시 조치 등) 및 제187조(보세공장 외 작업 허가)를 준용한다.
(6) 중소기업이 아닌 자가 위의 (1)의 대통령령으로 정하는 바에 따라 세관장이 지정하는 공장에서 위의 (1) ①의 물품을 제조 또는 수리하기 위하여 사용하는 부분품과 원재료에 대해서는 다음 각 호에 따라 그 관세를 감면한다.
　　① 「세계무역기구 설립을 위한 마라케쉬 협정 부속서 4의 민간항공기 무역에 관한 협정」 대상 물품 중 기획재정부령으로 정하는 물품(별표 1)의 관세 감면에 관하여는 다음 표의 기간 동안 수입신고하는 분에 대하여는 각각의 적용기간에 해당하는 감면율을 적용한다.

2022년 1월 31일부터 2024년 12월 31일까지	2025년 1월 1일부터 12월 31일까지	2026년 1월 1일부터 12월 31일까지	2027년 1월 1일부터 12월 31일까지	2028년 1월 1일부터 12월 31일까지
100/100	80/100	60/100	40/100	20/100

　　② 위의 ① 이외의 물품의 관세감면에 관하여는 다음 표의 기간 동안 수입신고하는 분에 대하여는 각각의 적용기간에 해당하는 감면율을 적용한다.

2019년 5월 1일부터 12월 31일까지	2020년 1월 1일부터 12월 31일까지	2021년 1월 1일부터 12월 31일까지	2022년 1월 1일부터 12월 31일까지	2023년 1월 1일부터 12월 31일까지	2024년 1월 1일부터 12월 31일까지	2025년 1월 1일부터 12월 31일까지
90/100	80/100	70/100	60/100	50/100	40/100	20/100

(7) 국가 및 지방자치단체가 위의 (1) ①의 물품을 제조 또는 수리하기 위하여 사용하는 부분품과 원재료에 관하여는 위의 (6)에도 불구하고 위의 (1)을 준용한다.

(8) 위의 (1)에 따라 지정을 받은 자가 지정사항을 변경하려는 경우에는 관세청장이 정하는 바에 따라 세관장에게 변경신고하여야 한다.

2) 제조·수리공장의 지정

(1) 위의 1) (1)의 규정에 의한 제조·수리공장의 지정을 받고자 하는 자는 다음의 사항을 기재한 신청서에 사업계획서와 그 구역 및 부근의 도면을 첨부하여 세관장에게 제출하여야 한다.

① 해당 제조·수리공장의 명칭·소재지·구조·동수 및 평수
② 제조하는 제품의 품명과 그 원재료 및 부분품의 품명
③ 작업설비와 그 능력
④ 지정을 받고자 하는 기간

(2) 위의 1)의 규정에 의한 신청을 받은 세관장은 그 감시·단속에 지장이 없다고 인정되는 때에는 3년의 범위내에서 기간을 정하여 제조·수리공장의 지정을 하여야 한다. 이 경우 지정 기간은 관세청장이 정하는 바에 의하여 경신할 수 있다.

(3) 세관장은 위의 1) (1)에 따라 항공기의 수리가 일시적으로 이루어지는 공항 내의 특정지역이 감시·단속에 지장이 없고, 세율불균형물품의 관세 감면 관리 업무의 효율화를 위하여 필요하다고 인정되는 경우에는 위의 (1) 및 (2)에 따라 해당 특정지역을 제조·수리공장으로 지정할 수 있다.

3) 세율불균형물품에 대한 관세의 감면

위의 1) (1) 각 호 외의 부분에 따라 관세가 감면되는 물품은 다음과 같다.

4) 세율불균형물품에 대한 관세의 감면신청

위의 1) (1) 및 (6) 따라 관세를 감면받고자 하는 자는 법 시행령 제112조(관세감면신청) 제1항 각 호의 사항 외에 제조할 물품의 품명·규격·수량 및 가격, 제조개시 및 완료예정연월일과 지정제조공장의 명칭 및 소재지를 신청서에 기재하고, 원자재소요량증명서 또는 이에 갈음할 서류를 첨부하여 세관장에게 제출하여야 한다. 다만, 세관장이 필요없다고 인정하는 때에는 원자재소요량증명서 등의 첨부를 생략할 수 있다.

5) 관세경감률산정의 기준

(1) 법 제89조·법 제90조(학술연구용품의 감면)·법 제95조(환경오염방지물품 등에 대한 감면) 및 법 제98조(재수출 감면)에 의한 관세의 경감에 있어서 경감률의 산정은 실제로 적용되는 관세율(법 제50조(세율 적용의 우선순위) 제2항 제1호의 세율을 제외한다)을 기준으로 한다.

(2) 이 법 기타 법률 또는 조약에 의하여 관세를 면제하는 경우 면제되는 관세의 범위에 대하여 특별한 규정이 없는 때에는 법 제50조(세율 적용의 우선순위) 제2항 제1호의 세율은 면제되는 관세의 범위에 포함되지 아니한다.

6) 관세감면신청

(1) 법 기타 관세에 관한 법률 또는 조약에 따라 관세를 감면받으려는 자는 해당 물품의 수입신고 수리 전에 다음의 사항을 적은 신청서를 세관장에게 제출하여야 한다. 다만, 관세청장이 정하는 경우에는 감면신청을 간이한 방법으로 하게 할 수 있다.

(2) 위의 (1) 각 호 외의 부분 본문에도 불구하고 다음의 사유가 있는 경우에는 다음의 구분에 따른 기한까지 감면신청서를 제출할 수 있다.

① 법 제39조(부과고지) 제2항에 따라 관세를 징수하는 경우 : 해당 납부고지를 받은 날부터 5일 이내
② 그 밖에 수입신고수리전까지 감면신청서를 제출하지 못한 경우 : 해당 수입신고수리일부터 15일 이내(해당 물품이 보세구역에서 반출되지 아니한 경우로 한정한다)

(3) 위의 (1) 및 (2)에 따른 신청서에 첨부하여야 하는 서류와 그 기재사항은 기획재정부령으로 정한다.

④ 제90조(학술연구용품의 감면)

1) 의의

(1) 다음의 어느 하나에 해당하는 물품이 수입될 때에는 그 관세를 감면할 수 있다.

① 국가기관, 지방자치단체 및 기획재정부령으로 정하는 기관에서 사용할 학술연구용품·교육용품 및 실험실습용품으로서 기획재정부령으로 정하는 물품
② 학교, 공공의료기관, 공공직업훈련원, 박물관, 그 밖에 이에 준하는 기획재정부령으로 정하는 기관에서 학술연구용·교육용·훈련용·실험실습용 및 과학기술연구용으로 사용할 물품 중 기획재정부령으로 정하는 물품
③ 위의 ②의 기관에서 사용할 학술연구용품·교육용품·훈련용품·실험실습용품 및 과학기술 연구용품으로서 외국으로부터 기증되는 물품. 다만, 기획재정부령으로 정하는 물품은 제외한다.
④ 기획재정부령으로 정하는 자가 산업기술의 연구개발에 사용하기 위하여 수입하는 물품으로서 기획재정부령으로 정하는 물품

(2) 위의 (1)에 따라 관세를 감면하는 경우 그 감면율은 기획재정부령으로 정한다.

2) 관세가 감면되는 학술연구용품

(1) 위의 1) (1) ① 및 ②에 따라 관세가 감면되는 물품은 다음 각 호와 같다.

① 표본, 참고품, 도서, 음반, 녹음된 테이프, 녹화된 슬라이드, 촬영된 필름, 시험지, 시약류, 그 밖에 이와 유사한 물품 및 자료
② 다음의 하나에 해당하는 것으로서 국내에서 제작하기 곤란한 것중 해당 물품의 생산에 관한 업무를 담당하

는 중앙행정기관의 장 또는 그가 지정하는 자가 추천하는 물품

⑦ 개당 또는 셋트당 과세가격이 100만원 이상인 기기
⑭ 위의 ⑦에 해당하는 기기의 부분품 및 부속품

③ 부분품(위의 (1) ②에 따른 기기의 부분품을 제외하며, 위의 1) (1) ① 및 ②에 따라 학술연구용 등에 직접 사용되는 것으로 한정한다)·원재료 및 견본품

(2) 위의 1) (1) ②에서 "기획재정부령으로 정하는 기관"이란 다음 각 호와 같다.

① 「정부조직법」 제4조(부속기관의 설치) 또는 지방자치단체의 조례에 의하여 설치된 시험소·연구소·공공 도서관·동물원·식물원 및 전시관(이들 기관에서 사용하기 위하여 중앙행정기관의 장이 수입하는 경우를 포함한다)
② 대한무역투자진흥공사 전시관
③ 「산업집적활성화 및 공장설립에 관한 법률」 제31조(산업단지관리공단 등)에 따라 설립된 산업단지관리공 단의 전시관
④ 「정부출연연구기관 등의 설립·운영 및 육성에 관한 법률」 및 「과학기술분야 정부출연연구기관 등의 설립·운영 및 육성에 관한 법률」에 의하여 설립된 연구기관
⑤ 수출조합전시관(산업통상자원부장관이 면세추천을 한 것에 한정한다)
⑥ 중소기업진흥공단(농가공산품개발사업을 위하여 개설한 전시관과 「중소기업진흥에 관한 법률」 제74조 (사업) 제1항 제13호 및 제14호의 사업을 수행하기 위하여 수입하는 물품에 한한다)
⑦ 「산업디자인진흥법」 제11조(한국디자인진흥원의 설립 등)의 규정에 의하여 설립된 한국디자인진흥원 (「산업디자인진흥법」 제11조 제4항 제1호·제2호 및 제5호의 사업을 수행하기 위하여 수입하는 물품에 한한다)
⑧ 수입물품을 실험·분석하는 국가기관
⑨ 도로교통공단(「도로교통법」 제123조(사업) 제1호·제2호·제4호 및 제5호의 사업을 수행하기 위하여 수 입하는 물품에 한한다)
⑩ 「독립기념관법」에 의한 독립기념관
⑪ 한국소비자원(「소비자기본법」 제35조(업무) 제1항 제2호·제3호 및 제6호의 업무를 수행하기 위하여 수 입하는 물품에 한한다)
⑫ 「한국산업안전보건공단법」에 따라 설립된 한국산업안전보건공단(같은 법 제6조(사업)의 사업을 수행하기 위하여 수입하는 물품으로 한정한다)
⑬ 「산업발전법」에 의하여 설립된 한국생산성본부
⑭ 「전쟁기념사업회법」에 의하여 설립된 전쟁기념사업회
⑮ 「한국교통안전공단법」에 따라 설립된 한국교통안전공단
⑯ 교육부장관이 인정하는 사내기술대학 및 사내기술대학원
⑰ 고용노동부장관의 인가를 받은 중소기업협동조합부설 직업훈련원

⑱ 「국토안전관리원법」에 따라 설립된 국토안전관리원
⑲ 「과학관육성법」에 의한 과학관
⑳ 「한국교육방송공사법」에 의하여 설립된 한국교육방송공사
㉑ 「지방자치단체의 행정기구와 정원기준 등에 관한 규정」에 의하여 설치된 농업기술원
㉒ 「특정연구기관 육성법」 제2조(특정연구기관)의 규정에 의한 연구기관
㉓ 산업기술연구를 목적으로 「민법」 제32조(비영리법인의 설립과 허가) 및 「협동조합 기본 법」에 따라 설립된 비영리법인으로서 독립된 연구시설을 갖추고 있는 법인임을 산업통 상자원부장관, 과학기술정보통신부장관 또는 기획재정부장관이 확인·추천하는 기관
㉔ 「산업기술혁신 촉진법」 제42조(전문생산기술연구소의 설립 및 지원 등)에 따라 산업통 상자원부장관의 허가를 받아 설립된 연구소
㉕ 「국립암센터법」에 따라 설립된 국립암센터 및 「국립중앙의료원의 설립 및 운영에 관한 법률」에 따라 설립된 국립중앙의료원
㉖ 「방송통신발전 기본법」 제34조(한국정보통신기술협회)에 따라 설립된 한국정보통신기술 협회(한국정보통신기술협회에 설치된 시험연구소에서 사용하기 위하여 수입하는 물품으로 한정한다)
㉗ 「산업교육진흥 및 산학협력촉진에 관한 법률」에 의하여 설립된 산학협력단
㉘ 「경제자유구역 및 제주국제자유도시의 외국교육기관 설립·운영에 관한 특별법」에 따라 설립된 외국교육기관
㉙ 「국가표준기본법」 제4장의2(삭제된 상태임)에 따라 설립된 한국화학융합시험연구원, 한국기계전기전자시험연구원 및 한국건설생활환경시험연구원
㉚ 「산업기술혁신 촉진법」 제21조(연구장비·시설 등의 확충 및 활용촉진) 제4항에 따라 산업통상자원부장관이 지정한 연구장비관리 전문기관(같은 법 제2조(정의) 제7호에 따른 산업기술혁신사업을 수행하는 데에 필요한 물품을 제1호부터 제29호까지의 규정에 따른 감면대상기관에서 사용하도록 하기 위하여 수입하는 경우를 포함한다)
㉛ 「보건의료기술 진흥법」 제15조(연구중심병원의 인증 등)에 따라 보건복지부장관이 지정한 연구중심병원
㉜ 「국방과학연구소법」에 따라 설립된 국방과학연구소
㉝ 「국가과학기술 경쟁력 강화를 위한 이공계지원 특별법」 제18조 제2항에 따라 과학기술 정보통신부장관에게 신고한 연구개발서비스업을 영위하는 기업

(3) 위의 1) (1) ④에 따라 관세를 감면받을 수 있는 자는 다음 각 호와 같다.

① 기업부설 연구소 또는 연구개발 전담부서를 설치하고 있거나 설치를 위한 신고를 한 기업(「기초연구진흥 및 기술개발지원에 관한 법률」 제14조(특정연구개발사업의 추진) 제1항 제2호에 따른 것임을 과학기술정보통신부장관이 확인한 것으로 한정한다)
② 산업기술연구조합(「산업기술연구조합 육성법」에 의한 산업기술연구조합으로서 기술개발을 위한 공동연구시설을 갖추고 자연계분야의 학사 이상의 학위를 가진 연구전담요원 3인 이상을 상시 확보하고 있음을 과학기술정보통신부장관이 확인한 산업기술연구조합에 한정한다)

(4) 위의 1) (1) ④에 따라 관세를 감면하는 물품은 다음 각 호와 같다.

① 산업기술의 연구 · 개발에 사용하기 위하여 수입하는 별표 1의2의 물품
② 시약 및 견본품
③ 연구 · 개발 대상물품을 제조 또는 수리하기 위하여 사용하는 부분품 및 원재료
④ 위의 ①의 물품을 수리하기 위한 목적으로 수입하는 부분품

(5) 위의 1) (2)의 규정에 의한 관세의 감면율은 80/100으로 한다. 다만, 공공의료기관(위의 2) (2) ㉕의 규정에 의한 국립암센터 및 국립중앙의료원은 제외한다) 및 학교부설의료기관에서 사용할 물품에 대한 관세의 감면율은 50/100으로 한다.

3) 학술연구용품에 대한 관세의 감면신청

(1) 위의 1) (1) ③에 따라 관세를 감면받으려는 자는 해당 기증사실을 증명하는 서류를 신청서에 첨부하여 제출하여야 한다.

(2) 위의 1) (1) ④에 따른 물품을 관세감면대상물품으로 지정받으려는 자는 다음의 사항을 적은 신청서에 해당 물품의 상품목록 등 참고자료를 첨부하여 주무부처를 경유하여 기획재정부장관에게 제출하여야 한다.

① 신청인의 주소 · 성명 및 상호
② 사업의 종류
③ 법 별표 관세율표 번호(이하 "관세율표 번호"라 한다) · 품명 · 규격 · 수량 · 가격 · 용도 및 구조

(3) 위의 (2)의 규정에 의한 신청서는 매년 2월 말일까지 제출하여야 한다.

5 제91조(종교용품, 자선용품, 장애인용품 등의 면세)

1) 의의

다음의 하나에 해당하는 물품이 수입될 때에는 그 관세를 면제한다.

① 교회, 사원 등 종교단체의 의식(儀式)에 사용되는 물품으로서 외국으로부터 기증되는 물품. 다만, 기획재정부령으로 정하는 물품은 제외한다.
② 자선 또는 구호의 목적으로 기증되는 물품 및 기획재정부령으로 정하는 자선시설 · 구호시설 또는 사회복

지시설에 기증되는 물품으로서 해당 용도로 직접 사용하는 물품. 다만, 기획재정부령으로 정하는 물품은 제외한다.

③ 국제적십자사·외국적십자사 및 기획재정부령으로 정하는 국제기구가 국제평화봉사활동 또는 국제친선활동을 위하여 기증하는 물품

④ 시각장애인, 청각장애인, 언어장애인, 지체장애인, 만성신부전증환자, 희귀난치성질환자 등을 위한 용도로 특수하게 제작되거나 제조된 물품 중 기획재정부령으로 정하는 물품

⑤「장애인복지법」제58조(장애인복지시설)에 따른 장애인복지시설 및 장애인의 재활의료를 목적으로 국가·지방자치단체 또는 사회복지법인이 운영하는 재활 병원·의원에서 장애인을 진단하고 치료하기 위하여 사용하는 의료용구

2) 종교·자선·장애인용품에 대한 관세의 부과

(1) 위의 1) ① 단서에 따라 관세가 부과되는 물품은 다음과 같다.

① 관세율표 번호 제8518호에 해당하는 물품
② 관세율표 번호 제8531호에 해당하는 물품
③ 관세율표 번호 제8519호·제8521호·제8522호·제8523호 및 제92류에 해당하는 물품(파이프오르간은 제외한다)

(2) 위의 1) ②에 따라 관세를 면제받을 수 있는 자선·구호시설 또는 사회복지시설은 다음과 같다.

①「국민기초생활 보장법」제32조(보장시설)의 규정에 의한 시설
②「아동복지법」제3조(정의) 제10호[1])에 따른 아동복지시설

(3) 위의 1) ② 단서에 따라 관세가 부과되는 물품은 관세율표 번호 제8702호 및 제8703호에 해당하는 자동차와 번호 제8711호에 해당하는 이륜자동차로 한다.

(4) 위의 1) ④에 따라 관세가 면제되는 물품은 별표 2와 같다.

3) 종교·자선·장애인용품에 대한 관세면제신청

(1) 위의 1) ① 내지 ③에 따라 관세를 면제받고자 하는 자는 해당 기증사실을 증명하는 서류를 신청서에 첨부하여야 한다.

---

1) 제3조(정의) 이 법에서 사용하는 용어의 뜻은 다음과 같다. 10. "아동복지시설"이란 제50조에 따라 설치된 시설을 말한다.

(2) 위의 1) ①에 따라 관세를 면제받으려는 자는 해당 기증목적에 관하여 문화체육관광부장관의 확인을 받아야 한다.

(3) 위의 1) ②에 따라 관세를 면제받고자 하는 자가 국가 또는 지방자치단체외의 자인 때에는 해당 시설 및 사업에 관하여 보건복지부장관이나 시장 또는 군수가 발급한 증명서 또는 그 사본을 신청서에 첨부하여야 한다.

(4) 위의 1) ③에 따라 관세를 면제받고자 하는 자가 국가·지방자치단체 또는 대한적십자사 외의 자인 때에는 해당 기증목적에 관하여 외교부장관의 확인을 받아야 한다.

(5) 세관장은 해당 물품의 수량 또는 가격을 참작하는 경우 위의 (1) 내지 (4)에 따른 확인 및 증명이 필요없다고 인정되는 때에는 이를 생략하게 할 수 있다.

⑥ 제92조(정부용품 등의 면세)

1) 의의

다음의 하나에 해당하는 물품이 수입될 때에는 그 관세를 면제할 수 있다.

① 국가기관이나 지방자치단체에 기증된 물품으로서 공용으로 사용하는 물품. 다만, 기획재정부령으로 정하는 물품은 제외한다.
② 정부가 외국으로부터 수입하는 군수품(정부의 위탁을 받아 정부 외의 자가 수입하는 경우를 포함한다). 다만, 기획재정부령으로 정하는 물품은 제외한다.
③ 국가원수의 경호용으로 사용하기 위하여 수입하는 물품
④ 외국에 주둔하는 국군이나 재외공관으로부터 반환된 공용품
⑤ 과학기술정보통신부장관이 국가의 안전보장을 위하여 긴요하다고 인정하여 수입하는 비상통신용 물품 및 전파관리용 물품
⑥ 정부가 직접 수입하는 간행물, 음반, 녹음된 테이프, 녹화된 슬라이드, 촬영된 필름, 그 밖에 이와 유사한 물품 및 자료
⑦ 국가나 지방자치단체(이들이 설립하였거나 출연 또는 출자한 법인을 포함한다)가 환경오염(소음 및 진동을 포함한다)을 측정하거나 분석하기 위하여 수입하는 기계·기구 중 기획재정부령으로 정하는 물품
⑧ 상수도 수질을 측정하거나 이를 보전·향상하기 위하여 국가나 지방자치단체(이들이 설립하였거나 출연 또는 출자한 법인을 포함한다)가 수입하는 물품으로서 기획재정부령으로 정하는 물품
⑨ 국가정보원장 또는 그 위임을 받은 자가 국가의 안전보장 목적의 수행상 긴요하다고 인정하여 수입하는 물품

2) 관세가 면제되는 정부용품

(1) 위의 1) ① 단서에 따라 관세가 부과되는 물품은 관세율표 번호 제8703호에 해당하는 승용자동차로 한다.

(2) 위의 1) ② 단서에 따라 관세가 부과되는 물품은 「군수품관리법」 제3조(군수품의 구분)의 규정에 의한 통상품으로 한다.

(3) 위의 1) ⑦ 또는 ⑧에 따라 관세가 면제되는 물품은 다음의 물품중 개당 또는 셋트당 과세가격이 100만원 이상인 기기와 그 기기의 부분품 및 부속품(사후에 보수용으로 따로 수입하는 물품을 포함한다)중 국내에서 제작하기 곤란한 것으로서 해당 물품의 생산에 관한 사무를 관장하는 주무부처의 장 또는 그가 지정하는 자가 추천하는 물품으로 한다.

① 대기질의 채취 및 측정용 기계 · 기구
② 소음 · 진동의 측정 및 분석용 기계 · 기구
③ 환경오염의 측정 및 분석용 기계 · 기구
④ 수질의 채취 및 측정용 기계 · 기구

3) 정부용품에 대한 관세의 면제신청

(1) 위의 1) ①에 따라 관세를 면제받고자 하는 자는 해당 기증사실을 증명하는 서류를 신청서에 첨부하여야 한다.

(2) 위의 1) ②에 따라 정부의 위탁을 받아 수입하는 자가 관세를 면제받고자 하는 때에는 정부의 위탁을 받아 수입한다는 것을 해당 수요기관이 확인한 서류를 신청서에 첨부하여야 한다.

(3) 위의 1) ⑦ 또는 ⑧에 따라 국가 또는 지방자치단체가 설립하였거나 출연 또는 출자한 법인이 관세를 면제받고자 하는 때에는 환경 또는 상수도업무를 관장하는 주무부처의 장이 확인한 서류를 첨부하여야 한다.

7 제93조(특정물품의 면세 등)

1) 의의

다음의 하나에 해당하는 물품이 수입될 때에는 그 관세를 면제할 수 있다.

① 동식물의 번식·양식 및 종자개량을 위한 물품 중 기획재정부령으로 정하는 물품
② 박람회, 국제경기대회, 그 밖에 이에 준하는 행사 중 기획재정부령으로 정하는 행사에 사용하기 위하여 그 행사에 참가하는 자가 수입하는 물품 중 기획재정부령으로 정하는 물품
③ 핵사고 또는 방사능 긴급사태 시 그 복구지원과 구호를 목적으로 외국으로부터 기증되는 물품으로서 기획재정부령으로 정하는 물품
④ 우리나라 선박이 외국 정부의 허가를 받아 외국의 영해에서 채집하거나 포획한 수산물(이를 원료로 하여 우리나라 선박에서 제조하거나 가공한 것을 포함한다)
⑤ 우리나라 선박이 외국의 선박과 협력하여 다음의 방법으로 채집하거나 포획한 수산물로서 해양수산부장관이 추천하는 것

> 「원양산업발전법」 제6조(원양어업허가 및 신고)에 따라 해양수산부장관으로부터 원양모선식 어업허가를 받고 외국과의 협상 등에 의하여 해외수역에서 해당 외국의 국적을 가진 자선과 공동으로 수산물을 채집 또는 포획하는 원양어업방법을 말한다.

⑥ 해양수산부장관의 허가를 받은 자가 다음의 요건을 모두 갖춘 경우에 적합하게 외국인과 합작하여 채집하거나 포획한 수산물 중 해양수산부장관이 기획재정부장관과 협의하여 추천하는 것

> ㉮ 「원양산업발전법」 제6조(원양어업허가 및 신고) 제7항에 따라 해외현지법인으로 원양어업을 하기 위하여 신고한 경우로서 해외현지법인이 다음 각 목의 어느 하나에 해당할 것
> ㉠ 대한민국 국민이 납입한 자본금이나 보유한 의결권이 49% 이상일 것
> ㉡ 해외현지법인이 설립된 국가의 법령에 따라 대한민국 국민이 보유할 수 있는 지분이 25% 미만으로 제한되는 경우에는 대한민국 국민이 납입한 자본금이나 보유한 의결권이 24% 이상일 것
> ㉯ 「원양산업발전법」 제2조(정의) 제10호2)에 따른 해외수역에서 해양수산부장관이 기획재정부장관과 협의하여 고시한 선박·어구 등의 생산수단을 투입하여 수산동식물을 채집 또는 포획(어획할당량 제한으로 불가피하게 해외현지법인이 직접 수산동식물을 채집 또는 포획하지 못하게 되었을 때에는 생산수단을 실질적으로 운영하고 소요경비를 전액 부담하는 등 해외현지법인의 계산과 책임으로 합작 상대국 어업자를 통하여 수산동식물을 채집 또는 포획하는 경우를 포함한다)하고 직접 수출할 것

⑦ 우리나라 선박 등이 채집하거나 포획한 수산물과 위의 ⑤ 및 ⑥에 따른 수산물의 포장에 사용된 물품으로서 재사용이 불가능한 것 중 우리나라 선박 등에 의하여 채집 또는 포획된 수산물과 위의 ⑤ 및 ⑥에 따른 방법 또는 요건에 따라 채집 또는 포획된 수산물을 포장한 관세율표 번호 제4819호의 골판지 어상자를 말한다.
⑧ 「중소기업기본법」 제2조(중소기업자의 범위)에 따른 중소기업이 해외구매자의 주문에 따라 제작한 기계·기구가 해당 구매자가 요구한 규격 및 성능에 일치하는지를 확인하기 위하여 하는 시험생산에 필요한 원재료로서 해당 중소기업에 외국인이 무상으로 공급하는 물품을 말한다.
⑨ 우리나라를 방문하는 외국의 원수와 그 가족 및 수행원의 물품
⑩ 우리나라의 선박이나 그 밖의 운송수단이 조난으로 인하여 해체된 경우 그 해체재(解體材) 및 장비
⑪ 우리나라와 외국 간에 건설될 교량, 통신시설, 해저통로, 그 밖에 이에 준하는 시설의 건설 또는 수리에 필요한 물품
⑫ 우리나라 수출물품의 품질, 규격, 안전도 등이 수입국의 권한 있는 기관이 정하는 조건에 적합한 것임을 표

시하는 수출물품에 붙이는 증표로서 해당 중소기업에 외국인이 무상으로 공급하는 다음의 물품을 말한다.

> ㉮ 캐나다 공인검사기관에서 발행하는 C.S.A. 증표
> ㉯ 호주 공인검사기관에서 발행하는 S.A.A. 증표
> ㉰ 독일 공인검사기관에서 발행하는 V.D.E. 증표
> ㉱ 영국 공인검사기관에서 발행하는 B.S.I. 증표
> ㉲ 불란서 공인검사기관에서 발행하는 L.C.I.E. 증표
> ㉳ 미국 공인검사기관에서 발행하는 U.L. 증표
> ㉴ 유럽경제위원회 공인검사기관에서 발행하는 E.C.E. 증표
> ㉵ 유럽공동시장 공인검사기관에서 발행하는 E.E.C. 증표
> ㉶ 유럽공동체 공인검사기관에서 발행하는 E.C. 증표

⑬ 우리나라의 선박이나 항공기가 해외에서 사고로 발생한 피해를 복구하기 위하여 외국의 보험회사 또는 외국의 가해자의 부담으로 하는 수리 부분에 해당하는 물품
⑭ 우리나라의 선박이나 항공기가 매매계약상의 하자보수 보증기간 중에 외국에서 발생한 고장에 대하여 외국의 매도인의 부담으로 하는 수리 부분에 해당하는 물품
⑮ 국제올림픽 · 장애인올림픽 · 농아인올림픽 및 아시아운동경기 · 장애인아시아운동경기 종목에 해당하는 운동용구(부분품을 포함한다)로서 관세가 면제되는 물품은 「국민체육진흥법」에 따라 설립된 대한체육회 또는 대한장애인체육회가 수입하는 물품으로 한다.
⑯ 국립묘지의 건설 · 유지 또는 장식을 위한 자재와 국립묘지에 안장되는 자의 관 · 유골함 및 장례용 물품
⑰ 피상속인이 사망하여 국내에 주소를 둔 자에게 상속되는 피상속인의 신변용품
⑱ 보석의 원석(原石) 및 나석(裸石)으로서 기획재정부령으로 정하는 것

2) 관세가 면제되는 특정물품

(1) 위의 1) ①에 따라 관세를 면제하는 물품은 사료작물 재배용 종자(호밀 · 귀리 및 수수에 한한다)로 한다.

(2) 위의 1) ②에 따라 관세를 면제하는 물품은 다음의 어느 하나에 해당하는 물품으로 한다.

① 「포뮬러원 국제자동차경주대회 지원법」에 따른 포뮬러원 국제자동차경주대회에 참가하는 자가 해당 대회와 관련하여 사용할 목적으로 수입하는 물품으로서 같은 법 제4조(조직위원회의 설립)에 따른 포뮬러원국제자동차경주대회조직위원회가 확인하는 물품
② 「2023 새만금 세계스카우트잼버리 지원 특별법」에 따른 2023 새만금 세계스카우트잼버리에 참가하는 세계스카우트연맹, 각국 스카우트연맹이 그 소속 대원 · 지도자 · 운영요원 등 구성원이나 다른 참가단체의 소속 대원 · 지도자 · 운영요원 등 구성원 또는 같은 법 제5조(조직위원회의 설립) 제1항에 따라 설립된

---

2) 10. "해외수역"이란 동해 · 서해 및 동중국해와 북위 25도선 이북(以北), 동경 140도선 이서(以西)의 태평양해역을 제외한 해역을 말한다.

2023 새만금 세계스카우트잼버리조직위원회에 제공하는 등 해당 행사와 관련하여 사용할 목적으로 수입하는 물품으로서 2023 새만금 세계스카우트잼버리조직위원회가 확인하는 물품

③「국제경기대회 지원법」 제2조(정의) 제1호 가목3)에 따른 올림픽대회 중 2024년에 강원도에서 개최되는 15세 이상 18세 이하 선수들이 활동하는 대회(이하 "2024 강원동계청소년올림픽"이라 한다)와 관련하여 사용할 목적으로 수입하는 물품으로서 다음 각 목의 어느 하나에 해당하는 물품

> ㉮ 2024 강원동계청소년올림픽에 참가하는 국제올림픽위원회, 국제경기연맹, 각국 올림픽위원회가 그 소속 직원·선수 등 구성원, 다른 참가단체의 소속 직원·선수 등 구성원 또는「국제경기대회 지원법」 제9조(조직위원회의 설립 등)에 따라 설립된 2024 강원동계청소년올림픽대회 조직위원회 (이하 "조직위원회"라 한다)에 제공하는 등 해당 대회와 관련하여 사용할 목적으로 수입하는 물품으로서 조직위원회가 확인하는 물품
> ㉯ 국제올림픽위원회가 지정한 주관방송사 및 방송권자가 2024 강원동계청소년올림픽에서 사용할 목적으로 수입하는 방송용 기자재로서 조직위원회가 확인하는 물품
> ㉰ 국제올림픽위원회가 지정한 후원업체가 2024 강원동계청소년올림픽과 관련하여 사용할 목적으로 수입하여 조직위원회에 제공하는 물품으로서 조직위원회가 확인하는 물품

(3) 위의 (2)에 따라 관세가 면제되는 물품 중 해당 행사 외의 다른 용도로 사용하거나 양도하는 물품에 대해서는 관세를 면제하지 아니한다. 다만, 해당 행사 종료 후 다음의 어느 하나에 해당하는 자에 무상으로 양도하는 물품은 관세를 면제한다.

① 국가
② 지방자치단체
③「국민체육진흥법」 제2조(정의) 제11호4)에 따른 경기단체
④ 해당 행사의 조직위원회(해당 행사의 조직위원회가 해산된 후 해당 행사와 관련된 사업 및 자산을 관리하기 위한 법인이 설립된 경우에는 그 법인을 말한다)

(4) 위의 1) ③에 따라 관세가 면제되는 물품은 다음과 같다.

① 방사선측정기
② 시료채취 및 처리기
③ 시료분석장비
④ 방사능 방호장비
⑤ 제염용장비

---

3) 가. 국제올림픽위원회, 국제장애인올림픽위원회가 주관하는 올림픽대회.
4) 11. "경기단체"란 특정 경기 종목에 관한 활동과 사업을 목적으로 설립되고 대한체육회나 대한장애인체육회에 가맹된 법인이나 단체 또는 문화체육관광부장관이 지정하는 프로스포츠 단체를 말한다.

(5) 위의 1) ⑮에 따라 관세가 면제되는 물품은 「국민체육진흥법」에 따라 설립된 대한체육회 또는 대한장애인체육회가 수입하는 물품으로 한다.

(6) 위의 1) ⑱에 따라 관세가 면제되는 물품은 「개별소비세법 시행령」 별표 1 제3호 가목 1) 가)에 따른 보석의 원석 및 나석으로 한다.

3) 특정물품에 대한 관세의 면제신청

(1) 위의 1) ① · ② 및 ⑮에 따라 관세를 면제받으려는 자는 신청서에 주무부처의 장 또는 그 위임을 받은 기관의 장의 확인을 받아야 한다. 다만, 다른 법령에 따라 반입승인 · 수입승인 등을 받은 물품의 경우 그 승인서에 의하여 해당 물품이 관세의 면제를 받은 용도에 사용될 것임을 확인할 수 있거나 관할지 세관장이 이를 확인한 경우에는 그러하지 아니하다.

(2) 위의 1) ③에 따라 관세를 면제받으려는 자는 해당 기증사실을 증명하는 서류를 신청서에 첨부하여 제출하여야 하며, 해당 기증목적에 관하여 원자력안전위원회의 확인을 받아야 한다.

(3) 위의 1) ⑩에 따라 관세를 면제받으려는 자는 법 시행령 제112조(관세감면신청) 제1항 각 호의 사항 외에 운수기관명 · 조난장소 및 조난연월일을 신청서에 적고 주무부장관이 확인한 서류를 첨부하여 제출하여야 한다.

(4) 위의 1) ⑪에 따라 관세를 면제받으려는 자는 법 시행령 제112조 제1항 각 호의 사항 외에 사용계획 · 사용기간과 공사장의 명칭 및 소재지를 신청서에 적어 제출하여야 한다.

(5) 위의 1) ⑫에 따라 관세를 면제받으려는 자는 해당 증표 공급국의 권한있는 기관과의 공급 및 관리에 관한 계약서 또는 이에 갈음할 서류를 신청서에 첨부하여 제출하여야 한다. 다만, 세관장이 필요 없다고 인정하는 경우에는 해당 계약서 등의 첨부를 생략할 수 있다.

(6) 위의 1) ⑬ 및 ⑭에 따라 관세를 면제받으려는 자는 법 시행령 제112조 제1항 각 호의 사항 외에 수리선박명 또는 수리항공기명을 신청서에 적고, 해당 수리가 외국의 보험회사 · 가해자 또는 매도인의 부담으로 행하는 것임을 증명하는 서류와 수리인이 발급한 수리사실을 증명하는 서류를 첨부하여 제출하여야 한다.

(7) 위의 (1) 내지 (5)에 의한 확인 및 증명은 세관장이 해당 물품의 수량 또는 가격을 참작하여 필요없다고 인정하는 때에는 이를 생략할 수 있다.

8 제94조(소액물품 등의 면세)

1) 의의

다음의 하나에 해당하는 물품이 수입될 때에는 그 관세를 면제할 수 있다.

① 우리나라의 거주자에게 수여된 훈장·기장(紀章) 또는 이에 준하는 표창장 및 상패
② 기록문서 또는 그 밖의 서류
③ 상용견본품 또는 광고용품으로서 기획재정부령으로 정하는 물품
④ 우리나라 거주자가 받는 소액물품으로서 기획재정부령으로 정하는 물품

2) 관세가 면제되는 소액물품

(1) 위의 1) ③에 따라 관세가 면제되는 물품은 다음과 같다.

① 물품이 천공 또는 절단되었거나 통상적인 조건으로 판매할 수 없는 상태로 처리되어 견본품으로 사용될 것으로 인정되는 물품
② 판매 또는 임대를 위한 물품의 상품목록·가격표 및 교역안내서등
③ 과세가격이 250달러 이하인 물품으로서 견본품으로 사용될 것으로 인정되는 물품
④ 물품의 형상·성질 및 성능으로 보아 견본품으로 사용될 것으로 인정되는 물품

(2) 위의 1) ④에 따라 관세가 면제되는 물품은 다음과 같다.

① 물품가격(법 제30조(과세가격 결정의 원칙)부터 제35조(합리적 기준에 따른 과세가격의 결정)까지의 규정에 따른 방법으로 결정된 과세가격에서 법 제30조제1항제6호 본문에 따른 금액을 뺀 가격. 다만, 법 제30조 제1항 제6호 본문에 따른 금액을 명백히 구분할 수 없는 경우에는 이를 포함한 가격으로 한다)이 150달러 이하의 물품으로서 자가사용 물품으로 인정되는 것. 다만, 반복 또는 분할하여 수입되는 물품으로서 관세청장이 정하는 기준에 해당하는 것을 제외한다.
② 박람회 기타 이에 준하는 행사에 참가하는 자가 행사장안에서 관람자에게 무상으로 제공하기 위하여 수입하는 물품(전시할 기계의 성능을 보여주기 위한 원료를 포함한다). 다만, 관람자 1인당 제공량의 정상도착가격이 5달러 상당액 이하의 것으로서 세관장이 타당하다고 인정하는 것에 한한다.

❾ 제95조(환경오염방지물품 등에 대한 감면)

1) 의의

(1) 다음의 하나에 해당하는 물품으로서 국내에서 제작하기 곤란한 물품이 수입될 때에는 그 관세를 감면할 수 있다.

> ① 오염물질(소음 및 진동을 포함한다)의 배출 방지 또는 처리를 위하여 사용하는 기계ㆍ기구ㆍ시설ㆍ장비로서 기획재정부령으로 정하는 것
> ② 폐기물 처리(재활용을 포함한다)를 위하여 사용하는 기계ㆍ기구로서 기획재정부령으로 정하는 것
> ③ 기계ㆍ전자기술 또는 정보처리기술을 응용한 공장 자동화 기계ㆍ기구ㆍ설비(그 구성기기를 포함한다) 및 그 핵심부분품으로서 기획재정부령으로 정하는 것

(2) 관세를 감면하는 경우 그 감면기간과 감면율은 기획재정부령으로 정한다.

2) 관세 감면되는 환경오염방지물품

(1) 위의 1) (1) ③에 따라 관세를 감면하는 물품은 별표 2의4와 같다.

(2) 위의 1) (1) ③에 따른 물품으로 그 감면율의 구분은 다음과 같다.

> ① 법 시행규칙 제59조(관세분할납부의 요건) 제3항에 따른 중소제조업체가 수입신고하는 경우 : 30/100 (2024년 12월 31일까지 수입신고하는 경우에는 70/100)
> ② 「조세특례제한법 시행령」 제6조의4(상생결제 지급금액에 대한 세액공제) 제1항에 따른 중견기업으로서 「통계법」 제22조(표준분류)에 따라 통계청장이 고시하는 산업에 관한 표준분류상 제조업을 경영하는 업체가 2024년 12월 31일까지 수입신고하는 경우 : 50/100

3) 환경오염방지물품에 대한 관세의 감면신청

(1) 위의 1) (1) ①부터 ③까지의 규정에 따른 물품을 관세감면대상물품으로 지정받으려는 자는 다음의 사항을 적은 신청서에 해당 물품의 상품목록 등 참고자료를 첨부하여 주무부장관을 거쳐 기획재정부장관에게 제출하여야 한다.

> ① 신청인의 주소ㆍ성명 및 상호
> ② 사업의 종류
> ③ 관세율표 번호ㆍ품명ㆍ규격ㆍ수량ㆍ가격ㆍ용도 및 구조

(2) 신청서의 제출기한(기획재정부장관에게 신청서를 제출하는 기한을 말한다)은 다음의 구분에 따른다.

> ① 위의 1) (1) ① 및 ②의 물품에 대한 것인 경우 : 매년 4월말까지
> ② 위의 1) (1) ③의 물품에 대한 것인 경우 : 매년 7월 31일까지

⑩ 제96조(여행자휴대품 및 이사물품 등의 감면)

1) 의의

(1) 다음의 하나에 해당하는 물품이 수입될 때에는 그 관세를 면제할 수 있다.

> ① 여행자의 휴대품 또는 별송품으로서 여행자의 입국 사유, 체재기간, 직업, 그 밖의 사정을 고려하여 기획재정부령으로 정하는 기준에 따라 세관장이 타당하다고 인정하는 물품
> ② 우리나라로 거주를 이전하기 위하여 입국하는 자가 입국할 때 수입하는 이사물품으로서 거주 이전의 사유, 거주기간, 직업, 가족 수, 그 밖의 사정을 고려하여 기획재정부령으로 정하는 기준에 따라 세관장이 타당하다고 인정하는 물품
> ③ 국제무역선 또는 국제무역기의 승무원이 휴대하여 수입하는 물품으로서 항행일수, 체재기간, 그 밖의 사정을 고려하여 기획재정부령으로 정하는 기준에 따라 세관장이 타당하다고 인정하는 물품

(2) 여행자가 휴대품 또는 별송품(위의 (1) ①에 해당하는 물품은 제외한다)을 자진신고하는 경우에는 20만원을 넘지 아니하는 범위에서 해당 물품에 부과될 관세(간이세율을 적용하는 물품의 경우에는 간이세율을 적용하여 산출된 세액을 말한다)의 30/100에 상당하는 금액을 경감할 수 있다. 여행자는 다음의 구분에 따른 여행자 휴대품 신고서를 작성하여 세관공무원에게 제출해야 한다.

> ① 항공기를 통하여 입국하는 경우 : 별지 제42호서식의 여행자 휴대품 신고서
> ② 선박을 통하여 입국하는 경우 : 별지 제43호서식의 여행자 휴대품 신고서

2) 관세 면제되는 여행자 휴대품

(1) 위의 1) (1) ①에 따라 관세가 면제되는 물품은 다음의 어느 하나에 해당하는 것으로 한다.

① 여행자가 통상적으로 몸에 착용하거나 휴대할 필요성이 있다고 인정되는 물품일 것
② 비거주자인 여행자가 반입하는 물품으로서 본인의 직업상 필요하다고 인정되는 직업용구일 것
③ 세관장이 반출 확인한 물품으로서 재반입되는 물품일 것
④ 물품의 성질·수량·가격·용도 등으로 보아 통상적으로 여행자의 휴대품 또는 별송품인 것으로 인정되는 물품일 것

(2) 위의 (1)에 따른 관세의 면제 한도는 여행자 1명의 휴대품 또는 별송품으로서 각 물품(위의 (1) ①에 따른 물품으로서 국내에서 반출된 물품과 위의 (1) ③에 따른 물품은 제외한다)의 과세가격 합계 기준으로 800달러 이하(이하 "기본면세범위"라 한다)로 하고, 법 제196조(보세판매장) 제1항 제1호 단서 및 같은 조 제2항에 따라 구매한 내국물품이 포함되어 있을 경우에는 기본면세범위에서 해당 내국물품의 구매가격을 공제한 금액으로 한다. 다만, 농림축산물 등 관세청장이 정하는 물품이 휴대품 또는 별송품에 포함되어 있는 경우에는 기본면세범위에서 해당 농림축산물 등에 대하여 관세청장이 따로 정한 면세한도를 적용할 수 있다.

(3) 위의 (2)에도 불구하고 술·담배·향수에 대해서는 기본면세범위와 관계없이 다음 표(이하 "별도면세범위"라 한다)에 따라 관세를 면제하되, 19세 미만인 사람(19세가 되는 해의 1월 1일을 맞이한 사람은 제외한다)이 반입하는 술·담배에 대해서는 관세를 면제하지 않고, 법 제196조 제1항 제1호 단서 및 제2항에 따라 구매한 내국물품인 술·담배·향수가 포함되어 있을 경우에는 별도면세범위에서 해당 내국물품의 구매수량을 공제한다. 이 경우 해당 물품이 다음 표의 면세한도를 초과하여 관세를 부과하는 경우에는 해당 물품의 가격을 과세가격으로 한다.

구분	면세한도			비고
술	2병			2병 합산하여 용량은 2리터(L) 이하, 가격은 400달러 이하로 한다.
담배	궐련		200개비	
	엽궐련		50개비	
	전자담배	궐련형	200개비	
		니코틴용액	20밀리리터(mL)	
		기타 유형	110그램	
	그 밖의 담배		250그램	
향수	100밀리리터(mL)			

(4) 위의 1) (1) ①에 따른 별송품은 천재지변 등 부득이한 사유가 있는 경우를 제외하고는 여행자가 입국한 날부터 6월 이내에 도착한 것이어야 한다.

3) 관세가 면제되는 이사물품

(1) 위의 1) (1) ②에 따라 관세가 면제되는 물품은 우리나라 국민(재외영주권자를 제외한다)으로서 외국에 주거를 설정하여 1년(가족을 동반한 경우에는 6개월) 이상 거주했거나 외국인 또는 재외영주권자로서 우리나라에 주거를 설정하여 1년(가족을 동반한 경우에는 6개월) 이상 거주하려는 사람이 반입하는 다음의 어느 하나에 해당하는 것으로 한다. 다만, 자동차(아래의 ③에 해당하는 것은 제외한다), 선박, 항공기와 개당 과세가격이 500만원 이상인 보석·진주·별갑(鼈甲)·산호·호박(琥珀)·상아 및 이를 사용한 제품은 제외한다.

① 해당 물품의 성질·수량·용도 등으로 보아 통상적으로 가정용으로 인정되는 것으로서 우리나라에 입국하기 전에 3개월 이상 사용했고 입국한 후에도 계속하여 사용할 것으로 인정되는 것
② 우리나라에 상주하여 취재하기 위하여 입국하는 외국국적의 기자가 최초로 입국할 때에 반입하는 취재용품으로서 문화체육관광부장관이 취재용임을 확인하는 물품일 것
③ 우리나라에서 수출된 물품(조립되지 않은 물품으로서 법 별표 관세율표상의 완성품에 해당하는 번호로 분류되어 수출된 것을 포함한다)이 반입된 경우로서 관세청장이 정하는 사용기준에 적합한 물품일 것
④ 외국에 거주하던 우리나라 국민이 다른 외국으로 주거를 이전하면서 우리나라로 반입(송부를 포함한다)하는 것으로서 통상 가정용으로 3개월 이상 사용하던 것으로 인정되는 물품일 것

(2) 위의 (1) 각 호 외의 부분 본문에도 불구하고 사망이나 질병 등 관세청장이 정하는 사유가 발생하여 반입하는 이사물품에 대해서는 거주기간과 관계없이 관세를 면제할 수 있다.

(3) 위의 1) (1) ②에 따른 이사물품 중 별도로 수입하는 물품은 천재지변 등 부득이한 사유가 있는 경우를 제외하고는 입국자가 입국한 날부터 6월 이내에 도착한 것이어야 한다.

4) 관세가 면제되는 승무원 휴대 수입 물품

(1) 위의 1) (1) ③에 따라 승무원이 휴대하여 수입하는 물품에 대하여 관세를 면제하는 경우 그 면제 한도는 각 물품의 과세가격 합계 기준으로 다음의 구분에 따른 금액으로 한다. 이 경우 법 제196조(보세판매장) 제1항 제1호 단서 및 같은 조 제2항에 따라 구매한 내국물품이 포함되어 있는 경우에는 다음 각 호의 금액에서 해당 내국물품의 구매가격을 공제한 금액으로 한다.

① 국제무역기의 승무원이 휴대하여 수입하는 물품: 150달러
② 국제무역선의 승무원이 휴대하여 수입하는 물품: 다음의 구분에 따른 금액

> ㉮ 1회 항행기간이 1개월 미만인 경우 : 90달러
> ㉯ 1회 항행기간이 1개월 이상 3개월 미만인 경우 : 180달러
> ㉰ 1회 항행기간이 3개월 이상인 경우 : 270달러

(2) 위의 (1)에도 불구하고 국제무역선·국제무역기의 승무원이 휴대하여 수입하는 술 또는 담배에 대해서는 위의 (1) 각 호의 구분에 따른 금액과 관계없이 위의 2) (3) 표에 따라 관세를 면제한다. 이 경우 위의 법 제196조(보세판매장) 제1항 제1조 단서 및 같은 조 제2항에 따라 구매한 내국물품인 술 또는 담배가 포함되어 있는 경우에는 위의 2) (3) 표에 따른 한도에서 해당 내국물품의 구매수량을 공제한다.

(3) 위의 (2)에 따라 국제무역선·국제무역기의 승무원이 휴대하여 수입하는 술에 대해 관세를 면제하는 경우 다음의 어느 하나에 해당하는 자에 대해서는 해당 호에 규정된 범위에서 관세를 면제한다.

① 국제무역기의 승무원: 3개월에 1회
② 국제무역선의 승무원으로서 1회 항행기간이 1개월 미만인 경우 : 1개월에 1회

(4) 위의 (1)에도 불구하고 자동차(이륜자동차와 삼륜자동차를 포함한다)·선박·항공기 및 개당 과세가격 50만원 이상의 보석·진주·별갑·산호·호박 및 상아와 이를 사용한 제품에 대해서는 관세를 면세하지 않는다.

5) 휴대품에 대한 관세의 면제신청

위의 1) (1) ①에 따른 별송품 및 위의 1) (1) ②에 따른 이사물품 중 별도로 수입하는 물품에 대하여 관세를 면제받으려는 자는 휴대반입한 주요 물품의 통관명세서를 입국지 관할 세관장으로부터 발급받아 세관장에게 제출하여야 한다. 다만, 세관장은 관세를 면제받고자 하는 자가 통관명세서를 제출하지 아니한 경우로서 그 주요 물품의 통관명세를 입국지 관할 세관장으로부터 확인할 수 있는 경우에는 통관명세서를 제출하지 아니하게 할 수 있다.

⑪ 제97조(재수출면세)

1) 의의

(1) 재수출면세는 교역증진, 외화절약, 기술도입, 관광객유치 등의 목적으로 수입된 물품이 단기간 내에 재수출될 물품인 용기, 휴대품, 운송기간 등에 대하여 면제된다. 수입신고 수리일부터 다음의 하나의 기간에 다시 수출하는 물품에 대하여는 그 관세를 면제할 수 있다.

> ① 기획재정부령으로 정하는 물품 : 1년의 범위에서 대통령령으로 정하는 기준에 따라 세관장이 정하는 기간. 다만, 세관장은 부득이한 사유가 있다고 인정될 때에는 1년의 범위에서 그 기간을 연장할 수 있다.
> ② 1년을 초과하여 수출하여야 할 부득이한 사유가 있는 물품으로서 기획재정부령으로 정하는 물품 : 세관장이 정하는 기간

(2) 관세를 면제받은 물품은 같은 항의 기간에 같은 항에서 정한 용도 외의 다른 용도로 사용되거나 양도될 수 없다. 다만, 미리 세관장의 승인을 받았을 때에는 그러하지 아니하다.

(3) 다음의 하나에 해당하는 경우에는 수출하지 아니한 자, 용도 외로 사용한 자 또는 양도를 한 자로부터 면제된 관세를 즉시 징수하며, 양도인으로부터 해당 관세를 징수할 수 없을 때에는 양수인으로부터 면제된 관세를 즉시 징수한다. 다만, 재해나 그 밖의 부득이한 사유로 멸실되었거나 미리 세관장의 승인을 받아 폐기하였을 때에는 그러하지 아니하다.

> ① 위의 (1)에 따라 관세를 면제받은 물품을 같은 항에 규정된 기간 내에 수출하지 아니한 경우
> ② 위의 (1)에서 정한 용도 외의 다른 용도로 사용하거나 해당 용도 외의 다른 용도로 사용하려는 자에게 양도한 경우

(4) 세관장은 관세를 면제받은 물품 중 기획재정부령으로 정하는 물품이 규정된 기간 내에 수출되지 아니한 경우에는 500만원을 넘지 아니하는 범위에서 해당 물품에 부과될 관세의 20/100에 상당하는 금액을 가산세로 징수한다.

2) 재수출물품에 대한 관세의 감면신청

위의 1) (1)의 규정에 의하여 관세를 감면받고자 하는 자는 법 시행령 제112조(관세감면신청) 제1항 각호의 사항 외에 해당 물품의 수출예정시기·수출지 및 수출예정세관명을 신청서에 기재하여야 한다.

3) 재수출면세대상물품 및 가산세징수대상물품

(1) 위의 1) (1) ①에 따라 관세가 면제되는 물품과 위의 1) (4)에 따라 가산세가 징수되는 물품은 다음과 같다.

① 수입물품의 포장용품. 다만, 관세청장이 지정하는 물품을 제외한다.

② 수출물품의 포장용품. 다만, 관세청장이 지정하는 물품을 제외한다.

③ 우리나라에 일시입국하는 자가 본인이 사용하고 재수출할 목적으로 몸에 직접 착용 또는 휴대하여 반입하거나 별도로 반입하는 물품. 다만, 관세청장이 지정하는 물품을 제외한다.

④ 우리나라에 일시입국하는 자가 본인이 사용하고 재수출할 목적으로 직접 휴대하여 반입하거나 별도로 반입하는 직업용품 및 「신문 등의 진흥에 관한 법률」 제28조(외국신문의 지사 등의 설치)에 따라 지사 또는 지국의 설치등록을 한 자가 취재용으로 반입하는 방송용의 녹화되지 아니한 비디오테이프

⑤ 관세청장이 정하는 시설에서 국제해운에 종사하는 외국선박의 승무원의 후생을 위하여 반입하는 물품과 그 승무원이 숙박기간중 해당 시설에서 사용하기 위하여 선박에서 하역된 물품

⑥ 박람회 · 전시회 · 공진회 · 품평회나 그 밖에 이에 준하는 행사에 출품 또는 사용하기 위하여 그 주최자 또는 행사에 참가하는 자가 수입하는 물품 중 해당 행사의 성격 · 규모 등을 고려하여 세관장이 타당하다고 인정하는 물품

⑦ 국제적인 회의 · 회합 등에서 사용하기 위한 물품

⑧ 법 제90조(학술연구용품의 감면세) 제1항 제2호에 따른 기관 및 「국방과학연구소법」에 따른 국방과학연구소에서 학술연구 및 교육훈련을 목적으로 사용하기 위한 학술연구용품

⑨ 법 제90조 제1항 제2호에 따른 기관 및 「국방과학연구소법」에 따른 국방과학연구소에서 과학기술연구 및 교육훈련을 위한 과학장비용품

⑩ 주문수집을 위한 물품, 시험용 물품 및 제작용 견본품

⑪ 수리를 위한 물품[수리를 위하여 수입되는 물품과 수리 후 수출하는 물품이 법 시행령 제98조(품목분류표 등) 제1항에 따른 관세 · 통계통합품목분류표(이하 "품목분류표"라 한다)상 10단위의 품목번호가 일치할 것으로 인정되는 물품만 해당한다]

⑫ 수출물품 및 수입물품의 검사 또는 시험을 위한 기계 · 기구

⑬ 일시입국자가 입국할 때에 수송하여 온 본인이 사용할 승용자동차 · 이륜자동차 · 캠핑카 · 캬라반 · 트레일러 · 선박 및 항공기와 관세청장이 정하는 그 부분품 및 예비품

⑭ 관세청장이 정하는 수출입물품 · 반송물품 및 환적물품을 운송하기 위한 차량

⑮ 이미 수입된 국제운송을 위한 컨테이너의 수리를 위한 부분품

⑯ 수출인쇄물 제작원고용 필름(빛에 노출되어 현상된 것에 한한다)

⑰ 광메모리매체 제조용으로 정보가 수록된 마스터테이프 및 니켈판(생산제품을 수출할 목적으로 수입되는 것임을 해당 업무를 관장하는 중앙행정기관의 장이 확인한 것에 한한다)

⑱ 항공기 및 그 부분품의 수리 · 검사 또는 시험을 위한 기계 · 기구

⑲ 항공 및 해상화물운송용 파렛트

⑳ 수출물품 규격확인용 물품

㉑ 항공기의 수리를 위하여 일시 사용되는 엔진 및 부분품
㉒ 산업기계의 수리용 또는 정비용의 것으로서 무상으로 수입되는 기계 또는 장비
㉓ 외국인투자기업이 자체상표제품을 생산하기 위하여 일시적으로 수입하는 금형 및 그 부분품
㉔ 반도체 제조설비와 함께 수입되는 물품으로서 다음 각 목의 어느 하나에 해당하는 물품

> ㉮ 반도체 제조설비 운반용 카트
> ㉯ 반도체 제조설비의 운송과정에서 해당 설비의 품질을 유지하거나 상태를 측정·기록하기 위해 해당 설비에 부착하는 기기

　(2) 위의 1) (1) ②에 따라 관세가 면제되는 물품과 위의 1) (4)에 따라 가산세가 징수되는 물품은 다음과 같다.

① 수송기기의 하자를 보수하거나 이를 유지하기 위한 부분품
② 외국인 여행자가 연 1회 이상 항해조건으로 반입한 후 지방자치단체에서 보관·관리하는 요트(모터보트를 포함한다)

4) 재수출면세기간

　(1) 세관장은 위의 1) (1)의 규정에 의하여 재수출면세기간을 정하고자 하는 때에는 다음 각 호의 기간을 재수출면세기간으로 한다. 이 경우 재수출면세물품이 행정당국에 의하여 압류된 경우에는 해당 압류기간은 재수출면세 기간에 산입하지 않는다.

① 일시 입국하는 자가 본인이 사용하고 재수출할 목적으로 직접 휴대하여 수입하거나 별도로 수입하는 신변용품·취재용품 및 이와 유사한 물품의 경우에는 입국후 처음 출국하는 날까지의 기간
② 박람회·전시회·품평회 기타 이에 준하는 행사에 출품 또는 사용하기 위하여 수입하는 물품은 박람회 등의 행사기간종료일에 해당 물품을 재수출하는데 필요한 기일을 더한 기간
③ 수리를 위한 물품 및 그 재료는 수리에 소요되는 것으로 인정되는 기간
④ 기타의 물품은 해당 물품의 반입계약에 관한 증빙서류에 의하여 확인되는 기간으로 하되, 반입계약에 관한 증빙서류에 의하여 확인할 수 없는 때에는 해당 물품의 성질·용도·수입자·내용연수 등을 고려하여 세관장이 정하는 기간

　(2) 세관장은 법 제98조(재수출 감면) 제1항의 규정에 의하여 4년의 범위내에서 재수출 기간을 정하고자 하는 때에는 해당 물품의 반입계약에 관한 증빙서류에 의하여 확인되는 기간을 기준으로 하여야 한다. 다만, 그 증빙서류에 의하여 확인되는 기간을 기준으로 하기가 적당하지 아니하거나 증빙서류에 의하여 확인할 수 없는 때에는 해당 감면물품의 성질·용도·임대차기

간 또는 도급기간 등을 고려하여 타당하다고 인정되는 기간을 기준으로 할 수 있다.

5) 재수출기간의 연장신청

위의 1) (1) ① 단서의 규정에 의하여 수출기간을 연장받고자 하는 자는 해당 물품의 수입신고수리 연월일·신고번호·품명·규격 및 수량, 연장기간과 연장사유를 기재한 신청서를 해당 물품의 수입지세관장에게 제출하여야 한다. 다만, 관세청장이 정한 물품에 대하여는 수입지세관외의 세관에서도 재수출기간의 연장승인을 할 수 있다.

6) 재수출조건 감면물품의 수출 및 가산세징수

(1) 위의 1) (1) 또는 법 제98조(재수출 감면) 제1항의 규정에 의하여 관세의 감면을 받은 물품을 해당 기간내에 수출하고자 하는 자는 수출신고시에 해당 물품의 수입신고필증 또는 이에 대신할 세관의 증명서와 기타 참고서류를 제출하여야 한다.

(2) 세관장은 위의 (1)의 물품이 수출된 때에는 세관에 제출된 수입신고필증 또는 이에 대신할 세관의 증명서에 수출된 사실을 기재하여 수출신고인에게 교부하여야 한다.

12 제98조(재수출 감면)

1) 의의

(1) 공사용 기계, 기구·수리, 가공용 기계·기구를 외국에서 빌려와 국내에서 사용하다가, 다시 반송하거나 외국으로부터 선박을 임차해 와서 사용하다가 다시 반선하는 때의 그 물품의 수입에 따른 관세는 감면된다. 장기간에 걸쳐 사용할 수 있는 물품으로서 그 수입이 임대차계약에 의하거나 도급계약 또는 수출계약의 이행과 관련하여 국내에서 일시적으로 사용하기 위하여 수입하는 물품 중 기획재정부령으로 정하는 물품이 그 수입신고 수리일부터 2년(장기간의 사용이 부득이한 물품으로서 기획재정부령으로 정하는 것 중 수입하기 전에 세관장의 승인을 받은 것은 4년의 범위에서 대통령령으로 정하는 기준에 따라 세관장이 정하는 기간을 말한다) 이내에 재수출되는 것에 대해서는 다음 각 호의 구분에 따라 그 관세를 경감할 수 있다. 다만, 외국과 체결한 조약·협정 등에 따라 수입되는 것에 대해서는 상호 조건에 따라 그 관세를 면제한다.

① 재수출기간이 6개월 이내인 경우 : 해당 물품에 대한 관세액의 85/100
② 재수출기간이 6개월 초과 1년 이내인 경우 : 해당 물품에 대한 관세액의 70/100
③ 재수출기간이 1년 초과 2년 이내인 경우 : 해당 물품에 대한 관세액의 55/100
④ 재수출기간이 2년 초과 3년 이내인 경우 : 해당 물품에 대한 관세액의 40/100
⑤ 재수출기간이 3년 초과 4년 이내인 경우 : 해당 물품에 대한 관세액의 30/100

(2) 관세를 감면한 물품에 대하여는 법 제97조(재수출면세) 제2항부터 제4항까지의 규정을 준용한다.

2) 재수출감면 및 가산세징수 대상물품

위의 1) (1)의 규정에 의하여 관세가 감면되거나 위의 1) (2)의 규정에 의하여 가산세가 징수되는 물품은 다음의 요건을 갖춘 물품으로서 국내제작이 곤란함을 해당 물품의 생산에 관한 업무를 관장하는 중앙행정기관의 장 또는 그 위임을 받은 자가 확인하고 추천하는 기관 또는 기업이 수입하는 물품에 한한다.

① 「법인세법 시행규칙」 제15조(내용연수와 상각률)의 규정에 의한 내용연수가 5년(금형의 경우에는 2년) 이상인 물품
② 개당 또는 셋당 관세액이 500만원 이상인 물품

3) 재수출물품에 대한 관세의 감면신청

위의 1) (1)의 규정에 의하여 관세를 감면받고자 하는 자는 법 시행령 제112조(관세감면신청) 제1항의 사항 외에 해당 물품의 수출예정시기·수출지 및 수출예정세관명을 신청서에 기재하여야 한다.

⑬ 제99조(재수입 면세)

1) 의의

다음의 어느 하나에 해당하는 물품이 수입될 때에는 그 관세를 면제할 수 있다.

(1) 우리나라에서 수출(보세가공수출을 포함한다)된 물품으로서 해외에서 제조 · 가공 · 수리 또는 사용(장기간에 걸쳐 사용할 수 있는 물품으로서 임대차계약 또는 도급계약 등에 따라 해외에서 일시적으로 사용하기 위하여 수출된 물품이나 박람회, 전시회, 품평회, 국제경기대회, 그 밖에 이에 준하는 행사에 출품 또는 사용된 물품 등 다음의 물품의 경우는 제외한다)되지 아니하고 수출신고 수리일부터 2년 내에 다시 수입(이하 "재수입"이라 한다)되는 물품.

> ① 장기간에 걸쳐 사용할 수 있는 물품으로서 임대차계약 또는 도급계약 등에 따라 해외에서 일시적으로 사용하기 위하여 수출된 물품 중 「법인세법 시행규칙」 제15조(내용연수와 상각률)에 따른 내용연수가 3년(금형의 경우에는 2년) 이상인 물품
> ② 박람회, 전시회, 품평회, 「국제경기대회 지원법」 제2조(정의) 제1호5)에 따른 국제경기대회, 그 밖에 이에 준하는 행사에 출품 또는 사용된 물품
> ③ 수출물품을 해외에서 설치, 조립 또는 하역하기 위해 사용하는 장비 및 용구
> ④ 수출물품을 운송하는 과정에서 해당 물품의 품질을 유지하거나 상태를 측정 및 기록하기 위해 해당 물품에 부착하는 기기
> ⑤ 결함이 발견된 수출물품
> ⑥ 수입물품을 적재하기 위하여 수출하는 용기로서 반복적으로 사용되는 물품

(2) 다만, 다음의 어느 하나에 해당하는 경우에는 관세를 면제하지 아니한다.

> ① 해당 물품 또는 원자재에 대하여 관세를 감면받은 경우
> ② 이 법 또는 「수출용원재료에 대한 관세 등 환급에 관한 특례법」에 따른 환급을 받은 경우
> ③ 이 법 또는 「수출용 원재료에 대한 관세 등 환급에 관한 특례법」에 따른 환급을 받을 수 있는 자 외의 자가 해당 물품을 재수입하는 경우. 다만, 재수입하는 물품에 대하여 환급을 받을 수 있는 자가 환급받을 권리를 포기하였음을 증명하는 서류를 재수입하는 자가 세관장에게 제출하는 경우는 제외한다.
> ④ 보세가공 또는 장치기간경과물품을 재수출조건으로 매각함에 따라 관세가 부과되지 아니한 경우

(3) 수출물품의 용기로서 다시 수입하는 물품
(4) 해외시험 및 연구를 목적으로 수출된 후 재수입되는 물품

---

5) 1. "국제경기대회"란 다음 각 목의 대회를 말한다.
   가. 국제올림픽위원회, 국제장애인올림픽위원회가 주관하는 올림픽대회
   나. 아시아올림픽평의회, 아시아장애인올림픽위원회가 주관하는 아시아경기대회
   다. 국제대학스포츠연맹이 주관하는 유니버시아드대회
   라. 국제축구연맹이 주관하는 월드컵축구대회
   마. 국제육상경기연맹이 주관하는 세계육상선수권대회
   바. 국제수영연맹이 주관하는 세계수영선수권대회
   사. 그 밖에 중앙정부의 지원이 필요한 대회로서 대통령령으로 정하는 대회

2) 관세가 면제되는 재수입 물품

위의 1) (1) ①부터 ③까지의 규정에 따라 관세를 감면받으려는 자는 그 물품의 수출신고필증·반송신고필증 또는 이를 갈음할 서류를 세관장에게 제출하여야 한다. 다만, 세관장이 다른 자료에 의하여 그 물품이 감면대상에 해당한다는 사실을 인정할 수 있는 경우에는 그러하지 아니하다.

14 제100조(손상물품에 대한 감면)

1) 의의

(1) 수입신고한 물품이 수입신고가 수리되기 전에 변질되거나 손상되었을 때에는 대통령령으로 정하는 바에 따라 그 관세를 경감할 수 있다.

(2) 이 법이나 그 밖의 법률 또는 조약·협정 등에 따라 관세를 감면받은 물품에 대하여 관세를 추징하는 경우 그 물품이 변질 또는 손상되거나 사용되어 그 가치가 떨어졌을 때에는 대통령령으로 정하는 바에 따라 그 관세를 경감할 수 있다.

2) 변질·손상의 관세경감액

(1) 위의 1)에 의하여 경감하는 관세액은 다음 각호의 관세액중 많은 금액으로 한다.

① 수입물품의 변질·손상 또는 사용으로 인한 가치의 감소에 따르는 가격의 저하분에 상응하는 관세액
② 수입물품의 관세액에서 그 변질·손상 또는 사용으로 인한 가치의 감소후의 성질 및 수량에 의하여 산출한 관세액을 공제한 차액

(2) 위의 (1)의 변질·손상 또는 사용으로 인한 가치감소의 산정기준은 기획재정부령으로 정할 수 있다(「수입물품 과세가격 결정에 관한 고시」).

3) 손상물품에 대한 감면 신청

위의 1) (1)에 의하여 관세를 경감받고자 하는 자는 법 시행령 제112조(관세감면신청) 제1항 각호의 사항 외에 다음의 사항을 신청서에 기재하여야 한다.

① 해당 물품의 수입신고번호와 멸실 또는 손상의 원인 및 그 정도
② 해당 물품에 대하여 관세를 경감받고자 하는 금액과 그 산출기초

4) 가치감소 산정기준

위의 2) (2)에 따른 가치감소의 산정기준은 다음과 같다.

① 변질 또는 손상으로 인한 가치감소의 경우 법 시행규칙 제7조의2(수입신고 전 변질 또는 손상물품의 과세가격의 결정) 제2호 각 목에 따른 금액 산정 방법을 준용한다.
② 사용으로 인한 가치감소의 경우 법 시행규칙 제7조의5(중고물품의 과세가격의 결정) 제1항 제3호에 따른 가치감소분 산정방법을 준용한다.

⑮ 제101조(해외임가공물품 등의 감면)

1) 의의

(1) 다음의 하나에 해당하는 물품이 수입될 때에는 대통령령으로 정하는 바에 따라 그 관세를 경감할 수 있다.

① 원재료 또는 부분품을 수출하여 기획재정부령으로 정하는 물품으로 제조하거나 가공한 물품
② 가공 또는 수리하기 위하여 수출된 물품과 가공 또는 수리 후 수입된 물품의 품목분류표상 10단위의 품목번호가 일치하는 물품. 다만, 수율 · 성능 등이 저하되어 폐기된 물품을 수출하여 용융과정 등을 거쳐 재생한 후 다시 수입하는 경우와 제품의 제작일련번호 또는 제품의 특성으로 보아 수입물품이 우리나라에서 수출된 물품임을 세관장이 확인할 수 있는 물품인 경우에는 품목분류표상 10단위의 품목번호가 일치하지 아니하더라도 관세를 경감할 수 있다.

(2) 위의 (1)의 물품이 다음의 하나에 해당하는 경우에는 그 관세를 경감하지 아니한다.

① 해당 물품 또는 원자재에 대하여 관세를 감면받은 경우. 다만, 위의 (1) ②의 경우는 제외한다.
② 이 법 또는 「수출용원재료에 대한 관세 등 환급에 관한 특례법」에 따른 환급을 받은 경우
③ 보세가공 또는 장치기간경과물품을 재수출조건으로 매각함에 따라 관세가 부과되지 아니한 경우

2) 해외임가공물품에 대한 관세경감액

위의 1) (1)에 따라 경감하는 관세액은 다음과 같다.

(1) 위의 1) (1) ①의 물품 : 수입물품의 제조·가공에 사용된 원재료 또는 부분품의 수출신고가격에 당해 수입물품에 적용되는 관세율을 곱한 금액

(2) 위의 1) (1) ②의 물품 : 가공·수리물품의 수출신고가격에 해당 수입물품에 적용되는 관세율을 곱한 금액. 다만, 수입물품이 매매계약상의 하자보수보증 기간(수입신고수리 후 1년으로 한정한다) 중에 하자가 발견되거나 고장이 발생하여 외국의 매도인 부담으로 가공 또는 수리하기 위하여 수출된 물품에 대하여는 다음의 금액을 합한 금액에 해당 수입물품에 적용되는 관세율을 곱한 금액으로 한다.

① 수출물품의 수출신고가격
② 수출물품의 양륙항까지의 운임·보험료
③ 가공 또는 수리 후 물품의 선적항에서 국내 수입항까지의 운임·보험료
④ 가공 또는 수리의 비용에 상당하는 금액

3) 관세가 감면되는 해외임가공물품

위의 1) (1) ①에 따라 관세가 감면되는 물품은 법 별표 관세율표 제85류 및 제90류중 제9006호에 해당하는 것으로 한다.

4) 해외임가공물품에 대한 관세의 감면신청

(1) 위의 1) (1)에 따라 관세를 감면받고자 하는 자는 해외에서 제조·가공·수리(이하 "해외임가공"이라 한다)할 물품을 수출신고할 때 미리 해외임가공 후 수입될 예정임을 신고하고, 감면신청을 할 때 법 시행령 제112조(관세감면신청) 제1항의 사항 외에 수출국 및 적출지와 감면받고자 하는 관세액을 기재한 신청서에 제조인·가공인 또는 수리인이 발급한 제조·가공 또는 수리사실을 증명하는 서류와 해당 물품의 수출신고필증 또는 이에 갈음할 서류를 첨부하여 세관장에게 제출하여야 한다. 다만, 세관장이 다른 자료에 의하여 그 물품이 감면대상에 해당한다는 사실을 인정할 수 있는 경우에는 수출신고필증 또는 이를 갈음할 서류를 첨부하지 아니할 수 있다.

(2) 위의 (1)의 규정에 의한 제조·가공 또는 수리사실을 증명하는 서류에는 다음의 사항을 기재하여야 한다.

① 원물품의 품명·규격·수량 및 가격
② 제조·가공 또는 수리에 의하여 부가 또는 환치된 물품의 품명·규격·수량 및 가격
③ 제조·가공 또는 수리에 의하여 소요된 비용
④ 제조·가공 또는 수리의 명세
⑤ 감면받고자 하는 금액과 그 산출기초
⑥ 기타 수입물품이 국내에서 수출한 물품으로 제조·가공 또는 수리된 것임을 확인할 수 있는 자료

⑯ 제102조(관세감면물품의 사후관리)

1) 의의

(1) 법 제89조(세율불균형물품의 면세)부터 법 제91조(종교용품, 자선용품, 장애인용품 등의 면세)까지와 법 제93조(특정물품의 면세 등) 및 법 제95조(환경오염방지물품 등에 대한 감면세)에 따라 관세를 감면받은 물품은 수입신고 수리일부터 3년의 범위에서 관세청장이 정하는 (「사후관리에 관한 고시」) 기간에는 그 감면받은 용도 외의 다른 용도로 사용하거나 양도(임대를 포함한다)할 수 없다. 다만, 다음의 하나에 해당하는 물품과 미리 세관장의 승인을 받은 물품의 경우에는 그러하지 아니하다.

① 법 제89조(세율불균형물품의 면세) 제1항 제1호의 물품
② 법 제95조(환경오염방지물품 등에 대한 감면세) 제1항 제1호의 물품 중 자동차의 부분품

(2) 다음의 하나에 해당하면 그 용도 외의 다른 용도로 사용한 자나 그 양도인(임대인을 포함한다)으로부터 감면된 관세를 즉시 징수하며, 양도인으로부터 해당 관세를 징수할 수 없을 때에는 양수인(임차인을 포함한다)으로부터 감면된 관세를 징수한다. 다만, 재해나 그 밖의 부득이한 사유로 멸실되었거나 미리 세관장의 승인을 받아 폐기하였을 때에는 그러하지 아니하다.

① 관세를 감면받은 물품을 기간에 감면받은 위의 (1)에 따른 용도 외의 다른 용도로 사용한 경우
② 관세를 감면받은 물품을 위의 (1)에 따른 기간에 감면받은 용도 외의 다른 용도로 사용하려는 자에게 양도한 경우

2) 감면물품의 용도 외 사용 등의 금지기간

관세청장은 법 제83조(용도세율의 적용) 제2항·제88조(외교관용 물품 등의 면세) 제2항 또는 위의 1) (1)에 따라 관세감면물품의 용도 외 사용의 금지기간 및 양수·양도의 금지기간(이하 "사후관리기간"이라 한다)을 정하려는 경우에는(「사후관리 고시」) 다음 각 호의 기준에 따르며, 각 호의 기준을 적용한 결과 동일 물품에 대한 사후관리기간이 다르게 되는 경우에는 그중 짧은 기간으로 할 수 있다.

① 물품의 내용연수(「법인세법 시행령」 제28조(내용연수와 상각률)에 따른 기준내용연수를 말한다)를 기준으로 하는 사후관리기간 : 다음의 구분에 의한 기간

> ㉮ 내용연수가 5년 이상인 물품 : 3년. 다만, 법 제90조(학술연구용품의 감면)의 규정에 의하여 관세의 감면을 받는 물품의 경우는 2년으로 한다.
> ㉯ 내용연수가 4년인 물품 : 2년
> ㉰ 내용연수가 3년 이하인 물품 : 1년 이내의 기간에서 관세청장이 정하여 고시하는 기간

② 관세감면물품이 다른 용도로 사용될 가능성이 적은 경우의 사후관리기간 : 1년 이내의 기간에서 관세청장이 정하여 고시하는 기간. 다만, 장애인 등 특정인만이 사용하거나 금형과 같이 성격상 다른 용도로 사용될 수 없는 물품의 경우에는 수입신고수리일까지로 하며, 박람회·전시회 등 특정 행사에 사용되는 물품의 경우에는 해당 용도 또는 행사가 소멸 또는 종료되는 때까지로 한다.
③ 관세감면물품이 원재료·부분품 또는 견본품인 경우의 사후관리기간 : 1년 이내의 기간에서 관세청장이 정하여 고시하는 기간. 다만, 원재료·부분품 또는 견본품 등이 특정용도로 사용된 후 사실상 소모되는 물품인 경우에는 감면용도에 사용하기 위하여 사용장소로 반입된 사실이 확인된 날까지로 하며, 해당 기간이 경과될 때까지 감면받은 용도로 사용되지 않고 보관되는 경우에는 해당 물품이 모두 사용된 날까지로 한다.
④ 관세감면물품에 대한 법 제50조(세율 적용의 우선순위)의 규정에 의한 세율에 감면율을 곱한 율을 기준으로 하는 사후관리기간 : 3% 이하인 경우에는 1년 이내의 기간에서 관세청장이 정하여 고시하는 기간, 3% 초과 7% 이하인 경우에는 2년 이내의 기간에서 관세청장이 정하여 고시하는 기간

⑰ 제103조(관세감면물품의 용도 외 사용)

1) 의의

(1) 법령, 조약, 협정 등에 따라 관세를 감면받은 물품을 감면받은 용도 외의 다른 용도로 사용하거나 감면받은 용도 외의 다른 용도로 사용하려는 자에게 양도하는 경우(해당 물품을 다른 용도로 사용하는 자나 해당 물품을 다른 용도로 사용하기 위하여 양수하는 자가 그 물품을 다른 용도

로 사용하기 위하여 수입하는 경우에는 그 물품에 대하여 법령 또는 조약, 협정 등에 따라 관세를 감면 받을 수 있는 경우로 한정한다)에는 대통령령으로 정하는 바에 따라 법 제83조(용도세율의 적용) 제3항, 제88조(외교관용 물품 등의 면세) 제3항, 제97조(재수출면세) 제3항, 제98조(재수출감면세) 제2항, 제102조(관세감면물품의 사후관리) 제2항 또는 제109조(다른 법령 등에 따른 감면물품의 관세징수) 제2항에 따라 징수하여야 하는 관세를 감면할 수 있다. 다만, 이 법 외의 법령, 조약, 협정 등에 따라 그 감면된 관세를 징수할 때에는 그러하지 아니하다.

(2) 법 제98조 제2항과 제102조 제1항에도 불구하고 제90조(학술연구용품의 감면세), 제93조(특정물품의 면세 등), 제95조(환경오염방지물품 등에 대한 감면세) 또는 제98조(재수출감면세)에 따라 관세를 감면받은 물품은 「대·중소기업 상생협력 촉진에 관한 법률」 제2조(정의) 제4호에 따른 수탁·위탁거래의 관계에 있는 기업에 양도할 수 있으며, 이 경우 법 제98조 제2항과 제102조 제2항에 따라 징수할 관세를 감면할 수 있다. 다만, 이 법 외의 법령, 조약, 협정 등에 따라 그 감면된 관세를 징수할 때에는 그러하지 아니하다.

(3) 위의 (1)과 (2)에 따라 관세를 감면받은 경우 그 사후관리기간은 당초의 수입신고 수리일부터 계산한다.

2) 용도 외 사용물품의 관세 감면 신청

(1) 위의 1)의 규정에 의하여 관세의 감면을 받고자 하는 자는 법 시행령 제109조(감면물품의 용도 외 사용 등에 대한 승인신청) 제1항 또는 제134조(다른 법령·조약 등에 의한 감면물품의 용도 외 사용 등의 확인신청)의 규정에 의한 승인 또는 확인신청시에 다음의 사항을 기재한 신청서에 그 새로운 용도에 사용하기 위하여 수입하는 때에 관세의 감면을 받기 위하여 필요한 서류를 첨부하여 세관장에게 제출하여야 한다.

① 해당 물품의 품명·규격·수량 및 가격
② 해당 물품의 수입신고번호·수입신고수리 연월일 및 통관세관명
③ 해당 물품의 당초의 용도, 사업의 종류, 설치 또는 사용장소 및 관세감면의 법적 근거
④ 해당 물품의 새로운 용도, 사업의 종류, 설치 또는 사용장소 및 관세감면의 법적 근거

(2) 위의 1)의 규정에 의하여 관세를 감면하는 경우에 새로운 용도에 따라 감면되는 관세의 금액이 당초에 감면된 관세의 금액보다 적은 경우에는 그 차액에 해당하는 관세를 징수한다.

⑱ 제105조(시설대여업자에 대한 감면 등)

1) 「여신전문금융업법」에 따른 시설대여업자(이하 "시설대여업자"라 한다)가 이 법에 따라 관세가 감면되거나 분할납부되는 물품을 수입할 때에는 법 제19조(납세의무자)에도 불구하고 대여시설 이용자를 납세의무자로 하여 수입신고를 할 수 있다. 이 경우 납세의무자는 대여시설 이용자가 된다.

2) 관세를 감면받거나 분할납부를 승인받은 물품에 대하여 관세를 징수하는 경우 납세의무자인 대여시설 이용자로부터 관세를 징수할 수 없을 때에는 시설대여업자로부터 징수한다.

제2절 환급 및 분할납부 등

---

❶ 관세환급

관세환급이란 세관에서 징수한 관세를 특정한 요건에 해당하는 경우에 그 전부 또는 일부를 납세의무자, 수출자 또는 수출물품의 제조자에게 되돌려 주는 것을 말한다.

❷ 분할납부제도

관세의 분할납부제도는 특정상품에 대하여 수입신고수리 시에 관세전액을 징수하지 않고 일정기간 분할하여 납부하도록 하는 제도이다. 관세는 수입신고수리 후 15일 이내 납부하는 것이 원칙이나, 산업시설에 소요되는 자금부담을 분산하여 완화시킴으로써 중요산업건설을 지원하고 정부, 지자체, 학교, 직업훈련원, 비영리법인 등의 예산사정을 고려하여 자금부담을 완화하는 데 목적이 있다.

③ 제106조(계약 내용과 다른 물품 등에 대한 관세 환급)

1) 의의

(1) 수입신고가 수리된 물품이 계약 내용과 다르고 수입신고 당시의 성질이나 형태가 변경되지 아니한 경우로서 다음의 어느 하나에 해당하는 경우에는 그 관세를 환급한다.

① 외국으로부터 수입된 물품: 보세구역(법 제156조(보세구역 외 장치의 허가) 제1항에 따라 세관장의 허가를 받았을 때에는 그 허가받은 장소를 포함한다) 또는 「자유무역지역의 지정 및 운영에 관한 법률」에 따른 자유무역지역 중 관세청장이 수출물품을 일정기간 보관하기 위하여 필요하다고 인정하여 고시하는 장소에 해당 물품을 반입(수입신고 수리일부터 1년 이내에 반입한 경우로 한정한다)하였다가 다시 수출한 경우
② 보세공장에서 생산된 물품: 수입신고 수리일부터 1년 이내에 보세공장에 해당 물품을 다시 반입한 경우

(2) 위의 (1)에 따른 수입물품으로서 세관장이 환급세액을 산출하는 데에 지장이 없다고 인정하여 승인한 경우에는 그 수입물품의 일부를 수출하였을 때에도 그 관세를 환급할 수 있다.

(3) 위의 (1)과 (2)에 따른 수입물품의 수출을 갈음하여 이를 폐기하는 것이 부득이하다고 인정하여 그 물품을 수입신고 수리일부터 1년 내에 보세구역에 반입하여 미리 세관장의 승인을 받아 폐기하였을 때에는 그 관세를 환급한다.

(4) 수입신고가 수리된 물품이 수입신고 수리 후에도 지정보세구역에 계속 장치되어 있는 중에 재해로 멸실되거나 변질 또는 손상되어 그 가치가 떨어졌을 때에는 그 관세의 전부 또는 일부를 환급할 수 있다.

(5) 위의 (1)부터 (4)까지의 규정을 적용할 때 해당 수입물품에 대한 관세의 납부기한이 종료되기 전이거나 징수유예 중 또는 분할납부기간이 끝나지 아니하여 해당 물품에 대한 관세가 징수되지 아니한 경우에는 세관장은 해당 관세의 부과를 취소할 수 있다.

(6) 위의 (1)부터 (4)까지에서 규정한 관세의 환급에 관하여는 법 제46조(관세환급금의 환급)와 제47조(과다환급관세의 징수)를 준용한다.

2) 계약내용이 상이한 물품의 수출로 인한 관세환급

(1) 수입신고가 수리된 물품이 계약내용과 상이하고 수입신고 당시의 성질 또는 형태가 변경되지 아니한 경우 위의 1) (1) 또는 1) (2)에 따라 해당 물품을 수출하거나 보세공장에 반입하려는 자는 수출신고서 또는 보세공장물품반입신고서에 해당 물품의 품명·규격·수량·가격과

수출 또는 반입 사유를 적은 사유서, 해당 물품 수입에 관한 계약내용의 증빙서류와 수입신고필증 또는 이에 대신하는 세관의 증빙서류를 첨부하여 세관장에게 제출하여야 한다.

(2) 위의 (1)의 규정에 의하여 물품을 수출하거나 보세공장에 반입하고 관세의 환급을 받고자 하는 자는 해당 물품의 품명·규격·수량·수입신고수리 연월일·수입신고번호와 환급받고자 하는 관세액을 기재한 신청서에 수출신고필증·보세공장반입승인서 또는 이에 대신하는 세관의 증명서를 첨부하여 세관장에게 제출하여야 한다.

(3) 위의 (2)의 규정에 의하여 환급하는 관세액은 그 물품에 대하여 이미 납부한 관세의 전액으로 하며, 그 물품의 일부를 수출하거나 보세공장에 반입한 경우에는 그 일부물품에 해당하는 관세액으로 한다.

3) 폐기물품의 관세환급

(1) 위의 1) (3)의 규정에 의하여 물품의 폐기의 승인을 얻고자 하는 자는 다음의 사항을 기재한 신청서에 해당 물품의 수입신고필증 또는 이에 갈음하는 세관의 증명서와 해당 물품의 폐기가 부득이한 것을 증빙하는 서류를 첨부하여 세관장에게 제출하여야 한다.

① 해당 물품의 품명·규격·수량·수입신고수리 연월일·수입신고번호 및 장치장소
② 폐기방법·폐기예정연월일 및 폐기예정장소
③ 폐기사유

(2) 위의 (1)의 규정에 의하여 승인을 얻어 폐기한 물품에 대하여 위의 1) (3)의 규정에 의하여 관세를 환급받고자 하는 자는 다음의 사항을 기재한 신청서에 위의 (1)의 규정에 의한 폐기승인서를 첨부하여 세관장에게 제출하여야 한다.

① 해당 물품의 품명·규격·수량·수입신고수리 연월일·수입신고번호 및 장치장소
② 폐기연월일
③ 그 폐기에 의하여 생긴 잔존물의 품명·규격 및 수량

(3) 위의 (2)의 규정에 의하여 환급하는 관세액은 그 물품에 대하여 이미 납부한 그 관세액으로 한다. 다만, 위의 (2) ③의 규정에 의한 잔존물에 대하여는 그 폐기한 때의 해당 잔존물의 성질·수량 및 가격에 의하여 부과될 관세액을 공제한 금액으로 한다.

4) 멸실·변질·손상 등의 관세환급

(1) 위의 1) (4)의 규정에 의하여 관세를 환급받고자 하는 자는 다음의 사항을 기재한 신청서에 해당 물품의 수입신고필증 또는 이에 갈음할 세관의 증명서를 첨부하여 세관장에게 제출하여야 한다.

① 해당 물품의 품명·규격·수량·수입신고수리 연월일·수입신고번호 및 장치장소
② 피해상황 및 기타 참고사항
③ 환급받고자 하는 관세액과 그 산출기초

(2) 위의 (1)의 규정에 의하여 환급하는 관세액은 다음 각호의 구분에 의한 금액으로 한다.

① 멸실된 물품 : 이미 납부한 관세의 전액
② 변질 또는 손상된 물품 : 법 시행령 제118조(변질·손상 등의 관세경감액)의 규정을 준용하여 산출한 금액

5) 관세가 미납된 계약내용이 상이한 물품의 부과취소신청

위의 1) (5)의 규정에 의하여 관세의 부과를 취소받고자 하는 자는 해당 수입물품에 대한 관세의 납부기한(징수유예 또는 분할납부의 경우에는 징수유예기간 또는 분할납부기간의 종료일을 말한다) 전에 신청서를 세관장에게 제출하여야 한다.

❹ 제106조의2(수입한 상태 그대로 수출되는 자가사용물품 등에 대한 관세 환급)

1) 의의

(1) 수입신고가 수리된 개인의 자가사용물품이 수입한 상태 그대로 수출되는 경우로서 다음의 어느 하나에 해당하는 경우에는 수입할 때 납부한 관세를 환급한다. 이 경우 수입한 상태 그대로 수출되는 경우의 기준은 대통령령으로 정한다.

① 수입신고 수리일부터 6개월 이내에 보세구역 또는 「자유무역지역의 지정 및 운영에 관한 법률」에 따른 자유무역지역 중 관세청장이 수출물품을 일정기간 보관하기 위하여 필요하다고 인정하여 고시하는 장소에 반입하였다가 다시 수출하는 경우
② 수입신고 수리일부터 6개월 이내에 관세청장이 정하는 바에 따라 세관장의 확인을 받고 다시 수출하는 경우
③ 법 제241조(수출·수입 또는 반송의 신고) 제2항에 따라 수출신고가 생략되는 탁송품 또는 우편물로서 법 시행령 제246조(수출·수입 또는 반송의 신고) 제3항 제1호에 따른 수출신고가격이 200만원 이하인 물품을 수입신고 수리일부터 6개월 이내에 수출한 후 관세청장이 정하는 바에 따라 세관장의 확인을 받은 경우

　(2) 여행자가 법 제96조(여행자 휴대품 및 이사물품 등의 감면) 제2항에 따라 자진신고한 물품이 다음 각 호의 어느 하나에 해당하게 된 경우에는 자진신고할 때 납부한 관세를 환급한다.

① 법 제143조(선박용품 및 항공기용품 등의 하역 등) 제1항 제2호에 따른 국제무역선 또는 국제무역기 안에서 구입한 물품이 환불된 경우
② 법 제196조(보세판매장)에 따른 보세판매장에서 구입한 물품이 환불된 경우

　(3) 위의 (1) 및 (2)에 따른 관세 환급에 관하여는 법 제46조(관세환급금의 환급), 제47조(과다환급관세의 징수) 및 제106조(계약 내용과 다른 물품 등에 대한 관세 환급) 제2항·제5항을 준용한다.

2) 수입한 상태 그대로 수출되는 자가사용물품에 대한 관세 환급

　(1) 위 1) (1) 전단에 따른 수입한 상태 그대로 수출되는 자가사용물품은 다음의 요건을 모두 갖춘 물품으로 한다.

① 해당 물품이 수입신고 당시의 성질 또는 형태가 변경되지 아니한 상태로 수출될 것
② 해당 물품이 국내에서 사용된 사실이 없다고 세관장이 인정할 것

　(2) 위의 1) (1) 또는 (2)에 따라 관세의 환급을 받으려는 자는 해당 물품의 품명·규격·수량·수입신고연월일·수입신고번호와 환급받으려는 관세액을 적은 신청서에 다음의 서류를 첨부하여 세관장에게 제출해야 한다.

① 해당 물품의 수입신고필증이나 이를 갈음하는 세관의 증명서
② 해당 물품의 수출 또는 환불을 증명하는 서류로서 다음 각 목의 구분에 따른 서류

> ㉮ 위의 1) (1) ① 및 ②의 경우 : 수출신고필증이나 이를 갈음하는 세관의 증명서
> ㉯ 위의 1) (1) ③의 경우 : 선하증권 또는 항공화물운송장, 판매자가 발행한 환불 및 반품을 증명하는
>   자료
> ㉰ 위의 1) (2)의 경우 : 판매자가 발행한 환불 및 반품을 증명하는 자료

(3) 위의 1) (1) 및 (2)에 따라 환급하는 관세액은 다음의 구분에 따른 금액으로 한다.

① 물품을 전부 수출하거나 환불하는 경우 : 이미 납부한 관세의 전액
② 물품의 일부를 수출하거나 환불하는 경우 : 그 일부 물품에 해당하는 관세액

⑤ 제107조(관세의 분할납부)

1) 의의

(1) 세관장은 천재지변이나 그 밖에 대통령령으로 정하는 사유로 이 법에 따른 신고, 신청, 청구, 그 밖의 서류의 제출, 통지, 납부 또는 징수를 정하여진 기한까지 할 수 없다고 인정될 때에는 1년을 넘지 아니하는 기간을 정하여 대통령령으로 정하는 바에 따라 관세를 분할하여 납부하게 할 수 있다.

(2) 다음의 하나에 해당하는 물품이 수입될 때에는 세관장은 기획재정부령으로 정하는 바에 따라 5년을 넘지 아니하는 기간을 정하여 관세의 분할납부를 승인할 수 있다.

① 시설기계류, 기초설비품, 건설용 재료 및 그 구조물과 공사용 장비로서 기획재정부장관이 고시하는 물품. 다만, 기획재정부령으로 정하는 업종에 소요되는 물품은 제외한다.
② 정부나 지방자치단체가 수입하는 물품으로서 기획재정부령으로 정하는 물품
③ 학교나 직업훈련원에서 수입하는 물품과 비영리법인이 공익사업을 위하여 수입하는 물품으로서 기획재정부령으로 정하는 물품
④ 의료기관 등 기획재정부령으로 정하는 사회복지기관 및 사회복지시설에서 수입하는 물품으로서 기획재정부장관이 고시하는 물품
⑤ 기획재정부령으로 정하는 기업부설연구소, 산업기술연구조합 및 비영리법인인 연구기관, 그 밖에 이와 유사한 연구기관에서 수입하는 기술개발연구용품 및 실험실습용품으로서 기획재정부장관이 고시하는 물품
⑥ 기획재정부령으로 정하는 중소제조업체가 직접 사용하려고 수입하는 물품. 다만, 기획재정부령으로 정하는 기준에 적합한 물품이어야 한다.

(3) 위의 (2)에 따라 관세의 분할납부를 승인받은 자가 해당 물품의 용도를 변경하거나 그 물품을 양도하려는 경우에는 미리 세관장의 승인을 받아야 한다.

(4) 관세의 분할납부를 승인받은 법인이 합병·분할·분할합병 또는 해산을 하거나 파산선고를 받은 경우 또는 관세의 분할납부를 승인받은 자가 파산선고를 받은 경우에는 그 관세를 납부하여야 하는 자는 지체 없이 그 사유를 세관장에게 신고하여야 한다.

(5) 관세의 분할납부를 승인받은 물품을 동일한 용도로 사용하려는 자에게 양도한 경우에는 그 양수인이 관세를 납부하여야 하며, 해당 용도 외의 다른 용도로 사용하려는 자에게 양도한 경우에는 그 양도인이 관세를 납부하여야 한다. 이 경우 양도인으로부터 해당 관세를 징수할 수 없을 때에는 그 양수인으로부터 징수한다.

(6) 관세의 분할납부를 승인받은 법인이 합병·분할 또는 분할합병된 경우에는 합병·분할 또는 분할합병 후에 존속하거나 합병·분할 또는 분할합병으로 설립된 법인이 연대하여 관세를 납부하여야 한다.

(7) 관세의 분할납부를 승인받은 자가 파산선고를 받은 경우에는 그 파산관재인이 관세를 납부하여야 한다.

(8) 관세의 분할납부를 승인받은 법인이 해산한 경우에는 그 청산인이 관세를 납부하여야 한다.

(9) 다음의 하나에 해당하는 경우에는 납부하지 아니한 관세의 전액을 즉시 징수한다.

2) 관세분할납부의 요건

(1) 위의 1) (2) ①에 의하여 관세를 분할납부할 수 있는 물품은 다음의 요건을 갖추어야 한다.

① 법 별표 관세율표에서 부분품으로 분류되지 아니할 것
② 법 기타 관세에 관한 법률 또는 조약에 의하여 관세를 감면받지 아니할 것
③ 해당 관세액이 500만원 이상일 것. 다만, 「중소기업기본법」 제2조(중소기업자의 범위) 제1항의 규정에
   의한 중소기업이 수입하는 경우에는 100만원 이상일 것
④ 법 제51조(덤핑방지관세의 부과대상) 내지 법 제72조(계절관세)의 규정을 적용받는 물품이 아닐 것

(2) 위의 1) (2) ② 내지 ⑤의 규정에 의하여 관세를 분할납부하는 물품 및 기관은 별표 4와 같다.

(3) 위의 1) (2) ⑥에 따라 관세분할납부의 승인을 얻을 수 있는 중소제조업체는 「중소기업기본법」 제2조(중소기업자의 범위)에 따른 중소기업자로서 한국표준산업분류표상 제조업을 영위하는 업체에 한한다.

(4) 위의 1) (2) ⑥에 의하여 관세를 분할납부할 수 있는 물품은 법 별표 관세율표 제84류·제85류 및 제90류에 해당하는 물품으로서 다음의 요건을 갖추어야 한다.

① 법 기타 관세에 관한 법률 또는 조약에 의하여 관세의 감면을 받지 아니할 것
② 해당 관세액이 100만원 이상일 것
③ 법 제51조(덤핑방지관세의 부과대상) 내지 제72조(계절관세)의 규정을 적용받는 물품이 아닐 것
④ 국내에서 제작이 곤란한 물품으로서 해당 물품의 생산에 관한 사무를 관장하는 주무부처의 장 또는 그 위
   임을 받은 기관의 장이 확인한 것일 것

(5) 1) (2) ② 내지 ⑤ 및 ⑦의 규정에 의하여 관세를 분할납부할 수 있는 물품은 법 기타 관세에 관한 법률 또는 조약에 의하여 관세를 감면받지 아니한 것이어야 한다.

3) 분할납부의 기간 및 방법

위의 1) (2)에 의하여 관세의 분할납부승인을 하는 경우의 납부기간과 납부방법은 별표 5와 같다. 다만, 수입신고 건당 관세액이 30만원 미만인 물품을 제외한다.

4) 천재·지변으로 인한 관세의 분할납부

(1) 위의 1) (1)에 의하여 관세를 분할납부하고자 하는 자는 다음의 사항을 기재한 신청서를 납부기한 내에 세관장에게 제출하여야 한다.

① 납세의무자의 성명·주소 및 상호
② 분할납부를 하고자 하는 세액 및 해당 물품의 신고일자·신고번호·품명·규격·수량·가격
③ 분할납부하고자 하는 사유 및 기간
④ 분할납부금액 및 횟수

(2) 세관장은 위의 (1)에 의하여 분할납부를 하게 하는 경우에는 법 시행령 제2조(천재지변 등으로 인한 기한의 연장)의 규정을 준용한다.

5) 관세의 분할납부 승인신청

위의 1) (2)에 의하여 관세의 분할납부승인을 얻고자 하는 자는 해당 물품의 수입신고시부터 수입신고수리전까지 그 물품의 품명·규격·수량·가격·용도·사용장소와 사업의 종류를 기재한 신청서를 세관장에게 제출하여야 한다.

6) 관세의 분할납부고지

(1) 세관장은 법 시행령 제126조(관세의 분할납부 승인신청)에 따라 관세의 분할납부를 승인한 때에는 납부기한 별로 법 제39조에 따른 납부고지를 해야 한다.
(2) 세관장은 위의 1) (9)에 따라 관세를 징수하는 때에는 15일 이내의 납부기한을 정하여 법 제39조(부과고지)에 따른 납부고지를 해야 한다.
(3) 위의 (1)에 따라 고지한 관세로서 그 납부기한이 위의 (2)에 따른 납부기한 이후인 경우 그 납부고지는 취소해야 한다.

7) 용도 외 사용의 승인

위의 1) (3)에 의한 세관장의 승인을 얻고자 하는 자는 다음의 사항을 기재한 신청서에 해당 물품의 양도·양수에 관한 계약서의 사본을 첨부하여 그 물품의 관할지 세관장에게 제출하여야 한다.

① 해당 물품의 품명·규격·수량·가격·통관지세관명·수입신고수리 연월일·수입신고번호
② 분할납부하고자 하는 관세액과 이미 납부한 관세액
③ 양수인
④ 승인을 받고자 하는 사유

8) 관세감면 및 분할납부 승인물품의 반입 및 변경신고

(1) 법 제83조(용도세율의 적용)·법 제89조(세율불균형물품의 면세) 제1항 제2호·법 제90조(학술연구용품의 감면)·법 제91조(종교용품, 자선용품, 장애인용품 등의 면세)·법 제93조(특정물품의 면세 등)·법 제95조(환경오염방지물품 등에 대한 감면), 법 제98조(재수출 감면) 및 위의 1)에 따라 용도세율의 적용, 관세의 감면 또는 분할납부의 승인을 받은 자는 해당 물품을 수입신고 수리일부터 1개월 이내에 설치 또는 사용할 장소에 반입하여야 한다.

(2) 위의 (1)에 따른 용도세율의 적용, 관세의 감면 또는 분할납부의 승인을 받은 자는 설치장소 부족 등 부득이한 반입 지연사유가 있는 경우에는 관세청장이 정하는 바에 따라 세관장에게 반입 기한의 연장을 신청할 수 있다.

(3) 위의 (2)에 따른 신청을 받은 세관장은 수입신고 수리일부터 3개월의 범위에서 해당 기한을 연장할 수 있다.

(4) 위의 (1)에 의하여 설치 또는 사용할 장소에 물품을 반입한 자는 해당 장소에 다음의 사항을 기재한 장부를 비치하여야 한다.

① 해당 물품의 품명·규격 및 수량
② 해당 물품의 가격과 용도세율의 적용, 관세의 감면 또는 분할납부에 관한 사항
③ 해당 물품의 수입신고번호·수입신고수리 연월일과 통관지세관명
④ 설치 또는 사용장소에 반입한 연월일과 사용개시 연월일
⑤ 설치 또는 사용장소와 사용상황

(5) 위의 (1)에 따른 용도세율의 적용, 관세의 감면 또는 분할납부의 승인을 받은 자는 다음의 물품을 해당 호에서 정한 기간 내에 그 설치 또는 사용 장소를 변경하려는 경우에는 변경 전의 관할지 세관장에게 설치 또는 사용장소변경신고서를 제출하고, 제출일부터 1개월 이내에 해당 물품을 변경된 설치 또는 사용 장소에 반입해야 한다. 다만, 재해·노사분규 등의 긴급한 사유로 국내에 소재한 자기 소유의 다른 장소로 해당 물품의 설치 또는 사용 장소를 변경하려는 경우에는 관할지 세관장에게 신고하고, 변경된 설치 또는 사용 장소에 반입한 후 1개월 이내에 설치 또는 사용장소변경신고서를 제출해야 한다.

① 법 제83조(용도세율의 적용) · 법 제89조(세율불균형물품의 면세) 제1항 제2호 · 법 제90조(학술연구용품의 감면) · 법 제91조(종교용품, 자선용품, 장애인용품 등의 면세) · 법 제93조(특정물품의 면세 등) · 법 제95조(환경오염방지물품 등에 대한 감면), 법 제98조(재수출 감면)에 따라 용도세율이 적용된 물품이나 관세의 감면을 받은 물품: 해당 규정에서 정하는기간
② 위의 1)에 따라 관세의 분할납부 승인을 받은 물품: 해당 물품의 관세 분할납부기간

(6) 위의 (5) 각 호 외의 부분에 따른 설치 또는 사용장소변경신고서에는 다음의 사항이 기재되어야 한다.

① 해당 물품의 품명 · 규격 및 수량
② 해당 물품의 가격 및 적용된 용도세율, 면세액 또는 분할납부승인액과 그 법적 근거
③ 해당 물품의 수입신고번호 및 통관지 세관명
④ 설치 또는 사용 장소에 반입한 연월일과 사용개시 연월일
⑤ 설치 또는 사용 장소와 신고자의 성명 · 주소

9) 사후관리 대상물품의 이관 및 관세의 징수

(1) 법 제83조(용도세율의 적용) · 법 제89조(세율불균형물품의 면세) 제1항 제2호 · 법 제90조(학술연구용품의 감면) · 법 제91조(종교용품, 자선용품, 장애인용품 등의 면세) · 법 제93조(특정물품의 면세 등) · 법 제95조(환경오염방지물품 등에 대한 감면) 제1항 제1호부터 제3호까지, 법 제98조(재수출 감면) 및 위의 1)에 따라 용도세율의 적용, 관세의 감면 또는 분할납부의 승인을 받은 물품의 통관세관과 관할지세관이 서로 다른 경우에는 통관세관장은 관세청장이 정하는 바에 따라 관할지세관장에게 해당 물품에 대한 관계서류를 인계하여야 한다.

(2) 위의 (1)의 규정에 의하여 통관세관장이 관할지세관장에게 관계서류를 인계한 물품에 대하여 법 제97조 제3항(법 제98조 제2항에서 준용하는 경우를 포함한다) 및 법 제102조(관세감면물품의 사후관리) 제2항에 따라 징수하는 관세는 관할지세관장이 이를 징수한다.

⑥ 제108조(담보제공 및 사후관리)

1) 의의

(1) 세관장은 필요하다고 인정될 때에는 대통령령으로 정하는 범위에서 관세청장이 정하는 바에 따라 이 법이나 그 밖의 법령·조약·협정 등에 따라 관세를 감면받거나 분할납부를 승인받은 물품에 대하여 그 물품을 수입할 때에 감면받거나 분할납부하는 관세액(법 제97조(재수출면세) 제4항 및 제98조(재수출감면세) 제2항에 따른 가산세는 제외한다)에 상당하는 담보를 제공하게 할 수 있다.

(2) 이 법이나 그 밖의 법률·조약·협정 등에 따라 용도세율을 적용(법 제83조(용도세율의 적용) 제1항 단서에 해당하는 경우는 제외한다)받거나 관세의 감면 또는 분할납부를 승인받은 자는 대통령령으로 정하는 바에 따라 해당 조건의 이행 여부를 확인(이하 "사후관리"라 한다)하는 데에 필요한 서류를 세관장에게 제출하여야 한다.

(3) 관세청장은 사후관리를 위하여 필요한 경우에는 대통령령으로 정하는 바에 따라 해당 물품의 사후관리에 관한 업무를 주무부장관에게 위탁할 수 있으며, 주무부장관은 물품의 사후관리를 위하여 필요한 경우에는 미리 관세청장과 협의한 후 위탁받은 사후관리에 관한 업무를 관계 기관이나 법인·단체 등에 재위임하거나 재위탁할 수 있다.

(4) 용도세율을 적용받거나 관세를 감면받은 물품을 세관장의 승인을 받아 수출한 경우에는 이 법을 적용할 때 용도 외의 사용으로 보지 아니하고 사후관리를 종결한다. 다만, 용도세율을 적용받거나 관세를 감면받은 물품을 가공하거나 수리할 목적으로 수출한 후 다시 수입하거나 해외시험 및 연구를 목적으로 수출한 후 다시 수입하여 법 제99조(재수입면세) 제3호 또는 제101조(해외임가공물품 등의 감세) 제1항 제2호에 따른 감면을 받은 경우에는 사후관리를 계속한다.

2) 담보제공의 신고

(1) 위의 1) (1)의 규정에 의한 담보의 제공여부는 물품의 성질 및 종류, 관세채권의 확보가능성 등을 기준으로 하여 정하되, 다음의 어느 하나에 해당하는 경우에 한하여야 한다.

① 법 제97조(재수출면세) 또는 법 제98조(재수출 감면)의 규정에 의하여 관세를 감면받은 경우
② 법 제107조(관세의 분할납부)의 규정에 의하여 분할납부승인을 받은 경우

(2) 위의 1) (1)에 따라 세관장은 수입신고를 수리하는 때까지 담보를 제공하게 할 수 있다. 다만, 긴급한 사유로 법 제8조(기간 및 기한의 계산) 제3항에 해당하는 날 등 금융기관이 업무를 수행할 수 없는 날에 수입하는 물품으로서 긴급성의 정도 등을 고려하여 관세청장이 정하여 고시하는 물품에 대하여는 수입신고를 수리하는 때 이후 최초로 금융기관이 업무를 수행하는 날까지 담보를 제공하게 할 수 있다.

3) 감면 등의 조건이행의 확인

(1) 세관장은 용도세율의 적용, 관세의 감면 또는 분할납부의 승인을 받은 물품에 대하여 관세청장이 정하는 바에 따라 해당 조건의 이행을 확인하기 위하여 필요한 조치를 할 수 있다.

(2) 위의 1) (2)에 규정하는 서류는 관세청장이 정하는 바에 따라 통관세관장 또는 관할지세관장에게 제출하여야 한다.

4) 사후관리의 위탁

(1) 관세청장은 용도세율의 적용, 관세의 감면 또는 분할납부의 승인을 받은 물품에 대한 해당 조건의 이행을 확인하기 위하여 필요한 경우에는 위의 1) (3)에 따라 다음의 구분에 따라 그 사후관리에 관한 사항을 위탁한다.

① 법 제109조(다른 법령 등에 따른 감면물품의 관세징수) 제1항의 경우 : 해당 법률 · 조약 등의 집행을 주관하는 부처의 장
② 법 제83조(용도세율의 적용) 제1항, 제90조(학술연구용품의 감면세), 제91조(종교용품, 자선용품, 장애인용품 등의 면세), 제93조(특정물품의 면세 등), 제95조(환경오염방지물품 등에 대한 감면세) 제1항 제1호부터 제3호까지 또는 제107조(관세의 분할납부)의 경우 : 해당 업무를 주관하는 부처의 장

(2) 위의 (1)에 의하여 사후관리를 위탁받은 부처의 장은 용도세율의 적용, 관세의 감면 또는 분할납부의 승인을 받은 물품에 대한 관세의 징수사유가 발생한 것을 확인한 때에는 지체없이 해당 물품의 관할지세관장에게 다음의 사항을 기재한 통보서를 송부하여야 한다.

① 수입신고번호
② 품명 및 수량
③ 감면 또는 분할납부의 승인을 받은 관세의 징수사유
④ 화주의 주소 · 성명

(3) 위의 (1)에 의하여 위탁된 물품에 대한 사후관리에 관한 사항은 위탁받은 부처의 장이 관세청장과 협의하여 정한다.

⑦ 제109조(다른 법령 등에 따른 감면물품의 관세징수)

1) 의의

(1) 이 법 외의 법령이나 조약·협정 등에 따라 관세가 감면된 물품을 그 수입신고 수리일부터 3년 내에 해당 법령이나 조약·협정 등에 규정된 용도 외의 다른 용도로 사용하거나 양도하려는 경우에는 세관장의 확인을 받아야 한다. 다만, 해당 법령이나 조약·협정 등에 다른 용도로 사용하거나 양도한 경우에 해당 관세의 징수를 면제하는 규정이 있을 때에는 그러하지 아니하다.

(2) 세관장의 확인을 받아야 하는 물품에 대하여는 해당 용도 외의 다른 용도로 사용한 자 또는 그 양도를 한 자로부터 감면된 관세를 즉시 징수하여야 하며, 양도인으로부터 해당 관세를 징수할 수 없을 때에는 그 양수인으로부터 감면된 관세를 즉시 징수한다. 다만, 그 물품이 재해나 그 밖의 부득이한 사유로 멸실되었거나 미리 세관장의 승인을 받아 그 물품을 폐기하였을 때에는 예외로 한다.

2) 다른 법령·조약에 의한 감면물품의 용도 외 사용의 확인신청

위의 1) (1) 의 규정에 의한 확인을 받고자 하는 자는 법 시행령 제120조(용도 외 사용물품의 감면신청 등) 제1항에 정하는 사항과 해당 물품의 관세감면의 근거가 되는 법령·조약 또는 협정 및 그 조항을 기재한 확인신청서에 동 법령·조약 또는 협정의 규정에 의하여 해당 물품의 용도 외 사용 또는 양도에 필요한 요건을 갖춘 것임을 증빙하는 서류를 첨부하여 관할지 세관장에게 제출하여야 한다.

제5장 납세자의 권리 및 불복절차

제1절 납세자의 권리

① 제110조(납세자권리헌장의 제정 및 교부)

1) 의의

관세청장은 법 제111조(관세조사권 남용 금지)부터 제116조(비밀유지)까지, 제116조의2 및 제117조(정보의 제공)에서 규정한 사항과 그 밖에 납세자의 권리보호에 관한 사항을 포함하는 납세자권리헌장(이하 "납세자권리헌장"이라 한다)을 제정하여 고시하여야 한다.

2) 납세자권리헌장의 교부

세관공무원은 다음의 하나에 해당하는 경우에는 납세자권리헌장의 내용이 수록된 문서를 납세자에게 내주어야 하며, 조사사유, 조사기간, 법 제118조의4(납세자보호위원회) 제1항에 따른 납세자보호위원회에 대한 심의 요청사항·절차 및 권리구제 절차 등을 설명하여야 한다.

① 제283조(관세범)에 따른 관세범(「수출용 원재료에 대한 관세 등 환급에 관한 특례법(이하 "특례법"이라 한다)」제23조(벌칙) 제1항부터 제4항까지의 규정에 따른 죄를 포함한다)에 관한 조사를 하는 경우
② 관세조사를 하는 경우
③ 다음의 어느 하나에 해당하는 경우를 말한다.

　㉮ 징수권의 확보를 위하여 압류를 하는 경우
　㉯ 보세판매장에 대한 조사를 하는 경우

3) 납세자권리헌장의 미교부

세관공무원은 납세자를 긴급히 체포 · 압수 · 수색하는 경우 또는 현행범인 납세자가 도주할 우려가 있는 등 조사목적을 달성할 수 없다고 인정되는 경우에는 납세자권리헌장을 내주지 아니할 수 있다.

② 제110조의2(통합조사의 원칙)

1) 의의

(1) 납세자가 경영업무에 전념할 수 있는 예측가능성을 제공하고, 과세관청과 납세의무자 간 수평적 · 대등적 납세협력 환경을 조성한다. 또한 관세조사하는 때 무역행위에 수반될 수 있는 모든 위험요소를 일시에 확인할 수 있도록 통합조사를 함으로써 업체의 편의성과 관세조사 업무의 효율성을 향상시킨다.

(2) 기업심사를 하는 때는 신고납부한 세액의 적정성뿐 아니라 이 법과 다른 법령에서 정하는 수출입 관련 의무이행과 관련해 세관장의 권한에 속하는 사항(과세가격, 품목분류, 관세감면, 관세환급, 원산지표시, 수출입 요건, 외환검사 등)에 대해 전반적으로 통합해 심사한다.

2) 통합조사의 원칙

세관공무원은 특정한 분야만을 조사할 필요가 있는 등 다음의 경우를 제외하고는 신고납부 세액과 이 법 및 다른 법령에서 정하는 수출입 관련 의무이행과 관련하여 그 권한에 속하는 사항을 통합하여 조사하는 것을 원칙으로 한다.

① 세금탈루 혐의, 수출입 관련 의무위반 혐의, 수출입업자 등의 업종 · 규모 등을 고려하여 특정 사안만을 조사할 필요가 있는 경우
② 조세채권의 확보 등을 위하여 긴급히 조사할 필요가 있는 경우
③ 그 밖에 조사의 효율성, 납세자의 편의 등을 고려하여 특정 분야만을 조사할 필요가 있는 경우로서 기획재정부령으로 정하는 경우

③ 제110조의3(관세조사 대상자 선정)

1) 의의

(1) 세관장은 다음의 하나에 해당하는 경우에 정기적으로 신고의 적정성을 검증하기 위하여 대상을 선정(이하 "정기선정"이라 한다)하여 조사를 할 수 있다. 이 경우 세관장은 객관적 기준에 따라 공정하게 그 대상을 선정하여야 한다.

① 관세청장이 수출입업자의 신고 내용에 대하여 정기적으로 성실도를 분석한 결과 불성실 혐의가 있다고 인정하는 경우
② 최근 4년 이상 조사를 받지 아니한 납세자에 대하여 업종, 규모 등을 고려하여 대통령령으로 정하는 바에 따라 신고 내용이 적정한지를 검증할 필요가 있는 경우
③ 무작위추출방식으로 표본조사를 하려는 경우

(2) 세관장은 정기선정에 의한 조사 외에 다음의 하나에 해당하는 경우에는 조사를 할 수 있다.

① 납세자가 이 법에서 정하는 신고·신청, 과세가격결정자료의 제출 등의 납세협력의무를 이행하지 아니한 경우
② 수출입업자에 대한 구체적인 탈세제보 등이 있는 경우
③ 신고내용에 탈세나 오류의 혐의를 인정할 만한 자료가 있는 경우
④ 납세자가 세관공무원에게 직무와 관련하여 금품을 제공하거나 금품제공을 알선한 경우

(3) 세관장은 법 제39조(부과고지) 제1항에 따라 부과고지를 하는 경우 과세표준과 세액을 결정하기 위한 조사를 할 수 있다.

(4) 세관장은 최근 2년간 수출입신고 실적이 일정금액 이하인 경우 등 요건을 충족하는 자에 대해서는 조사를 하지 아니할 수 있다. 다만, 객관적인 증거자료에 의하여 과소 신고한 것이 명백한 경우에는 그러하지 아니하다.

2) 장기 미조사자에 대한 관세조사 기준

위의 1) (1) ②에 따라 실시하는 조사는 수출입자 등의 업종, 규모, 이력 등을 고려하여 관세청장이 정하는 기준에 따른다.

3) 소규모 성실사업자에 대한 관세조사 면제

위의 1) (4) 본문에 따라 다음의 요건을 모두 충족하는 자에 대해서는 1) (1)에 따른 조사를 하지 아니할 수 있다.

> ① 최근 2년간 수출입신고 실적이 30억원 이하일 것
> ② 최근 4년 이내에 다음의 하나에 해당하는 사실이 없을 것
>> ㉮ 수출입 관련 법령을 위반하여 통고처분을 받거나 벌금형 이상의 형의 선고를 받은 사실
>> ㉯ 관세 및 내국세를 체납한 사실
>> ㉰ 법 제38조의3(수정 및 경정) 제6항에 따라 신고납부한 세액이 부족하여 세관장으로부터 경정을 받은 사실

④ 제111조(관세조사권 남용 금지)

1) 세관공무원은 적정하고 공평한 과세를 실현하고 통관의 적법성을 보장하기 위하여 필요한 최소한의 범위에서 관세조사를 하여야 하며 다른 목적 등을 위하여 조사권을 남용하여서는 아니 된다.

2) 세관공무원은 다음의 하나에 해당하는 경우를 제외하고는 해당 사안에 대하여 이미 조사받은 자를 다시 조사할 수 없다.

> ① 관세탈루 등의 혐의를 인정할 만한 명백한 자료가 있는 경우
> ② 이미 조사받은 자의 거래상대방을 조사할 필요가 있는 경우
> ③ 법 제118조(과세전적부심사) 제4항 제2호 후단 또는 제128조(결정) 제1항 제3호 후단(법 제132조(이의신청) 제4항 본문에서 준용하는 경우를 포함한다)에 따른 재조사 결정에 따라 재조사를 하는 경우(결정서 주문에 기재된 범위의 재조사에 한정한다)
> ④ 납세자가 세관공무원에게 직무와 관련하여 금품을 제공하거나 금품제공을 알선한 경우
> ⑤ 그 밖에 밀수출입, 부정·불공정무역 등 경제질서 교란 등을 통한 탈세혐의가 있는 자에 대하여 일제조사를 하는 경우

5 **제112조(관세조사의 경우 조력을 받을 권리)**

납세자는 법 제110조(납세자권리헌장의 제정 및 교부) 제2항의 하나에 해당하여 세관공무원에게 조사를 받는 경우에 변호사, 관세사로 하여금 조사에 참여하게 하거나 의견을 진술하게 할 수 있다.

6 **제113조(납세자의 성실성 추정 등)**

1) 의의

세관공무원은 납세자가 이 법에 따른 신고 등의 의무를 이행하지 아니한 경우 또는 납세자에게 구체적인 관세포탈 등의 혐의가 있는 경우 등 다음의 하나에 해당하는 경우를 제외하고는 납세자가 성실하며 납세자가 제출한 신고서 등이 진실한 것으로 추정하여야 한다.

① 납세자가 법에서 정하는 신고 및 신청, 과세자료의 제출 등의 납세협력의무를 이행하지 아니한 경우
② 납세자에 대한 구체적인 탈세정보가 있는 경우
③ 신고내용에 탈루나 오류의 혐의를 인정할 만한 명백한 자료가 있는 경우
④ 납세자의 신고내용이 관세청장이 정한 기준과 비교하여 불성실하다고 인정되는 경우

2) 성실성 추정의 배제사유

세관공무원이 납세자가 제출한 신고서 등의 내용에 관하여 질문을 하거나 신고한 물품에 대하여 확인을 하는 행위 등 다음의 하나에 해당하는 행위를 하는 것을 제한하지 아니한다.

① 법 제38조(신고납부) 제2항에 따른 세액심사를 위한 질문이나 자료제출의 요구
② 법 제246조(물품의 검사)에 따른 물품의 검사
③ 법 제266조(장부 또는 자료의 제출 등) 제1항에 따른 장부 또는 자료의 제출
④ 그 밖의 법(특례법을 포함한다)에 따른 자료조사나 자료제출의 요구

7 제114조(관세조사의 사전통지와 연기신청)

1) 의의

(1) 세관공무원은 법 제110조(납세자권리헌장의 제정 및 교부) 제2항 각 호의 어느 하나에 해당하는 조사를 하기 위하여 해당 장부, 서류, 전산처리장치 또는 그 밖의 물품 등을 조사하는 경우에는 조사를 받게 될 납세자(그 위임을 받은 자를 포함한다)에게 조사 시작 15일 전에 조사 대상, 조사 사유, 그 밖에 대통령령으로 정하는 사항을 통지하여야 한다. 다만, 다음의 어느 하나에 해당하는 경우에는 그러하지 아니하다.

① 범칙사건에 대하여 조사하는 경우
② 사전에 통지하면 증거인멸 등으로 조사 목적을 달성할 수 없는 경우

(2) 위의 (1)에 따른 통지를 받은 납세자가 천재지변이나 그 밖에 대통령령으로 정하는 사유로 조사를 받기가 곤란한 경우에는 다음의 어느 하나에 해당하는 경우에 따라 해당 세관장에게 조사를 연기하여 줄 것을 신청할 수 있다.

① 화재나 그 밖의 재해로 사업상 심한 어려움이 있는 경우
② 납세자 또는 그 위임을 받은 자의 질병, 장기출장 등으로 관세조사가 곤란하다고 판단되는 경우
③ 권한있는 기관에 의하여 장부 및 증빙서류가 압수 또는 영치된 경우
④ 그 밖에 ①부터 ③까지의 규정에 준하는 사유가 있는 경우

2) 관세조사의 사전통지

위의 1) (1)에 따라 납세자 또는 그 위임을 받은 자에게 관세조사에 관한 사전통지를 하는 경우에는 다음의 사항을 적은 문서로 하여야 한다.

① 납세자 또는 그 위임을 받은 자의 성명과 주소 또는 거소
② 조사기간
③ 조사대상 및 조사사유
④ 기타 필요한 사항

3) 관세조사기간

(1) 위의 2) ②에 따른 조사기간은 조사대상자의 수출입 규모, 조사 인원·방법·범위 및 난이도 등을 종합적으로 고려하여 최소한이 되도록 하되, 방문하여 조사하는 경우에 그 조사기간은 20일 이내로 한다.

(2) 위의 (1)에도 불구하고 다음의 어느 하나에 해당하는 경우에는 20일 이내의 범위에서 조사기간을 연장할 수 있다. 이 경우 2회 이상 연장하는 경우에는 관세청장의 승인을 받아 각각 20일 이내에서 연장할 수 있다.

① 조사대상자가 장부·서류 등을 은닉하거나 그 제출을 지연 또는 거부하는 등 조사를 기피하는 행위가 명백한 경우
② 조사범위를 다른 품목이나 거래상대방 등으로 확대할 필요가 있는 경우
③ 천재지변이나 노동쟁의로 조사가 중단되는 경우
④ 위의 ①부터 ③까지에 준하는 사유로 사실관계의 확인이나 증거 확보 등을 위하여 조사기간을 연장할 필요가 있는 경우
⑤ 법 제118조의2(관세청장의 납세자 권리보호) 제2항에 따른 납세자보호관 또는 담당관(이하 "납세자보호관 등"이라 한다)이 세금탈루 혐의와 관련하여 추가적인 사실 확인이 필요하다고 인정하는 경우
⑥ 관세조사 대상자가 세금탈루 혐의에 대한 해명 등을 위하여 관세조사 기간의 연장을 신청한 경우로서 납세자보호관 등이 이를 인정하는 경우

(3) 세관공무원은 납세자가 자료의 제출을 지연하는 등 다음의 어느 하나에 해당하는 사유로 조사를 진행하기 어려운 경우에는 조사를 중지할 수 있다. 이 경우 그 중지기간은 위의 (1) 및 (2)의 조사기간 및 조사연장기간에 산입하지 아니한다.

① 납세자가 천재지변이나 법 시행령 제140조(관세조사의 연기신청) 제1항에 따른 관세조사 연기신청 사유에 해당하는 사유가 있어 조사중지를 신청한 경우
② 납세자가 장부·서류 등을 은닉하거나 그 제출을 지연 또는 거부하는 등으로 인하여 조사를 정상적으로 진행하기 어려운 경우
③ 노동쟁의 등의 발생으로 관세조사를 정상적으로 진행하기 어려운 경우
④ 법 시행령 제144조의2(납세자 보호관 및 담당관의 자격·직무 등) 제2항 제1호(같은 조 제3항에 따라 위임한 경우를 포함한다)에 따라 납세자보호관 등이 관세조사의 일시중지를 요청하는 경우
⑤ 그 밖에 관세조사를 중지하여야 할 특별한 사유가 있는 경우로서 관세청장이 정하는 경우

(4) 세관공무원은 위의 (3)에 따라 관세조사를 중지한 경우에는 그 중지사유가 소멸하면 즉시 조사를 재개하여야 한다. 다만, 관세채권의 확보 등 긴급히 조사를 재개하여야 할 필요가 있는

경우에는 그 중지사유가 소멸하기 전이라도 관세조사를 재개할 수 있다.

(5) 세관공무원은 위의 (2)부터 (4)까지의 규정에 따라 조사기간을 연장, 중지 또는 재개하는 경우에는 그 사유, 기간 등을 문서로 통지하여야 한다.

4) 관세조사의 연기신청

(1) 위의 1) (2)의 규정에 의하여 관세조사의 연기를 받고자 하는 자는 다음의 사항을 기재한 문서를 해당 세관장에게 제출하여야 한다.

① 관세조사의 연기를 받고자 하는 자의 성명과 주소 또는 거소
② 관세조사의 연기를 받고자 하는 기간
③ 관세조사의 연기를 받고자 하는 사유
④ 기타 필요한 사항

(2) 위의 (1)에 따라 관세조사 연기를 신청받은 세관장은 연기신청 승인 여부를 결정하고 그 결과를 조사 개시 전까지 신청인에게 통지하여야 한다.

⑧ 제114조의2(장부·서류 등의 보관 금지)

1) 의의

(1) 세관공무원은 관세조사의 목적으로 납세자의 장부·서류 또는 그 밖의 물건(이하 "장부 등"이라 한다)을 세관관서에 임의로 보관할 수 없다.

(2) 세관공무원은 법 제110조의3(관세조사 대상자 선정) 제2항의 하나의 사유에 해당하는 경우에는 조사목적에 필요한 최소한의 범위에서 납세자, 소지자 또는 보관자 등 정당한 권한이 있는 자가 임의로 제출한 장부 등을 납세자의 동의를 받아 세관관서에 일시 보관할 수 있다.

(3) 세관공무원은 납세자의 장부등을 세관관서에 일시 보관하려는 경우 납세자로부터 일시 보관 동의서를 받아야 하며, 일시 보관증을 교부하여야 한다.

(4) 세관공무원은 일시 보관하고 있는 장부 등에 대하여 납세자가 반환을 요청한 경우에는 납세자가 그 반환을 요청한 날부터 14일을 초과하여 장부 등을 보관할 수 없다. 다만, 조사목적을 달성하기 위하여 필요한 경우에는 법 제118조의4(납세자보호위원회) 제1항에 따른 납세자보호위원회의 심의를 거쳐 한 차례만 14일 이내의 범위에서 보관 기간을 연장할 수 있다.

(5) 세관공무원은 납세자가 일시 보관하고 있는 장부등의 반환을 요청한 경우로서 관세조사에 지장이 없다고 판단될 때에는 요청한 장부등을 즉시 반환하여야 한다.

(6) 위의 (4) 및 (5)에 따라 납세자에게 장부 등을 반환하는 경우 세관공무원은 장부 등의 사본을 보관할 수 있고, 그 사본이 원본과 다름없다는 사실을 확인하는 납세자의 서명 또는 날인을 요구할 수 있다.

(7) 위의 (1)부터 (6)까지에서 규정한 사항 외에 장부 등의 일시 보관 방법 및 절차 등에 관하여 필요한 사항은 대통령령으로 정한다.

2) 장부의 일시 보관 방법 및 절차

(1) 세관공무원은 위의 1) (2)에 따라 납세자의 장부·서류 또는 그 밖의 물건을 일시 보관하려는 경우에는 장부등의 일시 보관 전에 납세자, 소지자 또는 보관자 등 정당한 권한이 있는 자(이하 "납세자 등"이라 한다)에게 다음의 사항을 고지하여야 한다.

① 법 제110조의3(관세조사 대상자 선정) 제2항의 각 호에 따른 장부 등을 일시 보관하는 사유
② 납세자 등이 동의하지 아니하는 경우에는 장부 등을 일시 보관할 수 없다는 내용
③ 납세자 등이 임의로 제출한 장부 등에 대해서만 일시 보관할 수 있다는 내용
④ 납세자 등이 요청하는 경우 일시 보관 중인 장부 등을 반환받을 수 있다는 내용

(2) 납세자 등은 조사목적이나 조사범위와 관련이 없는 장부 등에 대해서는 세관공무원에게 일시 보관할 장부 등에서 제외할 것을 요청할 수 있다.

(3) 세관공무원은 해당 관세조사를 종료하였을 때에는 일시 보관한 장부 등을 모두 반환하여야 한다.

⑨ 제115조(관세조사의 결과 통지)

세관공무원은 법 제110조(납세자권리헌장의 제정 및 교부) 제2항의 어느 하나에 해당하는 조사를 종료하였을 때에는 종료 후 20일 이내에 그 조사 결과를 서면으로 납세자에게 통지하여야 한다. 다만, 납세자가 폐업한 경우 등 다음의 하나에 해당하는 경우에는 그러하지 아니하다.

① 납세자에게 통고처분을 하는 경우
② 범칙사건을 고발하는 경우
③ 폐업한 경우
④ 납세자의 주소 및 거소가 불명하거나 그 밖의 사유로 통지를 하기 곤란하다고 인정되는 경우

⑩ 제116조(비밀유지)

1) 의의

(1) 세관공무원은 납세자가 이 법에서 정한 납세의무를 이행하기 위하여 제출한 자료나 관세의 부과·징수 또는 통관을 목적으로 업무상 취득한 자료 등(이하 "과세정보"라 한다)을 타인에게 제공하거나 누설하여서는 아니 되며, 사용 목적 외의 용도로 사용하여서도 아니 된다. 다만, 다음의 어느 하나에 해당하는 경우에는 그 사용 목적에 맞는 범위에서 납세자의 과세정보를 제공할 수 있다.

① 국가기관이 관세에 관한 쟁송이나 관세범에 대한 소추(訴追)를 목적으로 과세정보를 요구하는 경우
② 법원의 제출명령이나 법관이 발부한 영장에 따라 과세정보를 요구하는 경우
③ 세관공무원 상호간에 관세를 부과·징수, 통관 또는 질문·검사하는 데에 필요하여 과세정보를 요구하는 경우
④ 통계청장이 국가통계작성 목적으로 과세정보를 요구하는 경우
⑤ 다음 각 목에 해당하는 자가 급부·지원 등의 대상자 선정 및 그 자격을 조사·심사하는데 필요한 과세정보를 당사자의 동의를 받아 요구하는 경우

> ㉮ 국가행정기관 및 지방자치단체
> ㉯ 「공공기관의 운영에 관한 법률」에 따른 공공기관 중 다음의 어느 하나에 해당하는 기관
>
> > ㉠ 「기술보증기금법」에 따른 기술보증기금
> > ㉡ 「농촌진흥법」 제33조(한국농업기술진흥원의 설립·운영)에 따른 한국농업기술진흥원
> > ㉢ 「대한무역투자진흥공사법」에 따른 대한무역투자진흥공사
> > ㉣ 「무역보험법」 제37조(설립)에 따른 한국무역보험공사
> > ㉤ 「산업기술혁신 촉진법」 제39조(한국산업기술평가관리원의 설립 등)에 따른 한국산업기술기획평가원
> > ㉥ 「신용보증기금법」에 따른 신용보증기금
> > ㉦ 「정부출연연구기관 등의 설립·운영 및 육성에 관한 법률」에 따른 한국해양수산개발원
> > ㉧ 「중소기업진흥에 관한 법률」 제68조(중소벤처기업진흥공단의 설립 등)에 따른 중소벤처기업진흥공단
> > ㉨ 「한국농수산식품유통공사법」에 따른 한국농수산식품유통공사

㉠「한국해양진흥공사법」에 따른 한국해양진흥공사
　　㉡ 그 밖에「공공기관의 운영에 관한 법률」에 따른 공공기관으로서 공공기관이 수행하는 급부ㆍ
　　　지원사업 등의 대상자 선정 및 자격의 조사ㆍ심사를 위하여 과세정보(납세자가 법에서 정한
　　　납세의무를 이행하기 위하여 제출한 자료나 관세의 부과ㆍ징수 또는 통관을 목적으로 업무상
　　　취득한 자료 등을 말한다)가 필요하다고 관세청장이 정하여 고시하는 공공기관

　㉣「은행법」에 따른 은행
　㉤ 그 밖에 급부ㆍ지원 등의 업무와 관련된 자로서 다음의 어느 하나에 해당하는 기관 또는 법인ㆍ단체
　　를 말한다.

　　㉠ 위의 (1) ⑤ ㉮ 및 ㉣에 해당하는 자의 급부ㆍ지원 등의 대상자 선정 및 그 자격의 조사ㆍ심사
　　　업무를 위임 또는 위탁받아 수행하는 기관 또는 법인ㆍ단체
　　㉡ 위의 (1) ⑤ ㉮ 및 ㉣에 해당하는 자가 급부ㆍ지원 등의 업무를 수행하기 위하여 출연ㆍ보조
　　　하는 기관 또는 법인ㆍ단체로서 관세청장이 정하여 고시하는 기관 또는 법인ㆍ단체
　　㉢ 그 밖에 기업의 경쟁력 강화, 산업발전 및 무역진흥을 위한 급부ㆍ지원 등의 업무를 수행하는
　　　비영리법인으로서 급부ㆍ지원 등의 대상자 선정 및 자격의 조사ㆍ심사를 위하여 과세정보가
　　　필요하다고 관세청장이 정하여 고시하는 법인

⑥ 위의 ⑤ ㉣ 또는 ㉤에 해당하는 자가「대외무역법」제2조(정의) 제3호에 따른 무역거래자의 거래, 지급,
　수령 등을 확인하는데 필요한 과세정보를 당사자의 동의를 받아 요구하는 경우
⑦ 다른 법률에 따라 과세정보를 요구하는 경우

　(2) (1) ⑤ 및 ⑥에 해당하는 경우에 제공할 수 있는 과세정보의 구체적인 범위는 대통령령으
로 정한다.

　(3) (1) ① 및 ④부터 ⑦까지의 규정에 따라 과세정보의 제공을 요구하는 자는 대통령령으로
정하는 바에 따라 문서로 관세청장 또는 해당 세관장에게 요구하여야 한다.

　(4) 세관공무원은 위의 1) (1)부터 (3)까지의 규정에 위반되게 과세정보의 제공을 요구받으면
이를 거부하여야 한다.

　(5) 관세청장은 위의 (1) ⑤부터 ⑦까지에 따른 과세정보의 제공 업무를 법 제322조(통계 및
증명서의 작성 및 교부 등) 제5항에 따른 대행기관에 대행하게 할 수 있다. 이 경우 관세청장은 과
세정보 제공 업무를 위한 기초자료를 대행기관에 제공하여야 한다.

　(6) 위의 1) (1)에 따라 과세정보를 알게 된 자 또는 1) (5)에 따라 과세정보의 제공 업무를 대
행하는 자는 과세정보를 타인에게 제공하거나 누설하여서는 아니 되며, 그 목적 외의 용도로 사
용하여서도 아니 된다.

(7) 위의 1) (1)에 따라 과세정보를 알게 된 자 또는 위의 1) (5)에 따라 과세정보의 제공 업무를 대행하는 자는 과세정보의 유출을 방지하기 위한 시스템 구축 등 대통령령으로 정하는 바에 따라 과세정보의 안전성 확보를 위한 조치를 하여야 한다.

(8) 과세정보를 제공받아 알게 된 자 또는 과세정보의 제공 업무를 대행하는 자 중 공무원이 아닌 자는 「형법」이나 그 밖의 법률에 따른 벌칙을 적용할 때 공무원으로 본다.

2) 과세정보의 제공 기관 및 범위

세관공무원이 위의 1) (2)에 따라 제공할 수 있는 과세정보의 구체적인 범위는 별표 2의2와 같다.

3) 과세정보 제공의 요구 방법

(1) 위의 1) (3)에 따라 과세정보의 제공을 요구하는 자는 다음의 사항이 포함된 신청서를 관세청장에게 제출해야 한다.

① 과세정보의 사용 목적
② 요구하는 과세정보의 내용
③ 과세정보가 필요한 급부 · 지원 등 사업명
④ 당사자의 동의

(2) 위의 (1)에 따른 신청서의 서식, 당사자의 동의 여부 확인 방법 등 과세정보의 제공 요구 및 제공에 필요한 세부 사항은 관세청장이 정하여 고시한다.

4) 과세정보의 안전성 확보

(1) 과세정보공유자는 위의 1) (1)에 따라 과세정보를 알게 된 자 또는 1) (5)에 따라 과세정보의 제공 업무를 대행하는 자를 말한다)는 과세정보의 안전성을 확보하기 위하여 1) (7)에 따라 다음의 조치를 해야 한다.

① 과세정보의 유출 및 변조 등을 방지하기 위한 정보보호시스템의 구축
② 과세정보 이용이 가능한 업무담당자 지정 및 업무담당자 외의 자에 대한 과세정보 이용 금지
③ 과세정보의 보관기간 설정 및 보관기관 경과 시 과세정보의 파기

(2) 과세정보공유자는 위의 (1) 각 호에 해당하는 조치의 이행 여부를 주기적으로 점검해야 한다.

(3) 관세청장은 과세정보공유자에게 위의 (2)에 따른 점검결과의 제출을 요청할 수 있으며, 해당 요청을 받은 자는 그 점검결과를 관세청장에게 제출해야 한다.

11 제116조의2(고액·상습체납자 등의 명단 공개)

1) 의의

(1) 관세청장은 법 제116조(비밀유지)에도 불구하고 다음의 구분에 따라 해당 사항을 공개할 수 있다.

---

① 체납발생일부터 1년이 지난 관세 및 내국세 등(이하 "체납관세 등"이라 한다)이 2억원 이상인 체납자: 해당 체납자의 인적사항과 체납액 등. 다만, 다음의 어느 하나의 사유에 해당하는 경우에는 그러하지 아니하다.

⑦ 다음 계산식에 따라 계산한 최근 2년간의 체납액 납부비율이 50/100 이상인 경우

$$\text{최근 2년간의 체납액 납부비율} = \frac{B}{A+B}$$

A: 명단 공개 예정일이 속하는 연도의 직전 연도 12월 31일 당시 명단 공개 대상 예정자의 체납액
B: 명단 공개 예정일이 속하는 연도의 직전 2개 연도 동안 명단 공개 대상 예정자가 납부한 금액

⑭ 「채무자 회생 및 파산에 관한 법률」 제243조(회생계획인가의 요건)에 따른 회생계획인가의 결정에 따라 체납된 세금의 징수를 유예받고 그 유예기간 중에 있거나 체납된 세금을 회생계획의 납부일정에 따라 납부하고 있는 경우
⑭ 재산상황, 미성년자 해당여부 및 그 밖의 사정 등을 고려할 때 아래의 1) (2)에 따른 관세정보위원회가 공개할 실익이 없거나 공개하는 것이 부적절하다고 인정하는 경우

② 법 제270조(관세포탈죄 등) 제1항·제4항 및 제5항에 따른 범죄로 유죄판결이 확정된 자로서 같은 조에 따른 포탈, 감면, 면탈 또는 환급받은 관세 및 내국세등의 금액(이하 "포탈관세액"이라 한다)이 연간 2억원 이상인 자(이하 "관세포탈범"이라 한다): 해당 관세포탈범의 인적사항과 포탈관세액 등. 다만, 아래의 (2)에 따른 관세정보위원회가 공개할 실익이 없거나 공개하는 것이 부적절하다고 인정하는 경우에는 그러하지 아니하다.

---

(2) 위의 (1)과 아래의 (4)에 따른 체납자의 인적사항과 체납액 또는 관세포탈범의 인적사항과 포탈관세액 등에 대한 공개 여부를 심의 또는 재심의하고 법 제116조의4(고액·상습체납자의

감치) 제1항 제3호에 따른 체납자에 대한 감치 필요성 여부를 의결하기 위하여 관세청에 관세정보위원회(이하 "심의위원회"라 한다)를 둔다.

(3) 관세청장은 심의위원회의 심의를 거친 공개대상예정자에게 체납자 또는 관세포탈범 명단 공개대상예정자임을 통지하여 소명할 기회를 주어야 한다.

(4) 관세청장은 위의 (3)에 따라 통지한 날부터 6개월이 지나면 심의위원회로 하여금 체납액 또는 포탈관세액의 납부이행 등을 고려하여 체납자 또는 관세포탈범의 명단 공개 여부를 재심의하게 한다.

(5) 위의 (1)에 따른 공개는 관보에 게재하거나 관세청장이 지정하는 정보통신망 또는 관할 세관의 게시판에 게시하는 방법으로 한다.

(6) 위의 (1)부터 (5)까지의 규정에 따른 체납자·관세포탈범 명단 공개 및 심의위원회의 구성·운영 등에 필요한 사항은 대통령령으로 정한다.

2) 고액·상습체납자의 명단공개

(1) 관세청장은 위의 1) (3)에 따라 공개대상예정자에게 명단공개 대상예정자임을 통지하는 때에는 그 체납하거나 포탈한 세금의 납부촉구와 명단공개 제외사유에 해당되는 경우 이에 관한 소명자료를 제출하도록 각각 안내하여야 한다.

(2) 체납자 명단공개시 공개할 사항은 체납자의 성명·상호(법인의 명칭을 포함한다)·연령·직업·주소, 체납액의 세목·납기 및 체납요지 등으로 하고, 체납자가 법인인 경우에는 법인의 대표자를 함께 공개한다.

(3) 위의 1) (1) ②에 따라 관세포탈범의 명단을 공개할 때 공개할 사항은 관세포탈범의 성명·상호(법인의 명칭을 포함한다), 나이, 직업, 주소, 포탈관세액 등의 세목·금액, 판결 요지 및 형량 등으로 한다. 이 경우 관세포탈범의 범칙행위가 법 제279조(양벌 규정) 제1항 본문에 해당하는 경우에는 해당 법인의 명칭·주소·대표자 또는 해당 개인의 성명·상호·주소를 함께 공개한다.

(4) 관세청장이 위의 1) (5)에 따라 명단을 관세청장이 지정하는 정보통신망 또는 관할 세관의 게시판에 게시하는 방법으로 공개하는 경우 그 공개 기간은 게시일부터 다음의 구분에 따른 기간이 만료하는 날까지로 한다.

① 위의 1) (1) ②에 따른 범죄(「특정범죄 가중처벌 등에 관한 법률」 제6조(「관세법」 위반행위의 가중처벌) 제8항에 따른 상습범은 제외한다)로 유죄판결이 확정된 자의 경우 : 5년
② 위의 1) (1) ②에 따른 범죄(「특정범죄 가중처벌 등에 관한 법률」 제6조 제8항에 따른 상습범만 해당한다) 로 유죄판결이 확정된 자의 경우 : 10년

(5) 위의 (4)에도 불구하고 같은 항 각 호에 따른 자가 그 공개 기간의 만료일 현재 다음 각 호의 어느 하나에 해당하는 경우에는 해당 호에서 정하는 날까지 계속하여 공개한다.

① 법에 따라 납부해야 할 세액, 과태료 또는 벌금을 납부하지 않은 경우 : 그 세액 등을 완납하는 날
② 형의 집행이 완료되지 않은 경우 : 그 형의 집행이 완료되는 날

3) 관세정보위원회의 구성 및 운영

(1) 위의 1) (2)에 따른 관세정보위원회(이하 "위원회"라 한다)의 위원장은 관세청 차장이 되고, 위원은 다음의 자가 된다.

① 관세청의 고위공무원단에 속하는 일반직공무원 중에서 관세청장이 임명하는 자 4인
② 법률 또는 재정·경제에 관한 학식과 경험이 풍부한 자 중에서 관세청장이 성별을 고려하여 위촉하는 자 6인

(2) 위의 (1) ②에 해당하는 위원의 임기는 2년으로 하되, 한번만 연임할 수 있다. 다만, 보궐위원의 임기는 전임위원 임기의 남은 기간으로 한다.

(3) 관세청장은 위원회의 위원이 다음의 어느 하나에 해당하는 경우에는 해당 위원을 해임 또는 해촉할 수 있다.

① 심신장애로 인하여 직무를 수행할 수 없게 된 경우
② 직무와 관련된 비위사실이 있는 경우
③ 직무태만, 품위손상이나 그 밖의 사유로 인하여 위원으로 적합하지 아니하다고 인정되는 경우
④ 위원 스스로 직무를 수행하는 것이 곤란하다고 의사를 밝히는 경우
⑤ 아래의 (5)의 어느 하나에 해당함에도 불구하고 회피하지 아니한 경우

(4) 위원회의 회의는 위원장을 포함한 재적위원 과반수의 출석으로 개의하고, 출석위원 과반수의 찬성으로 의결한다.

(5) 위원회의 위원은 다음의 어느 하나에 해당하는 경우에는 심의·의결에서 제척된다.

① 위원이 해당 안건의 당사자(당사자가 법인·단체 등인 경우에는 그 임원을 포함한다) 이거나 해당 안건에 관하여 직접적인 이해관계가 있는 경우
② 위원의 배우자, 4촌 이내의 혈족 및 2촌 이내의 인척의 관계에 있는 사람이 해당 안건의 당사자이거나 해당 안건에 관하여 직접적인 이해관계가 있는 경우
③ 위원이 해당 안건 당사자의 대리인이거나 최근 5년 이내에 대리인이었던 경우

④ 위원이 해당 안건 당사자의 대리인이거나 최근 5년 이내에 대리인이었던 법인·단체 등에 현재 속하고 있거나 속하였던 경우
⑤ 위원이 최근 5년 이내에 해당 안건 당사자의 자문·고문에 응하였거나 해당 안건 당사자와 연구·용역 등의 업무 수행에 동업 또는 그 밖의 형태로 직접 해당 안건 당사자의 업무에 관여를 하였던 경우
⑥ 위원이 최근 5년 이내에 해당 안건 당사자의 자문·고문에 응하였거나 해당 안건 당사자와 연구·용역 등의 업무 수행에 동업 또는 그 밖의 형태로 직접 해당 안건 당사자의 업무에 관여를 하였던 법인·단체 등에 현재 속하고 있거나 속하였던 경우

(6) 위원회의 위원은 위의 (5)의 어느 하나에 해당하는 경우에는 스스로 해당 안건의 심의·의결에서 회피하여야 한다.

(7) 위의 (1)부터 (6)까지에서 규정한 사항 외에 위원회의 구성 및 운영에 관하여 필요한 사항은 관세청장이 정한다.

12 제116조의3(납세증명서의 제출 및 발급)

1) 의의

(1) 납세자(미과세된 자를 포함한다)는 다음의 어느 하나에 해당하는 경우에는 대통령령으로 정하는 바에 따라 납세증명서를 제출하여야 한다.

① 국가, 지방자치단체 또는 「감사원법」 제22조(필요적 검사사항) 제1항 제3호 및 제4호에 따라 감사원의 회계검사의 대상이 되는 법인 또는 단체 등에서 정하는 정부관리기관으로부터 대금을 지급받을 경우
② 「출입국관리법」 제31조(외국인등록)에 따른 외국인등록 또는 「재외동포의 출입국과 법적 지위에 관한 법률」 제6조(국내거소신고)에 따른 국내거소신고를 한 외국인이 체류기간 연장허가 등 다음의 어느 하나에 해당하는 체류허가를 법무부장관에게 신청하는 경우

> ㉮ 「재외동포의 출입국과 법적 지위에 관한 법률」 제6조에 따른 국내거소신고
> ㉯ 「출입국관리법」 제20조(체류자격 외 활동)에 따른 체류자격 외 활동허가
> ㉰ 「출입국관리법」 제21조(근무처의 변경·추가)에 따른 근무처 변경·추가에 관한 허가 또는 신고
> ㉱ 「출입국관리법」 제23조(체류자격 부여)에 따른 체류자격부여
> ㉲ 「출입국관리법」 제24조(체류자격 변경허가)에 따른 체류자격 변경허가
> ㉳ 「출입국관리법」 제25조(체류기간 연장허가)에 따른 체류기간 연장허가
> ㉴ 「출입국관리법」 제31조(외국인등록)에 따른 외국인등록

③ 내국인이 해외이주 목적으로 「해외이주법」 제6조(해외이주신고)에 따라 재외동포청장에게 해외이주신고를 하는 경우

(2) 세관장은 납세자로부터 납세증명서의 발급신청을 받았을 때에는 그 사실을 확인하고 즉시 납세증명서를 발급하여야 한다.

2) 납세증명서의 제출

법 제116조의3(납세증명서의 제출 및 발급)에 따른 납세증명서의 내용과 납세증명서의 제출 등에 관하여는 「국세징수법」 제107조(납세증명서의 제출) 제2항(각 호 외의 부분 중 지정납부기한 연장 부분 및 제1호는 제외한다), 같은 법 시행령 제90조(납세증명서의 제출), 제91조(납세증명서 제출의 예외), 제93조(관할 세무서장 등에 대한 조회 등) 및 제94조(납세증명서)(제1호는 제외한다)를 준용한다. 이 경우 「국세징수법 시행령」 제93조 중 "국세청장 또는 관할 세무서장에게 조회(국세청장에게 조회하는 경우에는 국세정보통신망을 통한 방법으로 한정한다)"는 "관세청장 또는 세관장에게 조회"로 본다.

3) 납세증명서의 발급 신청

위의 1) (3)에 따라 납세증명서를 발급받으려는 자는 기획재정부령으로 정하는 서식에 따른 신청서를 세관장에게 제출하여야 한다.

4) 납세증명서의 유효기간

(1) 납세증명서의 유효기간은 그 증명서를 발급한 날부터 30일로 한다. 다만, 발급일 현재 납부기한이 진행 중인 관세 및 내국세 등이 있는 경우에는 그 납부기한까지로 할 수 있다.
(2) 세관장은 위의 (1) 단서에 따라 유효기간을 정할 경우에는 해당 납세증명서에 그 사유와 유효기간을 분명하게 적어야 한다.

⑬ 제116조의4(고액·상습체납자의 감치)

1) 의의

(1) 법원은 검사의 청구에 따라 체납자가 다음의 사유에 모두 해당하는 경우 결정으로 30일의 범위에서 체납된 관세(세관장이 부과·징수하는 내국세 등을 포함한다)가 납부될 때까지 그 체납자를 감치(監置)에 처할 수 있다.

① 관세를 3회 이상 체납하고 있고, 체납발생일부터 각 1년이 경과하였으며, 체납금액의 합계가 2억원 이상 인 경우
② 체납된 관세의 납부능력이 있음에도 불구하고 정당한 사유 없이 체납한 경우
③ 관세정보위원회의 의결에 따라 해당 체납자에 대한 감치 필요성이 인정되는 경우

(2) 관세청장은 체납자가 위의 (1)의 사유에 모두 해당하는 경우에는 체납자의 주소 또는 거소를 관할하는 지방검찰청 또는 지청의 검사에게 체납자의 감치를 신청할 수 있다.

(3) 관세청장은 위의 (2)에 따라 체납자의 감치를 신청하기 전에 체납자에게 대통령령으로 정하는 바에 따라 소명자료를 제출하거나 의견을 진술할 수 있는 기회를 주어야 한다.

(4) 위의 (1)의 결정에 대하여는 즉시항고를 할 수 있다.

(5) 위의 (1)에 따라 감치에 처하여진 체납자는 동일한 체납사실로 인하여 재차 감치되지 아니한다.

(6) 감치에 처하는 재판을 받은 체납자가 그 감치의 집행 중에 체납된 관세를 납부한 경우에는 감치집행을 종료하여야 한다.

(7) 감치집행시 세관공무원은 감치대상자에게 감치사유, 감치기간, 감치집행의 종료 등 감치 결정에 대한 사항을 설명하고 그 밖의 감치집행에 필요한 절차에 협력하여야 한다.

(8) 위의 (1)에 따라 감치에 처하는 재판 절차 및 그 집행, 그 밖에 필요한 사항은 대법원규칙으로 정한다.

2) 고액·상습체납자의 감치 신청에 대한 의견진술

(1) 관세청장은 위의 1) (3)에 따라 체납자가 소명자료를 제출하거나 의견을 진술할 수 있도록 다음 각 호의 사항이 모두 포함된 서면(체납자가 동의하는 경우에는 전자문서를 포함한다)을 체납자에게 통지해야 한다. 이 경우 아래의 ④에 따른 기간에 소명자료를 제출하지 않거나 의견진술 신청이 없는 경우에는 의견이 없는 것으로 본다.

① 체납자의 성명과 주소
② 감치(監置) 요건, 감치 신청의 원인이 되는 사실, 감치 기간 및 적용 법령
③ 위의 1) (6)에 따라 체납된 관세를 납부하는 경우에는 감치 집행이 종료될 수 있다는 사실
④ 체납자가 소명자료를 제출하거나 의견을 진술할 수 있다는 사실과 소명자료 제출 및 의견진술 신청기간. 이 경우 그 기간은 통지를 받은 날부터 30일 이상으로 해야 한다.
⑤ 그 밖에 소명자료 제출 및 의견진술 신청에 관하여 필요한 사항

(2) 위의 1) (3)에 따라 의견을 진술하려는 사람은 위의 (1) ④에 따른 기간에 관세청장에게 진술하려는 내용을 간략하게 적은 문서(전자문서를 포함한다)를 제출해야 한다.

(3) 위의 (2)에 따라 의견진술 신청을 받은 관세청장은 위의 1) (2)에 따른 관세정보위원회의 회의 개최일 3일 전까지 신청인에게 회의 일시 및 장소를 통지해야 한다.

⑭ 제116조의5(출국금지 요청 등)

1) 의의

(1) 관세청장은 정당한 사유 없이 5,000만원 이상의 관세(세관장이 부과·징수하는 내국세 등을 포함한다)를 체납한 자 중 다음의 어느 하나에 해당하는 사람으로서 관할 세관장이 압류·공매, 담보 제공, 보증인의 납세보증서 등으로 조세채권을 확보할 수 없고, 강제징수를 회피할 우려가 있다고 인정되는 자에 대하여 법무부장관에게 「출입국관리법」 제4조(출국의 금지) 제3항 및 같은 법 제29조(외국인 출국의 정지) 제2항에 따라 출국금지 또는 출국정지를 즉시 요청하여야 한다.

> ① 배우자 또는 직계존비속이 국외로 이주(국외에 3년 이상 장기체류 중인 경우를 포함한다)한 사람
> ②「출입국관리법」 제4조에 따른 출국금지(같은 법 제29조에 따른 출국정지를 포함한다. 이하 "출국금지"라 한다)의 요청일 현재 최근 2년간 50,000달러 상당액 이상을 국외로 송금한 사람
> ③ 50,000달러 상당액 이상의 국외자산이 발견된 사람
> ④ 법 제116조의2(고액·상습체납자의 명단 공개)에 따라 명단이 공개된 자
> ⑤ 출국금지 요청일을 기준으로 최근 1년간 체납된 관세(세관장이 부과·징수하는 내국세 등을 포함한다)가 5,000만원 이상인 상태에서 사업 목적, 질병 치료, 직계존비속의 사망 등 정당한 사유 없이 국외 출입 횟수가 3회 이상이거나 국외 체류 일수가 6개월 이상인 사람
> ⑥ 법 제26조(담보 등이 없는 경우의 관세징수)에 따라 「국세징수법」 제25조(사해행위의 취소 및 원상회복)에 따른 사해행위(詐害行爲) 취소소송 중이거나 「국세기본법」 제35조(국세의 우선) 제6항에 따른 제3자와 짜고 한 거짓계약에 대한 취소소송 중인 사람

(2) 법무부장관은 위의 1) (1)에 따른 출국금지 또는 출국정지 요청에 따라 출국금지 또는 출국정지를 한 경우에는 관세청장에게 그 결과를 「정보통신망 이용촉진 및 정보보호 등에 관한 법률」 제2조(정의) 제1항 제1호6)에 따른 정보통신망 등을 통하여 통보하여야 한다.

---

6) 제2조(정의) ① 이 법에서 사용하는 용어의 뜻은 다음과 같다. 1. "정보통신망"이란 「전기통신사업법」 제2조제2호에 따른 전기통신설비를 이용하거나 전기통신설비와 컴퓨터 및 컴퓨터의 이용기술을 활용하여 정보를 수집·가공·저장·검색·송신 또는 수신하는 정보통신체제를 말한다.

(3) 관세청장은 다음의 어느 하나에 해당하는 경우에는 즉시 법무부장관에게 출국금지 또는 출국정지의 해제를 요청하여야 한다.

① 체납자가 체납액을 전부 또는 일부 납부하여 체납된 관세가 5,000만원 미만으로 된 경우
② 체납자 재산의 압류, 담보 제공 등으로 출국금지 사유가 해소된 경우
③ 관세징수권의 소멸시효가 완성된 경우
④ 그 밖에 다음의 어느 하나에 해당하는 사유가 있는 경우
    ㉮ 체납액의 부과결정의 취소 등에 따라 체납된 관세(세관장이 부과 · 징수하는 내국세등을 포함한다) 가 5,000만원 미만이 된 경우
    ㉯ 법 시행령 제141조의11(출국금지 등의 요청) 제1항에 따른 출국금지 요청의 요건을 충족하지 않게 된 경우

(4) 위의 1) (1)부터 (3)까지에서 규정한 사항 외에 출국금지 및 출국정지 요청 등의 절차에 관하여 필요한 사항은 대통령령으로 정한다.

2) 출국금지의 요청

관세청장은 위의 1) (1)에 따라 법무부장관에게 체납자에 대한 출국금지를 요청하는 경우에는 해당 체납자가 위의 1) (1) 각 호 중 어느 항목에 해당하는지와 조세채권을 확보할 수 없고 강제징수를 회피할 우려가 있다고 인정하는 사유를 구체적으로 밝혀야 한다.

3) 출국금지의 해제 요청

관세청장은 출국금지 중인 사람에게 다음의 어느 하나에 해당하는 사유가 발생한 경우로서 강제징수를 회피할 목적으로 국외로 도피할 우려가 없다고 인정할 때에는 법무부장관에게 출국금지의 해제를 요청할 수 있다.

① 국외건설계약 체결, 수출신용장 개설, 외국인과의 합작사업계약 체결 등 구체적인 사업계획을 가지고 출국하려는 경우
② 국외에 거주하는 직계존비속이 사망하여 출국하려는 경우
③ 위의 ① 및 ②의 사유 외에 본인의 신병 치료 등 불가피한 사유로 출국할 필요가 있다고 인정되는 경우

⑮ 제116조의6(납세자 본인에 관한 과세정보의 전송 요구)

1) 의의

(1) 납세자는 관세청장에 대하여 본인에 관한 정보로서 법 제116조(비밀유지)에 따른 과세정보를 본인이나 본인이 지정하는 자로서 본인정보를 이용하여 업무를 처리하려는 다음에 해당하는 자에게 전송하여 줄 것을 요구할 수 있다.

① 납세자 본인
② 「관세사법」 제7조(등록)에 따라 등록한 관세사, 같은 법 제17조의2(관세법인의 등록)에 따라 등록한 관세법인 또는 같은 법 제19조(통관취급법인등)에 따라 등록한 통관취급법인등
③ 「세무사법」 제6조(등록) 에 따라 등록한 세무사 또는 같은 법 제16조의4에 따라 등록한 세무법인
④ 「세무사법」에 따라 세무대리를 할 수 있는 공인회계사 또는 변호사
⑤ 「전기통신사업법」 제2조(정의) 제8호에 따른 전기통신사업자로서 다음의 자를 말한다.

㉮ 「전기통신사업법」에 따른 전기통신사업자로서 「신용정보의 이용 및 보호에 관한 법률」 제33조의2(개인신용정보의 전송요구) 제1항 제2호부터 제5호까지에 해당하는 자
㉯ 그 밖에 「전기통신사업법」에 따른 전기통신사업자로서 본인정보의 활용 수요, 본인정보를 전송·수신하는 정보시스템의 안전성·신뢰성 및 개인정보 보호 수준 등을 고려하여 관세청장이 정하여 고시하는 자

(2) 관세청장은 위의 (1)에 따른 전송 요구를 받은 경우에는 별표 2의2 제1호 각 목에 따른 정보(납세자 본인에 관한 정보만 해당한다)에서 해당 정보를 컴퓨터 등 정보처리장치를 이용하여 처리 가능한 형태로 전송하여야 한다. 다만, 해당 정보의 유출로 국가의 안전보장 또는 국민경제의 발전에 지장을 줄 우려가 있는 정보는 제외한다.

(3) 납세자는 위의 (1)에 따른 전송 요구를 철회할 수 있다.

(4) 위의 (2)에도 불구하고 관세청장은 다음의 어느 하나에 해당하는 경우에는 위의 (1)에 따른 전송 요구를 거절하거나 전송을 중단할 수 있다. 이 경우 관세청장은 지체 없이 해당 사실을 납세자에게 통지하여야 한다.

① 납세자 본인이 전송 요구를 한 사실이 확인되지 않은 경우
② 납세자 본인이 전송 요구를 했으나 제3자의 기망이나 협박 때문에 전송 요구를 한 것으로 의심되는 경우
③ 위의 1) (1) 각 호의 자가 아닌 자에게 전송해 줄 것을 요구한 경우
④ 아래의 (5)에 따른 전송 요구 방법을 따르지 않은 경우

(5) 납세자는 위의 (1) 각 호의 어느 하나에 해당하는 자에게 위의 (1)에 따른 전송 요구를 할 때에는 다음의 사항을 모두 특정하여 전자문서나 그 밖에 안전성과 신뢰성이 확보된 방법으로 하여야 한다.

(6) 납세자는 위의 (1)에 따른 전송 요구로 인하여 타인의 권리나 정당한 이익을 침해하여서는 아니 된다.

(7) 위의 (1)부터 (6)까지에서 규정한 사항 외에 전송 요구의 방법, 전송의 기한·주기 및 방법, 전송 요구 철회의 방법 등 필요한 사항은 대통령령으로 정한다.

(8) 관세청장은 이 조에 따른 과세정보의 전송 업무를 법 제322조(통계 및 증명서의 작성 및 교부 등) 제5항에 따른 대행기관에 대행하게 할 수 있다. 이 경우 관세청장은 과세정보 전송 업무를 위하여 기초자료를 대행기관에 제공하여야 한다.

(9) 위의 (2)에 따라 전송된 과세정보를 알게 된 위의 (1) 각 호(①는 제외한다)의 자 또는 위의 (8)에 따라 과세정보의 전송 업무를 대행하는 자는 대통령령으로 정하는 바에 따라 과세정보의 유출을 방지하기 위한 시스템 구축 등 과세정보의 안정성 확보를 위한 조치를 하여야 한다.

(10) 위의 (2)에 따라 전송된 과세정보를 알게 된 위의 (1) 각 호(①는 제외한다)의 자 또는 위의 (8)에 따라 과세정보의 전송 업무를 대행하는 자는 과세정보를 타인에게 제공 또는 누설하거나 그 목적 외의 용도로 사용하여서는 아니 된다.

(11) 위의 (1)에 따른 과세정보를 전송 요구하려는 자는 기획재정부령으로 정하는 바에 따라 관세청장에게 수수료를 납부하여야 한다. 다만, 위의 (8)에 따라 대행기관이 업무를 대행하는 경우에는 대행기관이 정하는 수수료를 해당 대행기관에 납부하여야 한다.

2) 납세자 본인의 과세정보 전송 요구

(1) 납세자는 위의 1) (1)에 따라 과세정보의 전송을 요구하는 경우(납세자 본인에게 전송할 것을 요구하는 경우는 제외한다)에는 과세정보의 보관기간을 특정하여 요구해야 한다.

(2) 위의 1) (1)에 따라 전송 요구를 받은 관세청장은 전송 요구를 받은 과세정보를 컴퓨터 등 정보처리장치로 처리가 가능한 방식으로 즉시 전송해야 한다. 다만, 전산시스템의 문제 발생 등으로 전송이 지연되거나 불가한 경우에는 전송이 지연된 사실 및 그 사유를 납세자에게 통지하고, 그 사유가 해소되면 즉시 과세정보를 전송해야 한다.

(3) 관세청장은 납세자의 요구가 있는 경우에는 해당 과세정보의 정확성 및 최신성이 유지될 수 있도록 정기적으로 같은 내역의 과세정보를 전송할 수 있다.

(4) 납세자는 위의 1) (3)에 따라 전송 요구를 철회하는 경우에는 다음의 어느 하나에 해당하는 방법으로 해야 한다.

① 서면
② 「전자서명법」 제2조(정의) 제2호에 따른 전자서명(서명자의 실지명의를 확인할 수 있는 것으로 한정한다)이 있는 전자문서(「전자문서 및 전자거래 기본법」 제2조(정의) 제1호에 따른 전자문서를 말한다)
③ 그 밖에 안전성과 신뢰성이 확보된 방법으로서 관세청장이 정하여 고시하는 방법

(5) 다음의 어느 하나에 해당하는 자(이하 "전송과세정보 공유자"라 한다)는 위의 1) (9)에 따라 과세정보의 안전성을 확보하기 위해 법 시행령 제141조의4(과세정보의 안전성 확보) 제1항 각 호의 조치를 해야 한다.

① 위의 1) (2)에 따라 전송된 과세정보를 알게 된 1) (1) ②부터 ⑤까지에 해당하는 자
② 위의 1) (8)에 따라 과세정보의 전송 업무를 대행하는 자

(6) 전송과세정보 공유자는 위의 (5)에 따른 조치의 이행 여부를 주기적으로 점검해야 한다.

(7) 관세청장은 전송과세정보 공유자에게 위의 (6)에 따른 점검결과의 제출을 요청할 수 있으며, 해당 요청을 받은 자는 그 점검결과를 관세청장에게 제출해야 한다.

(8) 위의 (1)부터 (7)까지에서 규정한 사항 외에 과세정보의 전송 요구 절차 등에 관하여 필요한 사항은 관세청장이 정하여 고시한다.

3) 과세정보 전송 요구에 따른 수수료

위의 1) (11) 본문에 따라 과세정보 전송을 요구하려는 자가 관세청장에게 납부해야 하는 수수료에 관하여는 별표 7 제3호를 준용한다.

16 제117조(정보의 제공)

세관공무원은 납세자가 납세자의 권리행사에 필요한 정보를 요구하면 신속하게 제공하여야 한다. 이 경우 세관공무원은 납세자가 요구한 정보와 관련되어 있어 관세청장이 정하는 바에 따라 납세자가 반드시 알아야 한다고 판단되는 그 밖의 정보도 함께 제공하여야 한다.

17 제118조(과세전 적부심사)

1) 의의

(1) 세관장은 법 제38조의3(수정 및 경정) 제6항 또는 제39조(부과고지) 제2항에 따라 납부세액이나 납부하여야 하는 세액에 미치지 못한 금액을 징수하려는 경우에는 미리 납세의무자에게 그 내용을 서면으로 통지하여야 한다. 다만, 다음의 어느 하나에 해당하는 경우에는 통지를 생략할 수 있다.

① 통지하려는 날부터 3개월 이내에 법 제21조(관세부과의 제척기간)에 따른 관세부과의 제척기간이 만료되는 경우
② 법 제28조(잠정가격의 신고 등) 제2항에 따라 납세의무자가 확정가격을 신고한 경우
③ 법 제38조(신고납부) 제2항 단서에 따라 수입신고 수리 전에 세액을 심사하는 경우로서 그 결과에 따라 부족세액을 징수하는 경우
④ 법 제97조(재수출면세) 제3항(제98조(재수출 감면) 제2항에 따라 준용되는 경우를 포함한다)에 따라 면제된 관세를 징수하거나 법 제102조(관세감면물품의 사후관리) 제2항에 따라 감면된 관세를 징수하는 경우
⑤ 법 제270조(관세포탈죄 등)에 따른 관세포탈죄로 고발되어 포탈세액을 징수하는 경우
⑥ 그 밖에 관세의 징수가 곤란하게 되는 등 사전통지가 적당하지 아니한 경우로서 다음의 어느 하나에 해당하는 경우

　㉮ 납부세액의 계산착오 등 명백한 오류에 의하여 부족하게 된 세액을 징수하는 경우
　㉯ 「감사원법」 제33조(시정 등의 요구)에 따른 감사원의 시정요구에 따라 징수하는 경우
　㉰ 납세의무자가 부도·휴업·폐업 또는 파산한 경우
　㉱ 법 제85조(품목분류의 적용기준 등)에 따른 관세품목분류위원회의 의결에 따라 결정한 품목분류에

의하여 수출입물품에 적용할 세율이나 품목분류의 세번이 변경되어 부족한 세액을 징수하는 경우
⑩ 법 제118조(과세전적부심사) 제4항 제2호 후단 및 제128조(결정) 제1항 제3호 후단(법 제132조 (이의신청) 제4항에서 준용하는 경우를 포함한다)에 따른 재조사 결과에 따라 해당 처분의 취소· 경정을 하거나 필요한 처분을 하는 경우

(2) 납세의무자는 위의 (1)에 따른 통지를 받았을 때에는 그 통지를 받은 날부터 30일 이내에 기획재정부령으로 정하는 세관장에게 통지 내용이 적법한지에 대한 심사(이하 "과세전 적부심사"라 한다)를 청구할 수 있다. 다만, 다음의 어느 하나에 해당하는 경우에는 관세청장에게 이를 청구할 수 있다.

① 관세청장의 훈령·예규·고시 등과 관련하여 새로운 해석이 필요한 경우
② 관세청장의 업무감사결과 또는 업무지시에 따라 세액을 경정하거나 부족한 세액을 징수하는 경우
③ 관세평가분류원장의 품목분류 및 유권해석에 따라 수출입물품에 적용할 세율이나 물품분류의 관세율표 번호가 변경되어 세액을 경정하거나 부족한 세액을 징수하는 경우
④ 동일 납세의무자가 동일한 사안에 대하여 둘 이상의 세관장에게 과세전 적부심사를 청구하여야 하는 경우
⑤ 위의 ①부터 ④까지의 규정에 해당하지 아니하는 경우로서 과세전 적부심사 청구금액이 5억원 이상인 것

(3) 과세전 적부심사를 청구받은 세관장이나 관세청장은 그 청구를 받은 날부터 30일 이내에 법 제118조의4(납세자보호위원회) 제9항 전단에 따른 관세심사위원회의 심사를 거쳐 결정을 하고, 그 결과를 청구인에게 통지하여야 한다. 다만, 다음의 어느 하나의 사유에 해당하는 경우에는 해당 위원회의 심사를 거치지 아니하고 결정할 수 있다.

① 과세전 적부심사 청구기간이 지난 후 과세전적부심사청구가 제기된 경우
② 위의 (1) 각 호 외의 부분 본문에 따른 통지가 없는 경우
③ 위의 (1) 각 호 외의 부분 본문에 따른 통지가 청구인에게 한 것이 아닌 경우
④ 아래의 (6)에 따라 준용되는 법 제123조(심사청구서의 보정) 제1항 본문에 따른 보정기간 내에 보정을 하지 아니한 경우
⑤ 과세전 적부심사청구의 대상이 되는 통지의 내용이나 쟁점 등이 이미 법 제118조의4(납세자보호위원회) 제9항 전단에 따른 관세심사위원회(이하 "관세심사위원회"라 한다)의 심의를 거쳐 결정된 사항과 동일한 경우

(4) 과세전 적부심사 청구에 대한 결정은 다음의 구분에 따른다.

① 청구가 이유 없다고 인정되는 경우 : 채택하지 아니한다는 결정
② 청구가 이유 있다고 인정되는 경우 : 청구의 전부 또는 일부를 채택하는 결정. 이 경우 구체적인 채택의 범위를 정하기 위하여 사실관계 확인 등 추가적으로 조사가 필요한 경우에는 위의 (1) 본문에 따른 통지를 한 세관장으로 하여금 이를 재조사하여 그 결과에 따라 당초 통지 내용을 수정하여 통지하도록 하는 재조사 결정을 할 수 있다.
③ 청구기간이 지났거나 보정기간 내에 보정하지 아니하는 경우 또는 적법하지 아니한 청구를 하는 경우 : 심사하지 아니한다는 결정

(5) 위의 (1) 각 호 외의 부분 본문에 따른 통지를 받은 자는 과세전 적부심사를 청구하지 아니하고 통지를 한 세관장에게 통지받은 내용의 전부 또는 일부에 대하여 조기에 경정해 줄 것을 신청할 수 있다. 이 경우 해당 세관장은 즉시 신청받은 대로 세액을 경정하여야 한다.

(6) 과세전 적부심사에 관하여는 법 제121조(심사청구기간) 제3항, 제122조(심사청구절차) 제2항, 제123조(심사청구서의 보정), 제126조(대리인), 제127조(결정절차) 제3항, 제128조(결정) 제4항부터 제6항까지, 제129조의2(정보통신망을 이용한 불복청구) 및 제130조(서류의 열람 및 의견진술)를 준용한다.

(7) 과세전 적부심사에 관하여는 「행정심판법」 제15조(선정대표자), 제16조(청구인의 지위 승계), 제20조(심판참가)부터 제22조(참가인의 지위)까지, 제29조(청구의 변경), 제39조(직권심리) 및 제40조(심리의 방식)를 준용한다. 이 경우 "위원회"는 "관세심사위원회"로 본다.

(8) 과세전 적부심사의 방법과 그 밖에 필요한 사항은 대통령령으로 정한다.

2) 과세전 적부심사의 청구

위의 1) (2) 본문에 따라 과세전 적부심사를 청구하는 세관장은 다음의 구분에 의한다.

① 인천공항세관장 및 김포공항세관장의 통지에 대한 과세전 적부심사인 경우 : 인천공항세관장
② 서울세관장·안양세관장·천안세관장·청주세관장·성남세관장·파주세관장·속초세관장·동해세관장 및 대전세관장의 통지에 대한 과세전 적부심사인 경우 : 서울세관장
③ 부산세관장·김해공항세관장·용당세관장·양산세관장·창원세관장·마산세관장·경남남부세관장 및 경남서부세관장의 통지에 대한 과세전 적부심사인 경우 : 부산세관장
④ 인천세관장·평택세관장·수원세관장 및 안산세관장의 통지에 대한 과세전 적부심사인 경우 : 인천세관장
⑤ 대구세관장·울산세관장·구미세관장 및 포항세관장의 통지에 대한 과세전 적부심사인 경우 : 대구세관장
⑥ 광주세관장·광양세관장·목포세관장·여수세관장·군산세관장·제주세관장 및 전주세관장의 통지에 대한 과세전 적부심사인 경우 : 광주세관장

3) 과세전 적부심사의 범위 및 청구절차

납세의무자가 위의 1) (2)에 따른 과세전 적부심사를 청구한 경우 세관장은 그 청구 부분에 대하여 위의 1) (3)에 따른 결정이 있을 때까지 경정을 유보해야 한다. 다만, 다음의 어느 하나에 해당하는 경우에는 그렇지 않다.

① 과세전 적부심사를 청구한 날부터 법 제21조(관세부과의 제척기간)에 따른 관세부과의 제척기간 만료일까지 남은 기간이 3개월 이하인 경우
② 위의 1) (1) 각 호의 어느 하나에 해당하는 경우
③ 납세의무자가 과세전 적부심사를 청구한 이후 세관장에게 조기에 경정해 줄 것을 신청한 경우

4) 재조사 결과에 따른 처분의 통지

관세청장 또는 세관장은 위의 1) (4) ② 후단 및 법 제128조(결정) 제1항 제3호 후단(법 제132조(이의신청) 제4항에서 준용하는 경우를 포함한다)에 따른 재조사 결과에 따라 대상이 된 처분의 취소·경정을 하거나 필요한 처분을 하였을 때에는 그 처분결과를 지체 없이 서면으로 과세전 적부심사 청구인 또는 심사청구인(법 제132조(이의신청) 제4항에서 준용하는 경우에는 이의신청인을 말한다)에게 통지하여야 한다.

18 제118조의2(관세청장의 납세자 권리보호)

1) 의의

(1) 관세청장은 직무를 수행할 때 납세자의 권리가 보호되고 실현될 수 있도록 성실하게 노력하여야 한다.

(2) 납세자의 권리보호를 위하여 관세청에 납세자 권리보호업무를 총괄하는 납세자보호관을 두고, 인천공항세관·서울세관·부산세관·인천세관·대구세관 및 광주세관(이하 "본부세관"이라 한다)에 납세자 권리보호업무를 수행하는 담당관을 각각 1명을 둔다.

(3) 관세청장은 납세자보호관을 개방형직위로 운영하고 납세자보호관 및 담당관이 업무를 수행할 때 독립성이 보장될 수 있도록 하여야 한다. 이 경우 납세자보호관은 관세·법률·재정 분야의 전문지식과 경험을 갖춘 사람으로서 다음의 하나에 해당하지 아니하는 사람을 대상으로 공개모집한다.

① 세관공무원
② 세관공무원으로 퇴직한 지 3년이 지나지 아니한 사람

　(4) 관세청장은 납세자 권리보호업무의 추진실적 등의 자료를 일반 국민에게 정기적으로 공개하여야 한다.

　(5) 납세자보호관 및 담당관은 세금 관련 고충민원의 처리 등 대통령령으로 정하는 직무 및 권한을 가지며, 납세자보호관 및 담당관의 자격 등 납세자보호관 제도의 운영에 필요한 사항은 대통령령으로 정한다.

2) 납세자보호관 및 담당관의 자격·직무

　(1) 위의 1) (5)에 따른 납세자보호관(이하 "납세자보호관"이라 한다)의 직무 및 권한은 다음과 같다.

① 위법·부당한 관세조사 및 관세조사 중 세관공무원의 위법·부당한 행위에 대한 일시중지 및 중지
② 위법·부당한 처분(법에 따른 납부고지는 제외한다)에 대한 시정요구
③ 위법·부당한 처분이 있을 수 있다고 인정되는 경우 그 처분 절차의 일시중지 및 중지
④ 납세서비스 관련 제도·절차 개선에 관한 사항
⑤ 납세자의 권리보호업무에 관하여 위의 1) (2)에 따른 담당관(이하 "납세자보호담당관"이라 한다)에 대한
　 지도·감독
⑥ 세금 관련 고충민원의 해소 등 납세자 권리보호에 관한 사항
⑦ 그 밖에 납세자의 권리보호와 관련하여 관세청장이 정하는 사항

　(2) 납세자보호관은 업무를 효율적으로 수행하기 위하여 납세자보호담당관에게 그 직무와 권한의 일부를 위임할 수 있다.

　(3) 납세자보호담당관은 관세청 소속 공무원 중에서 그 직급·경력 등을 고려하여 관세청장이 정하는 기준에 해당하는 사람으로 한다.

　(4) 납세자보호담당관의 직무 및 권한은 다음과 같다.

① 세금 관련 고충민원의 처리 등 납세자 권리보호에 관한 사항
② 위의 (3)에 따라 위임받은 업무
③ 그 밖에 납세자 권리보호에 관하여 관세청장이 정하는 사항

19 **제118조의3(납세자의 협력의무)**

납세자는 세관공무원의 적법한 질문·조사, 제출명령에 대하여 성실하게 협력하여야 한다.

20 **제118조의4(납세자보호위원회)**

1) 의의

(1) 다음의 사항을 심의(아래의 ③의 사항은 의결을 포함한다)하기 위하여 법 제118조의2(관세청장의 납세자 권리보호) 제2항의 세관 및 관세청에 납세자보호위원회(이하 "납세자보호위원회"라 한다)를 둔다.

① 납세자 권리보호에 관한 사항
② 법 제118조(과세전 적부심사) 제2항에 따른 과세전 적부심사
③ 법 제122조(「행정소송법」 등과의 관계) 제1항에 따른 심사청구
④ 법 제132조(이의신청) 제1항에 따른 이의신청

(2) 위의 (1)에 따라 법 제118조의2(관세청장의 납세자 권리 보호) 제2항의 세관에 두는 납세자보호위원회(이하 "세관 납세자보호위원회"라 한다)는 다음의 사항을 심의한다.

① 관세조사 범위의 확대
② 관세조사 기간 연장에 대한 납세자의 관세조사 일시중지 또는 중지 요청
③ 위법·부당한 관세조사 및 관세조사 중 세관공무원의 위법·부당한 행위에 대한 납세자의 관세조사 일시
   중지 또는 중지 요청
④ 법 제114조의2(장부·서류 등의 보관 금지) 제4항 단서에 따른 장부등의 일시 보관 기간 연장
⑤ 법 제118조(과세전 적부심사) 제2항 본문에 따른 과세전 적부심사
⑥ 법 제132조(이의신청) 제1항에 따른 이의신청
⑦ 그 밖에 고충민원의 처리 등 납세자의 권리보호를 위하여 납세자보호담당관이 심의가 필요하다고 인정하
   는 안건

(3) 위의 (1)에 따라 관세청에 두는 납세자보호위원회(이하 "관세청 납세자보호위원회"라 한다)는 다음의 사항을 심의(아래의 ③의 사항은 의결을 포함한다)한다.

(4) 납세자보호위원회의 위원장은 다음의 구분에 따른 사람이 된다.

(5) 납세자보호위원회의 위원은 관세·법률·재정 분야에 전문적인 학식과 경험이 풍부한 사람과 관계 공무원 중에서 관세청장(세관 납세자보호위원회의 위원은 해당 세관장)이 임명 또는 위촉한다.

(6) 납세자보호위원회의 위원은 업무 중 알게 된 과세정보를 타인에게 제공 또는 누설하거나 목적 외의 용도로 사용해서는 아니 된다.

(7) 납세자보호위원회의 위원은 공정한 심의를 기대하기 어려운 사정이 있다고 인정될 때에는 대통령령으로 정하는 바에 따라 위원회 회의에서 제척되거나 회피하여야 한다.

(8) 위의 (2) ⑤·⑥ 및 위의 (3) ②·③의 사항을 심의하거나 심의·의결하기 위하여 세관 납세자보호위원회 및 관세청 납세자보호위원회에 각각 분과위원회로 관세심사위원회(이하 "관세심사위원회"라 한다)를 둔다. 이 경우 관세심사위원회의 심의 또는 심의·의결은 납세자보호위원회의 심의 또는 심의·의결로 본다.

(9) 납세자보호위원회의 구성 및 운영 등에 필요한 사항은 대통령령으로 정한다.

(10) 납세자보호관은 납세자보호위원회의 의결사항에 대한 이행여부 등을 감독한다.

2) 납세자보호위원회의 위원

(1) 위의 1) (1)에 따른 납세자보호위원회(이하 "위원회"라 한다)는 위의 1) (4)에 따른 위원장(이하 이 조 및 법 제144조의4(납세자보호위원회의 운영)에서 "위원장"이라 한다) 1명을 포함하여 다음의 구분에 따른 위원으로 구성한다.

① 본부세관에 두는 위원회 : 160명 이내의 위원
② 관세청에 두는 위원회 : 45명 이내의 위원

(2) 위원회의 위원은 다음의 구분에 따른 사람이 된다.
① 본부세관에 두는 위원회: 다음의 사람

㉮ 납세자보호담당관 1명
㉯ 해당 본부세관의 5급 이상의 공무원 중 본부세관장이 임명하는 7명 이내의 사람
㉰ 관세청장이 정하는 일선세관(본부세관 외의 세관을 말한다)의 5급 이상의 공무원 중 본부세관장이 임명하는 40명 이내의 사람(일선세관별 임명 위원은 5명 이내로 한다)
㉱ 관세 · 법률 · 재정 분야에 관한 전문적인 학식과 경험이 풍부한 사람으로서 본부세관장이 성별을 고려하여 위촉하는 32명 이내의 사람
㉲ 관세 · 법률 · 재정 분야에 관한 전문적인 학식과 경험이 풍부한 사람으로서 일선세관장이 성별을 고려하여 추천한 사람 중에서 본부세관장이 위촉하는 80명 이내의 사람(일선세관별 위촉 위원은 10명 이내로 한다)

② 관세청에 두는 위원회: 다음 각 목의 사람

㉮ 납세자보호관 1명
㉯ 관세청의 3급 또는 고위공무원단에 속하는 공무원 중에서 관세청장이 임명하는 9명 이내의 사람
㉰ 관세 · 법률 · 재정 분야의 전문가 중에서 관세청장이 성별을 고려하여 위촉하는 22명 이내의 사람(기획재정부장관이 추천하여 위촉하는 7명 이내의 사람을 포함한다)
㉱ 「관세사법」 제21조(관세사회의 설립)에 따른 관세사회의 장이 추천하는 5년 이상 경력을 가진 관세사 중에서 관세청장이 위촉하는 사람 3명
㉲ 「세무사법」 제18조(설립과 감독)에 따른 한국세무사회의 장이 추천하는 5년 이상 경력을 가진 세무사 또는 「공인회계사법」 제41조(목적 및 설립)에 따른 한국공인회계사회의 장이 추천하는 5년 이상의 경력을 가진 공인회계사 중에서 관세청장이 위촉하는 사람 3명
㉳ 「변호사법」에 따른 대한변호사협회의 장이 추천하는 5년 이상 경력을 가진 변호사 중에서 관세청장이 위촉하는 사람 3명
㉴ 「비영리민간단체 지원법」 제2조(정의)에 따른 비영리민간단체가 추천하는 5년 이상의 경력을 가진 관세 · 법률 · 재정 분야의 전문가 중에서 관세청장이 위촉하는 사람 4명

③ 위원장은 위원회를 대표하고 위원회의 업무를 총괄한다.
④ 위원장이 부득이한 사유로 직무를 수행할 수 없을 때에는 관세청장(본부세관에 두는 위원회의 경우에는 해당 세관장을 말한다)이 위촉하는 위원(이하 이 조 및 법 시행령 제144조의4(납세자보호위원회의 운영)에서 "민간위원"이라 한다) 중 위원장이 미리 지명한 위원이 그 직무를 대행한다.

⑤ 위원장과 민간위원의 임기는 2년으로 하며, 한 차례만 연임할 수 있다.

⑥ 다음의 어느 하나에 해당하는 사람은 민간위원이 될 수 없다.

㉮ 최근 3년 이내에 세관 또는 관세청에서 공무원으로 근무한 사람
㉯ 「공직자윤리법」 제17조(퇴직공직자의 취업제한)에 따른 취업심사대상기관에 소속되어 있거나 취업심사 대상기관에서 퇴직한 지 3년이 지나지 않은 사람
㉰ 「관세사법」 제27조(징계), 「세무사법」 제17조(징계), 「공인회계사법」 제48조(징계) 또는 「변호사법」 제90조(징계의 종류)에 따른 징계처분을 받은 날부터 5년이 지나지 않은 사람
㉱ 그 밖에 공정한 직무수행에 지장이 있다고 인정되는 사람으로서 관세청장이 정하는 사람

⑦ 관세청장(본부세관에 두는 위원회의 경우에는 해당 세관장을 말한다)은 위원장과 위원(납세자보호담당관 및 납세자보호관인 위원은 제외한다)이 다음의 어느 하나에 해당하는 경우에는 해당 위원을 해임하거나 해촉할 수 있다.

㉮ 심신장애로 인하여 직무를 수행할 수 없게 된 경우
㉯ 직무와 관련된 비위사실이 있는 경우
㉰ 직무태만, 품위손상이나 그 밖의 사유로 인하여 위원으로 적합하지 않다고 인정되는 경우
㉱ 위원 스스로 직무를 수행하는 것이 곤란하다고 의사를 밝히는 경우
㉲ 아래의 3) (7) 각 호의 어느 하나에 해당함에도 불구하고 회피하지 않은 경우

3) 납세자보호위원회의 운영

(1) 위원장은 다음의 어느 하나에 해당하는 경우 기일을 정하여 위원회의 회의를 소집하고, 그 의장이 된다.

① 다음의 구분에 따른 안건에 대한 심의가 필요하다고 인정되는 경우

　㉮ 본부세관에 두는 위원회 : 위의 1) (2) 각 호의 안건
　㉯ 관세청에 두는 위원회 : 위의 1) (3) 각 호의 안건

② 다음의 구분에 따른 안건에 대하여 납세자보호관 또는 납세자보호담당관인 위원의 요구가 있는 경우

　㉮ 본부세관에 두는 위원회 : 위의 1) (2) ①부터 ④까지 및 ⑦의 안건
　㉯ 관세청에 두는 위원회 : 위의 1) (3) ① 및 ④의 안건

(2) 위원회의 회의는 위원장과 다음의 구분에 따른 사람으로 구성한다.

① 본부세관에 두는 위원회 : 다음의 구분에 따른 사람

㉮ 위의 1) (2) ①부터 ④까지 및 ⑦의 안건 : 납세자보호담당관과 위원장이 납세자보호담당관인 위원의 의견을 들어 회의마다 성별을 고려하여 지정하는 사람 9명
㉯ 위의 1) (2) ⑤ 및 ⑥의 안건 : 위원장이 본부세관장의 의견을 들어 회의마다 성별을 고려하여 지정하는 사람 9명

② 관세청에 두는 위원회 : 다음의 구분에 따른 사람

㉮ 위의 1) (3) ① 및 ④의 안건 : 납세자보호관과 위원장이 납세자보호관인 위원의 의견을 들어 회의마다 성별을 고려하여 지정하는 사람 9명
㉯ 위의 1) (3) ② 및 ③의 안건 : 위원장이 관세청장의 의견을 들어 회의마다 성별을 고려하여 지정하는 사람 9명

(3) 위의 (2)에 따른 위원회의 회의는 다음에서 정하는 기준에 따라 구성해야 한다.

① 위의 (2) ① ㉮ 및 (2) ② ㉮ : 민간위원이 아닌 위원이 2명 이하일 것
② 위의 (2) ① ㉯ 및 (2) ② ㉯ : 민간위원이 1/2 이상일 것

(4) 위원회의 회의는 위의 (2) 및 (3)에 따라 구성된 위원 과반수의 출석으로 개의하고, 출석위원 과반수의 찬성으로 의결한다.

(5) 위원회의 회의는 공개하지 않는다. 다만, 다음의 어느 하나에 해당하는 경우에는 공개할 수 있다.

① 위의 1) (2) ①부터 ④까지, ⑦, 1) (3) ① 및 ④의 안건: 위원장이 납세자보호관 또는 납세자보호담당관인 위원의 의견을 들어 공개가 필요하다고 인정하는 경우
② 위의 1) (2) ⑤ · ⑥, 1) (3) ② · ③의 안건: 해당 안건과 관련된 법 시행령 제144조의6(납세자보호위원회의 구성 등) 제3항 각 호에 따른 관세심사위원회의 위원장이 필요하다고 인정하여 위원장에게 요청하는 경우

(6) 위원회에 그 사무를 처리하는 간사 1명을 두고, 간사는 다음의 구분에 따른 사람이 된다.

① 본부세관에 두는 위원회: 해당 본부세관장이 소속 공무원 중에서 지명하는 사람
② 관세청에 두는 위원회: 관세청장이 소속 공무원 중에서 지명하는 사람

(7) 위원회의 위원은 다음의 구분에 따라 위원회의 심의·의결에서 제척된다.

① 위의 1) (2) ①부터 ④까지, ⑦, 1) (3) ① 및 ④의 안건의 경우 : 다음의 어느 하나에 해당하는 경우

- ㉮ 심의의 대상이 되는 관세조사를 받는 사람(이하 "조사대상자"라 한다)인 경우 또는 조사대상자의 관세조사에 대하여 법 제112조(관세조사의 경우 조력을 받을 권리)에 따라 조력을 제공하거나 제공했던 사람인 경우
- ㉯ 위의 ㉮에 규정된 사람의 친족이거나 친족이었던 경우
- ㉰ 위의 ㉮에 규정된 사람의 사용인이거나 사용인이었던 경우
- ㉱ 심의의 대상이 되는 관세조사에 관하여 증언 또는 감정을 한 경우
- ㉲ 심의의 대상이 되는 관세조사 착수일 전 최근 5년 이내에 조사대상자의 법에 따른 신고·신청·청구에 관여했던 경우
- ㉳ 위의 ㉱ 또는 ㉲에 해당하는 법인 또는 단체에 속하거나 심의의 대상이 되는 관세조사의 착수일 전 최근 5년 이내에 속했던 경우
- ㉴ 그 밖에 조사대상자 또는 조사대상자의 관세조사에 대하여 법 제112조에 따라 조력을 제공하는 자의 업무에 관여하거나 관여했던 경우

② 위의 1) (2) ⑤·⑥, 1) (3) ②·③의 안건(관세심사위원회에서 심의·의결하는 안건을 포함한다)의 경우 : 다음의 어느 하나에 해당하는 경우

- ㉮ 위원이 해당 안건의 당사자(당사자가 법인·단체 등인 경우에는 그 임원을 포함한다)이거나 해당 안건에 관하여 직접적인 이해관계가 있는 경우
- ㉯ 위원의 배우자, 4촌 이내의 혈족 및 2촌 이내의 인척의 관계에 있는 사람이 해당 안건의 당사자이거나 해당 안건에 관하여 직접적인 이해관계가 있는 경우
- ㉰ 위원이 해당 안건 당사자의 대리인이거나 최근 5년 이내에 대리인이었던 경우
- ㉱ 위원이 해당 안건 당사자의 대리인이거나 최근 5년 이내에 대리인이었던 법인·단체 등에 현재 속하고 있거나 속하였던 경우
- ㉲ 위원이 최근 5년 이내에 해당 안건 당사자의 자문·고문에 응하였거나 해당 안건 당사자와 연구·용역 등의 업무 수행에 동업 또는 그 밖의 형태로 직접 해당 안건 당사자의 업무에 관여를 하였던 경우
- ㉳ 위원이 최근 5년 이내에 해당 안건 당사자의 자문·고문에 응하였거나 해당 안건 당사자와 연구·용역 등의 업무 수행에 동업 또는 그 밖의 형태로 직접 해당 안건 당사자의 업무에 관여를 하였던 법인·단체 등에 현재 속하고 있거나 속하였던 경우

(8) 위원회의 위원은 위의 (7)의 어느 하나에 해당하는 경우에는 스스로 해당 안건의 심의·의결에서 회피해야 한다.

(9) 제144조의3(납세자보호위원회의 위원) 및 위의 (1)부터 (8)까지에서 규정한 사항 외에 위원회의 구성 및 운영 등에 필요한 사항은 관세청장이 정한다.

4) 관세심사위원회의 구성

(1) 다음의 구분에 따라 납세자보호위원회에 관세심사위원회를 둔다. 이 경우 아래의 ① ㉯의 위원회는 관세청장이 정하는 바에 따라 본부세관에 둔다.

① 본부세관 납세자보호위원회에 두는 관세심사위원회: 다음의 분과위원회

> ㉮ 본부세관분과 관세심사위원회 : 1개
> ㉯ 일선세관분과 관세심사위원회 : 8개 이내

② 관세청 납세자보호위원회에 두는 관세심사위원회: 관세청 관세심사위원회 1개

(2) 관세심사위원회는 해당 위원회의 위원장(이하 이 조 및 법 시행령 제144조의7(관세심사위원회의 운영)에서 "위원장"이라 한다) 1명을 포함하여 다음의 구분에 따른 위원으로 구성한다.

① 본부세관 납세자보호위원회에 두는 관세심사위원회 : 다음의 위원

> ㉮ 본부세관분과 관세심사위원회 : 22명 이내의 위원
> ㉯ 일선세관분과 관세심사위원회 : 15명 이내의 위원

② 관세청 납세자보호위원회에 두는 관세심사위원회 : 31명 이내의 위원

(3) 위원장은 다음의 구분에 따른 사람이 된다.

① 본부세관 납세자보호위원회에 두는 관세심사위원회 : 다음의 사람

> ㉮ 본부세관분과 관세심사위원회 : 위의 2) (2) ① ㉯의 위원 중 본부세관장이 임명하는 사람
> ㉯ 일선세관분과 관세심사위원회 : 위의 2) (2) ① ㉯의 위원 중 본부세관장이 임명하는 사람

② 관세청 납세자보호위원회에 두는 관세심사위원회 : 위의 2) (2) ② ㉯의 위원 중 관세청장이 임명하는 사람

(4) 관세심사위원회는 위원장 1명을 포함하여 다음의 구분에 따른 사람으로 구성한다.

① 본부세관 납세자보호위원회에 두는 관세심사위원회: 다음에서 정하는 분과위원회별 구분에 따른 사람

㉮ 본부세관분과 관세심사위원회 : 다음 구분에 따른 사람

> (ㄱ) 위의 2) (2) ① ㉯에 해당하는 위원 중 본부세관장이 임명하는 7명 이내의 사람
> (ㄴ) 위의 2) (2) ① ㉑에 해당하는 위원 중 본부세관장이 위촉하는 15명 이내의 사람

④ 일선세관분과 관세심사위원회 : 다음 구분에 따른 사람

> ㉠ 위의 2) (2) ① ㉰에 해당하는 위원 중 본부세관장이 임명하는 5명 이내의 사람
> ㉡ 위의 2) (2) ① ㉱에 해당하는 위원 중 본부세관장이 위촉하는 10명 이내의 사람

② 관세청 납세자보호위원회에 두는 관세심사위원회 : 다음의 사람

㉮ 위의 2) (2) ② ㉯에 해당하는 위원 중 관세청장이 임명하는 9명 이내의 사람
㉯ 위의 2) (2) ② ㉱에 해당하는 위원 중 관세청장이 위촉하는 22명 이내의 사람

(5) 위원장은 관세심사위원회를 대표하고, 관세심사위원회의 업무를 총괄한다.

(6) 관세심사위원회는 위원장이 부득이한 사유로 직무를 수행할 수 없을 때에는 위의 (4) 각 호에 해당하는 관세심사위원회의 위원 중 위원장(관세청에 두는 관세심사위원회의 경우에는 관세청장을 말한다)이 미리 지명한 위원이 그 직무를 대행한다.

5) 관세심사위원회의 운영

(1) 위원장은 다음의 구분에 따른 안건에 대한 심의가 필요한 경우 기일을 정하여 관세심사위원회의 회의를 소집하고 그 의장이 된다.

① 본부세관 납세자보호위원회에 두는 관세심사위원회 : 위의 1) (2) ⑤ 및 ⑥의 안건
② 관세청 납세자보호위원회에 두는 관세심사위원회 : 위의 1) (3) ② 및 ③의 안건

(2) 관세심사위원회의 회의는 해당 위원장과 다음의 구분에 따른 위원으로 구성한다. 이 경우 민간위원을 1/2 이상 포함해야 한다.

① 본부세관 납세자보호위원회에 두는 관세심사위원회 : 다음의 구분에 따른 사람

> 가. 본부세관분과 관세심사위원회 : 위의 4) (4) ① ㉮ ㉠ 및 ㉡에 해당하는 위원 중 위원장이 회의마다 지정하는 사람 8명
> 나. 일선세관분과 관세심사위원회 : 위의 4) (4) ① ㉯ ㉠ 및 ㉡에 해당하는 위원 중 위원장이 회의마다 지정하는 사람 6명

② 관세청 납세자보호위원회에 두는 관세심사위원회 : 위의 4) (4) ② ㉮ 및 ㉯에 해당하는 위원 중 위원장이 회의마다 지정하는 사람 10명

(3) 위원장은 위의 (1)에 따라 기일을 정하였을 때에는 그 기일 7일 전까지 위의 (2)에 따라 지정된 위원 및 해당 청구인 또는 신청인에게 통지해야 한다.

(4) 위원장은 위의 (1)에 따른 관세심사위원회를 소집하는 경우 안건과 관련된 세관장 또는 처분권자를 회의에 참석하도록 요청할 수 있다.

(5) 관세심사위원회의 회의는 위의 (2)에 따라 구성된 위원 과반수의 출석으로 개의하고, 출석위원 과반수의 찬성으로 의결한다.

(6) 관세심사위원회에 그 사무를 처리하기 위하여 간사 1명을 두고, 간사는 위원장이 소속 공무원 중에서 지명한다.

(7) 관세심사위원회의 위원은 관세심사위원회에서 심의·의결하는 안건과 관련하여 위의 3) (7) ② 각 목의 어느 하나에 해당하는 경우에는 스스로 해당 안건의 심의·의결에서 회피해야 한다.

(8) 위의 4) 및 위의 (1)부터 (7)까지에서 규정한 사항 외에 관세심사위원회의 구성 및 운영 등에 필요한 사항은 위의 1) (1)에 따른 납세자보호위원회의 의결을 거쳐 위원장이 정한다.

㉑ 제118조의5(납세자보호위원회에 대한 납세자의 심의 요청 및 결과 통지 등)

1) 의의

(1) 납세자는 관세조사 기간이 끝나는 날까지 법 제118조의2(관세청장의 납세자 권리보호) 제2항의 세관의 세관장(이하 "세관장"이라 한다)에게 법 제118조의4(납세자보호위원회) 제2항 제2호 또는 제3호에 해당하는 사항에 대한 심의를 요청할 수 있다.

(2) 세관장은 법 제118조의4 제2항 제1호부터 제4호까지의 사항에 대하여 세관 납세자보호위원회의 심의를 거쳐 결정을 하고, 납세자에게 그 결과를 통지하여야 한다. 이 경우 법 제118조의4 제2항 제2호 또는 제3호에 대한 결과는 제1항에 따른 요청을 받은 날부터 20일 이내에 통지하여야 한다.

(3) 납세자는 위의 (2)에 따라 통지를 받은 날부터 7일 이내에 법 제118조의4 제2항 제1호부터 제3호까지의 사항으로서 세관 납세자보호위원회의 심의를 거친 세관장의 결정에 대하여 관세청장에게 취소 또는 변경을 요청할 수 있다.

(4) 위의 (3)에 따른 납세자의 요청을 받은 관세청장은 관세청 납세자보호위원회의 심의를 거쳐 세관장의 결정을 취소하거나 변경할 수 있다. 이 경우 관세청장은 요청받은 날부터 20일 이내에 그 결과를 납세자에게 통지하여야 한다.

(5) 법 제118조의2(관세청장의 납세자 권리보호) 제2항에 따른 납세자보호관 또는 담당관은 납세자가 제1항 또는 제3항에 따른 요청을 하는 경우에는 납세자보호위원회의 심의 전까지 세관공무원에게 관세조사의 일시중지 등을 요구할 수 있다. 다만, 납세자가 관세조사를 기피하려는 것이 명백한 경우 등 대통령령으로 정하는 경우에는 그러하지 아니하다.

(6) 납세자보호위원회는 법 제118조의4(납세자보호위원회) 제2항 제2호 또는 제3호에 따른 요청이 있는 경우 그 의결로 관세조사의 일시중지 또는 중지를 세관공무원에게 요구할 수 있다. 이 경우 납세자보호위원회는 정당한 사유 없이 위원회의 요구에 따르지 아니하는 세관공무원에 대하여 관세청장에게 징계를 건의할 수 있다.

(7) 위의 (1) 및 (3)에 따른 요청을 한 납세자는 대통령령으로 정하는 바에 따라 세관장 또는 관세청장에게 의견을 진술할 수 있다.

(8) 위의 (1)부터 (7)까지에서 규정한 사항 외에 납세자보호위원회에 대한 납세자의 심의 요청 및 결과 통지 등에 관하여 필요한 사항은 대통령령으로 정한다.

2) 납세자보호위원회에 대한 납세자의 심의 등의 요청 및 결과 통지

(1) 납세자는 위의 1) (1)에 따라 심의를 요청하는 경우 또는 1) (3)에 따라 취소 또는 변경 요청을 하는 경우에는 서면으로 해야 한다.

(2) 세관장이 위의 1) (2)에 따른 결과를 통지하거나 관세청장이 1) (4)에 따른 결과를 통지하는 경우에는 서면으로 해야 한다.

(3) 위의 1) (7)에 따라 의견 진술을 하려는 납세자는 다음의 사항을 적은 문서를 해당 세관장 또는 관세청장에게 제출하여 신청해야 한다.

① 진술자의 성명(법인인 경우 법인의 대표자 성명)
② 진술자의 주소 또는 거소
③ 진술하려는 내용

(4) 위의 (3)의 신청을 받은 해당 세관장 또는 관세청장은 출석 일시 및 장소와 필요하다고 인정하는 진술시간을 정하여 회의 개최일 3일 전까지 납세자에게 통지해야 한다.

(5) 위의 1)부터 (4)까지에서 규정한 사항 외에 납세자보호위원회에 대한 납세자의 심의 요청 및 결과 통지 등에 필요한 사항은 관세청장이 정한다.

제2절 심사와 심판

1 행정구제제도의 의의

'행정구제제도'라 함은 행정청의 위법, 부당한 공권력의 행사 또는 불법행사로 인한 국민의 권리·이익의 침해를 구제하기 위한 제도로서, 행정청의 직권에 의한 구제와 납세의무자의 불복청구에 의한 구제로 대별되며, 불복청구에 의한 구제는 다시 심판기준에 따라 행정적 구제(「행정심판법」, 「관세법」 등에 의한 구제, 「감사원법」에 의한 구제) 및 사법적 구제(행정소송, 민사소송)로 나눌 수 있다.

2 구제제도의 특징

(1) 일반적으로 사법구제제도는 변호사 수임에 따른 많은 비용이 지급되고 장기간이 소요되는 단점이 있는 반면 행정청이 아닌 제3의 기관에 의한 객관적 관점에서 판단을 받을 수 있는 장점이 있다.

(2) 이에 반하여 행정구제제도는 행정의 전문기관에 의하여 신속하게 구제를 받을 수 있고 비용이 소요되지 않는 장점이 있는 반면, 객관적인 관점에서 판단하려고 심사위원회제도를 도입하는 등 각종 노력을 하여도 사법구제제도에 비하여 행정청 자신의 처분을 옹호하려는 경향이 있음이 단점이다.

3 제119조(불복의 신청)

1) 의의

(1) 이 법이나 그 밖의 관세에 관한 법률 또는 조약에 따른 처분으로서 위법한 처분 또는 부당한 처분을 받거나 필요한 처분을 받지 못하여 권리나 이익을 침해당한 자는 이 절의 규정에 따라 그 처분의 취소 또는 변경을 청구하거나 필요한 처분을 청구할 수 있다. 다만, 다음의 처분에 대해서는 그러하지 아니하다.

(2) 위의 (1) 각 호 외의 부분 본문에 따른 처분이 관세청장이 조사·결정 또는 처리하거나 하였어야 할 것인 경우를 제외하고는 그 처분에 대하여 심사청구 또는 심판청구에 앞서 제2절(심사와 심판)의 규정에 따른 이의신청을 할 수 있다.

(3) 제2절(심사와 심판)의 규정에 따른 심사청구 또는 심판청구에 대한 처분에 대해서는 이의신청, 심사청구 또는 심판청구를 제기할 수 없다. 다만, 법 제128조(결정) 제1항 제3호 후단(법 제131조(심판청구)에서「국세기본법」을 준용하는 경우를 포함한다)의 재조사 결정에 따른 처분청의 처분에 대해서는 해당 재조사 결정을 한 재결청에 심사청구 또는 심판청구를 제기할 수 있다.

(4) 제2절(심사와 심판)의 규정에 따른 이의신청에 대한 처분과 법 제128조 제1항 제3호 후단(법 제132조(이의신청) 제4항에서 준용하는 경우를 포함한다)의 재조사 결정에 따른 처분청의 처분에 대해서는 이의신청을 할 수 없다.

(5) 위의 (1) ②의 심사청구는 그 처분을 한 것을 안 날(처분의 통지를 받았을 때에는 그 통지를 받은 날을 말한다)부터 90일 이내에 하여야 한다.

(6) 위의 (1) ②의 심사청구를 거친 처분에 대한 행정소송은「행정소송법」제18조(행정심판과의 관계) 제2항·제3항 및 같은 법 제20조(제소기간)에도 불구하고 그 심사청구에 대한 결정을 통지받은 날부터 90일 내에 처분청을 당사자로 하여 제기하여야 한다.

(7) 위의 (5)과 (6)의 기간은 불변기간으로 한다.

(8) 수입물품에 부과하는 내국세 등의 부과, 징수, 감면, 환급 등에 관한 세관장의 처분에 불복하는 자는 이 절에 따른 이의신청·심사청구 및 심판청구를 할 수 있다.

(9) 다음의 어느 하나에 해당하는 자는 그 처분에 대하여 제2절(심사와 심판)에 따른 심사청구 또는 심판청구를 하여 그 처분의 취소 또는 변경이나 그 밖에 필요한 처분을 청구할 수 있다. 이 경우 위의 (2)부터 (4)까지 및 (8)을 준용한다.

(10) 동일한 처분에 대하여는 심사청구와 심판청구를 중복하여 제기할 수 없다.

2) 심사청구

(1) 위의 1)의 규정에 의한 심사청구를 하는 때에는 관세청장이 정하는 심사청구서에 다음의 사항을 기재하여야 한다. 이 경우 관계증거서류 또는 증거물이 있는 때에는 이를 첨부할 수 있다.

① 심사청구인의 주소 또는 거소와 성명
② 처분이 있은 것을 안 연월일(처분의 통지를 받은 경우에는 그 받은 연월일)
③ 처분의 내용
④ 심사청구의 요지와 불복의 이유

(2) 세관장 또는 관세청장은 위의 (1)에 따른 심사청구에 관한 법 제122조(심사청구절차) 제3항에 따른 의견서 작성 또는 법 제127조(결정절차)에 따른 의결·결정을 위하여 필요하다고 인정하는 경우에는 직권으로 또는 심사청구인의 신청에 따라 해당 청구의 대상이 된 처분에 관계되는 통관절차 등을 대행한 관세사(합동사무소·관세사법인 및 통관취급법인을 포함한다)에게 통관경위에 관하여 질문하거나 관련 자료를 제출하도록 요구할 수 있다.

(3) 심사청구서가 법 제122조 제1항의 규정에 의한 세관장외의 세관장 또는 관세청장에게 제출된 때에는 해당 청구서를 관할세관장에게 지체없이 송부하고 그 뜻을 해당 청구인에게 통지하여야 한다.

④ 제120조(「행정소송법」 등과의 관계)

1) 법 제119조(불복의 신청)에 따른 처분에 대하여는 「행정심판법」을 적용하지 아니한다. 다만, 심사청구 또는 심판청구에 관하여는 「행정심판법」 제15조(선정대표자), 제16조(청구인의 지위승계), 제20조(심판참가)부터 제22조(참가인의 지위)까지, 제29조(청구의 변경), 제39조(직권심리), 제40조(심리의 방식), 제42조(심판청구 등의 취하) 및 제51조(행정심판 재청구의 금지)를 준용하며, 이 경우 "위원회"는 "관세심사위원회", "조세심판관회의" 또는 "조세심판관합동회의"로 본다.

2) 법 제119조에 따른 위법한 처분에 대한 행정소송은 「행정소송법」 제18조(행정심판과의 관계) 제1항 본문, 제2항 및 제3항에도 불구하고 이 법에 따른 심사청구 또는 심판청구와 그에 대한 결정을 거치지 아니하면 제기할 수 없다. 다만, 심사청구 또는 심판청구에 대한 법 제128조(결정) 제1항 제3호 후단(법 제131조(심판청구)에서 「국세기본법」을 준용하는 경우를 포함한다)의 재조사 결정에 따른 처분청의 처분에 대한 행정소송은 그러하지 아니하다.

3) 행정소송은 「행정소송법」 제20조(제소기간)에도 불구하고 심사청구나 심판청구에 따른 결

정을 통지받은 날부터 90일 이내에 제기하여야 한다. 다만, 법 제128조(결정) 제2항 본문 또는 제131조(심판청구)에 따른 결정기간 내에 결정을 통지받지 못한 경우에는 결정을 통지받기 전이라도 그 결정기간이 지난 날부터 행정소송을 제기할 수 있다.

4) 행정소송은 「행정소송법」 제20조(제소기간)에도 불구하고 다음의 구분에 따른 기간 내에 제기하여야 한다.

① 이 법에 따른 심사청구 또는 심판청구를 거치지 아니하고 제기하는 경우 : 재조사 후 행한 처분청의 처분의 결과 통지를 받은 날부터 90일 이내. 다만, 법 제128조(결정) 제5항 전단(법 제131조(심판청구)에 따라 「국세기본법」을 준용하는 경우를 포함한다)에 따른 처분기간(제128조(결정) 제5항 후단에 따라 조사를 연기 또는 중지하거나 조사기간을 연장한 경우에는 해당 기간을 포함한다)에 처분청의 처분 결과 통지를 받지 못하는 경우에는 그 처분기간이 지난 날부터 행정소송을 제기할 수 있다.
② 이 법에 따른 심사청구 또는 심판청구를 거쳐 제기하는 경우 : 재조사 후 행한 처분청의 처분에 대하여 제기한 심사청구 또는 심판청구에 대한 결정의 통지를 받은 날부터 90일 이내. 다만, 법 제128조(결정) 제2항(법 제131조(심판청구)에서 「국세기본법」을 준용하는 경우를 포함한다)에 따른 결정기간에 결정의 통지를 받지 못하는 경우에는 그 결정기간이 지난 날부터 행정소송을 제기할 수 있다.

5) 법 제119조(불복의 신청) 제1항 제2호에 따른 심사청구를 거친 경우에는 이 법에 따른 심사청구나 심판청구를 거친 것으로 보고 위의 2)를 준용한다.

6) 위의 3) 및 4)의 기간은 불변기간으로 한다.

⑤ 제121조(심사청구기간)

1) 심사청구는 해당 처분을 한 것을 안 날(처분하였다는 통지를 받았을 때에는 통지를 받은 날을 말한다)부터 90일 이내에 제기하여야 한다.

2) 이의신청을 거친 후 심사청구를 하려는 경우에는 이의신청에 대한 결정을 통지받은 날부터 90일 이내에 하여야 한다. 다만, 법 제132조(이의신청) 제4항 단서에 따른 결정기간 내에 결정을 통지받지 못한 경우에는 결정을 통지받기 전이라도 그 결정기간이 지난 날부터 심사청구를 할 수 있다.

3) 기한 내에 우편으로 제출(「국세기본법」 제5조의2(우편신고 및 전자신고)에서 정한 날을 기준으로 한다)한 심사청구서가 청구기간이 지나 세관장 또는 관세청장에게 도달한 경우에는 그 기간의 만료일에 청구된 것으로 본다.

4) 심사청구인이 법 제10조(천재지변 등으로 인한 기한의 연장)에서 규정하는 사유(신고, 신청, 청구, 그 밖의 서류의 제출 및 통지에 관한 기한 연장 사유로 한정한다)로 위에서 정한 기간 내에 심

사청구를 할 수 없을 때에는 그 사유가 소멸한 날부터 14일 이내에 심사청구를 할 수 있다. 이 경우 심사청구인은 그 기간 내에 심사청구를 할 수 없었던 사유, 그 사유가 발생한 날과 소멸한 날, 그 밖에 필요한 사항을 적은 문서를 함께 제출하여야 한다.

⑥ 제122조(심사청구절차)

1) 심사청구는 대통령령으로 정하는 바에 따라 불복하는 사유를 심사청구서에 적어 해당 처분을 하였거나 하였어야 하는 세관장을 거쳐 관세청장에게 하여야 한다.

2) 법 제121조(심사청구기간)에 따른 심사청구기간을 계산할 때에는 위의 1)에 따라 해당 심사청구서가 세관장에게 제출된 때에 심사청구가 된 것으로 본다. 해당 심사청구서가 위의 1)에 따른 세관장 외의 세관장이나 관세청장에게 제출된 경우에도 또한 같다.

3) 해당 심사청구서를 제출받은 세관장은 이를 받은 날부터 7일 내에 그 심사청구서에 의견서를 첨부하여 관세청장에게 보내야 한다.

4) 관세청장은 세관장의 의견서를 받은 때에는 지체 없이 해당 의견서의 부본을 심사청구인에게 송부하여야 한다.

5) 심사청구인은 송부받은 의견서에 대하여 반대되는 증거서류 또는 증거물을 관세청장에게 제출할 수 있다.

⑦ 제123조(심사청구서의 보정)

1) 의의

(1) 관세청장은 심사청구의 내용이나 절차가 제2절(심사와 심판)에 적합하지 아니하지만 보정할 수 있다고 인정되는 경우에는 20일 이내의 기간을 정하여 해당 사항을 보정할 것을 요구할 수 있다. 다만, 보정할 사항이 경미한 경우에는 직권으로 보정할 수 있다.

(2) 심사청구인은 보정할 사항을 서면으로 작성하여 관세청장에게 제출하거나, 관세청에 출석하여 보정할 사항을 말하고 그 말한 내용을 세관공무원이 기록한 서면에 서명 또는 날인함으로써 보정할 수 있다.

(3) 위의 (1)의 보정기간은 법 제121조(심사청구기간)에 따른 심사청구기간에 산입하지 아니한다.

2) 보정요구

심사청구의 내용이나 절차의 보정을 요구하는 때에는 다음의 사항을 기재한 문서에 의하여야 한다.

① 보정할 사항
② 보정을 요구하는 이유
③ 보정할 기간
④ 기타 필요한 사항

⑧ 제125조(심사청구 등이 집행에 미치는 효력)

1) 이의신청·심사청구 또는 심판청구는 법령에 특별한 규정이 있는 경우를 제외하고는 해당 처분의 집행에 효력을 미치지 아니한다. 다만, 해당 재결청이 처분의 집행 또는 절차의 속행 때문에 이의신청인, 심사청구인 또는 심판청구인에게 중대한 손해가 생기는 것을 예방할 긴급한 필요성이 있다고 인정할 때에는 처분의 집행 또는 절차 속행의 전부 또는 일부의 정지(이하 "집행정지"라 한다)를 결정할 수 있다.

2) 재결청은 집행정지 또는 집행정지의 취소에 관하여 심리·결정하면 지체 없이 당사자에게 통지하여야 한다.

⑨ 제126조(대리인)

1) 이의신청인, 심사청구인 또는 심판청구인은 변호사나 관세사를 대리인으로 선임할 수 있다.

2) 이의신청인, 심사청구인 또는 심판청구인은 신청 또는 청구의 대상이 3,000만원 미만인 경우에는 배우자, 4촌 이내의 혈족 또는 배우자의 4촌 이내의 혈족을 대리인으로 선임할 수 있다.

3) 대리인의 권한은 서면으로 증명하여야 한다.

4) 대리인은 본인을 위하여 청구에 관한 모든 행위를 할 수 있다. 다만, 청구의 취하는 특별한 위임을 받은 경우에만 할 수 있다.

5) 대리인을 해임하였을 때에는 그 뜻을 서면으로 해당 재결청에 신고하여야 한다.

⑩ 제127조(결정절차)

1) 법 제122조(심사청구절차)에 따른 심사청구가 있으면 관세청장은 관세심사위원회의 의결에 따라 결정하여야 한다. 다만, 심사청구기간이 지난 후 심사청구가 제기된 경우 등 다음의 사유에 해당하는 경우에는 그러하지 아니하다.

> ① 심사청구기간이 지난 경우
> ② 심사청구의 대상이 되는 처분이 존재하지 아니하는 경우
> ③ 해당 처분으로 권리 또는 이익을 침해당하지 아니한 자가 심사청구를 제기한 경우
> ④ 심사청구의 대상이 되지 아니하는 처분에 대하여 심사청구가 제기된 경우
> ⑤ 법 제123조(심사청구서의 보정) 제1항에 따른 보정기간 내에 필요한 보정을 하지 아니한 경우
> ⑥ 심사청구의 대상이 되는 처분의 내용·쟁점·적용법령 등이 이미 관세심사위원회의 심의를 거쳐 결정된 사항과 동일한 경우
> ⑦ 그 밖에 신속히 결정하여 상급심에서 심의를 받도록 하는 것이 권리구제에 도움이 된다고 판단되는 경우

2) 관세청장은 위의 1)에 따른 관세심사위원회의 의결이 법령에 명백히 위반된다고 판단하는 경우 구체적인 사유를 적어 서면으로 관세심사위원회에 한 차례에 한정하여 다시 심의할 것을 요청할 수 있다.

3) 관세심사위원회의 회의는 공개하지 아니한다. 다만, 관세심사위원회의 위원장이 필요하다고 인정할 때에는 공개할 수 있다.

⑪ 제128조(결정)

1) 의의

(1) 심사청구에 대한 결정은 다음의 구분에 따른다.

> ① 심사청구가 다음의 하나에 해당하는 경우 : 그 청구를 각하하는 결정
>
> > ㉮ 심판청구를 제기한 후 심사청구를 제기(같은 날 제기한 경우도 포함한다)한 경우
> > ㉯ 법 제121조(심사청구기간)에 따른 심사청구 기간이 지난 후에 심사청구를 제기한 경우
> > ㉰ 법 제123조(심사청구서의 보정)에 따른 보정기간 내에 필요한 보정을 하지 아니한 경우
> > ㉱ 적법하지 아니한 심사청구를 제기한 경우
> > ㉲ ㉮부터 ㉱까지의 규정에 따른 경우와 유사한 경우로서 대통령령으로 정하는 경우

(2) 위에 따른 결정은 심사청구를 받은 날부터 90일 이내에 하여야 한다. 다만, 부득이한 사유가 있을 때에는 그러하지 아니하다.

(3) 결정을 하였을 때에는 결정기간 내에 그 이유를 적은 결정서를 심사청구인에게 통지하여야 한다.

(4) 법 제123조(심사청구서의 보정)에 따른 보정기간은 결정기간에 산입하지 아니한다.

(5) 재조사 결정이 있는 경우 처분청은 재조사 결정일부터 60일 이내에 결정서 주문에 기재된 범위에 한정하여 조사하고, 그 결과에 따라 취소·경정하거나 필요한 처분을 하여야 한다. 이 경우 처분청은 조사를 연기 또는 중지하거나 조사기간을 연장할 수 있다.

(6) 위의 (1) ① ㉮ 및 ㉯에서 규정한 사항 외에 재조사 결정에 필요한 사항은 대통령령으로 정한다.

2) 결정의 통지

(1) 법 제128조(결정) 또는 법 제129조(불복방법의 통지)의 규정에 의하여 결정 또는 불복방법의 통지를 하는 때에는 인편 또는 등기우편에 의하여야 하며, 인편에 의하는 경우에는 수령증을 받아야 한다.

(2) 심사청구인의 주소 또는 거소가 불명하거나 기타의 사유로 인하여 위의 (1)의 규정에 의한 방법으로 결정 등을 통지할 수 없는 때에는 그 요지를 해당 재결관서의 게시판 기타 적절한 장소에 공고하여야 한다.

(3) 위의 (2)의 규정에 의하여 공고를 한 때에는 그 공고가 있은 날부터 10일을 경과한 날에 결정 등의 통지를 받은 것으로 본다.

3) 재조사 결과에 따른 처분의 통지

관세청장 또는 세관장은 법 제118조(과세전적부심사) 제4항 제2호 후단 및 위의 1) (1) ③ 후단(법 제132조(이의신청) 제4항에서 준용하는 경우를 포함한다)에 따른 재조사 결과에 따라 대상이 된 처분의 취소·경정을 하거나 필요한 처분을 하였을 때에는 그 처분결과를 지체 없이 서면으로 과세전적부심사 청구인 또는 심사청구인(법 제132조 제4항에서 준용하는 경우에는 이의신청인을 말한다)에게 통지하여야 한다.

4) 재조사의 연기·중지·연장

위의 1) (5) 후단(법 제118조(과세전적부심사) 제6항 및 법 제132조(이의신청) 제4항에서 준용하는 경우를 포함한다)에 따라 재조사를 연기 또는 중지하거나 조사기간을 연장하는 경우에는 법 시행령 제139조의2(관세조사기간) 제2항부터 제5항까지 및 제140조(관세조사의 연기신청)를 준용한다.

12 제128조의2(불고불리·불이익변경 금지)

1) 검사의 공소제기가 없는 사건에 대하여는 법원이 심판할 수 없다는 형사소송 절차의 법률원칙이다. 법원은 검사가 기소하여야 비로소 그 기소한 범죄사실에 대하여 심판할 수 있을 뿐만 아니라 검사가 기소한 범위 내에서만 심판을 할 수 있다. 즉, 기소한 범죄사실과 동일성이 있는 범위 안에서만 심판이 가능하다는 의미이다.

2) 검사가 피고인에게 절도의 혐의가 있다고 기소한 경우에 법원이 심리한 결과 절도에는 증거가 없고, 절도와는 동일성이 없는 다른 범죄에 관하여 증명이 인정된다 하더라도 절도 이 외의 범죄에 관하여 유죄의 선고를 하지 못하고, 절도에 관하여 오직 무죄를 선고할 수 있을 따름이다.

3) 또한 불고불리의 원칙은 사람(피고인)에 대하여도 제한을 가한다. 즉, 검사가 갑을 기소한 경우에 심리한 결과 그 공범으로서 을의 범죄가 인정되더라도 법원은 을을 처벌하지 못한다. 이러한 불고불리의 원칙에 위반한 재판은 위법한 것으로서, 이에 대하여 상소할 수 있다.

4) 관세청장은 법 제128조(결정)에 따른 결정을 할 때 심사청구를 한 처분 외의 처분에 대해서는 그 처분의 전부 또는 일부를 취소 또는 변경하거나 새로운 처분의 결정을 하지 못한다.

5) 관세청장은 법 제128조에 따른 결정을 할 때 심사청구를 한 처분보다 청구인에게 불리한 결정을 하지 못한다.

13 **제129조(불복방법의 통지)**

1) 의의

이의신청 · 심사청구 또는 심판청구의 재결청은 결정서에 다음의 구분에 따른 사항을 함께 적어야 한다.

> ① 이의신청인 경우 : 결정서를 받은 날부터 90일 이내에 심사청구 또는 심판청구를 제기할 수 있다는 뜻
> ② 심사청구 또는 심판청구인 경우 : 결정서를 받은 날부터 90일 이내에 행정소송을 제기할 수 있다는 뜻

2) 서면상의 통지

이의신청 · 심사청구 또는 심판청구의 재결청은 해당 신청 또는 청구에 대한 결정기간이 지날 때까지 결정을 하지 못한 경우에는 지체 없이 신청인이나 청구인에게 다음의 사항을 서면으로 통지하여야 한다.

> ① 이의신청인 경우 : 결정을 통지받기 전이라도 그 결정기간이 지난 날부터 심사청구 또는 심판청구를 제기할 수 있다는 뜻
> ② 심사청구 또는 심판청구인 경우 : 결정을 통지받기 전이라도 그 결정기간이 지난 날부터 행정소송을 제기할 수 있다는 뜻

3) 불복방법의 통지를 잘못한 경우의 구제

(1) 불복방법의 통지에 있어서 불복청구를 할 기관을 잘못 통지하였거나 누락한 경우 그 통지된 기관 또는 해당 처분기관에 불복청구를 한 때에는 정당한 기관에 해당 청구를 한 것으로 본다.
(2) 위의 청구를 받은 기관은 정당한 기관에 지체없이 이를 이송하고, 그 뜻을 그 청구인에게 통지하여야 한다.

14 **제129조의2(정보통신망을 이용한 불복청구)**

1) 이의신청인, 심사청구인 또는 심판청구인은 관세청장 또는 조세심판원장이 운영하는 정보통신망을 이용하여 이의신청서, 심사청구서 또는 심판청구서를 제출할 수 있다.
2) 이의신청서, 심사청구서 또는 심판청구서를 제출하는 경우에는 관세청장 또는 조세심판

원장에게 이의신청서, 심사청구서 또는 심판청구서가 전송된 때에 이 법에 따라 제출된 것으로 본다.

⑮ 제130조(서류의 열람 및 의견 진술)

1) 서류의 열람

이의신청인·심사청구인·심판청구인 또는 처분청(처분청의 경우 심판청구에 한정한다)은 그 청구와 관계되는 서류를 열람할 수 있으며 해당 재결청에 의견을 진술할 수 있다.

2) 의견진술

(1) 의견을 진술하고자 하는 자는 그 주소 또는 거소 및 성명과 진술하고자 하는 요지를 기재한 신청서를 해당 재결청에 제출하여야 한다.

(2) 신청을 받은 재결청은 다음의 하나에 해당하는 경우로서 심사청구인의 의견진술이 필요없다고 인정되는 때를 제외하고는 출석일시 및 장소와 진술시간을 정하여 관세심사위원회 회의개최예정일 3일 전까지 심사청구인에게 통지하여야 한다.

> ① 심사청구의 대상이 된 사항이 경미한 때
> ② 심사청구의 대상이 된 사항이 오로지 법령해석에 관한 것인 때

(3) 신청을 받은 재결청은 심사청구인의 의견진술이 필요없다고 인정되는 때에는 이유를 명시한 문서로 그 뜻을 당해 심사청구인에게 통지하여야 한다.

(4) 의견진술은 진술하고자 하는 내용을 기재한 문서의 제출로 갈음할 수 있다.

⑯ 제131조(심판청구)

법 제119조(불복의 신청) 제1항에 따른 심판청구에 관하여는 다음의 규정을 준용한다.

> ①「국세기본법」제65조의2(결정의 경정) 및 제7장 제3절(제80조의2(심사청구에 관한 규정의 준용))는 제외한다). 이 경우「국세기본법」중 "세무서장"은 "세관장"으로, "국세청장"은 "관세청장"으로 보며, 같은 법 제79조(불고불리·불이익 변경금지) 제1항·제2항 및 제80조(결정의 효력) 제1항 중 "제80조의2에서 준용하는 제65조(결정)에 따른 결정"은 각각 "법 제128조(결정)에 따른 결정"으로 본다.

② 법 제121조(심사청구기간) 제3항·제4항, 제123조(심사청구서의 보정) 및 제128조(결정)(제1항 제1호 가목 중 심사청구와 심판청구를 같은 날 제기한 경우는 제외한다). 이 경우 제123조 제1항 본문 중 "20일 이내의 기간"은 "상당한 기간"으로 본다.

⑰ 제132조(이의신청)

1) 의의

(1) 이의신청은 대통령령으로 정하는 바에 따라 불복의 사유를 갖추어 해당 처분을 하였거나 하였어야 할 세관장에게 하여야 한다. 이 경우 법 제258조(우편물통관에 대한 결정)에 따른 결정사항 또는 제259조(세관장의 통지) 제1항에 따른 세액에 관한 이의신청은 해당 결정사항 또는 세액에 관한 통지를 직접 우송한 우체국의 장에게 이의신청서를 제출함으로써 할 수 있고, 우체국의 장이 이의신청서를 접수한 때에 세관장이 접수한 것으로 본다.

(2) 위의 (1)에 따라 이의신청을 받은 세관장은 관세심사위원회의 심의를 거쳐 결정하여야 한다.

(3) 이의신청에 관하여는 법 제121조(심사청구기간), 제122조(심사청구절차) 제2항, 제123조(심사청구서의 보정), 제127조(결정절차) 제1항 단서·같은 조 제3항, 제128조(결정) 및 제128조의2(불고불리·불이익 변경금지)를 준용한다. 다만, 제128조(결정) 제2항 중 "90일"은 "30일"(아래의 (5)에 따라 증거서류 또는 증거물을 제출한 경우에는 "60일")로 본다.

(4) 위의 (1)에 따라 이의신청을 받은 세관장은 이의신청을 받은 날부터 7일 이내에 이의신청의 대상이 된 처분에 대한 의견서를 이의신청인에게 송부하여야 한다. 이 경우 의견서에는 처분의 근거·이유 및 처분의 이유가 된 사실 등이 구체적으로 기재되어야 한다.

(5) 이의신청인은 위의 (4) 전단에 따라 송부받은 의견서에 대하여 반대되는 증거서류 또는 증거물을 세관장에게 제출할 수 있다.

2) 준용규정

이의신청에 관하여는 법 시행령 제145조(심사청구), 제146조(보정요구) 및 제150조(경미한 사항) 부터 제153조(의견진술)까지의 규정을 준용한다.

제1절 국제항

1 제133조(국제항의 지정 등)

1) 의의

(1) 국제항이란 국내의 항구(공항) 중에서 국제무역선(기)이 자유로이 출입할 수 있는 항구나 공항을 말한다. 국제항은 대통령령으로 지정한다.

(2) 국제항의 시설기준 등에 관하여 필요한 사항은 대통령령으로 정한다.

(3) 국제항의 운영자는 국제항이 시설기준 등에 미치지 못하게 된 경우 그 시설 등을 신속하게 개선하여야 하며, 기획재정부장관은 대통령령으로 정하는 바에 따라 그 시설 등의 개선을 명할 수 있다.

2) 국제항의 지정

(1) 법 제133조에 따른 국제항은 다음 표와 같다.

구 분	항 명
항구(25)	인천항, 부산항, 마산항, 여수항, 목포항, 군산항, 제주항, 동해 · 묵호항, 울산항, 통영항, 삼천포항, 장승포항, 포항항, 장항항, 옥포항, 광양항, 평택 · 당진항, 대산항, 삼척항, 진해항, 완도항, 속초항, 고현항, 경인항, 보령항
공항(8)	인천공항, 김포공항, 김해공항, 제주공항, 청주공항, 대구공항, 무안공항, 양양공항

주 : 항만법상의 무역항(31개)은 다음과 같다. 경인항, 인천항, 서울항, 평택·당진항, 대산항, 태안항, 보령항, 장항항, 군산항, 목포항, 완도항, 여수항, 광양항, 하동항, 삼천포항, 통영항, 장승포항, 옥포항, 고현항, 마산항, 진해항, 부산항, 울산항, 포항항, 호산항, 삼척항, 동해·묵호항, 옥계항, 속초항, 제주항, 서귀포항.

(2) 국제항의 항계는 「항만법 시행령」 별표 1에 따른 항만의 수상구역 또는 「공항시설법」에 의한 범위로 한다.

3) 국제항의 지정요건

(1) 국제항의 지정요건은 다음과 같다.

① 「선박의 입항 및 출항 등에 관한 법률」 또는 「공항시설법」에 따라 국제무역선(기)이 항상 입출항할 수 있을 것
② 국내선과 구분되는 국제선 전용통로 및 그 밖에 출입국업무를 처리하는 행정기관의 업무수행에 필요한 인력 · 시설 · 장비를 확보할 수 있을 것

> ㉮ 공항의 경우 : 다음의 어느 하나의 요건을 갖출 것
> ㉠ 정기여객기가 주 6회 이상 입항하거나 입항할 것으로 예상될 것
> ㉡ 여객기로 입국하는 여객수가 연간 40,000명 이상일 것
> ㉯ 항구의 경우 : 국제무역선인 5,000톤급 이상의 선박이 연간 50회 이상 입항하거나 입항할 것으로 예상될 것

(2) 관세청장 또는 관계 행정기관의 장은 국제항이 위의 (1)에 따른 지정요건을 갖추지 못하여 업무수행 등에 상당한 지장을 준다고 판단하는 경우에는 기획재정부장관에게 그 사실을 보고해야 한다. 이 경우 기획재정부장관은 관세청장 또는 국제항시설의 관리기관의 장과 국제항에 대한 현장점검을 할 수 있다.

(3) 기획재정부장관은 위의 (2)에 따른 보고 또는 현장점검 결과를 검토한 결과 시설 등의 개선이 필요한 경우에는 해당 국제항의 운영자에게 개선대책 수립, 시설개선 등을 명할 수 있으며 그 이행결과를 보고하게 할 수 있다.

② 제134조(국제항 등에의 출입)

1) 의의

(1) 국제무역선(기)은 국제항에 한정하여 운항할 수 있다. 다만, 대통령령으로 정하는 바에 따라 국제항이 아닌 지역에 대한 출입의 허가를 받은 경우에는 그러하지 아니하다.

(2) 국제무역선의 선장이나 국제무역기의 기장은 위의 (1) 단서에 따른 허가를 받으려면 기획재정부령으로 정하는 바에 따라 허가수수료를 납부하여야 한다.

(3) 세관장은 위의 (1) 단서에 따른 허가의 신청을 받은 날부터 10일 이내에 허가 여부를 신청인에게 통지하여야 한다.

(4) 세관장이 기간 내에 허가 여부 또는 민원 처리 관련 법령에 따른 처리기간의 연장을 신청인에게 통지하지 아니하면 그 기간(민원 처리 관련 법령에 따라 처리기간이 연장 또는 재연장된 경우에는 해당 처리기간을 말한다)이 끝난 날의 다음 날에 허가를 한 것으로 본다.

2) 국제항이 아닌 지역에 대한 출입허가

(1) 위의 1) (1) 단서에 따라 국제항이 아닌 지역에 대한 출입의 허가를 받으려는 자는 다음 각 호의 사항을 기재한 신청서를 해당 지역을 관할하는 세관장에게 제출해야 한다. 다만, 국제무역선 또는 국제무역기 항행의 편의도모나 그 밖의 특별한 사정이 있는 경우에는 다른 세관장에게 제출할 수 있다.

① 선박 또는 항공기의 종류 · 명칭 · 등록기호 · 국적과 총톤수 및 순톤수 또는 자체무게
② 지명
③ 해당 지역에 머무는 기간
④ 해당 지역에서 하역하고자 하는 물품의 내외국 물품별 구분, 포장의 종류 · 기호 · 번호 및 개수와 품명 · 수량 및 가격
⑤ 해당 지역에 출입하고자 하는 사유

(2) 위의 2) (1) 단서의 규정에 의하여 출입허가를 한 세관장은 지체없이 이를 해당 지역을 관할하는 세관장에게 통보하여야 한다.

3) 국제항이 아닌 지역에 대한 출입허가 수수료

(1) 위의 1) (2)에 따라 국제항이 아닌 지역에 출입하기 위하여 내야 하는 수수료는 다음 표에 따라 계산하되, 산정된 금액이 10,000원에 미달하는 경우에는 10,000원으로 한다. 이 경우 수수료의 총액은 50만원을 초과하지 못한다.

구분	출입횟수 기준	적용무게기준	수수료
국제무역선	1회	해당 선박의 순톤수 1톤	100원
국제무역기	1회	해당 항공기의 자체무게 1톤	1,200원

(2) 세관장은 다음의 하나에 해당하는 사유가 있는 때에는 출입허가 수수료를 징수하지 아니한다.

① 법령의 규정에 의하여 강제로 입항하는 경우
② 급병환자, 항해 중 발견한 밀항자, 항해 중 구조한 조난자 · 조난선박 · 조난화물 등의 하역 또는 인도를 위하여 일시입항하는 경우
③ 위험물품 · 오염물품 기타 이에 준하는 물품의 취급, 유조선의 청소 또는 가스발생선박의 가스제거작업을 위하여 법령 또는 권한 있는 행정관청이 정하는 일정한 장소에 입항하는 경우
④ 국제항의 협소 등 입항여건을 고려하여 「항만법」 제2조 제5호 가목의 해양수산부장관이 지정 · 고시한 항만시설 중 정박지로서 다음 표의 장소에 입항하는 경우

항만명	정박지 명
여수항	A구역, B구역, C구역, W구역, D-1, D-2
부산항	남외항 N-5
삼척항	Section-2
대산항	A-11, A-12, A-13, A-14, 장안서대기정박지
인천항	제1대기정박지, 제2대기정박지, 제3대기정박지
목포항	10번, 11번, 12번, 13번, 14번
평택항	장안서정박지, 입파도정박지, 도리도정박지, 임시정박지

(3) 세관장은 위의 2) (1) ③ 기간의 개시일까지 해당 출입허가를 취소한 경우에는 징수한 수수료를 반환한다.

제2절 선박과 항공기

I. 입출항절차

1 제135조(입항절차)

1) 의의

(1) 국제무역선이나 국제무역기가 국제항(법 제134조(국제항 등에의 출입) 제1항 단서에 따라 출입허가를 받은 지역을 포함한다)에 입항하였을 때에는 선장이나 기장은 대통령령으로 정하는 사항이 적힌 선박용품 또는 항공기용품의 목록, 여객명부, 승무원명부, 승무원 휴대품목록과 적재화물목록을 첨부하여 지체 없이 세관장에게 입항보고를 하여야 하며, 국제무역선은 선박국적증서와 최종 출발항의 출항허가증이나 이를 갈음할 서류를 제시하여야 한다. 다만, 세관장은 감시·단속에 지장이 없다고 인정될 때에는 선박용품 또는 항공기용품의 목록이나 승무원 휴대품목록의 첨부를 생략하게 할 수 있다.

(2) 세관장은 신속한 입항 및 통관절차의 이행과 효율적인 감시·단속을 위하여 필요할 때에는 관세청장이 정하는 바에 따라 입항하는 해당 선박 또는 항공기가 소속된 선박회사 또는 항공사(그 업무를 대행하는 자를 포함한다)로 하여금 제1항에 따른 여객명부·적재화물목록 등을 입항하기 전에 제출하게 할 수 있다. 다만, 법 제222조(보세운송업자등의 등록 및 보고) 제1항 제2호에 따른 화물운송주선업자(제254조의2(탁송품의 특별통관) 제1항에 따른 탁송품 운송업자로 한정한다)로서 다음의 요건을 갖춘 자가 작성한 적재화물목록은 관세청장이 정하는 바에 따라 해당 화물운송주선업자로 하여금 제출하게 할 수 있다.

① 법 제255조의2(수출입 안전관리 우수업체의 공인)에 따라 수출입 안전관리 우수업체로 공인된 업체
② 법 시행령 제259조의4(준수도측정·평가의 절차 및 활용 등) 제1항에 따른 준수도 측정·평가의 결과가 우수한 자
③ 화물운송 주선 실적(선하증권 또는 항공화물운송장을 기준으로 한다)이 직전 연도 총 60만 건 이상인 자

2) 입항보고서 등의 기재사항

(1) 위의 1)에 의한 선박의 입항보고서에는 다음의 사항을 기재하여야 한다.

① 선박의 종류 · 등록기호 · 명칭 · 국적 · 선적항 · 총톤수 및 순톤수
② 출항지 · 기항지 · 최종기항지 · 입항일시 · 출항예정일시 및 목적지
③ 적재물품의 개수 및 톤수와 여객 · 승무원의 수 및 통과여객수

(2) 위의 1)에 따른 선박용품목록에는 다음의 사항을 기재해야 한다.

① 선박의 종류 · 등록기호 · 명칭 · 국적 및 입항연월일
② 선박용품의 품명 · 수량 및 가격

(3) 위의 1)에 의한 선박의 여객명부에는 다음의 사항을 기재하여야 한다.

① 선박의 종류 · 등록기호 · 명칭 · 국적 및 입항연월일
② 여객의 국적 · 성명 · 생년월일 · 여권번호 · 승선지 및 상륙지

(4) 위의 1)에 의한 선박의 승무원명부에는 다음의 사항을 기재하여야 한다.

① 선박의 종류 · 등록기호 · 명칭 · 국적 및 입항연월일
② 승무원의 국적 · 성명 · 승무원수첩번호 또는 여권번호 · 승선지 및 상륙지

(5) 위의 1)에 의한 선박의 승무원 휴대품목록에는 다음 각호의 사항을 기재하여야 한다.

① 선박의 종류 · 등록기호 · 명칭 · 국적 및 입항연월일
② 선원의 국적 · 성명 · 승무원수첩번호 또는 여권번호
③ 품명 · 수량 및 가격

(6) 위의 1) (1)에 따른 적재화물목록에는 다음의 사항을 기재해야 한다.

① 선박명 및 적재항
② 품명 및 물품수신인 · 물품발송인
③ 그 밖의 선박운항 및 화물에 관한 정보로서 관세청장이 필요하다고 인정하는 것

(7) 위의 1)에 의한 항공기의 입항보고서에는 다음의 사항을 기재하여야 한다.

> ① 항공기의 종류 · 등록기호 · 명칭 · 국적 · 출항지 및 입항일시
> ② 적재물품의 적재지 · 개수 및 톤수
> ③ 여객 · 승무원 · 통과여객의 수

(8) 위의 1) (1)에 따른 항공기의 항공기용품목록, 여객명부, 승무원명부, 승무원 휴대품목록
및 적재화물목록에 관하여는 위의 (2)부터 (6)까지의 규정을 준용한다.

② 제136조(출항절차)

1) 의의

(1) 국제무역선이나 국제무역기가 국제항을 출항하려면 선장이나 기장은 출항하기 전에 세
관장에게 출항허가를 받아야 한다.

(2) 선장이나 기장은 위의 (1)에 따른 출항허가를 받으려면 그 국제항에서 적재화물목록을 제
출하여야 한다. 다만, 세관장이 출항절차를 신속하게 진행하기 위하여 필요하다고 인정하여 출
항허가 후 7일의 범위에서 따로 기간을 정하는 경우에는 그 기간 내에 그 목록을 제출할 수 있다.

(3) 세관장은 신속한 출항 및 통관절차의 이행과 효율적인 감시 · 단속을 위하여 필요한 경우
에는 관세청장이 정하는 바에 따라 출항하는 해당 국제무역선 또는 국제무역기가 소속된 선박
회사 또는 항공사로 하여금 위의 (2)에 따른 적재화물목록을 출항허가 신청 전에 제출하게 할
수 있다. 다만, 법 제222조(보세운송업자등의 등록 및 보고) 제1항 제2호에 따른 화물운송주선업
자(법 제254조의2(탁송품의 특별통관) 제1항에 따른 탁송품 운송업자로 한정한다)로서 다음의 어느
하나에 해당하는 자가 작성한 적재화물목록은 관세청장이 정하는 바에 따라 해당 화물운송주
선업자로 하여금 제출하게 할 수 있다.

> ① 법 제255조의2(수출입 안전관리 우수업체의 공인)에 따라 수출입 안전관리 우수업체로 공인된 업체
> ② 법 시행령 제259조의6(준수도측정 · 평가의 절차 및 활용 등) 제1항에 따른 준수도 측정 · 평가의 결과가
>   우수한 자
> ③ 화물운송 주선 실적(선하증권 또는 항공화물운송장을 기준으로 한다)이 직전 연도 총 60만 건 이상인 자

(4) 세관장은 위의 (1)에 따른 허가의 신청을 받은 날부터 10일 이내에 허가 여부를 신청인에
게 통지하여야 한다.

(5) 세관장이 위의 (4)에서 정한 기간 내에 허가 여부 또는 민원 처리 관련 법령에 따른 처리기

간의 연장을 신청인에게 통지하지 아니하면 그 기간(민원 처리 관련 법령에 따라 처리기간이 연장 또는 재연장된 경우에는 해당 처리기간을 말한다)이 끝난 날의 다음 날에 허가를 한 것으로 본다.

2) 출항허가의 신청

(1) 위의 1) (1)의 규정에 의하여 선박이 출항하고자 하는 때에는 다음의 사항을 기재한 신청서를 세관장에게 제출하여야 한다.

① 선박의 종류 · 등록기호 · 명칭 · 국적 · 총톤수 및 순톤수
② 여객 · 승무원 · 통과여객의 수
③ 적재물품의 개수 및 톤수
④ 선적지 · 목적지 및 출항일시

(2) 위의 1) (1)의 규정에 의하여 항공기가 출항하고자 하는 경우에는 다음의 사항을 기재한 신청서를 세관장에게 제출하여야 한다.

① 항공기의 종류 · 등록기호 · 명칭 및 국적
② 여객 · 승무원 · 통과여객의 수
③ 적재물품의 개수 및 톤수
④ 선적지 · 목적지 및 출항일시

(3) 위의 1) (2)의 규정에 의하여 물품의 목록에 관하여는 관세청장이 정하는 (「보세화물 입출항 하선하기 및 적재에 관한 고시」) 바에 따른다.

③ 제137조(간이 입출항절차)

1) 국제무역선이나 국제무역기가 국제항에 입항하여 물품(선박용품 또는 항공기용품과 승무원의 휴대품은 제외한다)을 하역하지 아니하고 입항한 때부터 24시간 이내에 출항하는 경우 세관장은 법 제135조(입항절차)에 따른 적재화물목록, 선박용품 또는 항공기용품의 목록, 여객명부, 승무원명부, 승무원 휴대품목록 또는 법 제136조(출항절차) 에 따른 적재화물목록의 제출을 생략하게 할 수 있다.

2) 세관장은 국제무역선이나 국제무역기가 국제항에 입항하여 법 제135조에 따른 절차를 마친 후 다시 우리나라의 다른 국제항에 입항할 때에는 위의 1)을 준용하여 서류제출의 생략 등 간소한 절차로 입출항하게 할 수 있다.

4 제137조의2(승객예약자료의 요청)

1) 의의

(1) 세관장은 다음의 하나에 해당하는 업무를 수행하기 위하여 필요한 경우 법 제135조(입항절차)에 따라 입항하거나 법 제136조(출항절차)에 따라 출항하는 선박 또는 항공기가 소속된 선박회사 또는 항공사가 운영하는 예약정보시스템의 승객예약자료(이하 "승객예약자료"라 한다)를 정보통신망을 통하여 열람하거나 기획재정부령으로 정하는 시한 내에 제출하여 줄 것을 선박회사 또는 항공사에 요청할 수 있다. 이 경우 해당 선박회사 또는 항공사는 이에 따라야 한다.

① 법 제234조(수출입의 금지)에 따른 수출입금지물품을 수출입한 자 또는 수출입하려는 자에 대한 검사업무
② 법 제241조(수출·수입 또는 반송의 신고) 제1항·제2항을 위반한 자 또는 제241조 제1항·제2항을 위반하여 다음의 하나의 물품을 수출입하거나 반송하려는 자에 대한 검사업무

> ㉮ 「마약류관리에 관한 법률」에 따른 마약류
> ㉯ 「총포·도검·화약류 등 단속법」에 따른 총포·도검·화약류·분사기·전자충격기 및 석궁

(2) 세관장이 열람이나 제출을 요청할 수 있는 승객예약자료는 다음의 자료로 한정한다.

① 국적, 성명, 생년월일, 여권번호 및 예약번호
② 주소 및 전화번호
③ 예약 및 탑승수속 시점
④ 항공권 또는 승선표의 번호·발권일·발권도시 및 대금결제방법
⑤ 여행경로 및 여행사
⑥ 동반탑승자 및 좌석번호
⑦ 수하물 자료
⑧ 항공사 또는 선박회사의 회원으로 가입한 경우 그 회원번호 및 등급과 승객주문정보

(3) 위의 (1)에 따라 제공받은 승객예약자료를 열람할 수 있는 사람은 관세청장이 지정하는 (「선박 및 항공기의 승객예약자료의 제공 및 이용에 관한 고시」) 세관공무원으로 한정한다.

(4) 위의 (3)에 따른 세관공무원은 직무상 알게 된 승객예약자료를 누설 또는 권한 없이 처리하거나 타인이 이용하도록 제공하는 등 부당한 목적을 위하여 사용하여서는 아니 된다.

(5) 위의 (1)에 따라 제공받은 승객예약자료의 열람방법, 보존기한 등에 관하여 필요한 사항은 대통령령으로 정한다.

2) 승객예약자료 제출시한

위의 1) (1)에 따른 승객예약자료의 제출시한은 다음의 구분에 의한다.

① 출항하는 선박 또는 항공기의 경우 : 출항 후 3시간 이내
② 입항하는 선박 또는 항공기의 경우 : 입항 1시간 전까지. 다만, 운항예정시간이 3시간 이내인 경우에는 입
   항 30분 전까지 할 수 있다.

3) 승객예약자료의 열람

(1) 세관장은 위의 1) (1)에 따라 제공받은 승객예약자료(이하 "승객예약자료"라 한다)를 열람할
수 있는 세관공무원(위의 1) (3)에 따라 지정받은 자를 말한다)에게 관세청장이 정하는 「선박 및
항공기의 승객예약자료의 제공 및 이용에 관한 고시」에 따라 개인식별 고유번호를 부여하는
등의 조치를 하여 권한 없는 자가 승객예약자료를 열람하는 것을 방지하여야 한다.

(2) 세관장은 승객이 입항 또는 출항한 날(이하 "입·출항일"이라 한다)부터 1월이 경과한 때에
는 해당 승객의 승객예약자료를 다른 승객의 승객예약자료(승객의 입·출항일부터 1월이 경과하지
아니한 승객예약자료를 말한다)와 구분하여 관리하여야 한다.

(3) 세관장은 위의 (2)에 따라 구분하여 관리하는 승객예약자료(이하 "보존승객예약자료"라 한
다)를 해당 승객의 입·출항일부터 기산하여 3년간 보존할 수 있다. 다만, 다음의 하나에 해당하
는 자에 대한 보존승객예약자료는 5년간 보존할 수 있다.

① 법 제234조(수출입의 금지)를 위반하여 수출입금지물품을 수출입한 자 또는 수출입하려고 하였던 자로서
  관세청장이나 세관장의 통고처분을 받거나 벌금형 이상의 형의 선고를 받은 사실이 있는 자
② 법 제241조(수출·수입 또는 반송의 신고) 제1항·제2항을 위반하였거나 법 제241조 제1항·제2항을 위
  반하여 다음의 하나의 물품을 수출입 또는 반송하려고 하였던 자로서 관세청장이나 세관장의 통고처분을
  받거나 벌금형 이상의 형의 선고를 받은 사실이 있는 자

  ㉮ 「마약류 관리에 관한 법률」에 따른 마약류
  ㉯ 「총포·도검·화약류 등의 안전관리에 관한 법률」에 따른 총포·도검·화약류·전자충격기 및 석궁

③ 수사기관 등으로부터 제공받은 정보나 세관장이 수집한 정보 등에 근거하여 다음의 하나에 해당하는 행위
  를 할 우려가 있다고 인정되는 자로서 관세청장이 정하는 기준에 해당하는 자

  ㉮ 법 제234조(수출입의 금지)를 위반하여 수출입금지물품을 수출입하는 행위
  ㉯ 법 제241조(수출·수입 또는 반송의 신고) 제1항 또는 제2항을 위반하여 다음의 하나의 물품을 수
    출입 또는 반송하는 행위

(4) 세관공무원은 보존승객예약자료를 열람하려는 때에는 관세청장이 정하는 바에 따라 미리 세관장의 승인을 얻어야 한다.

II. 재해나 그 밖의 부득이한 사유로 인한 면책

1 제138조(재해나 그 밖의 부득이한 사유로 인한 면책)

1) 의의

(1) 법 제134조(국제항 등에의 출입)부터 제137조(간이 입출항절차)까지 및 제140조(물품의 하역)부터 제143조(선박용품 및 항공기용품 등의 하역 등)까지의 규정은 재해나 그 밖의 부득이한 사유에 의한 경우에는 적용하지 아니한다.

(2) 위의 (1)의 경우 선장이나 기장은 지체 없이 그 이유를 세관공무원이나 경찰공무원(세관공무원이 없는 경우로 한정한다)에게 신고하여야 한다.

(3) 위의 (2)에 따른 신고를 받은 경찰공무원은 지체 없이 그 내용을 세관공무원에게 통보하여야 한다.

(4) 선장이나 기장은 재해나 그 밖의 부득이한 사유가 종료되었을 때에는 지체 없이 세관장에게 그 경과를 보고하여야 한다.

2) 재해로 인한 행위의 보고

위의 1) (4)에 의한 경과보고는 다음의 사항을 기재한 보고서에 의하여야 한다.

① 재해 등의 내용·발생일시·종료일시
② 재해 등으로 인하여 행한 행위
③ 법 시행령 제166조(선(기)용품 등의 하역 또는 환적) 제1항 제2호 및 제3호의 사항

② 제139조(임시 외국 정박 또는 착륙의 보고)

1) 의의

재해나 그 밖의 부득이한 사유로 국내운항선이나 국내운항기가 외국에 임시 정박 또는 착륙하고 우리나라로 되돌아왔을 때에는 선장이나 기장은 지체 없이 그 사실을 세관장에게 보고하여야 하며, 외국에서 적재한 물품이 있을 때에는 그 목록을 제출하여야 한다.

2) 임시 외국 정박 또는 착륙의 보고

(1) 임시 외국 정박 또는 착륙의 보고는 다음의 사항을 기재한 보고서로 한다.

① 선박 또는 항공기의 종류 · 명칭 또는 등록기호 · 국적 · 총톤수 및 순톤수 또는 자체무게
② 임시 정박한 항만명 또는 임시 착륙한 공항명
③ 해당 항만 또는 공항에 머무른 기간
④ 임시 정박 또는 착륙 사유
⑤ 해당 항만 또는 공항에서의 적재물품 유무

(2) 위의 1)의 규정에 의한 물품의 목록에 관하여는 제158조(출항허가의 신청) 제3항의 규정을 준용한다.

Ⅲ. 물품의 하역

① 제140조(물품의 하역)

1) 의의

(1) 국제무역선이나 국제무역기는 법 제135조(입항절차)에 따른 입항절차를 마친 후가 아니면 물품을 하역하거나 환적할 수 없다. 다만, 세관장의 허가를 받은 경우에는 그러하지 아니하다.

(2) 세관장은 위의 (1) 단서에 따른 허가의 신청을 받은 날부터 10일 이내에 허가 여부를 신청인에게 통지하여야 한다.

(3) 세관장이 위의 (2)에서 정한 기간 내에 허가 여부 또는 민원 처리 관련 법령에 따른 처리기간의 연장을 신청인에게 통지하지 아니하면 그 기간(민원 처리 관련 법령에 따라 처리기간이 연장

또는 재연장된 경우에는 해당 처리기간을 말한다)이 끝난 날의 다음 날에 허가를 한 것으로 본다.

(4) 국제무역선이나 국제무역기에 물품을 하역하려면 세관장에게 신고하고 현장에서 세관공무원의 확인을 받아야 한다. 다만, 세관공무원이 확인할 필요가 없다고 인정하는 경우에는 그러하지 아니하다.

(5) 세관장은 감시 · 단속을 위하여 필요할 때에는 위의 (4)에 따라 물품을 하역하는 장소 및 통로(이하 "하역통로"라 한다)와 기간을 제한할 수 있다.

(6) 국제무역선이나 국제무역기에는 내국물품을 적재할 수 없으며, 국내운항선이나 국내운항기에는 외국물품을 적재할 수 없다. 다만, 세관장의 허가를 받았을 때에는 그러하지 아니하다.

(7) 세관장은 위의 (4)에 따라 신고된 물품이 폐기물 · 화학물질 등 관세청장이 관계 중앙행정기관의 장과 협의하여 고시하는 물품으로서 하역 장소 및 통로, 기간을 제한하는 방법으로는 사회안전 또는 국민보건 피해를 방지하기 어렵다고 인정되는 경우에는 하역을 제한하고, 적절한 조치 또는 반송을 명할 수 있다.

2) 물품하역의 허가신청

(1) 위의 1) (1) 단서의 규정에 따라 물품을 하역 또는 환적하기 위하여 허가를 받고자 하는 자는 다음의 사항을 기재한 신청서를 세관장에게 제출하여야 한다.

① 선박 또는 항공기의 종류 · 명칭 · 국적 및 입항연월일
② 물품의 내외국물품별 구분과 품명 · 수량 및 가격
③ 포장의 종류 · 기호 · 번호 및 개수
④ 신청사유

(2) 위의 1) (4)에 따라 물품을 하역하려는 자는 다음의 사항을 기재한 신고서를 세관장에게 제출하고 그 신고필증을 현장세관공무원에게 제시하여야 한다. 다만, 수출물품의 경우에는 관세청장이 정하는 바에 따라 물품목록의 제출로써 이에 갈음할 수 있으며, 항공기인 경우에는 현장세관공무원에 대한 말로써 신고하여 이에 갈음할 수 있다.

① 선박 또는 항공기의 명칭
② 물품의 품명 · 개수 및 중량
③ 승선자수 또는 탑승자수
④ 선박 또는 항공기 대리점
⑤ 작업의 구분과 작업예정기간

(3) 위의 1) (5)에 따른 하역통로는 세관장이 지정하고 이를 공고해야 한다.

(4) 위의 1) (6) 단서에 따른 허가를 받으려는 자는 다음의 사항을 기재한 신청서를 세관장에게 제출해야 한다.

① 물품의 내외국물품별 구분과 품명 및 수량
② 포장의 종류 및 개수
③ 적재선박 또는 항공기의 명칭, 적재기간
④ 화주의 주소 및 성명
⑤ 신청사유

(5) 세관장은 다음의 하나에 해당하는 허가를 하거나 신고를 한 경우에는 국제무역선(기)에 내국물품을 적재하거나 국내운항선(기)에 외국물품을 적재하게 할 수 있다.

① 법 제143조(선박용품 및 항공기용품의 하역 등)의 규정에 의하여 하역허가를 받은 경우
② 법 제213조(보세운송의 신고)의 규정에 의하여 보세운송신고를 하거나 보세운송승인을 받은 경우
③ 법 제221조(내국운송의 신고)의 규정에 의하여 내국운송신고를 하는 경우
④ 법 제248조(신고의 수리) 의 규정에 의하여 수출신고가 수리된 경우

② 제141조(외국물품의 일시양륙 등)

1) 의의

다음의 하나에 해당하는 행위를 하려면 세관장에게 신고를 하고, 현장에서 세관공무원의 확인을 받아야 한다. 다만, 관세청장이 감시 · 단속에 지장이 없다고 인정하여 따로 정하는 경우에는 간소한 방법으로 신고 또는 확인하거나 이를 생략하게 할 수 있다.

① 외국물품을 운송수단으로부터 일시적으로 육지에 내려 놓으려는 경우
② 해당 운송수단의 여객 · 승무원 또는 운전자가 아닌 자가 타려는 경우
③ 외국물품을 적재한 운송수단에서 다른 운송수단으로 물품을 환적 또는 복합환적하거나 사람을 이동시키는 경우

2) 외국물품의 일시양륙 신고

(1) 위의 1) ①의 규정에 의하여 외국물품을 일시적으로 육지에 내려 놓고자 하는 경우에는 다음의 사항을 기재한 신고서를 세관장에게 제출하고 그 신고필증을 현장세관공무원에게 제시하여야 한다.

① 선박 또는 항공기의 종류 · 명칭 · 국적
② 입항연월일
③ 육지에 내려 놓고자 하는 일시 및 기간
④ 육지에 내려 놓고자 하는 물품의 품명 · 수량 및 가격과 그 포장의 종류 · 기호 · 번호 · 개수
⑤ 육지에 내려 놓고자 하는 물품의 최종도착지
⑥ 육지에 내려 놓고자 하는 장소

(2) 육지에 내려 놓고자 하는 외국물품을 장치할 수 있는 장소의 범위 등에 관하여는 관세청장이 정한다.

3) 승선 또는 탑승신고

위의 1) ②의 규정에 의하여 승선 또는 탑승을 하고자 하는 자는 다음의 사항을 기재한 신고서를 세관장에게 제출하고 그 신고필증을 현장 세관공무원에게 제시하여야 한다.

① 선박 또는 항공기의 명칭
② 승선자 또는 탑승자의 성명 · 국적 및 생년월일
③ 승선 또는 탑승의 이유 및 기간

4) 환적 및 이동의 신고

위의 1) ③에 따라 환적 또는 복합환적하거나 사람을 이동시키고자 하는 자는 다음의 사항을 적은 신고서를 세관장에게 제출하고 그 신고필증을 현장 세관공무원에게 제시하여야 한다.

① 각 운송수단의 종류 · 명칭 및 국적
② 환적하는 물품의 내외국물품별 구분
③ 환적하는 물품의 품명 · 수량 및 가격과 그 포장의 종류 · 기호 · 번호 및 개수
④ 이동하는 사람의 성명 · 국적 · 생년월일 · 승선지 및 상륙지
⑤ 신고사유

③ 제142조(항외하역)

1) 의의

(1) 국제무역선이 국제항의 바깥에서 물품을 하역하거나 환적하려는 경우에는 선장은 세관장의 허가를 받아야 한다.

(2) 선장은 허가를 받으려면 기획재정부령으로 정하는 바에 따라 허가수수료를 납부하여야 한다.

(3) 세관장은 허가의 신청을 받은 날부터 10일 이내에 허가 여부를 신청인에게 통지하여야 한다.

(4) 세관장이 정한 기간 내에 허가 여부 또는 민원 처리 관련 법령에 따른 처리기간의 연장을 신청인에게 통지하지 아니하면 그 기간(민원 처리 관련 법령에 따라 처리기간이 연장 또는 재연장된 경우에는 해당 처리기간을 말한다)이 끝난 날의 다음 날에 허가를 한 것으로 본다.

2) 항외하역에 관한 허가의 신청

국제항의 바깥에서 하역 또는 환적하기 위하여 위의 1) (1)에 따른 허가를 받고자 하는 자는 다음의 사항을 기재한 신청서를 세관장에게 제출하여야 한다.

① 국제항의 바깥에서 하역 또는 환적하고자 하는 장소 및 일시
② 선박의 종류 · 명칭 · 국적 · 총톤수 및 순톤수
③ 해당 물품의 내외국물품별 구분과 품명 · 수량 및 가격
④ 해당 물품의 포장의 종류 · 기호 · 번호 및 개수
⑤ 신청사유

3) 항외하역에 관한 허가수수료

납부하여야 하는 항외하역에 관한 허가수수료는 하역 1일마다 40,000원으로 한다. 다만, 수출물품(보세판매장에서 판매하는 물품과 보세공장, 「자유무역지역의 지정 및 운영에 관한 법률」에 의한 자유무역지역에서 제조 · 가공하여 외국으로 반출하는 물품을 포함한다)에 대한 하역인 경우에는 하역 1일마다 10,000원으로 한다.

④ 제143조(선박용품 및 항공기용품의 하역 등)

1) 의의

(1) 다음의 하나에 해당하는 물품을 국제무역선(기)또는「원양산업발전법」제2조(정의) 제6호에 따른 조업에 사용되는 선박(이하 이 조에서 "원양어선"이라 한다)에 하역하거나 환적하려면 세관장의 허가를 받아야 하며, 하역 또는 환적허가의 내용대로 하역하거나 환적하여야 한다.

① 선박용품 또는 항공기용품
② 국제무역선(기) 안에서 판매하는 물품
③ 원양산업발전법」제6조(원양어업허가 및 신고) 제1항, 제17조(시험어업 및 연구어업·교습어업) 제1항 및 제3항에 따라 해양수산부장관의 허가·승인 또는 지정을 받은 자가 조업하는 원양어선에 무상으로 송부하기 위하여 반출하는 물품으로서 해양수산부장관이 확인한 물품

(2) 위의 (1) 각 호의 어느 하나에 해당하는 물품이 외국으로부터 우리나라에 도착한 외국물품일 때에는 보세구역으로부터 국제무역선·국제무역기 또는 원양어선에 적재하는 경우에만 그 외국물품을 그대로 적재할 수 있다.

(3) 위의 (1) 각 호에 따른 물품의 종류와 수량은 선박이나 항공기의 종류, 톤수 또는 무게, 항행일수 또는 운행일수 또는 조업일수, 여객과 승무원·선원의 수 등을 고려하여 세관장이 타당하다고 인정하는 범위이어야 한다.

(4) 세관장은 위의 (1)에 따른 허가의 신청을 받은 날부터 10일 이내에 허가 여부를 신청인에게 통지하여야 한다.

(5) 세관장이 위의 (4)에서 정한 기간 내에 허가 여부 또는 민원 처리 관련 법령에 따른 처리기간의 연장을 신청인에게 통지하지 아니하면 그 기간(민원 처리 관련 법령에 따라 처리기간이 연장 또는 재연장된 경우에는 해당 처리기간을 말한다)이 끝난 날의 다음 날에 허가를 한 것으로 본다.

(6) 위의 (2)에 따른 외국물품이 위의 (1)에 따른 하역 또는 환적허가의 내용대로 운송수단에 적재되지 아니한 경우에는 해당 허가를 받은 자로부터 즉시 그 관세를 징수한다. 다만, 다음의 어느 하나에 해당하는 경우에는 그러하지 아니하다.

① 세관장이 지정한 기간 내에 그 물품이 다시 보세구역에 반입된 경우
② 재해나 그 밖의 부득이한 사유로 멸실된 경우
③ 미리 세관장의 승인을 받고 폐기한 경우

(7) 위의 (1)에 따라 허가를 받아야 하는 물품의 종류와 수량, 사용 또는 판매내역관리, 하역 또는 환적절차 등에 관하여 필요한 사항은 관세청장이 정하여 고시한다.

2) 선박용품 또는 항공기용품 등의 하역 또는 환적

(1) 국제무역선 또는 국제무역기나 「원양산업발전법」 제2조(정의) 제6호에 따른 조업에 사용되는 선박에 물품을 하역하거나 환적하기 위하여 위의 1) (1)에 따른 허가를 받으려는 자는 다음 각 호의 사항을 기재한 신청서를 세관장에게 제출해야 한다.

① 선박 또는 항공기의 종류·등록기호·명칭·국적과 여객 및 승무원·선원의 수
② 해당 물품의 내외국물품별 구분과 품명·규격·수량 및 가격
③ 해당 물품의 포장의 종류·기호·번호 및 개수
④ 해당 물품의 하역 또는 환적예정연월일과 방법 및 장소

(2) 위의 (1)의 경우 해당 물품이 위의 1) (2)에 해당하는 외국물품인 때에는 위의 (1) 각호의 사항 외에 다음의 사항을 함께 쓰고 그 물품에 대한 송품장 또는 과세가격결정에 필요한 서류를 첨부하여야 한다.

① 해당 물품의 선하증권번호 또는 항공화물운송장번호
② 해당 물품의 장치된 장소(보세구역인 경우에는 그 명칭)와 반입연월일

(3) 세관장은 위의 (1)에 의한 허가를 함에 있어서 필요하다고 인정되는 때에는 소속공무원으로 하여금 해당 물품을 검사하게 할 수 있다.

(4) 위의 1) (1)에 의한 허가를 받은 자가 허가를 받은 사항을 변경하고자 하는 때에는 변경하고자 하는 사항과 변경사유를 기재한 신청서를 세관장에게 제출하여 허가를 받아야 한다.

(5) 위의 (1)에 의한 허가를 받은 자는 허가내용에 따라 하역 또는 환적을 완료한 때에는 해당 허가서에 그 사실과 하역 또는 환적일자를 기재하여 해당 선박 또는 항공기의 장의 서명을 받아 보관하여야 한다. 이 경우 세관장은 필요하다고 인정하는 물품에 대하여는 세관공무원의 확인을 받게 할 수 있으며, 해당 선박 또는 항공기의 장이 적재한 사실을 확인하여 서명한 허가서 등을 제출하게 할 수 있다.

(6) 위의 (1)에 따른 허가를 받은 자는 위의 1) (6) ①의 기간 내에 허가받은 물품을 적재하지 않고 다시 보세구역에 반입한 때에는 지체 없이 해당 허가서에 그 사실과 반입연월일을 기재하여 이를 확인한 세관공무원의 서명을 받아 해당 허가를 한 세관장에게 제출해야 한다.

(7) 위의 (1)에 따른 허가를 받은 자는 해당 물품이 위의 1) (6) ②에 따른 재해나 그 밖의 부득이한 사유로 멸실된 경우에는 지체 없이 해당 물품에 관한 위의 (1) ②의 사항과 멸실연월일·장소 및 사유를 기재한 신고서에 허가서를 첨부하여 해당 허가를 한 세관장에게 제출해야 한다.

(8) 위의 1) (6) ③에 따른 승인을 받으려는 자는 폐기하려는 물품에 관한 다음의 사항을 기재한 신청서를 해당 허가를 한 세관장에게 제출해야 한다.

① 위의 (1) ②의 사항
② 해당 물품이 있는 장소
③ 폐기예정연월일·폐기방법 및 폐기이유

Ⅳ. 국제무역선의 국내운항선으로의 전환

❶ 제144조(국제무역선의 국내운항선으로의 전환 등)

1) 의의

국제무역선 또는 국제무역기를 국내운항선 또는 국내운항기로 전환하거나, 국내운항선 또는 국내운항기를 국제무역선 또는 국제무역기로 전환하려면 선장이나 기장은 세관장의 승인을 받아야 한다.

2) 선박 또는 항공기의 전환

(1) 승인을 받으려는 자는 다음의 사항을 기재한 신청서를 세관장에게 제출하여야 한다.

① 선박 또는 항공기의 명칭·종류·등록기호·국적·총톤수 및 순톤수·자체무게·선적항
② 선박 또는 항공기의 소유자의 주소·성명
③ 국내운항선(기)·국제무역선(기)에의 해당 여부
④ 전환하고자 하는 내용 및 사유

(2) 세관장은 신청이 있는 때에는 해당 선박 또는 항공기에 적재되어 있는 물품을 검사할 수 있다.

2 제145조(선장 등의 직무대행자)

선장이나 기장이 하여야 할 직무를 대행하는 자에게도 법 제134조(국제항 등에의 출입) 제2항, 제135조(입항절차) 제1항, 제136조(출항절차), 제138조(재해나 그 밖의 부득이한 사유로 인한 면책) 제2항 · 제4항, 제139조(외국 기착의 보고), 제142조(항외 하역) 및 제144조(국제무역선의 국내운항선으로의 전환 등)를 적용한다.

3 제146조(그 밖의 선박 또는 항공기)

1) 의의

(1) 다음의 어느 하나에 해당하는 선박이나 항공기는 국제무역선이나 국제무역기에 관한 규정을 준용한다.

① 국제무역선 또는 국제무역기 외의 선박이나 항공기로서 외국에 운항하는 선박 또는 항공기
② 외국을 왕래하는 여행자와 제241조(수출 · 수입 또는 반송의 신고) 제2항 제1호의 물품을 전용으로 운송하기 위하여 국내에서만 운항하는 항공기(이하 "환승전용국내운항기"라 한다).
다만, 다음의 어느 하나에 해당하는 경우에 대해서는 그러하지 아니하다.

> ① 군함 및 군용기
> ② 국가원수 또는 정부를 대표하는 외교사절이 전용하는 선박 또는 항공기

(2) 위의 (1)에도 불구하고 환승전용국내운항기에 대해서는 제143조(선박용품 및 항공기용품의 하역 등) 제2항은 적용하지 아니하며 효율적인 통관 및 감시 · 단속을 위하여 필요한 사항은 대통령령으로 따로 정할 수 있다.

2) 환승전용국내운항기의 관리

세관장은 위의 1) (2)에 따라 다음의 어느 하나에 해당하는 사항에 대하여 관세청장이 정하는 바에 따라 그 절차를 간소화하거나 그 밖에 필요한 조치를 할 수 있다.

① 법 제135조(입항절차) 제1항에 따른 입항보고
② 법 제136조(출항절차) 제1항에 따른 출항허가 신청
③ 그 밖에 위의 1) (1) ②에 따른 환승전용국내운항기 및 해당 항공기에 탑승하는 외국을 왕래하는 여행자와 법 제241조(수출·수입 또는 반송의 신고) 제2항 제1호에 따른 물품의 통관 및 감시에 필요한 사항

4 제147조(국경하천을 운항하는 선박)

국경하천만을 운항하는 내국선박에 대해서는 국제무역선에 관한 규정을 적용하지 아니한다.

제3절 차 량

1 제148조(관세통로)

1) 국경을 출입하는 차량(이하 "국경출입차량"이라 한다)은 관세통로를 경유하여야 하며, 통관역이나 통관장에 정차하여야 한다.

2) 관세통로는 육상국경(陸上國境)으로부터 통관역에 이르는 철도와 육상국경으로부터 통관장에 이르는 육로 또는 수로 중에서 세관장이 지정한다.

3) 통관역은 국외와 연결되고 국경에 근접한 철도역 중에서 관세청장이 지정한다.

4) 통관장은 관세통로에 접속한 장소 중에서 세관장이 지정한다.

2 제149조(국경출입차량의 도착절차)

1) 의의

(1) 국경출입차량이 통관역이나 통관장에 도착하면 통관역장이나 도로차량(선박·철도차량 또는 항공기가 아닌 운송수단을 말한다)의 운전자는 차량용품목록·여객명부·승무원명부 및 승무원 휴대품목록과 관세청장이 정하는 적재화물목록을 첨부하여 지체 없이 세관장에게 도착보고

를 하여야 하며, 최종 출발지의 출발허가서 또는 이를 갈음하는 서류를 제시하여야 한다. 다만, 세관장은 감시·단속에 지장이 없다고 인정될 때에는 차량용품목록이나 승무원 휴대품목록의 첨부를 생략하게 할 수 있다.

(2) 세관장은 신속한 입국 및 통관절차의 이행과 효율적인 감시·단속을 위하여 필요한 경우에는 관세청장이 정하는 바에 따라 도착하는 해당 차량이 소속된 회사(그 업무를 대행하는 자를 포함한다)로 하여금 위의 (1)에 따른 여객명부·적재화물목록 등을 도착하기 전에 제출하게 할 수 있다.

(3) 위의 (1)에도 불구하고 다음의 어느 하나에 해당하는 물품을 일정 기간에 일정량으로 나누어 반복적으로 운송하는 데에 사용되는 도로차량의 운전자는 법 제152조(도로차량의 국경출입) 제2항에 따라 사증(査證)을 받는 것으로 도착보고를 대신할 수 있다. 다만, 최종 도착보고의 경우는 제외한다.

① 모래·자갈 등 골재
② 석탄·흑연 등 광물

(4) 위의 (3)에 따라 사증을 받는 것으로 도착보고를 대신하는 도로차량의 운전자는 최종 도착보고를 할 때에 위의 (1)에 따른 서류를 한꺼번에 제출하여야 한다.

2) 국경출입차량의 도착보고 등

(1) 위의 1) (1)에 의한 도착보고서에는 다음의 사항을 기재하여야 한다.

① 차량의 회사명·국적·종류·등록기호·번호·총화차수·총객차수
② 차량의 최초출발지·경유지·최종출발지·도착일시·출발예정일시 및 목적지
③ 적재물품의 내용·개수 및 중량
④ 여객 및 승무원수와 통과여객의 수

(2) 위의 1) (1)에 의한 차량용품목록·여객명부·승무원명부 및 승무원휴대품목록에 관하여는 법 제157조(물품의 반입·반출) 제2항 내지 제5항의 규정을 준용한다.

③ 제150조(국경출입차량의 출발절차)

1) 의의

(1) 국경출입차량이 통관역이나 통관장을 출발하려면 통관역장이나 도로차량의 운전자는 출발하기 전에 세관장에게 출발보고를 하고 출발허가를 받아야 한다.

(2) 통관역장이나 도로차량의 운전자는 허가를 받으려면 그 통관역 또는 통관장에서 적재한 물품의 목록을 제출하여야 한다.

(3) 다음의 하나의 물품을 일정 기간에 일정량으로 나누어 반복적으로 운송하는 데에 사용되는 도로차량의 운전자는 법 제152조(도로차량의 국경출입) 제2항에 따라 사증을 받는 것으로 출발보고 및 출발허가를 대신할 수 있다. 다만, 최초 출발보고와 최초 출발허가의 경우는 제외한다.

① 모래 · 자갈 등 골재
② 석탄 · 흑연 등 광물

(4) 도로차량을 운행하려는 자는 기획재정부령으로 정하는 바에 따라 미리 세관장에게 신고하여야 한다.

2) 국경출입차량의 출발보고

(1) 위의 1) (1)에 따른 출발보고서에는 다음의 사항을 기재하여야 한다.

① 차량의 회사명 · 종류 · 등록기호 · 번호 · 총화차수 · 총객차수
② 차량의 출발지 · 경유지 · 최종목적지 · 출발일시 및 도착일시
③ 적재물품의 내용 · 개수 및 중량
④ 여객 및 승무원의 수와 통과여객의 수

(2) 위의 1) (2)에 따라 제출하는 물품의 목록은 관세청장이 정하는 (「남북간 통행차량의 등록 및 출입절차에 관한 고시」) 바에 따라 세관장에게 제출하여야 한다.

3) 반복운송 도로차량의 신고

위의 1) (3)에 따른 도로차량을 운행하려는 운전자는 다음의 사항을 기재한 신고서를 세관장에게 제출하여야 한다.

① 차량의 회사명·종류 및 차량등록번호
② 차량의 출발지, 경유지, 최종목적지, 최초 출발일시, 최종 도착일시 및 총운행횟수
③ 운송대상 물품의 내용 및 총중량

4 제151조(물품의 하역 등)

1) 의의

(1) 통관역이나 통관장에서 외국물품을 차량에 하역하려는 자는 세관장에게 신고를 하고, 현장에서 세관공무원의 확인을 받아야 한다. 다만, 세관공무원이 확인할 필요가 없다고 인정할 때에는 그러하지 아니하다.

(2) 차량용품과 국경출입차량 안에서 판매할 물품을 해당 차량에 하역하거나 환적하는 경우에는 법 제143조(선박용품 및 항공기용품의 하역 등)를 준용한다.

2) 물품의 하역신고

위의 1) (1)의 규정에 따라 물품을 하역하고자 하는 자는 다음의 사항을 기재한 신고서를 세관장에게 제출하고 그 신고필증을 현장 세관공무원에게 제시하여야 한다.

① 차량번호
② 물품의 품명·개수 및 중량
③ 작업의 구분과 작업예정기간

3) 차량용품의 하역 또는 환적

위의 1) (2)에 따른 차량용품과 국경출입차량에서 판매할 물품에 대하여는 법 시행령 제166조(선박용품 또는 항공기용품 등의 하역 또는 환적)의 규정을 준용한다.

5 제151조의2(국경출입차량의 국내운행차량으로의 전환 등)

국경출입차량을 국내에서만 운행하는 차량(이하 "국내운행차량"이라 한다)으로 전환하거나 국내운행차량을 국경출입차량으로 전환하려는 경우에는 통관역장 또는 도로차량의 운전자는 세관장의 승인을 받아야 한다. 다만, 기획재정부령으로 정하는 차량의 경우에는 그러하지 아니하다.

6 제151조의3(통관역장 등의 직무대행자)

통관역장이나 도로차량의 운전자가 하여야 할 직무를 대행하는 자에게도 법 제149조(국경출입차량의 도착절차) 제1항, 제150조(국경출입차량의 출발절차), 제151조의2(국경출입차량의 국내운행차량으로의 전환 등) 및 제152조(도로차량의 국경출입)를 적용한다.

7 제152조(도로차량의 국경출입)

1) 의의

(1) 국경을 출입하려는 도로차량의 운전자는 해당 도로차량이 국경을 출입할 수 있음을 증명하는 서류를 세관장으로부터 발급받아야 한다.

(2) 국경을 출입하는 도로차량의 운전자는 출입할 때마다 서류를 세관공무원에게 제시하고 사증을 받아야 한다. 이 경우 전자적인 방법으로 서류의 제시 및 사증 발급을 대신할 수 있다.

(3) 사증을 받으려는 자는 수수료를 납부하여야 한다. 납부하여야 하는 사증수수료는 400원으로 한다. 다만, 기획재정부령으로 정하는 차량은 수수료를 면제한다.

2) 도로차량에 대한 증서의 교부신청

위의 1) (2)에 따라 국경을 출입할 수 있는 도로차량임을 증명하는 서류를 교부받으려는 자는 다음의 사항을 기재한 신청서를 세관장에게 제출하여야 한다.

① 차량의 종류 및 차량등록번호
② 적재량 또는 승차정원
③ 운행목적 · 운행기간 및 운행경로

제7장 보세구역

제1절 통 칙

1 보세제도의 의의와 기능

1) 의의

(1) 보세제도란 수입신고를 받기 전에 관세가 유보된 상태에서 외국물품을 반입, 장치, 검사, 가공, 건설, 전시, 판매, 운송하는 제도이다. 보세제도에는 정적인 보세제도인 보세구역과 동적인 보세제도인 보세운송이 있다. 보세란 외국물품의 수입신고수리전 상태를 말하며, 보세구역이란 수입신고가 수리되기 전의 상태인 외국물품을 장치, 보세가공, 전시, 건설 및 판매 등을 할 수 있고, 또한 통관절차를 이행하려는 내국물품을 장치할 수 있는 장소·구역으로 세관장이 지정하거나 특허한 구역을 말하며, 보세운송은 외국물품이 수입신고 수리 미필상태로 국내에서 운송되는 것을 말한다.

(2) 보세구역은 관세채권 확보와 통관절차의 편의를 위해 일시적으로 물품을 관리하는 지정보세구역과 통관절차를 유예하고 전시, 판매, 제조, 가공을 허용함으로써 수출증진과 투자유치를 지원하는 특허보세구역이 있다. 이 외에도 종합보세구역이 있다.

2) 기능

(1) 관세징수권의 확보

세관의 엄격한 통제하에 있는 상태로서, 관세담보를 제공토록 하여 관세채권을 확보하고 있다.

(2) 통관업무의 효율화

세관의 감시와 단속이 용이하며, 화물을 집중 반입하게 함으로써 일괄적인 통관절차를 수행하기 용이하다.

(3) 수출 및 산업지원

외국물품을 관세납부하지 않고 원재료를 보세가공하여 외국에 반출함으로써 가공무역의 진출 등 수출을 지원한다. 또한 외국물품을 그대로 사용하도록 함으로써 산업시설을 건설할 수 있어 국내산업의 발전 및 건설을 지원한다.

표 2-5 보세구역의 구분

구분	개념	종류	설치목적	특징
지정	- 국가·지자체·공항(항만)시설 관리 법인의 자가 소유 또는 관리하는 토지·건물 기타의 시설을 지정 - 지정권자 : 세관장	- 지정장치장 - 세관검사장	- 통관편의, 일시장치 및 검사목적 - 행정상 공공의 목적	소극적
특허	- 사인 토지, 건물 중 신청 - 특허권자 : 세관장	- 보세창고 - 보세공장 - 보세건설장 - 보세전시장 - 보세판매장	- 장치, 제조, 전시, 건설 및 판매목적 - 사인의 이익추구	적극적
종합	- 특정지역 중 지정 - 지정권자 : 관세청장	- 종합보세구역	- 수출 및 물류촉진 - 개인 및 공공이익 (투자촉진등 조화)	적극적

❷ 제154조(보세구역의 종류)

1) 의의

보세구역은 지정보세구역·특허보세구역 및 종합보세구역으로 구분하고, 지정보세구역은 지정장치장 및 세관검사장으로 구분하며, 특허보세구역은 보세창고·보세공장·보세전시장·

보세건설장 및 보세판매장으로 구분한다.

2) 보세구역장치물품의 제한

보세구역에는 인화질 또는 폭발성의 물품을 장치하지 못하며, 보세창고에는 부패할 염려가 있는 물품 또는 살아있는 동물이나 식물을 장치하지 못한다. 또한 해당 물품을 장치하기 위하여 특수한 설비를 한 보세구역에 관하여는 이를 적용하지 아니한다.

③ 제155조(물품의 장치)

1) 의의

(1) 외국물품과 법 제221조(내국운송의 신고) 제1항에 따른 내국운송의 신고를 하려는 내국물품은 보세구역이 아닌 장소에 장치할 수 없다. 다만, 다음의 하나에 해당하는 물품은 그러하지 아니하다.

① 법 제241조(수출·수입 또는 반송의 신고) 제1항에 따른 수출신고가 수리된 물품
② 크기 또는 무게의 과다나 그 밖의 사유로 보세구역에 장치하기 곤란하거나 부적당한 물품
③ 재해나 그 밖의 부득이한 사유로 임시로 장치한 물품
④ 검역물품
⑤ 압수물품
⑥ 우편물품

(2) 위 ①부터 ④까지에 해당되는 물품에 대하여는 법 제157조(물품의 반입·반출), 제158조(보수작업) 부터 제161조(견본품 반출)까지, 제163조(세관공무원의 파견), 제172조(물품에 대한 보관책임), 제177조(장치기간), 제208조(매각대상 및 매각절차)부터 제212조(국고귀속) 까지 및 제321조(세관의 업무시간·물품취급시간)를 준용한다.

2) 장치물품의 멸실신고

(1) 보세구역 또는 위의 1) (1) 단서의 규정에 의하여 보세구역이 아닌 장소에 장치된 외국물품이 멸실된 때에는 다음의 사항을 기재한 신고서를 세관장에게 제출하여 그 확인을 받아야 한다.

① 법 시행령 제175조(보세구역 외 장치의 허가신청) 각 호의 사항
② 장치장소
③ 멸실연월일 및 멸실원인

(2) 위의 (1)의 규정에 의한 신고는 특허보세구역장치물품인 경우에는 운영인의 명의로, 특허보세구역장치물품이 아닌 경우에는 보관인의 명의로 하여야 한다.

3) 물품의 도난 또는 분실의 신고

(1) 보세구역 또는 위의 1) (1) 단서의 규정에 의하여 보세구역이 아닌 장소에 장치된 물품이 도난당하거나 분실된 때에는 다음의 사항을 기재한 신고서를 세관장에게 제출하여야 한다.

① 법 시행령 제175조(보세구역 외 장치의 허가신청) 각 호의 사항
② 장치장소
③ 도난 또는 분실연월일과 사유

(2) 위의 2) (2)의 규정은 신고에 관하여 이를 준용한다.

4) 물품이상의 신고

(1) 보세구역 또는 위의 1) (1) 단서의 규정에 의하여 보세구역이 아닌 장소에 장치된 물품에 이상이 있는 때에는 다음의 사항을 기재한 신고서를 세관장에게 제출하여야 한다.

① 법 시행령 제175조(보세구역 외 장치의 허가신청) 각 호의 사항
② 장치장소
③ 발견연월일
④ 이상의 원인 및 상태

(2) 법 시행령 제180조(장치물품의 멸실신고) 제2항의 규정은 신고에 관하여 이를 준용한다.

4 제156조(보세구역 외 장치의 허가)

1) 의의

(1) 법 제155조(물품의 장치) 제1항 제2호에 해당하는 물품을 보세구역이 아닌 장소에 장치하려는 자는 세관장의 허가를 받아야 한다.

(2) 세관장은 외국물품에 대하여 위의 (1)의 허가를 하려는 때에는 그 물품의 관세에 상당하는 담보의 제공, 필요한 시설의 설치 등을 명할 수 있다.

(3) 위의 (1)에 따른 허가를 받으려는 자는 기획재정부령으로 정하는 금액과 방법 등에 따라 수수료를 납부하여야 한다.

2) 보세구역 외 장치의 허가신청

위의 1) (1)에 따른 허가를 받으려는 자는 해당 물품에 관하여 다음의 사항을 기재한 신청서에 송품장과 선하증권 · 항공화물운송장 또는 이에 갈음하는 서류를 첨부하여 세관장에게 제출하여야 한다.

① 장치장소 및 장치사유
② 수입물품의 경우 해당 물품을 외국으로부터 운송하여 온 선박 또는 항공기의 명칭 또는 등록기호 · 입항예정연월일 · 선하증권번호 또는 항공화물운송장번호
③ 해당 물품의 내외국물품별 구분과 품명 · 규격 · 수량 및 가격
④ 해당 물품의 포장의 종류 · 번호 및 개수

3) 보세구역 외 장치허가수수료

(1) 위의 1) (3)의 규정에 의하여 납부하여야 하는 보세구역외 장치허가수수료는 18,000원으로 한다. 이 경우 동일한 선박 또는 항공기로 수입된 동일한 화주의 화물을 동일한 장소에 반입하는 때에는 1건의 보세구역외 장치허가신청으로 보아 허가수수료를 징수한다.

(2) 국가 또는 지방자치단체가 수입하거나 협정에 의하여 관세가 면제되는 물품을 수입하는 때에는 제1항의 규정에 의한 보세구역외 장치허가수수료를 면제한다.

(3) 위의 (1)의 규정에 의한 보세구역외 장치허가수수료를 납부하여야 하는 자가 관세청장이 정하는 바에 의하여 이를 따로 납부한 때에는 그 사실을 증명하는 증표를 허가신청서에 첨부하여야 한다.

(4) 세관장은 전산처리설비를 이용하여 위의 1) (1)의 규정에 의한 보세구역외 장치허가를 신청하는 때에는 위의 (1)의 규정에 의한 보세구역외 장치허가수수료를 일괄고지하여 납부하게 할 수 있다.

5 제157조(물품의 반입·반출)

1) 의의

(1) 보세구역에 물품을 반입하거나 반출하려는 자는 세관장에게 신고하여야 한다.

(2) 보세구역에 물품을 반입하거나 반출하려는 경우에는 세관장은 세관공무원을 참여시킬 수 있으며, 세관공무원은 해당 물품을 검사할 수 있다.

(3) 세관장은 보세구역에 반입할 수 있는 물품의 종류를 제한할 수 있다.

2) 물품의 반출입신고

(1) 위의 1) (1)에 따른 물품의 반입신고는 다음의 사항을 기재한 신고서로 해야 한다.

① 외국물품(수출신고가 수리된 물품은 제외한다)의 경우

㉮ 해당 물품을 외국으로부터 운송하여 온 선박 또는 항공기의 명칭·입항일자·입항세관·적재항
㉯ 물품의 반입일시, 선하증권번호 또는 항공화물운송장번호와 화물관리번호
㉰ 물품의 품명, 포장의 종류, 반입개수와 장치위치

② 내국물품(수출신고가 수리된 물품을 포함한다)의 경우

㉮ 물품의 반입일시
㉯ 물품의 품명, 포장의 종류, 반입개수, 장치위치와 장치기간

(2) 위의 (1)에 따라 반입신고된 물품의 반출신고는 다음의 사항을 기재한 신고서에 의하여야 한다.

① 반출신고번호·반출일시·반출유형·반출근거번호
② 화물관리번호
③ 반출개수 및 반출중량

(3) 세관장은 다음의 하나에 해당하는 경우에는 위의 (1) 및 (2)에 따른 신고서의 제출을 면제하거나 기재사항의 일부를 생략하게 할 수 있다.

① 다음의 하나에 해당하는 서류를 제출하여 반출입하는 경우

　　㉮ 적하목록
　　㉯ 보세운송신고서 사본 또는 수출신고필증
　　㉰ 법 시행령 제197조(내국물품의 장치신고 등) 제1항에 의한 내국물품장치신고서

② 법 제164조(보세구역의 자율관리)에 따라 자율관리보세구역으로 지정받은 자가 물품(수입신고가 수리된 물품은 제외한다)에 대하여 장부를 비치하고 반출입사항을 기록관리하는 경우

(4) 세관장은 위의 1) (2)의 규정에 의한 검사를 함에 있어서 반입신고서 · 송품장 등 검사에 필요한 서류를 제출하게 할 수 있다.

⑥ 제157조의2(수입신고수리물품의 반출)

1) 의의

관세청장이 정하는 보세구역에 반입되어 수입신고가 수리된 물품의 화주 또는 반입자는 법 제177조(장치기간)에도 불구하고 그 수입신고 수리일부터 15일 이내에 해당 물품을 보세구역으로부터 반출하여야 한다. 다만, 외국물품을 장치하는 데에 방해가 되지 아니하는 것으로 인정되어 세관장으로부터 해당 반출기간의 연장승인을 받았을 때에는 그러하지 아니하다.

2) 반출기간 연장신청

위의 1) 단서에 의한 승인을 얻고자 하는 자는 다음의 사항을 기재한 신청서를 세관장에게 제출하여야 한다.

① 법 시행령 제175조(보세구역 외 장치의 허가신청) 제2항에 규정된 사항
② 장치장소
③ 신청사유

7 제158조(보수작업)

1) 의의

(1) 보세구역에 장치된 물품은 그 현상을 유지하기 위하여 필요한 보수작업과 그 성질을 변하지 아니하게 하는 범위에서 포장을 바꾸거나 구분·분할·합병을 하거나 그 밖의 비슷한 보수작업을 할 수 있다. 이 경우 보세구역에서의 보수작업이 곤란하다고 세관장이 인정할 때에는 기간과 장소를 지정받아 보세구역 밖에서 보수작업을 할 수 있다.

(2) 보수작업을 하려는 자는 세관장의 승인을 받아야 한다.

(3) 세관장은 승인의 신청을 받은 날부터 10일 이내에 승인 여부를 신청인에게 통지하여야 한다.

(4) 세관장이 기간 내에 승인 여부 또는 민원 처리 관련 법령에 따른 처리기간의 연장을 신청인에게 통지하지 아니하면 그 기간(민원 처리 관련 법령에 따라 처리기간이 연장 또는 재연장된 경우에는 해당 처리기간을 말한다)이 끝난 날의 다음 날에 승인을 한 것으로 본다.

(5) 보수작업으로 외국물품에 부가된 내국물품은 외국물품으로 본다.

(6) 외국물품은 수입될 물품의 보수작업의 재료로 사용할 수 없다.

(7) 보수작업을 하는 경우 해당 물품에 관한 반출검사 등에 관하여는 법 제187조(화물관리인의 지정) 제4항·제5항 및 제7항을 준용한다.

2) 보수작업의 승인신청

(1) 위의 1) (2)에 따른 승인을 받으려는 자는 다음의 사항을 기재한 신청서를 세관장에게 제출하여야 한다.

① 법 시행령 제175조(보세구역 외 장치의 허가신청) 각 호의 사항
② 사용할 재료의 품명·규격·수량 및 가격
③ 보수작업의 목적·방법 및 예정기간
④ 장치장소
⑤ 그 밖의 참고사항

(2) 위의 1) (2)에 따른 승인을 받은 자는 보수작업을 완료한 경우에는 다음의 사항을 기재한 보고서를 세관장에게 제출하여 그 확인을 받아야 한다.

① 해당 물품의 품명 · 규격 · 수량 및 가격
② 포장의 종류 · 기호 · 번호 및 개수
③ 사용한 재료의 품명 · 규격 · 수량 및 가격
④ 잔존재료의 품명 · 규격 · 수량 및 가격
⑤ 작업완료연월일

⑧ 제159조(해체 · 절단 등의 작업)

1) 의의

(1) 보세구역에 장치된 물품에 대하여는 그 원형을 변경하거나 해체 · 절단 등의 작업을 할 수 있다.

(2) 작업을 하려는 자는 세관장의 허가를 받아야 한다.

(3) 세관장은 허가의 신청을 받은 날부터 10일 이내에 허가 여부를 신청인에게 통지하여야 한다.

(4) 세관장이 정한 기간 내에 허가 여부 또는 민원 처리 관련 법령에 따른 처리기간의 연장을 신청인에게 통지하지 아니하면 그 기간(민원 처리 관련 법령에 따라 처리기간이 연장 또는 재연장된 경우에는 해당 처리기간을 말한다)이 끝난 날의 다음 날에 허가를 한 것으로 본다.

(5) 작업을 할 수 있는 물품의 종류는 관세청장이 정한다(「수입통관 사무처리에 관한 고시」).

(6) 세관장은 수입신고한 물품에 대하여 필요하다고 인정될 때에는 화주 또는 그 위임을 받은 자에게 작업을 명할 수 있다.

2) 해체 · 절단 등 작업

(1) 위의 1) (2)의 규정에 따라 해체 · 절단 등의 작업의 허가를 받고자 하는 자는 다음의 사항을 기재한 신청서를 세관장에게 제출하여야 한다.

① 해당 물품의 품명 · 규격 · 수량 및 가격
② 작업의 목적 · 방법 및 예정기간
③ 기타 참고사항

(2) 위의 (1)의 작업을 완료한 때에는 다음의 사항을 기재한 보고서를 세관장에게 제출하여 그 확인을 받아야 한다.

① 작업후의 물품의 품명 · 규격 · 수량 및 가격
② 작업개시 및 종료연월일
③ 작업상황에 관한 검정기관의 증명서(세관장이 특히 지정하는 경우에 한한다)
④ 기타 참고사항

9 제160조(장치물품의 폐기)

1) 의의

(1) 부패 · 손상되거나 그 밖의 사유로 보세구역에 장치된 물품을 폐기하려는 자는 세관장의 승인을 받아야 한다.

(2) 보세구역에 장치된 외국물품이 멸실되거나 폐기되었을 때에는 그 운영인이나 보관인으로부터 즉시 그 관세를 징수한다. 다만, 재해나 그 밖의 부득이한 사유로 멸실된 때와 미리 세관장의 승인을 받아 폐기한 때에는 예외로 한다.

(3) 승인을 받은 외국물품 중 폐기 후에 남아 있는 부분에 대하여는 폐기 후의 성질과 수량에 따라 관세를 부과한다.

(4) 세관장은 보세구역에 장치된 물품 중 다음의 하나에 해당하는 것은 화주, 반입자, 화주 또는 반입자의 위임을 받은 자나 「국세기본법」 제38조(청산인 등의 제2차 납세의무)부터 제41조(사업양수인의 제2차 납세의무)까지의 규정에 따른 제2차 납세의무자(이하 "화주 등"이라 한다)에게 이를 반송 또는 폐기할 것을 명하거나 화주 등에게 통고한 후 폐기할 수 있다. 다만, 급박하여 통고할 여유가 없는 경우에는 폐기한 후 즉시 통고하여야 한다.

① 사람의 생명이나 재산에 해를 끼칠 우려가 있는 물품
② 부패하거나 변질된 물품
③ 유효기간이 지난 물품
④ 상품가치가 없어진 물품
⑤ ①부터 ④까지에 준하는 물품으로서 관세청장이 정하는 물품

(5) 통고를 할 때 화주 등의 주소나 거소를 알 수 없거나 그 밖의 사유로 통고할 수 없는 경우에는 공고로써 이를 갈음할 수 있다.

(6) 위의 (1)과 (4)에 따라 세관장이 물품을 폐기하거나 화주 등이 물품을 폐기 또는 반송한 경우 그 비용은 화주 등이 부담한다.

2) 장치물품의 폐기승인신청

(1) 위의 1)의 규정에 의한 승인을 얻고자 하는 자는 다음의 사항을 기재한 신청서를 세관장에게 제출하여야 한다.

① 법 시행령 제175조(보세구역 외 장치의 허가신청) 각 호의 사항
② 장치장소
③ 폐기예정연월일·폐기방법 및 폐기사유

(2) 위의 (1)의 규정에 의한 승인을 얻은 자는 폐기작업을 종료한 때에는 잔존하는 물품의 품명·규격 및 가격을 세관장에게 보고하여야 한다.

⑩ 제161조(견본품 반출)

1) 의의

(1) 보세구역에 장치된 외국물품의 전부 또는 일부를 견본품으로 반출하려는 자는 세관장의 허가를 받아야 한다. 국제무역선에서 물품을 하역하기 전에 외국물품의 일부를 견본품으로 반출하려는 경우에도 또한 같다.

(2) 세관장은 허가의 신청을 받은 날부터 10일 이내에 허가 여부를 신청인에게 통지하여야 한다.

(3) 세관장이 정한 기간 내에 허가 여부 또는 민원 처리 관련 법령에 따른 처리기간의 연장을 신청인에게 통지하지 아니하면 그 기간(민원 처리 관련 법령에 따라 처리기간이 연장 또는 재연장된 경우에는 해당 처리기간을 말한다)이 끝난 날의 다음 날에 허가를 한 것으로 본다.

(4) 세관공무원은 보세구역에 반입된 물품 또는 국제무역선에 적재되어 있는 물품에 대하여 검사상 필요하면 그 물품의 일부를 견본품으로 채취할 수 있다.

(5) 다음의 하나에 해당하는 물품이 사용·소비된 경우에는 수입신고를 하여 관세를 납부하고 수리된 것으로 본다.

① 위의 (4)에 따라 채취된 물품
② 다른 법률에 따라 실시하는 검사 · 검역 등을 위하여 견본품으로 채취된 물품으로서 세관장의 확인을 받은 물품

2) 견본품반출의 허가신청

위의 1) (1)의 규정에 의한 허가를 받고자 하는 자는 다음의 사항을 기재한 신청서를 세관장에게 제출하여야 한다.

① 법 시행령 제175조(보세구역 외 장치의 허가신청) 각 호의 사항
② 장치장소
③ 반출목적 및 반출기간

⑪ 제162조(물품취급자에 대한 단속)

다음의 하나에 해당하는 자는 물품 및 보세구역감시에 관한 세관장의 명령을 준수하고 세관공무원의 지휘를 받아야 한다.

① 법 제155조(물품의 장치) 제1항의 물품을 취급하는 자
② 보세구역에 출입하는 자

⑫ 제163조(세관공무원의 파견)

세관장은 보세구역에 세관공무원을 파견하여 세관사무의 일부를 처리하게 할 수 있다.

⑬ 제164조(보세구역의 자율관리)

1) 의의

(1) 보세구역 중 물품의 관리 및 세관감시에 지장이 없다고 인정하여 세관장이 지정하는 보세구역(이하 "자율관리보세구역"이라 한다)에 장치한 물품은 법 제157조(물품의 반입 · 반출)에 따른 세관공무원의 참여와 이 법에 따른 절차 중 관세청장이 정하는 「자율관리 보세구역운영에 관한

고시」절차를 생략한다.

(2) 보세구역의 화물관리인이나 운영인은 자율관리보세구역의 지정을 받으려면 세관장에게 지정을 신청하여야 한다.

(3) 자율관리보세구역의 지정을 신청하려는 자는 해당 보세구역에 장치된 물품을 관리하는 사람(이하 "보세사"라 한다)을 채용하여야 한다.

(4) 세관장은 지정신청을 받은 경우 해당 보세구역의 위치와 시설상태 등을 확인하여 자율관리보세구역으로 적합하다고 인정될 때에는 해당 보세구역을 자율관리보세구역으로 지정할 수 있다.

(5) 위의 (4)에 따라 자율관리보세구역의 지정을 받은 자는 위의 (1)에 따라 생략하는 절차에 대하여 기록하고 관리하여야 한다.

(6) 세관장은 자율관리보세구역의 지정을 받은 자가 다음의 사유가 발생한 경우에는 위의 (4)에 따른 지정을 취소할 수 있다.

① 법 제178조(반입정지 등과 특허의 취소)의 하나에 해당하는 경우
② 자율관리보세구역 운영인이 보세사가 아닌 사람에게 보세사의 직무를 수행하게 한 경우
③ 그 밖에 세관감시에 지장이 있다고 인정되는 경우로서 관세청장이 정하여 고시하는 「자율관리 보세구역운영에 관한 고시」 사유에 해당하는 경우

2) 자율관리보세구역의 지정

(1) 위의 1) (2)의 규정에 의한 자율관리보세구역의 지정을 받고자 하는 자는 다음의 사항을 기재한 신청서에 채용된 위의 1) (3)에 따른 보세사의 보세사등록증과 관세청장이 정하는 서류를 첨부하여 세관장에게 지정신청을 하여야 한다.

① 보세구역의 종류 · 명칭 · 소재지 · 구조 · 동수 및 면적
② 장치하는 물품의 종류 및 수용능력

(2) 자율관리보세구역의 관리에 관하여 필요한 사항은 관세청장이 정한다(「자율관리 보세구역 운영에 관한 고시」).

⑭ 제165조(보세사의 자격 등)

1) 의의

(1) 법 제175조(운영인의 결격사유) 제2호부터 제7호까지의 어느 하나에 해당하지 아니하는 사람으로서 보세화물의 관리업무에 관한 시험(이하 "보세사 시험"이라 한다)에 합격한 사람은 보세사의 자격이 있다.

(2) 위의 (1)에도 불구하고 일반직공무원으로 5년 이상 관세행정에 종사한 경력이 있는 사람이 위의 (1)의 보세사 시험에 응시하는 경우에는 시험과목 수의 1/2을 넘지 아니하는 범위에서, 즉 ① 수출입통관절차, ② 보세구역관리 과목을 면제한다. 다만, 다음의 하나에 해당하는 사람은 면제하지 아니한다.

> ① 탄핵이나 징계처분에 따라 그 직에서 파면되거나 해임된 자
> ② 강등 또는 정직처분을 받은 후 2년이 지나지 아니한 자

(3) 위의 (1)의 자격을 갖춘 사람이 보세사로 근무하려면 해당 보세구역을 관할하는 세관장에게 등록하여야 한다.

(4) 다음의 어느 하나에 해당하는 사람은 위의 (3)에 따른 등록을 할 수 없다.

> ① 아래의 (5)에 따라 등록이 취소(법 제175조(운영인의 결격사유) 제1호부터 제3호까지의 어느 하나에 해당하여 등록이 취소된 경우는 제외한다)된 후 2년이 지나지 아니한 사람
> ② 등록 신청일을 기준으로 제175조 제1호에 해당하는 사람

(5) 세관장은 위의 (3)에 따른 등록을 한 사람이 다음의 어느 하나에 해당하는 경우에는 등록의 취소, 6개월 이내의 업무정지, 견책 또는 그 밖에 필요한 조치를 할 수 있다. 다만, 아래의 ① 및 ②에 해당하면 등록을 취소하여야 한다.

> ① 법 제175조(운영인의 결격사유) 제1호부터 제7호까지의 어느 하나에 해당하게 된 경우
> ② 사망한 경우
> ③ 이 법이나 이 법에 따른 명령을 위반한 경우

(6) 관세청장은 다음의 어느 하나에 해당하는 사람에 대하여는 해당 시험을 정지시키거나 무효로 하고, 그 처분이 있는 날부터 5년간 시험 응시자격을 정지한다.

① 부정한 방법으로 시험에 응시한 사람
② 시험에서 부정한 행위를 한 사람

(7) 보세사의 직무, 보세사 시험 및 등록절차와 그 밖에 필요한 사항은 대통령령으로 정한다.

2) 보세사의 직무

(1) 보세사의 직무는 다음과 같다.

① 보세화물 및 내국물품의 반입 또는 반출에 대한 참관 및 확인
② 보세구역안에 장치된 물품의 관리 및 취급에 대한 참관 및 확인
③ 보세구역출입문의 개폐 및 열쇠관리의 감독
④ 보세구역의 출입자관리에 대한 감독
⑤ 견본품의 반출 및 회수
⑥ 기타 보세화물의 관리를 위하여 필요한 업무로서 관세청장이 정하는 업무

(2) 위의 1) (3)에 따라 보세사로 등록하려는 자는 등록신청서를 세관장에게 제출하여야 한다.

(3) 세관장은 위의 (2)의 규정에 의한 신청을 한 자가 위의 1) (1)의 요건을 갖춘 경우에는 보세사등록증을 교부하여야 한다.

(4) 보세사는 관세청장이 정하는 바에 의하여 그 업무수행에 필요한 교육을 받아야 한다.

(5) 위의 1) (1)에 따른 보세화물의 관리업무에 관한 시험의 과목은 다음과 같고, 해당 시험의 합격자는 매과목 100점을 만점으로 하여 매과목 40점 이상, 전과목 평균 60점 이상을 득점한 사람으로 결정한다.

① 수출입통관절차
② 보세구역관리
③ 화물관리
④ 수출입안전관리
⑤ 자율관리 및 관세벌칙

(6) 위의 1) (2)를 적용할 때 그 경력산정의 기준일은 해당 시험의 응시원서 접수 마감일로 한다.

(7) 관세청장은 위의 1) (1)에 따른 보세화물의 관리업무에 관한 시험을 실시할 때에는 그 시험의 일시, 장소, 방법 및 그 밖에 필요한 사항을 시험 시행일 90일 전까지 공고하여야 한다.

(8) 관세청장은 위의 1) (7)에 따른 보세사 시험업무를 관세청장이 정하는 법인 또는 단체에 위탁할 수 있다.

3) 보세사징계의결의 요구

세관장은 보세사가 위의 1) (5) ③에 해당하는 경우에는 지체 없이 법 제165조의5(보세사 징계위원회)에 따른 보세사징계위원회(이하 "보세사징계위원회"라 한다)에 징계의결을 요구해야 한다.

⑮ 제165조의2(보세사의 명의대여 등의 금지)

1) 보세사는 다른 사람에게 자신의 성명·상호를 사용하여 보세사 업무를 하게 하거나 그 자격증 또는 등록증을 빌려주어서는 아니 된다.
2) 누구든지 다른 사람의 성명·상호를 사용하여 보세사의 업무를 수행하거나 자격증 또는 등록증을 빌려서는 아니 된다.
3) 누구든지 위의 1) 또는 2)의 행위를 알선해서는 아니 된다.

⑯ 제165조의3(보세사의 의무)

1) 보세사는 이 법과 이 법에 따른 명령을 준수하여야 하며, 그 직무를 성실하고 공정하게 수행하여야 한다.
2) 보세사는 품위를 손상하는 행위를 하여서는 아니 된다.
3) 보세사는 직무를 수행할 때 고의로 진실을 감추거나 거짓 진술을 하여서는 아니 된다.

⑰ 제165조의4(금품 제공 등의 금지)

보세사는 다음의 행위를 하여서는 아니 된다.

① 공무원에게 금품이나 향응을 제공하는 행위 또는 그 제공을 약속하는 행위
② 위의 ①의 행위를 알선하는 행위

⑱ 제165조의5(보세사징계위원회)

1) 의의

(1) 세관장은 보세사가 제165조(보세사의 자격 등) 제5항 제3호에 해당하여 등록의 취소 등 필요한 조치를 하는 경우 보세사징계위원회의 의결에 따라 징계처분을 한다.

(2) 위의 (1)에 따른 보세사징계위원회의 구성 및 운영 등에 필요한 사항은 대통령령으로 정한다.

2) 보세사징계위원회의 구성

(1) 위의 1)에 따라 보세사의 징계에 관한 사항을 심의 · 의결하기 위하여 세관에 보세사징계위원회를 둔다.

(2) 보세사징계위원회는 위원장 1명을 포함하여 5명 이상 10명 이하의 위원으로 구성한다.

(3) 보세사징계위원회의 위원장은 세관장 또는 해당 세관 소속 4급 이상 공무원으로서 세관장이 지명하는 사람이 되고, 위원은 다음의 사람 중에서 세관장이 임명 또는 위촉하는 사람으로 구성한다.

① 소속 세관공무원
② 법 시행령 제288조(권한 또는 업무의 위임 · 위탁) 제7항에 따라 관세청장이 지정하여 고시하는 법인의 임원
③ 관세 또는 물류 전문가로서 법인의 대표자가 추천하는 사람

(4) 위의 (3) ② 및 ③에 해당하는 위원의 임기는 2년으로 하되, 한 번만 연임할 수 있다. 다만, 보궐위원의 임기는 전임위원 임기의 남은 기간으로 한다.

(5) 세관장은 보세사징계위원회의 위원이 다음의 어느 하나에 해당하는 경우에는 해당 위원을 해임 또는 해촉할 수 있다.

① 심신장애로 인하여 직무를 수행할 수 없게 된 경우
② 직무와 관련된 비위사실이 있는 경우
③ 직무태만, 품위손상이나 그 밖의 사유로 인하여 위원으로 적합하지 않다고 인정되는 경우
④ 위원 스스로 직무를 수행하는 것이 곤란하다고 의사를 밝히는 경우
⑤ 아래의 (6) 각 호의 어느 하나에 해당함에도 불구하고 회피하지 않은 경우

(6) 보세사징계위원회의 위원은 다음의 어느 하나에 해당하는 경우에는 보세사징계위원회의 심의 · 의결에서 제척된다.

① 위원 본인이 징계의결 대상 보세사인 경우
② 위원이 징계의결 대상 보세사와 채권 · 채무 등 금전관계가 있는 경우
③ 위원이 징계의결 대상 보세사와 친족[배우자(사실상 혼인관계에 있는 사람을 포함한다), 6촌 이내의 혈족 또는 4촌 이내의 인척을 말한다. 이하 이 호에서 같다]이거나 친족이었던 경우
④ 위원이 징계의결 대상 보세사와 직접적으로 업무연관성이 있는 경우

(7) 보세사징계위원회의 위원은 위의 (6) 각 호의 어느 하나에 해당하는 경우에는 스스로 해당 안건의 심의 · 의결에서 회피해야 한다.

3) 보세사징계위원회의 운영

(1) 보세사징계위원회의 위원장은 보세사징계위원회를 대표하고 보세사징계위원회의 업무를 총괄한다.

(2) 보세사징계위원회는 법 시행령 제185조의2(보세사징계의결의 요구)에 따른 징계의결의 요구를 받은 날부터 30일 이내에 이를 의결해야 한다.

(3) 보세사징계위원회의 위원장은 보세사징계위원회의 회의를 소집하고 그 의장이 된다. 다만, 위원장이 부득이한 사유로 그 직무를 수행하지 못하는 경우에는 위원장이 지명하는 위원이 위원장의 직무를 대행한다.

(4) 보세사징계위원회의 위원장이 보세사징계위원회의 회의를 소집하려는 경우에는 회의 개최일 7일 전까지 각 위원과 해당 보세사에게 회의의 소집을 서면으로 통지해야 한다.

(5) 보세사징계위원회의 회의는 위원장을 포함한 재적위원 3분의 2 이상의 출석으로 개의하고 출석위원 과반수의 찬성으로 의결한다.

(6) 보세사징계위원회는 징계사건의 심사를 위하여 필요하다고 인정하는 경우에는 징계혐의자 또는 관계인을 출석하게 하여 혐의내용에 대한 심문을 하거나 심사자료의 제출을 요구할 수 있다.

(7) 보세사징계위원회의 회의에 출석한 공무원이 아닌 위원에 대해서는 예산의 범위에서 수당을 지급할 수 있다.

(8) 위의 (1)부터 (7)까지에서 규정한 사항 외에 보세사징계위원회의 운영에 필요한 세부사항은 관세청장이 정할 수 있다.

4) 징계의결의 통보 및 집행

(1) 보세사징계위원회는 징계의 의결을 한 경우 의결서에 그 이유를 명시하여 즉시 세관장에게 통보해야 한다.

(2) 제1항의 통보를 받은 세관장은 해당 보세사에게 징계처분을 하고 징계의결서를 첨부하여 본인 및 법 시행령 제185조의3(보세사징계위원회의 구성 등) 제3항 제2호에 따른 법인에 통보해야 한다.

제2절 지정보세구역

I. 통 칙

1 제166조(지정보세구역의 지정)

1) 세관장은 다음의 하나에 해당하는 자가 소유하거나 관리하는 토지·건물 또는 그 밖의 시설(이하 "토지 등"이라 한다)을 지정보세구역으로 지정할 수 있다.

① 국가
② 지방자치단체
③ 공항시설 또는 항만시설을 관리하는 법인

2) 세관장은 해당 세관장이 관리하지 아니하는 토지 등을 지정보세구역으로 지정하려면 해당 토지등의 소유자나 관리자의 동의를 받아야 한다. 이 경우 세관장은 임차료 등을 지급할 수 있다.

2 제167조(지정보세구역 지정의 취소)

세관장은 수출입물량이 감소하거나 그 밖의 사유로 지정보세구역의 전부 또는 일부를 보세구역으로 존속시킬 필요가 없어졌다고 인정될 때에는 그 지정을 취소하여야 한다.

3 제168조(지정보세구역의 처분)

1) 지정보세구역의 지정을 받은 토지 등의 소유자나 관리자는 다음의 하나에 해당하는 행위를 하려면 미리 세관장과 협의하여야 한다. 다만, 해당 행위가 지정보세구역으로서의 사용에 지장을 주지 아니하거나 지정보세구역으로 지정된 토지등의 소유자가 국가 또는 지방자치단체인 경우에는 그러하지 아니하다.

① 해당 토지등의 양도, 교환, 임대 또는 그 밖의 처분이나 그 용도의 변경
② 해당 토지에 대한 공사나 해당 토지 안에 건물 또는 그 밖의 시설의 신축
③ 해당 건물 또는 그 밖의 시설의 개축 · 이전 · 철거나 그 밖의 공사

2) 세관장은 위의 (1)에 따른 협의에 대하여 정당한 이유 없이 이를 거부하여서는 아니 된다.

II. 지정장치장

1 제169조(지정장치장)

지정장치장은 통관을 하려는 물품을 일시 장치하기 위한 장소로서 세관장이 지정하는 구역으로 한다.

2 제170조(장치기간)

지정장치장에 물품을 장치하는 기간은 6개월의 범위에서 관세청장이 정한다(「보세화물 장치기간 및 체화관리에 관한 고시」). 다만, 관세청장이 정하는 기준에 따라 세관장은 3개월의 범위에서 그 기간을 연장할 수 있다.

3 제172조(물품에 대한 보관책임)

1) 의의

(1) 지정장치장에 반입한 물품은 화주 또는 반입자가 그 보관의 책임을 진다.
(2) 세관장은 지정장치장의 질서유지와 화물의 안전관리를 위하여 필요하다고 인정할 때에는 화주를 갈음하여 보관의 책임을 지는 화물관리인을 지정할 수 있다. 다만, 세관장이 관리하는 시설이 아닌 경우에는 세관장은 해당 시설의 소유자나 관리자와 협의하여 화물관리인을 지정하여야 한다.
(3) 지정장치장의 화물관리인은 화물관리에 필요한 비용(법 제323조(세관설비의 사용)에 따른

세관설비 사용료를 포함한다)을 화주로부터 징수할 수 있다. 다만, 그 요율에 대하여는 세관장의 승인을 받아야 한다.

(4) 지정장치장의 화물관리인은 징수한 비용 중 세관설비 사용료에 해당하는 금액을 세관장에게 납부하여야 한다.

(5) 세관장은 불가피한 사유로 화물관리인을 지정할 수 없을 때에는 화주를 대신하여 직접 화물관리를 할 수 있다. 이 경우 화물관리에 필요한 비용을 화주로부터 징수할 수 있다.

(6) 화물관리인의 지정기준, 지정절차, 지정의 유효기간, 재지정 및 지정 취소 등에 필요한 사항은 대통령령으로 정한다.

2) 화물관리인의 지정

(1) 위의 1) (2)에 따라 화물관리인으로 지정받을 수 있는 자는 다음의 하나에 해당하는 자로 한다.

① 직접 물품관리를 하는 국가기관의 장
② 관세행정 또는 보세화물의 관리와 관련 있는 비영리법인
③ 해당 시설의 소유자 또는 관리자가 요청한 자(위의 1) (2) 단서규정에 따라 화물관리인을 지정하는 경우로 한정한다)

(2) 세관장은 다음의 구분에 따라 화물관리인을 지정한다.

① 위의 (1) ①에 해당하는 자 : 세관장이 요청한 후 위의 (1) ①에 해당하는 자가 승낙한 경우에 지정한다.
② 위의 (1) ② 및 ③에 해당하는 자 : 세관장이 (1) ② 및 ③에 해당하는 자로부터 지정신청서를 제출받아 이를 심사하여 지정한다. 이 경우 (1) ③에 해당하는 자는 해당 시설의 소유자 또는 관리자를 거쳐 제출하여야 한다.

(3) 위의 (2) ②에 따라 화물관리인을 지정할 때에는 다음의 사항에 대하여 관세청장이 정하는 (「세관지정장치장 화물관리인 지정절차에 관한 고시」) 심사기준에 따라 평가한 결과를 반영하여야 한다.

① 보세화물 취급경력 및 화물관리시스템 구비 사항
② 보세사의 보유에 관한 사항
③ 자본금, 부채비율 및 신용평가등급 등 재무건전성에 관한 사항
④ 다음에 해당하는 사항

(4) 화물관리인 지정의 유효기간은 5년 이내로 한다.

(5) 화물관리인으로 재지정을 받으려는 자는 위의 (4)에 따른 유효기간이 끝나기 1개월 전까지 세관장에게 재지정을 신청하여야 한다. 이 경우 재지정의 기준 및 절차는 위의 (1)부터 (4)까지의 규정을 준용한다.

(6) 세관장은 지정을 받은 자에게 재지정을 받으려면 지정의 유효기간이 끝나는 날의 1개월 전까지 재지정을 신청하여야 한다는 사실과 재지정 절차를 지정의 유효기간이 끝나는 날의 2개월 전까지 휴대폰에 의한 문자전송, 전자메일, 팩스, 전화, 문서 등으로 미리 알려야 한다.

(7) 위의 (1)부터 (6)까지의 규정에 따른 화물관리인 지정 또는 재지정의 심사기준, 절차 등에 관하여 필요한 세부 사항은 기획재정부령으로 정한다.

3) 화물관리인의 지정절차 및 지정기준

(1) 세관장이나 해당 시설의 소유자 또는 관리자는 위의 2) (2) ②에 따라 화물관리인을 지정하려는 경우에는 지정 예정일 3개월 전까지 지정 계획을 공고하여야 한다.

(2) 위의 2) (2) ②에 따라 화물관리인으로 지정을 받으려는 자는 지정신청서를 위의 (1)에 따른 공고일부터 30일 내에 세관장이나 해당 시설의 소유자 또는 관리자에게 제출하여야 한다.

(3) 위의 (1) 및 (2)에서 규정한 사항 외에 화물관리인의 지정절차 등에 관하여 필요한 사항은 관세청장이 정한다(「세관지정 장치장 화물관리인 지정절차에 관한 고시」).

4) 화물관리인의 지정 취소

(1) 세관장은 다음의 어느 하나에 해당하는 사유가 발생한 경우에는 화물관리인의 지정을 취소할 수 있다. 이 경우 아래의 ③에 해당하는 자에 대한 지정을 취소할 때에는 해당 시설의 소유자 또는 관리자에게 미리 그 사실을 통보하여야 한다.

① 거짓이나 그 밖의 부정한 방법으로 지정을 받은 경우
② 화물관리인이 법 제175조(운영인의 결격 사유) 각 호의 어느 하나에 해당하는 경우
③ 화물관리인이 세관장 또는 해당 시설의 소유자·관리자와 맺은 화물관리업무에 관한 약정을 위반하여 해당 지정장치장의 질서유지 및 화물의 안전관리에 중대한 지장을 초래하는 경우
④ 화물관리인이 그 지정의 취소를 요청하는 경우

(2) 세관장은 위의 ①부터 ③까지의 규정에 따라 화물관리인의 지정을 취소하려는 경우에는 청문을 하여야 한다.

5) 화물관리인의 보관책임

위의 1) (2) 본문에 따른 보관의 책임은 법 제160조(임시 외국 정박 또는 착륙의 보고) 제2항에 따른 보관인의 책임과 해당 화물의 보관과 관련한 하역·재포장 및 경비 등을 수행하는 책임으로 한다.

Ⅲ. 세관검사장

1 제173조(세관검사장)

1) 세관검사장은 통관하려는 물품을 검사하기 위한 장소로서 세관장이 지정하는 지역으로 한다.

2) 세관장은 관세청장이 정하는 (「수입통관 사무처리에 관한 고시」)에 따라 검사를 받을 물품의 전부 또는 일부를 세관검사장에 반입하여 검사할 수 있다

3) 세관검사장에 반입되는 물품의 채취·운반 등에 필요한 비용(이하 "검사비용"이라 한다)은 화주가 부담한다. 다만, 국가는 다음의 물품에 대해서는 예산의 범위에서 관세청장이 정하는 바에 따라 해당 검사비용을 지원할 수 있다.

① 「중소기업기본법」 제2조(중소기업자의 범위)에 따른 중소기업 또는 「중견기업 성장촉진 및 경쟁력 강화에 관한 특별법」 제2조(정의) 제1호에 따른 중견기업이 해당 물품의 화주일 것
② 컨테이너로 운송되는 물품으로서 관세청장이 정하는 별도 검사 장소로 이동하여 검사받는 물품일 것
③ 검사 결과 법령을 위반하여 통고처분을 받거나 고발되는 경우가 아닐 것
④ 검사 결과 제출한 신고 자료(적하목록은 제외한다)가 실제 물품과 일치할 것
⑤ 예산의 범위에 따라 관세청장이 정하는 기준을 충족할 것

② 검사비용 지원 대상

위의 ❶ 3) ③에 따른 법령은 법, 「자유무역협정의 이행을 위한 관세법의 특례에 관한 법률」, 「수출용 원재료에 대한 관세 등 환급에 관한 특례법」, 「대외무역법」, 「상표법」, 그 밖에 물품의 수출입과 관련된 법령으로 기획재정부령으로 정하는 법령을 말한다.

제3절   특허보세구역

I. 통 칙

❶ 제174조(특허보세구역의 설치·운영에 관한 특허)

1) 의의

(1) 특허보세구역을 설치·운영하려는 자는 세관장의 특허를 받아야 한다. 기존의 특허를 갱신하려는 경우에도 또한 같다.

(2) 특허보세구역의 설치·운영에 관한 특허를 받으려는 자, 특허보세구역을 설치·운영하는 자, 이미 받은 특허를 갱신하려는 자는 수수료를 납부하여야 한다.

(3) 특허를 받을 수 있는 요건은 보세구역의 종류별로 관세청장이 정한다(「보세건설장 관리에 관한 고시」).

2) 특허보세구역의 설치·운영에 관한 특허의 신청

(1) 위의 1) (1)의 규정에 의하여 법 제154조(보세구역의 종류)의 규정에 의한 특허보세구역의 설치·운영에 관한 특허를 받고자 하는 자는 다음의 사항을 기재한 신청서에 서류를 첨부하여 세관장에게 제출하여야 한다.

① 특허보세구역의 종류 및 명칭, 소재지, 구조, 동수와 면적 및 수용능력
② 장치할 물품의 종류
③ 설치·운영의 기간

(2) 위의 (1)의 규정에도 불구하고 특허보세구역 중 보세공장의 설치·운영에 관한 특허를 받으려는 자는 다음의 사항을 기재한 신청서에 사업계획서와 그 구역 및 부근의 도면을 첨부하여 세관장에게 제출하여야 한다. 이 경우 세관장은 「전자정부법」 제36조(행정정보의 효율적 관리 및 이용) 제1항에 따른 행정정보의 공동이용을 통하여 법인 등기사항증명서를 확인하여야 한다.

① 공장의 명칭, 소재지, 구조, 동수 및 면적
② 공장의 작업설비·작업능력
③ 공장에 할 수 있는 작업의 종류
④ 원재료 및 제품의 종류
⑤ 설치·운영의 기간

(3) 위의 (1)에 따른 특허를 갱신하려는 자는 다음의 사항을 적은 신청서에 서류를 첨부하여 그 기간만료 1개월 전까지 세관장에게 제출하여야 한다.

① 갱신사유
② 갱신기간

(4) 세관장은 위의 (1)에 따라 특허를 받은 자에게 특허를 갱신받으려면 특허기간이 끝나는 날의 1개월 전까지 특허 갱신을 신청하여야 한다는 사실과 갱신절차를 특허기간이 끝나는 날의 2개월 전까지 휴대폰에 의한 문자전송, 전자메일, 팩스, 전화, 문서 등으로 미리 알려야 한다.

3) 특허보세구역의 설치·운영에 관한 특허의 기준

특허보세구역의 설치·운영에 관한 특허를 받을 수 있는 요건은 다음과 같다.

① 체납된 관세 및 내국세가 없을 것
② 법 제175조(운영인의 결격사유) 각 호의 결격사유가 없을 것
③ 「위험물안전관리법」에 따른 위험물 또는 「화학물질관리법」에 따른 유해화학물질 등 관련 법령에서 위험
  물품으로 분류되어 취급이나 관리에 관하여 별도로 정한 물품(이하 "위험물품"이라 한다)을 장치ㆍ제조ㆍ
  전시 또는 판매하는 경우에는 위험물품의 종류에 따라 관계행정기관의 장의 허가 또는 승인 등을 받을 것
④ 관세청장이 정하는 바에 따라 보세화물의 보관ㆍ판매 및 관리에 필요한 자본금ㆍ수출입규모ㆍ구매수요ㆍ
  장치면적 및 시설ㆍ장비 등에 관한 요건을 갖출 것

4) 특허 및 기간갱신신청시의 첨부서류

(1) 위의 2) (1) 외의 부분에 따라 신청서에 첨부하여야 하는 서류는 다음과 같다.

① 보세구역의 도면
② 보세구역의 위치도
③ 운영인의 자격을 증명하는 서류
④ 필요한 시설 및 장비의 구비를 증명하는 서류

(2) 위의 2) (3) 외의 부분에 따라 신청서에 첨부하여야 하는 서류는 다음과 같다.

① 운영인의 자격을 증명하는 서류
② 필요한 시설 및 장비의 구비를 증명하는 서류

5) 업무내용 등의 변경

(1) 특허보세구역의 운영인이 그 장치물품의 종류를 변경하거나 그 특허작업의 종류 또는 작업의 원재료를 변경하고자 하는 때에는 그 사유를 기재한 신청서를 세관장에게 제출하여 그 승인을 얻어야 한다.
(2) 특허보세구역의 운영인이 법인인 경우에 그 등기사항을 변경한 때에는 지체없이 그 요지를 세관장에게 통보하여야 한다.

6) 수용능력증감 등의 변경

(1) 특허보세구역의 운영인이 그 장치물품의 수용능력을 증감하거나 그 특허작업의 능력을 변경할 설치ㆍ운영시설의 증축, 수선 등의 공사를 하고자 하는 때에는 그 사유를 기재한 신청서

에 공사내역서 및 관계도면을 첨부하여 세관장에게 제출하여 그 승인을 얻어야 한다. 다만, 특허받은 면적의 범위내에서 수용능력 또는 특허작업능력을 변경하는 경우에는 신고함으로써 승인을 얻은 것으로 본다.

(2) 공사를 준공한 운영인은 그 사실을 지체없이 세관장에게 통보하여야 한다.

7) 특허수수료

(1) 위의 1) (2)의 규정에 의하여 납부하여야 하는 특허신청의 수수료는 45,000으로 한다.

(2) 위의 1) (2)의 규정에 의하여 납부하여야 하는 특허보세구역의 설치 · 운영에 관한 수수료 (이하 "특허수수료"라 한다)는 다음의 구분에 의한 금액으로 한다. 다만, 보세공장과 목재만 장치하는 수면의 보세창고에 대하여는 각호의 구분에 의한 금액의 1/4로 한다.

① 특허보세구역의 연면적이 1,000㎡ 미만인 경우 : 매 분기당 72,000원
② 특허보세구역의 연면적이 1,000㎡ 이상 2,000㎡ 미만인 경우 : 매 분기당 10만8,000원
③ 특허보세구역의 연면적이 2,000㎡ 이상 3,500㎡ 미만인 경우 : 매 분기당 14만4,000원
④ 특허보세구역의 연면적이 3,500㎡ 이상 7,000㎡ 미만인 경우 : 매 분기당 18만원
⑤ 특허보세구역의 연면적이 7,000㎡ 이상 15,000㎡ 미만인 경우 : 매 분기당 22만5,000원
⑥ 특허보세구역의 연면적이 15,000㎡ 이상 25,000㎡ 미만인 경우 : 매 분기당 29만1,000원
⑦ 특허보세구역의 연면적이 25,000㎡ 이상 50,000㎡ 미만인 경우 : 매 분기당 36만원
⑧ 특허보세구역의 연면적이 50,000㎡ 이상 10만㎡ 미만인 경우 : 매 분기당 43만5,000원
⑨ 특허보세구역의 연면적이 10만㎡ 이상인 경우 : 매 분기당 51만원

(3) 특허수수료는 분기단위로 매분기말까지 다음 분기분을 납부하되, 특허보세구역의 설치 · 운영에 관한 특허가 있은 날이 속하는 분기분의 수수료는 이를 면제한다. 이 경우 운영인이 원하는 때에는 1년 단위로 일괄하여 미리 납부할 수 있다.

(4) 특허수수료를 계산함에 있어서 특허보세구역의 연면적은 특허보세구역의 설치 · 운영에 관한 특허가 있은 날의 상태에 의하되, 특허보세구역의 연면적이 변경된 때에는 그 변경된 날이 속하는 분기의 다음 분기 첫째 달 1일의 상태에 의한다.

(5) 특허보세구역의 연면적이 수수료납부후에 변경된 경우 납부하여야 하는 특허수수료의 금액이 증가한 때에는 변경된 날부터 5일내에 그 증가분을 납부하여야 하고, 납부하여야 하는 특허수수료의 금액이 감소한 때에는 그 감소분을 다음 분기 이후에 납부하는 수수료의 금액에서 공제한다.

(6) 법 시행령 제193조(특허보세구역의 휴지 · 폐지 등의 통보)의 규정에 의한 특허보세구역의

휴지 또는 폐지의 경우에는 해당 특허보세구역안에 외국물품이 없는 때에 한하여 그 다음 분기의 특허수수료를 면제한다. 다만, 휴지 또는 폐지를 한 날이 속하는 분기분의 특허수수료는 이를 환급하지 아니한다.

(7) 우리나라에 있는 외국공관이 직접 운영하는 보세전시장에 대하여는 특허수수료를 면제한다.

(8) 위의 (1) 및 (2)의 규정에 의한 수수료를 납부하여야 하는 자가 관세청장이 정하는 바에 의하여 이를 따로 납부한 때에는 그 사실을 증명하는 증표를 특허신청서 등에 첨부하여야 한다.

② 제175조(운영인의 결격사유)

다음의 어느 하나에 해당하는 자는 특허보세구역을 설치·운영할 수 없다. 다만, 아래의 ⑥에 해당하는 자의 경우에는 같은 호 각 목의 사유가 발생한 해당 특허보세구역을 제외한 기존의 다른 특허를 받은 특허보세구역에 한정하여 설치·운영할 수 있다.

① 미성년자
② 피성년후견인과 피한정후견인
③ 파산선고를 받고 복권되지 아니한 자
④ 이 법을 위반하여 징역형의 실형을 선고받고 그 집행이 끝나거나(집행이 끝난 것으로 보는 경우를 포함한다) 면제된 후 2년이 지나지 아니한 자
⑤ 이 법을 위반하여 징역형의 집행유예를 선고받고 그 유예기간 중에 있는 자
⑥ 다음의 어느 하나에 해당하는 경우에는 해당 목에서 정한 날부터 2년이 지나지 아니한 자. 이 경우 동일한 사유로 다음의 모두에 해당하는 경우에는 그 중 빠른 날을 기준으로 한다.

　㉮ 법 제178조(반입정지 등과 특허의 취소) 제2항에 따라 특허보세구역의 설치·운영에 관한 특허가 취소(이 조 제1호부터 제3호까지의 규정 중 어느 하나에 해당하여 특허가 취소된 경우는 제외한다) 된 경우 : 해당 특허가 취소된 날
　㉯ 제276조 제3항 제3호의2 또는 같은 항 제6호(법 제178조(반입정지 등과 특허의 취소) 제2항 제1호·제5호에 해당하는 자만 해당한다)에 해당하여 벌금형 또는 통고처분을 받은 경우 : 벌금형을 선고받은 날 또는 통고처분을 이행한 날

⑦ 법 제268조의2(전자문서 위조·변조죄 등), 제269조(밀수출입죄), 제270조(관세포탈죄 등), 제270조의2(가격조작죄), 제271조(미수범 등), 제274조(밀수품의 취득죄 등), 제275조의2(강제징수면탈죄 등) 또는 법 제275조의3(명의대여행위죄 등)에 따라 벌금형 또는 통고처분을 받은 자로서 그 벌금형을 선고받거나 통고처분을 이행한 후 2년이 지나지 아니한 자. 다만, 법 제279조(양벌 규정)에 따라 처벌된 개인 또는 법인은 제외한다.

⑧ 위의 (2)부터 (7)까지에 해당하는 자를 임원(해당 보세구역의 운영업무를 직접 담당하거나 이를 감독하는 자로 한정한다)으로 하는 법인

③ 제176조(특허기간)

1) 의의

(1) 특허보세구역의 특허기간은 10년 이내로 한다.

(2) 위의 규정에도 불구하고 보세전시장과 보세건설장의 특허기간은 다음의 구분에 따른다. 다만, 세관장은 전시목적을 달성하거나 공사를 진척하기 위하여 부득이하다고 인정할 만한 사유가 있을 때에는 그 기간을 연장할 수 있다.

① 보세전시장 : 해당 박람회 등의 기간을 고려하여 세관장이 정하는 기간
② 보세건설장 : 해당 건설공사의 기간을 고려하여 세관장이 정하는 기간

2) 특허기간

특허보세구역(보세전시장과 보세건설장은 제외한다)의 특허기간은 10년의 범위 내에서 신청인이 신청한 기간으로 한다. 다만, 관세청장은 보세구역의 합리적 운영을 위하여 필요한 경우에는 신청인이 신청한 기간과 달리 특허기간을 정할 수 있다.

④ 제176조의2(특허보세구역의 특례)

1) 의의

(1) 세관장은 법 제196조 제1항에 따라 물품을 판매하는 보세판매장 특허를 부여하는 경우에 「중소기업기본법」 제2조(중소기업자의 범위)에 따른 중소기업 및 「중견기업 성장촉진 및 경쟁력 강화에 관한 특별법」 제2조(정의) 제1호에 따른 중견기업으로서 매출액, 자산총액 및 지분 소유나 출자 관계 등이 대통령령으로 정하는 기준에 맞는 기업 중 법 제174조 제3항(특허보세구역의 설치 · 운영에 관한 특허)에 따른 특허를 받을 수 있는 요건을 갖춘 자(이하 이 조에서 "중소기업 등"이라 한다)에게 대통령령으로 정하는 일정 비율 이상의 특허를 부여하여야 하고, 「독점규

제 및 공정거래에 관한 법률」 제31조(상호출자제한기업집단 등의 지정 등) 제1항에 따른 상호출자제한기업집단에 속한 기업에 대해 대통령령으로 정하는 일정 비율 이상의 특허를 부여할 수 없다. 다만, 세관장은 법 제196조(보세판매장) 제2항에 따라 물품을 판매하는 보세판매장의 경우에는 중소기업 등에게만 특허를 부여할 수 있다.

(2) 위의 (1)에도 불구하고 기존 특허의 기간 만료, 취소 및 반납 등으로 인하여 보세판매장의 설치·운영에 관한 특허를 부여하는 경우로서 다음 각 호의 모두에 해당하는 경우에는 위의 (1)을 적용하지 아니한다.

> ① 「중소기업기본법」 제2조(중소기업자의 범위)에 따른 중소기업 또는 중견기업 외의 자에게 특허를 부여할 경우 제1항 또는 제2항에 따른 특허 비율 요건을 충족하지 못하게 되는 경우
> ② 아래의 (3)에 따른 특허의 신청자격 요건을 갖춘 「중소기업기본법」 제2조(중소기업자의 범위)에 따른 중소기업 또는 중견기업이 없는 경우

(3) 보세판매장의 특허는 법 시행령 제189조(특허보세구역의 설치·운영의 특허의 기준)에 따른 특허보세구역의 설치·운영에 관한 특허를 받을 수 있는 요건을 갖춘 자의 신청을 받아 다음 각 호의 평가요소를 고려하여 관세청장이 정하는 평가기준에 따라 심사하여 부여한다. 기존 특허가 만료되는 경우(아래의 (6)에 따라 갱신되는 경우는 제외한다)에도 또한 같다.

> ① 법 시행령 제189조(특허보세구역의 설치·운영의 특허의 기준)에 따른 특허보세구역의 설치·운영에 관한 특허를 받을 수 있는 요건의 충족 여부
> ② 관세 관계 법령에 따른 의무·명령 등의 위반 여부
> ③ 재무건전성 등 보세판매장 운영인의 경영 능력
> ④ 중소기업제품의 판매 실적 등 경제·사회 발전을 위한 공헌도
> ⑤ 관광 인프라 등 주변 환경요소
> ⑥ 기업이익의 사회 환원 정도
> ⑦ 「독점규제 및 공정거래에 관한 법률」 제31조(상호출자제한기업집단 등의 지정 등) 제1항에 따른 상호출자제한기업집단에 속한 기업과 「중소기업기본법」 제2조(중소기업자의 범위)에 따른 중소기업 및 중견기업 간의 상생협력을 위한 노력 정도

(4) 보세판매장의 특허수수료는 법 제174조(특허보세구역의 설치·운영에 관한 특허) 제2항에도 불구하고 운영인의 보세판매장별 매출액(기업회계기준에 따라 계산한 매출액을 말한다)을 기준으로 기획재정부령으로 정하는 바에 따라 다른 종류의 보세구역 특허수수료와 달리 정할 수 있다. 다만, 「재난 및 안전관리 기본법」 제3조(정의) 제1호의 재난으로 인하여 보세판매장의 영업에 현저한 피해를 입은 경우 보세판매장의 특허수수료를 감경할 수 있다.

(5) 위의 (1)에 따라 특허를 받은 자는 두 차례에 한정하여 대통령령으로 정하는 바에 따라 특허를 갱신할 수 있다. 이 경우 갱신기간은 한 차례당 5년 이내로 한다.

(6) 기획재정부장관은 매 회계연도 종료 후 4개월 이내에 보세판매장별 매출액을 대통령령으로 정하는 바에 따라 국회 소관 상임위원회에 보고하여야 한다.

(7) 그 밖에 보세판매장 특허절차에 관한 사항은 대통령령으로 정한다.

2) 보세판매장의 특허 비율

(1) 위의 1) (1)에 따라 세관장은 「중소기업기본법」 제2조(중소기업자의 범위)에 따른 중소기업과 「중견기업 성장촉진 및 경쟁력 강화에 관한 특별법」 제2조(정의) 제1호에 따른 중견기업으로서 다음의 기준을 모두 충족하는 기업(이하 "중견기업"이라 한다) 중 법 제174조(특허보세구역의 설치·운영에 관한 특허) 제3항에 따른 특허를 받을 수 있는 요건을 갖춘 기업에 보세판매장 총 특허 수의 30/100 이상(2017년 12월 31일까지는 보세판매장 총 특허 수의 20/100 이상)의 특허를 부여해야 한다.

① 아래의 6) (1)에 따른 공고일 직전 3개 사업연도의 매출액(기업회계기준에 따라 작성한 손익계산서상의 매출액으로서, 창업·분할·합병의 경우 그 등기일의 다음 날 또는 창업일이 속하는 사업연도의 매출액을 연간 매출액으로 환산한 금액을 말하며, 사업연도가 1년 미만인 사업연도의 매출액은 1년으로 환산한 매출액을 말한다)의 평균금액이 5,000억원 미만인 기업일 것
② 자산총액(아래의 6) (1)에 따른 공고일 직전 사업연도 말일 현재 재무상태표상의 자산총액을 말한다)이 1조원 미만인 기업일 것
③ 자산총액이 1조원 이상인 법인(외국법인을 포함한다)이 주식 또는 출자지분의 30/100 이상을 직접적 또는 간접적으로 소유하고 있는 기업이나 자산총액이 1조원 이상인 법인(외국법인을 포함한다)과 지배 또는 종속의 관계에 있는 기업이 아닐 것. 이 경우 주식 또는 출자지분의 간접소유 비율에 관하여는 「국제조세조정에 관한 법률 시행령」 제2조(특수관계의 세부 기준) 제3항을 준용하고, 지배 또는 종속의 관계에 관하여는 「중소기업제품 구매촉진 및 판로지원에 관한 법률 시행령」 제9조의3(지배 또는 종속의 관계)을 준용한다.

(2) 위의 1) (1)에 따라 세관장은 「독점규제 및 공정거래에 관한 법률」 제31조(상호출자제한기업집단 등의 지정 등) 제1항에 따른 상호출자제한기업집단에 속한 기업에 대하여 보세판매장 총 특허 수의 60/100 이상의 특허를 부여할 수 없다.

(3) 위의 (1)과 (2)에 따른 특허 비율에 적합한지를 판단하는 시점은 보세판매장의 설치·운영에 관한 특허를 부여할 때를 기준으로 한다.

(4) 세관장이 위의 (3)에 따라 특허 비율에 적합한지를 판단할 때에 아래의 6) (1)에 따른 공고일 이후 기존 특허의 반납 등 예상하지 못한 사유로 특허 비율이 변경된 경우 그 변경된 특허 비율은 적용하지 아니한다.

3) 보세판매장 특허수수료

(1) 위의 1) (4) 본문에 따라 보세판매장의 설치·운영에 관한 수수료(이하 "보세판매장 특허수수료"라 한다)는 법 시행규칙 제68조(특허수수료) 제2항에도 불구하고 아래의 5)에 따른 보세판매장의 매장별 매출액을 기준으로 다음 표의 특허수수료율을 적용하여 계산한 금액으로 한다.

해당 연도 매출액	특허수수료율
2,000억원 이하	해당 연도 매출액의 1/1,000
2,000억원 초과 1조원 이하	2억원 + (2,000억원을 초과하는 금액의 5/1,000)
1조원 초과	42억원 + (1조원을 초과하는 금액의 1/100)

(2) 위의 (1)에도 불구하고 다음의 어느 하나에 해당하는 경우에는 보세판매장 특허수수료는 해당 연도 매출액의 1/10,000에 해당하는 금액으로 한다. 다만, 아래의 ③의 경우에는 해당 제품에 대한 해당 연도 매출액의 1/10,000에 해당하는 금액으로 하고, 해당 제품에 대한 매출액을 제외한 매출액에 대한 보세판매장 특허수수료는 위의 (1)에 따른다.

① 「중소기업기본법」 제2조에 따른 중소기업으로서 위의 2) (1) 각 호의 요건을 모두 충족하는 기업이 운영인인 경우
② 「중견기업 성장촉진 및 경쟁력 강화에 관한 특별법」 제2조(정의) 제1호에 따른 중견기업으로서 위의 2) (1) 각 호의 요건을 모두 충족하는 기업이 운영인인 경우
③ 위의 ① 및 ②에 해당하지 않는 자가 「중소기업기본법」 제2조(중소기업자의 범위)에 따른 중소기업 또는 「중견기업 성장촉진 및 경쟁력 강화에 관한 특별법」 제2조(정의) 제1호에 따른 중견기업의 제품을 판매하는 경우

(3) 위의 1) (4) 단서에 따라 2020년 1월 1일부터 2023년 12월 31일까지 발생한 매출액에 대한 보세판매장 특허수수료는 위의 (1) 및 (2)에 따른 보세판매장 특허수수료의 50/100을 감경한다.

(4) 보세판매장 특허수수료는 연단위로 해당 연도분을 다음 연도 4월 30일까지 납부해야 한다. 다만, 해당 연도 중간에 특허의 기간 만료, 취소 및 반납 등으로 인하여 특허의 효력이 상실된 경우에는 그 효력이 상실된 날부터 3개월 이내에 납부해야 한다.

4) 보세판매장 특허의 갱신

(1) 세관장은 보세판매장의 특허를 받은 자에게 위의 1) (6)에 따라 특허를 갱신받으려면 특허기간이 끝나는 날의 6개월 전까지 특허 갱신을 신청해야 한다는 사실과 갱신절차를 특허기간이 끝나는 날의 7개월 전까지 휴대폰에 의한 문자전송, 전자메일, 팩스, 전화, 문서 등으로 미리 알려야 한다.

(2) 위의 1) (6)에 따라 보세판매장의 특허를 갱신하려는 자는 ① 갱신사유, ② 갱신기간의 사항을 적은 신청서에 다음의 서류를 첨부하여 그 기간만료 6개월 전까지 세관장에게 제출해야 한다.

① 운영인의 자격을 증명하는 서류
② 필요한 시설 및 장비의 구비를 증명하는 서류
③ 고용창출, 중소기업 및 중견기업간의 상생협력 등 기존 특허신청 또는 직전 갱신 신청시 제출한 사업계획서 이행여부에 대한 자체평가서
④ 갱신받으려는 특허기간에 대한 사업계획서

(3) 세관장은 위의 (2)의 신청서를 제출받은 경우 다음의 서류 또는 자료를 관세청장을 거쳐 특허심사위원회에 제출해야 한다.

① 위의 (2)의 신청서 및 첨부서류
② 위의 (2)에 따라 갱신을 신청한 자(갱신신청자)가 법 시행령 제189조(특허보세구역의 설치 · 운영의 특허의 기준)에 따른 요건을 충족하는지 여부 및 관세 관계 법령에 따른 의무 · 명령 등의 위반여부에 대한 세관장의 검토 의견

(4) 특허심사위원회는 위의 (3)에 따라 제출받은 서류 또는 자료의 적정성을 검토한 후 위의 1) (3)의 평가기준에 따라 갱신신청자를 평가하여 보세판매장 특허 갱신 여부를 심의하고, 심의 결과를 관세청장 및 해당 세관장에게 통보해야 한다.

(5) 관세청장은 위의 (4)에 따른 특허심사위원회의 심의가 완료된 후 다음의 사항을 관세청장이 정하는 바에 따라 관세청의 인터넷 홈페이지 등을 통하여 공개해야 한다. 다만, 보세판매장 특허 갱신을 받지 못한 경우 아래의 ①의 사항은 갱신신청자가 동의한 경우에만 공개할 수 있다.

① 갱신신청자에 대한 평가결과
② 심의에 참여한 특허심사위원회의 위원 명단

(6) 위의 (4)에 따라 통보받은 심의결과에 따라 갱신 특허를 부여하고 갱신신청자에게 평가결과와 보세판매장의 특허 갱신 여부 등을 통보해야 한다.

(7) 위의 (1)부터 (6)까지에서 규정한 사항 외에 보세판매장의 특허 갱신에 관한 세부사항은 관세청장이 정하여 고시한다.

5) 보세판매장의 매출액 보고

관세청장은 위의 1) (7)에 따른 기획재정부장관의 국회 소관 상임위원회에 대한 보고를 위하여 매 회계연도 종료 후 3월 말일까지 전국 보세판매장의 매장별 매출액을 기획재정부장관에게 보고해야 한다.

6) 보세판매장의 특허절차

(1) 관세청장은 기존 특허의 기간 만료, 취소 및 반납 등으로 인하여 위의 1)에 따른 보세판매장의 설치 · 운영에 관한 특허를 부여할 필요가 있는 경우에는 다음의 사항을 관세청의 인터넷 홈페이지 등에 공고하여야 한다.

① 특허의 신청 기간과 장소 등 특허의 신청절차에 관한 사항
② 특허의 신청자격
③ 특허장소와 특허기간
④ 위의 1) (3)에 따라 관세청장이 정하는 평가기준(세부평가항목과 배점을 포함한다)
⑤ 그 밖에 보세판매장의 설치 · 운영에 관한 특허의 신청에 필요한 사항

(2) 위의 1)에 따른 보세판매장의 설치 · 운영에 관한 특허를 받으려는 자(이하 "보세판매장 특허 신청자"라 한다)는 위의 (1)에 따라 공고된 신청 기간에 법 시행령 제188조(특허보세구역의 설치 · 운영에 관한 특허의 신청) 제1항에 따라 신청서를 세관장에게 제출하여야 한다.

(3) 위의 (2)에 따른 신청서를 제출받은 세관장은 다음의 서류 또는 자료를 관세청장을 거쳐 위의 1)에 따른 보세판매장 특허심사위원회(이하 "특허심사위원회"라 한다)에 제출하여야 한다.

① 위의 (2)에 따른 신청서
② 보세판매장 특허 신청자가 위의 1) (3)에 따른 요건을 갖추었는지에 대한 세관장의 검토의견
③ 위의 1) (3) ① 및 ②에 관하여 관세청장이 정하는 자료

(4) 특허심사위원회는 위의 (3)에 따라 제출받은 서류 또는 자료의 적정성을 검토한 후 위의 1) (3)에 따른 평가기준에 따라 보세판매장 특허 신청자를 평가하고 보세판매장 특허 여부를 심

의하며, 그 결과를 관세청장 및 해당 세관장에게 통보하여야 한다.

(5) 위의 (4)에 따라 결과를 통보받은 세관장은 선정된 보세판매장 특허 신청자에게 특허를 부여하고, 관세청장이 정하여 고시하는 바에 따라 모든 보세판매장 특허 신청자에게 해당 신청자의 평가 결과와 보세판매장 특허를 부여받을 자로 선정되었는지 여부 등을 통보하여야 한다.

(6) 관세청장은 위의 (4)에 따른 특허심사위원회의 심의가 완료된 후 다음의 사항을 관세청장이 정하는 바에 따라 관세청의 인터넷 홈페이지 등을 통하여 공개하여야 한다. 다만, 보세판매장 특허를 부여받을 자로 선정되지 아니한 보세판매장 특허 신청자의 평가 결과는 해당 신청자가 동의한 경우에만 공개할 수 있다.

① 보세판매장 특허 신청자에 대한 평가 결과
② 심의에 참여한 특허심사위원회 위원의 명단

(7) 관세청장은 보세판매장 특허 관련 업무를 수행하는 과정의 투명성 및 공정성을 높이기 위하여 특허심사위원회의 회의 및 그 심의에 참여하는 위원 선정 등의 과정을 참관하여 관련 비위사실 등을 적발하고 그에 따른 시정 또는 감사 요구 등을 할 수 있는 청렴 옴부즈만 제도를 운영할 수 있다. 이 경우 관세청장은 특허심사위원회의 심의에 참여한 위원의 명단이 제6항에 따라 공개되기 전까지 유출되지 아니하도록 적절한 조치를 하여야 한다.

(8) 위의 (1)부터 (7)까지에서 규정한 사항 외에 보세판매장의 설치·운영에 관한 특허의 구체적인 절차는 관세청장이 정하여 고시한다(「보세판매장 특허에 관한 고시」).

7) 규제의 재검토

기획재정부장관은 보세판매장의 설치·운영에 관한 특허와 관련하여 「독점규제 및 공정거래에 관한 법률」 제31조(상호출자제한기업집단 등의 지정 등) 제1항에 따른 상호출자제한기업집단에 속한 기업과 「중소기업기본법」 제2조(중소기업자의 범위)에 따른 중소기업 및 중견기업에 적용할 특허 비율을 정한 법 시행령 제192조의2(보세판매장의 특허 비율 등) 제1항 및 제2항에 대하여 2013년 10월 31일을 기준으로 하여 3년마다 그 타당성을 검토하여 강화·완화 또는 유지 등의 조치를 하여야 한다.

5 **제176조의3(보세판매장 특허심사위원회)**

1) 의의

(1) 법 제176조의2(특허보세구역의 특례)에 따른 보세판매장의 특허에 관한 다음의 사항을 심의하기 위하여 관세청에 보세판매장 특허심사위원회를 둔다.

① 법 제176조의2(특허보세구역의 특례) 제3항에 따른 보세판매장 특허 신청자의 평가 및 선정
② 법 제176조의2(특허보세구역의 특례) 제6항에 따른 특허 갱신의 심사
③ 그 밖에 보세판매장 운영에 관한 중요 사항

(2) 위의 (1)에 따른 보세판매장 특허심사위원회의 설치·구성 및 운영방법 등에 관하여 필요한 사항은 대통령령으로 정한다.

2) 보세판매장 특허심사위원회

(1) 구성 및 운영

① 특허심사위원회는 위원장 1명을 포함하여 100명 이내의 위원으로 성별을 고려하여 구성한다.
② 특허심사위원회의 위원은 다음의 하나에 해당되는 사람 중에서 관세청장이 법 시행령 제192조의3(보세판매장의 특허 비율 등) 제2항에 따른 평가기준을 고려하여 관세청장이 정하는 (「보세판매장 특허에 관한 고시」) 분야(이하 "평가분야"라 한다)별로 위촉하고, 위원장은 위원 중에서 호선한다.

㉮ 변호사·공인회계사·세무사 또는 관세사 자격이 있는 사람
㉯ 「고등교육법」 제2조(학교의 종류)[1] 제1호 또는 제3호에 따른 학교에서 법률·회계 등을 가르치는 부교수 이상으로 재직하고 있거나 재직하였던 사람
㉰ 법률·경영·경제 및 관광 등의 분야에 전문적 지식이나 경험이 풍부한 사람

③ 특허심사위원회 위원의 임기는 1년으로 하되, 한 차례만 연임할 수 있다.
④ 관세청장은 특허심사위원회의 위원이 다음의 하나에 해당하는 경우에는 해당 위원을 해촉할 수 있다.

---

1) 제2조(학교의 종류) 고등교육을 실시하기 위하여 다음 각 호의 학교를 둔다. 1. 대학, 2. 산업대학, 3. 교육대학, 4. 전문대학, 5. 방송대학·통신대학·방송통신대학 및 사이버대학(이하 "원격대학"이라 한다), 6. 기술대학, 7. 각종학교

⑤ 관세청장은 위촉한 위원 명단을 관세청의 인터넷 홈페이지 등에 공개하여야 한다.

⑥ 위의 ①부터 ⑤까지에서 규정한 사항 외에 특허심사위원회의 구성 및 운영에 필요한 사항은 관세청장이 정한다(「보세판매장 특허에 관한 고시」).

(2) 보세판매장 특허심사위원회의 회의

① 특허심사위원회의 위원장은 위원회의 회의를 소집하고 그 의장이 된다. 다만, 특허심사위원회의 위원장이 부득이한 사유로 직무를 수행할 수 없는 경우에는 특허심사위원회의 위원장이 미리 지명한 위원이 그 직무를 대행한다.

② 특허심사위원회의 회의는 회의 때마다 평가분야별로 무작위 추출 방식으로 선정하는 25명 이내의 위원으로 구성한다.

③ 다음의 하나에 해당하는 사람은 해당 회의에 참여할 수 없다.

④ 특허심사위원회의 회의에 참석하는 위원은 위의 ③의 하나에 해당되는 경우에는 스스로 해당 회의의 심의·의결에서 회피하여야 한다.

⑤ 특허심사위원회의 회의는 선정된 위원 과반수의 참석으로 개의하고, 회의에 참석한 위원 과반수의 찬성으로 의결한다.

⑥ 위의 1) (1) ①에 따른 보세판매장 특허 신청자의 평가·선정 및 특허 갱신에 관한 심의를 하는 경우에는 위원장을 제외하고 각 위원이 자신의 평가분야에 대하여 평가한 후 그 평가분야별 점수를 합산하여 가장 높은 점수를 받은 보세판매장 특허 신청자를 특허를 부여받을 자로 결정한다.

⑦ 특허심사위원회는 심의를 위하여 필요한 경우에는 관계 행정기관의 장에 대하여 자료 또는 의견의 제출 등을 요구할 수 있으며, 관계 공무원 또는 전문가를 참석하게 하여 의견을 들을 수 있다.

⑧ 위의 ①부터 ⑦까지에서 규정한 사항 외에 특허심사위원회의 회의에 관하여 필요한 사항은 관세청장이 정한다.

6 제176조의4(보세판매장 제도운영위원회)

1) 의의

(1) 법 제176조의2(특허보세구역의 특례)에 따른 보세판매장의 특허 수 등 보세판매장 제도의 중요 사항을 심의하기 위하여 기획재정부에 보세판매장 제도운영위원회를 둔다.

(2) 위의 (1)에 따른 보세판매장 제도운영위원회의 설치·구성 및 운영 등에 필요한 사항은 대통령령으로 정한다.

2) 보세판매장의 신규 특허 수 결정

(1) 기획재정부장관은 법 제176조의4(보세판매장 제도운영위원회)에 따른 보세판매장 제도운영위원회(이하 "보세판매장 제도운영위원회"라 한다)의 심의·의결을 거쳐 공항 및 항만의 보세구역 외의 장소에 설치되는 보세판매장(이하 "시내보세판매장"이라 한다)의 신규 특허 수를 결정할 수 있다.

(2) 보세판매장 제도운영위원회는 다음의 어느 하나에 해당하면 특별시, 광역시, 특별자치시, 도 및 특별자치도(이하 "광역자치단체"라 한다)에 설치되는 법 제176조의2(특허보세구역의 특례) 제1항에 따른 중소기업 등(이하 "중소기업 등"이라 한다)이 아닌 자에 대해 부여할 수 있는 시내보세판매장의 신규 특허 수를 심의·의결할 수 있다. 이 경우 보세판매장 제도운영위원회는 기존

보세판매장의 특허 수, 최근 3년간 외국인 관광객의 동향 등 시장상황을 고려하여 심의·의결해야 한다.

> ① 광역자치단체별 시내보세판매장 매출액이 전년 대비 2,000억원 이상 증가한 경우
> ② 광역자치단체별 외국인 관광객 방문자 수가 전년 대비 20만명 이상 증가한 경우

(3) 보세판매장 제도운영위원회는 다음의 어느 하나에 해당하면 해당 광역자치단체에 설치되는 시내보세판매장의 신규 특허 수를 심의·의결할 수 있다. 이 경우 보세판매장 제도운영위원회는 기존 보세판매장의 특허 수, 외국인 관광객 수의 증가 추이 등을 고려하여 심의·의결해야 하되, 위의 (2) 각 호의 요건은 적용하지 않는다.

> ① 법 제88조(외교관용 물품 등의 면세) 제1항 제1호부터 제4호까지의 규정에 따라 관세의 면제를 받을 수 있는 자에게 판매하는 시내보세판매장을 설치하려는 경우
> ② 올림픽·세계육상선수권대회 및 「전시산업발전법 시행령」 제2조(전시회의 종류와 규모) 제1호에 따른 박람회 등 대규모 국제행사기간 중에 참가하는 임직원, 선수, 회원 및 관광객들의 편의를 위하여 행사장, 경기장 또는 선수촌 주변에 한시적으로 시내보세판매장 을 설치할 필요가 있는 경우
> ③ 시내보세판매장이 설치되지 않은 광역자치단체의 장이 중소기업 등이 아닌 자가 시내보세판매장을 설치할 수 있도록 하려는 경우로서 해당 광역자치단체의 장이 시내보세판매장의 설치를 요청하는 경우
> ④ 중소기업 등이 광역자치단체에 시내보세판매장을 설치하려는 경우

(4) 기획재정부장관은 위의 (2) 및 (3)에 따른 보세판매장 제도운영위원회의 심의·의결 결과를 관세청장에게 통보해야 한다.

(5) 위의 (2) 및 (3)에 따른 시내보세판매장의 설치·운영에 관한 특허절차는 법 시행령 제192조의5(보세판매장의 특허절차)를 준용한다.

(6) 위의 (1)부터 (5)까지에서 규정한 사항 외에 시내보세판매장의 신규 특허 수 결정에 필요한 세부사항은 관세청장이 정하여 고시한다.

3) 보세판매장 제도운영위원회

(1) 위원회의 구성

① 보세판매장 제도운영위원회는 위원장 1명을 포함하여 17명 이상 20명 이하의 위원으로 구성한다.

② 위원장은 기획재정부차관 중 기획재정부장관이 지명하는 사람이 되고, 위원은 다음의 사람 중에서 기획재정부장관이 임명 또는 위촉하는 사람이 된다.

> ㉮ 기획재정부 소속 3급 공무원 또는 고위공무원단에 속하는 일반직 공무원
> ㉯ 문화체육관광부·산업통상자원부·국토교통부·중소벤처기업부·공정거래위원회 및 관세청 소속 고위공무원단에 속하는 일반직 공무원으로서 업무 관련자 각 1명
> ㉰ 관세·무역·법률·경영·경제 및 관광 등의 분야에 학식과 경험이 풍부한 사람 중에서 기획재정부장관이 위촉하는 사람

③ 위원의 임기는 2년으로 하되, 한 차례만 연임할 수 있다. 다만, 보궐위원의 임기는 전임위원 임기의 남은 기간으로 한다.

④ 기획재정부장관은 보세판매장 제도운영위원회의 위원이 다음의 하나에 해당하는 경우에는 해당 위원을 해임 또는 해촉할 수 있다.

> ㉮ 심신장애로 인하여 직무를 수행할 수 없게 된 경우
> ㉯ 직무와 관련된 비위사실이 있는 경우
> ㉰ 직무태만, 품위손상이나 그 밖의 사유로 인하여 위원으로 적합하지 않다고 인정되는 경우
> ㉱ 위원 스스로 직무를 수행하는 것이 곤란하다고 의사를 밝히는 경우
> ㉲ 법 시행령 제192조의12(보세판매장 제도운영위원회의 회의) 제4항의 하나에 해당함에도 불구하고 회피하지 않은 경우

⑤ 위의 ①부터 ④까지에서 규정한 사항 외에 보세판매장 제도운영위원회의 구성 및 운영에 필요한 세부사항은 기획재정부장관이 정한다.

(2) 위원장의 직무

① 보세판매장 제도운영위원회의 위원장은 해당 위원회를 대표하고 보세판매장 제도운영위원회의 업무를 총괄한다.

② 보세판매장 제도운영위원회의 위원장이 부득이한 사유로 그 직무를 수행하지 못하는 경우에는 위원장이 지명하는 위원이 그 직무를 대행한다.

(3) 위원회의 회의

① 보세판매장 제도운영위원회의 위원장은 위원회의 회의를 소집하고 그 의장이 된다.

② 보세판매장 제도운영위원회의 회의는 위원장과 위원장이 매 회의마다 지명하는 재적위원 과반수 이상의 위원으로 구성하되, 지명되는 위원 중 법 시행령 제192조의10(보세판매장 제도운영위원회의 구성) 제2항 제3호의 사람이 1/2 이상 포함되어야 한다.

③ 보세판매장 제도운영위원회의 위원 중 공무원인 위원이 회의에 출석하지 못할 부득이한 사정이 있는 경우에는 그가 소속된 기관의 다른 공무원으로 하여금 회의에 출석하여 그 직무를 대행하게 할 수 있다.

④ 보세판매장 제도운영위원회의 위원은 다음의 하나에 해당하는 경우에는 심의·의결에서 제척된다.

⑦ 위원이 해당 안건의 당사자(당사자가 법인·단체 등인 경우에는 그 임원을 포함한다)이거나 해당 안건에 관하여 직접적인 이해관계가 있는 경우
⑭ 위원의 배우자, 4촌 이내의 혈족 및 2촌 이내의 인척의 관계에 있는 사람이 해당 안건의 당사자이거나 해당 안건에 관하여 직접적인 이해관계가 있는 경우
⑰ 위원이 해당 안건의 당사자의 대리인이거나 최근 5년 이내에 대리인이었던 경우
⑱ 위원이 해당 안건의 당사자의 대리인이거나 최근 5년 이내에 대리인이었던 법인·단체 등에 속하고 있거나 속하고 있었던 경우
⑳ 위원이 최근 5년 이내에 해당 안건의 당사자의 자문·고문에 응했거나 해당 안건의 당사자의 연구·용역 등의 업무 수행에 동업하는 등의 형태로 직접 해당 안건의 당사자의 업무에 관여했던 경우
⑭ 위원이 최근 5년 이내에 해당 안건의 당사자의 자문·고문에 응했거나 해당 안건의 당사자의 연구·용역 등의 업무 수행에 동업하는 등의 형태로 직접 해당 안건의 당사자의 업무에 관여했던 법인·단체 등에 속하고 있거나 속하고 있었던 경우

⑤ 보세판매장 제도운영위원회의 위원은 위의 ④의 하나에 해당하는 경우에는 스스로 해당 회의의 심의·의결에서 회피해야 한다.

⑥ 보세판매장 제도운영위원회의 회의는 회의마다 구성되는 위원 과반수 출석으로 개의하고 출석위원 과반수의 찬성으로 의결한다.

⑦ 보세판매장 제도운영위원회는 효율적인 운영을 위하여 필요한 경우 관계 행정기관의 장에게 자료 또는 의견의 제출 등을 요구할 수 있으며, 관계 공무원 또는 이해관계인 등의 의견을 들을 수 있다.

⑧ 보세판매장 제도운영위원회의 회의에 출석한 공무원이 아닌 위원에 대해서는 예산의 범위에서 수당을 지급할 수 있다.

⑨ 위의 ①부터 ⑧까지에서 규정한 사항 외에 보세판매장 제도운영위원회의 회의에 관하여 필요한 세부사항은 해당 위원회의 의결을 거쳐 위원장이 정한다.

7 **제177조(장치기간)**

1) 특허보세구역에 물품을 장치하는 기간은 다음의 구분에 따른다.

① 보세창고 : 다음의 하나에서 정하는 기간

㉮ 외국물품(아래의 ㉱에 해당하는 물품은 제외한다) : 1년의 범위에서 관세청장이 정하는 기간. 다만, 세관장이 필요하다고 인정하는 경우에는 1년의 범위에서 그 기간을 연장할 수 있다.
㉯ 내국물품(아래의 ㉱에 해당하는 물품은 제외한다) : 1년의 범위에서 관세청장이 정하는 (「보세화물 관리사에 관한 고시」) 기간
㉱ 정부비축용물품, 정부와의 계약이행을 위하여 비축하는 방위산업용물품, 장기간 비축이 필요한 수 출용원재료와 수출품보수용 물품으로서 세관장이 인정하는 물품, 국제물류의 촉진을 위하여 관세 청장이 정하는 (「보세화물관리사에 관한 고시」) 물품 : 비축에 필요한 기간

② 그 밖의 특허보세구역 : 해당 특허보세구역의 특허기간

2) 세관장은 물품관리에 필요하다고 인정될 때에는 위의 ① ㉮의 기간에도 운영인에게 그 물품의 반출을 명할 수 있다.

8 **제177조의2(특허보세구역 운영인의 명의대여 금지)**

특허보세구역의 운영인은 다른 사람에게 자신의 성명·상호를 사용하여 특허보세구역을 운영하게 해서는 아니 된다.

9 **제178조(반입정지 등과 특허의 취소)**

1) 의의

(1) 세관장은 특허보세구역의 운영인이 다음의 하나에 해당하는 경우에는 관세청장이 정하는 (「보세공장 운영에 관한 고시」)에 따라 6개월의 범위에서 해당 특허보세구역에의 물품반입 또는 보세건설·보세판매·보세전시 등(이하 "물품반입 등"이라 한다)을 정지시킬 수 있다.

① 장치물품에 대한 관세를 납부할 자금능력이 없다고 인정되는 경우
② 본인이나 그 사용인이 이 법 또는 이 법에 따른 명령을 위반한 경우
③ 해당 시설의 미비 등으로 특허보세구역의 설치 목적을 달성하기 곤란하다고 인정되는 경우
④ 그 밖에 위의 ①부터 ③까지의 규정에 준하는 것으로서 다음의 사유에 해당하는 경우

> ㉮ 법 시행령 제207조(재고조사)에 따른 재고조사 결과 원자재소요량 관리가 적정하지 않은 경우
> ㉯ 1년 동안 계속하여 물품의 반입 · 반출 실적이 없거나, 6개월 이상 보세작업을 하지 않은 경우
> ㉰ 운영인이 최근 1년 이내에 법에 따른 절차 등을 위반한 경우 등 관세청장이 정하는 사유에 해당하는 경우

(2) 세관장은 특허보세구역의 운영인이 다음의 하나에 해당하는 경우에는 그 특허를 취소할 수 있다. 다만, 아래의 ①, ② 및 ⑤에 해당하는 경우에는 특허를 취소하여야 한다.

① 거짓이나 그 밖의 부정한 방법으로 특허를 받은 경우
② 법 제175조(운영인의 결격사유)의 하나에 해당하게 된 경우. 다만, 제175조 제8호에 해당하는 경우로서 같은 조 제2호 또는 제3호에 해당하는 사람을 임원으로 하는 법인이 3개월 이내에 해당 임원을 변경한 경우에는 그러하지 아니하다.
③ 1년 이내에 3회 이상 물품반입등의 정지처분(아래의 (3)에 따른 과징금 부과처분을 포함한다)을 받은 경우
④ 2년 이상 물품의 반입실적이 없어서 세관장이 특허보세구역의 설치 목적을 달성하기 곤란하다고 인정하는 경우
⑤ 법 제177조의2(특허보세구역 운영인의 명의대여 금지)를 위반하여 명의를 대여한 경우

(3) 세관장은 위의 (1)에 따른 물품반입 등의 정지처분이 그 이용자에게 심한 불편을 주거나 공익을 해칠 우려가 있는 경우에는 특허보세구역의 운영인에게 물품반입 등의 정지처분을 갈음하여 해당 특허보세구역 운영에 따른 매출액의 3/100 이하의 과징금을 부과할 수 있다. 이 경우 매출액 산정, 과징금의 금액, 과징금의 납부기한 등에 관하여 필요한 사항은 대통령령으로 정한다.

(4) 과징금을 납부하여야 할 자가 납부기한까지 납부하지 아니한 경우 과징금의 징수에 관하여는 법 제26조(담보 등이 없는 경우의 관세징수)를 준용한다.

2) 특허보세구역의 운영인에 대한 과징금의 부과기준

(1) 위의 1) (3)에 따라 부과하는 과징금의 금액은 아래의 ①의 기간에 ②의 금액을 곱하여 산정한다.

① 기간 : 위의 1) (1)에 따라 산정한 물품반입 등의 정지 일수(1개월은 30일을 기준으로 한다)
② 1일당 과징금 금액 : 해당 특허보세구역 운영에 따른 연간 매출액의 1/6,000

(2) 위의 (1) ②의 연간매출액은 다음의 구분에 따라 산정한다.

① 특허보세구역의 운영인이 해당 사업연도 개시일 이전에 특허보세구역의 운영을 시작한 경우 : 직전 3개 사업연도의 평균 매출액(특허보세구역의 운영을 시작한 날부터 직전 사업연도 종료일까지의 기간이 3년 미만인 경우에는 그 시작일부터 그 종료일까지의 매출액을 연평균 매출액으로 환산한 금액)
② 특허보세구역의 운영인이 해당 사업연도에 특허보세구역 운영을 시작한 경우 : 특허보세구역의 운영을 시작한 날부터 반입정지 등의 처분사유가 발생한 날까지의 매출액을 연매출액으로 환산한 금액

(3) 세관장은 산정된 과징금 금액의 1/4의 범위에서 사업규모, 위반행위의 정도 및 위반횟수 등을 고려하여 그 금액을 가중하거나 감경할 수 있다. 다만, 과징금을 가중하는 경우에는 과징금 총액이 위의 (2)에 따라 산정된 연간매출액의 3/100을 초과할 수 없다.

(4) 위의 (1)에 따른 과징금의 부과 및 납부에 관하여는 법 시행령 제285조의7(과징금의 납부)을 준용한다. 이 경우 "관세청장"은 "세관장"으로 본다.

🔟 제179조(특허의 효력상실 및 승계)

1) 의의

(1) 특허보세구역의 설치 · 운영에 관한 특허는 다음의 하나에 해당하면 그 효력을 상실한다.

① 운영인이 특허보세구역을 운영하지 아니하게 된 경우
② 운영인이 해산하거나 사망한 경우
③ 특허기간이 만료한 경우
④ 특허가 취소된 경우

(2) 위의 ① 및 ②의 경우에는 운영인, 그 상속인, 청산법인 또는 합병 · 분할 · 분할합병 후 존속하거나 합병 · 분할 · 분할합병으로 설립된 법인(이하 "승계법인"이라 한다)은 지체 없이 세관장에게 그 사실을 보고하여야 한다.

(3) 특허보세구역의 설치 · 운영에 관한 특허를 받은 자가 사망하거나 해산한 경우 상속인 또는 승계법인이 계속하여 그 특허보세구역을 운영하려면 피상속인 또는 피승계법인이 사망하거

나 해산한 날부터 30일 이내에 법 제174조(특허보세구역의 설치·운영에 관한 특허) 제3항에 따른 요건을 갖추어 세관장에게 신고하여야 한다.

(4) 상속인 또는 승계법인이 위의 (3)에 따른 신고를 하였을 때에는 피상속인 또는 피승계법 인이 사망하거나 해산한 날부터 신고를 한 날까지의 기간 동안 피상속인 또는 피승계법인의 특 허보세구역의 설치·운영에 관한 특허는 상속인 또는 승계법인에 대한 특허로 본다.

(5) 법 제175조(운영인의 결격사유)의 하나에 해당하는 자는 위의 (3)에 따른 신고를 할 수 없다.

2) 특허의 승계신고

(1) 위의 1) (3)에 따라 특허보세구역의 운영을 계속하고자 하는 상속인 또는 승계법인은 해 당 특허보세구역의 종류·명칭 및 소재지를 기재한 특허보세구역승계신고서에 다음의 서류를 첨부하여 세관장에게 제출하여야 한다.

① 상속인 또는 승계법인을 확인할 수 있는 서류
② 법 제174조(특허보세구역의 설치·운영에 관한 특허) 제3항에 따른 특허요건의 구비를 확인할 수 있는 서 류로서 관세청장이 정하는 (「수입물품 과세가격 결정에 관한 고시」) 서류

(2) 신고를 받은 세관장은 이를 심사하여 신고일부터 5일 이내에 그 결과를 신고인에게 통보 하여야 한다.

⑪ 제180조(특허보세구역의 설치·운영에 관한 감독 등)

1) 의의

(1) 세관장은 특허보세구역의 운영인을 감독한다.

(2) 세관장은 특허보세구역의 운영인에게 그 설치·운영에 관한 보고를 명하거나 세관공무원 에게 특허보세구역의 운영상황을 검사하게 할 수 있다.

(3) 세관장은 특허보세구역의 운영에 필요한 시설·기계 및 기구의 설치를 명할 수 있다.

(4) 법 제157조(물품의 반입·반출)에 따라 특허보세구역에 반입된 물품이 해당 특허보세구역 의 설치 목적에 합당하지 아니한 경우에는 세관장은 해당 물품을 다른 보세구역으로 반출할 것 을 명할 수 있다.

2) 특허보세구역의 휴지·폐지의 통보

(1) 특허보세구역의 운영인은 해당 특허보세구역을 운영하지 아니하게 된 때에는 다음의 사항을 세관장에게 통보하여야 한다.

① 해당 특허보세구역의 종류·명칭 및 소재지
② 운영을 폐지하게 된 사유 및 그 일시
③ 장치물품의 명세, ④ 장치물품의 반출완료예정연월일

(2) 특허보세구역의 운영인은 30일 이상 계속하여 특허보세구역의 운영을 휴지하고자 하는 때에는 다음의 사항을 세관장에게 통보하여야 하며, 특허보세구역의 운영을 다시 개시하고자 하는 때에는 그 사실을 세관장에게 통보하여야 한다.

① 해당 특허보세구역의 종류·명칭 및 소재지
② 휴지사유 및 휴지기간

3) 특허보세구역의 관리

(1) 세관장은 특허보세구역의 관리상 필요하다고 인정되는 때에는 특허보세구역의 운영인에게 그 업무에 종사하는 자의 성명 기타 인적사항을 보고하도록 명할 수 있다.
(2) 특허보세구역의 출입구를 개폐하거나 특허보세구역에서 물품을 취급하는 때에는 세관공무원의 참여가 있어야 한다. 다만, 세관장이 불필요하다고 인정하는 때에는 그러하지 아니하다.
(3) 특허보세구역의 출입구에는 자물쇠를 채워야 한다. 이 경우 세관장은 필요하다고 인정되는 장소에는 2중으로 자물쇠를 채우게 하고, 그 중 1개소의 열쇠를 세관공무원에게 예치하도록 할 수 있다.
(4) 지정보세구역의 관리인 또는 특허보세구역의 운영인은 그 업무에 종사하는 자 기타 보세구역에 출입하는 자에 대하여 상당한 단속을 하여야 한다.

⑫ 제182조(특허의 효력상실 시 조치 등)

1) 특허보세구역의 설치·운영에 관한 특허의 효력이 상실되었을 때에는 운영인이나 그 상속인 또는 승계법인은 해당 특허보세구역에 있는 외국물품을 지체 없이 다른 보세구역으로 반출하여야 한다.

2) 특허보세구역의 설치·운영에 관한 특허의 효력이 상실되었을 때에는 해당 특허보세구역에 있는 외국물품의 종류와 수량 등을 고려하여 6개월의 범위에서 세관장이 지정하는 기간 동안 그 구역은 특허보세구역으로 보며, 운영인이나 그 상속인 또는 승계법인에 대해서는 해당 구역과 장치물품에 관하여 특허보세구역의 설치·운영에 관한 특허가 있는 것으로 본다.

Ⅱ. 보세창고

1 개념

1) 외국물품을 장치하기 위한 구역으로서 장기간에 걸쳐 장치하면서 개장, 구분, 분할 등 보수작업후 수출·중계무역을 진흥하기 위한 구역이다. 장치물품으로는 중계무역, 보세창고도거래(Bonded Warehouse Transaction : BWT)조건[2], 정부비축용 수출용원재료, 정부비축용물품, 방위산업물품, 분할 등 보수작업후 수출·중계무역의 진흥을 위한 물품이 이에 해당된다.

2) 보세창고에는 외국물품이나 통관을 하려는 물품을 장치한다. 운영인은 미리 세관장에게 신고를 하고 물품의 장치에 방해되지 아니하는 범위에서 보세창고에 내국물품을 장치할 수 있다. 다만, 동일한 보세창고에 장치되어 있는 동안 수입신고가 수리된 물품은 신고 없이 계속하여 장치할 수 있다.

2 제183조(보세창고)

1) 의의

(1) 보세창고에는 외국물품이나 통관을 하려는 물품을 장치한다.

(2) 운영인은 미리 세관장에게 신고를 하고 물품의 장치에 방해되지 아니하는 범위에서 보세

---

2) 매매계약을 체결하지 않고 수출자가 수입국 보세창고에 물품을 수출하는 방식으로 이 경우에는 지정한 수입업자가 없다. 따라서 수입지에 물품도착 후 수입자를 물색하고, 물색하지 못하면 물품의 반송 또는 현지에서 덤핑판매해야 할 위험이 수반된다. 그러므로 정부에서는 신제품 선호가 높고 소득이 높은 지역을 대상으로 하고 있으며 신제품이나 특정지역에 대해 승인하고 있다. 예를 들어 유럽지역을 대상으로 승인하고 있는 것이 그 예이다. 즉, 소득이 낮은 국가는 필수품조차 부족함으로 승인하지 않고 있다. 이에 반해 CTS(Central Terminal Station)는 교역대상국의 인가를 받아 해외에 현지법인을 설립하여 법인의 명의로 물품을 수입하여 현지에서 직접 판매하는 것을 말하며 주요 목적은 해외시장개척에 있다.

창고에 내국물품을 장치할 수 있다. 다만, 동일한 보세창고에 장치되어 있는 동안 수입신고가 수리된 물품은 신고 없이 계속하여 장치할 수 있다.

(3) 운영인은 보세창고에 1년(위의 (2) 단서규정에 따른 물품은 6개월) 이상 계속하여 위의 (2)에서 규정한 내국물품만을 장치하려면 세관장의 승인을 받아야 한다.

(4) 위의 (3)에 따른 승인을 받은 보세창고에 내국물품만을 장치하는 기간에는 법 제161조(견본품 반출)와 법 제177조(장치기간)를 적용하지 아니한다.

2) 내국물품의 장치신고

(1) 위의 1) (2)에 따른 신고를 하고자 하는 자는 다음의 사항을 기재한 신고서를 세관장에게 제출하여야 한다.

① 법 시행령 제176조(물품의 반출입신고) 제1항 제2호의 사항
② 장치사유
③ 생산지 또는 제조지

(2) 위의 1) (3)에 따른 승인을 얻고자 하는 자는 다음의 사항을 기재한 신청서를 세관장에게 제출하여야 한다.

① 법 시행령 제175조(보세구역 외 장치의 허가신청) 제2호의 사항
② 장치장소 및 장치기간
③ 생산지 또는 제조지
④ 신청사유
⑤ 현존 외국물품의 처리완료연월일

(3) 세관장은 의한 승인을 얻어 장치하는 물품에 대하여는 법 시행령 제176조(물품의 반출입신고)에 따른 반출입신고를 생략하게 할 수 있다.

3) 보세창고운영인의 기장의무

보세창고의 운영인은 장치물품에 관한 장부를 비치하고 다음의 사항을 기재하여야 한다. 다만, 법 제177조(장치기간) 제1항 제1호에 따른 물품의 경우에는 관세청장이 정하는 바에 따라 장부의 비치 및 기재사항의 일부를 생략 또는 간이하게 할 수 있다.

① 반입 또는 반출한 물품의 내외국물품별 구분, 품명 · 수량 및 가격과 포장의 종류 · 기호 · 번호 및 개수
② 반입 또는 반출연월일과 신고번호
③ 보수작업물품과 보수작업재료의 내외국물품별 구분, 품명 · 수량 및 가격과 포장의 종류 · 기호 · 번호 및 개수
④ 보수작업의 종류와 승인연월일 및 승인번호
⑤ 보수작업의 검사완료연월일

3 제184조(장치기간이 지난 내국물품)

1) 법 제183조(장치기간) 제2항에 따른 내국물품으로서 장치기간이 지난 물품은 그 기간이 지난 후 10일 내에 그 운영인의 책임으로 반출하여야 한다.

2) 법 제183조(장치기간) 제3항에 따라 승인받은 내국물품도 그 승인기간이 지난 경우에는 위와 같다.

Ⅲ. 보세공장

1 제185조(보세공장)

1) 의의

(1) 보세공장에서는 외국물품을 원료 또는 재료로 하거나 외국물품과 내국물품을 원료 또는 재료로 하여 제조 · 가공하거나 그 밖에 이와 비슷한 작업을 할 수 있다.

(2) 보세공장에서는 세관장의 허가를 받지 아니하고는 내국물품만을 원료로 하거나 재료로 하여 제조 · 가공하거나 그 밖에 이와 비슷한 작업을 할 수 없다.

(3) 세관장은 허가의 신청을 받은 날부터 10일 이내에 허가 여부를 신청인에게 통지하여야 한다.

(4) 세관장이 정한 기간 내에 허가 여부 또는 민원 처리 관련 법령에 따른 처리기간의 연장을 신청인에게 통지하지 아니하면 그 기간(민원 처리 관련 법령에 따라 처리기간이 연장 또는 재연장된 경우에는 해당 처리기간을 말한다)이 끝난 날의 다음 날에 허가를 한 것으로 본다.

(5) 보세공장 중 수입하는 물품을 제조·가공하는 것을 목적으로 하는 보세공장의 업종은 기획재정부령으로 정하는 바에 따라 제한할 수 있다.

(6) 세관장은 수입통관 후 보세공장에서 사용하게 될 물품에 대하여는 보세공장에 직접 반입하여 수입신고를 하게 할 수 있다. 이 경우 법 제241조(수출·수입 또는 반송의 신고) 제3항을 준용한다.

2) 보세공장원재료의 범위

(1) 위의 1)에 따라 보세공장에서 보세작업을 하기 위하여 반입되는 원료 또는 재료(이하 "보세공장원재료"라 한다)는 다음의 하나에 해당하는 것을 말한다. 다만, 기계·기구 등의 작동 및 유지를 위한 연료, 윤활유 등 제품의 생산·수리·조립·검사·포장 및 이와 유사한 작업에 간접적으로 투입되어 소모되는 물품은 제외한다.

① 해당 보세공장에서 생산하는 제품에 물리적 또는 화학적으로 결합되는 물품
② 해당 보세공장에서 생산하는 제품을 제조·가공하거나 이와 비슷한 공정에 투입되어 소모되는 물품
③ 해당 보세공장에서 수리·조립·검사·포장 및 이와 유사한 작업에 직접적으로 투입되는 물품

(2) 보세공장원재료는 해당 보세공장에서 생산하는 제품에 소요되는 수량(이하 "원자재소요량"이라 한다)을 객관적으로 계산할 수 있는 물품이어야 한다.

(3) 세관장은 물품의 성질, 보세작업의 종류 등을 고려하여 감시상 필요하다고 인정되는 때에는 보세공장의 운영인으로 하여금 보세작업으로 생산된 제품에 소요된 원자재소요량을 계산한 서류를 제출하게 할 수 있다.

(4) 위의 (3)의 규정에 따라 제출하는 서류의 작성 및 그에 필요한 사항은 관세청장이 정한다(「보세공장운영에 관한 고시」).

3) 내국물품만을 원재료로 하는 작업의 허가

(1) 위의 1) (2)의 규정에 의한 허가를 받고자 하는 자는 다음의 사항을 기재한 신청서를 세관장에게 제출하여야 한다. 이 경우 해당 작업은 외국물품을 사용하는 작업과 구별하여 실시하여야 한다.

① 작업의 종류
② 원재료의 품명 및 수량과 생산지 또는 제조지
③ 작업기간

(2) 위의 (1)의 규정에 의한 작업에 사용하는 내국물품을 반입하는 때에는 법 시행령 제176조(물품의 반출입신고)의 규정을 준용한다. 다만, 세관장은 보세공장의 운영실태, 작업의 성질 및 기간 등을 고려하여 물품을 반입할 때마다 신고를 하지 아니하고 작업개시 전에 그 작업기간에 소요될 것으로 예상되는 물품의 품명과 수량을 일괄하여 신고하게 할 수 있으며, 작업의 성질, 물품의 종류등에 비추어 필요하다고 인정하는 때에는 신고서의 기재사항중 일부를 생략하도록 할 수 있다.

4) 보세공장운영인의 기장의무

(1) 보세공장의 운영인은 물품에 관한 장부를 비치하고 다음의 사항을 기재하여야 한다.

① 반입 또는 반출한 물품의 내외국물품의 구별 · 품명 · 규격 및 수량, 포장의 종류 · 기호 · 번호 및 개수, 반입 또는 반출연월일과 신고번호
② 작업에 사용한 물품의 내외국물품의 구분, 품명 · 규격 및 수량, 포장의 종류 · 기호 · 번호 및 개수와 사용연월일
③ 작업에 의하여 생산된 물품의 기호 · 번호 · 품명 · 규격 · 수량 및 검사연월일
④ 외국물품 및 내국물품의 혼용에 관한 승인을 얻은 경우에는 다음의 사항

> ㉮ 승인연월일
> ㉯ 혼용한 물품 및 생산된 물품의 기호 · 번호 · 품명 · 규격 및 수량, 내외국물품의 구별과 생산연월일

⑤ 보세공장외 작업허가를 받아 물품을 보세공장 바깥으로 반출하는 경우에는 다음의 사항

> ㉮ 허가연월일 및 허가기간
> ㉯ 반출장소
> ㉰ 해당 물품의 품명 · 규격 · 수량 및 가격

(2) 세관장은 물품의 성질, 보세작업의 종류 기타의 사정을 참작하여 위의 (1)의 사항중 필요가 없다고 인정되는 사항에 대하여는 이의 기재를 생략하게 할 수 있다.

5) 재고조사

세관장은 법 시행령 제199조(보세공장원재료의 범위 등) 제3항에 따라 제출한 원자재소요량을 계산한 서류의 적정여부, 법 시행령 제206조(보세공장운영인의 기장의무)의 규정에 의한 기장의무의 성실한 이행 여부 등을 확인하기 위하여 필요한 경우 보세공장에 대한 재고조사를 실시할 수 있다.

6) 보세공장업종의 제한

위의 1) (5)에 따른 수입물품을 제조·가공하는 것을 목적으로 하는 보세공장의 업종은 다음에 규정된 업종을 제외한 업종으로 한다.

① 법 제73조(국제협력관세)의 규정에 의하여 국내외 가격차에 상당하는 율로 양허한 농·임·축산물을 원재료로 하는 물품을 제조·가공하는 업종
② 국민보건 또는 환경보전에 지장을 초래하거나 풍속을 해하는 물품을 제조·가공하는 업종으로 세관장이 인정하는 업종

7) 외국물품의 반입제한

관세청장은 국내공급상황을 고려하여 필요하다고 인정되는 때에는 위의 1) (5)에 따른 보세공장에 대해서는 외국물품의 반입을 제한할 수 있다.

② 제186조(사용신고 등)

1) 의의

(1) 운영인은 보세공장에 반입된 물품을 그 사용 전에 세관장에게 사용신고를 하여야 한다. 이 경우 세관공무원은 그 물품을 검사할 수 있다.
(2) 사용신고를 한 외국물품이 마약, 총기 등 다른 법령에 따라 허가·승인·표시 또는 그 밖의 요건을 갖출 필요가 있는 물품으로서 관세청장이 정하여 고시 (「보세공장운영에 관한 고시」)하는 물품인 경우에는 세관장에게 그 요건을 갖춘 것임을 증명하여야 한다.

2) 보세공장 물품반입의 사용신고

사용신고를 하고자 하는 자는 해당 물품의 사용 전에 다음의 사항을 기재한 신고서를 세관장에게 제출하여야 한다.

① 법 시행령 제246조(수출·수입 또는 반송의 신고) 제1항 각 호의 사항
② 품명·규격·수량 및 가격
③ 장치장소

3 제187조(보세공장 외 작업 허가)

1) 의의

(1) 세관장은 가공무역이나 국내산업의 진흥을 위하여 필요한 경우에는 그 기간, 장소, 물품 등을 정하여 해당 보세공장 외에서 법 제185조(보세공장) 제1항에 따른 작업을 허가할 수 있다.

(2) 세관장은 허가의 신청을 받은 날부터 10일 이내에 허가 여부를 신청인에게 통지하여야 한다.

(3) 세관장이 정한 기간 내에 허가 여부 또는 민원 처리 관련 법령에 따른 처리기간의 연장을 신청인에게 통지하지 아니하면 그 기간(민원 처리 관련 법령에 따라 처리기간이 연장 또는 재연장된 경우에는 해당 처리기간을 말한다)이 끝난 날의 다음 날에 허가를 한 것으로 본다.

(4) 허가를 한 경우 세관공무원은 해당 물품이 보세공장에서 반출될 때에 이를 검사할 수 있다.

(5) 허가를 받아 지정된 장소(이하 "공장외 작업장"이라 한다)에 반입된 외국물품은 지정된 기간이 만료될 때까지는 보세공장에 있는 것으로 본다.

(6) 세관장은 허가를 받은 보세작업에 사용될 물품을 관세청장이 정하는 (「보세공장 운영에 관한 고시」) 바에 따라 공장외 작업장에 직접 반입하게 할 수 있다.

(7) 지정된 기간이 지난 경우 해당 공장외 작업장에 허가된 외국물품이나 그 제품이 있을 때에는 해당 물품의 허가를 받은 보세공장의 운영인으로부터 그 관세를 즉시 징수한다.

2) 보세공장외 작업허가신청

(1) 위의 1) (1)에 따른 보세공장 외 작업허가를 받으려는 자는 다음의 사항을 기재한 신청서를 세관장에게 제출해야 한다.

① 보세작업의 종류 · 기간 및 장소
② 신청사유
③ 해당 작업에 투입되는 원재료의 품명 · 규격 및 수량
④ 해당 작업으로 생산되는 물품의 품명 · 규격 및 수량

(2) 위의 (1)에 따라 보세공장 외 작업허가를 신청하려는 자는 허가절차의 신속한 진행을 위하여 그 신청 전에 작업장소를 세관장에게 알릴 수 있다.

(3) 위의 (1)에 따른 신청을 받은 세관장은 6개월의 범위에서 보세공장 외 작업을 허가할 수 있다. 다만, 다음의 경우에는 해당 호에서 정한 기간의 범위에서 보세공장 외 작업을 허가할 수 있다.

① 임가공계약서 등으로 전체 작업 내용(작업장소, 작업종류, 예상 작업기간 등)을 미리 알 수 있어 여러 작업을 일괄적으로 허가하는 경우 : 1년
② 물품 1단위 생산에 장기간이 소요된다고 세관장이 인정하는 경우 : 2년

(4) 위의 (3)에 따라 보세공장 외 작업허가를 받은 자는 재해나 그 밖의 부득이한 사유로 허가받은 작업기간의 연장이나 작업장소의 변경이 필요한 경우에는 세관장에게 1년의 범위에서 작업기간의 연장이나 작업장소의 변경허가를 신청할 수 있다.

(5) 보세공장 외 작업허가를 받은 자는 위의 (3) 또는 (4)에 따라 허가받은 기간이 끝나는 날부터 5일 이내에 세관장에게 보세공장 외 작업완료 결과를 통보해야 한다.

4 제188조(제품과세)

1) 의의

외국물품이나 외국물품과 내국물품을 원료로 하거나 재료로 하여 작업을 하는 경우 그로써 생긴 물품은 외국으로부터 우리나라에 도착한 물품으로 본다. 다만, 세관장의 승인을 받고 외국물품과 내국물품을 혼용하는 경우에는 그로써 생긴 제품 중 해당 외국물품의 수량 또는 가격에 상응하는 것은 외국으로부터 우리나라에 도착한 물품으로 본다.

2) 외국물품과 내국물품의 혼용에 관한 승인

(1) 위의 1) 단서의 규정에 의한 승인을 얻고자 하는 자는 다음의 사항을 기재한 신청서를 세관장에게 제출하여야 한다.

① 혼용할 외국물품 및 내국물품의 기호·번호·품명·규격별 수량 및 손모율
② 승인을 얻고자 하는 보세작업기간 및 사유

(2) 위의 (1)의 규정에 의한 승인을 할 수 있는 경우는 작업의 성질·공정 등에 비추어 해당 작업에 사용되는 외국물품과 내국물품의 품명·규격별 수량과 그 손모율이 확인되고, 아래의 (4)의 규정에 의한 과세표준이 결정될 수 있는 경우에 한한다.

(3) 세관장은 위의 (1)의 규정에 의한 승인을 얻은 사항중 혼용하는 외국물품 및 내국물품의 품명 및 규격이 각각 동일하고, 손모율에 변동이 없는 동종의 물품을 혼용하는 경우에는 새로운 승인신청을 생략하게 할 수 있다.

(4) 위의 1) 단서의 규정에 의하여 외국물품과 내국물품을 혼용한 때에는 그로써 생긴 제품중에서 그 원료 또는 재료중 외국물품의 가격(종량세물품인 경우에는 수량을 말한다)이 차지하는 비율에 상응하는 분을 외국으로부터 우리나라에 도착된 물품으로 본다.

⑤ 제189조(원료과세)

1) 의의

(1) 보세공장에서 제조된 물품을 수입하는 경우 법 제186조(사용신고 등)에 따른 사용신고 전에 미리 세관장에게 해당 물품의 원료인 외국물품에 대한 과세의 적용을 신청한 경우에는 법 제16조(과세물건 확정의 시기)에도 불구하고 제186조에 따른 사용신고를 할 때의 그 원료의 성질 및 수량에 따라 관세를 부과한다.

(2) 세관장은 다음의 기준에 해당하는 보세공장에 대하여는 1년의 범위에서 원료별, 제품별 또는 보세공장 전체에 대하여 신청을 하게 할 수 있다.

① 최근 2년간 생산되어 판매된 물품 중 수출된 물품의 가격 비율이 50/100 이상일 것
② 법 제255조의2(수출입 안전관리 우수업체의 공인) 제1항에 따라 수출입 안전관리 우수업체로 공인된 업체가 운영할 것

2) 원료과세 적용신청 방법

(1) 위의 1)에 따른 신청을 하려는 자는 다음의 사항을 적은 신청서를 세관장에게 제출하여야 한다.

① 법 시행령 제175조(보세구역 외 장치의 허가신청) 각 호의 사항
② 원료인 외국물품의 규격과 생산지 또는 제조지
③ 신청사유
④ 원료과세 적용을 원하는 기간

(2) 위의 1)의 규정에 의한 신청서에는 다음의 서류를 첨부하여야 한다. 다만, 세관장이 부득이한 사유가 있다고 인정하는 때에는 그러하지 아니하다.

① 법 제186조(사용신고 등) 제2항의 증명서류
② 해당 물품의 송품장 또는 이에 갈음할 수 있는 서류

Ⅳ. 보세전시장

1 제190조(보세전시장)

1) 의의

보세전시장에서는 박람회, 전람회, 견본품 전시회 등의 운영을 위하여 외국물품을 장치·전시하거나 사용할 수 있다.

2) 보세전시장 안에서의 사용

위의 1)의 규정에 의한 박람회 등의 운영을 위한 외국물품의 사용에는 다음의 행위가 포함되는 것으로 한다.

① 해당 외국물품의 성질 또는 형상에 변경을 가하는 행위
② 해당 박람회의 주최자·출품자 및 관람자가 그 보세전시장안에서 소비하는 행위

❷ 보세전시장의 장치 제한

1) 세관장은 필요하다고 인정되는 때에는 보세전시장안의 장치물품에 대하여 장치할 장소를 제한하거나 그 사용사항을 조사하거나 운영인으로 하여금 필요한 보고를 하게 할 수 있다.

2) 보세전시장에 장치된 판매용 외국물품은 수입신고가 수리되기 전에는 이를 사용하지 못한다.

3) 보세전시장에 장치된 전시용 외국물품을 현장에서 직매하는 경우 수입신고가 수리되기 전에는 이를 인도하여서는 아니된다.

V. 보세건설장

❶ 제191조(보세건설장)

1) 의의

보세건설장에서는 산업시설의 건설에 사용되는 외국물품인 기계류 설비품이나 공사용 장비를 장치·사용하여 해당 건설공사를 할 수 있다.

2) 보세건설장 반입물품의 범위

보세건설장에 반입할 수 있는 물품은 외국물품 및 이와 유사한 물품으로서 해당 산업시설의 건설에 필요하다고 세관장이 인정하는 물품에 한한다.

❷ 제192조(사용 전 수입신고)

1) 의의

운영인은 보세건설장에 외국물품을 반입하였을 때에는 사용 전에 해당 물품에 대하여 수입신고를 하고 세관공무원의 검사를 받아야 한다. 다만, 세관공무원이 검사가 필요 없다고 인정하는 경우에는 검사를 하지 아니할 수 있다.

2) 건설공사 완료보고

보세건설장의 운영인은 수입신고를 한 물품을 사용한 건설공사가 완료된 때에는 지체없이 이를 세관장에게 보고하여야 한다.

❸ 제193조(반입물품의 장치 제한)

세관장은 보세건설장에 반입된 외국물품에 대하여 필요하다고 인정될 때에는 보세건설장 안에서 그 물품을 장치할 장소를 제한하거나 그 사용상황에 관하여 운영인으로 하여금 보고하게 할 수 있다.

❹ 제194조(보세건설물품의 가동 제한)

운영인은 보세건설장에서 건설된 시설을 법 제248조(신고의 수리)에 따른 수입신고가 수리되기 전에 가동하여서는 아니 된다.

❺ 제195조(보세건설장 외 작업 허가)

1) 의의

(1) 세관장은 보세작업을 위하여 필요하다고 인정될 때에는 대통령령으로 정하는 바에 따라 기간, 장소, 물품 등을 정하여 해당 보세건설장 외에서의 보세작업을 허가할 수 있다.
(2) 보세건설장 외에서의 보세작업 허가에 관하여는 법 제187조(보세공장 외 작업 허가) 제2항부터 제7항까지의 규정을 준용한다.

2) 보세건설장 외 보세작업의 허가신청

(1) 위의 1) (1)의 규정에 의하여 보세작업의 허가를 받고자 하는 자는 다음의 사항을 기재한 신청서를 세관장에게 제출하여야 한다.

① 법 시행령 제175조(보세구역 외 장치의 허가신청)의 사항
② 보세작업의 종료기한 및 작업장소
③ 신청사유
④ 해당 작업에서 생산될 물품의 품명·규격 및 수량

(2) 세관장은 재해 기타 부득이한 사유로 인하여 필요하다고 인정되는 때에는 보세건설장 운영인의 신청에 의하여 보세건설장 외에서의 보세작업의 기간 또는 장소를 변경할 수 있다.

VI. 보세판매장

1 제196조(보세판매장)

1) 의의

(1) 보세판매장은 외국물품을 외국으로 반출하거나 외교관 면세의 규정에 의하여 관세의 면제를 받을 수 있는 자가 사용하는 것을 조건으로 외국물품을 판매하는 구역을 말한다.

(2) 한편 지정면세점이란 국제자유도시 개발에 필요한 자금조성을 위해 제주국제자유도시 개발센터와 지방공사가 운영하는 면세품판매장으로서 제주자치도를 관할하는 세관장이 지정·고시하는 면세품판매장을 말한다. 세관장은 보세판매장에서 판매할 수 있는 물품의 종류, 수량, 장치 장소 등을 제한할 수 있다. 보세판매장에서 판매하는 물품의 반입, 반출, 인도, 관리에 필요한 사항은 대통령령으로 정한다.

(3) 주요 목적으로는 외국관광객과 우리나라에 있는 외교관에게 관세의 부담을 하지 아니한 염가의 물품을 구매할 수 있게 하는 편의를 제공함으로써 관광사업의 진흥, 외화획득, 원활한 외교를 하고자 하는 데 있다.

2) 보세판매장

(1) 보세판매장에서는 다음의 어느 하나에 해당하는 조건으로 물품을 판매할 수 있다.

① 해당 물품을 외국으로 반출할 것. 다만, 외국으로 반출하지 아니하더라도 외국에서 국내로 입국하는 자에게 물품을 인도하는 경우에는 해당 물품을 판매할 수 있다.
② 법 제88조(외교관용 물품 등의 면세) 제1항 제1호부터 제4호까지의 규정에 따라 관세의 면제를 받을 수 있는 자가 해당 물품을 사용할 것

(2) 위의 (1)에도 불구하고 공항 및 항만 등의 입국경로에 설치된 보세판매장에서는 외국에서 국내로 입국하는 자에게 물품을 판매할 수 있다.

(3) 보세판매장에서 판매하는 물품의 반입, 반출, 인도, 관리에 필요한 사항은 대통령령으로 정한다.

(4) 세관장은 보세판매장에서 판매할 수 있는 물품의 수량, 장치장소 등을 제한할 수 있다. 다만, 보세판매장에서 판매할 수 있는 물품의 종류, 판매한도는 기획재정부령으로 정한다.

3) 입국장 인도장의 설치·운영

(1) 보세판매장이 위의 2) (1) 단서에 따라 물품을 판매하는 경우에는 공항·항만 등의 입국경로에 설치된 해당 물품을 인도하는 장소(이하 "입국장 인도장"이라 한다)에서 물품을 인도해야 한다.

(2) 위의 (1)에 따른 입국장 인도장을 설치·운영하려는 자는 관할 세관장의 승인을 받아야 한다.

(3) 위의 (2)에 따라 승인을 받으려는 자는 다음의 요건을 모두 갖추어 세관장에게 신청해야 한다.

① 법 시행령 제189조(특허보세구역의 설치·운영의 특허의 기준) 제1호 및 제2호의 요건을 모두 갖출 것
② 공항·항만 등의 입국경로에서 물품을 적절하게 관리·인도할 수 있는 공간을 확보할 것
③ 법 제96조(여행자 휴대품 및 이사물품 등의 감면세)에 따른 여행자 휴대품의 면세 통관이 적절하게 이루어질 수 있도록 입국장 인도장에서 인도한 물품의 내역을 확인하여 세관장에게 통보할 수 있는 관세청장이 정하는 전산설비 또는 시스템을 갖출 것. 다만, 해당 공항·항만 등의 입국경로에 위의 2) (2)에 따른 보세판매장(이하 "입국장 면세점"이라 한다)이 있는 경우에는 입국장 인도장에서 인도한 물품의 내역과 입국장 면세점에서 판매한 물품의 내역을 통합·확인하여 세관장에게 통보할 수 있는 관세청장이 정하는 전산 설비 또는 시스템을 갖출 것
④ 입국장 인도장이 설치되는 공항·항만 등 입국경로의 시설을 관리하는 중앙행정기관·지방자치단체 또는 법인의 동의를 받을 것

(4) 관할 세관장은 위의 (2)에 따른 승인을 받아 입국장 인도장을 설치·운영하는 자가 다음의 어느 하나에 해당하는 경우에는 그 승인을 취소할 수 있다.

① 거짓이나 그 밖의 부정한 방법으로 승인을 받은 경우
② 입국장 인도장을 설치한 자가 그 승인의 취소를 요청하는 경우
③ 위의 (3)의 요건에 해당하지 않게 된 경우

(5) 위의 2) (1) ① 단서에 따라 입국장 인도장에서 인도할 수 있는 물품의 종류 및 한도는 기획재정부령으로 정한다.

(6) 위의 (1)부터 (5)까지에서 규정한 사항 외에 입국장 인도장 설치·운영 및 인도 방법 등에 관하여 필요한 사항은 관세청장이 정한다.

4) 보세판매장 판매한도

(1) 위의 2) (2)에 따라 설치된 보세판매장의 운영인이 외국에서 국내로 입국하는 사람에게 물품(술·담배·향수는 제외한다)을 판매하는 때에는 800달러의 한도에서 판매해야 하며, 술·담배·향수는 법 시행규칙 제48조(관세가 면제되는 휴대품 등) 제3항에 따른 별도면세범위에서 판매할 수 있다.

(2) 위의 2) (1) ① 단서에 따라 입국장 인도장에서 인도하는 것을 조건으로 보세판매장의 운영인이 판매할 수 있는 물품의 한도는 위의 (1)과 같다.

(3) 위의 (1) 및 (2)에도 불구하고 위의 (1)에 따른 입국장 면세점과 (2)에 따른 입국장 인도장이 동일한 입국경로에 함께 설치된 경우 보세판매장의 운영인은 입국장 면세점에서 판매하는 물품(술·담배·향수는 제외한다)과 입국장 인도장에서 인도하는 것을 조건으로 판매하는 물품(술·담배·향수는 제외한다)을 합하여 800달러의 한도에서 판매해야 하며, 술·담배·향수는 법 시행규칙 제48조(관세가 면제되는 휴대품 등) 제3항에 따른 별도면세범위에서 판매할 수 있다.

5) 보세판매장 판매 대상 물품

위의 2)에 따른 보세판매장에서 판매할 수 있는 물품은 다음과 같다.

(1) 위의 2) (1)에 따라 외국으로 반출하는 것을 조건으로 보세판매장에서 판매할 수 있는 물품은 다음의 물품을 제외한 물품으로 한다.

> ① 법 제234조(수출입의 금지)에 따른 수출입 금지 물품
> ② 「마약류 관리에 관한 법률」, 「총포 · 도검 · 화약류 등의 안전관리에 관한 법률」에 따른 규제대상 물품

(2) 위의 2) (1)에 따라 법 제88조(외교관용 물품 등의 면세) 제1항 제1호부터 제4호까지에 따라 관세의 면제를 받을 수 있는 자가 사용하는 것을 조건으로 보세판매장에서 판매할 수 있는 물품은 별표 6과 같다.

(3) 위의 2) (2)에 따라 설치된 보세판매장에서 판매할 수 있는 물품은 다음의 물품을 제외한 물품으로 한다.

> ① 법 제234조(수출입의 금지)에 따른 수출입금지물품
> ② 「마약류 관리에 관한 법률」, 「총포 · 도검 · 화약류 등의 안전관리에 관한 법률」에 따른 규제대상물품
> ③ 「가축전염병예방법」에 따른 지정검역물과 「식물방역법」에 따른 식물검역대상물품
> ④ 「수산생물질병관리법」에 따른 지정검역물

6) 보세판매장의 관리

(1) 보세판매장의 운영인은 보세판매장에서 물품을 판매하는 때에는 판매사항 · 구매자인적사항 기타 필요한 사항을 관세청장이 정하는 바에 따라 기록 · 유지하여야 한다.

(2) 관세청장은 보세판매장에서의 판매방법, 구매자에 대한 인도방법 등을 정할 수 있다.

(3) 세관장은 연 2회 이상 보세화물의 반출입량 · 판매량 · 외국반출현황 · 재고량 등을 파악하기 위하여 보세판매장에 대한 조사를 실시할 수 있다.

(4) 관세청장은 보세화물이 보세판매장에서 불법적으로 반출되지 아니하도록 하기 위하여 반입 · 반출의 절차 기타 필요한 사항을 정할 수 있다.

② 제196조의2(시내보세판매장의 현장 인도 특례)

1) 의의

(1) 보세판매장 중 공항 및 항만 등의 출입국경로의 보세구역 외의 장소에 설치되는 보세판매장(이하 "시내보세판매장"이라 한다)에서 법 제196조(보세판매장) 제1항 제1호의 조건으로 외국인에게 내국물품을 판매하고 이를 판매 현장에서 인도하는 경우에는 대통령령으로 정하는 바에 따라 해당 물품을 인도할 수 있다.

(2) 세관장은 위의 (1)에 따라 판매 현장에서 인도된 물품의 외국 반출 여부를 확인하기 위하여 다음의 자료를 관계 중앙행정기관의 장에게 요청할 수 있다. 이 경우 요청을 받은 관계 중앙행정기관의 장은 정당한 사유가 없으면 이에 따라야 한다.

① 물품을 구매한 외국인의 출입국관리기록
② 그 밖에 시내보세판매장에서 현장 인도된 물품의 외국 반출 여부를 확인하기 위하여 관세청장이 필요하다고 인정하는 정보 또는 자료

(3) 세관장은 위의 (2)에 따른 물품 구매자의 출입국관리기록 등을 확인하여 다음의 사항을 고려하여 관세청장이 정하는 사람에 대해서는 인도를 제한할 수 있다.

① 시내보세판매장에서의 구매내역
② 항공권 등의 예약 및 취소 내역
③ 그 밖에 현장 인도 제한 사유로 관세청장이 필요하다고 인정하는 사유

(4) 세관장은 위의 (3)에 따라 인도가 제한되는 사람의 명단을 시내보세판매장의 운영인에게 통보하여야 한다.

(5) 시내보세판매장의 운영인은 통보받은 명단의 사람에게 물품을 판매할 때에는 해당 물품을 판매 현장에서 인도하여서는 아니되고, 관세청장이 정하는 바에 따라 인도하여야 한다.

2) 시내보세판매장의 현장인도 방법

(1) 위의 1) (1)에 따른 시내보세판매장(이하 "시내보세판매장"이라 한다)에서 외국인에게 내국물품을 판매 현장에서 인도하려는 경우 시내보세판매장 운영인은 구매자의 여권과 항공권 등 출국에 관한 예약내용을 확인할 수 있는 자료를 확인해야 한다.

(2) 위의 (1), 1) (2), 1) (3)에서 규정한 사항 외에 시내보세판매장의 현장인도 방법 및 그 밖에 필요한 사항은 관세청장이 정한다.

제4절 종합보세구역

1 개념

1) 종합보세구역은 동일 장소에서 기존 특허보세구역의 기능(장치, 보관, 제조. 가공, 전시, 건설, 판매)을 복합적으로 수행할 수 있는 제도로서 외국인투자유치를 촉진하기 위한 목적으로 도입되었다. 종합보세구역은 지정보세구역 · 특허보세구역과는 달리 관세청장이 지정하며, 일반기업이 종합보세구역제도를 이용하기 위해서는 종합보세구역에 입주하여 세관장에게 종합사업장 설치 · 운영신고를 하여야 한다.

2) 종합보세구역은 장치기간 및 설치 · 운영기간의 제한이 없고, 기능간 물품이동에 대한 세관신고가 생략되며, 지정 및 특허보세구역에서 승인 · 허가를 받아야 하는 보수작업 및 역외작업이 신고로 가능하다는 점이 다른 보세구역과의 또 다른 차이점이다.

3) 종합보세구역은 외국인투자유치, 수출증대 및 물류촉진에 기여할 목적으로 지정되는 보세구역이므로 종합보세구역 지정이나 종합보세사업장 설치 · 운영신고에 있어 특허보세구역의 특허신청수수료 · 특허수수료를 징수하지 아니한다.

2 제197조(종합보세구역의 지정 등)

1) 의의

(1) 관세청장은 직권으로 또는 관계 중앙행정기관의 장이나 지방자치단체의 장, 그 밖에 종합보세구역을 운영하려는 자(이하 "지정요청자"라 한다)의 요청에 따라 무역진흥에의 기여 정도, 외국물품의 반입 · 반출 물량 등을 고려하여 일정한 지역을 종합보세구역으로 지정할 수 있다.

(2) 종합보세구역에서는 보세창고 · 보세공장 · 보세전시장 · 보세건설장 또는 보세판매장의 기능 중 둘 이상의 기능(이하 "종합보세기능"이라 한다)을 수행할 수 있다.

(3) 종합보세구역의 지정요건, 지정절차 등에 관하여 필요한 사항은 대통령령으로 정한다.

2) 종합보세구역의 지정

(1) 위의 (1)에 따른 종합보세구역은 다음의 하나에 해당하는 지역으로서 관세청장이 종합보

세구역으로 지정할 필요가 있다고 인정하는 지역을 그 지정대상으로 한다.

① 「외국인투자촉진법」에 의한 외국인투자지역
② 「산업입지 및 개발에 관한 법률」에 의한 산업단지
③ 「유통산업발전법」에 의한 공동집배송센터
④ 「물류시설의 개발 및 운영에 관한 법률」에 따른 물류단지
⑤ 기타 종합보세구역으로 지정됨으로써 외국인투자촉진·수출증대 또는 물류촉진 등의 효과가 있을 것으로 예
   상되는 지역

(2) 위의 1) (1)의 규정에 의하여 종합보세구역의 지정을 요청하고자 하는 자(이하 "지정요청자"
라고 한다)는 다음의 사항을 기재한 지정요청서에 해당 지역의 도면을 첨부하여 관세청장에게 제
출하여야 한다.

① 해당 지역의 소재지 및 면적
② 구역 안의 시설물현황 또는 시설계획
③ 사업계획

(3) 관세청장은 직권으로 종합보세구역을 지정하고자 하는 때에는 관계중앙행정기관의 장
또는 지방자치단체의 장과 협의하여야 한다.

3) 종합보세구역 예정지의 지정

(1) 관세청장은 지정요청자의 요청에 의하여 종합보세기능의 수행이 예정되는 지역을 종합
보세구역예정지역(이하 "예정지역"이라 한다)으로 지정할 수 있다.

(2) 예정지역의 지정기간은 3년 이내로 한다. 다만, 관세청장은 해당 예정지역에 대한 개발계
획의 변경 등으로 인하여 지정기간의 연장이 불가피하다고 인정되는 때에는 3년의 범위 내에서
연장할 수 있다.

(3) 법 시행령 제214조(종합보세구역의 지정 등)는 위의 (1)의 규정에 의한 예정지역의 지정에
관하여 이를 준용한다.

(4) 관세청장은 예정지역의 개발이 완료된후 법 시행령 제214조(종합보세구역의 지정 등)에 따
라 지정요청자의 요청에 의하여 종합보세구역으로 지정할 수 있다.

③ 제198조(종합보세사업장의 설치·운영에 관한 신고 등)

1) 의의

(1) 종합보세구역에서 종합보세기능을 수행하려는 자는 그 기능을 정하여 세관장에게 종합보세사업장의 설치·운영에 관한 신고를 하여야 한다.

(2) 법 제175조(운영인의 결격사유)의 하나에 해당하는 자는 위의 (1)에 따른 종합보세사업장의 설치·운영에 관한 신고를 할 수 없다.

(3) 종합보세사업장의 운영인은 그가 수행하는 종합보세기능을 변경하려면 세관장에게 이를 신고하여야 한다.

(4) 위의 (1) 및 (3)에 따른 신고의 절차 등에 관하여 필요한 사항은 대통령령으로 정한다.

2) 종합보세사업장의 설치·운영신고

(1) 위의 1) (1)의 규정에 의한 종합보세사업장의 설치·운영에 관한 신고의 절차에 관하여는 법 시행령 제188조(특허보세구역의 설치·운영에 관한 특허의 신청)를 준용한다. 다만, 관세청장은 종합보세구역의 규모·기능 등을 고려하여 첨부서류의 일부를 생략하는 등 설치·운영의 신고 절차를 간이하게 할 수 있다.

(2) 위의 1) (3)에 따라 종합보세기능의 변경신고를 하고자 하는 자는 그 변경내용을 기재한 신고서를 세관장에게 제출하여야 한다.

④ 제199조(종합보세구역에의 물품의 반입·반출 등)

1) 의의

(1) 종합보세구역에 물품을 반입하거나 반출하려는 자는 대통령령으로 정하는 바에 따라 세관장에게 신고하여야 한다.

(2) 종합보세구역에 반입·반출되는 물품이 내국물품인 경우에는 기획재정부령으로 정하는 바에 따라 신고를 생략하거나 간소한 방법으로 반입·반출하게 할 수 있다.

2) 종합보세구역에의 물품 반·출입절차

위의 1) (1)의 규정에 의한 종합보세구역에의 물품반출입신고에 관하여는 법 시행령 제176조(물품의 반출입신고)의 규정을 준용한다.

3) 내국물품 반출입신고의 생략

세관장은 위의 1) (2)에 따라 다음의 하나에 해당하지 아니하는 경우에는 반출입신고를 생략하게 할 수 있다.

① 법 제185조(보세공장) 제2항에 따라 세관장의 허가를 받고 내국물품만을 원료로 하여 제조·가공 등을 하는 경우 그 원료 또는 재료
② 법 제188조(제품과세) 단서규정에 따른 혼용작업에 소요되는 원재료
③ 법 제196조(보세판매장)에 따른 보세판매장에서 판매하고자 하는 물품
④ 해당 내국물품이 외국에서 생산된 물품으로서 종합보세구역안의 외국물품과 구별되는 필요가 있는 물품(보세전시장의 기능을 수행하는 경우에 한한다)

5 제199조의2(종합보세구역의 판매물품에 대한 관세 등의 환급)

1) 의의

(1) 「외국환거래법」 제3조(정의)3)에 따른 비거주자(이하 "외국인관광객 등"이라 한다)가 종합보세구역에서 구입한 물품을 국외로 반출하는 경우에는 해당 물품을 구입할 때 납부한 관세 및 내국세 등을 환급받을 수 있다. 다만, 다음의 자를 제외한다.

① 법인
② 국내에 주재하는 외교관(이에 준하는 외국공관원을 포함한다)
③ 국내에 주재하는 국제연합군과 미국군의 장병 및 군무원

(2) 위의 (1)에 따른 관세 및 내국세 등의 환급 절차 및 방법 등에 관하여 필요한 사항은 대통령령으로 정한다.

---

3) 제3조(정의) 14. "거주자"란 대한민국에 주소 또는 거소를 둔 개인과 대한민국에 주된 사무소를 둔 법인을 말한다.
  15. "비거주자"란 거주자 외의 개인 및 법인을 말한다. 다만, 비거주자의 대한민국에 있는 지점, 출장소, 그 밖의 사무소는 법률상 대리권의 유무에 상관없이 거주자로 본다.

2) 종합보세구역에서의 물품판매

(1) 종합보세구역에서 위의 1)의 규정에 의하여 외국인관광객 등에게 물품을 판매하는 자(이하 "판매인"이라 한다)는 관세청장이 정하는 바에 따라 판매물품에 대한 수입신고 및 신고납부를 하여야 한다.

(2) 판매인은 위의 (1)의 규정에 의한 수입신고가 수리된 경우에는 구매자에게 해당 물품을 인도하되, 국외반출할 목적으로 구매한 외국인관광객 등에게 판매한 경우에는 물품판매확인서(이하 "판매확인서"라 한다)를 교부하여야 한다.

(3) 관세청장은 종합보세구역의 위치 및 규모 등을 고려하여 판매하는 물품의 종류 및 수량 등을 제한할 수 있다.

3) 외국인관광객에 대한 관세의 환급

(1) 외국인관광객 등이 종합보세구역에서 물품을 구매할 때에 부담한 관세 등을 환급 또는 송금받고자 하는 경우에는 출국하는 때에 출국항을 관할하는 세관장(이하 "출국항 관할세관장"이라 한다)에게 판매확인서와 구매물품을 함께 제시하여 확인을 받아야 한다.

(2) 출국항 관할세관장은 외국인관광객 등이 제시한 판매확인서의 기재사항과 물품의 일치 여부를 확인한후 판매확인서에 확인인을 날인하고, 외국인관광객 등에게 이를 교부하거나 판매인에게 송부하여야 한다.

(3) 위의 (2)의 규정에 의하여 외국인관광객 등이 판매확인서를 교부받은 때에는 법 시행령 제216조의6(환급창구운영사업자)에 따른 환급창구운영사업자에게 이를 제시하고 환급 또는 송금받을 수 있다. 다만, 판매인이 판매확인서를 송부받은 경우에는 그 송부받은 날부터 20일 이내에 외국인관광객 등이 종합보세구역에서 물품을 구매한 때 부담한 관세 등을 해당 외국인관광객 등에게 송금하여야 한다.

4) 판매인에 대한 관세의 환급

(1) 판매인은 위의 1)의 규정에 의하여 종합보세구역에서 관세 및 내국세등(이하 "관세 등"이라 한다)이 포함된 가격으로 물품을 판매한후 다음에 해당하는 경우에는 관세 등을 환급받을 수 있다.

① 외국인관광객 등이 구매한 날부터 3월 이내에 물품을 국외로 반출한 사실이 확인되는 경우
② 판매인이 법 시행령 제216조의4(외국인관광객등에 대한 관세등의 환급) 제3항 본문에 따라 환급창구운영사업자를 통하여 해당 관세 등을 환급 또는 송금하거나 동항 단서의 규정에 따라 외국인관광객등에게 송금한 것이 확인되는 경우

　　(2) 판매인이 위의 (1)의 규정에 의하여 관세 등을 환급받고자 하는 경우에는 다음의 사항을 기재한 신청서에 법 시행령 제216조의4(외국인관광객 등에 대한 관세 등의 환급)에 따라 세관장이 확인한 판매확인서 및 수입신고필증 그 밖에 관세 등의 납부사실을 증빙하는 서류와 위의 (1) ②의 규정에 의한 환급 또는 송금사실을 증명하는 서류를 첨부하여 해당 종합보세구역을 관할하는 세관장에게 제출하여야 한다. 이 경우 관세 등의 환급에 관하여는 법 시행령 제54조(환급의 절차) 및 법 시행령 제55조(미지급자금의 정리)의 규정을 준용한다.

① 해당 물품의 품명 및 규격
② 해당 물품의 판매연월일 및 판매확인번호
③ 해당 물품의 수입신고연월일 및 수입신고번호
④ 환급받고자 하는 금액

　　(3) 환급금을 지급받은 판매인은 외국인관광객 등에 대하여 환급 또는 송금한 사실과 관련된 증거서류를 5년간 보관하여야 한다.

5) 환급창구운영사업자

　　(1) 관세청장은 외국인관광객 등이 종합보세구역에서 물품을 구입한 때에 납부한 관세 등을 판매인을 대리하여 환급 또는 송금하는 사업을 영위하는 자(이하 "환급창구운영사업자"라 한다)를 지정하여 운영할 수 있다.

　　(2) 위의 (1)의 규정에 의한 환급창구운영사업자에 대하여는 「외국인관광객 등에 대한 부가가치세 및 개별소비세 특례규정」(이하 "특례규정"이라 한다) 제5조의2(환급창구운영사업자) 제2항 내지 제5항, 제10조의2(세액상당액의 환급 또는 송금), 제10조의3(환급·송금증명서의 송부 등) 및 제14조(명령사항) 제2항의 규정을 준용한다. 이 경우 특례규정 제5조의2(환급창구운영사업자) 제2항 내지 제5항 중 "관할지방국세청장"은 "관세청장"으로 보고, 제5조의2(환급창구운영사업자) 제5항 제1호의 규정에 의하여 준용되는 제5조(면세판매장의 지정 및 취소) 제4항 제3호 중 "국세 또는 지방세"는 "관세"로 보며, 제10조의2(세액상당액의 환급 또는 송금) 중 "외국인관광객"을

"외국인관광객 등"으로, "면세물품"을 "물품"으로, "세액상당액"을 "관세 등"으로, "면세판매자"를 "판매인"으로, "국세청장"을 "관세청장"으로 보고, 제10조의3(환급·송금증명서의 송부 등) 중 "외국인관광객"을 "외국인관광객 등"으로, "세액상당액"을 "관세 등"으로, "면세판매자"를 "판매인"으로 보며, 제14조(명령사항) 제2항 중 "국세청장·관할지방국세청장 또는 관할세무서장"은 "관세청장 또는 관할세관장"으로, "외국인관광객"을 "외국인관광객등"으로 본다.

6 제200조(반출입물품의 범위 등)

1) 의의

(1) 종합보세구역에서 소비하거나 사용되는 물품으로서 기획재정부령으로 정하는 물품은 수입통관 후 이를 소비하거나 사용하여야 한다.

(2) 종합보세구역에 반입한 물품의 장치기간은 제한하지 아니한다. 다만, 법 제197조(종합보세구역의 지정 등) 제2항에 따른 보세창고의 기능을 수행하는 장소 중에서 관세청장이 수출입물품의 원활한 유통을 촉진하기 위하여 필요하다고 인정하여 지정한 장소에 반입되는 물품의 장치기간은 1년의 범위에서 관세청장이 정하는 기간으로 한다.

(3) 세관장은 종합보세구역에 반입·반출되는 물품으로 인하여 국가안전, 공공질서, 국민보건 또는 환경보전 등에 지장이 초래되거나 종합보세구역의 지정 목적에 부합되지 아니하는 물품이 반입·반출되고 있다고 인정될 때에는 해당 물품의 반입·반출을 제한할 수 있다.

2) 수입통관 후 소비 또는 사용하는 물품

위의 1) (1)에 따라 수입통관 후 소비 또는 사용하여야 하는 물품은 다음의 것으로 한다.

① 제조·가공에 사용되는 시설기계류 및 그 수리용 물품
② 연료·윤활유·사무용품 등 제조·가공에 직접적으로 사용되지 아니하는 물품

7 제201조(운영인의 물품관리)

1) 의의

(1) 운영인은 종합보세구역에 반입된 물품을 종합보세기능별로 구분하여 관리하여야 한다.

(2) 세관장은 종합보세구역에 장치된 물품 중 법 제208조(매각대상 및 매각절차) 제1항 단서규정에 해당되는 물품은 같은 조에 따라 매각할 수 있다.

(3) 운영인은 종합보세구역에 반입된 물품을 종합보세구역 안에서 이동·사용 또는 처분을 할 때에는 장부 또는 전산처리장치를 이용하여 그 기록을 유지하여야 한다. 이 경우 기획재정부령으로 정하는 물품은 미리 세관장에게 신고하여야 한다.

(4) 기록의 방법과 절차 등에 관하여 필요한 사항은 관세청장이 정한다.

(5) 운영인은 종합보세구역에 장치된 물품 중 반입한 날부터 6개월 이상의 범위에서 관세청장이 정하는 기간이 지난 외국물품이 다음의 하나에 해당하는 경우에는 관세청장이 정하여 고시하는 바에 따라 세관장에게 그 외국물품의 매각을 요청할 수 있다.

① 화주가 분명하지 아니한 경우
② 화주가 부도 또는 파산한 경우
③ 화주의 주소·거소 등 그 소재를 알 수 없는 경우
④ 화주가 수취를 거절하는 경우
⑤ 화주가 거절의 의사표시 없이 수취하지 아니한 경우

(6) 위의 (5)에 따른 세관장의 외국물품의 매각에 관하여는 법 제208조(매각 대상 및 매각 절차)부터 법 제212조(국고귀속)까지의 규정을 준용한다. 이 경우 법 제208조 제1항 각 호 외의 부분 본문 중 "장치기간이 지나면"은 "매각요청을 접수하면"으로, 같은 조 제2항 중 "장치기간이 지난 물품" 및 법 제209조(통고) 제1항 중 "외국물품"은 각각 "매각요청물품"으로 본다.

2) 종합보세구역안에서의 이동신고 대상물품

위의 1) (3) 후단 규정에 따라 세관장에게 신고하여야 하는 물품은 종합보세구역의 운영인 상호간에 이동하는 물품으로 한다.

8 제202조(설비의 유지의무 등)

1) 의의

(1) 운영인은 대통령령으로 정하는 바에 따라 종합보세기능의 수행에 필요한 시설 및 장비 등을 유지하여야 한다.

(2) 종합보세구역에 장치된 물품에 대하여 보수작업을 하거나 종합보세구역 밖에서 보세작

업을 하려는 자는 대통령령으로 정하는 바에 따라 세관장에게 신고하여야 한다.

(3) 위의 (2)에 따라 작업을 하는 경우의 반출검사 등에 관하여는 법 제187조(보세공장 외 작업허가)를 준용한다.

2) 설비유지의무

(1) 위의 1) (1)의 규정에 의하여 종합보세구역의 운영인이 유지하여야 하는 시설 및 장비 등의 설비는 다음의 설비로 한다.

① 제조 · 가공 · 전시 · 판매 · 건설 및 장치 기타 보세작업에 필요한 기계시설 및 기구
② 반입 · 반출물품의 관리 및 세관의 업무검사에 필요한 전산설비
③ 소방 · 전기 및 위험물관리 등에 관한 법령에서 정하는 시설 및 장비
④ 보세화물의 분실과 도난방지를 위한 시설

(2) 위의 (1)의 규정에 의한 설비가 천재 · 지변 기타 불가피한 사유로 인하여 일시적으로 기준에 미달하게 된 때에는 종합보세구역의 운영인은 관세청장이 정하는 (「종합보세구역의 지정 및 운영에 관한 고시」) 기간 내에 이를 갖추어야 한다.

(3) 위의 1) (2)의 규정에 의한 보수작업 또는 보세작업에 관한 신고에 관하여는 법 시행령 제177조(보수작업의 승인신청) 및 법 시행령 제203조(보세공장외 작업허가신청)의 규정을 준용한다.

⑨ 제203조(종합보세구역에 대한 세관의 관리 등)

1) 세관장은 관세채권의 확보, 감시 · 단속 등 종합보세구역을 효율적으로 운영하기 위하여 종합보세구역에 출입하는 인원과 차량 등의 출입을 통제하거나 휴대 또는 운송하는 물품을 검사할 수 있다.

2) 세관장은 종합보세구역에 반입 · 반출되는 물품의 반입 · 반출 상황, 그 사용 또는 처분 내용 등을 확인하기 위하여 법 제201조(운영인의 물품관리) 제3항에 따른 장부나 전산처리장치를 이용한 기록을 검사 또는 조사할 수 있으며, 운영인으로 하여금 업무실적 등 필요한 사항을 보고하게 할 수 있다.

3) 관세청장은 종합보세구역 안에 있는 외국물품의 감시 · 단속에 필요하다고 인정될 때에는 종합보세구역의 지정요청자에게 보세화물의 불법유출, 분실, 도난방지 등을 위한 시설을 설치할 것을 요구할 수 있다. 이 경우 지정요청자는 특별한 사유가 없으면 이에 따라야 한다.

⑩ 제204조(종합보세구역 지정의 취소 등)

1) 관세청장은 종합보세구역에 반입·반출되는 물량이 감소하거나 그 밖에 다음 사유로 종합보세구역을 존속시킬 필요가 없다고 인정될 때에는 종합보세구역의 지정을 취소할 수 있다.

① 종합보세구역의 지정요청자가 지정취소를 요청한 경우
② 종합보세구역의 지정요건이 소멸한 경우

2) 세관장은 종합보세사업장의 운영인이 다음의 하나에 해당하는 경우에는 6개월의 범위에서 운영인의 종합보세기능의 수행을 중지시킬 수 있다.

① 운영인이 법 제202조(설비의 유지의무 등) 제1항에 따른 설비의 유지의무를 위반한 경우
② 운영인이 수행하는 종합보세기능과 관련하여 반입·반출되는 물량이 감소하는 경우
③ 1년 동안 계속하여 외국물품의 반입·반출 실적이 없는 경우

3) 세관장은 종합보세사업장의 운영인이 다음의 하나에 해당하는 경우에는 그 종합보세사업장의 폐쇄를 명하여야 한다.

① 거짓이나 그 밖의 부정한 방법으로 종합보세사업장의 설치·운영에 관한 신고를 한 경우
② 법 제175조(운영인의 결격사유)의 하나에 해당하게 된 경우. 다만, 법 제175조 제8호에 해당하는 경우로서 법 제175조 제2호 또는 제3호에 해당하는 사람을 임원으로 하는 법인이 3개월 이내에 해당 임원을 변경한 경우에는 그러하지 아니하다.
③ 다른 사람에게 자신의 성명·상호를 사용하여 종합보세사업장을 운영하게 한 경우

⑪ 제205조(준용규정)

종합보세구역에 대하여는 법 제175조(운영인의 결격사유), 제177조(장치기간) 제2항, 제177조의2(특허보세구역 운영인의 명의대여 금지), 제178조(반입정지 등과 특허의 취소) 제1항·제3항, 제180조(특허보세구역의 설치·운영에 관한 감독 등) 제1항·제3항·제4항, 제182조(특허의 효력상실 시 조치 등), 제184조(장치기간이 지난 내국물품), 제185조(보세공장) 제2항부터 제6항까지, 제186조(사용신고 등), 제188조(제품과세), 제189조(원료과세), 제192조(사용 전 수입신고)부터 제194조(보세건설물품의 가동 제한)까지 및 제241조(수출·수입 또는 반송의 신고) 제2항을 준용한다.

제5절 유치 및 처분

I. 유치 및 예치

1 제206조(유치 및 예치)

1) 의의

유치란 휴대품의 수출입통관을 일시 보류하고 세관에서 관리하는 장소에 그 물품을 보관하는 것을 말한다. 유치물품은 해당 사유가 해소되었거나 반송하는 경우에만 유치를 해제한다. 한편 예치란 우리나라를 일시 여행하는 자가 그의 휴대품을 입국지세관에서 일시 보관해 두는 것을 말한다.

2) 유치 및 예치

(1) 세관장은 아래의 ①에 해당하는 물품이 아래의 ②의 사유에 해당하는 경우에는 해당 물품을 유치할 수 있다.

> ① 유치대상 : 다음의 어느 하나에 해당하는 물품
>
> > ㉮ 여행자의 휴대품
> > ㉯ 우리나라와 외국 간을 왕래하는 운송수단에 종사하는 승무원의 휴대품
>
> ② 유치사유 : 다음의 어느 하나에 해당하는 경우
>
> > ㉮ 법 제226조(허가·승인 등의 증명 및 확인)에 따라 필요한 허가·승인·표시 또는 그 밖의 조건이 갖추어지지 아니한 경우
> > ㉯ 법 제96조(여행자 휴대품 및 이사물품 등의 감면) 제1항 제1호와 같은 항 제3호에 따른 관세의 면제 기준을 초과하여 반입하는 물품에 대한 관세를 납부하지 아니한 경우
> > ㉰ 제235조(지식재산권 보호)에 따른 지식재산권을 침해하는 물품을 수출하거나 수입하는 등 이 법에 따른 의무사항을 위반한 경우
> > ㉱ 불법·불량·유해물품 등 사회안전 또는 국민보건을 해칠 우려가 있는 물품으로서 다음의 각 호의 경우

○ 해당 물품에 대해 식품의약품안전처장 등 관계 기관의 장으로부터 부적합 통보 또는 통관 제한 요청을 받은 경우
○ 성분 또는 규격 등이 불명확한 물품으로서 식품의약품안전처 등 관계 기관의 확인 또는 물품 분석이 필요한 경우
○ 그 밖에 유해 성분이 포함된 식품·의약품 등 세관장이 사회안전 또는 국민보건을 위해 유치가 필요하다고 인정하는 경우

④ 「국세징수법」 제30조(고액·상습체납자의 수입물품에 대한 강제징수의 위탁) 또는 「지방세징수법」 제39조의2(체납처분의 위탁)에 따라 세관장에게 강제징수 또는 체납처분이 위탁된 해당 체납자가 물품을 수입하는 경우

(2) 위의 (1)에 따라 유치한 물품은 해당 사유가 없어졌거나 반송하는 경우에만 유치를 해제한다.

(3) 위의 (1) ① 각 목의 어느 하나에 해당하는 물품으로서 수입할 의사가 없는 물품은 세관장에게 신고하여 일시 예치시킬 수 있다. 다만, 부패·변질 또는 손상의 우려가 있는 물품 등 관세청장이 정하는 물품은 그러하지 아니하다.

3) 물품의 유치 및 예치와 해제

(1) 세관장이 위의 2)의 규정에 의하여 물품을 유치 또는 예치한 때에는 다음의 사항을 기재한 유치증 또는 예치증을 교부하여야 한다.

① 해당 물품의 포장의 종류·개수·품명·규격 및 수량
② 유치사유 또는 예치사유
③ 보관장소

(2) 유치를 해제하거나 예치물품을 반환받으려는 자는 교부받은 유치증 또는 예치증을 세관장에게 제출해야 한다.

② 제207조(유치 및 예치 물품의 보관)

1) 법 제206조(유치 및 예치)에 따라 유치하거나 예치한 물품은 세관장이 관리하는 장소에 보관한다. 다만, 세관장이 필요하다고 인정할 때에는 그러하지 아니하다.

2) 법 제206조에 따라 유치하거나 예치한 물품에 관하여는 제160조(장치물품의 폐기) 제4항부터 제6항까지, 제170조(장치기간) 및 제208조(매각대상 및 매각절차)부터 제212조(국고귀속)까지의 규정을 준용한다.

3) 세관장은 유치되거나 예치된 물품의 원활한 통관을 위하여 필요하다고 인정될 때에는 위의 2)에 따라 준용되는 법 제209조(통고)에도 불구하고 관세청장이 정하는 바에 따라 해당 물품을 유치하거나 예치할 때에 유치기간 또는 예치기간 내에 수출·수입 또는 반송하지 아니하면 매각한다는 뜻을 통고할 수 있다.

II. 장치기간경과물품의 매각

1 제208조(매각대상 및 매각절차)

1) 의의

(1) 세관장은 보세구역에 반입한 외국물품의 장치기간이 지나면 그 사실을 공고한 후 해당 물품을 매각할 수 있다. 다만, 다음의 어느 하나에 해당하는 물품은 기간이 지나기 전이라도 공고한 후 매각할 수 있다.

① 살아 있는 동식물
② 부패하거나 부패할 우려가 있는 것
③ 창고나 다른 외국물품에 해를 끼칠 우려가 있는 것
④ 기간이 지나면 사용할 수 없게 되거나 상품가치가 현저히 떨어질 우려가 있는 것
⑤ 관세청장이 정하는 물품 중 화주가 요청하는 것
⑥ 법 제26조(담보 등이 없는 경우의 관세징수)에 따른 강제징수, 「국세징수법」 제30조(고액·상습체납자의 수입물품에 대한 강제징수의 위탁) 에 따른 강제징수 및 「지방세징수법」 제39조의2(체납처분의 위탁)에 따른 체납처분을 위하여 세관장이 압류한 수입물품(제2조 제4호 가목의 외국물품으로 한정한다)

(2) 장치기간이 지난 물품이 위의 (1)의 어느 하나에 해당하는 물품으로서 급박하여 공고할 여유가 없을 때에는 매각한 후 공고할 수 있다.

(3) 매각된 물품의 질권자나 유치권자는 다른 법령에도 불구하고 그 물품을 매수인에게 인도하여야 한다.

(4) 세관장은 위의 (1)에 따른 매각을 할 때 다음의 어느 하나에 해당하는 경우에는 대통령령으로 정하는 기관(이하 "매각대행기관"이라 한다)에 이를 대행하게 할 수 있다.

① 신속한 매각을 위하여 사이버몰 등에서 전자문서를 통하여 매각하려는 경우
② 매각에 전문지식이 필요한 경우
③ 그 밖에 특수한 사정이 있어 직접 매각하기에 적당하지 아니하다고 인정되는 경우

(5) 위의 (4)에 따라 매각대행기관이 매각을 대행하는 경우(법 제211조 제6항에 따라 매각대금의 잔금처리를 대행하는 경우를 포함한다)에는 매각대행기관의 장을 세관장으로 본다.

(6) 세관장은 위의 (4)에 따라 매각대행기관이 매각을 대행하는 경우에는 매각대행에 따른 실비 등을 고려하여 기획재정부령으로 정하는 바에 따라 수수료를 지급할 수 있다.

(7) 위의 (4)에 따라 매각대행기관이 대행하는 매각에 필요한 사항은 대통령령으로 정한다.

2) 매각대행의 세부사항

매각대행기관이 대행하는 매각에 관하여 필요한 사항으로서 법 시행령에 정하지 아니한 것은 관세청장이 매각대행기관과 협의하여 정한다.

3) 매각대행기관

위의 1) (4)에 따라 세관장이 매각을 대행하게 할 수 있는 기관은 다음의 기관 또는 법인·단체 중에서 관세청장이 지정하는 기관·법인 또는 단체로 한다.

① 「한국자산관리공사 설립 등에 관한 법률」에 따른 한국자산관리공사
② 「한국보훈복지의료공단법」에 의하여 설립된 한국보훈복지의료공단
③ 관세청장이 정하는 기준에 따라 전자문서를 통한 매각을 수행할 수 있는 시설 및 시스템 등을 갖춘 것으로 인정되는 법인 또는 단체

4) 매각대행수수료

(1) 위의 1) (6)의 규정에 의한 매각대행수수료는 다음의 금액으로 한다.

① 매각대행을 의뢰한 물품이 매각된 경우 : 건별 매각금액에 20/1,000을 곱하여 계산한 금액
② 매각대행을 의뢰한 물품이 수입 또는 반송되어 매각대행이 중지된 경우 : 건별 최초공매예정가격에 1/1,000을 곱하여 계산한 금액

③ 매각대행을 의뢰한 물품의 국고귀속·폐기·매각의뢰철회 등의 사유로 매각대행이 종료된 경우 : 건별 최초공매예정가격에 2/1,000를 곱하여 계산한 금액① 매각대행을 의뢰한 물품이 매각된 경우 : 건별 매각금액에 20/1,000을 곱하여 계산한 금액

② 매각대행을 의뢰한 물품이 수입 또는 반송되어 매각대행이 중지된 경우 : 건별 최초공매예정가격에 1/1,000을 곱하여 계산한 금액

③ 매각대행을 의뢰한 물품의 국고귀속·폐기·매각의뢰철회 등의 사유로 매각대행이 종료된 경우 : 건별 최초공매예정가격에 2/1,000를 곱하여 계산한 금액

(2) 위의 (1)의 규정에 의한 매각대행수수료를 계산함에 있어서 건별 매각금액이나 건별 최초공매예정가격이 10억원을 초과하는 때에는 해당 매각금액 또는 최초공매예정가격은 10억원으로 한다.

(3) 위의 (1)에 따라 계산한 매각대행수수료의 금액이 5,000원 미만인 때에는 해당 매각대행수수료는 5,000원으로 한다.

5) 화주 등에 대한 매각대행의 통지

(1) 세관장은 위의 1) (4)에 따라 매각을 대행하게 하는 때에는 매각대행의뢰서를 매각대행기관에 송부해야 한다.

(2) 세관장은 위의 (1)의 규정에 의한 매각대행의 사실을 화주 및 물품보관인에게 통지하여야 한다.

6) 매각대행의뢰의 철회요구

(1) 매각대행기관은 매각대행의뢰서를 받은 날부터 2년 이내에 매각되지 아니한 물품이 있는 때에는 세관장에게 해당 물품에 대한 매각대행의뢰의 철회를 요구할 수 있다.

(2) 세관장은 위의 (1)의 규정에 의한 철회요구를 받은 때에는 특별한 사유가 없는 한 이에 응하여야 한다.

② 제209조(통고)

1) 세관장은 법 제208조(매각대상 및 매각절차) 제1항에 따라 외국물품을 매각하려면 그 화주 등에게 통고일부터 1개월 내에 해당 물품을 수출·수입 또는 반송할 것을 통고하여야 한다.

2) 화주 등이 분명하지 아니하거나 그 소재가 분명하지 아니하여 통고를 할 수 없을 때에는 공고로 이를 갈음할 수 있다.

3 제210조(매각방법)

1) 의의

(1) 법 제208조(매각대상 및 매각절차)에 따른 매각은 일반경쟁입찰·지명경쟁입찰·수의계약·경매 및 위탁판매의 방법으로 하여야 한다.

(2) 경쟁입찰의 방법으로 매각하려는 경우 매각되지 아니하였을 때에는 5일 이상의 간격을 두어 다시 입찰에 부칠 수 있으며 그 예정가격은 최초 예정가격의 10/100 이내의 금액을 입찰에 부칠 때마다 줄일 수 있다. 이 경우에 줄어들 예정가격 이상의 금액을 제시하는 응찰자가 있을 때에는 대통령령으로 정하는 바에 따라 그 응찰자가 제시하는 금액으로 수의계약을 할 수 있다.

(3) 다음의 하나에 해당하는 경우에는 경매나 수의계약으로 매각할 수 있다.

① 2회 이상 경쟁입찰에 부쳐도 매각되지 아니한 경우
② 다음의 하나에 해당하는 경우

> ㉮ 부패·손상·변질 등의 우려가 현저한 물품으로서 즉시 매각하지 아니하면 상품가치가 저하할 우려가 있는 경우
> ㉯ 물품의 매각예정가격이 50만원 미만인 경우
> ㉰ 경쟁입찰의 방법으로 매각하는 것이 공익에 반하는 경우

(4) 위의 (3)에 따른 방법으로도 매각되지 아니한 물품과 다음의 하나에 해당하는 물품중에서 관세청장이 신속한 매각이 필요하다고 인정하여 위탁판매대상으로 지정한 물품으로 위탁판매의 방법으로 매각할 수 있다.

① 부패하거나 부패의 우려가 있는 물품
② 기간경과로 사용할 수 없게 되거나 상품가치가 현저히 감소할 우려가 있는 물품
③ 공매하는 경우 매각의 효율성이 저하되거나 공매에 전문지식이 필요하여 직접 공매하기에 부적합한 물품은 위탁판매의 방법으로 매각할 수 있다.

(5) 위의 (1)부터 (4)까지에 따라 매각된 물품에 대한 과세가격은 법 제30조(과세가격 결정의 원칙)부터 법 제35조(합리적 기준에 따른 과세가격의 결정)까지의 규정에도 불구하고 최초 예정가격을 기초로 하여 과세가격을 산출한다.

(6) 매각할 물품의 예정가격의 산출방법과 위탁판매에 관한 사항은 대통령령으로 정하고, 경매절차에 관하여는 「국세징수법」을 준용한다.

(7) 세관장은 매각할 때에는 매각 물건, 매각 수량, 매각 예정가격 등을 매각 시작 10일 전에 공고하여야 한다.

2) 매각방법

(1) 위의 1) (2)의 규정에 의한 예정가격의 체감은 제2회 경쟁입찰 때부터 하되, 그 체감한도액은 최초예정가격의 50/100으로 한다. 다만, 관세청장이 정하는 (「보세화물장치기간 및 체화관리에 관한 고시」) 물품을 제외하고는 최초예정가격을 기초로 하여 산출한 세액이하의 금액으로 체감할 수 없다.

(2) 응찰가격 중 다음 회의 입찰에 체감될 예정가격보다 높은 것이 있는 때에는 응찰가격의 순위에 따라 위의 1) (2)의 규정에 의한 수의계약을 체결한다. 단독응찰자의 응찰가격이 다음 회의 입찰시에 체감될 예정가격보다 높은 경우 또는 공매절차가 종료한 물품을 최종 예정가격 이상의 가격으로 매수하려는 자가 있는 때에도 또한 같다.

(3) 위의 (2)의 경우 수의계약을 체결하지 못하고 재입찰에 부친 때에는 직전입찰에서의 최고 응찰가격을 다음 회의 예정가격으로 한다.

(4) 위의 (2)의 규정에 의하여 수의계약을 할 수 있는 자로서 그 체결에 응하지 아니하는 자는 해당 물품에 대한 다음 회 이후의 경쟁입찰에 참가할 수 없다.

(5) 위의 1) (4)의 규정에 의하여 위탁판매하는 경우 판매가격은 해당 물품의 최종예정가격 (위의 1) (4)의 규정에 해당하는 물품은 아래의 (6)의 규정에 따라 산출한 가격을 말한다)으로 하고, 위탁판매의 장소·방법·수수료 기타 필요한 사항은 관세청장이 정한다.

(6) 위의 1)에 따라 매각할 물품의 예정가격과 매각된 물품의 과세가격은 관세청장이 정하는 (「수입물품과세가격 결정에 관한 고시」) 바에 의하여 산출한다.

(7) 위의 1)의 규정에 의하여 매각한 물품으로 다음의 하나에 해당하는 물품은 수출하거나 외화를 받고 판매하는 것을 조건으로 매각한다. 다만, 위의 (2)의 물품으로서 관세청장이 필요하다고 인정하는 물품은 주무부장관 또는 주무부장관이 지정하는 기관의 장과 협의하여 수입하는 것을 조건으로 판매할 수 있다.

① 법률에 의하여 수입이 금지된 물품
② 기타 관세청장이 지정하는 (「수입물품과세가격 결정에 관한 고시」) 물품

3) 매각대상물품의 인도

(1) 세관장이 점유하고 있거나 제3자가 보관하고 있는 매각대상물품은 이를 매각대행기관에 인도할 수 있다. 이 경우 제3자가 보관하고 있는 물품에 대하여는 그 제3자가 발행하는 해당 물품의 보관증을 인도함으로써 이에 갈음할 수 있다.

(2) 매각대행기관은 물품을 인수한 때에는 인계 · 인수서를 작성하여야 한다.

4) 매각물품의 과세가격 및 예정가격

(1) 위의 2) (6)에 따른 매각된 물품의 과세가격은 다음의 구분에 따라 결정한다.

① 여행자 휴대품 · 우편물 등: 법 시행규칙 제7조의3(여행자휴대품 · 우편물 등의 과세가격의 결정)에 따라 산출한 가격
② 변질 또는 손상된 물품: 법 시행규칙 제7조의2(수입신고 전 변질 또는 손상물품의 과세가격의 결정)에 따라 산출한 가격
③ 사용으로 인해 가치가 감소된 물품: 법 시행규칙 제7조의5(중고물품의 과세가격의 결정) 제1항에 따라 산출한 가격
④ 위의 ② 및 ③에 따라 산출한 가격이 불합리하다고 인정되는 물품: 합리적으로 산출한 국내도매가격에 시가역산율을 곱하여 산출한 가격
⑤ 위의 ①부터 ④까지에 해당하지 않는 수입물품: 법 제30조부터 제35조까지의 방법에 따라 산출한 가격

(2) 법 시행령 제222조 제7항에 따른 매각할 물품의 예정가격은 다음의 구분에 따라 결정한다.

① 위의 (1) ①부터 ⑤까지의 물품: (1) ①부터 ⑤까지에 따른 과세가격에 관세 등 제세를 합한 금액
② 수출조건으로 매각하는 물품: 위의 ①에 따른 금액에서 관세 등 제세, 운임 및 보험료를 공제한 가격

(3) 세관장은 위의 (1) 및 (2)에 따라 과세가격과 예정가격의 산출이 곤란하거나 산출된 금액이 불합리하다고 판단하는 경우에는 그 밖의 합리적인 방법으로 과세가격과 예정가격을 산출할 수 있다.

4 제211조(잔금처리)

1) 세관장은 법 제210조(매각방법)에 따른 매각대금을 그 매각비용, 관세, 각종 세금의 순으로 충당하고, 잔금이 있을 때에는 이를 화주에게 교부한다.

2) 매각하는 물품의 질권자나 유치권자는 해당 물품을 매각한 날부터 1개월 이내에 그 권리를 증명하는 서류를 세관장에게 제출하여야 한다.

3) 세관장은 매각된 물품의 질권자나 유치권자가 있을 때에는 그 잔금을 화주에게 교부하기 전에 그 질권이나 유치권에 의하여 담보된 채권의 금액을 질권자나 유치권자에게 교부한다.

4) 질권자나 유치권자에게 공매대금의 잔금을 교부하는 경우 그 잔금액이 질권이나 유치권에 의하여 담보된 채권액보다 적고 교부받을 권리자가 2인 이상인 경우에는 세관장은 「민법」이나 그 밖의 법령에 따라 배분할 순위와 금액을 정하여 배분하여야 한다.

5) 잔금의 교부는 관세청장이 정하는 바에 따라 일시 보류할 수 있다.

6) 매각대행기관이 매각을 대행하는 경우에는 매각대행기관이 위의 1)부터 5)까지의 규정에 따라 매각대금의 잔금처리를 대행할 수 있다.

⑤ 제212조(국고귀속)

1) 의의

(1) 세관장은 법 제210조(매각방법)에 따른 방법으로도 매각되지 아니한 물품(법 제208조(매각대상 및 매각절차) 제1항 제6호의 물품은 제외한다)에 대하여는 그 물품의 화주 등에게 장치 장소로부터 지체 없이 반출할 것을 통고하여야 한다.

(2) 위의 (1)의 통고일부터 1개월 내에 해당 물품이 반출되지 아니하는 경우에는 소유권을 포기한 것으로 보고 이를 국고에 귀속시킬 수 있다.

(3) 세관장은 법 제208조(매각대상 및 매각절차) 제1항 제6호의 물품이 법 제210조(매각방법)에 따른 방법으로 매각되지 아니한 경우에는 납세의무자에게 1개월 이내에 해당 물품의 최종예정가격에 상당한 금액을 관세 및 체납액(관세·국세·지방세의 체납액을 말한다) 충당금으로 납부하도록 통지하여야 한다.

(4) 위의 (3)에 따른 통지를 받은 납세의무자가 그 기한 내에 관세 및 체납액 충당금을 납부하지 아니한 경우에는 같은 항에 따른 유찰물품의 소유권을 포기한 것으로 보고 이를 국고에 귀속시킬 수 있다.

2) 압류물품의 유찰 가격

위의 1) (3)에 따른 최종예정가격은 마지막 입찰 시 법 시행령 제222조(매각방법 등) 제7항에 따라 산출한 예정가격으로 한다.

제8장　운　송

제1절　보세운송

1　보세운송의 개념

1) 보세운송이란 외국물품을 보세운송 구간(보세구역, 통관장 등)에 보세상태로 국내에서 운송하는 것을 말한다. 수입통관이 끝나지 않은 외국물품을 국내에서 운송하는 제도로서 보세운송 구간 간에 보세운송할 수 있다. 보세운송제도는 수출입물품의 화주에게 경비 절감, 절차 간소화, 자금부담 완화 등 편의를 주는데 그 목적이 있다.

2) 보세운송은 외국으로부터 수입하는 화물을 입항지에서 통관하지 아니하고 세관장에게 신고하거나 승인을 얻어 외국물품상태 그대로 다른 보세구역으로 운송하는 것이다. 이러한 보세운송은 수입화물에 대한 관세가 유보된 상태에서 운송되는 것이므로 운송에 제약이 따른다.

3) 외국물품을 국내에서 운송함에 있어서는 수입관세의 확보, 수리전 반출의 방지 등을 위하여 보세운송의 출발지와 도착지를 한정하여 보세운송할 수 있게 하고, 관세채권확보를 위하여 담보를 제공하게 할 수 있다.

4) 보세운송은 외국물품을 국내에서 운송하는 것이므로 관세채권 확보를 위하여 여러 가지 제한을 가지고 있다. 보세운송의 도착지와 발착지를 제한하며 감시단속상 필요한 경우에는 운송통로를 지정하고, 수입물품의 경우에는 관세 등 제세액에 상당하는 담보도 제공하게하고 있다.

2 제213조(보세운송의 신고)

1) 의의

(1) 외국물품은 다음의 장소 간에 한정하여 외국물품 그대로 운송할 수 있다. 다만, 법 제248조(신고의 수리)에 따라 수출신고가 수리된 물품은 해당 물품이 장치된 장소에서 다음의 장소로 운송할 수 있다.

① 국제항
② 보세구역
③ 법 제156조(보세구역 외 장치의 허가)에 따라 허가된 장소
④ 세관관서
⑤ 통관역
⑥ 통관장
⑦ 통관우체국

(2) 위의 (1)에 따라 보세운송을 하려는 자는 관세청장이 정하는 바에 따라 세관장에게 보세운송의 신고를 하여야 한다. 다만, 물품의 감시 등을 위하여 필요하다고 인정하여 대통령령으로 정하는 경우에는 세관장의 승인을 받아야 한다.

(3) 세관공무원은 감시·단속을 위하여 필요하다고 인정될 때에는 관세청장이 정하는 바에 따라 보세운송을 하려는 물품을 검사할 수 있다.

(4) 수출신고가 수리된 물품은 관세청장이 따로 정하는 것을 제외하고는 보세운송절차를 생략한다.

(5) 보세운송의 신고·승인 및 검사에 대하여는 법 제247조(검사 장소)와 제250조(신고의 취하 및 각하)를 준용한다.

2) 보세운송의 신고

(1) 위의 (1)에 따른 보세운송신고를 하거나 승인을 받으려는 자는 다음의 사항을 기재한 신고서 또는 신청서를 세관장에게 제출해야 한다. 다만, 국제무역선 또는 국제무역기의 효율적인 하역을 위하여 필요하거나 세관의 감시·단속에 지장이 없다고 인정하여 관세청장이 따로 정하는 경우에는 그 정하는 바에 따른다.

① 운송수단의 종류·명칭 및 번호
② 운송통로와 목적지
③ 화물상환증, 선하증권번호 또는 항공화물운송장번호와 물품의 적재지·생산지 또는 제조지
④ 포장의 종류·번호 및 개수
⑤ 품명·규격·수량 및 가격
⑥ 운송기간
⑦ 화주의 명칭(성명)·주소·사업자등록번호 및 대표자성명

(2) 세관장은 운송거리 기타의 사정을 참작하여 필요가 없다고 인정되는 때에는 위의 (1) 각 호의 사항 중 일부의 기재를 생략하게 할 수 있다.

(3) 위의 1) (2) 단서에 따라 보세운송의 승인을 받아야 하는 경우는 다음 각 호의 어느 하나에 해당하는 물품을 운송하려는 경우를 말한다.

① 보세운송된 물품중 다른 보세구역 등으로 재보세운송하고자 하는 물품
②「검역법」·「식물방역법」·「가축전염병예방법」 등에 따라 검역을 요하는 물품
③「위험물안전관리법」에 따른 위험물
④「화학물질관리법」에 따른 유해화학물질
⑤ 비금속설
⑥ 화물이 국내에 도착된 후 최초로 보세구역에 반입된 날부터 30일이 경과한 물품
⑦ 통관이 보류되거나 수입신고수리가 불가능한 물품
⑧ 법 제156조의 규정에 의한 보세구역외 장치허가를 받은 장소로 운송하는 물품
⑨ 귀석·반귀석·귀금속·한약재·의약품·향료 등과 같이 부피가 작고 고가인 물품
⑩ 화주 또는 화물에 대한 권리를 가진 자가 직접 보세운송하는 물품
⑪ 법 제236조의 규정에 의하여 통관지가 제한되는 물품
⑫ 적재화물목록상 동일한 화주의 선하증권 단위의 물품을 분할하여 보세운송하는 경우 그 물품
⑬ 불법 수출입의 방지 등을 위하여 세관장이 지정한 물품
⑭ 법 및 법에 의한 세관장의 명령을 위반하여 관세범으로 조사를 받고 있거나 기소되어 확정판결을 기다리고 있는 보세운송업자등이 운송하는 물품

(4) 위의 (3)의 규정에 의한 물품중 관세청장이 보세운송승인대상으로 하지 아니하여도 화물관리 및 불법 수출입의 방지에 지장이 없다고 판단하여 정하는 물품에 대하여는 신고만으로 보세운송할 수 있다.

③ 제214조(보세운송의 신고인)

법 제213조(보세운송의 신고) 제2항에 따른 신고 또는 승인신청은 다음의 하나에 해당하는 자의 명의로 하여야 한다.

① 화주
② 관세사 등
③ 보세운송을 업(業)으로 하는 자(이하 "보세운송업자"라 한다)

④ 제215조(보세운송 보고)

법 제213조(보세운송의 신고)에 따라 보세운송의 신고를 하거나 승인을 받은 자는 해당 물품이 운송 목적지에 도착하였을 때에는 관세청장이 정하는 바에 따라 도착지의 세관장에게 보고하여야 한다.

⑤ 제216조(보세운송통로)

1) 의의

(1) 세관장은 보세운송물품의 감시·단속을 위하여 필요하다고 인정될 때에는 관세청장이 정하는 바에 따라 운송통로를 제한할 수 있다.

(2) 보세운송은 관세청장이 정하는 기간 내에 끝내야 한다. 다만, 세관장은 재해나 그 밖의 부득이한 사유로 필요하다고 인정될 때에는 그 기간을 연장할 수 있다.

(3) 보세운송을 하려는 자가 운송수단을 정하여 법 제213조(보세운송의 신고) 제2항에 따라 신고를 하거나 승인을 받은 경우에는 그 운송수단을 이용하여 운송을 마쳐야 한다.

2) 보세운송기간의 연장신청

위의 1) (2) 단서의 규정에 의하여 보세운송기간의 연장을 받고자 하는 자는 다음의 사항을 기재한 신청서를 해당 보세운송을 신고하거나 승인한 세관장 또는 도착지 세관장에게 제출하여야 한다.

① 보세운송의 신고 또는 승인연월일과 신고번호 또는 승인번호
② 해당 물품의 품명 · 규격 및 수량
③ 연장신청기간 및 신청사유

6 제217조(보세운송기간 경과 시의 징수)

1) 의의

법 제213조(보세운송의 신고) 제2항에 따라 신고를 하거나 승인을 받아 보세운송하는 외국물품이 지정된 기간 내에 목적지에 도착하지 아니한 경우에는 즉시 그 관세를 징수한다. 다만, 해당 물품이 재해나 그 밖의 부득이한 사유로 망실되었거나 미리 세관장의 승인을 받아 그 물품을 폐기하였을 때에는 그러하지 아니하다.

2) 운송물품의 폐기승인신청

법 시행령 제179조(장치물품의 폐기승인신청) 및 제180조(장치물품의 멸실신고)의 규정은 법 제217조(보세운송기간 경과 시의 징수) 단서규정의 경우에 이를 준용한다.

7 제218조(보세운송의 담보)

세관장은 법 제213조(보세운송의 신고)에 따른 보세운송의 신고를 하거나 승인을 받으려는 물품에 대하여 관세의 담보를 제공하게 할 수 있다.

8 제219조(조난물품의 운송)

1) 의의

(1) 위의 1) (2)의 규정에 의한재해나 그 밖의 부득이한 사유로 선박 또는 항공기로부터 내려진 외국물품은 그 물품이 있는 장소로부터 법 제213조(보세운송의 신고) 제1항의 장소로 운송될 수 있다.

(2) 위의 (1)에 따라 외국물품을 운송하려는 자는 법 제213조(보세운송의 신고) 제2항에 따른 승인을 받아야 한다. 다만, 긴급한 경우에는 세관공무원이나 경찰공무원(세관공무원이 없는 경우로 한정한다)에게 신고하여야 한다.

(3) 위의 (2) 단서에 따라 신고를 받은 경찰공무원은 지체 없이 그 내용을 세관공무원에게 통보하여야 한다.

(4) 위의 (1)에 따른 운송에 관하여는 법 제215조(보세운송 보고)부터 법 제218조(보세운송의 담보)까지의 규정을 준용한다.

2) 조난물품의 운송

(1) 위의 1) (2)의 규정에 의한 승인을 얻고자 하는 자는 법 시행령 제226조(보세운송의 신고 등) 제1항의 사항을 기재한 신청서를 세관장에게 제출하여야 한다.

(2) 법 시행령 제226조 제3항의 규정은 위의 (1)의 경우에 이를 준용한다.

⑨ 제220조(간이 보세운송)

세관장은 보세운송을 하려는 물품의 성질과 형태, 보세운송업자의 신용도 등을 고려하여 관세청장이 정하는 바에 따라 보세운송업자나 물품을 지정하여 다음의 조치를 할 수 있다.

① 법 제213조(보세운송의 신고) 제2항에 따른 신고절차의 간소화
② 법 제213조(보세운송의 신고) 제3항에 따른 검사의 생략
③ 법 제218조(보세운송의 담보)에 따른 담보 제공의 면제

⑩ 제220조의2(국제항 안에서 국제무역선을 이용한 보세운송의 특례)

1) 법 제214조(보세운송의 신고인)에도 불구하고 국제무역선이 소속된 선박회사(그 업무를 대행하는 자를 포함한다)로서 다음의 구분에 따른 선박회사(①)는 국제항 안에서 법 제213조(보세운송의 신고) 제1항에 따라 다음의 물품(②)을 국제무역선으로 보세운송할 수 있다.

2) 위의 (1)에 따른 선박회사는 다음과 같다.

① 아래의 3) ①에 따른 물품의 경우 : 「해운법」 제24조(사업의 등록) 제2항에 따라 외항 정기 화물운송사업의 등록을 한 선박회사
② 아래의 3) ②에 따른 물품의 경우 : 다음의 어느 하나에 해당하는 선박회사

> ㉮ 「해운법」 제24조 제2항에 따라 외항 부정기 화물운송사업의 등록을 한 선박회사
> ㉯ 「선박법」 제6조(불개항장에의 기항과 국내 각 항간에서의 운송금지) 단서에 따라 해양수산부장관이 허가한 외국국적 선박이 소속된 선박회사

3) 위의 2)에 따른 물품은 다음과 같다.

① 환적컨테이너
② 법 제2조(정의) 제4호 나목1)에 따른 외국물품으로서 관세청장이 정하여 고시하는 물품

제2절 내국운송

1 개념

1) 내국운송이란 세관장에게 내국운송의 신고를 하여 국제무역선(기)에 의하여 내국운송하는 것을 말하며, 운송통로가 제한되고 기간 내에 운송이 완료되어야 한다. 원래에 내국물품은 법의 적용대상이 아니지만 이를 국제무역선에 의하여 운송하는 경우에는 세관장에게 내국운송의 신고를 하여야 한다.

2) 이 내국운송신고시에도 보세운송신고사항과 동일한 사항을 신고하여야 하는데, 실무상으로는 보세운송신고서를 제목을 바꾸어 사용하고 있다. 내국물품에는 당초부터 내국물품인 국산품과 원래는 외국물품을 내국운송하는 경우, 예를 들어 부산항에 유연탄을 적재한 국제무역선이 입항하여 전량 입항 전 수입신고하여 선상통관을 한 후에 부산항에서 일부를 양륙시키고, 나머지는 마산항으로 운송하고자 할 때에 내국운송의 신고를 해야 한다.

2 제221조(내국운송의 신고)

1) 내국물품을 국제무역선이나 국제무역기로 운송하려는 자는 대통령령으로 정하는 바에 따라 세관장에게 내국운송의 신고를 하여야 한다.

2) 내국운송에 관하여는 법 제215조(보세운송 보고), 제216조(보세운송통로), 제246조(물품의

---

1) 4. "외국물품"이란 다음 각 목의 어느 하나에 해당하는 물품을 말한다.

　　가. 외국으로부터 우리나라에 도착한 물품[외국의 선박 등이 공해(公海, 외국의 영해가 아닌 경제수역을 포함한다)에서 채집하거나 포획한 수산물 등을 포함한다]으로서 제241조 제1항에 따른 수입의 신고가 수리(受理)되기 전의 것

　　나. 법 제241조 제1항에 따른 수출의 신고(이하 "수출신고"라 한다)가 수리된 물품

검사), 제247조(검사 장소) 및 제250조(신고의 취하 및 각하)를 준용한다.

3) 법 시행령 제226조(보세운송의 신고 등)의 규정은 법 제221조(내국운송의 신고)의 규정에 의한 신고에 관하여 이를 준용한다.

제3절 　보세운송업자

---

① 제222조(보세운송업자등의 등록 및 보고)

1) 의의

(1) 다음의 어느 하나에 해당하는 자(이하 "보세운송업자 등"이라 한다)는 대통령령으로 정하는 바에 따라 관세청장이나 세관장에게 등록하여야 한다.

> ① 보세운송업자
> ② 보세화물을 취급하려는 자로서 다른 법령에 따라 화물운송의 주선을 업으로 하는 자(이하 "화물운송주선업자"라 한다)
> ③ 국제무역선 · 국제무역기 또는 국경출입차량에 물품을 하역하는 것을 업으로 하는 자
> ④ 국제무역선 · 국제무역기 또는 국경출입차량에 다음 각 목의 어느 하나에 해당하는 물품 등을 공급하는 것을 업으로 하는 자
>> ㉮ 선박용품
>> ㉯ 항공기용품
>> ㉰ 차량용품
>> ㉱ 선박 · 항공기 또는 철도차량 안에서 판매할 물품
>> ㉲ 용역
> ⑤ 국제항 안에 있는 보세구역에서 물품이나 용역을 제공하는 것을 업으로 하는 자
> ⑥ 국제무역선 · 국제무역기 또는 국경출입차량을 이용하여 상업서류나 그 밖의 견본품 등을 송달하는 것을 업으로 하는 자
> ⑦ 구매대행업자 중 「전자상거래 등에서의 소비자보호에 관한 법률」 제12조(통신판매업자의 신고 등) 제1항에 따라 통신판매업자로 신고한 자로서 직전 연도 구매대행한 수입물품의 총 물품가격이 10억원 이상인 자를 말한다.

(2) 위의 1)에 따른 등록의 기준·절차 등에 관하여 필요한 사항은 대통령령으로 정한다.

(3) 관세청장이나 세관장은 이 법의 준수 여부를 확인하기 위하여 필요하다고 인정할 때에는 보세운송업자등에게 업무실적, 등록사항 변경, 업무에 종사하는 자의 성명이나 그 밖의 인적사항 등 그 영업에 관하여 보고를 하게 하거나 장부 또는 그 밖의 서류를 제출하도록 명할 수 있다. 이 경우 영업에 관한 보고 또는 서류제출에 필요한 사항은 관세청장이 정한다.

(4) 관세청장이나 세관장은 화물운송주선업자에게 법 제225조(보세화물 취급 선박회사 등의 신고 및 보고) 제2항에 따라 해당 업무에 관하여 보고하게 할 수 있다.

(5) 위의 1)에 따른 등록의 유효기간은 3년으로 하며, 대통령령으로 정하는 바에 따라 갱신할 수 있다. 다만, 관세청장이나 세관장은 법 제255조의7(수출입 안전관리 기준 준수도의 측정·평가) 제1항에 따른 안전관리 기준의 준수 정도 측정·평가 결과가 우수한 자가 등록을 갱신하는 경우에는 유효기간을 2년의 범위에서 연장하여 정할 수 있다.

2) 보세운송업자 등의 등록

(1) 위의 1) (1)에 따라 등록을 하고자 하는 자는 다음의 사항을 기재한 신청서를 세관장에게 제출하여야 한다.

① 신청인의 주소·성명 및 상호
② 영업의 종류 및 영업장소
③ 운송수단의 종류·명칭 및 번호(관련 법령에 따라 등록 등을 한 번호를 말한다)

(2) 세관장은 위의 (1)에 따라 등록신청을 한 자가 법 제223조(보세운송업자 등의 등록요건)에 따른 등록요건을 갖추고 다음에 해당하는 경우에는 해당 등록부에 필요한 사항을 기재하고 등록증을 교부한다.

① 보세운송, 하역물품의 제공, 국제운송 등에 필요하다고 관세청장이 정하는 (「보세운송에 관한 고시」) 운송수단 또는 설비를 갖추고 있는 경우
② 관세청장이 정하는 (「보세운송에 관한 고시」) 일정금액 이상의 자본금 또는 예금을 보유한 경우
③ 법 및 법에 의한 세관장의 명령에 위반하여 관세범으로 조사받고 있거나 기소중에 있지 아니한 경우

(3) 위의 1) (5) 본문에 따라 등록의 유효기간을 갱신하려는 자는 등록갱신신청서를 기간만료 1개월 전까지 관할지세관장에게 제출하여야 한다.

(4) 세관장은 위의 (1)에 따라 등록을 한 자에게 등록의 유효기간을 갱신하려면 등록의 유효

기간이 끝나는 날의 1개월 전까지 등록 갱신을 신청하여야 한다는 사실과 갱신절차를 등록의 유효기간이 끝나는 날의 2개월 전까지 휴대폰에 의한 문자전송, 전자메일, 팩스, 전화, 문서 등으로 미리 알려야 한다.

(5) 위의 (1)에 따라 등록을 한 자는 등록사항에 변동이 생긴 때에는 지체없이 등록지를 관할하는 세관장에게 신고하여야 한다.

② 제223조(보세운송업자등의 등록요건)

보세운송업자 등은 다음의 요건을 갖춘 자이어야 한다.

> ① 법 제175조(운영인의 결격사유)의 하나에 해당하지 아니할 것
> ② 「항만운송사업법」 등 관련 법령에 따른 면허 · 허가 · 지정 등을 받거나 등록을 하였을 것
> ③ 관세 및 국세의 체납이 없을 것
> ④ 보세운송업자등의 등록이 취소(법 제175조 제1호부터 제3호까지의 어느 하나에 해당하여 등록이 취소된 경우는 제외한다)된 후 2년이 지났을 것

③ 제223조의2(보세운송업자등의 명의대여 등의 금지)

보세운송업자 등은 다른 사람에게 자신의 성명 · 상호를 사용하여 보세운송업자 등의 업무를 하게 하거나 그 등록증을 빌려주어서는 아니 된다.

④ 제224조(보세운송업자등의 행정제재)

1) 의의

(1) 세관장은 관세청장이 정하는 바에 따라 보세운송업자 등이 다음의 어느 하나에 해당하는 경우에는 등록의 취소, 6개월의 범위에서의 업무정지 또는 그 밖에 필요한 조치를 할 수 있다. 다만, 아래의 ① 및 ②에 해당하는 경우에는 등록을 취소하여야 한다.

> ① 거짓이나 그 밖의 부정한 방법으로 등록을 한 경우
> ② 법 제175조(운영인의 결격사유) 각 호의 어느 하나에 해당하는 경우. 다만, 제175조 제8호에 해당하는 경우로서 같은 조 제2호 또는 제3호에 해당하는 사람을 임원으로 하는 법인이 3개월 이내에 해당 임원을 변경한 경우에는 그러하지 아니하다.

③「항만운송사업법」등 관련 법령에 따라 면허·허가·지정·등록 등이 취소되거나 사업정지처분을 받은 경우
④ 보세운송업자등(그 임직원 및 사용인을 포함한다)이 보세운송업자 등의 업무와 관련하여 이 법이나 이 법에 따른 명령을 위반한 경우
⑤ 법 제223조의2(보세운송업자 등의 명의대여 등의 금지)를 위반한 경우
⑥ 보세운송업자등(그 임직원 및 사용인을 포함한다)이 보세운송업자 등의 업무와 관련하여「개별소비세법」제29조(과태료) 제1항[2] 또는「교통·에너지·환경세법」제25조(과태료) 제1항[3]에 따른 과태료를 부과받은 경우

(2) 세관장은 위의 (1)에 따른 업무정지가 그 이용자에게 심한 불편을 주거나 공익을 해칠 우려가 있을 경우에는 보세운송업자등에게 업무정지처분을 갈음하여 해당 업무 유지에 따른 매출액의 3/100 이하의 과징금을 부과할 수 있다. 이 경우 매출액 산정, 과징금의 금액 및 과징금의 납부기한 등에 관하여 필요한 사항은 대통령령으로 정한다.

(3) 위의 위의 (2)에 따른 과징금을 납부하여야 할 자가 납부기한까지 납부하지 아니한 경우 과징금의 징수에 관하여는 법 제26조(담보 등이 없는 경우의 관세징수)를 준용한다.

2) 보세운송업자에 대한 과징금의 부과기준

(1) 위의 1) (2)에 따라 부과하는 과징금의 금액은 아래의 ①의 기간에 ②의 금액을 곱하여 산정한다.

① 기간 : 위의 1) (1)에 따라 산정된 업무정지 일수(1개월은 30일을 기준으로 한다)
② 1일당 과징금 금액 : 해당 사업의 수행에 따른 연간매출액의 1/6,000

(2) 위의 (1) ②의 연간매출액은 다음의 구분에 따라 산정한다.

① 위의 (1)의 하나에 해당하는 자(이하 "보세운송업자 등"이라 한다)가 해당 사업연도 개시일 전에 사업을 시작한 경우 : 직전 3개 사업연도의 평균 매출액. 이 경우 사업을 시작한 날부터 직전 사업연도 종료일까지의 기간이 3년 미만인 경우에는 그 시작일부터 그 종료일까지의 매출액을 연간 평균매출액으로 환산한 금액으로 한다.
② 보세운송업자 등이 해당 사업연도에 사업을 시작한 경우 : 사업을 시작한 날부터 업무정지의 처분 사유가 발생한 날까지의 매출액을 연간매출액으로 환산한 금액

---

2) 제29조(과태료) ① 관할 세무서장은 제18조 제1항 제9호에 따라 외국항행선박 또는 원양어업선박에 사용할 목적으로 개별소비세를 면제받는 석유류 중 외국항행선박 또는 원양어업선박 외의 용도로 반출한 석유류를 판매하거나 그 사실을 알면서 취득한 자에게 판매가액 또는 취득가액의 3배 이하의 과태료를 부과·징수한다.
3) 제25조(과태료) ① 관할 세무서장은 제15조 제1항 제3호에 따라 외국항행선박 또는 원양어업선박에 사용할 목적으로 교통·에너지·환경세를 면제받는 석유류 중 외국항행선박 또는 원양어업선박 외의 용도로 반출한 석유류를 판매하거나 그 사실을 알면서 취득한 자에게 판매가액 또는 취득가액의 3배 이하의 과태료를 부과·징수한다.

(3) 세관장은 위의 (1)에 따라 산정된 과징금 금액의 1/4의 범위에서 사업규모, 위반행위의 정도 및 위반횟수 등을 고려하여 그 금액을 가중하거나 감경할 수 있다. 이 경우 과징금을 가중하는 때에는 과징금 총액이 산정된 연간매출액의 3/100을 초과할 수 없다.

(4) 위의 (1)에 따른 과징금의 부과 및 납부에 관하여는 법 시행령 제285조의7(과징금의 납부)을 준용한다. 이 경우 법 시행령 제285조의7(과징금의 납부) 제1항, 제2항 및 제4항 중 "관세청장"은 "세관장"으로 본다.

⑤ 제224조의2(보세운송업자등의 등록의 효력상실)

다음의 하나에 해당하면 법 제222조(보세운송업자등의 등록 및 보고) 제1항에 따른 보세운송업자 등의 등록은 그 효력을 상실한다.

① 보세운송업자 등이 폐업한 경우
② 보세운송업자 등이 사망한 경우(법인인 경우에는 해산된 경우)
③ 법 제222조(보세운송업자등의 등록 및 보고) 제5항에 따른 등록의 유효기간이 만료된 경우
④ 법 제224조(보세운송업자등의 행정제재) 제1항에 따라 등록이 취소된 경우

⑥ 제225조(보세화물 취급 선박회사 등의 신고 및 보고)

1) 의의

(1) 보세화물을 취급하는 선박회사 또는 항공사(그 업무를 대행하는 자를 포함한다)는 대통령령으로 정하는 바에 따라 세관장에게 신고하여야 한다. 신고인의 주소 등 다음의 사항을 변경한 때에도 또한 같다.

① 신고인의 주소 및 성명
② 신고인의 상호 또는 영업장소
③ 아래의 2) (1) ②에 따라 신고한 등록사항

(2) 세관장은 통관의 신속을 도모하고 보세화물의 관리절차를 간소화하기 위하여 필요하다고 인정할 때에는 대통령령으로 정하는 바에 따라 위의 (1)에 따른 선박회사 또는 항공사로 하여금 해당 업무에 관하여 보고하게 할 수 있다.

2) 보세화물 취급 선박회사의 신고 및 보고

(1) 위의 1) (1)에 따라 보세화물을 취급하는 선박회사 또는 항공사(그 업무를 대행하는 자를 포함하며, 이하 "선박회사 또는 항공사"라 한다)는 다음의 요건을 모두 갖추어 주소·성명·상호 및 영업장소 등을 적은 신고서를 세관장에게 제출하여야 한다.

① 법 제175조(운영인의 결격사유)의 하나에 해당하지 아니할 것
② 「해운법」, 「항공사업법」 등 관련 법령에 따른 등록을 할 것
③ 세관장은 다음의 사항을 선박회사 또는 항공사로 하여금 보고하게 할 수 있다.

> ㉮ 선박회사 또는 항공사가 화주 또는 법 제222조(보세운송업자 등의 등록 및 보고) 제1항 제2호에 따른 화물운송주선업자에게 발행한 선하증권 또는 항공화물운송장의 내역
> ㉯ 화물 취급과정에서 발견된 보세화물의 이상 유무 등 통관의 신속 또는 관세범의 조사상 필요한 사항

(2) 세관장은 위의 1) (2)에 따라 다음의 사항을 선박회사 또는 항공사로 하여금 보고하게 할 수 있다.

① 선박회사 또는 항공사가 화주 또는 법 제222조(보세운송업자등의 등록 및 보고) 제1항 제2호에 따른 화물운송주선업자에게 발행한 선하증권 또는 항공화물운송장의 내역
② 화물 취급과정에서 발견된 보세화물의 이상 유무 등 통관의 신속 또는 관세범의 조사상 필요한 사항

제9장 통 관

제1절 통 칙

1 통관의 의의

1) 통관(Customs Clearance)이란 수출입하려는 화물을 일정한 장소에 반입한 다음, 세관 등의 검사를 거쳐 수출이 허가된 화물을 국제무역선(기)에 적재하거나 또는 수입이 허가된 화물을 국내에서 인수할 때까지의 일련의 절차를 말한다. 즉, 물품을 외국으로 수출하거나 외국에서 수입함에 있어 거쳐야 할 세관절차를 의미한다.

2) 수출입의 거래과정은 국내의 상거래와 근본적으로 다를 바가 없으나, 국제간 거래인 관계로 별도의 관리나 목적에 적합하여야 한다. 따라서 국가가 최종적으로 확인하기 위하여는 세관의 통관절차를 거치도록 규정하고 있고, 이는 각국이 공통적으로 시행하고 있는 절차이다.

3) 각 국가에서 이러한 통관제도를 두는 것은 재정수입의 확보 외에도 법규정에 적합한 물품이 반출입되는지, 즉, 국가 정책상 필요한 각종의 규제사항에 실효성을 확보함으로서 자국민을 보호하기 위함이다.

4) 우리나라의 통관제도로서 국제수지의 균형과 국민경제의 발전을 위하여 법 · 대외무역법 · 외국환거래법 및 각종 수출입관련특별법 등을 통하여 수출입을 규제하고 있는데 이러한 각종 법령상의 규제사항을 세관에서 확인 · 집행하고 있다.

2 통관절차

1) 국제간 물품수출입은 반드시 세관을 통과해야 하는데 이 때 관세선을 통과하는 물품의 수출입은 해당국 세관의 수출입면허를 얻어야 한다. 세관의 수출입면허에 있어서는 법에 의한 절차를 거쳐야 함으로 이러한 모든 수출입절차를 끝낸 물품에 대한 것을 통관이라 하며 법 상 통관은 수출입 면허 및 반송 면허를 의미하는 것이다.

2) 통관절차는 물품의 수출입에 관한 국가의 규제사항을 서류와 현품을 통해 대조하여 확인하는 행정적인 절차로, 여기에는 수출입 통관절차와 반송절차가 포함된다. 좁은 의미의 통관절차는 물품의 수출입 신고에서 신고의 수리에 이르기까지 일련의 절차를 말한다. 넓은 의미의 통관절차는 수출입하고자 하는 물품을 보세구역에 반입하여 좁은 의미의 통관절차를 거친 후 보세구역으로부터 반출하기까지 일련의 절차를 말한다.

3 유니패스(UNI-PASS)에 의한 통관

1) 의의

(1) 전자통관시스템의 브랜드네임인 국제관세종합정보망(UNI-PASS)의 'UNI'는 수출입통관과 관세납부 환급 및 요건확인까지도 통합처리 가능하다는 의미의 'Unified', 국제적 표준을 반영하고 있어 세계 모든 국가가 사용할 수 있다는 의미의 'Universal', 세계에서 유일하게 고객에게 실시간 수출입화물처리 정보서비스를 제공한다는 의미에서 대한민국 관세청의 고유함을 의미하는 'Unique'의 뜻을 담고 있다.

(2) 세관에서 처리하는 업무를 관리하는 관세청의 전자통관시스템을 UNI-PASS라고 부르며, 이것은 관세청의 통관포탈서비스를 나타내는 일종의 상표로서 관세청의 수출입통관시스템, 관세환급시스템, 선박·항공기 입출항 및 출입국 여행자관리는 물론 보세화물 추적관리와 수출입에 필요한 요건확인까지도 세관신고로 통합하여 원스톱처리하는 세계최고수준의 전자통관 포털시스템으로 대한민국 브랜드이다. 관세청은 대한민국에서 탄생해서 세계가 이용하는 통관모델, 고객의 시간과 비용을 절감할 수 있는 브랜드 가치를 내세웠다.

2) UNI-PASS의 효과

(1) 우리 관세행정을 국제표준으로 삼을 수 있다. UNI-PASS의 해외 수출은 단순한 시스템

수출이 아니라 수십 년 동안 축적된 우리 관세행정의 노하우와 함께 수출하는 것이다. 한국의 관세제도가 내재된 UNI-PASS의 해외수출을 통해 단일창구, 위험관리, AEO 등 국제관세행정의 표준화를 주도할 수 있다.

(2) 국내기업의 경쟁력을 제고시키는 효과가 있다. 국내기업 및 무역업체가 해외에서도 우리나라와 동일한 품질의 통관서비스를 받는다면 해외통관 분쟁발생은 그만큼 줄어들게 될 것이다. 또한 우수한 기술력을 보유하고 있지만 인지도가 낮아 해외진출에 어려움을 겪고 있는 국내 중소정보기술(IT)기업의 해외진출도 뒷받침될 수 있다.

(3) 개도국에 UNI-PASS를 수출함으로써 선진적인 통관환경을 제공하고, 재정수입 증대 등 경제발전에 보탬이 될 수 있다.

I. 통관요건

❶ 제226조(허가·승인 등의 증명 및 확인)

1) 의의

(1) 수출입을 할 때 법령에서 정하는 바에 따라 허가·승인·표시 또는 그 밖의 조건을 갖출 필요가 있는 물품은 세관장에게 그 허가·승인·표시 또는 그 밖의 조건을 갖춘 것임을 증명하여야 한다.

(2) 통관을 할 때 구비조건에 대한 세관장의 확인이 필요한 수출입물품에 대하여는 다른 법령에도 불구하고 그 물품과 확인방법, 확인절차, 그 밖에 필요한 사항을 대통령령으로 정하는 바에 따라 미리 공고하여야 한다.

(3) 위의 (1)에 따른 증명에 관하여는 법 제245조(신고 시의 제출서류) 제2항을 준용한다.

2) 구비조건의 확인

위의 1) (2)의 규정에 의한 허가·승인·표시 기타 조건(이하 "구비조건"이라 한다)의 구비를 요하는 물품에 대하여 관세청장은 주무부장관의 요청을 받아 세관공무원에 의하여 확인이 가능한 사항인지 여부, 물품의 특성 기타 수출입물품의 통관여건 등을 고려하여 세관장의 확인대상

물품, 확인방법, 확인절차(관세청장이 지정·고시[「관세법 제226조에 따른 세관장 확인물품 및 확인방법 지정고시」]하는 정보통신망을 이용한 확인신청 등의 절차를 포함한다), 그 밖에 확인에 필요한 사항을 공고하여야 한다.

② 제227조(의무 이행의 요구 및 조사)

1) 의의

(1) 세관장은 다른 법령에 따라 수입 후 특정한 용도로 사용하여야 하는 등의 의무가 부가되어 있는 물품에 대하여는 문서로써 해당 의무를 이행할 것을 요구할 수 있다.

(2) 의무의 이행을 요구받은 자는 특별한 사유가 없으면 해당 물품에 대하여 부가된 의무를 이행하여야 한다.

(3) 세관장은 위의 (1)에 따라 의무의 이행을 요구받은 자의 이행 여부를 확인하기 위하여 필요한 경우 세관공무원으로 하여금 조사하게 할 수 있다. 이 경우 법 제240조의3(유통이력 조사)을 준용한다.

2) 의무의 면제

위의 1) (1)의 규정에 의하여 수입신고수리시에 부과된 의무를 면제받고자 하는 자는 다음의 하나에 해당하는 경우에 한하여 해당 의무이행을 요구한 세관장의 승인을 얻어야 한다.

① 법령이 정하는 허가·승인·추천 기타 조건을 구비하여 의무이행이 필요하지 아니하게 된 경우
② 법령의 개정 등으로 인하여 의무이행이 해제된 경우
③ 관계행정기관의 장의 요청 등으로 부과된 의무를 이행할 수 없는 사유가 있다고 인정된 경우

③ 제228조(통관표지)

1) 의의

(1) 병행수입물품 통관표지란 해당물품의 수입자, 품명, 상표명, 수입일자, 통관세관 등 통관정보를 담고 있는 QR코드(격자무늬 모양으로 정보를 나타내는 매트릭스형식의 2차원 바코드)로 소비자는 스마트폰으로 통관정보를 확인할 수 있다. QR코드 형태의 통관표지를 병행수입물품에

부착하여 소비자로 하여금 통관정보를 확인할 수 있도록 하는 제도이다.

(2) 세관장은 관세 보전을 위하여 필요하다고 인정할 때에는 수입하는 물품에 통관표지를 첨부할 것을 명할 수 있다.

2) 통관표지의 첨부

(1) 세관장은 다음의 하나에 해당하는 물품에 대하여는 관세보전을 위하여 통관표지의 첨부를 명할 수 있다.

> ① 법에 의하여 관세의 감면 또는 용도세율의 적용을 받은 물품
> ② 법 제107조(관세의 분할납부) 제2항에 따라 관세의 분할납부승인을 얻은 물품
> ③ 부정수입물품과 구별하기 위하여 관세청장이 지정하는 물품

(2) 통관표지첨부대상, 통관표지의 종류, 첨부방법 등에 관하여 필요한 사항은 관세청장이 정한다(「수입통관 사무처리에 관한 고시」).

Ⅱ. 원산지의 확인

① 원산지제도의 배경과 원산지규정의 기능

1) 원산지제도의 배경

원산지규정(Rule of Origin : RoO)은 국제무역에서 특정상품이 어느 국가에서 생산되고 제조되었는지를 판단하는 기준으로 우리나라는 1990년 교토협약 가입 후1991년부터 원산지제도를 시행하고 있다. WTO 원산지규정에 관한 협정에 따라 WCO 및 WTO에서는 통일 원산지규정을 제정 중에 있다.

2) 원산지규정의 기능

원산지규정은 다음과 같은 기능을 하며, 우리나라는 물품에 원산지를 표시하는 제도와 원산지증명에 의한 원산지확인제도를 운영하고 있다.

① 소비자 및 생산자 보호 기능
② 저가 물품에 대한 덤핑방지 및 상계관세 부과 등 산업보호 및 무역정책 기능
③ 국제조약 · 국가 간 협정에 의하여 특정국가에 특혜제공 대상물품의 결정
④ 원산지제도를 국제규범과 일치시킴으로써 외국과의 통상마찰 사전예방 등

2 원산지제도의 분류체계

1) 특혜원산지규정

특혜원산지규정은 관세동맹·FTA 체결에 따라 역내국가가 원산지인 물품 등에 대해 쌍방적 또는 일방적으로 관세상 특혜를 부여하는 경우에 적용되며, FTA의 원산지규정이 이에 해당한다.

2) 비특혜원산지규정

비특혜원산지규정은 특혜원산지규정 이외의 원산지규정을 말하는 것으로 관세상의 특혜목적이 아닌 관세행정 · 무역정책상 물품의 원산지를 확인할 필요가 있는 경우에 적용된다. 불공정무역 방지조치인 덤핑방지관세 · 상계관세 등의 부과를 위한 원산지확인, 긴급수입제한조치를 위한 규제, 소비자보호를 위한 원산지표시규정, 환경보전 및 국민보건을 위한 검역목적의 원산지규정 등이 비특혜원산지규정이며, 대표적으로 WTO 원산지규정을 들 수 있다.

3 제229조(원산지 확인 기준)

1) 의의

(1) 이 법, 조약, 협정 등에 따른 관세의 부과 · 징수, 수출입물품의 통관, 법 제233조(원산지증명서 등의 확인요청 및 조사) 제3항의 확인요청에 따른 조사 등을 위하여 원산지를 확인할 때에는 다음의 하나에 해당하는 나라를 원산지로 한다.

① 해당 물품의 전부를 생산 · 가공 · 제조한 나라
② 해당 물품이 2개국 이상에 걸쳐 생산 · 가공 또는 제조된 경우에는 그 물품의 본질적 특성을 부여하기에 충분한 정도의 실질적인 생산 · 가공 · 제조 과정이 최종적으로 수행된 나라

(2) 위의 (1)를 적용할 물품의 범위, 구체적 확인 기준 등에 관하여 필요한 사항은 기획재정부령으로 정한다.

(3) 위의 (1)과 (2)에도 불구하고 조약·협정 등의 시행을 위하여 원산지 확인 기준 등을 따로 정할 필요가 있을 때에는 기획재정부령으로 원산지 확인 기준 등을 따로 정한다.

2) 일반물품의 원산지결정기준

(1) 위의 1) (1) ①의 규정에 의하여 원산지를 인정하는 물품은 다음과 같다.

① 해당 국가의 영역에서 생산된 광산물과 식물성 생산물
② 해당 국가의 영역에서 번식 또는 사육된 산 동물과 이들로부터 채취한 물품
③ 해당 국가의 영역에서의 수렵 또는 어로로 채집 또는 포획한 물품
④ 해당 국가의 선박에 의하여 채집 또는 포획한 어획물 기타의 물품
⑤ 해당 국가에서의 제조·가공의 공정 중에 발생한 부스러기
⑥ 해당 국가 또는 그 선박에서 위의 ① 내지 ⑤의 물품을 원재료로 하여 제조·가공한 물품

(2) 위의 1) (1) ②의 규정에 의하여 2개국 이상에 걸쳐 생산·또는 제조(이하 "생산"이라 한다)된 물품의 원산지는 해당 물품의 생산과정에 사용되는 물품의 품목분류표상 6단위 품목번호와 다른 6단위 품목번호의 물품을 최종적으로 생산한 국가로 한다.

(3) 관세청장은 위의 (2)의 규정에 의하여 6단위 품목번호의 변경만으로 위의 1) (1) ②의 규정에 의한 본질적 특성을 부여하기에 충분한 정도의 실질적인 생산과정을 거친 것으로 인정하기 곤란한 품목에 대하여는 주요공정·부가가치 등을 고려하여 품목별로 원산지기준을 따로 정할 수 있다.

(4) 다음의 하나에 해당하는 작업이 수행된 국가는 위의 (2)의 규정에 의한 원산지로 인정하지 아니한다.

① 운송 또는 보세구역장치 중에 있는 물품의 보존을 위하여 필요한 작업
② 판매를 위한 물품의 포장개선 또는 상표표시 등 상품성 향상을 위한 개수작업
③ 단순한 선별·구분·절단 또는 세척작업
④ 재포장 또는 단순한 조립작업
⑤ 물품의 특성이 변하지 아니하는 범위안에서의 원산지가 다른 물품과의 혼합작업
⑥ 가축의 도축작업

(5) 관세청장은 위의 (3)에 따른 품목별 원산지기준을 정하는 때에는 기획재정부장관 및 해당 물품의 관계부처의 장과 협의하여야 한다.

(6) 위의 (1)부터 (5)까지의 규정에도 불구하고 수출물품에 대한 원산지 결정기준이 수입국의 원산지 결정기준과 다른 경우에는 수입국의 원산지 결정기준을 따를 수 있다.

3) 특수물품의 원산지결정기준

(1) 위의 2)에도 불구하고 촬영된 영화용 필름, 부속품·예비부분품 및 공구와 포장용품은 다음의 구분에 따라 원산지를 인정한다.

① 촬영된 영화용 필름은 그 제작자가 속하는 국가
② 기계·기구·장치 또는 차량에 사용되는 부속품·예비부분품 및 공구로서 기계·기구·장치 또는 차량과 함께 수입되어 동시에 판매되고 그 종류 및 수량으로 보아 통상 부속품·예비부분품 및 공구라고 인정되는 물품은 당해 기계·기구 또는 차량의 원산지
③ 포장용품은 그 내용물품의 원산지. 다만, 품목분류표상 포장용품과 내용품을 각각 별개의 품목번호로 하고 있는 경우에는 그러하지 아니한다.

(2) 위의 (1)에도 불구하고 수출물품에 대한 원산지 결정기준이 수입국의 원산지 결정기준과 다른 경우에는 수입국의 원산지 결정기준을 따를 수 있다.

4) 직접운송원칙

위의 1)에 원산지를 결정할 때 해당 물품이 원산지가 아닌 국가를 경유하지 아니하고 직접 우리나라에 운송·반입된 물품인 경우에만 그 원산지로 인정한다. 다만, 다음의 하나에 해당하는 물품인 경우에는 우리나라에 직접 반입한 것으로 본다.

(1) 다음의 요건을 모두 충족하는 물품일 것

① 지리적 또는 운송상의 이유로 단순 경유한 것
② 원산지가 아닌 국가에서 관세당국의 통제하에 보세구역에 장치된 것
③ 원산지가 아닌 국가에서 하역, 재선적 또는 그 밖에 정상 상태를 유지하기 위하여 요구되는 작업 외의 추가적인 작업을 하지 아니한 것

(2) 박람회·전시회 및 그 밖에 이에 준하는 행사에 전시하기 위하여 원산지가 아닌 국가로 수출되어 해당 국가 관세당국의 통제하에 전시목적에 사용된 후 우리나라로 수출된 물품일 것

4 제230조(원산지 허위표시물품 등의 통관 제한)

세관장은 법령에 따라 원산지를 표시하여야 하는 물품이 다음의 하나에 해당하는 경우에는 해당 물품의 통관을 허용하여서는 아니 된다. 다만, 그 위반사항이 경미한 경우에는 이를 보완·정정하도록 한 후 통관을 허용할 수 있다.

> ① 원산지 표시가 법령에서 정하는 기준과 방법에 부합되지 아니하게 표시된 경우
> ② 원산지 표시가 부정한 방법으로 사실과 다르게 표시된 경우
> ③ 원산지 표시가 되어 있지 아니한 경우

5 제230조의2(품질등 허위·오인 표시물품의 통관 제한)

세관장은 물품의 품질, 내용, 제조 방법, 용도, 수량(이하 이 조에서 "품질등"이라 한다)을 사실과 다르게 표시한 물품 또는 품질등을 오인(誤認)할 수 있도록 표시하거나 오인할 수 있는 표지를 붙인 물품으로서 「부정경쟁방지 및 영업비밀보호에 관한 법률」, 「식품 등의 표시·광고에 관한 법률」, 「산업표준화법」 등 품질 등의 표시에 관한 법령을 위반한 물품에 대하여는 통관을 허용하여서는 아니 된다.

6 제231조(환적물품 등에 대한 유치 등)

1) 세관장은 법 제141조(외국물품의 일시양륙 등)에 따라 일시적으로 육지에 내려지거나 다른 운송수단으로 환적 또는 복합환적되는 외국물품 중 원산지를 우리나라로 허위 표시한 물품은 유치할 수 있다.

2) 유치하는 외국물품은 세관장이 관리하는 장소에 보관하여야 한다. 다만, 세관장이 필요하다고 인정할 때에는 그러하지 아니하다.

3) 세관장은 외국물품을 유치할 때에는 그 사실을 그 물품의 화주나 그 위임을 받은 자에게 통지하여야 한다.

4) 세관장은 통지를 할 때에는 이행기간을 정하여 원산지 표시의 수정 등 필요한 조치를 명할 수 있다. 이 경우 지정한 이행기간 내에 명령을 이행하지 아니하면 매각한다는 뜻을 함께 통지하여야 한다.

5) 세관장은 명령이 이행된 경우에는 물품의 유치를 즉시 해제하여야 한다. 그런데 세관장은

명령이 이행되지 아니한 경우에는 이를 매각할 수 있다. 이 경우 매각 방법 및 절차에 관하여는 법 제160조(장치물품의 폐기) 제4항부터 제6항까지 및 법 제210조(매각방법)를 준용한다.

7 제232조(원산지 증명서 등)

1) 의의

(1) 이 법, 조약, 협정 등에 따라 원산지 확인이 필요한 물품을 수입하는 자는 해당 물품의 원산지를 증명하는 서류(이하 "원산지증명서"라 한다)를 제출하여야 한다. 다만, 대통령령으로 정하는 물품의 경우에는 그러하지 아니하다.

(2) 세관장은 원산지 확인이 필요한 물품을 수입하는 자가 원산지증명서를 제출하지 아니하는 경우에는 이 법, 조약, 협정 등에 따른 관세율을 적용할 때 일반특혜관세·국제협력관세 또는 편익관세를 배제하는 등 관세의 편익을 적용하지 아니할 수 있다.

(3) 세관장은 원산지 확인이 필요한 물품을 수입한 자로 하여금 위의 (1)에 따라 제출받은 원산지증명서의 내용을 확인하기 위하여 필요한 자료(이하 "원산지증명서확인자료"라 한다)를 제출하게 할 수 있다. 이 경우 원산지 확인이 필요한 물품을 수입한 자가 정당한 사유 없이 원산지증명서확인자료를 제출하지 아니할 때에는 세관장은 수입신고 시 제출받은 원산지증명서의 내용을 인정하지 아니할 수 있다.

(4) 세관장은 원산지증명서확인자료를 제출한 자가 정당한 사유를 제시하여 그 자료를 공개하지 아니할 것을 요청한 경우에는 그 제출인의 명시적 동의 없이는 해당 자료를 공개하여서는 아니 된다.

(5) 조약·협정 등의 시행을 위하여 원산지증명서 제출 등에 관한 사항을 따로 정할 필요가 있을 때에는 기획재정부령으로 정한다.

2) 원산지 등에 대한 사전확인

(1) 원산지확인이 필요한 물품을 수입하는 자는 관세청장에게 다음의 하나에 해당하는 사항에 대하여 해당 물품의 수입신고를 하기 전에 미리 확인 또는 심사(이하 "사전확인"이라 한다)하여 줄 것을 신청할 수 있다.

① 법 제229조(원산지 확인 기준)에 따른 원산지 확인기준의 충족여부
② 조약 또는 협정 등의 체결로 인하여 관련법령에서 특정물품에 대한 원산지 확인기준을 달리 정하고 있는 경우에 해당 법령에 따른 원산지 확인기준의 충족여부
③ 원산지 확인기준의 충족여부를 결정하기 위한 기초가 되는 사항으로서 관세청장이 정하는 사항
④ 그 밖에 관세청장이 원산지에 따른 관세의 적용과 관련하여 필요하다고 정하는 사항

(2) 사전확인의 신청을 받은 경우 관세청장은 60일 이내에 이를 확인하여 그 결과를 기재한 서류(이하 "사전확인서"라 한다)를 신청인에게 교부하여야 한다. 다만, 제출자료의 미비 등으로 인하여 사전확인이 곤란한 경우에는 그 사유를 신청인에게 통지하여야 한다.

(3) 세관장은 수입신고된 물품 및 원산지증명서의 내용이 사전확인서상의 내용과 동일하다고 인정되는 때에는 특별한 사유가 없는 한 사전확인서의 내용에 따라 관세의 경감 등을 적용하여야 한다.

(4) 위의 (2)에 따른 사전확인의 결과를 통지받은 자(법 시행령 제236조의3(사전확인서 내용의 변경) 제1항에 따른 사전확인서의 내용변경 통지를 받은 자를 포함한다)는 그 통지내용에 이의를 제기하려는 경우 그 결과를 통지받은 날부터 30일 이내에 다음의 사항이 기재된 신청서에 이의제기 내용을 확인할 수 있는 자료를 첨부하여 관세청장에게 제출하여야 한다.

① 이의를 제기하는 자의 성명과 주소 또는 거소
② 해당 물품의 품명·규격·용도·수출자·생산자 및 수입자
③ 이의제기의 요지와 내용

(5) 관세청장은 이의제기를 받은 때에는 이를 심사하여 30일 이내에 그 결정 내용을 신청인에게 알려야 한다.

(6) 관세청장은 이의제기의 내용이나 절차가 적합하지 아니하거나 보정할 수 있다고 인정되는 때에는 20일 이내의 기간을 정하여 다음의 사항을 적은 문서로써 보정하여 줄 것을 요구할 수 있다. 이 경우 보정기간은 위의 (5)에 따른 심사결정기간에 산입하지 아니한다.

① 보정할 사항
② 보정을 요구하는 이유
③ 보정할 기간
④ 그 밖의 필요한 사항

3) 사전확인서 내용의 변경

(1) 관세청장은 사전확인서의 근거가 되는 사실관계 또는 상황이 변경된 경우에는 사전확인서의 내용을 변경할 수 있다. 이 경우 관세청장은 신청인에게 그 변경내용을 통지하여야 한다.

(2) 사전확인서의 내용을 변경한 경우에는 그 변경일후에 수입신고되는 물품에 대하여 변경된 내용을 적용한다. 다만, 사전확인서의 내용변경이 자료제출누락 또는 허위자료제출 등 신청인의 귀책사유로 인한 때에는 해당 사전확인과 관련하여 그 변경일전에 수입신고된 물품에 대하여도 소급하여 변경된 내용을 적용한다.

4) 원산지증명서의 제출

(1) 다음의 하나에 해당하는 자는 해당 물품의 수입신고 시에 그 원산지증명서를 세관장에게 제출하여야 한다. 다만, 아래의 ①에 해당하는 자로서 수입신고 전에 원산지증명서를 발급받았으나 분실 등의 사유로 수입신고 시에 원산지증명서를 제출하지 못한 경우에는 원산지증명서 유효기간 내에 해당 원산지증명서 또는 그 부본을 제출할 수 있다.

① 법 · 조약 · 협정 등에 의하여 다른 국가의 생산(가공을 포함한다)물품에 적용되는 세율보다 낮은 세율을 적용받고자 하는 자로서 원산지확인이 필요하다고 관세청장이 정하는 자
② 관세율의 적용 기타의 사유로 인하여 원산지확인이 필요하다고 관세청장이 지정한 물품을 수입하는 자

(2) 위의 1) (1) 단서의 규정에 의하여 다음의 물품에 대하여는 위의 (1)을 적용하지 아니한다.

① 세관장이 물품의 종류 · 성질 · 형상 또는 그 상표 · 생산국명 · 제조자 등에 의하여 원산지를 확인할 수 있는 물품
② 우편물(법 제258조(우편물통관에 대한 결정) 제2항에 해당하는 것을 제외한다)
③ 과세가격(종량세의 경우에는 이를 법 제15조(과세표준)의 규정에 준하여 산출한 가격을 말한다)이 15만원 이하인 물품
④ 개인에게 무상으로 송부된 탁송품 · 별송품 또는 여행자의 휴대품
⑤ 기타 관세청장이 관계행정기관의 장과 협의하여 정하는 물품

(3) 위의 (1)의 규정에 의하여 세관장에게 제출하는 원산지증명서는 다음의 하나에 해당하는 것이어야 한다.

① 원산지국가의 세관 기타 발급권한이 있는 기관 또는 상공회의소가 해당 물품에 대하여 원산지국가(지역을 포함한다)를 확인 또는 발행한 것
② 원산지국가에서 바로 수입되지 아니하고 제3국을 경유하여 수입된 물품에 대하여 그 제3국의 세관 기타 발급권한이 있는 기관 또는 상공회의소가 확인 또는 발행한 경우에는 원산지국가에서 해당 물품에 대하여 발행된 원산지증명서를 기초로 하여 원산지국가(지역을 포함한다)를 확인 또는 발행한 것
③ 관세청장이 정한 물품의 경우에는 해당 물품의 상업송장 또는 관련서류에 생산자 · 공급자 · 수출자 또는 권한있는 자가 원산지국가를 기재한 것

(4) 위의 (3)에 따른 원산지증명서에는 해당 수입물품의 품명, 수량, 생산지, 수출자 등 관세청장이 정하는 사항이 적혀 있어야 하며, 제출일부터 소급하여 1년(다음의 구분에 따른 기간은 제외한다) 이내에 발행된 것이어야 한다.

① 원산지증명서 발행 후 1년 이내에 해당 물품이 수입항에 도착하였으나 수입신고는 1년을 경과하는 경우 : 물품이 수입항에 도착한 날의 다음 날부터 해당 물품의 수입신고를 한 날까지의 기간
② 천재지변, 그 밖에 이에 준하는 사유로 원산지증명서 발행 후 1년이 경과한 이후에 수입항에 도착한 경우 : 해당 사유가 발생한 날의 다음 날부터 소멸된 날까지의 기간

(5) 위의 4) (1) 외의 부분 단서에 따라 원산지증명서 또는 그 부본을 제출하는 경우에는 법 시행령 제34조(세액의 경정) 제1항에 따른 경정청구서를 함께 제출하여야 한다.

⑧ 제232조의2(원산지증명서의 발급 등)

1) 이 법, 조약, 협정 등에 따라 관세를 양허받을 수 있는 물품의 수출자가 원산지증명서의 발급을 요청하는 경우에는 세관장이나 그 밖에 원산지증명서를 발급할 권한이 있는 기관은 그 수출자에게 원산지증명서를 발급하여야 한다.

2) 세관장은 발급된 원산지증명서의 내용을 확인하기 위하여 필요하다고 인정되는 경우에는 ① 다음의 자로 하여금 원산지증명서확인자료(② 다음의 구분에 따른 자료로서 수출신고 수리일부터 3년 이내의 자료로 한정한다)를 제출하게 할 수 있다. 이 경우 자료의 제출기간은 20일 이상으로서 세관장으로부터 원산지증명서확인자료의 제출을 요구받은 날부터 30일을 말한다. 다만, 제출을 요구받은 자가 부득이한 사유로 그 기간에 원산지증명서확인자료를 제출하기 곤란할 때에는 그 기간을 30일의 범위에서 한 차례만 연장할 수 있다.

① 다음의 자 : ㉮ 원산지증명서를 발급받은 자, ㉯ 원산지증명서를 발급한 자, ㉰ 그 밖에 해당 수출물품의 생산자 또는 수출자
② 다음의 구분에 따른 자료

㉮ 수출물품의 생산자가 제출하는 다음의 자료 : ㉠ 수출자에게 해당 물품의 원산지를 증명하기 위하여 제공한 서류, ㉡ 수출자와의 물품공급계약서, ㉢ 해당 물품의 생산에 사용된 원재료의 수입신고필증(생산자 명의로 수입신고한 경우만 해당한다), ㉣ 해당 물품 및 원재료의 생산 또는 구입 관련 증명 서류, ㉤ 원가계산서·원재료내역서 및 공정명세서, ㉥ 해당 물품 및 원재료의 출납·재고관리대장, ㉦ 해당 물품의 생산에 사용된 재료를 공급하거나 생산한 자가 그 재료의 원산지를 증명하기 위하여 작성하여 생산자에게 제공한 서류, ㉧ 원산지증명서 발급 신청서류(전자문서를 포함하며, 생산자가 원산지 증명서를 발급받은 경우만 해당한다)
㉯ 수출자가 제출하는 다음의 자료 : ㉠ 원산지증명서가 발급된 물품을 수입하는 국가의 수입자에게 제공한 원산지증명서(전자문서를 포함한다), ㉡ 수출신고필증, ㉢ 수출거래 관련 계약서, ㉣ 원산지증명서 발급 신청서류(전자문서를 포함하며, 수출자가 원산지증명서를 발급받은 경우만 해당한다), ㉤ 위의 ㉮ ㉣부터 ㉥까지의 서류(수출자가 원산지증명서를 발급받은 경우만 해당한다)
㉰ 원산지증명서를 발급한 자가 제출하는 다음의 자료 : ㉠ 발급한 원산지증명서(전자문서를 포함한다), ㉡ 원산지증명서 발급신청 서류(전자문서를 포함한다), ㉢ 그 밖에 발급기관이 보관 중인 자료로서 원산지 확인에 필요하다고 판단하는 자료

⑨ 제233조(원산지 증명서 등의 확인요청 및 조사)

1) 의의

(1) 세관장은 원산지증명서를 발급한 국가의 세관이나 그 밖에 발급권한이 있는 기관(이하 "외국세관 등" 이라 한다)에 법 제232조(원산지증명서 등) 제1항 및 제3항에 따라 제출된 원산지증명서 및 원산지증명서확인자료의 진위 여부, 정확성 등의 확인을 요청할 수 있다. 이 경우 세관장의 확인요청은 해당 물품의 수입신고가 수리된 이후에 하여야 하며, 세관장은 확인을 요청한 사실 및 회신 내용과 그에 따른 결정 내용을 수입자에게 통보하여야 한다.

(2) 위의 (1)에 따라 세관장이 확인을 요청한 사항에 대하여 조약 또는 협정에서 다르게 규정한 경우를 제외하고 다음의 하나에 해당하는 경우에는 일반특혜관세·국제협력관세 또는 편익관세를 적용하지 아니할 수 있다. 이 경우 세관장은 법 제38조의3(수정 및 경정) 제6항 및 법 제39조(부과고지) 제2항에 따라 납부하여야 할 세액 또는 납부하여야 할 세액과 납부한 세액의 차액을 부과·징수하여야 한다.

① 외국세관 등이 다음의 구분에 따른 기간 이내에 그 결과를 회신하지 아니한 경우

㉮ 법 제73조(국제협력관세)에 따른 국제협력관세로서 「아시아·태평양 무역협정」에 따른 국제협정관세를 적용하기 위하여 원산지증명서를 발급한 국가의 세관이나 그 밖에 발급권한이 있는 기관(이하 "외국세관등"이라 한다)에 원산지증명서 등의 확인을 요청한 경우 : 확인을 요청한 날부터 4개월

㉯ 법 제76조(일반특혜관세의 적용기준) 제3항에 따른 최빈 개발도상국에 대한 일반특혜관세를 적용하기 위하여 외국세관등에 원산지증명서 등의 확인을 요청한 경우 : 확인을 요청한 날부터 6개월

② 세관장에게 신고한 원산지가 실제 원산지와 다른 것으로 확인된 경우
③ 외국세관 등의 회신내용에 법 제229조(원산지 확인 기준)에 따른 원산지증명서 및 원산지증명서확인자료를 확인하는 데 필요한 정보가 포함되지 아니한 경우

(3) 세관장은 원산지증명서가 발급된 물품을 수입하는 국가의 권한 있는 기관으로부터 원산지증명서 및 원산지증명서확인자료의 진위 여부, 정확성 등의 확인을 요청받은 경우 등 필요하다고 인정되는 경우에는 다음의 하나에 해당하는 자를 대상으로 서면조사 또는 현지조사를 할 수 있다.

① 원산지증명서를 발급받은 자
② 원산지증명서를 발급한 자
③ 수출물품의 생산자 또는 수출자

(4) 위의 (1)에 따른 확인요청 및 (3)에 따른 조사에 필요한 사항은 대통령령으로 정한다.
(5) 위의 (1)부터 (4)까지의 규정에도 불구하고 조약·협정 등의 시행을 위하여 원산지증명서 확인요청 및 조사 등에 관한 사항을 따로 정할 필요가 있을 때에는 기획재정부령으로 정한다.

2) 수입물품의 원산지증명서 등 확인요청

세관장은 위의 1) (1)에 따라 원산지증명서 및 원산지증명서확인자료에 대한 진위 여부 등의 확인을 요청할 때에는 다음의 사항이 적힌 요청서와 수입자 또는 그 밖의 조사대상자 등으로부터 수집한 원산지증명서 사본 및 송품장 등 원산지 확인에 필요한 서류를 함께 송부하여야 한다.

① 원산지증명서 및 원산지증명서확인자료의 진위 여부 등에 대하여 의심을 갖게 된 사유 및 확인 요청사항
② 해당 물품에 적용된 원산지결정기준

3) 수출물품의 원산지증명서 등에 관한 조사 절차

(1) 위의 1) (3)에 따른 현지조사는 서면조사만으로 원산지증명서 및 원산지증명서확인자료의 진위 여부, 정확성 등을 확인하기 곤란하거나 추가로 확인할 필요가 있는 경우에 할 수 있다.

(2) 세관장은 서면조사 또는 현지조사를 하는 경우에는 다음의 사항을 조사대상자에게 조사시작 7일 전까지 서면으로 통지하여야 한다.

① 서면조사의 경우

㉮ 조사대상자 및 조사기간
㉯ 조사대상 수출입물품
㉰ 조사이유
㉱ 조사할 내용
㉲ 조사의 법적 근거
㉳ 제출서류 및 제출기간
㉴ 조사기관, 조사자의 직위 및 성명
㉵ 그 밖에 세관장이 필요하다고 인정하는 사항

② 현지조사의 경우

㉮ 조사대상자 및 조사예정기간
㉯ 조사대상 수출입물품
㉰ 조사방법 및 조사이유
㉱ 조사할 내용
㉲ 조사의 법적 근거
㉳ 조사에 대한 동의 여부 및 조사동의서 제출기간(조사에 동의하지 아니하거나 조사동의서 제출기간에 그 동의 여부를 통보하지 아니하는 경우의 조치사항을 포함한다)
㉴ 조사기관, 조사자의 직위 및 성명
㉵ 그 밖에 세관장이 필요하다고 인정하는 사항

(3) 조사의 연기신청, 조사결과의 통지에 관하여는 법 제114조(관세조사의 사전통지와 연기신청) 2) 및 제115조(관세조사의 결과 통지)를 준용한다.

(4) 조사결과에 대하여 이의가 있는 조사대상자는 조사결과를 통지받은 날부터 30일 이내에 다음의 사항이 적힌 신청서에 이의제기 내용을 확인할 수 있는 자료를 첨부하여 세관장에게 제출할 수 있다.

① 이의를 제기하는 자의 성명과 주소 또는 거소
② 조사결과통지서를 받은 날짜 및 조사결정의 내용
③ 해당 물품의 품명 · 규격 · 용도 · 수출자 · 생산자 및 수입자
④ 이의제기의 요지와 내용

(5) 세관장은 위의 (4)에 따른 이의제기를 받은 날부터 30일 이내에 심사를 완료하고 그 결정 내용을 통지하여야 한다.

(6) 세관장은 위의 (4)에 따른 이의제기의 내용이나 절차에 결함이 있는 경우에는 20일 이내의 기간을 정하여 다음의 사항을 적은 문서로서 보정할 것을 요구할 수 있다. 다만, 보정할 사항이 경미한 경우에는 직권으로 보정할 수 있다.

① 보정할 사항
② 보정을 요구하는 이유
③ 보정할 기간, ④ 그 밖의 필요한 사항

(7) 위의 (6) 본문에 따른 보정기간은 (5)에 따른 결정기간에 산입하지 아니한다.

🔟 제233조의2(한국원산지정보원의 설립)

1) 정부는 이 법과 「자유무역협정의 이행을 위한 관세법의 특례에 관한 법률」 및 조약 · 협정 등에 따라 수출입물품의 원산지정보 수집 · 분석과 활용 및 검증 지원 등에 필요한 업무를 효율적으로 수행하기 위하여 한국원산지정보원(이하 "원산지정보원"이라 한다)을 설립한다.

2) 원산지정보원은 법인으로 한다.

3) 정부는 원산지정보원의 운영 및 사업수행에 필요한 경비를 예산의 범위에서 출연하거나 보조할 수 있다.

4) 원산지정보원은 설립목적을 달성하기 위하여 다음 각 호의 사업을 수행한다.

① 자유무역협정과 원산지 관련 제도 · 정책 · 활용 등에 관한 정보의 수집 · 분석 · 제공
② 수출입물품의 원산지정보 관리를 위한 시스템의 구축 및 운영에 관한 사항
③ 원산지인증수출자 인증, 원산지검증 등의 지원에 관한 사항
④ 자유무역협정 및 원산지 관련 교육 · 전문인력양성에 필요한 사업
⑤ 자유무역협정과 원산지 관련 정부, 지방자치단체, 공공기관 등으로부터 위탁받은 사업
⑥ 그 밖에 위의 ①부터 ⑤까지의 사업에 따른 부대사업 및 원산지정보원의 설립목적을 달성하는 데 필요한 사업

5) 원산지정보원에 대하여 이 법과「공공기관의 운영에 관한 법률」에서 규정한 것 외에는「민법」중 재단법인에 관한 규정을 준용한다.

6) 이 법에 따른 원산지정보원이 아닌 자는 한국원산지정보원 또는 이와 유사한 명칭을 사용하지 못한다.

7) 관세청장은 원산지정보원의 업무를 지도 · 감독한다.

⑪ 제233조의3(원산지표시위반단속기관협의회)

1) 의의

(1) 이 법,「농수산물의 원산지 표시 등에 관한 법률」및「대외무역법」에 따른 다음의 사항을 협의하기 위하여 관세청에 원산지표시위반단속기관협의회를 둔다.

> ① 원산지표시 위반 단속업무에 필요한 정보교류에 관한 사항
> ② 원산지표시 위반 단속업무와 관련된 인력교류에 관한 사항
> ③ 그 밖에 원산지표시 위반 단속업무와 관련되어 위원장이 회의에 부치는 사항

(2) 위의 (1)에 따른 원산지표시위반단속기관협의회의 구성 · 운영과 그 밖에 필요한 사항은 대통령령으로 정한다.

2) 원산지표시위반단속기관협의회

(1) 위의 1) (1)에 따른 협의회는 위원장 1명을 포함하여 25명 이내의 위원으로 구성한다.

(2) 협의회의 위원장은 원산지표시 위반 단속업무를 관장하는 관세청의 고위공무원단에 속하는 공무원 중에서 관세청장이 지정하는 사람이 되고, 위원은 다음의 사람이 된다.

> ① 관세청장이 지정하는 과장급 공무원 1명
> ② 농림축산식품부장관이 지정하는 국립농산물품질관리원 소속 과장급 공무원 1명
> ③ 해양수산부장관이 지정하는 국립수산물품질관리원 소속 과장급 공무원 1명
> ④ 특별시, 광역시, 특별자치시, 도, 특별자치도의 장이 지정하는 과장급 공무원 각 1명

(3) 위원장은 협의회를 대표하고 사무를 총괄한다. 다만, 부득이한 사유로 위원장이 그 직무를 수행하지 못하는 경우에는 위원장이 미리 지명한 사람이 그 직무를 대행한다.

(4) 협의회의 회의는 정기회의와 임시회의로 구분하되, 정기회의는 반기마다 소집하며, 임시회의는 위원장이 필요하다고 인정하는 경우에 소집한다.

(5) 협의회의 회의는 위원장이 소집하며 그 의장은 위원장이 된다.

(6) 협의회의 회의는 재적위원 과반수의 출석으로 개의하고, 출석위원 2/3 이상의 찬성으로 의결한다.

(7) 협의회의 사무를 처리하게 하기 위하여 관세청 소속 5급 공무원 1명을 간사로 둔다.

(8) 위의 (1)부터 (7)까지에서 규정한 사항 외에 협의회의 운영에 필요한 사항은 협의회의 의결을 거쳐 위원장이 정한다.

III. 통관의 제한

① 제234조(수출입의 금지)

1) 의의

물품의 수출입에 관하여는 관세법은 물론 「대외무역법」·「외국환거래법」, 그 밖의 특별법에서 여러 가지 규제를 하고 있다. 이 중 법에서 규정한 사항은 여하한 경우에도 수출입을 금지하는 절대적 수출입 금지사항이며, 「대외무역법」 등 다른 법령에서 규제하는 사항은 일반적 금지로서 특정한 경우에는 그 금지를 해제할 수 있는 상대적 금지이다. 허가·승인 등의 증명 및 확인사항이 상대적 금지의 전형적인 예인데, 이러한 법상의 수출입 금지사항은 국가의 안보와 선량한 풍속을 해하는 물품과 경제유통질서를 어지럽힐 위조유가증권 등의 수출입을 금지함으로써 국가와 사회의 안전을 도모하자는 데 그 목적이 있다.

2) 수출입금지물품

다음의 어느 하나에 해당하는 물품은 수출하거나 수입할 수 없다.

① 헌법질서를 문란하게 하거나 공공의 안녕질서 또는 풍속을 해치는 서적·간행물·도화, 영화·음반·비디오물·조각물 또는 그 밖에 이에 준하는 물품
② 정부의 기밀을 누설하거나 첩보활동에 사용되는 물품
③ 화폐·채권이나 그 밖의 유가증권의 위조품·변조품 또는 모조품

3) 대외무역법 제11조(수출입제한 등)상의 수출입제한

(1) 산업통상자원부장관은 다음 각 호의 어느 하나에 해당하는 이행 등을 위하여 필요하다고 인정하여 지정·고시하는 물품등의 수출 또는 수입을 제한하거나 금지할 수 있다.

① 헌법에 따라 체결·공포된 조약과 일반적으로 승인된 국제법규에 따른 의무의 이행
② 생물자원의 보호
③ 교역상대국과의 경제협력 증진
④ 국방상 원활한 물자 수급
⑤ 과학기술의 발전
⑥ 그 밖에 통상·산업정책에 필요한 사항으로서 대통령령으로 정하는 사항

(2) 위의 (1)에 따라 수출 또는 수입이 제한되는 물품등을 수출하거나 수입하려는 자는 대통령령으로 정하는 바에 따라 산업통상자원부장관의 승인을 받아야 한다. 다만, 긴급히 처리하여야 하는 물품등과 그 밖에 수출 또는 수입 절차를 간소화하기 위한 물품등으로서 대통령령으로 정하는 기준에 해당하는 물품등의 수출 또는 수입은 그러하지 아니하다.

(3) 위의 (2) 본문에 따른 수출 또는 수입 승인(아래의 (8)에 따라 수출승인을 받은 것으로 보는 경우를 포함한다)의 유효기간은 1년으로 한다. 다만, 산업통상자원부장관은 국내의 물가 안정, 수급 조정, 물품등의 인도 조건 및 거래의 특성을 고려하여 대통령령으로 정하는 바에 따라 유효기간을 달리 정할 수 있다.

(4) 위의 (3)에 따른 수출 또는 수입 승인의 유효기간은 대통령령으로 정하는 바에 따라 1년을 초과하지 아니하는 범위에서 산업통상자원부장관의 승인을 받아 연장할 수 있다.

(5) 위의 (2)에 따라 승인을 받은 자가 승인을 받은 사항 중 대통령령으로 정하는 중요한 사항을 변경하려면 산업통상자원부장관의 변경승인을 받아야 하고, 그 밖의 경미한 사항을 변경하려면 산업통상자원부장관에게 신고하여야 한다.

(6) 산업통상자원부장관은 필요하다고 인정하면 위의 (1)과 위의 (2)에 따른 승인 대상 물품등의 품목별 수량·금액·규격 및 수출 또는 수입지역 등을 한정할 수 있다.

(7) 산업통상자원부장관은 위의 (1)부터 (6)까지의 규정에 따른 제한·금지, 승인, 승인의 유효기간 설정 및 연장, 신고, 한정 및 그 절차 등을 정한 경우에는 이를 공고하여야 한다.

(8) 대외무역법 제19조(전략물자의 고시 및 수출허가 등) 또는 제32조(플랜트 수출의 촉진 등)에 따라 수출허가를 받거나 수출승인을 받은 자는 위의 (2)에 따른 수출승인을 받은 것으로 본다.

② 제235조(지식재산권 보호)

1) 의의

지적재산권관리란 문화, 예술, 과학작품, 산업활동 등 인간의 지적창작활동의 결과로 생기는 모든 무형의 소산물에 대해 관리하는 것을 말한다.

(1) 다음 각 호의 어느 하나에 해당하는 지식재산권을 침해하는 물품은 수출하거나 수입할 수 없다.

---

① 「상표법」에 따라 설정등록된 상표권
② 「저작권법」에 따른 저작권과 저작인접권(이하 "저작권등"이라 한다)
③ 「식물신품종 보호법」에 따라 설정등록된 품종보호권
④ 「농수산물 품질관리법」에 따라 등록되거나 조약·협정 등에 따라 보호대상으로 지정된 지리적표시권 또는 지리적표시(이하 "지리적표시권등"이라 한다)
⑤ 「특허법」에 따라 설정등록된 특허권
⑥ 「디자인보호법」에 따라 설정등록된 디자인권

---

(2) 관세청장은 위의 (1) 각 호에 따른 지식재산권을 침해하는 물품을 효율적으로 단속하기 위하여 필요한 경우에는 해당 지식재산권을 관계 법령에 따라 등록 또는 설정등록한 자 등으로 하여금 해당 지식재산권에 관한 사항을 신고하게 할 수 있다.

(3) 세관장은 다음 각 호의 어느 하나에 해당하는 물품이 위의 (2)에 따라 신고된 지식재산권을 침해하였다고 인정될 때에는 그 지식재산권을 신고한 자에게 해당 물품의 수출입, 환적, 복합환적, 보세구역 반입, 보세운송, 법 제141조(외국물품의 일시양륙 등) 제1호에 따른 일시양륙의 신고(이하 "수출입신고 등"이라 한다) 또는 통관우체국 도착 사실을 통보하여야 한다. 이 경우 통보를 받은 자는 세관장에게 담보를 제공하고 해당 물품의 통관 보류나 유치를 요청할 수 있다.

---

① 수출입신고된 물품
② 환적 또는 복합환적 신고된 물품
③ 보세구역에 반입신고된 물품
④ 보세운송신고된 물품
⑤ 법 제141조제1호에 따라 일시양륙이 신고된 물품
⑥ 통관우체국에 도착한 물품

---

(4) 위의 (1) 각 호에 따른 지식재산권을 보호받으려는 자는 세관장에게 담보를 제공하고 해당 물품의 통관 보류나 유치를 요청할 수 있다.

(5) 위의 (3) 또는 (4)에 따른 요청을 받은 세관장은 특별한 사유가 없으면 해당 물품의 통관을 보류하거나 유치하여야 한다. 다만, 수출입신고 등을 한 자 또는 위의 (3) ⑥에 해당하는 물품의 화주가 담보를 제공하고 통관 또는 유치 해제를 요청하는 경우에는 다음 각 호의 물품을 제외하고는 해당 물품의 통관을 허용하거나 유치를 해제할 수 있다.

① 위조하거나 유사한 상표를 붙여 위의 (1) ①에 따른 상표권을 침해하는 물품
② 불법복제된 물품으로서 저작권등을 침해하는 물품
③ 같거나 유사한 품종명칭을 사용하여 위의 (1) ③에 따른 품종보호권을 침해하는 물품
④ 위조하거나 유사한 지리적표시를 사용하여 지리적표시권등을 침해하는 물품
⑤ 특허로 설정등록된 발명을 사용하여 위의 (1) ⑤에 따른 특허권을 침해하는 물품
⑥ 같거나 유사한 디자인을 사용하여 위의 (1) ⑥에 따른 디자인권을 침해하는 물품

(6) 위의 (2)부터 (5)까지의 규정에 따른 지식재산권에 관한 신고, 담보 제공, 통관의 보류·허용 및 유치·유치해제 등에 필요한 사항은 대통령령으로 정한다.

(7) 세관장은 위의 (3) 각 호에 따른 물품이 위의 (1) 각 호의 어느 하나에 해당하는 지식재산권을 침해하였음이 명백한 경우에는 대통령령으로 정하는 바에 따라 직권으로 해당 물품의 통관을 보류하거나 해당 물품을 유치할 수 있다. 이 경우 세관장은 해당 물품의 수출입신고 등을 한 자 또는 위의 (3) ⑥에 해당하는 물품의 화주에게 그 사실을 즉시 통보하여야 한다.

2) 지식재산권의 신고

(1) 위의 1) (1) 각 호에 따른 지식재산권(이하 "지식재산권"이라 한다)을 위의 1) (2)에 따라 신고하려는 자는 다음 각 호의 사항을 적은 신고서 및 해당 지식재산권을 관련 법령에 따라 등록 또는 설정등록한 증명서류를 세관장에게 제출하여야 한다.

① 지식재산권을 사용할 수 있는 권리자
② 지식재산권의 내용 및 범위
③ 침해가능성이 있는 수출입자 또는 수출입국
④ 침해사실을 확인하기 위하여 필요한 사항

(2) 지식재산권의 신고절차 및 기간, 그 밖에 필요한 사항은 관세청장이 정하여 고시한다.

3) 통관보류 등의 요청

(1) 위의 1) (3) 및 (4)에 따라 통관의 보류나 유치(이하 "통관보류 등"이라 한다)를 요청하려는

자는 다음 각 호의 사항을 적은 신청서와 해당 법령에 따른 정당한 권리자임을 증명하는 서류를 세관장에게 제출하여야 한다.

> ① 품명·수출입자 및 수출입국
> ② 지식재산권의 내용 및 범위
> ③ 요청사유
> ④ 침해사실을 입증하기 위하여 필요한 사항

(2) 세관장은 위의 1) (3) 및 (4)에 따라 통관보류 등이 요청된 위의 1) (3) 각 호의 어느 하나에 해당하는 물품이 지식재산권을 침해한 물품이라고 인정되면 해당 물품의 통관보류 등을 하여야 한다. 다만, 지식재산권의 권리자가 해당 물품의 통관 또는 유치 해제에 동의하는 때에는 관세청장이 정하는 바에 따라 통관을 허용하거나 유치를 해제할 수 있다.

(3) 세관장은 위의 1) (5) 및 (7)에 따라 통관보류 등을 한 경우 그 사실을 해당 물품의 수출입, 환적 또는 복합환적, 보세구역 반입, 보세운송, 법 제141조(외국물품의 일시양륙 등) 제1호에 따른 일시양륙의 신고(이하 "수출입신고 등"이라 한다)를 한 자 또는 위의 1) (3) ⑥에 해당하는 물품의 화주에게 통보해야 하며, 지식재산권의 권리자에게는 통관보류등의 사실 및 다음의 사항을 통보해야 한다.

> ① 다음 각 목에 해당하는 자의 성명과 주소
> > ㉮ 수출입신고등을 한 자 또는 위의 1) (3) ⑥에 해당하는 물품의 화주
> > ㉯ 물품발송인
> > ㉰ 물품수신인
> ② 통관보류등을 한 물품의 성질·상태 및 수량
> ③ 원산지 등 그 밖의 필요한 사항

(4) 세관장은 통관보류 등을 요청한 자가 3) (2)에 따라 해당 물품에 대한 통관보류 등의 사실을 통보받은 후 10일(법 제8조(기간 및 기한의 계산) 제3항 각 호에 해당하는 날은 제외한다) 이내에 법원에의 제소사실 또는 무역위원회에의 조사신청사실을 입증하였을 때에는 해당 통관보류 등을 계속할 수 있다. 이 경우 통관보류 등을 요청한 자가 부득이한 사유로 인하여 10일 이내에 법원에 제소하지 못하거나 무역위원회에 조사신청을 하지 못하는 때에는 상기 입증기간은 10일간 연장될 수 있다.

(5) 해당 통관보류 등이 법원의 임시보호조치에 따라 시행되는 상태이거나 계속되는 경우 통관보류 등의 기간은 다음 각 호의 구분에 따른다.

(6) 위의 1) (7)에 따른 통관보류 등은 위반사실 및 통관보류 등을 한 해당 물품의 신고번호·품명·수량 등을 명시한 문서로써 하여야 한다.

(7) 위의 1) (5) 및 (7)에 따라 통관보류 등이 된 물품은 통관이 허용되거나 유치가 해제될 때까지 세관장이 지정한 장소에 보관하여야 한다.

4) 통관보류 등이 된 물품의 통관 또는 유치 해제 요청

(1) 수출입신고 등을 한 자 또는 위의 1) (3) ⑥에 해당하는 물품의 화주가 위의 1) (5) 단서에 따라 통관 또는 유치 해제를 요청하려는 때에는 관세청장이 정하는 바에 따라 신청서와 해당 물품이 지식재산권을 침해하지 않았음을 소명하는 자료를 세관장에게 제출해야 한다.

(2) 위에 따른 요청을 받은 세관장은 그 요청사실을 지체 없이 통관보류 등을 요청한 자에게 통보하여야 하며, 그 통보를 받은 자는 침해와 관련된 증거자료를 세관장에게 제출할 수 있다.

(3) 세관장은 위에 따른 요청이 있는 경우 해당 물품의 통관 또는 유치 해제 허용 여부를 요청일부터 15일 이내에 결정한다. 이 경우 세관장은 관계기관과 협의하거나 전문가의 의견을 들어 결정할 수 있다.

5) 담보제공

(1) 위의 1) (3) 및 (4)에 따라 통관 보류나 유치를 요청하려는 자와 위의 1) (5) 각 호 외의 부분 단서에 따라 통관 또는 유치 해제를 요청하려는 자는 세관장에게 해당 물품의 과세가격의 120/100에 상당하는 금액의 담보를 법 제24조(담보의 종류 등) 제1항 제1호부터 제3호까지 및 제7호에 따른 금전 등으로 제공하여야 한다.

(2) 위의 (1)에 따른 담보 금액은 담보를 제공해야 하는 자가 「조세특례제한법」 제6조(창업중소기업 등에 대한 세액감면) 제1항에 따른 중소기업인 경우에는 해당 물품의 과세가격의 40/100분에 상당하는 금액으로 한다.

(3) 위의 (1) 또는 (2)에 따라 담보를 제공하는 자는 제공된 담보를 법원의 판결에 따라 수출입신고 등을 한 자 또는 통관보류 등을 요청한 자가 입은 손해의 배상에 사용하여도 좋다는 뜻을 세관장에게 문서로 제출하여야 한다.

(4) 세관장은 위의 1) (3) 및 (4)에 따라 통관보류 등이 된 물품의 통관을 허용하거나 유치를 해제하였을 때 또는 위의 1) (5) 단서에 따른 통관 또는 유치 해제 요청에도 불구하고 통관보류 등을 계속할 때에는 위의 (1) 또는 (2)에 따라 제공된 담보를 담보제공자에게 반환하여야 한다.

(5) 위의 (1) 및 (2)의 규정에 의하여 제공된 담보의 해제신청 및 포괄담보에 관하여는 법 시행령 제11조(포괄담보) 및 제13조(담보의 해제신청)의 규정을 준용한다.

6) 지식재산권 침해 여부의 확인

(1) 세관장은 수출입신고 등이 된 물품 또는 통관우체국에 도착한 물품의 지식재산권 침해 여부를 판단하기 위하여 필요하다고 인정되는 경우에는 해당 지식재산권의 권리자로 하여금 지식재산권에 대한 전문인력 또는 검사시설을 제공하도록 할 수 있다.

(2) 세관장은 지식재산권의 권리자, 수출입신고 등을 한 자 또는 위의 1) (3) ⑥에 해당하는 물품의 화주가 지식재산권의 침해 여부를 판단하기 위하여 위의 1) (3)에 따라 수출입신고 등의 사실 또는 통관우체국 도착 사실이 통보된 물품 또는 위의 1) (5) 본문에 따라 통관보류 등이 된 물품에 대한 검사 및 견본품의 채취를 요청하면 해당 물품에 관한 영업상의 비밀보호 등 특별한 사유가 없는 한 이를 허용해야 한다.

(3) 지식재산권 침해 여부의 확인, 통관보류 등의 절차 등에 관하여 필요한 사항은 관세청장이 정한다.

7) 적용의 배제

상업적 목적이 아닌 개인용도에 사용하기 위한 여행자휴대품으로서 소량으로 수출입되는 물품에 대하여는 위의 1) (1)을 적용하지 아니한다.

③ 제236조(통관물품 및 통관절차의 제한)

관세청장이나 세관장은 감시에 필요하다고 인정될 때에는 통관역 · 통관장 또는 특정한 세관에서 통관할 수 있는 물품을 제한할 수 있다.

④ 제237조(통관의 보류)

1) 세관장은 다음의 어느 하나에 해당하는 경우에는 해당 물품의 통관을 보류할 수 있다.

① 법 제241조(수출·수입 또는 반송의 신고) 또는 제244조(입항전수입신고)에 따른 수출·수입 또는 반송에 관한 신고서의 기재사항에 보완이 필요한 경우
② 법 제245조(신고 시의 제출서류)에 따른 제출서류 등이 갖추어지지 아니하여 보완이 필요한 경우
③ 이 법에 따른 의무사항(대한민국이 체결한 조약 및 일반적으로 승인된 국제법규에 따른 의무를 포함한다)을 위반하거나 국민보건 등을 해칠 우려가 있는 경우
④ 제246조의3(물품에 대한 안전성 검사) 제1항에 따른 안전성 검사가 필요한 경우
⑤ 제246조의3 제1항에 따른 안전성 검사 결과 불법·불량·유해 물품으로 확인된 경우
⑥ 「국세징수법」 제30조(고액·상습체납자의 수입물품에 대한 강제징수의 위탁) 및 「지방세징수법」 제39조의2(체납처분의 위탁)에 따라 세관장에게 강제징수 또는 체납처분이 위탁된 해당 체납자가 수입하는 경우
⑦ 그 밖에 이 법에 따라 필요한 사항을 확인할 필요가 있다고 인정하여 다음의 어느 하나에 해당하는 경우

> ㉮ 관세 관계 법령을 위반한 혐의로 고발되거나 조사를 받는 경우
> ㉯ 수출입 관계 법령에 따른 일시적 통관 제한·금지 또는 이에 따른 중앙행정기관의 장의 일시적 통관 제한·금지 요청이 있어 세관장이 그 해당 여부를 확인할 필요가 있는 경우

2) 세관장은 위의 1)에 따라 통관을 보류할 때에는 즉시 그 사실을 화주(화주의 위임을 받은 자를 포함한다) 또는 수출입 신고인에게 통지하여야 한다.

3) 세관장은 위의 2)에 따라 통지할 때에는 이행기간을 정하여 통관의 보류 해제에 필요한 조치를 요구할 수 있다.

4) 위의 2)에 따라 통관의 보류 사실을 통지받은 자는 세관장에게 위의 1) 각 호의 통관 보류 사유에 해당하지 아니함을 소명하는 자료 또는 위의 3)에 따른 세관장의 통관 보류 해제에 필요한 조치를 이행한 사실을 증명하는 자료를 제출하고 해당 물품의 통관을 요청할 수 있다. 이 경우 세관장은 해당 물품의 통관 허용 여부(허용하지 아니하는 경우에는 그 사유를 포함한다)를 요청받은 날부터 30일 이내에 통지하여야 한다.

⑤ 제238조(보세구역 반입명령)

1) 의의

(1) 관세청장이나 세관장은 다음의 어느 하나에 해당하는 물품으로서 이 법에 따른 의무사항을 위반하거나 국민보건 등을 해칠 우려가 있는 물품에 대해서는 대통령령으로 정하는 바에 따라 화주(화주의 위임을 받은 자를 포함한다) 또는 수출입 신고인에게 보세구역으로 반입할 것을 명할 수 있다.

(2) 위의 (1)에 따른 반입명령을 받은 자(이하 "반입의무자"라 한다)는 해당 물품을 지정받은 보세구역으로 반입하여야 한다.

(3) 관세청장이나 세관장은 반입의무자에게 위의 (2)에 따라 반입된 물품을 국외로 반출 또는 폐기할 것을 명하거나 반입의무자가 위반사항 등을 보완 또는 정정한 이후 국내로 반입하게 할 수 있다. 이 경우 반출 또는 폐기에 드는 비용은 반입의무자가 부담한다.

(4) 위의 (2)에 따라 반입된 물품이 위의 (3)에 따라 국외로 반출 또는 폐기되었을 때에는 당초의 수출입 신고 수리는 취소된 것으로 본다. 이 경우 해당 물품을 수입할 때 납부한 관세는 법 제46조(관세환급금의 환급) 및 법 제48조(관세환급가산금)에 따라 환급한다.

(5) 위의 (1)에도 불구하고 관세청장이나 세관장은 법 위반사항이 경미하거나 감시 · 단속에 지장이 없다고 인정되는 경우에는 반입의무자에게 해당 물품을 보세구역으로 반입하지 아니하고 필요한 조치를 하도록 명할 수 있다.

2) 반입명령

(1) 관세청장 또는 세관장은 수출입신고가 수리된 물품이 다음의 어느 하나에 해당하는 경우에는 위의 1) (1)에 따라 해당 물품을 보세구역으로 반입할 것을 명할 수 있다. 다만, 해당 물품이 수출입신고가 수리된 후 3개월이 지났거나 관련 법령에 따라 관계행정기관의 장의 시정조치가 있는 경우에는 그러하지 아니하다.

(2) 관세청장 또는 세관장이 위의 (1)의 규정에 의하여 반입명령을 하는 경우에는 반입대상물품, 반입할 보세구역, 반입사유와 반입기한을 기재한 명령서를 화주 또는 수출입신고자에게 송달하여야 한다.

(3) 관세청장 또는 세관장은 명령서를 받을 자의 주소 또는 거소가 불분명한 때에는 관세청 또는 세관의 게시판 및 기타 적당한 장소에 반입명령사항을 공시할 수 있다. 이 경우 공시한 날부터 2주일이 경과한 때에는 명령서를 받을 자에게 반입명령서가 송달된 것으로 본다.

(4) 위의 (2) 또는 (3)의 규정에 의하여 반입명령서를 받은 자는 관세청장 또는 세관장이 정한 기한내에 위의 (1) 각 호의 하나에 해당하는 것으로서 명령서에 기재된 물품을 지정받은 보세구역에 반입하여야 한다. 다만, 반입기한내에 반입하기 곤란한 사유가 있는 경우에는 관세청장 또는 세관장의 승인을 얻어 반입기한을 연장할 수 있다.

(5) 관세청장은 보세구역 반입명령의 적정한 시행을 위하여 필요한 반입보세구역, 반입기한, 반입절차, 수출입신고필증의 관리방법 등에 관한 세부기준을 정할 수 있다.

Ⅳ. 통관의 예외적용

① 제239조(수입으로 보지 아니하는 소비 또는 사용)

외국물품의 소비나 사용이 다음의 어느 하나에 해당하는 경우에는 이를 수입으로 보지 아니한다.

① 선박용품·항공기용품 또는 차량용품을 운송수단 안에서 그 용도에 따라 소비하거나 사용하는 경우
② 선박용품·항공기용품 또는 차량용품을 세관장이 정하는 지정보세구역에서 「출입국관리법」에 따라 출국심사를 마치거나 우리나라에 입국하지 아니하고 우리나라를 경유하여 제3국으로 출발하려는 자에게 제공하여 그 용도에 따라 소비하거나 사용하는 경우
③ 여행자 휴대품을 운송수단 또는 관세통로에서 소비하거나 사용하는 경우
④ 이 법에서 인정하는 바에 따라 소비하거나 사용하는 경우

② 제240조(수출입의 의제)

1) 다음의 하나에 해당하는 외국물품은 이 법에 따라 적법하게 수입된 것으로 보고 관세 등을 따로 징수하지 아니한다.

① 체신관서가 수취인에게 내준 우편물
② 이 법에 따라 매각된 물품

③ 이 법에 따라 몰수된 물품
④ 법 제269조(밀수출입죄), 제272조(밀수 전용 운반기구의 몰수), 제273조(범죄에 사용된 물품의 몰수 등) 또는 제274조(밀수품의 취득죄 등) 제1항 제1호에 해당하여 이 법에 따른 통고처분으로 납부된 물품
⑤ 법령에 따라 국고에 귀속된 물품
⑥ 법 제282조(몰수·추징) 제3항에 따라 몰수를 갈음하여 추징된 물품

2) 체신관서가 외국으로 발송한 우편물은 이 법에 따라 적법하게 수출되거나 반송된 것으로 본다.

V. 통관 후 유통이력 관리

① 의의

외국수출자, 국내수입자, 유통업자, 최종판매자까지 특정수입물품의 통관·유통 내역 및 이력을 추적(traceability)·관리하는 것을 말한다.

② 필요성

① 수입 후 원산지둔갑 판매행위로 인한 상거래질서 문란 및 선량한 생산자·소비자 피해 확산 방지
② 시중유통단계에서의 비식용물품의 식용둔갑, 불량수입먹거리 확산방지 등을 통한 국민식생활 안전확보
③ 국민건강 및 사회안전을 위한 범정부 정책의 차질 없는 집행

③ 업무처리 흐름

수입자가 유통(도매)업체에 양도한 내역(①) 신고를 하고, 유통(도매)업체는 소매업체(최종판매점 등)에게 양도한 내역(②)을 순차적으로 신고하는 시스템이다.

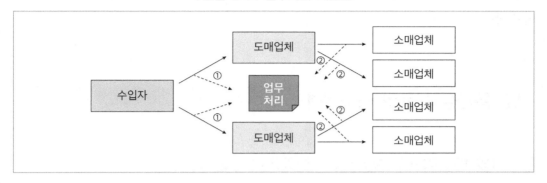

[그림 2-3] 업무처리 개요도

4 제240조의2(통관 후 유통이력 신고)

1) 외국물품을 수입하는 자와 수입물품을 국내에서 거래하는 자(소비자에 대한 판매를 주된 영업으로 하는 사업자는 제외한다)는 사회안전 또는 국민보건을 해칠 우려가 현저한 물품 등으로서 관세청장이 지정하는 물품(이하 "유통이력 신고물품"이라 한다)에 대한 유통단계별 거래명세(이하 "유통이력"이라 한다)를 관세청장에게 신고하여야 한다.

2) 유통이력 신고의 의무가 있는 자(이하 "유통이력 신고의무자"라 한다)는 유통이력을 장부에 기록(전자적 기록방식을 포함한다)하고, 그 자료를 거래일부터 1년간 보관하여야 한다.

3) 관세청장은 유통이력 신고물품을 지정할 때 미리 관계 행정기관의 장과 협의하여야 한다.

4) 관세청장은 유통이력 신고물품의 지정, 신고의무 존속기한 및 신고대상 범위 설정 등을 할 때 수입물품을 내국물품에 비하여 부당하게 차별하여서는 아니 되며, 이를 이행하는 유통이력 신고의무자의 부담이 최소화 되도록 하여야 한다.

5) 유통이력 신고물품별 신고의무 존속기한, 유통이력의 범위, 신고절차, 그 밖에 유통이력 신고에 필요한 사항은 관세청장이 정한다.

5 제240조의3(유통이력 조사)

1) 관세청장은 법 제240조의2(통관 후 유통이력 신고)를 시행하기 위하여 필요하다고 인정할 때에는 세관공무원으로 하여금 유통이력 신고의무자의 사업장에 출입하여 영업 관계의 장부나 서류를 열람하여 조사하게 할 수 있다.

2) 유통이력 신고의무자는 정당한 사유 없이 조사를 거부·방해 또는 기피하여서는 아니 된다.

3) 조사를 하는 세관공무원은 신분을 확인할 수 있는 증표를 지니고 이를 관계인에게 보여 주어야 한다.

VI. 통관절차 등의 국제협력

① 제240조의4(무역원활화 기본계획의 수립 및 시행)

1) 의의

(1) 기획재정부장관은 「세계무역기구 설립을 위한 마라케쉬협정」에 따라 이 법 및 관련법에서 정한 통관 등 수출입 절차의 원활화 및 이와 관련된 국제협력의 원활화(이하 "무역원활화"라한다)를 촉진하기 위하여 다음의 사항이 포함된 무역원활화 기본계획(이하 "기본계획"이라 한다)을 수립·시행하여야 한다.

> ① 무역원활화 정책의 기본 방향에 관한 사항
> ② 무역원활화 기반 시설의 구축과 운영에 관한 사항
> ③ 무역원활화의 환경조성에 관한 사항
> ④ 무역원활화와 관련된 국제협력에 관한 사항
> ⑤ 무역원활화와 관련된 통계자료의 수집·분석 및 활용방안에 관한 사항
> ⑥ 무역원활화 촉진을 위한 재원 확보 및 배분에 관한 사항
> ⑦ 그 밖에 무역원활화를 촉진하기 위하여 필요한 사항

(2) 기획재정부장관은 기본계획을 시행하기 위하여 대통령령으로 정하는 바에 따라 무역원활화에 관한 업무를 수행하는 기관 또는 단체에 필요한 지원을 할 수 있다.

2) 무역원활화위원회의 구성

(1) 위의 1)에 따른 통관 등 수출입 절차의 원활화 및 이와 관련된 국제협력의 원활화의 촉진에 관한 다음의 사항을 심의하기 위하여 기획재정부장관 소속으로 무역원활화위원회(이하 이조 및 법 시행령 제245조의3(위원회의 운영)에서 "위원회"라 한다)를 둔다.

① 무역원활화 기본계획에 관한 사항
② 무역원활화 추진 관련 행정기관 간의 업무 협조에 관한 사항
③ 무역원활화 관련 법령·제도의 정비·개선에 관한 사항
④ 그 밖에 무역원활화 추진에 관한 주요 사항

(2) 위원회는 위원장 1명을 포함하여 20명 이내의 위원으로 구성한다.

(3) 위원회의 위원장은 기획재정부차관이 되고, 위원은 다음의 사람이 된다.

① 무역원활화 관련 행정기관의 고위공무원단에 속하는 공무원 중에서 기획재정부장관이 임명하는 사람
② 다음의 하나에 해당하는 사람 중에서 기획재정부장관이 위촉하는 사람
  ㉮ 무역원활화 관계 기관 및 단체의 임직원
  ㉯ 무역원활화에 관한 학식과 경험이 풍부한 사람으로서 해당 업무에 2년 이상 종사한 사람

(4) 위의 2) (3) ① 중에서 임명하는 사람은 다음과 같다.

① 기획재정부 관세 국제조세정책관
② 농림축산식품부, 산업통상자원부, 국토교통부, 해양수산부, 식품의약품안전처 및 관세청 소속 고위공무원
  단에 속하는 일반적 공무원 중에서 그 소속기관의 장이 추천하는 사람

또한 위의 2) (3) ② ㉮에 따라 기획재정부장관이 위촉하는 위원은 「관세사법」에 따른 관세사회, 「대한무역투자진흥공사법」에 따른 대한무역투자진흥공사, 「민법」 제32조(비영리 법인의 설립과 허가)에 따라 산업통상자원부장관의 허가를 받아 설립된 한국무역협회 및 「상공회의소법」에 따른 대한상공회의소의 임원 중에서 그 소속기관의 장이 추천하는 사람으로 한다.

또한 2) (3) ② ㉯에 따른 위원 중 결원이 생긴 경우 새로 위촉된 위원의 임기는 전임자 임기의 남은 기간으로 한다.

(5) 위원의 임기는 2년으로 하되, 한번만 연임할 수 있다. 다만, 보궐위원의 임기는 전임위원 임기의 남은 기간으로 한다.

(6) 기획재정부장관은 위원회의 위원이 다음의 하나에 해당하는 경우에는 해당 위원을 해임 또는 해촉할 수 있다.

① 심신장애로 인하여 직무를 수행할 수 없게 된 경우
② 직무와 관련된 비위사실이 있는 경우
③ 직무태만, 품위손상이나 그 밖의 사유로 인하여 위원으로 적합하지 아니하다고 인정되는 경우
④ 위원 스스로 직무를 수행하는 것이 곤란하다고 의사를 밝히는 경우

(7) 위원회의 사무를 처리하기 위하여 간사 1명을 두며, 간사는 기획재정부의 고위공무원단에 속하는 공무원 중에서 기획재정부장관이 지명한다.

3) 위원회의 운영

(1) 위원회의 위원장은 회의를 소집하고 그 의장이 된다.

(2) 위원회의 위원장이 부득이한 사유로 그 직무를 수행할 수 없을 때에는 위원장이 미리 지명한 위원이 그 직무를 대행한다.

(3) 위원회의 회의를 소집하려면 회의 개최 7일 전까지 회의 일시 · 장소 및 안건을 각 위원에게 서면으로 알려야 한다. 다만, 긴급한 사정이나 그 밖의 부득이한 사유가 있는 경우에는 회의 개최 전날까지 구두로 알릴 수 있다.

(4) 위원회는 재적위원 과반수의 출석으로 개의하고, 출석위원 과반수의 찬성으로 의결한다.

(5) 위원회는 업무수행을 위하여 필요한 경우에는 전문적인 지식과 경험이 있는 관계 분야 전문가 및 공무원으로 하여금 위원회의 회의에 출석하여 의견을 진술하게 할 수 있다.

(6) 위원회에 출석한 위원과 관계 분야 전문가에게는 예산의 범위에서 수당과 여비를 지급할 수 있다. 다만, 공무원이 그 소관 업무와 직접적으로 관련되어 출석하는 경우에는 수당과 여비를 지급하지 아니한다.

(7) 위의 (1)부터 (6)까지에서 규정한 사항 외에 위원회의 운영에 필요한 사항은 기획재정부령으로 정한다.

② 제240조의5(상호주의에 따른 통관절차 간소화)

1) 의의

국제무역 및 교류를 증진하고 국가 간의 협력을 촉진하기 위하여 우리나라에 대하여 통관절차의 편익을 제공하는 국가에서 수입되는 물품에 대하여는 상호 조건에 따라 대통령령으로 정하는 바에 따라 간이한 통관절차를 적용할 수 있다.

2) 간이한 통관절차 적용대상 국가

(1) 간이한 통관절차(이하 "통관절차의 특례"라 한다)를 적용받을 수 있는 국가는 다음의 국가로 한다.

(2) 통관절차의 특례 부여의 절차 및 특례 부여 중지, 그 밖에 필요한 사항은 관세청장이 정하여 고시한다(「ATA카르네에 의한 일시 수출입통관에 관한 고시」).

③ 제240조의6(국가 간 세관정보의 상호 교환 등)

1) 의의

(1) 관세청장은 물품의 신속한 통관과 이 법을 위반한 물품의 반입을 방지하기 위하여 세계관세기구에서 정하는 수출입 신고항목 및 화물식별번호를 발급하거나 사용하게 할 수 있다.

(2) 관세청장은 세계관세기구(WCO)에서 정하는 수출입 신고항목 및 화물식별번호 정보를 다른 국가와 상호 조건에 따라 교환할 수 있다.

(3) 관세청장은 관세의 부과와 징수, 과세 불복에 대한 심리, 형사소추 및 수출입신고의 검증을 위하여 다음의 사항을 대한민국 정부가 다른 국가와 관세행정에 관한 협력 및 상호지원에 관하여 체결한 협정과 국제기구와 체결한 국제협약에 따라 다른 법률에 저촉되지 아니하는 범위에서 다른 국가와 교환할 수 있다.

① 수출·수입 또는 반송의 신고와 관련된 다음의 자료
  ㉮ 신고서
  ㉯ 송품장, 포장명세서, 원산지증명서 및 선하증권 등 신고 시 제출한 자료
  ㉰ 위의 서류 또는 자료의 진위 확인에 필요한 자료
② 해당 물품에 대한 법 제30조(과세가격 결정의 원칙)부터 제35조(합리적 기준에 따른 과세가격의 결정)까지의 규정에 따른 과세가격의 결정 및 관세율표상의 품목분류의 정확성 확인에 필요한 자료
③ 법 제234조(수출입의 금지) 및 제235조(지식재산권 보호)에 따라 수출하거나 수입할 수 없는 물품의 반출입과 관련된 자료
④ 법 제283조(관세범)부터 제318조(무자력 고발)까지의 규정에 따른 관세범의 조사 및 처분과 관련된 자료

(4) 관세청장은 상호주의 원칙에 따라 상대국에 수출입신고자료 등을 제공하는 것을 제한할 수 있다.

(5) 관세청장은 다른 국가와 수출입신고자료 등을 교환하는 경우 이를 신고인 또는 그 대리인에게 통지하여야 한다.

2) 다른 국가와의 수출입신고자료의 교환

(1) 관세청장은 위의 (3) ①에 따른 자료를 다른 국가와 교환한 경우에는 위의 1) (5)에 따라 그 교환한 날부터 10일 이내에 자료의 교환 사실 및 내용 등을 해당 신고인 또는 그 대리인에게 통지하여야 한다.

(2) 관세청장은 위의 (1)에도 불구하고 해당 통지가 다음의 하나에 해당하는 경우에는 6개월의 범위에서 통지를 유예할 수 있다. 다만, 아래의 ①에 해당하는 경우에는 6개월을 초과하여 유예할 수 있다.

① 사람의 생명이나 신체의 안전을 위협할 우려가 있는 경우
② 증거인멸 등 공정한 사법절차의 진행을 방해할 우려가 있는 경우
③ 질문·조사 등의 행정절차 진행을 방해하거나 지나치게 지연시킬 우려가 있는 경우
④ 다른 국가로부터 해당 통지의 유예를 서면으로 요청받은 경우

제2절   수출·수입 및 반송

I. 신 고

① 제241조(수출·수입 또는 반송의 신고)

1) 의의

(1) 물품을 수출입 또는 반송하려면 해당 물품의 품명·규격·수량 및 가격과 그 밖에 다음의 사항을 세관장에게 신고하여야 한다.

① 포장의 종류·번호 및 개수
② 목적지·원산지 및 선적지
③ 원산지표시 대상물품인 경우에는 표시유무·방법 및 형태
④ 상표

⑤ 납세의무자 또는 화주의 상호(개인의 경우 성명을 말한다) · 사업자등록번호 · 통관고유부호와 해외공급자
　　부호 또는 해외구매자부호
⑥ 물품의 장치장소
⑦ 그 밖에 다음의 참고사항

> ㉮ 물품의 모델 및 중량
> ㉯ 품목분류표의 품목 번호
> ㉰ 법 제226조(허가 · 승인 등의 증명 및 확인)에 따른 허가 · 승인 · 표시 또는 그 밖의 조건을 갖춘 것
> 　임을 증명하기 위하여 발급된 서류의 명칭
> ㉱ 수출입 법령에 따라 통관이 일시적으로 제한 · 금지되는 물품인지 여부를 확인할 수 있는 정보로서
> 　관세청장이 관계 중앙행정기관의 장과 협의하여 관보에 공고하는 정보

(2) 다음의 하나에 해당하는 물품은 신고를 생략하게 하거나 관세청장이 정하는 간소한 방법
으로 신고하게 할 수 있다.

① 휴대품 · 탁송품 또는 별송품
② 우편물
③ 법 제91조(학술연구용품의 감면세)부터 제94조(소액물품 등의 면세)까지, 제96조(여행자 휴대품 및 이사
　물품 등의 감면세) 제1항 및 제97조(재수출면세) 제1항에 따라 관세가 면제되는 물품
④ 법 제135조(입항절차), 제136조(출항절차), 제149조(국경출입차량의 도착절차) 및 제150조(국경출입차
　량의 출발절차)에 따른 보고 또는 허가의 대상이 되는 운송수단. 다만, 다음의 하나에 해당하는 운송수단은
　제외한다.

> ㉮ 우리나라에 수입할 목적으로 최초로 반입되는 운송수단
> ㉯ 해외에서 수리하거나 부품 등을 교체한 우리나라의 운송수단
> ㉰ 해외로 수출 또는 반송하는 운송수단

⑤ 국제운송을 위한 컨테이너(별표 관세율표 중 기본세율이 무세인 것으로 한정한다)

(3) 수입하거나 반송하려는 물품을 지정장치장 또는 보세창고에 반입하거나 보세구역이 아
닌 장소에 장치한 자는 그 반입일 또는 장치일부터 30일 이내(법 제243조(신고의 요건) 제1항에
해당하는 물품은 관세청장이 정하는 바에 따라 반송신고를 할 수 있는 날부터 30일 이내)에 위의 (1)
에 따른 신고를 하여야 한다.

(4) 세관장은 물품을 수입하거나 반송하는 자가 기간 내에 수입 또는 반송의 신고를 하지 아
니한 경우에는 해당 물품 과세가격의 2/100에 상당하는 금액의 범위에서 대통령령으로 정하는
금액을 가산세로 징수한다.

(5) 세관장은 다음의 하나에 해당하는 경우에는 해당 물품에 대하여 납부할 세액(관세 및 내국세를 포함한다)의 20/100(아래의 ①의 경우에는 40/100)으로 하되, 같은 여행자나 승무원에 대하여 그 여행자나 승무원의 입국일을 기준으로 소급하여 2년 이내에 2회 이상 아래의 ①의 경우에 해당하는 사유로 가산세를 징수한 경우에 반복적으로 자진신고를 하지 아니하는 경우 등의 사유에 해당하는 경우에는 60/100에 상당하는 금액을 가산세로 징수한다.

① 여행자나 승무원이 위의 2) (1)에 해당하는 휴대품(법 제96조(여행자 휴대품 및 이사물품 등의 감면세) 제1항 제1호 및 제3호에 해당하는 물품은 제외한다)을 신고하지 아니하여 과세하는 경우
② 우리나라로 거주를 이전하기 위하여 입국하는 자가 입국할 때에 수입하는 이사물품(제96조 제1항 제2호에 해당하는 물품은 제외한다)을 신고하지 아니하여 과세하는 경우

(6) 위의 (3)에도 불구하고 전기·유류 등 다음의 하나의 물품을 그 물품의 특성으로 인하여 전선이나 배관 등 전선로, 배관 등 물품을 공급하기에 적합하도록 설계·제작된 일체의 시설 등을 이용하여 수출입 또는 반송하는 자는 1개월을 단위로 하여 해당 물품에 대한 위의 사항을 다음 달 10일까지 신고하여야 한다. 이 경우 기간 내에 수출입 또는 반송의 신고를 하지 아니하는 경우의 가산세 징수에 관하여는 위의 (4)를 준용한다.

① 전기
② 가스
③ 유류
④ 용수(用水)

2) 수출·수입 또는 반송의 신고

(1) 위의 1) (1)의 규정에 의하여 수출입 또는 반송의 신고를 하고자 하는 자는 기획재정부령으로 정하는 수출·수입 또는 반송의 신고서를 세관장에게 제출하여야 한다.

(2) 위의 1) (1)에 따른 가격은 다음의 구분에 따른다.

① 수출·반송신고가격 : 해당 물품을 본선에 인도하는 조건으로 실제로 지급받았거나 지급받아야 할 가격으로서 최종 선적항 또는 선적지까지의 운임·보험료를 포함한 가격
② 수입신고가격 : 법 제30조(과세가격 결정의 원칙)부터 제35조(합리적 기준에 따른 과세가격의 결정)까지의 규정에 따른 방법으로 결정된 과세가격

(3) 위의 1) (2)의 규정에 의하여 신고를 생략하게 하는 물품은 다음과 같다. 다만, 법 제226

조(허가·승인 등의 증명 및 확인)에 해당하는 물품을 제외한다.

① 법 제96조(여행자 휴대품 및 이사물품 등의 감면세) 제1항 제1호에 따른 여행자휴대품
② 법 제96조 제1항 제3호에 따른 승무원휴대품
③ 우편물(법 제258조(우편물통관에 대한 결정) 제2항에 해당하는 것을 제외한다)
④ 국제운송을 위한 컨테이너(법 별표 관세율표중 기본세율이 무세인 것에 한한다)
⑤ 기타 서류·소액면세물품 등 신속한 통관을 위하여 필요하다고 인정하여 관세청장이 정하는 탁송품 또는 별송품

(4) 위의 1) (2)의 규정에 의한 수입물품 중 관세가 면제되거나 무세인 물품에 있어서는 그 검사를 마친 때에 해당 물품에 대한 수입신고가 수리된 것으로 본다.

(5) 수출신고를 함에 있어 수출신고가격을 산정하기 위하여 외국통화로 표시된 가격을 내국통화로 환산하는 때에는 수출신고일이 속하는 주의 전주의 외국환매입률을 평균하여 관세청장이 정한 율로 하여야 한다.

(6) 위의 (1) 및 (2)은 위의 1) (6)에 따라 수출입 또는 반송하는 경우에 준용한다.

(7) 법 시행령 제246조(수출·수입 또는 반송의 신고) 제2항에 따른 수출 또는 반송의 신고서는 별지 제1호의2서식과 같다.

(8) 법 시행령 제246조 제2항에 따른 수입의 신고서는 별지 제1호의3서식과 같다.

(9) 법 제327조(국가관세종합정보시스템의 구축 및 운영) 제2항에 따른 전자신고의 작성에 필요한 구체적인 사항은 관세청장이 정하여 고시한다.

3) 가산세 대상물품

위의 1) (4)에 따른 가산세를 징수해야 하는 물품은 물품의 신속한 유통이 긴요하다고 인정하여 보세구역의 종류와 물품의 특성을 고려하여 관세청장이 정하는 물품으로 한다.

4) 가산세율

(1) 위의 1) (4)의 규정에 의한 가산세액은 다음의 율에 의하여 산출한다.

① 위의 1) (3)의 규정에 의한 기한(이하 "신고기한"이라 한다)이 경과한 날부터 20일내에 신고를 한 때에는 해당 물품의 과세가격의 5/1,000
② 신고기한이 경과한 날부터 50일내에 신고를 한 때에는 해당 물품의 과세가격의 10/1,000
③ 신고기한이 경과한 날부터 80일내에 신고를 한 때에는 해당 물품의 과세가격의 15/1,000
④ 위의 ① 내지 ③ 외의 경우에는 해당 물품의 과세가격의 20/1,000

(2) 위의 (1)에 따른 가산세액은 500만원을 초과할 수 없다.

(3) 신고기한이 경과한 후 보세운송된 물품에 대하여는 보세운송신고를 한 때를 기준으로 위의 (1)의 규정에 의한 가산세율을 적용하며 그 세액은 수입 또는 반송신고를 하는 때에 징수한다.

5) 통관고유부호의 신청

(1) 위의 1) (1) ⑤에 따른 통관고유부호, 해외공급자부호 또는 해외구매자부호를 발급받거나 변경하려는 자는 주소, 성명, 사업종류 등을 적은 신청서에 다음의 서류를 첨부하여 세관장에게 제출하여야 한다. 다만, 세관장이 필요 없다고 인정하는 경우에는 첨부서류의 제출을 생략할 수 있다.

① 사업자등록증
② 해외공급자 또는 해외구매자의 국가 · 상호 · 주소가 표기된 송품장
③ 그 밖에 관세청장이 정하여 고시(「통관고유번호 및 해외거래처 부호등록 · 관리에 관한 고시」)하는 서류

(2) 통관고유부호, 해외공급자부호 또는 해외구매자부호의 발급절차 및 관리 등에 관하여 필요한 사항은 관세청장이 정한다(「통관고유번호 및 해외거래처 부호등록 · 관리에 관한 고시」).

6) 통관물품에 대한 검사

(1) 세관장은 위의 1) (3)의 규정에 의한 신고를 하지 아니한 물품에 대하여는 관세청장이 정하는 바에 의하여 직권으로 이를 검사할 수 있다.

(2) 세관장은 위의 1) (1)의 신고인이 위의 (1)의 규정에 의한 검사에 참여할 것을 신청하거나 신고인의 참여가 필요하다고 인정하는 때에는 그 일시 · 장소 · 방법 등을 정하여 검사에 참여할 것을 통지할 수 있다.

② 제241조의2(해외 수리 운송수단 수입신고의 특례)

법 제241조 제2항 제3호의2 나목에 따른 운송수단을 수입신고하는 경우 해당 운송수단의 가격은 수리 또는 부품 등이 교체된 부분의 가격으로 한다.

3 제242조(수출·수입·반송 등의 신고인)

법 제241조(수출·수입 또는 반송의 신고), 제244조(입항전수입신고) 또는 제253조(수입신고전의 물품 반출)에 따른 신고는 화주 또는 관세사등의 명의로 하여야 한다. 다만, 수출신고의 경우에는 화주에게 해당 수출물품을 제조하여 공급한 자의 명의로 할 수 있다.

4 제243조(신고의 요건)

1) 의의

(1) 법 제206조(유치 및 예치) 제1항 제1호 가목의 물품 중 관세청장이 정하는 물품은 관세청장이 정하는 바에 따라 반송방법을 제한할 수 있다.

(2) 법 제241조(수출·수입 또는 반송의 신고) 제1항에 따른 수입의 신고는 해당 물품을 적재한 선박이나 항공기가 입항된 후에만 할 수 있다.

(3) 법 제241조 제1항에 따른 반송의 신고는 해당 물품이 이 법에 따른 장치 장소에 있는 경우에만 할 수 있다.

(4) 밀수출 등 불법행위가 발생할 우려가 높거나 감시단속을 위하여 필요하다고 인정하여 다음의 어느 하나에 해당하는 물품으로서 관세청장이 정하여 고시하는 물품은 관세청장이 정하는 장소에 반입한 후 제241조 제1항에 따른 수출의 신고를 하게 할 수 있다.

① 도난우려가 높은 물품 등 국민의 재산권 보호를 위하여 수출관리가 필요한 물품
② 고세율 원재료를 제조·가공하여 수출하는 물품 등 부정환급 우려가 높은 물품
③ 국민보건이나 사회안전 또는 국제무역질서 준수 등을 위해 수출관리가 필요한 물품

2) 보세구역 반입 후 수출신고의 대상

(1) 법 제255조의2(수출입 안전관리 우수업체의 공인) 제1항에 따라 수출입 안전관리 우수업체로 공인된 업체가 수출하는 물품은 위의 1) (4)에 따라 관세청장이 정하는 장소에 반입한 후 수출의 신고를 하는 물품(이하 "반입 후 신고물품"이라 한다)에서 제외할 수 있다.

(2) 반입 후 신고물품의 반입절차 및 그 밖에 필요한 사항은 관세청장이 정하여 고시한다.

3) 수입신고시기

(1) 수입신고는 해당 물품을 선(기)적한 선박(항공기)이 입항한 후에 한하여 이를 할 수 있다. 다만 수입하고자 하는 물품의 신속한 통관이 필요한 경우에는 해당 물품을 선(기)적한 선박(항공기)이 입항하기 전에 수입신고(입항전 신고, 출항전 신고)를 할 수 있다.

(2) 수입하고자 하는 자는 출항전 신고, 입항전 신고, 보세구역도착전 신고, 보세구역장치후 신고 중에서 필요에 따라 신고방법을 선택하여 수입신고를 할 수 있다(「수입통관 사무처리에 관한 고시」 제3조(정의)).

① '출항전 신고'라 함은 항공기로 수입되는 물품 또는 일본, 중국, 대만, 홍콩으로부터 선박으로 수입되는 물품을 선(기)적한 선박(항공기)이 해당 물품을 적재한 항구(공항)에서 출항하기 전에 수입신고하는 것을 말한다.
② '입항전 신고'라 함은 수입물품을 선(기)적한 선박(항공기)이 물품을 적재한 항구(공항)에서 출항하여 우리나라에 입항하기 전에 수입신고하는 것을 말한다(선박의 경우 5일 전, 항공기의 경우 1일 전부터 각각 신고가능).
③ '보세구역도착전 신고'라 함은 수입물품을 선(기)적한 선박 등이 입항하여 해당 물품을 통관하기 위하여 반입하고자 하는 보세구역에 도착하기 전에 수입신고하는 것을 말한다.
④ '보세구역장치후 신고'라 함은 수입물품을 보세구역에 장치한 후 수입신고하는 것을 말한다.

(3) 수입신고시기는 수입물품의 운송형태와 수단 등에 따라 수입물품이 수출국 선적항에서 출항하기 전부터 우리나라에 도착하여 보세구역에 장치한 후까지 수입화주가 임의 선택적으로 가능하며, 다음과 같이 구분할 수 있다.

[그림 2-4] 통관절차의 구분

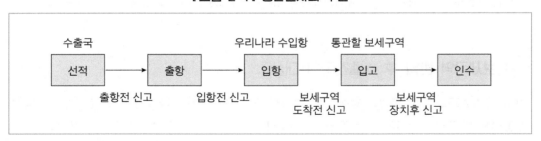

표 2-6 수입신고시기 구분에 따른 통관절차의 비교

구분		출항전신고	입항전 신고	보세구역 도착전 신고	보세구역 장치후 신고
신고시기		우리나라 입항 일전(항공기의 경우 1일전)으로 물품을 적재한 선박(항공기)이 적재항 출항 전	우리나라 입항 5일 전(항공기의 경우 1일전)으로 선박(항공기) 출항 후(하선(기)신고) 전	입항 후 해당 물품이 반입될 보세구역 도착 전	해당 물품의 보세구역 도착 후
신고대상 물품		항공기로 수입되는 물품, 일본·중국·대만·홍콩지역에서 선박으로 수입되는 물품	제한없음	제한없음	제한없음
신고세관		입항예정지 관할세관	입항예정지 관할세관	도착예정 보세구역 관할세관	장치물품 보세구역 관할세관
검사대상여부 통보시기		선박(항공기)이 출항하였음을 입증하는 자료제출(출항신고서 및 적하목록) 시점	수입신고일	수입신고일	수입신고일
신고 수리 시기	검사 생략	적하목록 제출후	적하목록 제출후	보세구역 도착 보고 후	수입신고 후
	검사 대상	물품검사 종료 후	물품검사 종료후	물품검사 종료후	물품검사 종료후

5 제244조(입항전 수입신고)

1) 의의

(1) 수입하려는 물품의 신속한 통관이 필요할 때에는 법 제243조(신고의 요건) 제2항에도 불구하고 해당 물품을 적재한 선박이나 항공기가 입항하기 전에 수입신고를 할 수 있다. 이 경우 입항전 수입신고가 된 물품은 우리나라에 도착한 것으로 본다.

(2) 세관장은 입항전수입신고를 한 물품에 대하여 법 제246조(물품의 검사)에 따른 물품검사의 실시를 결정하였을 때에는 수입신고를 한 자에게 이를 통보하여야 한다.

(3) 검사대상으로 결정된 물품은 수입신고를 한 세관의 관할 보세구역(보세구역이 아닌 장소에 장치하는 경우 그 장소를 포함한다)에 반입되어야 한다. 다만, 세관장이 적재상태에서 검사가 가능하다고 인정하는 물품은 해당 물품을 적재한 선박이나 항공기에서 검사할 수 있다.

(4) 검사대상으로 결정되지 아니한 물품은 입항 전에 그 수입신고를 수리할 수 있다.

(5) 입항전수입신고가 수리되고 보세구역 등으로부터 반출되지 아니한 물품에 대하여는 해당 물품이 지정보세구역에 장치되었는지 여부와 관계없이 법 제106조(계약 내용과 다른 물품 등에 대한 관세 환급) 제4항을 준용한다

(6) 입항전 수입신고된 물품의 통관절차 등에 관하여 필요한 사항은 관세청장이 정한다.

2) 입항전 수입신고

(1) 위의 1) (1)의 규정에 의한 수입신고는 해당 물품을 적재한 선박 또는 항공기가 그 물품을 적재한 항구 또는 공항에서 출항하여 우리나라에 입항하기 5일전(항공기의 경우 1일전)부터 할 수 있다.

(2) 출항부터 입항까지의 기간이 단기간인 경우 등 해당 선박 등이 출항한 후에 신고하는 것이 곤란하다고 인정되어 출항하기 전에 신고하게 할 필요가 있는 때에는 관세청장이 정하는 바에 따라 그 신고시기를 조정할 수 있다.

(3) 위의 (1)에도 불구하고 다음의 하나에 해당하는 물품은 해당 물품을 적재한 선박 등이 우리나라에 도착된 후에 수입신고하여야 한다.

① 세율이 인상되거나 새로운 수입요건을 갖추도록 요구하는 법령이 적용되거나 적용될 예정인 물품
② 수입신고하는 때와 우리나라에 도착하는 때의 물품의 성질과 수량이 달라지는 물품으로서 관세청장이 정하는 「수입통관 사무처리에 관한 고시」 물품

6 제245조(신고 시의 제출서류)

1) 의의

(1) 법 제241조(수출·수입 또는 반송의 신고) 또는 제244조(입항전수입신고)에 따른 수출·수입 또는 반송의 신고를 하는 자는 과세가격결정자료 외에 다음의 서류를 제출하여야 한다.

① 선하증권 사본 또는 항공화물운송장 사본
② 원산지증명서(법 제236조(통관물품 및 통관절차의 제한) 제1항이 적용되는 경우로 한정한다)
③ 기타 참고서류

(2) 위의 (1)에 따라 서류를 제출하여야 하는 자가 해당 서류를 관세사등에게 제출하고, 관세사등이 해당 서류를 확인한 후 법 제241조 또는 법 제244조에 따른 수출·수입 또는 반송에 관한 신고를 할 때에는 해당 서류의 제출을 생략하게 하거나 해당 서류를 수입신고 수리 후에 제출하게 할 수 있다.

(3) 위의 (2)에 따라서류의 제출을 생략하게 하거나 수입신고 수리 후에 서류를 제출하게 하는 경우 세관장이 필요하다고 인정하여 신고인에게 관세청장이 정하는 장부나 그 밖의 관계 자료의 제시 또는 제출을 요청하면 신고인은 이에 따라야 한다.

2) 신고서류

수출입신고를 하는 물품이 법 제226조(허가·승인 등의 증명 및 확인)에 따른 증명을 필요로 하는 것인 때에는 관련증명서류를 첨부하여 수출입신고를 하여야 한다. 다만, 세관장은 필요없다고 인정되는 때에는 이를 생략하게 할 수 있다.

Ⅱ. 물품의 검사

1 제246조(물품의 검사)

1) 의의

(1) 물품에 대한 검사의 목적은 물품의 규격과 수량을 확인하고 그 허가·승인사항과 현품을 대조하여 무역관리를 현실적으로 실현하는 동시에 그 물품의 HS 코드를 확인하여 세율을 결정하고 물품의 손상·변질 등의 사항을 확인하여 관세가격을 결정함과 아울러 정상무역을 가장하여 밀수품이 수입되는 것 등을 발견하려는 데 있다.

(2) 수입신고된 물품이외에 은닉된 물품이 있는지 여부를 확인하고, 수입신고된 서류의 제출현황과 현품과의 일치여부를 확인하는 업무이다. 수입신고를 접수한 세관은 수입신고서류의 서면심사와 기재사항 및 관련법규 등을 검토하여 최종적으로 현품에 대한 확인절차를 행한다 (「수입통관 사무처리에 관한 고시」 제3조(정의)).

2) 물품 검사

(1) 세관공무원은 수출·수입 또는 반송하려는 물품에 대하여 검사를 할 수 있다.

(2) 관세청장은 검사의 효율을 거두기 위하여 검사대상, 검사범위, 검사방법 등에 관하여 필요한 기준을 정할 수 있다.

(3) 화주는 수입신고를 하려는 물품에 대하여 수입신고 전에 관세청장이 정하는 바에 따라 확인을 할 수 있다.

3) 검사대상과 검사방법

(1) 검사대상

① 물품검사대상은 물품 자체의 우범성, 수출입자나 수출입지역 등을 고려하여 필수검사대상물품과 불규칙검사대상물품을 구분하여 지정하고 있다.

② 수입신고물품 중 검사대상은 수입신고서를 접수하는 때 통관시스템에 의해 선별하거나, 신고서처리방법 결정시 세관공무원에 의해 선별한다. 다만, 수입신고전 물품반출신고하는 물품은 반출신고시 검사대상을 선별한다.

③ 다음에 해당하는 경우에는 검사비율을 낮게 운영할 수 있다.

㉮ 관세청장이 따로 정하는 기준에 의하여 법규준수도가 높다고 인정된 업체가 수입하는 물품
㉯ 수입업체 평가등급이 A 또는 B 등급인 업체 중 검사적발실적이 없는 업체가 수입하는 물품
㉰ 최근 2년간 법 위반사실 및 체납사실이 없는 외국인투자촉진법의 규정에 의한 외국인투자기업이 수입하는 물품

④ 다음 기준에 따라 검사비율을 차등 적용할 수 있다.

㉮ 수입신고되는 물품의 공급망에 속한 당사자의 성실도
㉯ 수입물품의 종류, 원산지, 적출국 등 수입신고물품과 관련된 특성

⑤ 다음의 물품은 검사대상에서 제외된다.

㉮ 성실업체에서 동종·동일물품을 반복적으로 수입신고하는 물품
㉯ 수출용원재료로서 검사를 하지 않아도 검사목적의 달성이 가능하다고 판단되는 물품
㉰ 기타 소액물품, 무세품 및 업체의 성실도를 감안하여 검사의 필요가 없다고 세관장이 인정하는 물품

(2) 검사시기

검사시기는 수입신고 후가 원칙이나 긴급을 요하는 경우에는 사전검사신청서(수입신고서양식)를 제출하여 검사를 받고 정식 수입신고시에는 서면검사로 대체할 수 있으며 수입예정신고서 검사대상으로 선정된 경우에는 장치장소 등 검사에 필요한 사항을 검사담당공무원 등에게 구두 등으로 통보하여야 한다.

(3) 검사범위

검사범위는 발췌검사가 원칙이지만, 우범성 정보가 있거나 불성실업체에서 수입신고한 물품, 변질·손상된 물품, 종량세 물품, 기타 발췌검사로는 물품의 수량, 성질 등을 확인하기 곤란하다고 세관장이 인정하는 물품 등은 전량검사를 실시한다.

(4) 검사방법

① 일반적으로 검사방법에는 다음과 같이 견본검사, 세관검사장 검사 및 파출검사로 나눌 수 있다.

⑦ 견본검사 : 수입물품의 성질, 수량, 장치장소, 수입자의 신용 등을 감안하여 수량확인이 중요시되지 않는 물품으로서 견본검사만으로도 검사목적의 달성이 가능하다고 인정되는 경우이다. 견본(채취한 견본에 한함)은 검사 및 심사완료 후 즉시 반려한다.

④ 세관검사장 검사 : 소량의 물품으로 세관의 검사장에 전량 반입이 가능한 물품 또는 일부 수량의 검사만으로 검사목적의 달성이 가능하다고 판단되어 세관장이 인정하는 물품이나 전량 세관검사장에 반입하여 검사할 수 있는 물품에 적용된다. 다만, 타소장치에 장치한 물품은 제외한다. 이 경우 세관검사장 반입에 소요되는 비용은 화주가 부담하게 된다.

④ 파출검사 : 수량확인 필요시에는 파출검사를 실시하고, 견본검사와 세관검사장 검사가 곤란한 물품에 대하여는 수입물품이 장치된 보세구역(보세구역외 장치장 포함)에 세관직원이 출장하여 검사한다. 세관공무원의 출장검사로 수입업체에서는 세관검사장에 반입함에 따른 물류비를 절감할 수 있으나, 정부의 입장에서는 인력의 낭비를 초래하게 되므로 수익자 부담의 원칙에서 파출검사 수수료를 납부하게 된다. 그러므로 수입물품의 장치장소가 자가용보세창고이거나 보세공장·보세구역외 장치장인 때에는 파출검사 수수료를 납부하여야 한다.

② 「수입통관 사무처리에 관한 고시」 제32조(검사방법)에 검사방법은 다음과 같다.

⑦ 검사대상물품은 전량검사, 발췌검사·분석검사에 의한 방법으로 검사를 실시한다.
④ 다음에 해당하는 물품에 대하여는 2인 이상의 검사자를 지정하여 검사를 실시할 수 있다.

    ㉠ 우범성 정보가 있는 물품
    ㉡ 전량검사대상물품 또는 기타 수량과다 등으로 과장이 복수검사를 지시한 경우

(5) 검사대상여부의 통보

① 검사대상여부가 통보된 수입신고건에 대하여 세관장이 검사대상여부를 변경한 때에는 즉시 이를 통관시스템에 입력하는 방법으로 신고인에게 통보하여야 한다. 다만, 출항전 신고물품은 출항하였음을 입증하는 서류를 제출하는 때에 이를 통보한다.

② 신고인이 수입화주가 아닌 관세사인 경우 검사대상여부를 통보받은 때에는 이를 즉시 수입화주에게 통보하여야 한다.

(6) 검사입회 및 검사절차

① 세관장은 물품검사 시 검사를 효율적으로 하는 데 필요한 조력을 제공받기 위하여 신고인의 입회가 필요하다고 인정하는 때에는 신고인이 검사에 입회할 수 있도록 검사일시와 장소 등을 통보하여야 한다.

② 검사입회를 신청하려는 신고인은 서류를 제출하는 때까지 검사입회신청(통보)서 2부를 작성하여 통관지 세관장에게 제출하여야 한다.

③ 세관장은 검사입회신청서를 제출받은 경우 검사일시와 장소를 적은 검사입회신청(통보)서를 신고인에게 발급하여야 한다. 검사입회는 신고인이나 그 소속 종사자가 하여야 한다.

④ 세관장이 검사입회통보서를 발급하여도 검사일시에 수입화주·신고인(그 소속 종사자를 포함한다)이 입회하지 아니한 때에는 장치장소의 관리인이나 그를 대리하는 소속종사자의 입회하에 검사를 실시한다.

⑤ 검사자는 물품검사 시 검사장소 관리인이나 수입화주에게 검사에 필요한 장소와 장비의 확보, 개포장을 위한 작업인부의 배치 등 검사준비를 요구할 수 있으며, 검사준비가 되지 않아 검사를 할 수 없는 경우에는 검사순위를 조정하여 검사준비가 된 때에 검사를 실시한다.

⑥ 세관검사장에 반입하여 검사하는 경우 채취·운반 등에 관한 비용은 수입화주가 부담한다. 신고인은 물품을 검사할 때 특별한 주의를 기울이도록 세관장에게 요청할 수 있다.

2 제246조의2(물품의 검사에 따른 손실보상)

1) 의의

(1) 관세청장 또는 세관장은 이 법에 따른 세관공무원의 적법한 물품검사로 인하여 물품 등에 손실이 발생한 경우 그 손실을 입은 자에게 보상(이하 "손실보상"이라 한다)하여야 한다.

(2) 위의 (1)에 따른 손실보상의 기준, 대상 및 보상금액에 관한 사항은 대통령령으로 정한다.

(3) 위의 (1)에 따른 손실보상의 지급절차 및 방법, 그 밖에 필요한 사항은 관세청장이 정한다.

2) 물품 등의 검사에 대한 손실보상의 금액

(1) 위의 1) (1)에 따른 손실보상의 대상은 세관공무원의 적법한 물품검사로 손실이 발생한 다음의 어느 하나에 해당하는 것으로 한다.

① 검사 대상 물품
② 위의 ①의 물품을 포장한 용기 또는 운반·운송하는 수단

(2) 위의 1) (1)에 따른 손실보상의 금액은 다음의 구분에 따른 금액으로 한다.

① 해당 물품 등을 수리할 수 없는 경우 : 다음의 구분에 따른 금액
　　㉮ 위의 (1) ①에 해당하는 경우 : 법 제30조부터 제35조까지의 규정에 따른 해당 물품의 과세가격에 상당하는 금액. 다만, 과세가격에 상당하는 금액을 산정할 수 없는 경우에는 구매가격 및 손실을 입은 자가 청구하는 금액을 고려하여 관세청장이 합리적인 범위에서 인정하는 금액으로 한다.
　　㉯ 위의 (1) ②에 해당하는 경우 : 구매가격 및 손실을 입은 자가 청구하는 금액을 고려하여 관세청장이 합리적인 범위에서 인정하는 금액
② 해당 물품 등을 수리할 수 있는 경우 : 수리비에 상당하는 금액. 다만, 제1호에 따른 금액을 한도로 한다.

❸ 제246조의3(물품에 대한 안전성 검사)

1) 의의

(1) 관세청장은 중앙행정기관의 장의 요청을 받아 세관장으로 하여금 법 제226조(허가·승인 등의 증명 및 확인)에 따른 세관장의 확인이 필요한 수출입물품 등 다른 법령에서 정한 물품의 성분·품질 등에 대한 안전성 검사(이하 "안전성 검사"라 한다)를 하게 할 수 있다. 다만, 관세청장은 법 제226조에 따른 세관장의 확인이 필요한 수출입물품에 대하여는 필요한 경우 해당 중앙행정기관의 장에게 세관장과 공동으로 안전성 검사를 할 것을 요청할 수 있다.

(2) 중앙행정기관의 장은 위의 (1)에 따라 안전성 검사를 요청하는 경우 관세청장에게 해당 물품에 대한 안전성 검사 방법 등 관련 정보를 제공하여야 하고, 필요한 인력을 제공할 수 있다.

(3) 관세청장은 위의 (1)에 따라 중앙행정기관의 장의 안전성 검사 요청을 받거나 중앙행정기관의 장에게 안전성 검사를 요청한 경우 해당 안전성 검사를 위하여 필요한 인력 및 설비 등을

고려하여 안전성 검사 대상 물품을 지정하여야 하고, 그 결과를 해당 중앙행정기관의 장에게 통보하여야 한다.

(4) 관세청장은 안전성 검사를 위하여 협업검사센터를 주요 공항·항만에 설치할 수 있고, 세관장에게 위의 (3)에 따라 지정된 안전성 검사 대상 물품의 안전성 검사에 필요한 자체 검사 설비를 지원하는 등 원활한 안전성 검사를 위한 조치를 취하여야 한다.

(5) 세관장은 위의 (3)에 따라 안전성 검사 대상 물품으로 지정된 물품에 대하여 중앙행정기관의 장과 협력하여 안전성 검사를 실시하여야 한다.

(6) 관세청장은 안전성 검사 결과 불법·불량·유해 물품으로 확인된 물품의 정보를 관세청 인터넷 홈페이지를 통하여 공개할 수 있다.

(7) 다음의 사항을 협의하기 위하여 관세청에 수출입물품안전관리기관협의회를 둔다.

① 위의 (1)에 따른 안전성 검사(이하 "안전성 검사"라 한다)에 필요한 정보교류
② 법 제264조의10(불법·불량·유해물품에 대한 정보 등의 제공 요청과 협조)에 따른 불법·불량·유해물품에 대한 정보 등의 제공에 관한 사항
③ 안전성 검사 대상 물품의 선정에 관한 사항
④ 그 밖에 관세청장이 안전성 검사, 불법·불량·유해물품에 대한 정보 등의 제공과 관련하여 협의가 필요하다고 인정하는 사항

(8) 위의 (7)에 따른 수출입물품안전관리기관협의회의 구성·운영과 그 밖에 필요한 사항은 대통령령으로 정한다.

(9) 위의 (1)부터 (8)까지에서 규정한 사항 외에 안전성 검사의 방법·절차 등에 관하여 필요한 사항은 관세청장이 정한다.

2) 수출입물품안전관리기관협의회의 구성 및 운영

(1) 위의 1) (7)에 따른 수출입물품안전관리기관협의회(이하 "협의회"라 한다)는 위원장 1명을 포함하여 25명 이내의 위원으로 구성한다.

(2) 협의회의 위원장은 관세청 소속 고위공무원단에 속하는 공무원 중에서 관세청장이 지명하는 사람으로 하고, 위원은 다음의 사람으로 한다.

① 관세청의 4급 이상 공무원 중에서 관세청장이 지명하는 사람 1명
② 관계 중앙행정기관의 4급 이상 공무원 중에서 해당 기관의 장이 지명하는 사람 각 1명

(3) 위의 (2)에 따라 협의회의 위원을 지명한 자는 해당 위원이 다음의 어느 하나에 해당하는 경우에는 그 지명을 철회할 수 있다.

> ① 심신장애로 인하여 직무를 수행할 수 없게 된 경우
> ② 직무와 관련된 비위사실이 있는 경우
> ③ 직무태만, 품위손상이나 그 밖의 사유로 인하여 위원으로 적합하지 아니하다고 인정되는 경우
> ④ 위원 스스로 직무를 수행하는 것이 곤란하다고 의사를 밝히는 경우

(4) 협의회의 회의는 위원의 과반수 출석으로 개의하고, 출석위원 2/3 이상의 찬성으로 의결한다.

(5) 위의 (1)부터 (4)까지에서 규정한 사항 외에 협의회의 운영에 필요한 사항은 협의회의 의결을 거쳐 위원장이 정한다.

4 제247조(검사 장소)

1) 의의

(1) 법 제186조(사용신고 등) 제1항 또는 제246조(물품의 검사)에 따른 검사는 제155조(물품의 장치) 제1항에 따라 장치할 수 있는 장소에서 한다. 다만, 수출하려는 물품은 해당 물품이 장치되어 있는 장소에서 검사한다.

(2) 세관장은 효율적인 검사를 위하여 부득이하다고 인정될 때에는 관세청장이 정하는 바에 따라 해당 물품을 보세구역에 반입하게 한 후 검사할 수 있다.

2) 검사수수료

(1) 검사수수료는 다음 계산식에 따른다. 다만, 수출물품에 대한 검사의 경우에는 기본수수료를 면제한다.

> [기본수수료(시간당 기본수수료 2,000원×해당 검사에 걸리는 시간)]+실비상당액(세관과 검사장소와의 거리 등을 고려하여 관세청장이 정하는 금액)

(2) 수입화주와 검사의 시기 및 장소가 동일한 물품에 대하여는 이를 1건으로 하여 기본수수료를 계산한다.

(3) 검사수수료를 납부하여야 하는 자가 관세청장이 정하는 바에 따라 이를 따로 납부한 때에는 그 사실을 증명하는 증표를 수출입신고서에 첨부하여야 한다.

(4) 세관장은 전산처리설비를 이용하여 검사수수료를 고지하는 때에는 검사수수료를 일괄고지하여 납부하게 할 수 있다.

Ⅲ. 신고의 처리

1 제248조(신고의 수리)

1) 세관장은 법 제241조(수출·수입 또는 반송의 신고) 또는 제244조(입항전 수입신고)에 따른 신고가 이 법에 따라 적합하게 이루어졌을 때에는 이를 지체 없이 수리하고 신고인에게 신고필증을 발급하여야 한다. 다만, 법 제327조(국가관세종합시스템의 구축 및 운영) 제2항에 따라 국가관세종합정보시스템의 전산처리설비를 이용하여 신고를 수리하는 경우에는 관세청장이 정하는 바에 따라 신고인이 직접 전산처리설비를 이용하여 신고필증을 발급받을 수 있다.

2) 세관장은 관세를 납부하여야 하는 물품에 대하여는 법 제241조 또는 제244조에 따른 신고를 수리할 때에 다음의 어느 하나에 해당하는 자에게 관세에 상당하는 담보의 제공을 요구할 수 있다.

① 이 법 또는 「수출용원재료에 대한 관세 등 환급에 관한 특례법」 제23조(벌칙)를 위반하여 징역형의 실형을 선고받고 그 집행이 끝나거나(집행이 끝난 것으로 보는 경우를 포함한다) 면제된 후 2년이 지나지 아니한 자
② 이 법 또는 「수출용원재료에 대한 관세 등 환급에 관한 특례법」 제23조를 위반하여 징역형의 집행유예를 선고받고 그 유예기간 중에 있는 자
③ 법 제269조(밀수출입죄)부터 제271조(미수범 등)까지, 제274조(밀수품의 취득죄), 제275조의2(강제징수 면탈죄 등), 제275조의3(명의대여 행위죄 등) 또는 「수출용원재료에 대한 관세 등 환급에 관한 특례법」 제23조(벌칙)에 따라 벌금형 또는 통고처분을 받은 자로서 그 벌금형을 선고받거나 통고처분을 이행한 후 2년이 지나지 아니한 자
④ 법 제241조 또는 제244조에 따른 수입신고일을 기준으로 최근 2년간 관세 등 조세를 체납한 사실이 있는 자
⑤ 수입실적, 수입물품의 관세율 등을 고려하여 다음의 어느 하나에 해당하는 자

　㉮ 최근 2년간 계속해서 수입실적이 없는 자
　㉯ 파산, 청산 또는 개인회생절차가 진행 중인 자
　㉰ 수입실적, 자산, 영업이익, 수입물품의 관세율 등을 고려할 때 관세채권 확보가 곤란한 경우로서 관세청장이 정하는 요건에 해당하는 자

3) 위의 1)에 따른 신고수리 전에는 운송수단, 관세통로, 하역통로 또는 이 법에 따른 장치 장소로부터 신고된 물품을 반출하여서는 아니 된다.

2 제249조(신고사항의 보완)

세관장은 다음의 하나에 해당하는 경우에는 법 제241조(수출·수입 또는 반송의 신고) 또는 제244조(입항전수입신고)에 따른 신고가 수리되기 전까지 갖추어지지 아니한 사항을 보완하게 할 수 있다. 다만, 해당 사항이 경미하고 신고수리 후에 보완이 가능하다고 인정되는 경우에는 관세청장이 정하는 바에 따라 신고수리 후 이를 보완하게 할 수 있다.

① 법 제241조 또는 법 제244조에 따른 수출·수입 또는 반송에 관한 신고서의 기재사항이 갖추어지지 아니한 경우
② 법 제245조(신고 시의 제출서류)에 따른 제출서류가 갖추어지지 아니한 경우

3 제250조(신고의 취하 및 각하)

1) 의의

(1) 신고는 정당한 이유가 있는 경우에만 세관장의 승인을 받아 취하할 수 있다. 다만, 수입 및 반송의 신고는 운송수단, 관세통로, 하역통로 또는 이 법에 규정된 장치 장소에서 물품을 반출한 후에는 취하할 수 없다.

(2) 수출·수입 또는 반송의 신고를 수리한 후 위의 (1)에 따라 신고의 취하를 승인한 때에는 신고수리의 효력이 상실된다.

(3) 세관장은 법 제241조(수출·수입 또는 반송의 신고) 및 법 제244조(입항전수입신고)의 신고가 그 요건을 갖추지 못하였거나 부정한 방법으로 신고되었을 때에는 해당 수출·수입 또는 반송의 신고를 각하할 수 있다.

(4) 세관장은 위의 (1)에 따른 승인의 신청을 받은 날부터 10일 이내에 승인 여부를 신청인에게 통지하여야 한다.

(5) 세관장이 위의 (4)에서 정한 기간 내에 승인 여부 또는 민원 처리 관련 법령에 따른 처리기간의 연장을 신청인에게 통지하지 아니하면 그 기간(민원 처리 관련 법령에 따라 처리기간이 연장 또는 재연장된 경우에는 해당 처리기간을 말한다)이 끝난 날의 다음 날에 승인을 한 것으로 본다.

2) 신고취하의 승인신청

위의 1) (1)의 규정에 의한 승인을 얻고자 하는 자는 다음의 사항을 기재한 신청서를 세관장에게 제출하여야 한다.

① 법 시행령 제175조(보세구역 외 장치의 허가신청)의 사항
② 신고의 종류
③ 신고연월일 및 신고번호
④ 신청사유

3) 신고각하의 통지

세관장은 위의 1) (3)의 규정에 의하여 신고를 각하한 때에는 즉시 그 신고인에게 다음의 사항을 기재한 통지서를 송부하여야 한다.

① 신고의 종류
② 신고연월일 및 신고번호
③ 각하사유

④ 제251조(수출신고수리물품의 적재 등)

1) 의의

(1) 수출신고가 수리된 물품은 수출신고가 수리된 날부터 30일 이내에 운송수단에 적재하여야 한다. 다만, 기획재정부령으로 정하는 바에 따라 1년의 범위에서 적재기간의 연장승인을 받은 것은 그러하지 아니하다.
(2) 세관장은 기간 내에 적재되지 아니한 물품에 대하여는 대통령령으로 정하는 바에 따라 수출신고의 수리를 취소할 수 있다.

2) 적재기간 등 연장승인

적재기간의 연장승인을 얻고자 하는 자는 다음의 사항을 기재한 신청서를 세관장에게 제출하여야 한다.

① 수출신고번호 · 품명 · 규격 및 수량
② 수출자 · 신고자 및 제조자
③ 연장승인신청의 사유
④ 기타 참고사항

3) 수출신고수리의 취소

(1) 위의 1) (2)의 규정에 의하여 세관장은 우리나라와 외국간을 왕래하는 운송수단에 적재하는 기간을 초과하는 물품에 대하여 수출신고의 수리를 취소하여야 한다. 다만, 다음의 하나에 해당하는 경우에는 그러하지 아니하다.

① 법 제250조(신고의 취하 및 각하) 제1항의 규정에 의한 신고취하의 승인신청이 정당한 사유가 있다고 인정되는 경우
② 위의 1) (1) 단서의 규정에 의한 적재기간연장승인의 신청이 정당한 사유가 있다고 인정되는 경우
③ 세관장이 수출신고의 수리를 취소하기 전에 해당 물품의 적재를 확인한 경우
④ 기타 세관장이 위의 1) (1)의 규정에 의한 기간내에 적재하기 곤란하다고 인정하는 경우

(2) 세관장은 수출신고의 수리를 취소하는 때에는 즉시 신고인에게 그 내용을 통지하여야 한다.

Ⅳ. 통관절차의 특례

1 제252조(수입신고수리전 반출)

1) 의의

수입신고를 한 물품을 법 제248조(신고의 수리)에 따른 세관장의 수리 전에 해당 물품이 장치된 장소로부터 반출하려는 자는 납부하여야 할 관세에 상당하는 담보를 제공하고 세관장의 승인을 받아야 한다. 다만, 정부 또는 지방자치단체가 수입하거나 담보를 제공하지 아니하여도 관세의 납부에 지장이 없다고 인정하여 대통령령으로 정하는 물품에 대하여는 담보의 제공을 생략할 수 있다.

2) 신고수리전 반출

(1) 승인을 얻고자 하는 자는 다음의 사항을 기재한 신청서를 세관장에게 제출하여야 한다.

> ① 법 시행령 제175조(보세구역 외 장치의 허가신청) 각 호의 사항
> ② 신고의 종류
> ③ 신고연월일 및 신고번호
> ④ 신청사유

(2) 세관장이 위의 (1)의 규정에 의한 신청을 받아 승인을 하는 때에는 관세청장이 정하는 절차에 따라야 한다.

(3) 다음의 하나에 해당하는 물품에 대해서는 위의 1) 단서에 따라 담보의 제공을 생략할 수 있다. 다만, 아래의 ② 및 ③의 물품을 수입하는 자 중 관세 등의 체납, 불성실신고 등의 사유로 담보 제공을 생략하는 것이 타당하지 아니하다고 관세청장이 인정하는 자가 수입하는 물품에 대해서는 담보를 제공하게 할 수 있다.

> ① 국가, 지방자치단체, 「공공기관의 운영에 관한 법률」 제4조(공공기관)[1]에 따른 공공기관, 「지방공기업법」 제49조(설립)에 따라 설립된 지방공사 및 같은 법 제79조(국고지원)에 따라 설립된 지방공단이 수입하는 물품
> ② 법 제90조(학술연구용품의 감면세) 제1항 제1호 및 제2호에 따른 기관이 수입하는 물품
> ③ 최근 2년간 법 위반(관세청장이 법 제270조(관세포탈죄 등)·제276조(허위신고죄 등) 및 제277조(과태료)에 따른 처벌을 받은 자로서 재범의 우려가 없다고 인정하는 경우를 제외한다) 사실이 없는 수출입자 또는 신용평가기관으로부터 신용도가 높은 것으로 평가를 받은 자로서 관세청장이 정하는 자가 수입하는 물품
> ④ 수출용원재료 등 수입물품의 성질, 반입사유 등을 고려할 때 관세채권의 확보에 지장이 없다고 관세청장이 인정하는 물품
> ⑤ 거주 이전(移轉)의 사유, 납부할 세액 등을 고려할 때 관세채권의 확보에 지장이 없다고 관세청장이 정하여 고시하는 기준에 해당하는 자의 이사물품

---

1) 제4조(공공기관) ① 기획재정부장관은 국가지방자치단체가 아닌 법인·단체 또는 기관(이하 "기관"이라 한다)으로서 다음 각 호의 어느 하나에 해당하는 기관을 공공기관으로 지정할 수 있다. 1. 다른 법률에 따라 직접 설립되고 정부가 출연한 기관, 2. 정부지원액(법령에 따라 직접 정부의 업무를 위탁받거나 독점적 사업권을 부여받은 기관의 경우에는 그 위탁업무나 독점적 사업으로 인한 수입액을 포함한다. 이하 같다)이 총수입액의 1/2을 초과하는 기관, 3. 정부가 50/100 이상의 지분을 가지고 있거나 30/100 이상의 지분을 가지고 임원 임명권한 행사 등을 통하여 당해 기관의 정책 결정에 사실상 지배력을 확보하고 있는 기관, 4. 정부와 제1호 내지 제3호의 어느 하나에 해당하는 기관이 합하여 50/100 이상의 지분을 가지고 있거나 30/100 이상의 지분을 가지고 임원 임명권한 행사 등을 통하여 당해 기관의 정책 결정에 사실상 지배력을 확보하고 있는 기관, 5. 제1호 내지 제4호의 어느 하나에 해당하는 기관이 단독으로 또는 두개 이상의 기관이 합하여 50/100 이상의 지분을 가지고 있거나 30/100 이상의 지분을 가지고 임원 임명권한 행사 등을 통하여 해당 기관의 정책 결정에 사실상 지배력을 확보하고 있는

2 제253조(수입신고전의 물품반출)

1) 의의

(1) 반복 수입되는 원자재 등에 대하여 기업생산활동의 원활화를 지원할 필요가 있는 경우 수입통관 전에 물품을 사용할 수 있도록 간단한 반출신고(수입신고전 물품반출(즉시반출)을 신고하는 것)만으로 물품을 반출하여 사용하고 나중에 수입신고를 하는 제도를 말한다. 수입하려는 물품을 수입신고 전에 운송수단, 관세통로, 하역통로 또는 이 법에 따른 장치 장소로부터 즉시 반출하려는 자는 대통령령으로 정하는 바에 따라 세관장에게 즉시반출신고를 하여야 한다. 이 경우 세관장은 납부하여야 하는 관세에 상당하는 담보를 제공하게 할 수 있다.

(2) 즉시반출을 할 수 있는 자 또는 물품은 대통령령으로 정하는 바에 따라 세관장이 지정한다.

(3) 즉시반출신고를 하고 반출을 하는 자는 즉시반출신고를 한 날부터 10일 이내에 법 제241조(수출·수입 또는 반송의 신고)에 따른 수입신고를 하여야 한다.

(4) 세관장은 반출을 한 자가 기간 내에 수입신고를 하지 아니하는 경우에는 관세를 부과·징수한다. 이 경우 해당 물품에 대한 관세의 20/100에 상당하는 금액을 가산세로 징수하고, 위의 2)에 따른 지정을 취소할 수 있다.

2) 수입신고전 물품반출

(1) 위의 1) (1)의 규정에 의하여 수입하고자 하는 물품을 수입신고전에 즉시반출하고자 하는 자는 해당 물품의 품명·규격·수량 및 가격을 기재한 신고서를 제출하여야 한다.

(2) 위의 1) (1)의 규정에 의한 즉시반출을 할 수 있는 자 및 물품은 다음의 하나에 해당하는 것중 법 제226조(허가·승인 등의 증명 및 확인) 제2항의 규정에 의한 구비조건의 확인에 지장이 없는 경우로서 세관장이 지정하는 것에 한한다.

① 관세 등의 체납이 없고 최근 3년동안 수출입실적이 있는 제조업자 또는 외국인투자자가 수입하는 시설재 또는 원부자재
② 기타 관세 등의 체납우려가 없는 경우로서 관세청장이 정하는 물품

기관, 6. 제1호 내지 제4호의 어느 하나에 해당하는 기관이 설립하고, 정부 또는 설립 기관이 출연한 기관. ② 제1항의 규정에 불구하고 기획재정부장관은 다음 각 호의 어느 하나에 해당하는 기관을 공공기관으로 지정할 수 없다. 1. 구성원 상호 간의 상호부조·복리증진·권익향상 또는 영업질서 유지 등을 목적으로 설립된 기관, 2. 지방자치단체가 설립하고, 그 운영에 관여하는 기관, 3. 「방송법」에 따른 한국방송공사와 「한국교육방송공사법」에 따른 한국교육방송공사. ③ 제1항 제2호의 규정에 따른 정부지원액과 총수입액의 산정 기준·방법 및 동항 제3호 내지 제5호의 규정에 따른 사실상 지배력 확보의 기준에 관하여 필요한 사항은 대통령령으로 정한다.

❸ 제254조(전자상거래 물품의 특별통관 등)

1) 의의

(1) 관세청장은 전자상거래물품에 대하여 대통령령으로 정하는 바에 따라 수출입신고 · 물품 검사 등 통관에 필요한 사항을 따로 정할 수 있다.

(2) 관세청장은 관세의 부과 · 징수 및 통관을 위하여 필요한 경우 사이버몰을 운영하는 구매대행업자, 「전자상거래 등에서의 소비자보호에 관한 법률」에 따른 통신판매업자 또는 통신판매중개를 하는 자에게 전자상거래물품의 주문 · 결제 등과 관련된 거래정보로서 다음의 정보를 위의 (1)에 따른 수입신고 전에 제공하여 줄 것을 요청할 수 있다.

① 주문번호 및 구매 일자
② 물품수신인의 성명 및 통관고유부호
③ 물품의 품명 및 수량
④ 물품의 결제금액
⑤ 그 밖에 관세청장이 전자상거래물품의 통관을 위하여 수입신고 전에 제공받을 필요가 있다고 인정하여 고시하는 정보

(3) 위의 (2)에 따라 요청받은 정보의 제공 방법 · 절차 등 정보의 제공에 필요한 사항은 대통령령으로 정한다.

(4) 관세청장은 납세자의 권리 보호를 위하여 화주에게 전자상거래물품의 통관 및 납세와 관련된 사항으로서 다음의 사항을 안내할 수 있다.

① 물품의 품명
② 납부세액
③ 선하증권 또는 화물운송장 번호
④ 그 밖에 관세청장이 전자상거래물품의 화주에게 안내할 필요가 있다고 인정하여 고시하는 정보

(5) 위의 (1)은 법 제254조의2(탁송품의 특별통관) 제1항 및 법 제258조(우편물통관에 대한 결정) 제2항에 우선하여 적용한다.

2) 전자상거래물품의 특별통관

(1) 관세청장은 위의 1) (1)에 따라 전자상거래물품에 대하여 다음의 사항을 따로 정할 수 있다.

① 특별통관 대상 거래물품 또는 업체
② 수출입신고 방법 및 절차
③ 관세 등에 대한 납부방법
④ 물품검사방법
⑤ 그 밖에 관세청장이 필요하다고 인정하는 사항

(2) 위의 1) (2)에 따라 요청받은 정보의 제공은 관세청장이 정하는 전자적 매체를 통해 제공하는 방법으로 한다.

(3) 위의 (2)에 따라 정보를 제공하는 경우 그 제공 기간은 전자상거래물품의 선하증권 또는 화물운송장 번호가 생성되는 시점부터 수입신고 전까지로 한다.

4 제254조의2(탁송품의 특별통관)

1) 의의

(1) 법 제241조(수출·수입 또는 반송의 신고) 제2항 제1호의 탁송품으로서 자가사용물품 또는 면세되는 상업용 견본품 중 물품가격[(법 제30조(과세가격 결정의 원칙)부터 제35조(합리적 기준에 따른 과세가격의 결정)까지의 규정에 따른 방법으로 결정된 과세가격에서 법 제30조 제1항 제6호 본문에 따른 금액을 뺀 가격. 다만, 법 제30조 제1항 제6호 본문에 따른 금액을 명백히 구분할 수 없는 경우에는 이를 포함한 가격으로 한다)]이 150달러 이하인 물품은 운송업자([(법 제222조(보세운송업자 등의 등록 및 보고) 제1항 제6호에 따라 관세청장 또는 세관장에게 등록한 자를 말한다. 이하, "탁송품 운송업자"라 한다)]가 다음에 해당하는 사항이 적힌 목록(이하 "통관목록"이라 한다)을 세관장에게 제출함으로써 법 제241조(수출·수입 또는 반송의 신고) 제1항에 따른 수입신고를 생략할 수 있다.

① 물품의 발송인 및 수신인의 성명, 주소, 국가
② 물품의 품명, 수량, 중량 및 가격
③ 탁송품의 통관목록에 관한 것으로 다음의 사항을 말한다.

> ㉮ 운송업자명
> ㉯ 선박편명 또는 항공편명
> ㉰ 선하증권 번호
> ㉱ 물품수신인의 통관고유부호
> ㉲ 그 밖에 관세청장이 정하는 사항

(2) 탁송품 운송업자는 통관목록을 사실과 다르게 제출하여서는 아니 된다.

(3) 탁송품 운송업자는 위의 (1)에 따라 제출한 통관목록에 적힌 물품수신인의 주소지(법 제241조(수출·수입 또는 반송의 신고) 제1항에 따른 수입신고를 한 탁송품의 경우에는 수입신고서에 적힌 납세의무자의 주소지)가 아닌 곳에 탁송품을 배송하거나 배송하게 한 경우(「우편법」 제31조 단서에 해당하는 경우는 제외한다)에는 배송한 날이 속하는 달의 다음달 15일까지 실제 배송한 주소지를 세관장에게 제출하여야 한다.

(4) 세관장은 탁송품 운송업자가 위의 (2) 또는 (3)을 위반하거나 이 법에 따라 통관이 제한되는 물품을 국내에 반입하는 경우에는 위의 (1)에 따른 통관절차의 적용을 배제할 수 있다.

(5) 관세청장 또는 세관장은 탁송품에 대하여 세관공무원으로 하여금 검사하게 하여야 하며, 탁송품의 통관목록의 제출시한, 실제 배송지의 제출, 물품의 검사 등에 필요한 사항은 관세청장이 정하여 고시한다.

(6) 세관장은 관세청장이 정하는 절차에 따라 별도로 정한 지정장치장에서 탁송품을 통관하여야 한다. 다만, 세관장은 탁송품에 대한 감시·단속에 지장이 없다고 인정하는 경우 탁송품을 해당 탁송품 운송업자가 운영하는 보세창고 또는 시설(「자유무역지역의 지정 및 운영에 관한 법률」 제11조(입주계약)에 따라 입주계약을 체결하여 입주한 업체가 해당 자유무역지역에서 운영하는 시설에 한정한다)에서 통관할 수 있다.

(7) 세관장은 위의 (1)에 따른 통관절차가 적용되지 아니하는 탁송품으로서 위의 (5)에 따른 검사를 마치고 탁송품에 대한 감시·단속에 지장이 없다고 인정하는 경우에는 위의 (6)에도 불구하고 관세청장이 정하는 보세구역 등에서 탁송품을 통관하게 할 수 있다.

(8) 위의 (6) 단서에 따라 탁송품 운송업자가 운영하는 보세창고 또는 시설에서 통관하는 경우 그에 필요한 탁송품 검사설비 기준, 설비이용 절차, 설비이용 유효기간 등에 관하여 필요한 사항은 대통령령으로 정한다.

(9) 관세청장은 탁송품의 신속한 통관과 탁송품에 대한 효율적인 감시·단속 등을 위하여 필요한 다음의 사항에 대하여 고시할 수 있다

① 밀수출입 정보교환 및 법에 따른 정보제공 등 세관장과 탁송품 운송업자 간 협력에 관한 사항
② 신속한 통관을 위한 절차 개선 협약 등 세관장과 탁송품 운송업자 간 업무협약 체결에 관한 사항
③ 세관장의 탁송품 운송업자에 대한 법 제255조의7(수출입 안전관리 기준 준수도의 측정·평가) 제1항 및 제2항에 따른 평가 및 관리에 관한 세부사항
④ 그 밖에 관세청장이 필요하다고 인정하는 사항

2) 탁송품의 검사설비

(1) 위의 1) (6) 단서에 따라 세관장이 탁송품 운송업자가 운영하는 보세창고 또는 시설(이하이 조부터 법 시행령 제258조의4(자체시설의 운영에 관한 관리 등)까지에서 "자체시설"이라 한다)에서 탁송품을 통관하는 경우 탁송품 운송업자가 갖추어야 할 검사설비는 다음과 같다.

① X-Ray 검색기
② 자동분류기
③ 세관직원전용 검사장소

(2) 위의 (1)에 따른 검사설비의 세부기준은 관세청장이 고시로 정한다.

3) 자체시설 이용 절차

(1) 탁송품을 자체시설에서 통관하려는 탁송품 운송업자는 다음의 자료를 세관장에게 제출하여야 한다.

① 탁송품을 장치할 보세창고 또는 시설의 도면(법 시행령 제258조의2(탁송품의 검사설비) 제1항 각 호에 따른 검사설비의 배치도를 포함한다) 및 위치도
② 장치·통관하려는 탁송품이 해당 탁송품 운송업자가 직접 운송하거나 운송을 주선하는 물품임을 증명하는 서류
③ 다음 각 목이 기재된 사업계획서

> ㉮ 보세창고 또는 시설, X-Ray 검색기 및 자동분류기의 수용능력
> ㉯ 탁송품 검사설비의 운용인력 계획과 검사대상화물선별 및 관리를 위한 전산설비
> ㉰ 탁송품 반출입 및 재고관리를 위한 전산설비
> ㉱ 탁송품의 수집, 통관, 배송 전과정에 대한 관리방안

④ 자체시설 통관 시 지켜야할 유의사항, 절차 등을 담은 합의각서
⑤ 그 밖에 관세청장이 고시로 정하는 자료

(2) 세관장은 위의 (1)에 따라 탁송품 운송업자가 제출한 자료를 검토한 결과 자체시설에서의 통관이 감시·단속에 지장이 없다고 인정되는 경우 제출한 날부터 30일 이내에 검토결과를 탁송품 운송업자에게 서면으로 통보하고 자체시설에서의 통관을 개시할 수 있다.

4) 자체시설의 운영에 관한 관리

(1) 세관장은 탁송품 운송업자의 시설 및 설비 기준, 자체시설 운영상황 등을 확인한 결과 자체시설에서의 통관이 감시·단속에 지장이 있다고 인정될 경우 탁송품 운송업자에게 해당 시설 및 설비의 보완 등을 요구할 수 있다.

(2) 세관장은 탁송품 운송업자가 위의 (1)에 따른 요구사항을 이행하지 않을 경우 그 사유를 서면으로 통보하고 자체시설에서의 통관을 30일 이내에서 일시 정지하거나 종료할 수 있다.

(3) 그 밖에 자체시설에서의 통관 개시 및 종료, 자체시설의 운영에 관한 관리 등에 관하여 필요한 사항은 관세청장이 고시로 정한다.

⑤ 제255조의2(수출입 안전관리 우수업체의 공인)

1) 개요

(1) 배경

① 9·11 테러사건 이후 각국의 세관당국은 행정역량의 중심을 신속에서 안전으로 옮겨놓았다. 최근에 중점 단속대상이 되는 물품의 범위가 전통적인 총기·마약류에서 식품·의약품·부품 등으로 확대되고 있다.

② 이에 따라 각국 세관은 그 관리방법을 계속적으로 변경하고 있다. 물품 하나하나를 세부적으로 검사하던 방식에서, 그 물품을 수출하는 사람이나 기업의 신용도를 먼저 보는 방식으로 변경하는 것이다. 이와 관련해 새로운 제도들이 도입되고 있으며 대표적인 것이 수출입 안전관리 우수업체(종합인증우수업체 공인 및 관리업무에 관한 고시 제2조(정의)에서는 종합인증우수업체라고 부르고 있다)(Authorized Economic Operator : AEO)[2]이다. AEO란 세관이 기업의 안전성을 인증하고, 이들에 대해서는 자국뿐만 아니라 외국의 세관절차에서도 검사생략 같은 혜택을 부여하는 제도로 정의할 수 있다.[3]

③ AEO 제도는 전세계적으로 도입추세 가속화에 따른 대응 필요성을 인식하고 물류보안확보 및 원활화의 동시달성을 위해서 통관절차 시 보안관리와 법규준수의 체제가 정비된 수출입

---

2) AEO의 번역은 인증기업, 인정사업자, 허가사업자, 인정경제사업자, 무역관련사업자, 종합인증우수업체 등이 있지만 현재는 AEO로 그대로 사용하는 경우가 많다.

3) David, W.(2007), "The Changing Role of Customs : Evolution or Revolution?", *World Customs Journal*, Vo.1, No.1, p.32 ; Schmitz, M.(2007), "Speech on the WCO Framework of Standard and the Implementation of United Nations Security Council Resolution 1540," Feb. 23.

자 등에 대해서는 더 많은 편리성의 제공을 도모하기 위한 법령을 정비하고 있다.

④ AEO 제도를 통해 우리나라 수출기업이 수입국의 세관에서 신속한 통관과 간소화된 절차상의 혜택을 받는 것이 업체들에게 주요한 요소가 될 수 있으나, AEO 인증에 대한 신청과 준비에 있어 정보와 역량부족에 따른 문제점이 존재하고 있다. 이런 문제점들은 AEO 제도의 근본적인 도입목적을 저해하고 향후 국제무역의 활성화에 부정적인 요소가 될 수 있을 것이다.

⑤ AEO 제도가 국제무역 및 물류분야에 있어 새로운 기조로서 확대되면서 AEO의 인증은 경쟁력확보를 위한 선택의 관점이 아닌 필수조건의 개념으로 인식되고 있어, 향후 무역의 이행에 있어 AEO 인증여부에 따라 신속성과 안전성을 보장받지 못할 것이므로 이는 새로운 무역장벽이 될 것으로 보인다.

(2) 전자통관심사[「수입통관 사무처리에 관한 고시」 제63조-제66조]

① 의의

㉮ 관세청장은 AEO로 공인받으려고 심사를 요청한 자에 대하여 절차에 따라 심사하여야 한다. 이 경우 관세청장은 기관이나 단체에 안전관리기준 충족 여부를 심사하게 할 수 있다.

㉯ 전자통관심사는 AEO 인증 및 관리업무에 관한 고시에 따라 AEO로 공인받은 수입업체가 수입하는 물품으로서 해당 수입물품과 관련된 다음의 자가 모두 AEO로 공인받은 경우에 적용하는 것을 원칙으로 한다. 다만, AEO 공인 인증현황 등을 고려하여 필요하다고 인정하는 경우에는 관세청장이 따로 전자통관심사 적용기준 [별표 13]을 정하여 적용할 수 있다.

ⓐ 신고인(관세사)
ⓑ 물류업체(국제물류주선업자, 선박회사(항공사), 하역업자, 보세운송업자)
ⓒ 보세구역운영인 · 화물관리인
ⓓ 해외공급자(우리나라와 상호인정한 상대국가의 AEO인 경우)

㉰ 전자통관심사 대상물품에는 다음 물품은 제외한다. 다만, 전자통관심사 대상업체의 AEO 등급별 제외대상을 차등운영할 수 있다.

ⓐ 수입통관 사무처리에 관한 고시 제13조(서류제출대상 선별기준)에 따른 서류제출대상물품
ⓑ 법 제226조(허가 · 승인 등의 증명 및 확인)에 따른 세관장확인대상물품
ⓒ 그 밖에 관세청장이 전자통관심사가 적합하지 않다고 인정하는 물품

② 전자통관심사 대상업체 관리

세관장은 전자통관심사 대상업체가 다음에 해당하는 사실이 발생한 때에는 전자통관심사 적용의 중지를 관세청장에게 요청하여야 한다.

⑦ 법, 특례법, 외국환거래법, 대외무역법, 상표법등 수입통관 관련규정을 위반하여 처벌받은 경우
⑭ 관세 등 수입물품과 관련된 제세를 체납한 경우. 다만, 납부기한 경과 후 30일 이내에 체납된 관세 등을 납부한 때에는 제외할 수 있다
⑭ 거짓으로 전자통관심사 대상물품이 아닌 물품을 전자통관심사대상으로 신고한 경우

③ 신고 및 수리시기

⑦ 전자통관심사 대상물품은 보세구역 도착전 신고나 보세구역장치후 신고 중에서 선택하여 수입신고할 수 있다.
⑭ 전자통관심사 대상물품에 대한 신고수리는 「수입통관 사무처리에 관한 고시」 제35조(신고수리)에 따른다.

④ 물품검사

전자통관심사 대상물품에 대한 검사는 무작위선별검사를 원칙으로 하며, 검사비율은 수입통관 사무처리에 관한 고시 제28조(검사대상) 제2항에 따른다.

(3) 지원활동

① 관세청장은 중소기업기본법 제2조(중소기업자의 범위)에 따른 중소기업 중 수출입물품의 제조·운송·보관 또는 통관 등 무역과 관련된 기업을 대상으로 AEO로 공인을 받거나 유지하는 데에 필요한 상담·교육 등의 지원사업을 할 수 있다.

② 관세청장은 AEO로 공인받기 위한 신청 여부에 관계없이 수출입물품의 제조·운송·보관 또는 통관 등 무역과 관련된 자를 대상으로 안전관리기준을 준수하는 정도를 대통령령으로 정하는 절차에 따라 측정·평가하고, 그 결과를 대통령령으로 정하는 바에 따라 해당 업체의 지원 및 관리 등에 활용할 수 있다.

2) 의의

(1) 관세청장은 수출입물품의 제조·운송·보관 또는 통관 등 무역과 관련된 자가 시설, 서류관리, 직원 교육 등에서 이 법 또는 「자유무역협정의 이행을 위한 관세법의 특례에 관한 법률」 등 수출입에 관련된 법령의 준수 여부, 재무 건전성 등 대통령령으로 정하는 안전관리 기준을 충족하는 경우 수출입 안전관리 우수업체로 공인할 수 있다.

(2) 관세청장은 위의 (1)에 따른 공인을 받기 위하여 심사를 요청한 자에 대하여 대통령령으로 정하는 바에 따라 심사하여야 한다.

(3) 위의 (2)에 따른 심사를 요청하려는 자는 제출서류의 적정성, 개별 안전관리 기준의 충족 여부 등 관세청장이 정하여 고시하는 사항에 대하여 미리 관세청장에게 예비심사를 요청할 수 있다.

(4) 관세청장은 위의 (3)에 따른 예비심사를 요청한 자에게 예비심사 결과를 통보하여야 하고, 위의 (2)에 따른 심사를 하는 경우 예비심사 결과를 고려하여야 한다.

(5) 위의 (1)에 따른 공인의 유효기간은 5년으로 하며, 대통령령으로 정하는 바에 따라 공인을 갱신할 수 있다.

(6) 위의 (1)부터 (5)까지에서 규정한 사항 외에 수출입 안전관리 우수업체의 공인에 필요한 사항은 대통령령으로 정한다.

3) 수출입 안전관리 기준

(1) 위의 2) (1)에 따른 안전관리 기준(이하 "안전관리기준"이라 한다)은 다음과 같다.

① 「관세법」, 「자유무역협정의 이행을 위한 관세법의 특례에 관한 법률」, 「대외무역법」 등 수출입에 관련된 법령을 성실하게 준수하였을 것
② 관세 등 영업활동과 관련한 세금을 체납하지 않는 등 재무 건전성을 갖출 것
③ 수출입물품의 안전한 관리를 확보할 수 있는 운영시스템, 거래업체, 운송수단 및 직원교육체계 등을 갖출 것
④ 그 밖에 세계관세기구에서 정한 수출입 안전관리에 관한 표준 등을 반영하여 관세청장이 정하는 기준을 갖출 것

(2) 관세청장은 위의 2) (2)에 따른 심사를 할 때 「국제항해선박 및 항만시설의 보안에 관한 법률」 제12조(국제선박보안증서의 교부 등)에 따른 국제선박보안증서를 교부받은 국제항해선박소유자 또는 같은 법 제27조(항만시설적합확인서 또는 임시항만시설적합확인서의 교부 등)에 따른 항만시설적합확인서를 교부받은 항만시설소유자에 대하여는 위의 (1) 각 호의 안전관리 기준 중 일부에 대하여 심사를 생략할 수 있다.

4) 수출입 안전관리 우수업체의 공인절차

(1) 위의 2) (1)에 따라 수출입 안전관리 우수업체로 공인받으려는 자는 신청서에 다음의 서류를 첨부하여 관세청장에게 제출하여야 한다.

① 자체 안전관리 평가서
② 안전관리 현황 설명서
③ 그 밖에 업체의 안전관리 현황과 관련하여 관세청장이 정하는 서류

(2) 위의 2) (5)에 따라 공인을 갱신하려는 자는 공인의 유효기간이 끝나는 날의 6개월 전까

지 신청서에 제1항 각 호에 따른 서류를 첨부하여 관세청장에게 제출해야 한다.

(3) 관세청장은 공인을 받은 자에게 공인을 갱신하려면 공인의 유효기간이 끝나는 날의 6개월 전까지 갱신을 신청하여야 한다는 사실을 해당 공인의 유효기간이 끝나는 날의 7개월 전까지 휴대폰에 의한 문자전송, 전자메일, 팩스, 전화, 문서 등으로 미리 알려야 한다.

(4) 관세청장은 위의 (1) 또는 (2)에 따른 신청을 받은 경우 안전관리기준을 충족하는 업체에 대하여 공인증서를 교부하여야 한다.

(5) 수출입안전관리우수업체에 대한 공인의 등급, 안전관리 공인심사에 관한 세부절차, 그 밖에 필요한 사항은 관세청장이 정한다. 다만, 「국제항해선박 및 항만시설의 보안에 관한 법률」 등 안전관리에 관한 다른 법령과 관련된 사항에 대해서는 관계기관의 장과 미리 협의해야 한다.

5) 수출입안전관리우수업체심의위원회

(1) 관세청장은 다음의 사항을 심의하기 위하여 필요한 경우에는 수출입안전관리우수업체심의위원회(이하 "수출입안전관리우수업체심의위원회"라 한다)를 구성·운영할 수 있다.

① 수출입안전관리우수업체의 공인 및 갱신
② 수출입안전관리우수업체의 공인 취소
③ 그 밖에 수출입안전관리우수업체 제도의 운영에 관하여 관세청장이 수출입안전관리우수업체심의위원회에 부치는 사항

(2) 수출입안전관리우수업체심의위원회는 위원장 1명을 포함하여 20명 이상 30명 이내의 위원으로 구성한다.

(3) 수출입안전관리우수업체심의위원회의 위원장은 관세청 차장으로 하고, 위원은 다음의 사람 중에서 성별을 고려하여 관세청장이 임명하거나 위촉한다.

① 관세청 소속 공무원
② 관세행정에 관한 학식과 경험이 풍부한 사람

(4) 위의 (3) ②에 따라 위촉되는 위원의 임기는 2년으로 한다. 다만, 위원의 사임 등으로 새로 위촉된 위원의 임기는 전임위원의 남은 임기로 하고, 아래의 (8)에 따라 수출입안전관리우수업체심의위원회가 해산되는 경우에는 그 해산되는 때에 임기가 만료되는 것으로 한다.

(5) 수출입안전관리우수업체심의위원회의 위원장은 위원회의 회의를 소집하고, 그 의장이 된다.

(6) 수출입안전관리우수업체심의위원회의 회의는 위원장과 위원장이 매 회의마다 지정하는 10명 이상 15명 이내의 위원으로 구성한다. 이 경우 위의 (3) ②에 따라 위촉되는 위원이 5명 이상 포함되어야 한다.

(7) 수출입안전관리우수업체심의위원회의 회의는 위의 (6)에 따라 구성된 위원 과반수의 출석으로 개의(開議)하고, 출석위원 과반수의 찬성으로 의결한다.

(8) 관세청장은 수출입안전관리우수업체심의위원회의 구성 목적을 달성하였다고 인정하는 경우에는 수출입안전관리우수업체심의위원회를 해산할 수 있다.

(9) 위의 (1)부터 (8)까지에서 규정한 사항 외에 수출입안전관리우수업체심의위원회의 운영 등에 필요한 사항은 관세청장이 정한다.

⑥ 제255조의3(수출입 안전관리 우수업체에 대한 혜택 등)

1) 의의

(1) 관세청장은 법 제255조의2(수출입 안전관리 우수업체의 공인)에 따라 수출입 안전관리 우수업체로 공인된 업체(이하 "수출입안전관리우수업체"라 한다)에 통관절차 및 관세행정상의 혜택으로서 수출입물품에 대한 검사 완화나 수출입신고 및 관세납부 절차 간소화 등의 사항을 제공할 수 있다.

(2) 관세청장은 다른 국가의 수출입 안전관리 우수업체에 상호 조건에 따라 위의 (1)에 따른 혜택을 제공할 수 있다.

(3) 관세청장은 수출입안전관리우수업체가 제255조의4(수출입안전관리우수업체에 대한 사후관리) 제2항에 따른 자율 평가 결과를 보고하지 아니하는 등 다음의 어느 하나에 해당하는 경우 6개월의 범위에서 위의 (1)에 따른 혜택의 전부 또는 일부를 정지할 수 있다.

① 수출입안전관리우수업체가 법 제255조의4 제2항에 따라 자율평가 결과를 보고하지 않은 경우
② 수출입안전관리우수업체가 법 제255조의4 제3항에 따라 변동사항 보고를 하지 않은 경우
③ 수출입안전관리우수업체(대표자 및 법 시행령 제259조의5(수출입안전관리우수업체에 대한 사후관리 등) 제1항에 따라 지정된 관리책임자를 포함한다)가 법 또는 「자유무역협정의 이행을 위한 관세법의 특례에 관한 법률」, 「대외무역법」, 「외국환거래법」, 「수출용 원재료에 대한 관세 등 환급에 관한 특례법」 등 수출입과 관련된 법령을 위반한 경우
④ 수출입안전관리우수업체가 소속 직원에게 안전관리기준에 관한 교육을 실시하지 않는 등 관세청장이 수출입안전관리우수업체에 제공하는 혜택을 정지할 필요가 있다고 인정하여 고시하는 경우

(4) 관세청장은 위의 (3)에 따른 사유에 해당하는 업체에 그 사유의 시정을 명할 수 있다.

2) 수출입안전관리우수업체에 대한 혜택

위의 1) (1)에 따른 통관절차 및 관세행정상의 혜택의 세부내용은 관세청장이 정하여 고시한다.

⑦ 제255조의4(수출입안전관리우수업체에 대한 사후관리)

1) 의의

(1) 관세청장은 수출입안전관리우수업체가 법 제255조의2(수출입안전관리 우수업체의 공인)제1항에 따른 안전관리 기준을 충족하는지를 주기적으로 확인하여야 한다.

(2) 관세청장은 수출입안전관리우수업체에 위의 (1)에 따른 기준의 충족 여부를 자율적으로 평가하도록 하여 대통령령으로 정하는 바에 따라 그 결과를 보고하게 할 수 있다.

(3) 수출입안전관리우수업체가 양도, 양수, 분할 또는 합병하거나 그 밖에 관세청장이 정하여 고시하는 변동사항이 발생한 경우에는 그 변동사항이 발생한 날부터 30일 이내에 그 사항을 관세청장에게 보고하여야 한다. 다만, 그 변동사항이 수출입안전관리우수업체의 유지에 중대한 영향을 미치는 경우로서 관세청장이 정하여 고시하는 사항에 해당하는 경우에는 지체 없이 그 사항을 보고하여야 한다.

(4) 위의 (1)부터 (3)까지에서 규정한 사항 외에 수출입안전관리우수업체의 확인 및 보고에 필요한 세부사항은 관세청장이 정하여 고시한다.

2) 수출입안전관리우수업체에 대한 사후관리

(1) 수출입안전관리우수업체는 위의 1) (2)에 따라 안전관리기준의 충족 여부를 평가·보고하는 관리책임자를 지정해야 한다.

(2) 수출입안전관리우수업체는 위의 1) (2)에 따라 안전관리기준의 충족 여부를 매년 자율적으로 평가하여 그 결과를 해당 업체가 수출입안전관리우수업체로 공인된 날이 속하는 달의 다음 달 15일까지 관세청장에게 보고해야 한다. 다만, 법 시행령 제259조의3(수출입 안전관리 우수업체의 공인절차 등) 제2항에 따라 공인의 갱신을 신청한 경우로서 공인의 유효기간이 끝나는 날이 속한 연도에 실시해야 하는 경우의 평가는 생략할 수 있다.

8 제255조의5(수출입안전관리우수업체의 공인 취소)

관세청장은 수출입안전관리우수업체가 다음의 어느 하나에 해당하는 경우에는 공인을 취소할 수 있다. 다만, 아래의 ①에 해당하는 경우에는 공인을 취소하여야 한다.

① 거짓이나 그 밖의 부정한 방법으로 공인을 받거나 공인을 갱신받은 경우
② 수출입안전관리우수업체가 양도, 양수, 분할 또는 합병 등으로 공인 당시의 업체와 동일하지 아니하다고 관세청장이 판단하는 경우
③ 법 제255조의2(수출입 안전관리 우수업체의 공인) 제1항에 따른 안전관리 기준을 충족하지 못하는 경우
④ 법 제255조의3(수출입 안전관리 우수업체에 대한 혜택 등) 제3항에 따른 정지 처분을 공인의 유효기간 동안 5회 이상 받은 경우
⑤ 법 제255조의3 제4항에 따른 시정명령을 정당한 사유 없이 이행하지 아니한 경우
⑥ 그 밖에 수출입 관련 법령을 위반한 경우로서 수출입안전관리우수업체(대표자 및 ❼ 2) (1)에 따라 지정된 관리책임자를 포함한다)가 다음의 어느 하나에 해당하는 경우. 다만, 법 제279조(양벌 규정) 또는 아래의 ㉰·㉱에서 정한 법률의 양벌규정에 따라 처벌받은 경우는 제외한다.

> ㉮ 법 제268조의2(전자문서 위조·변조죄 등), 제269조(밀수출입죄), 제270조(관세포탈죄 등), 제270조의2(가격조작죄), 제271조(미수범 등), 제274조(밀수품의 취득죄 등) 및 제275조의2(강제징수면탈죄 등) 부터 제275조의4(보세사의 명의대여죄 등)까지의 규정에 따라 벌금형 이상의 형을 선고받거나 통고처분을 받은 경우
> ㉯ 법 제276조(허위신고죄 등)에 따라 벌금형의 선고를 받은 경우
> ㉰ 「자유무역협정의 이행을 위한 관세법의 특례에 관한 법률」, 「대외무역법」, 「외국환거래법」, 「수출용 원재료에 대한 관세 등 환급에 관한 특례법」 등 수출입과 관련된 법령을 위반하여 벌금형 이상의 형을 선고받은 경우
> ㉱ 「관세사법」 제29조(벌칙)에 따라 벌금형 이상의 형을 선고받거나 통고처분[같은 조 제4항 및 같은 법 제32조(조사와 처분)(같은 법 제29조(벌칙) 제4항과 관련된 부분으로 한정한다)에 따라 적용되는 이 법 제311조(통고처분)에 따른 통고처분은 제외한다]을 받은 경우

9 제255조의6(수출입안전관리우수업체의 공인 관련 지원사업)

관세청장은 「중소기업기본법」 제2조에 따른 중소기업 중 수출입물품의 제조·운송·보관 또는 통관 등 무역과 관련된 기업을 대상으로 수출입안전관리우수업체로 공인을 받거나 유지하는 데에 필요한 상담·교육 등의 지원사업을 할 수 있다.

⑩ 제255조의7(수출입 안전관리 기준 준수도의 측정·평가)

1) 의의

(1) 관세청장은 수출입안전관리우수업체로 공인받기 위한 신청 여부와 관계없이 수출입물품의 제조·운송·보관 또는 통관 등 무역과 관련된 자 중 대통령령으로 정하는 자를 대상으로 법 제255조의2(수출입 안전관리 우수업체의 공인) 제1항에 따른 안전관리 기준을 준수하는 정도를 대통령령으로 정하는 절차에 따라 측정·평가할 수 있다.

(2) 관세청장은 위의 (1)에 따른 측정·평가 대상자에 대한 지원·관리를 위하여 같은 항에 따라 측정·평가한 결과를 대통령령으로 정하는 바에 따라 활용할 수 있다.

2) 준수도측정·평가의 절차 및 활용 등

(1) 관세청장은 위의 1) (1)에 따라 연 4회의 범위에서 다음의 어느 하나에 해당하는 자를 대상으로 안전관리기준의 준수 정도에 대한 측정·평가(이하 "준수도측정·평가"라 한다)를 할 수 있다.

① 운영인
② 법 제19조(납세의무자)에 따른 납세의무자
③ 법 제172조(물품에 대한 보관책임) 제2항에 따른 화물관리인
④ 법 제225조(보세화물 취급 선박회사 등의 신고 및 보고) 제1항에 따른 선박회사 또는 항공사
⑤ 법 제242조(수출·수입·반송 등의 신고인)에 따른 수출·수입·반송 등의 신고인(화주를 포함한다)
⑥ 법 제254조(전자상거래물품의 특별통관 등) 및 법 시행령 제258조(전자상거래물품의 특별통관 등) 제1호에 따른 특별통관 대상 업체
⑦ 보세운송업자 등
⑧ 「자유무역지역의 지정 및 운영에 관한 법률」 제2조 제2호에 따른 입주기업체

(2) 관세청장은 위의 1) (2)에 따라 준수도측정·평가의 결과를 다음의 사항에 활용할 수 있다.

① 간이한 신고 방식의 적용 등 통관 절차의 간소화
② 검사 대상 수출입물품의 선별
③ 그 밖에 업체 및 화물 관리의 효율화를 위하여 다음에 정하는 사항

> ㉮ 보세구역의 지정 또는 특허
> ㉯ 보세구역의 관리·감독
> ㉰ 법 제222조(보세운송업자등의 등록 및 보고) 제1항에 따른 보세운송업자등의 관리·감독
> ㉱ 「자유무역지역의 지정 및 운영에 관한 법률」에 따른 자유무역지역 입주기업체의 지원·관리
> ㉲ 과태료·과징금의 산정
> ㉳ 행정제재 처분의 감경

(3) 준수도측정·평가에 대한 평가 항목, 배점 및 등급 등 세부 사항은 관세청장이 정하여 고시한다.

제3절 우편물

① 개념

1) 우편물은 간이통관절차에 의하여 수출입되고 있고, 보세구역에 장치할 필요도 없으며, 우편물중 수입승인 면제물품은 수입신고없이 우편물목록에 의해 수입신고 수리절차가 간단히 이루어지고 있다.

2) 따라서 체신관서가 수취인에게 교부한 우편물은 신고수리절차를 거치지 않아도 정식으로 수입된 것으로 보고, 체신관서가 외국으로 발송한 우편물은 적법하게 수출·반송의 신고수리가 된 것으로 수출입 의제하고 있다. 그러나 우편물중 정상무역물품인 수입승인대상 우편물은 일반수입통관절차의 규정을 적용한다.

② 용어의 정리

1) 우편법 제1조의2(정의)에서 우편물이란 통상우편물과 소포우편물을 말한다.

2) 통상우편물이란 서신 등 의사전달물, 통화(송금통지서를 포함한다) 및 소형포장우편물을 말한다.

3) 소포우편물이란 통상우편물 외의 물건을 포장한 우편물을 말한다.

4) 기본통상우편요금이란 고시한 통상우편물요금 중 중량이 5그램 초과 25그램 이하인 규격우편물의 보통우편요금을 말한다.

5) 국내특급우편에는 발송인이 그 표면의 보기 쉬운 곳에 "국내특급"의 표시를 하여야 한다. 국내특급우편물의 배달은 다음 기준에 따른다.

> ① 도착된 특급우편물은 가장 빠른 배달편에 배달한다.
> ② 수취인의 부재 등의 사유로 1회에 배달하지 못한 특급우편물을 다시 배달하는 경우 2회 째에는 위에 따른 배달의 예에 따르고, 3회 째에는 통상적인 배달의 예에 따른다
> ③ 수취인의 거주이전 등으로 배달하지 못한 특급우편물을 전송하거나, 성명·주소 등의 불명으로 환부하는 경우에는 전송 또는 환부하는 날의 다음 날까지 송달한다.

6) 국제우편은 봉투와 조그마한 꾸러미로 봉합된 기록문서, 포장된 물건들을 전 세계의 어느 곳이든 배달하는 제도 · 업무를 말한다. 국제우편은 UN의 전문기관으로서 만국우편연합(Union postale universelle : UPU)이 있다. UPU에서는 만국우편협약을 비롯한 여러 협약을 채택하고 있으며, 그 협약에 따라 업무가 진행된다. 국제우편취급 우편물은 보통국제우편물로 불린다.

③ 제256조(통관우체국)

1) 수출 · 수입 또는 반송하려는 우편물(서신은 제외한다)은 통관우체국을 경유하여야 한다.
2) 통관우체국은 체신관서 중에서 관세청장이 지정한다.

④ 제256조의2(우편물의 사전전자정보 제출)

1) 의의

(1) 통관우체국의 장은 수입하려는 우편물의 발송국으로부터 해당 우편물이 발송되기 전에 세관신고정보를 포함하여 다음의 각 호의 전자정보(이하 "사전전자정보"라 한다)를 제공받은 경우에는 그 제공받은 정보를 해당 우편물이 발송국에서 출항하는 운송수단에 적재되기 전까지 세관장에게 제출하여야 한다.

① 사전 통관정보: 우편물에 관한 전자적 통관정보로서 다음의 정보
　⑦ 우편물번호, 발송인 및 수취인의 성명과 주소, 총수량 및 총중량
　⑭ 개별 우편물의 품명 · 수량 · 중량 및 가격
　⑭ 그 밖에 수입하려는 우편물에 관한 통관정보로서 관세청장이 정하여 고시하는 정보

② 사전 발송정보: 개별 우편물이 들어있는 우편 용기에 관한 전자적 발송정보로서 다음의 정보
　⑦ 우편물 자루번호 및 우편물번호
　⑭ 발송 · 도착 예정 일시, 발송국 · 도착국 공항 또는 항만의 명칭, 운송수단
　⑭ 그 밖에 수입하려는 우편물에 관한 발송정보로서 관세청장이 정하여 고시하는 정보

(2) 세관장은 관세청장이 우정사업본부장과 협의하여 사전전자정보 제출대상으로 정한 국가에서 발송한 우편물 중 사전전자정보가 제출되지 아니한 우편물에 대해서는 통관우체국의 장으로 하여금 반송하도록 할 수 있다.

(3) 통관우체국의 장은 사전전자정보가 제출된 우편물에 대해서는 법 제257조(수입신고전 물품반출) 본문에 따른 우편물목록의 제출을 생략하고 세관장에게 검사를 받을 수 있다. 다만, 통

관우체국의 장은 세관장이 통관절차의 이행과 효율적인 감시·단속을 위하여 다음의 사유에 해당하여 우편물목록의 제출을 요구하는 경우에는 이를 제출하여야 한다.

① 세관장이 법 제39조(부과고지)에 따라 관세를 부과·징수하려는 경우
② 세관장이 법 제235조(지식재산권 보호) 또는 제237조(통관의 보류)에 따라 우편물의 통관을 보류하거나 유치할 필요가 있는 경우
③ 위의 1) (1)에 따라 제출된 사전전자정보가 불충분하거나 불분명한 경우
④ 법 제258조(우편물통관에 대한 결정) 제2항에 따라 법 제241조(수출·수입 또는 반송의 신고) 제1항에 따른 수입신고를 해야 하는 경우
⑤ 세관장이 관세 관계 법령 위반 혐의가 있는 우편물을 조사하려는 경우

2) 우편물의 사전전자정보 제출

(1) 통관우체국의 장은 위의 1) (1) ①의 전자정보(이하 "사전전자정보"라 한다)를 정보통신망을 이용하여 세관장에게 제출해야 한다.

(2) 세관장은 위의 1) (2)에 따라 사전전자정보가 제출되지 않은 우편물을 통관우체국의 장으로 하여금 반송하도록 하기로 결정한 경우에는 그 결정사항을 통관우체국의 장에게 통지해야 한다.

(3) 통지를 받은 통관우체국의 장은 우편물의 수취인이나 발송인에게 그 결정사항을 통지하고 반송해야 한다.

5 제257조(우편물의 검사)

1) 의의

통관우체국의 장이 법 제256조(통관우체국) 제1항의 우편물을 접수하였을 때에는 세관장에게 우편물목록을 제출하고 해당 우편물에 대한 검사를 받아야 한다. 다만, 관세청장이 정하는 우편물은 검사를 생략할 수 있다.

2) 우편물의 검사

(1) 통관우체국의 장은 위의 1)에 따른 검사를 받는 때에는 소속공무원을 참여시켜야 한다.

(2) 통관우체국의 장은 위의 (1)에 따른 검사를 위하여 세관공무원이 해당 우편물의 포장을 풀고 검사할 필요가 있다고 인정하는 경우에는 그 우편물의 포장을 풀었다가 다시 포장해야 한다.

6 제258조(우편물통관에 대한 결정)

1) 통관우체국의 장은 세관장이 우편물에 대하여 수출·수입 또는 반송을 할 수 없다고 결정하였을 때에는 그 우편물을 발송하거나 수취인에게 내줄 수 없다.

2) 우편물이 「대외무역법」 제11조(수출입의 제한 등)에 따른 수출입의 승인을 받은 것이거나 그 밖에 다음의 기준에 해당하는 것일 때에는 해당 우편물의 수취인이나 발송인은 법 제241조(수출·수입 또는 반송의 신고) 제1항에 따른 신고를 하여야 한다.

① 법령에 따라 수출입이 제한되거나 금지되는 물품
② 법 제226조(허가·승인 등의 증명 및 확인)에 따라 세관장의 확인이 필요한 물품
③ 판매를 목적으로 반입하는 물품 또는 대가를 지급하였거나 지급하여야 할 물품(통관허용여부 및 과세대상 여부에 관하여 관세청장이 정한 기준에 해당하는 것으로 한정한다)
④ 가공무역을 위하여 우리나라와 외국간에 무상으로 수출입하는 물품 및 그 물품의 원·부자재
⑤ 다음의 어느 하나에 해당하는 물품

> ㉮ 「건강기능식품에 관한 법률」 제3조(정의) 제1호[4]에 따른 건강기능식품
> ㉯ 「약사법」 제2조(정의) 제4호[5]에 따른 의약품
> ㉰ 그 밖에 가목 및 나목의 물품과 유사한 물품으로서 관세청장이 국민보건을 위하여 수출입신고가 필요하다고 인정하여 고시하는 물품

⑥ 그 밖에 수출입신고가 필요하다고 인정되는 물품으로서 관세청장이 정하는 금액을 초과하는 물품

7 제259조(세관장의 통지)

1) 의의

(1) 세관장은 법 제258조(우편물통관에 관한 결정)에 따른 결정을 한 경우에는 그 결정사항을, 관세를 징수하려는 경우에는 그 세액을 통관우체국의 장에게 통지하여야 한다.

(2) 위의 (1)의 통지를 받은 통관우체국의 장은 우편물의 수취인이나 발송인에게 그 결정사항을 통지하여야 한다.

---

4) 1. "건강기능식품"이란 인체에 유용한 기능성을 가진 원료나 성분을 사용하여 제조(가공을 포함한다. 이하 같다)한 식품을 말한다.
5) 4. "의약품"이란 다음 각 목의 어느 하나에 해당하는 물품을 말한다.
　가. 대한민국약전(大韓民國藥典)에 실린 물품 중 의약외품이 아닌 것
　나. 사람이나 동물의 질병을 진단·치료·경감·처치 또는 예방할 목적으로 사용하는 물품 중 기구·기계 또는 장치가 아닌 것
　다. 사람이나 동물의 구조와 기능에 약리학적(藥理學的) 영향을 줄 목적으로 사용하는 물품 중 기구·기계 또는 장치가 아닌 것

2) 세관장의 통지

(1) 법 제258조(우편물통관에 대한 결정) 제2항에해당하는 우편물에 있어서 위의 1) (1)의 규정에 의한 통지는 법 제248조(신고의 수리)의 규정에 의한 신고의 수리 또는 법 제252조(수입신고수리전 반출)의 규정에 의한 승인을 받은 서류를 해당 신고인이 통관우체국에 제출하는 것으로써 이를 갈음한다.

(2) 위의 경우에 위의 1) (2)에 따른 통지는 세관이 발행하는 납부고지서를 갈음한다.

8 제260조(우편물의 납세절차)

1) 의의

(1) 법 제259조(세관장의 통지) 제2항에 따른 통지를 받은 자는 대통령령으로 정하는 바에 따라 해당 관세를 수입인지 또는 금전으로 납부하여야 한다.

(2) 체신관서는 관세를 징수하여야 하는 우편물은 관세를 징수하기 전에 수취인에게 내줄 수 없다.

2) 우편물에 관한 납세절차

위 1) (1)의 규정에 의하여 관세를 납부하고자 하는 자는 법 시행령 제262조(세관장 등의 통지) 제2항의 경우에는 세관장에게, 기타의 경우에는 체신관서에 각각 금전으로 이를 납부하여야 한다.

9 제261조(우편물의 반송)

우편물에 대한 관세의 납세의무는 해당 우편물이 반송되면 소멸한다.

제1절   세관장 등의 과세자료 요청

법에서 규정하고 있는 넓은 의미에서 세관공무원 직권 중 중요사항을 살펴보면 관세의 부과징수, 휴대품 등에 대한 관세의 현장수납권, 국제무역선(기)에 대한 물품의 적재·하선(기)확인권, 특허보세구역의 운영특허권, 장치기간 경과 외국물품(체화물품)의 매각처분권 및 국고귀속권, 수출입 또는 반송신고의 수리권, 수출입물품에 대한 검사권, 관세범의 조사와 통고처분권 등이 있다.

위에 열거한 내용은 법 각 조문에서 세관공무원 직권으로 규정하고 있으나, 일반적으로 좁은 의미에서 세관공무원의 직무상 권한을 말한다.

❶ 제262조(운송수단의 출발 중지 등)

관세청장이나 세관장은 이 법 또는 이 법에 따른 명령(대한민국이 체결한 조약 및 일반적으로 승인된 국제법규에 따른 의무를 포함한다)을 집행하기 위하여 필요하다고 인정될 때에는 운송수단의 출발을 중지시키거나 그 진행을 정지시킬 수 있다.

❷ 제263조(서류의 제출 또는 보고 등의 명령)

관세청장이나 세관장은 이 법(「수출용원재료에 대한 관세 등 환급에 관한 특례법」을 포함한다) 또는 이 법에 따른 명령을 집행하기 위하여 필요하다고 인정될 때에는 물품·운송수단 또는 장치

장소에 관한 서류의 제출·보고 또는 그 밖에 필요한 사항을 명하거나, 세관공무원으로 하여금 수출입자·판매자 또는 그 밖의 관계자에 대하여 관계 자료를 조사하게 할 수 있다.

③ 제264조(과세자료의 요청)

관세청장은 국가기관 및 지방자치단체 등 관계 기관 등에 대하여 관세의 부과·징수 및 통관에 관계되는 자료 또는 통계를 요청할 수 있다.

④ 제264조의2(과세자료제출기관의 범위)

1) 의의

(1) 법 제264조(과세자료의 요청)에 따른 과세자료를 제출하여야 하는 기관 등(이하 "과세자료제출기관"이라 한다)은 다음과 같다.

① 「국가재정법」 제6조(독립기관 및 중앙관서)[1]에 따른 중앙관서(중앙관서의 업무를 위임받거나 위탁받은 기관을 포함한다)와 그 하급행정기관 및 보조기관
② 지방자치단체(지방자치단체의 업무를 위임받거나 위탁받은 기관과 지방자치단체조합을 포함한다. 이하 같다)
③ 공공기관, 정부의 출연·보조를 받는 기관이나 단체, 「지방공기업법」에 따른 지방공사·지방공단 및 지방자치단체의 출연·보조를 받는 기관이나 단체
④ 「민법」 외의 다른 법률에 따라 설립되거나 국가 또는 지방자치단체의 지원을 받는 기관이나 단체로서 그 업무에 관하여 기관으로부터 감독 또는 감사·검사를 받는 기관이나 단체, 그 밖에 공익 목적으로 설립된 기관이나 단체 중 대통령령으로 정하는 기관이나 단체
⑤ 「여신전문금융업법」에 따른 신용카드업자와 여신전문금융업협회
⑥ 「금융실명거래 및 비밀보장에 관한 법률」 제2조(정의) (1)[2]에 따른 금융회사 등

---

1) 제6조(독립기관 및 중앙관서) ① 이 법에서 "독립기관"이라 함은 국회·대법원·헌법재판소 및 중앙선거관리위원회를 말한다. ② 이 법에서 "중앙관서"라 함은 「헌법」 또는 「정부조직법」 그 밖의 법률에 따라 설치된 중앙행정기관을 말한다. ③ 국회의 사무총장, 법원행정처장, 헌법재판소의 사무처장 및 중앙선거관리위원회의 사무총장은 이 법의 적용에 있어 중앙관서의 장으로 본다.
2) 이 법에서 사용하는 용어의 뜻은 다음과 같다. 1. "금융회사 등"이란 다음 각 목의 것을 말한다. 가. 「은행법」에 따른 은행, 나. 「중소기업은행법」에 따른 중소기업은행, 다. 「한국산업은행법」에 따른 한국산업은행, 라. 「한국수출입은행법」에 따른 한국수출입은행, 마. 「한국은행법」에 따른 한국은행, 바. 「자본시장과 금융투자업에 관한 법률」에 따른 투자매매업자·투자중개업자·집합투자업자·신탁업자·증권금융회사·종합금융회사 및 명의개서대행회사, 사. 「상호저축은행법」에 따른 상호저축은행 및 상호저축은행중앙회, 아. 「농업협동조합법」에 따른 조합과 그 중앙회 및 농협은행, 자. 「수산업협동조합법」에 따른 조합과 그 중앙회 및 수협은행, 차. 「신용협동조합법」에 따른 신용협동조합 및 신용협동조합중앙회, 카. 「새마을금고법」에 따른 금고 및 중앙회, 타. 「보험업법」에 따른 보험회사, 파. 「우체국예금·보험에 관한 법률」에 따른 체신관서, 하. 그 밖에 대통령령으로 정하는 기관

(2) 과세자료제출기관은 관세청장 또는 세관장과 협의하여 법 시행령 제263조의2(과세자료의 범위 및 제출시기 등) 및 [별표 3]에 규정된 과세자료를 이동식 저장장치 또는 광디스크 등 전자적 기록매체에 수록하여 제출하거나 정보통신망을 이용하여 제출할 수 있다.

2) 과세자료의 제출 서식

(1) 법 제264조의2에 따른 과세자료제출기관이 법 시행령 제263조의2(과세자료의 범위 및 제출시기 등) 및 별표 3에 따른 과세자료를 제출하는 경우에는 다음의 서식에 따른다.

1. 법 시행령 별표 3 제1호에 따른 할당관세 수량의 추천에 관한 자료 : 별지 제1호의4 서식
2. 법 시행령 별표 3 제2호에 따른 양허세율 적용의 추천에 관한 자료 : 별지 제2호 서식
3. 법 시행령 별표 3 제3호에 따른 관세를 감면받는 자의 기업부설 연구소 또는 연구개발 전담부서에 관한 자료 : 별지 제3호 서식
4. 법 시행령 별표 3 제4호에 따른 종교단체의 의식에 사용되는 물품에 대한 관세 면제를 위한 신청에 관한 자료 : 별지 제4호 서식
5. 법 시행령 별표 3 제5호에 따른 자선 또는 구호의 목적으로 기증되는 물품 및 자선시설·구호시설 또는 사회복지시설에 기증되는 물품에 대한 관세 면제를 위한 신청에 관한 자료 : 별지 제4호 서식
6. 법 시행령 별표 3 제6호에 따른 국제평화봉사활동 또는 국제친선활동을 위하여 기증하는 물품에 대한 관세 면제를 위한 신청에 관한 자료 : 별지 제4호 서식
7. 법 시행령 별표 3 제7호에 따른 환경오염 측정 또는 분석을 위하여 수입하는 기계·기구에 대한 관세 면제를 위한 신청에 관한 자료 : 별지 제4호 서식
8. 법 시행령 별표 3 제8호에 따른 상수도 수질 측정 또는 보전·향상을 위하여 수입하는 물품에 대한 관세 면제를 위한 신청에 관한 자료 : 별지 제4호 서식
9. 법 시행령 별표 3 제9호에 따른 국제경기대회 행사에 사용하기 위하여 수입하는 물품에 대한 관세 면제를 위한 신청에 관한 자료 : 별지 제4호 서식
10. 법 시행령 별표 3 제10호에 따른 핵사고 또는 방사능 긴급사태 복구지원과 구호를 위하여 기증되는 물품에 대한 관세 면제를 위한 신청에 관한 자료 : 별지 제4호 서식
11. 법 시행령 별표 3 제11호에 따른 우리나라 선박이 외국의 선박과 협력하여 채집하거나 포획한 수산물에 대한 관세 면제를 위한 추천에 관한 자료 : 별지 제5호 서식
12. 법 시행령 별표 3 제12호에 따른 외국인과 합작하여 채집하거나 포획한 수산물에 대한 관세 면제를 위한 추천에 관한 자료 : 별지 제5호 서식
13. 법 시행령 별표 3 제13호에 따른 조난으로 인하여 해체된 선박 또는 운송수단의 해체재 및 장비에 대한 관세 면제를 위한 신청에 관한 자료 : 별지 제4호 서식
14. 법 시행령 별표 3 제14호에 따른 운동용구(부분품을 포함한다)에 대한 관세 면제를 위한 신청에 관한 자료 : 별지 제4호 서식

15. 법 시행령 별표 3 제15호에 따른 특수관계인 간 거래명세서 자료 : 별지 제6호 서식
16. 법 시행령 별표 3 제16호에 따른 다음 각 목의 자료

> ① 재무상태표 : 별지 제7호 서식
> ② 포괄손익계산서 : 별지 제8호 서식
> ③ 이익잉여금처분계산서(또는 결손금처리계산서) : 별지 제9호 서식

17. 법 시행령 별표 3 제17호에 따른 매출 · 매입처별 계산서합계표 자료 : 별지 제10호 서식
18. 법 시행령 별표 3 제18호에 따른 다음 각 목의 자료

> ① 법인사업자 공통내역 : 별지 제11호 서식
> ② 개인사업자 공통내역 : 별지 제12호 서식
> ③ 주업종 · 부업종 내역 : 별지 제13호 서식
> ④ 공동사업자 내역 : 별지 제14호 서식
> ⑤ 휴업 · 폐업 현황 : 별지 제15호 서식
> ⑥ 사업자단위 과세사업자 공통내역 : 별지 제16호 서식
> ⑦ 사업자단위 과세사업자 업종 : 별지 제17호 서식
> ⑧ 사업자단위 과세사업자 휴업 · 폐업 현황 : 별지 제18호 서식

19. 법 시행령 별표 3 제19호에 따른 매출 · 매입처별 세금계산서합계표 자료 : 별지 제10호 서식
20. 법 시행령 별표 3 제20호에 따른 다음 각 목의 자료

> ① 무형자산에 대한 정상가격 산출방법 신고서 : 별지 제19호 서식
> ② 용역거래에 대한 정상가격 산출방법 신고서 : 별지 제20호 서식
> ③ 위의 ① 및 ② 외의 정상가격 산출방법 신고서 : 별지 제21호 서식

21. 법 시행령 별표 3 제21호에 따른 국외특수관계인과의 국제거래명세서 자료(국외특수관계인의 요약손익계산서를 제출한 경우에는 이를 포함한다) : 별지 제22호 서식
22. 법 시행령 별표 3 제22호에 따른 특정외국법인의 유보소득 계산 명세서 자료 : 별지 제23호 서식
23. 법 시행령 별표 3 제23호에 따른 특정외국법인의 유보소득 합산과세 적용범위 판정 명세서 자료 : 별지 제24호 서식
24. 법 시행령 별표 3 제24호에 따른 국외출자 명세서 자료 : 별지 제25호 서식
25. 법 시행령 별표 3 제25호에 따른 여권발급에 관한 자료 : 별지 제26호 서식
26. 법 시행령 별표 3 제26호에 따른 국민의 출국심사 및 입국심사에 관한 자료 : 별지 제27호 서식
27. 법 시행령 별표 3 제27호에 따른 자동차 등록에 관한 자료 : 별지 제28호 서식
28. 법 시행령 별표 3 제28호에 따른 조달계약에 관한 자료 : 별지 제29호 서식
29. 법 시행령 별표 3 제29호에 따른 법인세 환급금 내역 : 별지 제30호 서식
30. 법 시행령 별표 3 제30호에 따른 종합소득세 환급금 내역 : 별지 제31호 서식

31. 법 시행령 별표 3 제31호에 따른 부가가치세 환급금 내역 : 별지 제32호 서식

32. 법 시행령 별표 3 제32호에 따른 이용권ㆍ회원권 자료 : 별지 제33호 서식

33. 법 시행령 별표 3 제33호 따른 종합소득과세표준 신고에 관한 자료, 퇴직소득과세표준 신고에 관한 자료 및 원천징수에 관한 자료 : 별지 제34호 서식

34. 법 시행령 별표 3 제34호에 따른 지방세환급금 내역 : 별지 제35호 서식

35. 법 시행령 별표 3 제35호에 따른 과세물건(부동산ㆍ골프회원권ㆍ콘도미니엄회원권ㆍ항공기ㆍ선박만 해당한다)에 대한 취득세 신고납부 또는 징수에 관한 자료 : 별지 제36호 서식

36. 법 시행령 별표 3 제36호에 따른 과세대상(토지ㆍ건축물ㆍ주택ㆍ항공기ㆍ선박만 해당한다)에 대한 재산세 부과ㆍ징수에 관한 자료 : 별지 제37호 서식

37. 법 시행령 별표 3 제37호에 따른 부동산(「건축법 시행령」 별표 1 제2호 가목에 따른 아파트에 한정한다)을 취득할 수 있는 권리에 관한 매매계약에 관한 자료 : 별지 제38호 서식

38. 법 시행령 별표 3 제38호에 따른 특허권ㆍ실용신안권ㆍ디자인권 및 상표권의 설정등록에 관한 자료 : 별지 제39호 서식

39. 법 시행령 별표 3 제39호에 따른 법원공탁금 자료 : 별지 제40호 서식

40. 법 시행령 별표 3 제40호에 따른 신용카드 등의 대외지급(물품구매 내역만 해당한다) 및 외국에서의 외국통화 인출에 관한 자료 : 별지 제41호 서식

41. 법 시행령 별표 3 제41호 및 제66호에 따른 외국기업 본점 등의 공통경비배분계산서 자료 : 별지 제44호 서식

42. 법 시행령 별표 3 제42호에 따른 비거주자의 사업소득 및 기타소득의 지급명세서 자료 : 별지 제45호 서식

43. 법 시행령 별표 3 제43호에 따른 제조자 또는 수입판매업자의 반출신고 자료 : 별지 제46호 서식

44. 법 시행령 별표 3 제44호에 따른 신용카드가맹점 정보 관리 업무에 관한 자료 : 별지 제47호 서식

45. 법 시행령 별표 3 제45호에 따른 장애인 보장구 보험급여에 관한 자료 : 별지 제48호 서식

46. 법 시행령 별표 3 제46호에 따른 장기요양급여 제공에 관한 자료 : 별지 제49호 서식

47. 법 시행령 별표 3 제47호에 따른 보험금 등 지급에 관한 자료 : 별지 제50호 서식

48. 법 시행령 별표 3 제48호에 따른 주식등변동상황명세서에 관한 자료 : 별지 제51호 서식

49. 법 시행령 별표 3 제49호에 따른 해외직접투자 신고에 관한 자료 : 별지 제52호 서식

50. 법 시행령 별표 3 제50호에 따른 부동산 소유권 변경 사실에 관한 자료 : 별지 제53호 서식

51. 법 시행령 별표 3 제51호에 따른 부동산 전세권 및 저당권의 등기에 관한 자료 : 별지 제54호 서식

52. 법 시행령 별표 3 제52호에 따른 금융거래 내역에 관한 자료 : 별지 제55호 서식

53. 법 시행령 별표 3 제53호에 따른 다음 각 목의 자료

> ① 재무상태표 : 별지 제56호서식(「소득세법 시행규칙」 별지 제40호의 6서식으로 갈음할 수 있다)
> ② 손익계산서 : 별지 제57호서식(「소득세법 시행규칙」 별지 제40호의 7서식으로 갈음할 수 있다)

54. 법 시행령 별표 3 제54호에 따른 해외금융계좌 신고의무 불이행 등에 대한 과태료 처분내역 : 별지 제58호 서식

55. 법 시행령 별표 3 제55호에 따른 직장가입자에 관한 자료 및 통보된 보수 등에 관한 자료 : 별지 제62호 서식

56. 법 시행령 별표 3 제57호에 따른 「방위사업법」 제57조의4(중개수수료의 신고 등)에 따른 중개수수료 신고 자료 : 별지 제63호 서식

57. 법 시행령 별표 3 제58호에 따른 무역보험 종류별 보험계약 체결에 관한 자료 : 별지 제64호 서식

58. 법 시행령 별표 3 제59호에 따른 치료재료에 대한 요양급여대상 여부의 결정과 요양급여비용의 산정자료 : 별지 제65호 서식

59. 법 시행령 별표 3 제60호에 따른 치료재료에 대한 요양급여비용 청구와 지급 등에 관한 자료 : 별지 제66호서식

60. 법 시행령 별표 3 제61호에 따른 월별 거래명세(판매대행에 관한 자료를 말한다)로서 법 제19조(납세의무자)에 따른 관세 부과·징수 및 법 제222조(보세운송업자 등의 등록 및 보고)에 따른 구매대행업자의 등록에 필요한 자료 : 별지 제67호서식(「부가가치세법 시행규칙」 별지 제48호 서식으로 갈음할 수 있다)

61. 법 시행령 별표 3 제62호에 따른 지급보증 용역거래 명세서 자료 : 별지 제68호 서식

62. 법 시행령 별표 3 제63호에 따른 다음 각 목의 자료

> ① 해외현지법인 명세서 자료 : 별지 제69호 서식
> ② 해외현지법인 재무상황표 자료 : 별지 제70호 서식

63. 법 시행령 별표 3 제64호에 따른 세무조정계산서 부속서류 중 「법인세법 시행규칙」 제82조(서식) 법인세법(서식) 제1항 제48호에 따른 자본금과 적립금조정명세서(병) 자료 : 별지 제71호 서식

64. 법 시행령 별표 3 제65호에 따른 국내원천 사용료소득을 외국법인에 지급한 자가 제출한 지급명세서 자료 : 별지 제72호 서식

65. 법 시행령 별표 3 제67호에 따른 부가가치세 신고서 자료 : 별지 제73호 서식

66. 법 시행령 별표 3 제68호에 따른 영세율 매출명세서 자료 : 별지 제74호 서식

67. 법 시행령 별표 3 제69호에 따른 공공기관의 조달 계약에 관한 자료 : 별지 제75호 서식

(2) 위의 1)에 따른 과세자료제출기관은 관세청장 또는 세관장과 협의하여 법 시행령 제263조의2(과세자료의 범위 및 제출시기 등) 및 별표 3에 규정된 과세자료를 이동식 저장장치 또는 광디스크 등 전자적 기록매체에 수록하여 제출하거나 정보통신망을 이용하여 제출할 수 있다.

5 제264조의3(과세자료의 범위)

1) 의의

(1) 과세자료제출기관이 제출하여야 하는 과세자료는 다음의 어느 하나에 해당하는 자료로서 관세의 부과·징수와 통관에 직접적으로 필요한 자료로 한다.

> ① 수입하는 물품에 대하여 관세 또는 내국세 등을 감면받거나 낮은 세율을 적용받을 수 있도록 허가, 승인, 추천 등을 한 경우 그에 관한 자료
> ② 과세자료제출기관이 법률에 따라 신고·제출받거나 작성하여 보유하고 있는 자료(각종 보조금·보험급여·보험금 등의 지급 현황에 관한 자료를 포함한다) 중 법 제27조(가격신고), 제38조(신고납부), 제241조(수출·수입 또는 반송의 신고)에 따른 신고내용의 확인 또는 제96조(여행자 휴대품 및 이사물품 등의 감면)에 따른 감면 여부의 확인을 위하여 필요한 자료
> ③ 법 제226조(허가·승인 등의 증명 및 확인)에 따라 허가·승인·표시 또는 그 밖의 조건을 증명할 필요가 있는 물품에 대하여 과세자료제출기관이 허가 등을 갖추었음을 확인하여 준 경우 그에 관한 자료
> ④ 이 법에 따라 체납된 관세 등의 징수를 위하여 필요한 자료
> ⑤ 법 제264조의2(과세자료제출기관의 범위) 제1호에 따른 중앙관서 중 중앙행정기관 외의 기관이 보유하고 있는 자료로서 관세청장이 관세의 부과·징수와 통관에 필요한 최소한의 범위에서 해당 기관의 장과 미리 협의하여 정하는 자료
> ⑥ 거주자의 「여신전문금융업법」에 따른 신용카드 등의 대외지급(물품구매 내역에 한정한다) 및 외국에서의 외국통화 인출 실적

(2) 위의 1)에 따른 과세자료의 구체적인 범위는 과세자료제출기관별로 대통령령으로 정한다.

2) 과세자료의 범위 및 제출시기

(1) 법 제264조의2(과세자료제출기관의 범위)에 따른 과세자료제출기관(이하 "과세자료제출기관"이라 한다)이 법 제264조의3 및 제264조의4(과세자료의 제출방법)에 따라 제출하여야 하는 과세자료의 범위, 과세자료를 제출받을 기관 및 제출시기는 별표 3과 같다.

(2) 과세자료제출기관의 장은 법 제264조의4 제3항에 따라 관세청장 또는 세관장으로부터 과세자료의 추가 또는 보완을 요구받은 경우에는 정당한 사유가 없으면 그 요구를 받은 날부터 15일 이내에 그 요구에 따라야 한다.

⑥ 제264조의4(과세자료의 제출방법)

　1) 과세자료제출기관의 장은 분기별로 분기만료일이 속하는 달의 다음 달 말일까지 관세청장 또는 세관장에게 과세자료를 제출하여야 한다. 다만, 과세자료의 발생빈도와 활용시기 등을 고려하여 대통령령으로 정하는 바에 따라 그 과세자료의 제출시기를 달리 정할 수 있다.

　2) 과세자료제출기관의 장이 과세자료를 제출하는 경우에는 그 기관이 접수하거나 작성한 자료의 목록을 함께 제출하여야 한다.

　3) 과세자료의 목록을 제출받은 관세청장 또는 세관장은 이를 확인한 후 제출받은 과세자료에 누락이 있거나 보완이 필요한 경우 그 과세자료를 제출한 기관에 대하여 추가하거나 보완하여 제출할 것을 요청할 수 있다.

　4) 과세자료의 제출서식 등 제출방법에 관하여 그 밖에 필요한 사항은 기획재정부령으로 정한다.

⑦ 제264조의5(과세자료의 수집에 관한 협조)

　1) 관세청장 또는 세관장으로부터 법 제264조의3(과세자료의 범위)에 따른 과세자료의 제출을 요청받은 기관 등의 장은 다른 법령에 특별한 제한이 있는 경우 등 정당한 사유가 없으면 이에 협조하여야 한다.

　2) 관세청장 또는 세관장은 법 제264조의3에 따른 자료 외의 자료로서 관세의 부과·징수 및 통관을 위하여 필요한 경우에는 해당 자료를 보유하고 있는 과세자료제출기관의 장에게 그 자료의 수집에 협조하여 줄 것을 요청할 수 있다.

⑧ 제264조의6(과세자료의 관리 및 활용 등)

　1) 관세청장은 이 법에 따른 과세자료의 효율적인 관리와 활용을 위한 전산관리 체계를 구축하는 등 필요한 조치를 마련하여야 한다.

　2) 관세청장은 이 법에 따른 과세자료의 제출·관리 및 활용 상황을 수시로 점검하여야 한다.

⑨ 제264조의7(과세자료제출기관의 책임 등)

1) 과세자료제출기관의 장은 그 소속 공무원이나 임직원이 이 법에 따른 과세자료의 제출 의무를 성실하게 이행하는지를 수시로 점검하여야 한다.

2) 관세청장은 과세자료제출기관 또는 그 소속 공무원이나 임직원이 이 법에 따른 과세자료의 제출 의무를 이행하지 아니하는 경우 그 기관을 감독 또는 감사·검사하는 기관의 장에게 그 사실을 통보하여야 한다.

⑩ 제264조의8(비밀유지의무)

1) 관세청 및 세관 소속 공무원은 법 제264조(과세자료의 요청), 제264조의2(과세자료제출기관의 범위)부터 법 제264조의5(과세자료의 수집에 관한 협조)까지의 규정에 따라 제출받은 과세자료를 타인에게 제공 또는 누설하거나 목적 외의 용도로 사용하여서는 아니 된다. 다만, 법 제116조(비밀유지) 제1항 단서 및 제2항에 따라 제공하는 경우에는 그러하지 아니하다.

2) 관세청 및 세관 소속 공무원은 위의 1)을 위반하는 과세자료의 제공을 요구받으면 이를 거부하여야 한다.

3) 과세자료를 제공받은 자는 이를 타인에게 제공 또는 누설하거나 목적 외의 용도로 사용하여서는 아니 된다.

⑪ 제264조의9(과세자료 비밀유지의무 위반에 대한 처벌)

1) 법 제264조의8(비밀유지의무) 제1항 또는 제3항을 위반하여 과세자료를 타인에게 제공 또는 누설하거나 목적 외의 용도로 사용한 자는 3년 이하의 징역 또는 1,000만원 이하의 벌금에 처한다.

2) 위의 1)에 따른 징역과 벌금은 병과할 수 있다.

⑫ 제264조의10(불법·불량·유해물품에 대한 정보 등의 제공 요청과 협조)

1) 관세청장은 우리나라로 반입되거나 우리나라에서 반출되는 물품의 안전 관리를 위하여 필요한 경우 중앙행정기관의 장에게 해당 기관이 보유한 다음의 불법·불량·유해물품에 대한 정보 등을 제공하여 줄 것을 요청할 수 있다.

① 이 법 또는 다른 법령에서 정한 구비조건·성분·표시·품질 등을 위반한 물품에 관한 정보
② 위의 ①의 물품을 제조, 거래, 보관 또는 유통하는 자에 관한 정보

2) 위의 1)에 따른 요청을 받은 중앙행정기관의 장은 특별한 사유가 없는 경우에는 이에 협조하여야 한다.

⑬ 제264조의11(마약류 관련 정보의 제출 요구)

1) 의의

(1) 관세청장은 법령을 위반하여 우리나라에 반입되거나 우리나라에서 반출되는 마약류를 효과적으로 차단하기 위하여 대통령령으로 정하는 바에 따라 관계 중앙행정기관의 장에게 해당 기관이 보유한 다음의 정보의 제출을 요구할 수 있다.

① 마약류 관련 범죄사실 등에 관한 정보
②「마약류 관리에 관한 법률」제11조의2(마약류통합정보관리센터) 제1항에 따른 마약류 통합정보
③ 마약류 관련 국제우편물에 관한 정보

(2) 위의 (1)에 따른 요구를 받은 중앙행정기관의 장은 특별한 사유가 없는 경우에는 이에 따라야 한다.

(3) 위의 (1) 및 (2)에 따라 제출받은 정보의 관리 및 활용에 관한 사항은 법 제264조의6(과세자료의 관리 및 활용 등)을 준용한다.

2) 마약류 관련 정보의 제출 요구

관세청장은 위의 1) (1)에 따라 관계 중앙행정기관의 장에게 다음의 구분에 따른 정보의 제출을 요구할 수 있다.

① 과학기술정보통신부장관:「국제우편규정」제3조(국제우편물의 종류)3)에 따른 국제우편물(법령을 위반하여 우리나라에 반입되거나 우리나라에서 반출되는 마약류를 배달한 우편물만 해당한다) 수취인의 성명·주소, 배송일자·배송경로를 조회한 인터넷 프로토콜(protocol) 주소와 접속기기 및 조회일시

② 외교부장관: 국외에서 마약류 밀수 또는 유통 범죄로 최근 10년간 체포·구금 또는 수감된 사람으로서「재외국민보호를 위한 영사조력법」제11조(형사절차상의 영사조력)에 따라 재외공관의 장의 영사조력을 받은 재외국민(해당 범죄로 유죄 판결이 확정된 경우만 해당한다)의 성명·생년월일·여권번호, 범죄사실 및 처벌내용

③ 법무부장관: 국내에서 마약류 밀수 또는 유통 범죄로 처벌받은 외국인으로서 최근 10년간「출입국관리법」제46조(강제퇴거의 대상자) 제1항 제13호에 따른 강제퇴거 대상자에 해당하게 된 외국인의 성명·생년월일·외국인등록번호 및 처분내역

④ 검찰총장: 다음의 정보

> ㉮ 마약류 밀수 또는 유통 범죄와 관련하여 최근 10년간「형의 실효 등에 관한 법률」에 따른 수형인 명부에 기재된 국민의 성명·생년월일, 범죄사실 및 처벌내용
>
> ㉯ 마약류 밀수 또는 유통 범죄와 관련하여 최근 10년간「형의 실효 등에 관한 법률」에 따른 수형인 명부에 기재된 외국인의 성명·생년월일·외국인등록번호, 범죄사실 및 처벌내용

제2절   세관공무원의 물품검사

① 제265조(물품 또는 운송수단 등에 대한 검사 등)

세관공무원은 이 법 또는 이 법에 따른 명령(대한민국이 체결한 조약 및 일반적으로 승인된 국제법규에 따른 의무를 포함한다)을 위반한 행위를 방지하기 위하여 필요하다고 인정될 때에는 물품, 운송수단, 장치 장소 및 관계 장부·서류를 검사 또는 봉쇄하거나 그 밖에 필요한 조치를 할 수 있다.

---

3) 제3조(국제우편물의 종류) ① 우리나라와 외국 간에 교환하는 우편물(이하 "국제우편물"이라 한다)의 종류는 다음 각 호와 같다. 1. 통상우편물, 2. 소포우편물, 3. 특급우편물, 4. 그 밖에 과학기술정보통신부장관이 필요하다고 인정하여 고시하는 우편물. ② 제1항 제4호에 따른 우편물의 이용조건 및 취급절차 등에 관하여 필요한 사항은 과학기술정보통신부장관이 정하여 고시한다.

② 제265조의2(물품분석)

세관공무원은 다음의 물품에 대한 품명, 규격, 성분, 용도, 원산지 등을 확인하거나 품목분류를 결정할 필요가 있을 때에는 해당 물품에 대하여 물리적·화학적 분석을 할 수 있다.

① 법 제246조(물품의 검사) 제1항에 따른 검사의 대상인 수출·수입 또는 반송하려는 물품
② 법 제265조(물품 또는 운송수단 등에 대한 검사 등)에 따라 검사하는 물품
③ 「사법경찰관리의 직무를 수행할 자와 그 직무범위에 관한 법률」 제6조(직무범위와 수사 관할) 제14호에 따른 범죄와 관련된 물품

③ 제266조(장부 또는 자료의 제출 등)

1) 의의

(1) 세관공무원은 이 법에 따른 직무를 집행하기 위하여 필요하다고 인정될 때에는 수출입업자·판매업자 또는 그 밖의 관계자에 대하여 질문하거나 문서화·전산화된 장부, 서류 등 관계 자료 또는 물품을 조사하거나, 그 제시 또는 제출을 요구할 수 있다.

(2) 상설영업장을 갖추고 외국에서 생산된 물품을 판매하는 자로서 다음의 하나에 해당하는 상설사업장을 갖추고 외국에서 생산된 물품을 판매하는 자는 해당 물품에 관하여 「부가가치세법」 제32조(세금계산서 등) 및 제35조(수입세금계산서)에 따른 세금계산서나 수입 사실 등을 증명하는 자료를 영업장에 갖춰 두어야 한다.

① 백화점
② 최근 1년간 수입물품의 매출액이 5억원 이상인 수입물품만을 취급하거나 수입물품을 할인판매하는 상설사업장
③ 통신판매하는 자로서 최근 1년간 수입물품의 매출액이 10억원 이상인 상설사업장
④ 관세청장이 정하는 물품을 판매하는 자로서 최근 1년간 수입물품의 매출액이 전체 매출액의 30%를 초과하는 상설사업장
⑤ 상설사업장의 판매자 또는 그 대리인이 최근 3년 이내에 「관세법」 또는 「관세사법」 위반으로 처벌받은 사실이 있는 경우 그 상설사업장

(3) 관세청장이나 세관장은 이 법 또는 이 법에 따른 명령을 집행하기 위하여 필요하다고 인정될 때에는 상설영업장의 판매자나 그 밖의 관계인으로 하여금 대통령령으로 정하는 바에 따라 영업에 관한 보고를 하게 할 수 있다.

(4) 관세청장이나 세관장은 소비자 피해를 예방하기 위하여 필요한 경우 「전자상거래 등에서의 소비자보호에 관한 법률」 제2조(정의) 제4호4)에 따른 통신판매중개(이하 "통신판매중개"라 한다)를 하는 자를 대상으로 통신판매중개를 하는 사이버몰에서 거래되는 물품 중 이 법 제226조(허가·승인 등의 증명 및 확인), 제230조(원산지 허위표시물품 등의 통관 제한) 및 제235조(지식재산권 보호)를 위반하여 수입된 물품의 유통실태 조사를 서면으로 실시할 수 있다.

(5) 관세청장은 서면실태조사의 결과를 공정거래위원회에 제공할 수 있고, 공정거래위원회와 소비자 피해 예방을 위하여 필요하다고 합의한 경우에는 그 조사 결과를 공개할 수 있다.

(6) 관세청장이나 세관장은 서면실태조사를 위하여 필요한 경우에는 해당 통신판매중개를 하는 자에게 필요한 자료의 제출을 요구할 수 있다.

(7) 서면실태조사의 시기, 범위, 방법 및 조사결과의 공표범위 등에 관하여 필요한 사항은 대통령령으로 정한다.

2) 영업에 관한 보고

위의 1) (3)에 따라 관세청장 또는 세관장은 상설영업장을 갖추고 외국에서 생산된 물품을 판매하는 자, 그 대리인 기타 관계인에 대하여 판매물품에 관한 다음의 사항에 관한 보고서의 제출을 명할 수 있다.

① 판매물품의 품명·규격 및 수량
② 수입대상국과 생산국 또는 원산지
③ 수입가격 또는 구입가격
④ 수입자 또는 구입처
⑤ 구입일자, 해당 영업장에의 반입일자
⑥ 판매일자

3) 실태조사 범위

(1) 관세청장은 위의 1) (4)에 따라 통신판매중개자(「전자상거래 등에서의 소비자보호에 관한 법률」 제2조(정의) 제4호에 따른 통신판매중개를 하는 자를 말한다)에 대한 서면실태조사(이하 "서면실태조사"라 한다)를 매년 1회 실시할 수 있다.

---

4) 4. "통신판매중개"란 사이버몰(컴퓨터 등과 정보통신설비를 이용하여 재화 등을 거래할 수 있도록 설정된 가상의 영업장을 말한다)의 이용을 허락하거나 그 밖에 총리령으로 정하는 방법으로 거래 당사자 간의 통신판매를 알선하는 행위를 말한다.

(2) 관세청장은 서면실태조사를 하는 경우에 공정거래위원회, 관련 업체 및 단체 등의 의견을 수렴하여 실시계획을 수립하고 이에 따라 실태조사를 해야 한다.

(3) 서면실태조사의 항목에는 통신판매중개자가 운영 중인 위의 1) (4)에 따른 사이버몰(이하 "사이버몰"이라 한다) 관련 정보 중에서 다음의 사항이 포함되어야 한다.

① 사이버몰에서 법 제226조(허가승인 등의 증명 및 확인), 제230조(원산지 허위표시물품 등의 통관 제한) 및 제235조(지식재산권 보호)를 위반하여 수입된 물품(이하 "부정수입물품"이라 한다)을 판매한 통신판매자(「전자상거래 등에서의 소비자보호에 관한 법률」 제2조(정의) 제2호[5])에 따른 통신판매를 한 자를 말한다)가 사이버몰에 등록한 정보에 대한 통신판매중개자의 관리 실태
② 통신판매중개자가 사이버몰에서 부정수입물품이 유통되는 것을 방지하기 위하여 통신판매자와 판매물품을 검증할 목적으로 갖추고 있는 인력·기술, 검증체계 및 방법에 관한 사항
③ 사이버몰에서 부정수입물품 유통 또는 거래내역 발견 시 판매중지, 거래취소 및 환불 등 소비자 보호에 관한 사항

(4) 관세청장은 서면실태조사를 효율적으로 하기 위해 정보통신망, 전자우편 등 전자적 매체를 사용할 수 있다.

(5) 위의 (1)부터 (4)까지에서 규정한 사항 외에 서면실태조사에 관하여 필요한 사항은 관세청장이 정한다.

4) 조사결과 통지 및 공표

(1) 관세청장은 위의 1) (5)에 따라 조사결과를 공개하기 전에 조사대상자에게 조사결과를 통지하여 소명자료를 제출하거나 의견을 진술할 수 있는 기회를 부여해야 한다.

(2) 관세청장은 공정거래위원회와 함께 서면실태조사의 결과 및 조사대상자의 소명자료·의견을 검토한 후에 소비자 피해 예방을 위하여 필요한 경우에는 다음의 사항을 관세청과 공정거래위원회의 홈페이지에 게시하는 방법으로 공표할 수 있다.

① 통신판매중개자의 사이버몰에서 판매된 부정수입물품 내역
② 해당 통신판매중개자가 운영하는 사이버몰의 명칭, 소재지 및 대표자 성명
③ 그 밖에 해당 통신판매중개자에 대한 서면실태조사 결과

---

5) 2. "통신판매"란 우편·전기통신, 그 밖에 총리령으로 정하는 방법으로 재화 또는 용역(일정한 시설을 이용하거나 용역을 제공받을 수 있는 권리를 포함한다)의 판매에 관한 정보를 제공하고 소비자의 청약을 받아 재화 또는 용역(이하 "재화 등"이라 한다)을 판매하는 것을 말한다. 다만, 「방문판매 등에 관한 법률」 제2조(정의) 제3호에 따른 전화권유판매는 통신판매의 범위에서 제외한다.

4 제266조의2(위치정보의 수집)

1) 관세청장이나 세관장은 법 제241조(수출·수입 또는 반송의 신고) 제1항 및 제2항을 위반하여 수입하는 마약류의 위치정보를 수집할 수 있다.

2) 위의 1)에 따라 수집된 위치정보의 저장·보호·이용 및 파기 등에 관한 사항은 「위치정보의 보호 및 이용 등에 관한 법률」을 따른다.

3) 위의 1)에 따른 위치정보 수집대상 물품의 구체적인 범위와 방법, 절차 등에 관하여 필요한 사항은 관세청장이 정한다.

5 제267조(무기의 휴대 및 사용)

1) 의의

(1) 관세청장이나 세관장은 직무를 집행하기 위하여 필요하다고 인정될 때에는 그 소속 공무원에게 무기를 휴대하게 할 수 있다.

(2) "무기"란 「총포·도검·화약류 등의 안전관리에 관한 법률」에 따른 총포(권총 또는 소총에 한정한다), 도검, 분사기 또는 전자충격기를 말한다.

(3) 세관공무원은 그 직무를 집행할 때 특히 자기나 다른 사람의 생명 또는 신체를 보호하고 공무집행에 대한 방해 또는 저항을 억제하기 위하여 필요한 상당한 이유가 있는 경우 그 사태에 응하여 부득이하다고 판단될 때에는 무기를 사용할 수 있다.

2) 무기 관리 의무

(1) 관세청장은 무기의 안전한 사용, 관리 및 사고예방을 위하여 그 무기의 사용, 관리, 보관 및 해당 시설 등에 대한 안전기준을 마련하여야 한다.

(2) 관세청장이나 세관장은 무기가 사용된 경우 사용 일시·장소·대상, 현장책임자, 종류 및 수량 등을 기록하여 보관하여야 한다.

6 제267조의2(운송수단에 대한 검문·검색 등의 협조 요청)

1) 세관장은 직무를 집행하기 위하여 필요하다고 인정될 때에는 다음의 하나에 해당하는 자에게 협조를 요청할 수 있다.

① 육군·해군·공군의 각 부대장
② 국가경찰관서의 장
③ 해양경찰관서의 장

2) 위의 1)에 따라 협조 요청을 받은 자는 밀수 관련 혐의가 있는 운송수단에 대하여 추적감시 또는 진행정지명령을 하거나 세관공무원과 협조하여 해당 운송수단에 대하여 검문·검색을 할 수 있으며, 이에 따르지 아니하는 경우 강제로 그 운송수단을 정지시키거나 검문·검색을 할 수 있다.

7 제268조(명예세관원)

1) 의의

(1) 관세청장은 밀수감시단속 활동의 효율적인 수행을 위하여 필요한 경우에는 수출입 관련 분야의 민간종사자 등을 명예세관원으로 위촉하여 다음의 활동을 하게 할 수 있다.

① 공항·항만에서의 밀수 감시
② 정보 제공과 밀수 방지의 홍보

(2) 명예세관원의 자격요건, 임무, 그 밖에 필요한 사항은 기획재정부령으로 정한다.

2) 명예세관원의 자격요건

(1) 명예세관원은 다음의 하나에 해당하는 사람 중에서 위촉한다.

① 수출입물품과 같은 종류의 물품을 생산·유통·보관 및 판매하는 등의 업무에 종사하는 사람 및 관련단체의 임직원
② 소비자 관련단체의 임직원
③ 관세행정 발전에 기여한 공로가 있는 사람
④ 수출입물품의 유통에 관심이 있고 명예세관원의 임무를 성실히 수행할 수 있는 사람

(2) 명예세관원의 임무는 다음과 같다.

① 세관의 조사 · 감시 등 관세행정과 관련한 정보제공
② 밀수방지 등을 위한 홍보 활동 지원 및 개선 건의
③ 세관직원을 보조하여 공항, 항만 또는 유통단계의 감시 등 밀수단속 활동 지원
④ 세관직원을 보조하여 원산지 표시 위반, 지식재산권 침해 등에 대한 단속 활동 지원

(3) 관세청장은 필요한 경우 명예세관원에게 활동경비 등을 지급할 수 있다.

(4) 명예세관원의 위촉 · 해촉, 그 밖에 필요한 사항은 관세청장이 정한다(「명예세관원 운영에 관한 훈령」).

제11장 벌 칙

1 관세범의 개념

관세범은 법 또는 법에 의한 명령에 위반하는 행위로서 법에 의하여 형사처벌되거나 통고처분되는 것을 말한다. 관세범은 형벌이 과해진다는 점에서 일반형사범과는 동일하지만 재산형이 주종을 이루는 재정범이라는 점에서 구별되며 조세범, 행정범이라고도 한다.

2 제268조의2(전자문서 위조·변조죄 등)

1) 법 제327조의4(전자문서 등 관련 정보에 관한 보안) 제1항을 위반하여 국가관세종합정보시스템이나 전자문서중계사업자의 전산처리설비에 기록된 전자문서 등 관련 정보를 위조 또는 변조하거나 위조 또는 변조된 정보를 행사한 자는 1년 이상 10년 이하의 징역 또는 1억원 이하의 벌금에 처한다.

2) 다음의 어느 하나에 해당하는 자는 5년 이하의 징역 또는 5,000만원 이하의 벌금에 처한다.

① 법 제327조의3(전자문서중계사업자의 지정 등) 제1항을 위반하여 관세청장의 지정을 받지 아니하고 전자문서중계업무를 행한 자
② 법 제327조의4(전자문서 등 관련 정보에 관한 보안) 제2항을 위반하여 국가관세종합정보시스템 또는 전자문서중계사업자의 전산처리설비에 기록된 전자문서 등 관련 정보를 훼손하거나 그 비밀을 침해한 자
③ 제327조의4 제3항을 위반하여 업무상 알게 된 전자문서 등 관련 정보에 관한 비밀을 누설하거나 도용한 한국관세정보원 또는 전자문서중계사업자의 임직원 또는 임직원이었던 사람

3 **제269조(밀수출입죄)**

　1) 법 제234조(수출입의 금지) 각 호의 물품을 수출하거나 수입한 자는 7년 이하의 징역 또는 7,000만원 이하의 벌금에 처한다.

　2) 다음의 하나에 해당하는 자는 5년 이하의 징역 또는 관세액의 10배와 물품원가 중 높은 금액 이하에 상당하는 벌금에 처한다.

> ① 법 제241조(수출·수입 또는 반송의 신고) 제1항·제2항 또는 법 제244조(입항전수입신고) 제1항에 따른 신고를 하지 아니하고 물품을 수입한 자. 다만, 법 제253조(수입신고전의 물품 반출) 제1항에 따른 반출신고를 한 자는 제외한다.
> ② 법 제241조 제1항·제2항 또는 제244조 제1항에 따른 신고를 하였으나 해당 수입물품과 다른 물품으로 신고하여 수입한 자

　3) 다음의 하나에 해당하는 자는 3년 이하의 징역 또는 물품원가 이하에 상당하는 벌금에 처한다.

> ① 제241조(수출·수입 또는 반송의 신고) 제1항 및 제2항에 따른 신고를 하지 아니하고 물품을 수출하거나 반송한 자
> ② 제241조(수출·수입 또는 반송의 신고) 제1항 및 제2항에 따른 신고를 하였으나 해당 수출물품 또는 반송물품과 다른 물품으로 신고하여 수출하거나 반송한 자

4 **제270조(관세포탈죄 등)**

1) 의의

　수입신고서상의 신고구분란을 허위기재하고 과세가격을 누락한 행위에 대한 가벌성 여부와 관련하여 관세포탈죄가 성립하려면 관세탈루의 목적이 인정되어야 하고, 허위신고죄가 성립하려면 허위신고의 고의가 존재하여야 한다.

2) 허위신고죄 인정

　관세포탈의 목적 및 허위신고의 고의가 인정된다면 상상적 경합에 따라 처리하고 관세포탈의 목적은 없으나 허위신고의 고의가 인정된다면 허위신고죄로 처벌하여야 한다.

　(1) 법 제241조(수출·수입 또는 반송의 신고) 제1항·제2항 또는 제244조(입항전수입신고) 제1

항에 따른 수입신고를 한 자(법 제19조(납세의무자) 제5항 제1호 다목에 따른 구매대행업자를 포함한다) 중 다음의 하나에 해당하는 자는 3년 이하의 징역 또는 포탈한 관세액의 5배와 물품원가 중 높은 금액 이하에 상당하는 벌금에 처한다. 이 경우 아래의 ①의 물품원가는 전체 물품 중 포탈한 세액의 전체 세액에 대한 비율에 해당하는 물품만의 원가로 한다.

① 세액결정에 영향을 미치기 위하여 과세가격 또는 관세율 등을 거짓으로 신고하거나 신고하지 아니하고 수입한 자(제19조 제5항 제1호 다목에 따른 구매대행업자를 포함한다)
② 세액결정에 영향을 미치기 위하여 거짓으로 서류를 갖추어 법 제86조(특정물품에 적용될 품목분류의 사전심사) 제1항·제3호에 따른 사전심사·재심사 및 법 제87조(특정물품에 적용되는 품목분류의 변경 및 적용) 제3항에 따른 재심사를 신청한 자
③ 법령에 따라 수입이 제한된 사항을 회피할 목적으로 부분품으로 수입하거나 주요 특성을 갖춘 미완성·불완전한 물품이나 완제품을 부분품으로 분할하여 수입한 자

  (2) 법 제241조(수출·수입 또는 반송의 신고) 제1항·제2항 또는 제244조(입항전수입신고) 제1항에 따른 수입신고를 한 자 중 법령에 따라 수입에 필요한 허가·승인·추천·증명 또는 그 밖의 조건을 갖추지 아니하거나 부정한 방법으로 갖추어 수입한 자는 3년 이하의 징역 또는 3,000만원 이하의 벌금에 처한다.

  (3) 법 제241조 제1항 및 제2항에 따른 수출신고를 한 자 중 법령에 따라 수출에 필요한 허가·승인·추천·증명 또는 그 밖의 조건을 갖추지 아니하거나 부정한 방법으로 갖추어 수출한 자는 1년 이하의 징역 또는 2,000만원 이하의 벌금에 처한다.

  (4) 부정한 방법으로 관세를 감면받거나 관세를 감면받은 물품에 대한 관세의 징수를 면탈한 자는 3년 이하의 징역에 처하거나, 감면받거나 면탈한 관세액의 5배 이하에 상당하는 벌금에 처한다.

  (5) 부정한 방법으로 관세를 환급받은 자는 3년 이하의 징역 또는 환급받은 세액의 5배 이하에 상당하는 벌금에 처한다. 이 경우 세관장은 부정한 방법으로 환급받은 세액을 즉시 징수한다.

5 제270조의2(가격조작죄)

  다음의 신청 또는 신고를 할 때 부당하게 재물이나 재산상 이득을 취득하거나 제3자로 하여금 이를 취득하게 할 목적으로 물품의 가격을 조작하여 신청 또는 신고한 자는 2년 이하의 징역 또는 물품원가와 5,000만원 중 높은 금액 이하의 벌금에 처한다.

① 법 제38조의2(보정) 제1항·제2항에 따른 보정신청
② 법 제38조의3(수정 및 경정) 제1항에 따른 수정신고
③ 법 제241조(수출·수입 또는 반송의 신고) 제1항·제2항에 따른 신고
④ 법 제244조(입항전수입신고) 제1항에 따른 신고

6 제271조(미수범 등)

1) 그 정황을 알면서 법 제269조(밀수출입죄) 및 제270조(관세포탈죄 등)에 따른 행위를 교사하거나 방조한 자는 정범(正犯)에 준하여 처벌한다.

2) 법 제268조의2(전자문서 위조·변조죄 등), 제269조 및 제270조의 미수범은 본죄에 준하여 처벌한다.

3) 법 제268조의2, 제269조 및 제270조의 죄를 저지를 목적으로 그 예비를 한 자는 본죄의 1/2을 감경하여 처벌한다.

7 제272조(밀수 전용 운반기구의 몰수)

법 제269조(밀수출입죄)의 죄에 전용(專用)되는 선박·자동차나 그 밖의 운반기구는 그 소유자가 범죄에 사용된다는 정황을 알고 있고, 다음의 하나에 해당하는 경우에는 몰수한다.

① 범죄물품을 적재하거나 적재하려고 한 경우
② 검거를 기피하기 위하여 권한 있는 공무원의 정지명령을 받고도 정지하지 아니하거나 적재된 범죄물품을 해상에서 투기·파괴 또는 훼손한 경우
③ 범죄물품을 해상에서 인수 또는 취득하거나 인수 또는 취득하려고 한 경우
④ 범죄물품을 운반한 경우

8 제273조(범죄에 사용된 물품의 몰수 등)

1) 제269조(밀수출입죄)에 사용하기 위하여 특수한 가공을 한 물품은 누구의 소유이든지 몰수하거나 그 효용을 소멸시킨다.

2) 제269조에 해당되는 물품이 다른 물품 중에 포함되어 있는 경우 그 물품이 범인의 소유일 때에는 그 다른 물품도 몰수할 수 있다.

⑨ 제274조(밀수품의 취득죄 등)

1) 다음의 하나에 해당되는 물품을 취득·양도·운반·보관 또는 알선하거나 감정한 자는 3년 이하의 징역 또는 물품원가 이하에 상당하는 벌금에 처한다.

① 법 제269조(밀수출입죄)에 해당되는 물품
② 법 제270조(관세포탈죄 등) 제1항 제3호, 같은 조 제2항 및 제3항에 해당되는 물품

2) 위의 1)에 규정된 죄의 미수범은 본죄에 준하여 처벌한다.

3) 위의 1)에 규정된 죄를 저지를 목적으로 그 예비를 한 자는 본죄의 ½을 감경하여 처벌한다.

⑩ 제275조(징역과 벌금의 병과)

1) 각 처벌규정에는 몇 년의 징역 또는 얼마의 벌금이란 형식으로 규정되어 자유형과 재산형을 선택적으로 과할 수 있게 하고 있지만, 밀수범 등 악질범죄에 대하여는 한 가지 형태의 처벌만으로 불충분할 경우에는 자유형과 재산형을 병과하여 그 처벌의 실효를 거두려고 한 것이다. 즉, ① 밀수출입죄, ② 관세포탈죄, ③ 미수범, ④ 밀수품취득죄를 범한 자는 정상에 따라 징역과 벌금을 병과할 수 있다.

2) 법 제269조(밀수출입죄)부터 제271조(미수범 등)까지 및 제274조(밀수품의 취득죄 등)의 죄를 저지른 자는 정상(情狀)에 따라 징역과 벌금을 병과할 수 있다.

⑪ 제275조의2(강제징수면탈죄 등)

1) 납세의무자 또는 납세의무자의 재산을 점유하는 자가 강제징수를 면탈할 목적 또는 면탈하게 할 목적으로 그 재산을 은닉·탈루하거나 거짓 계약을 하였을 때에는 3년 이하의 징역 또는 3,000만원 이하의 벌금에 처한다.

2) 법 제303조(압수와 보관) 제2항에 따른 압수물건의 보관자 또는 「국세징수법」 제48조(동산과 유가증권의 압류)에 따른 압류물건의 보관자가 그 보관한 물건을 은닉·탈루, 손괴 또는 소비하였을 때에도 3년 이하의 징역 또는 3,000만원 이하의 벌금에 처한다.

3) 위의 1)과 2)의 사정을 알고도 이를 방조하거나 거짓 계약을 승낙한 자는 2년 이하의 징역 또는 2,000만원 이하의 벌금에 처한다.

12 제275조의3(명의대여행위죄 등)

관세(세관장이 징수하는 내국세등을 포함한다)의 회피 또는 강제집행의 면탈을 목적으로 하거나 재산상 이득을 취할 목적으로 다음의 행위를 한 자는 1년 이하의 징역 또는 1,000만원 이하의 벌금에 처한다.

① 타인에게 자신의 명의를 사용하여 법 제38조(신고납부)에 따른 납세신고를 하도록 허락한 자
② 타인의 명의를 사용하여 법 제38조에 따른 납세신고를 한 자

13 제275조의4(보세사의 명의대여죄 등)

다음의 어느 하나에 해당하는 자는 1년 이하의 징역 또는 1,000만원 이하의 벌금에 처한다.

① 법 제165조의2(보세사의 명의대여 등의 금지) 제1항을 위반하여 다른 사람에게 자신의 성명·상호를 사용하여 보세사 업무를 수행하게 하거나 자격증 또는 등록증을 빌려준 자
② 제165조의2 제2항을 위반하여 다른 사람의 성명·상호를 사용하여 보세사의 업무를 수행하거나 자격증 또는 등록증을 빌린 자
③ 제165조의2 제3항을 위반하여 같은 조 제1항 또는 제2항의 행위를 알선한 자

14 제276조(허위신고죄 등)

1) 다음의 어느 하나에 해당하는 자는 물품원가 또는 2,000만원 중 높은 금액 이하의 벌금에 처한다.

① 법 제198조(종합보세사업장의 설치·운영에 관한 신고 등) 제1항에 따른 종합보세사업장의 설치·운영에 관한 신고를 하지 아니하고 종합보세기능을 수행한 자
② 법 제204조(종합보세구역 지정의 취소 등) 제2항에 따른 세관장의 중지조치 또는 같은 조 제3항에 따른 세관장의 폐쇄 명령을 위반하여 종합보세기능을 수행한 자
③ 법 제238조(보세구역 반입명령)에 따른 보세구역 반입명령에 대하여 반입대상 물품의 전부 또는 일부를 반입하지 아니한 자
④ 법 제241조(수출·수입 또는 반송의 신고) 제1항·제2항 또는 법 제244조(입항전수입신고) 제1항에 따른 신고를 할 때 제241조 제1항에 따른 사항을 신고하지 아니하거나 허위신고를 한 자(법 제275조의3(명의대여행위죄 등) 제2호에 해당하는 자는 제외한다)

⑤ 법 제38조의2(보정) 제1항 및 제2항, 제38조의3(수정 및 경정) 제1항에 따른 보정신청 또는 수정신고를 할 때 법 제241조(수출·수입 또는 반송의 신고) 제1항에 따른 사항을 허위로 신청하거나 신고한 자

⑥ 법 제248조(신고의 수리) 제3항을 위반한 자

  2) 다음의 어느 하나에 해당되는 자는 2,000만원 이하의 벌금에 처한다. 다만, 과실로 아래의 ②, ③ 또는 ⑤에 해당하게 된 경우에는 300만원 이하의 벌금에 처한다.

① 부정한 방법으로 적재화물목록을 작성하였거나 제출한 자

② 법 제12조(신고 서류의 보관기간)(법 제277조(과태료) 제6항 제2호에 해당하는 경우는 제외한다), 법 제 98조(재수출 감면) 제2항, 제109조(다른 법령 등에 따른 감면물품의 관세징수) 제1항(제277조 제5항 제3 호에 해당하는 경우는 제외한다), 법 제134조(국제항 등에의 출입) 제1항(제146조(그 밖의 선박 또는 항 공기) 제1항에서 준용하는 경우를 포함한다), 제136조(출항절차) 제2항, 제148조(관세통로) 제1항, 제 149조(국경출입차량의 도착절차), 제222조(보세운송업자 등의 등록 및 보고) 제1항(제146조(그 밖의 선 박 또는 항공기) 제1항에서 준용하는 경우를 포함한다) 또는 제225조(보세화물 취급 선박회사 등의 신고 및 보고) 제1항 전단을 위반한 자

③ 법 제83조(용도세율의 적용) 제2항, 제88조(외교관용 물품 등의 면세) 제2항, 제97조(재수출면세) 제2항 및 제102조(관세감면물품의 사후관리) 제1항을 위반한 자. 다만, 제277조(과태료) 제5항 제3호에 해당하 는 자는 제외한다.

④ 법 제174조(특허보세구역의 설치·운영에 관한 특허) 제1항에 따른 특허보세구역의 설치·운영에 관한 특 허를 받지 아니하고 특허보세구역을 운영한 자

⑤ 법 제227조(과태료)에 따른 세관장의 의무 이행 요구를 이행하지 아니한 자

⑥ 법 제38조(신고납부) 제3항 후단에 따른 자율심사 결과를 거짓으로 작성하여 제출한 자

⑦ 법 제178조(반입정지 등과 특허의 취소) 제2항 제1호·제5호 및 제224조(보세운송업자등의 행정제재) 제 1항 제1호에 해당하는 자

  3) 다음의 어느 하나에 해당하는 자는 1,000만원 이하의 벌금에 처한다. 다만, 과실로 아래의 ②부터 ④까지의 규정에 해당하게 된 경우에는 200만원 이하의 벌금에 처한다.

① 법 제135조(입항절차) 제1항(제146조(그 밖의 선박 또는 항공기) 제1항에서 준용하는 경우를 포함한다) 에 따른 입항보고를 거짓으로 하거나 법 제136조(출항절차) 제1항(제146조 제1항에서 준용하는 경우를 포함한다)에 따른 출항허가를 거짓으로 받은 자

② 법 제135조(입항절차) 제1항(제146조 제1항에서 준용하는 경우를 포함하며, 제277조(과태료) 제5항 제 4호에 해당하는 자는 제외한다), 제136조(출항절차) 제1항(제146조 제1항에서 준용하는 경우를 포함한 다), 제137조의2(승객예약자료의 요청) 제1항 각 호 외의 부분 후단(제277조 제5항 제4호에 해당하는 자 는 제외한다), 제140조(물품의 하역) 제1항·제4항·제6항(제146조(그 밖의 선박 또는 항공기) 제1항에 서 준용하는 경우를 포함한다), 제142조(항외 하역) 제1항(제146조 제1항에서 준용하는 경우를 포함한

다), 제144조(국제무역선의 국내운항선으로의 전환 등)(제146조 제1항에서 준용하는 경우를 포함한다), 제150조(국경출입차량의 출발절차), 제151조(물품의 하역 등), 제213조(보세운송의 신고) 제2항 또는 제223조의2(보세운송업자등의 명의대여 등의 금지)를 위반한 자

③ 부정한 방법으로 법 제248조(신고의 수리) 제1항 단서에 따른 신고필증을 발급받은 자

④ 법 제265조(물품 또는 운송수단 등에 대한 검사 등)에 따른 세관장 또는 세관공무원의 조치를 거부 또는 방해한 자

4) 법 제165조(보세사의 자격 등) 제3항을 위반한 자는 500만원 이하의 벌금에 처한다.

15 제277조(과태료)

1) 법 제37조의4(특수관계자의 수입물품 과세가격결정자료등 제출) 제1항 및 제2항에 따라 과세가격결정자료 등의 제출을 요구받은 특수관계에 있는 자로서 법 제10조(천재지변 등으로 인한 기한의 연장)에서 정하는 정당한 사유 없이 제37조의4 제4항 각 호의 어느 하나에 해당하는 행위를 한 자에게는 1억원 이하의 과태료를 부과한다. 이 경우 법 제276조(허위신고죄 등)는 적용되지 아니한다.

2) 법 제37조의4(과세가격 결정방법의 사전심사) 제7항을 위반한 자에게는 2억원 이하의 과태료를 부과한다. 이 경우 법 제276조는 적용되지 아니한다.

3) 다음의 어느 하나에 해당하는 자에게는 5,000만원 이하의 과태료를 부과한다. 다만, 과실로 아래의 ②에 해당하게 된 경우에는 400만원 이하의 과태료를 부과한다.

① 세관공무원의 질문에 대하여 거짓의 진술을 하거나 그 직무의 집행을 거부 또는 기피한 자
② 법 제200조(반출입물품의 범위 등) 제3항, 제203조(종합보세구역에 대한 세관의 관리 등) 제1항 또는 제262조(운송수단의 출발 중지 등)에 따른 관세청장 또는 세관장의 조치를 위반하거나 검사를 거부·방해 또는 는 기피한 자
③ 법 제263조(서류의 제출 또는 보고 등의 명령)를 위반하여 서류의 제출·보고 또는 그 밖에 필요한 사항에 관한 명령을 이행하지 아니하거나 거짓의 보고를 한 자
④ 법 제266조(장부 또는 자료의 제출 등) 제1항에 따른 세관공무원의 자료 또는 물품의 제시요구 또는 제출 요구를 거부한 자

4) 다음의 어느 하나에 해당하는 자에게는 1,000만원 이하의 과태료를 부과한다.

① 법 제139조(임시 외국 정박 또는 착륙의 보고)(제146조(그 밖의 선박 또는 항공기) 제1항에서 준용하는 경우를 포함한다), 제143조(선박용품 및 항공기용품 등의 하역 등) 제1항(제146조 제1항에서 준용하는 경우를 포함한다), 제152조(도로차량의 국경출입) 제1항, 제155조(물품의 장치) 제1항, 제156조(보세구역 외 장치의 허가) 제1항, 제159조(해체·절단 등의 작업) 제2항, 제160조(장치물품의 폐기) 제1항, 제161조 (견본품 반출) 제1항, 제186조(사용신고 등) 제1항(제205조(준용규정)에서 준용하는 경우를 포함한다), 제 192조(사용 전 수입신고)(제205조(준용규정)에서 준용하는 경우를 포함한다), 제200조(반출입물품의 범위 등) 제1항, 제201조(운영인의 물품관리) 제1항·제3항, 제219조(조난물품의 운송) 제2항 또는 제266 조(장부 또는 자료의 제출 등) 제2항을 위반한 자

② 법 제187조(보세공장 외 작업 허가) 제1항(제89조(세율불균형물품의 면세) 제5항에서 준용하는 경우를 포함한다) 또는 제195조(보세건설장 외 작업 허가) 제1항에 따른 허가를 받지 아니하거나 제202조(설비의 유지의무 등) 제2항에 따른 신고를 하지 아니하고 보세공장·보세건설장·종합보세구역 또는 지정공장 외 의 장소에서 작업을 한 자

5) 다음의 어느 하나에 해당하는 자에게는 500만원 이하의 과태료를 부과한다.

① 법 제240조의2(통관 후 유통이력 신고) 제1항을 위반하여 유통이력을 신고하지 아니하거나 거짓으로 신고한 자
② 법 제240조의2 제2항을 위반하여 장부기록 자료를 보관하지 아니한 자
③ 법 제243조(신고의 요건) 제4항을 위반하여 관세청장이 정하는 장소에 반입하지 아니하고 제241조(수출·수입 또는 반송의 신고) 제1항에 따른 수출의 신고를 한 자
④ 법 제327조의2(한국관세정보원의 설립) 제10항을 위반하여 한국관세정보원 또는 이와 유사한 명칭을 사용한 자

6) 다음의 어느 하나에 해당하는 자에게는 200만원 이하의 과태료를 부과한다.

① 특허보세구역의 특허사항을 위반한 운영인
② 법 제38조(신고납부) 제3항, 제83조(용도세율의 적용) 제1항, 제107조(관세의 분할납부) 제3항, 제135 조(입항절차) 제2항(제146조(그 밖의 선박 또는 항공기) 제1항에서 준용하는 경우를 포함한다), 제136조 (출항절차) 제3항(제146조 제1항에서 준용하는 경우를 포함한다), 제140조(물품의 하역) 제5항, 제141 조(외국물품의 일시양륙 등) 제1호·제3호(제146조(그 밖의 선박 또는 항공기) 제1항에서 준용하는 경우를 포함한다), 제157조(물품의 반입·반출) 제1항, 제158조(보수작업) 제2항·제6항, 제172조(물품에 대한 보관책임) 제3항, 제194조(보세건설물품의 가동 제한)(제205조(준용규정)에서 준용하는 경우를 포함한다), 제196조의2(시내보세판매장의 현장 인도 특례) 제5항, 제198(종합보세사업장의 설치·운영에 관한 신고 등)조 제3항, 제199조(종합보세구역에의 물품의 반입·반출 등) 제1항, 제202조(설비의 유지의무 등) 제1항, 제214조(보세운송의 신고인), 제215조(보세운송 보고)(제219조(조난물품의 운송) 제4항 및 제221조(내국운송의 신고) 제2항에서 준용하는 경우를 포함한다), 제216조(보세운송통로) 제2항·제3항(제219조 제4항 및 제221조 제2항에서 준용하는 경우를 포함한다), 제221조 제1항, 제222조(보

세운송업자등의 등록 및 보고) 제3항, 제225조(보세화물 취급 선박회사 등의 신고 및 보고) 제1항 후단 또는 제251조(수출신고수리물품의 적재 등) 제1항을 위반한 자

③ 법 제83조(용도세율의 적용) 제2항, 제88조(외교관용 물품 등의 면세) 제2항, 제97조(재수출면세) 제2항, 제102조(관세감면물품의 사후관리) 제1항 및 제109조(다른 법령 등에 따른 감면물품의 관세징수) 제1항을 위반한 자 중 해당 물품을 직접 수입한 경우 관세를 감면받을 수 있고 수입자와 동일한 용도에 사용하려는 자에게 양도한 자

④ 법 제135조(입항절차) 제1항 또는 제137조의2(승객예약자료의 요청) 제1항 각 호 외의 부분 후단을 위반한 자 중 과실로 여객명부 또는 승객예약자료를 제출하지 아니한 자

⑤ 법 제159조(해체·절단 등의 작업) 제6항, 제180조(특허보세구역의 설치·운영에 관한 감독 등)제3항(제205조(준용규정)에서 준용하는 경우를 포함한다), 제196조(보세판매장) 제4항, 제216조(보세운송통로) 제1항(제219조(조난물품의 운송) 제4항 및 제221조(내국운송의 신고) 제2항에서 준용하는 경우를 포함한다), 제222조(보세운송업자등의 등록 및 보고) 제4항, 제225조(보세화물 취급 선박회사 등의 신고 및 보고) 제2항, 제228조(통관표지) 또는 제266조(장부 또는 자료의 제출 등) 제3항에 따른 관세청장 또는 세관장의 조치를 위반한 자

⑥ 법 제321조(세관의 업무시간·물품취급시간) 제2항 제2호를 위반하여 운송수단에서 물품을 취급한 자

⑦ 보세구역에 물품을 반입하지 아니하고 거짓으로 법 제157조(물품의 반입·반출) 제1항에 따른 반입신고를 한 자

7) 다음의 어느 하나에 해당하는 자에게는 100만원 이하의 과태료를 부과한다.

① 적재물품과 일치하지 아니하는 적재화물목록을 작성하였거나 제출한 자. 다만, 다음의 어느 하나에 해당하는 자가 투입 및 봉인한 것이어서 적재화물목록을 제출한 자가 해당 적재물품의 내용을 확인하는 것이 불가능한 경우에는 해당 적재화물목록을 제출한 자는 제외한다.

> ㉮ 법 제276조(허위신고죄 등) 제3항 제1호에 해당하는 자
> ㉯ 적재물품을 수출한 자
> ㉰ 다른 선박회사·항공사 및 화물운송주선업자

② 법 제12조(장부 등의 보관) 제1항을 위반하여 신고필증을 보관하지 아니한 자

③ 법 제28조(잠정가격의 신고 등) 제2항에 따른 신고를 하지 아니한 자

④ 법 제107조(관세의 분할납부) 제4항, 제108조(담보 제공 및 사후관리) 제2항, 제138조(재해나 그 밖의 부득이한 사유로 인한 면책) 제2항·제4항, 제141조(외국물품의 일시양륙 등) 제2호, 제157조의2(수입신고수리물품의 반출), 제162조(물품취급자에 대한 단속), 제179조(특허의 효력상실 및 승계) 제2항, 제182조(특허의 효력상실 시 조치 등) 제1항(제205조(준용규정)에서 준용하는 경우를 포함한다), 제183조(보세창고) 제2항·제3항, 제184조(장치기간이 지난 내국물품)(제205조(준용규정)에서 준용하는 경우를 포함한다), 제185조(보세공장) 제2항(제205조에서 준용하는 경우를 포함한다), 제245조(신고 시의 제출서류) 제3항 또는 제254조의2(탁송품의 특별통관) 제2항 및 제3항을 위반한 자

⑤ 법 제160조(장치물품의 폐기) 제4항(제207조(유치 및 예치 물품의 보관) 제2항에서 준용하는 경우를 포

함한다)에 따른 세관장의 명령을 이행하지 아니한 자

⑥ 법 제177조(장치기간) 제2항(제205조(준용규정)에서 준용하는 경우를 포함한다), 제180조(특허보세구역의 설치·운영에 관한 감독 등) 제4항(제205조에서 준용하는 경우를 포함한다) 또는 제249조(신고사항의 보완) 각 호 외의 부분 단서에 따른 세관장의 명령이나 보완조치를 이행하지 아니한 자

⑦ 법 제180조(특허보세구역의 설치·운영에 관한 감독 등) 제1항(제205조(준용규정)에서 준용하는 경우를 포함한다)·제2항(제89조(세율불균형물품의 면세) 제5항에서 준용하는 경우를 포함한다), 제193조(반입물품의 장치 제한)(제205조에서 준용하는 경우를 포함한다) 또는 제203조(종합보세구역에 대한 세관의 관리 등) 제2항에 따른 세관장의 감독·검사·보고지시 등을 따르지 아니한 자

8) 위의 1)부터 7)까지 및 법 제277조의 2(금품수수 및 공여) 제5항에 따른 과태료의 부가기준은 별표 5와 같다.

16 제277조의2(금품 수수 및 공여)

1) 세관공무원이 그 직무와 관련하여 금품을 수수(收受)하였을 때에는 「국가공무원법」 제82조(징계 등 절차)에 따른 징계절차에서 그 금품 수수액의 5배 내의 징계부가금 부과 의결을 징계위원회에 요구하여야 한다.

2) 징계대상 세관공무원이 징계부가금 부과 의결 전후에 금품 수수를 이유로 다른 법률에 따라 형사처벌을 받거나 변상책임 등을 이행한 경우(몰수나 추징을 당한 경우를 포함한다)에는 징계위원회에 감경된 징계부가금 부과 의결 또는 징계부가금 감면을 요구하여야 한다.

3) 징계부가금 부과 의결 요구에 관하여는 「국가공무원법」 제78조(징계 사유) 제4항을 준용한다. 이 경우 "징계 의결 요구"를 "징계부가금 부과 의결 요구"로 본다.

4) 위의 1)에 따라 징계부가금 부과처분을 받은 자가 납부기간 내에 그 부가금을 납부하지 아니한 때에는 징계권자는 국세강제징수의 예에 따라 징수할 수 있다.

5) 관세청장 또는 세관장은 세관공무원에게 금품을 공여한 자에 대해서는 대통령령으로 정하는 바에 따라 그 금품 상당액의 2배 이상 5배 내의 과태료를 부과·징수한다. 다만, 「형법」 등 다른 법률에 따라 형사처벌을 받은 경우에는 과태료를 부과하지 아니하고, 과태료를 부과한 후 형사처벌을 받은 경우에는 과태료 부과를 취소한다.

⑰ 제277조의3(비밀유지 의무 위반에 대한 과태료)

1) 관세청장은 제116조제1항·제6항 또는 제116조의6 제10항을 위반하여 과세정보를 타인에게 제공 또는 누설하거나 그 목적 외의 용도로 사용한 자에게 2,000만원 이하의 과태료를 부과·징수한다. 다만, 「형법」 등 다른 법률에 따라 형사처벌을 받은 경우에는 과태료를 부과하지 아니하고, 과태료를 부과한 후 형사처벌을 받은 경우에는 과태료 부과를 취소한다.

2) 위의 1) 본문에 따른 과태료의 부과기준은 별표 6과 같다.

⑱ 제278조(「형법」 적용의 일부 배제)

이 법에 따른 벌칙에 위반되는 행위를 한 자에게는 「형법」 제38조(경합범과 처벌례) 제1항 제2호[1] 중 벌금경합에 관한 제한가중규정을 적용하지 아니한다.

⑲ 제279조(양벌 규정)

1) 법인의 대표자나 법인 또는 개인의 대리인, 사용인, 그 밖의 종업원이 그 법인 또는 개인의 업무에 관하여 제11장(벌칙)(제268조의2(전자문서 위조·변조죄 등)-제282조(몰수·추징))에서 규정한 벌칙(법 제277조(과태료)의 과태료는 제외한다)에 해당하는 위반행위를 하면 그 행위자를 벌하는 외에 그 법인 또는 개인에게도 해당 조문의 벌금형을 과(科)한다. 다만, 법인 또는 개인이 그 위반행위를 방지하기 위하여 해당 업무에 관하여 상당한 주의와 감독을 게을리하지 아니한 경우에는 그러하지 아니하다.

2) 위의 1)에서 개인은 다음의 어느 하나에 해당하는 사람으로 한정한다.

> ① 특허보세구역 또는 종합보세사업장의 운영인
> ② 수출(「수출용원재료에 대한 관세 등 환급에 관한 특례법」 제4조(환급대상 수출 등)에 따른 수출 등을 포함한다)·수입 또는 운송을 업으로 하는 사람
> ③ 관세사
> ④ 국제항 안에서 물품 및 용역의 공급을 업으로 하는 사람
> ⑤ 법 제327조의3(전자문서중계사업자의 지정 등) 제3항에 따른 전자문서중계사업자

---

1) ① 경합범을 동시에 판결할 때에는 다음의 구별에 의하여 처벌한다. 1. 가장 중한 죄에 정한 형이 사형 또는 무기징역이나 무기금고인 때에는 가장 중한 죄에 정한 형으로 처벌한다. 2. 각 죄에 정한 형이 사형 또는 무기징역이나 무기금고 이외의 동종의 형인 때에는 가장 중한 죄에 정한 장기 또는 다액에 그 2분의 1까지 가중하되 각 죄에 정한 형의 장기 또는 다액을 합산한 형기 또는 액수를 초과할 수 없다. 단 과료와 과료, 몰수와 몰수는 병과할 수 있다. 3. 각 죄에 정한 형이 무기징역이나 무기금고 이외의 이종의 형인 때에는 병과한다.

20 제282조(몰수 · 추징)

1) 개념

(1) 형법

① 몰수는 다른 형에 부가하여 과하는 것을 원칙으로 하는 재산형이다. 그러나 행위자에게 유죄 재판을 내리지 않을 때에도 몰수의 요건이 있는 때에는 몰수만을 선고할 수 있다.

② 몰수에 관하여 범죄행위에 제공하였거나 제공하려고 한 물건, 범죄행위로 생긴 물건 등에 대한 사회적 유통을 억제하고 범죄로 인한 재산적 이익을 회수하기 위하여 그 소유권을 박탈하는 재산형의 일종으로서 주형에 부가하여 과하는 것이 원칙이나 예외적으로 몰수불능일 때에는 그 가액에 대해 과하는 것을 추징이라 한다. 형법에서는 범인 또는 정황을 아는 제3자가 받은 뇌물 또는 뇌물에 제공할 금품은 몰수한다고 규정하고 있다.

③ 형법에서는 몰수의 요건을 몰수대상물품이 범인 이외의 자의 소유에 속하지 아니하거나 범죄 후 범인 이외의 자가 정황을 알면서 취득물품으로 하고 있는데, 법에서는 이 요건에 해당하지 아니하는 것도 몰수할 수 있는 경우가 있다. 또한 형법에서는 몰수의 여부는 원칙적으로 법관의 재량에 의하는 임의적 몰수이고 예외적으로 필요적 몰수를 인정하고 있는데, 법에서는 원칙적으로 필요적 몰수이고, 예외적으로 임의적 몰수를 한다.

그러나 관세범 중 법상 몰수형에 관한 특별규정이 없는 관세범에 대하여는 형법의 몰수에 관한 규정을 적용한다.

(2) 관세법

① 몰수 : 법에서는 밀수출입죄에 전용되는 선박 · 자동차, 그 밖의 운반기구의 소유자가 이들을 범죄에 사용하는 정황을 알게 되었을 경우 다음에 해당하는 경우에는 그 물품을 몰수한다고 규정하고 있다.

② 추징 : 몰수할 물품의 전부 또는 일부를 몰수할 수 없을 때에는 그 몰수할 수 없는 물품의 범칙 당시의 국내도매가격(도매업자가 수입물품을 무역업자로부터 매수하여 국내도매시장에서 공정한 거래방법에 의하여 공개적으로 판매하는 가격)에 상당한 금액을 범인으로부터 추징한다.

2) 의의

(1) 법 제269조(밀수출입죄) 제1항(제271조(미수범 등) 제3항에 따라 그 죄를 범할 목적으로 예비를 한 자를 포함한다)의 경우에는 그 물품을 몰수한다.

(2) 법 제269조 제2항(제271조(미수범 등) 제3항에 따라 그 죄를 범할 목적으로 예비를 한 자를 포함한다), 제269조 제3항(제271조 제3항에 따라 그 죄를 범할 목적으로 예비를 한 자를 포함한다) 또는 제274조(밀수품의 취득죄 등) 제1항 제1호 다목에 따라 그 죄를 범할 목적으로 예비를 한 자를 포함한다)의 경우에는 범인이 소유하거나 점유하는 그 물품을 몰수한다. 다만, 제269조 제2항 또는 제3항의 경우로서 다음의 하나에 해당하는 물품은 몰수하지 아니할 수 있다.

① 법 제154조(보세구역의 종류)의 보세구역에 제157조(물품의 반입·반출)에 따라 신고를 한 후 반입한 외국물품
② 법 제156조(보세구역 외 장치의 허가)에 따라 세관장의 허가를 받아 보세구역이 아닌 장소에 장치한 외국물품
③ 「폐기물관리법」 제2조(정의) 제1호부터 제5호[2])까지의 규정에 따른 폐기물
④ 그 밖에 몰수의 실익이 없는 물품으로서 대통령령으로 정하는 물품

(3) 몰수할 물품의 전부 또는 일부를 몰수할 수 없을 때에는 그 몰수할 수 없는 물품의 범칙 당시의 국내도매가격에 상당한 금액을 범인으로부터 추징한다. "국내도매가격"이라 함은 도매업자가 수입물품을 무역업자로부터 매수하여 국내도매시장에서 공정한 거래방법에 의하여 공개적으로 판매하는 가격을 말한다. 다만, 법 제274조(밀수품의 취득죄 등) 제1항 제1호 중 제269조(밀수출입죄) 제2항의 물품을 감정한 자는 제외한다.

(4) 법 제279조(양벌 규정)의 개인 및 법인은 위의 (1)부터 (3)까지의 규정을 적용할 때에는 이를 범인으로 본다.

---

2) 제2조(정의). 이 법에서 사용하는 용어의 뜻은 다음과 같다. 1. "폐기물"이란 쓰레기, 연소재(燃燒滓), 오니(汚泥), 폐유(廢油), 폐산(廢酸), 폐알칼리 및 동물의 사체(死體) 등으로서 사람의 생활이나 사업활동에 필요하지 아니하게 된 물질을 말한다. 2. "생활폐기물"이란 사업장폐기물 외의 폐기물을 말한다. 3. "사업장폐기물"이란 「대기환경보전법」, 「물환경보전법」 또는 「소음·진동관리법」에 따라 배출시설을 설치·운영하는 사업장이나 그 밖에 대통령령으로 정하는 사업장에서 발생하는 폐기물을 말한다. 4. "지정폐기물"이란 사업장폐기물 중 폐유·폐산 등 주변 환경을 오염시킬 수 있거나 의료폐기물(醫療廢棄物) 등 인체에 위해(危害)를 줄 수 있는 해로운 물질로서 대통령령으로 정하는 폐기물을 말한다. 5. "의료폐기물"이란 보건·의료기관, 동물병원, 시험·검사기관 등에서 배출되는 폐기물 중 인체에 감염 등 위해를 줄 우려가 있는 폐기물과 인체 조직 등 적출물(摘出物), 실험 동물의 사체 등 보건·환경보호상 특별한 관리가 필요하다고 인정되는 폐기물로서 대통령령으로 정하는 폐기물을 말한다.

 **제12장** 조사와 처분

 개념

1) 관세범이란 법에 따른 명령을 위반하는 행위를 한 자를 말하며, 관세범에 관한 조사·처분은 세관공무원이 한다. 관세범에 대한 1차적 조사처분권은 관세청장·세관장 및 관세공무원에게 있는데, 일반 형사범에 대하여는 검사와 그 지휘를 받는 사법경찰관리의 수사를 거쳐 공소를 제기하여 법관의 재판을 통하여 처벌을 받게 된다. 그런데 관세범은 그 범죄의 특질 때문에 전문지식을 가진 세관공무원에게 조사를 하게 하고 조사결과 범칙사실이 확인되면 관세청장·세관장이 행정처분인 통고처분을 하여 통고된 벌금형을 이행하면 그것으로 처벌이 끝나게 된다.

2) 관세청장 · 세관장은 통고를 이행하지 않으면 고발을 하고 검사가 공소를 제기하여 법관의 재판을 받게 되는 것이다. 따라서 검사는 관세청장 · 세관장의 고발이 없으면 원칙적으로 공소를 제기할 수 없으며, 다른 기관이 관세범에 관한 사건을 발견하거나 피의자를 체포하였을 때에는 즉시 관세청장 · 세관에 인계하여야 한다.

3) 그러나 특정범죄가중처벌법 대상인 중죄인 관세범은 관세청장 · 세관장의 고발없이 공소제기가 가능하며, 관세청장 · 세관장이 고발할 수 있는 경우는 통고처분에 불복한 경우, 통고를 받은 자가 무자력자로 이행능력이 없는 경우, 범죄의 정상이 징역에 처할 것으로 인정된 경우에 하도록 되어 있다.

2 제283조(관세범)

1) 이 법에서 "관세범"이란 이 법 또는 이 법에 따른 명령을 위반하는 행위로서 이 법에 따라 형사처벌되거나 통고처분되는 것을 말한다.

2) 관세범에 관한 조사·처분은 세관공무원이 한다.

3 제284조(공소의 요건)

1) 공소시효의 개념

공소시효는 검사가 일정 기간 동안 공소를 제기하지 않고 방치하는 경우에 국가의 소추권 및 형벌권을 소멸시키는 제도를 의미한다. 공소시효는 확정판결 전에 국가의 소추권을 소멸시킨 다는 점에서 형의 시효가 확정된 형벌권을 소멸시키는 형의 시효와 차이가 있다. 공소시효가 완성된 때에는 면소의 판결을 해야 하지만, 형의 시효가 완성된 때에는 형의 집행이 면제될 뿐이다. 형의 시효는 「형법」에서(「형법」 제77조(시효의 효과) 내지 제80조(시효의 중단)), 공소시효는 「형사소송법」에서 규정하고 있다(「형사소송법」 제249조(시효의 중단)).

2) 공소시효의 필요성

(1) 재판의 공정성 때문에 공소시효를 둔다. 범죄가 발생한 후 오랜 시간이 지나면, 사건 당사자들의 사건에 대한 기억이 부정확해지고 증거가 제대로 보존되지 않을 수 있기 때문이다.

(2) 처벌의 필요성이 감소하기 때문이다. 오랜 시간이 지나면 범죄에 대한 피해자의 감정이나 사회적 감정이 진정된다. 시간이 흐를수록 형성된 사실 상태를 존중하여 사회와 개인생활의 안정을 도모할 필요는 증가하는데 반해 처벌의 필요성은 줄어든다.

(3) 범인은 장기간의 도피생활로 인해 처벌받은 것과 유사한 상태에 있었을 것이며, 국가의 태만으로 인한 책임을 범인에게만 돌리는 것은 부당하다는 주장이 있다.

(4) 주로 수사기관의 입장에서 계속 미해결사건에만 매달려서 수사할 수 없다는 주장이 있다. 범죄는 지속적으로 발생하는데 오래전에 발생한 범죄에 대하여 수사를 지속하여 수사기관이 이에 매달리는 것은 수사의 효율성과 적정성을 떨어뜨린다는 것이다.

3) 공소의 요건

(1) 관세범에 관한 사건에 대하여는 관세청장이나 세관장의 고발이 없으면 검사는 공소를 제기할 수 없다.

(2) 다른 기관이 관세범에 관한 사건을 발견하거나 피의자를 체포하였을 때에는 즉시 관세청이나 세관에 인계하여야 한다.

4 제284조의2(관세범칙조사심의위원회)

1) 의의

(1) 범칙사건에 관한 다음의 사항을 심의하기 위하여 관세청 또는 대통령령으로 정하는 세관에 관세범칙조사심의위원회를 둘 수 있다.

① 법 제290조(관세범의 조사) 및 「사법경찰관리의 직무를 수행할 자와 그 직무범위에 관한 법률」 제6조(직무범위와 수사 관할) 제14호에 해당하는 사건에 대한 조사의 시작 여부에 관한 사항
② 위의 ①에 따라 조사한 사건의 고발, 송치, 통고처분(법 제311조(통고처분) 제8항에 따른 통고처분의 면제를 포함한다) 및 종결 등에 관한 사항
③ 그 밖에 범칙사건과 관련하여 관세청장 또는 세관장이 관세범칙조사심의위원회의 심의가 필요하다고 인정하는 사항

(2) 관세범칙조사심의위원회는 위원장 1명을 포함하여 20명 이내의 위원으로 성별을 고려하여 구성한다.

(3) 위의 (2)에서 규정한 사항 외에 관세범칙조사심의위원회의 관할, 구성 및 운영 등에 필요한 사항은 대통령령으로 정한다.

2) 관세범칙조사심의위원회의 구성

(1) 위의 1) (1)에 따라 인천세관 · 서울세관 · 부산세관 · 대구세관 · 광주세관 및 평택세관에 관세범칙조사심의위원회를 둔다.

(2) 위의 1) (1)에 따른 관세범칙조사심의위원회(이하 "관세범칙조사심의위원회"라 한다)는 위원장 1명을 포함한 10명 이상 20명 이하의 위원으로 구성한다.

(3) 관세범칙조사심의위원회의 위원장은 관세청의 3급부터 5급까지에 해당하는 공무원 중

관세청장이 지정하는 사람이 되고, 위원은 다음의 사람 중에서 세관장이 임명 또는 위촉하되, 아래의 ②부터 ⑥까지에 해당하는 위원이 1/2 이상 포함되어야 한다.

> ① 관세청 소속 공무원
> ② 변호사·관세사
> ③ 대학교수
> ④ 관세, 무역 및 형사 관련 전문연구기관 연구원
> ⑤ 시민단체(「비영리민간단체 지원법」 제2조(정의)[1])에 따른 비영리민간단체를 말한다)에서 추천하는 자
> ⑥ 그 밖에 범칙조사에 관한 학식과 경험이 풍부한 자

(4) 위의 (3) ②부터 ⑥까지에 해당하는 위원의 임기는 2년으로 하되, 한 차례만 연임할 수 있다. 다만, 보궐위원의 임기는 전임위원 임기의 남은 기간으로 한다.

3) 관세범칙조사심의위원회 위원의 해임

세관장은 관세범칙조사심의위원회 위원이 다음의 하나에 해당하는 경우에는 해당 위원을 해임 또는 해촉할 수 있다.

> ① 심신장애로 인하여 직무를 수행할 수 없게 된 경우
> ② 직무와 관련된 비위사실이 있는 경우
> ③ 직무태만, 품위손상이나 그 밖의 사유로 인하여 위원으로 적합하지 않다고 인정되는 경우
> ④ 위원 스스로 직무를 수행하는 것이 곤란하다고 의사를 밝힌 경우
> ⑤ 법 시행령 제266조의6(관세범칙조사심의위원회 위원의 제척·회피)의 하나에 해당함에도 불구하고 회피하지 않은 경우

4) 관세범칙조사심의위원회 위원장의 직무

(1) 관세범칙조사심의위원회의 위원장은 관세범칙조사심의위원회를 대표하고, 관세범칙조사심의위원회의 업무를 총괄한다.

(2) 관세범칙조사심의위원회의 위원장이 직무를 수행하지 못하는 부득이한 사정이 있는 때

---

1) 제2조(정의). 이 법에 있어서 "비영리민간단체"라 함은 영리가 아닌 공익활동을 수행하는 것을 주된 목적으로 하는 민간단체로서 다음 각 호의 요건을 갖춘 단체를 말한다. 1. 사업의 직접 수혜자가 불특정 다수일 것, 2. 구성원 상호간에 이익분배를 하지 아니할 것, 3. 사실상 특정정당 또는 선출직 후보를 지지·지원 또는 반대할 것을 주된 목적으로 하거나, 특정 종교의 교리전파를 주된 목적으로 설립·운영되지 아니할 것, 4. 상시 구성원수가 100인 이상일 것, 5. 최근 1년 이상 공익활동실적이 있을 것, 6. 법인이 아닌 단체일 경우에는 대표자 또는 관리인이 있을 것

에는 위원장이 지명하는 위원이 그 직무를 대행한다.

5) 관세범칙조사심의위원회의 운영

(1) 관세범칙조사심의위원회의 위원장은 위의 1) (1) 각 호의 사항에 관한 심의가 필요한 경우 회의를 소집하고 그 의장이 된다.

(2) 관세범칙조사심의위원회의 회의는 위원장을 포함한 재적위원 과반수의 출석으로 개의하고, 출석위원 과반수의 찬성으로 의결한다.

(3) 관세범칙조사심의위원회의 사무를 처리하기 위하여 간사 1명을 두고, 간사는 위원장이 관세청 소속 공무원 중에서 지명한다.

(4) 관세범칙조사심의위원회의 위원장은 회의를 개최한 때에는 심의내용, 결정사항 등이 포함된 회의록을 작성하여 보관해야 한다.

(5) 관세범칙조사심의위원회의 위원장은 회의에서 심의 · 의결한 사항을 관세청장에게 통보해야 한다.

(6) 관세범칙조사심의위원회의 회의와 회의록은 공개하지 않는다. 다만, 위원장이 필요하다고 인정하는 경우에는 공개할 수 있다.

(7) 관세범칙조사심의위원회는 의안에 관하여 필요하다고 인정되는 때에는 공무원 등 관계자에게 출석을 요청하여 의견을 들을 수 있고 관련 기관에 필요한 자료를 요청할 수 있다.

(8) 위의 (1)부터 (7)까지에서 규정한 사항 외에 위원회의 운영에 필요한 사항은 관세청장이 정한다.

6) 관세범칙조사심의위원회 위원의 제척 · 회피

(1) 관세범칙조사심의위원회의 위원은 다음의 하나에 해당하는 경우에는 해당 안건의 심의 · 의결에서 제척된다.

① 위원이 안건의 당사자(당사자가 법인 · 단체 등인 경우에는 그 임직원을 포함한다. 이하 이 항에서 같다)이거나 안건에 관하여 직접적인 이해관계가 있는 경우
② 위원의 배우자, 4촌 이내의 혈족 및 2촌 이내의 인척의 관계에 있는 사람이 안건의 당사자이거나 안건에 관하여 직접적인 이해관계가 있는 경우
③ 위원이 안건 당사자의 대리인이거나 최근 5년 이내에 대리인이었던 경우
④ 위원이 안건 당사자의 대리인이거나 최근 5년 이내에 대리인이었던 법인 · 단체 등에 현재 속하고 있거나

속했던 경우
⑤ 위원이 최근 5년 이내에 안건 당사자의 자문 · 고문에 응했거나 안건 당사자와 연구 · 용역 등의 업무 수행
  에 동업 또는 그 밖의 형태로 직접 해당 안건 당사자의 업무에 관여했던 경우
⑥ 위원이 최근 5년 이내에 안건 당사자의 자문 · 고문에 응했거나 안건 당사자와 연구 · 용역 등의 업무 수행
  에 동업 또는 그 밖의 형태로 직접 안건 당사자의 업무에 관여했던 법인 · 단체 등에 현재 속하고 있거나 속
  했던 경우

(2) 관세범칙조사심의위원회의 위원은 위의 (1)의 하나에 해당하는 경우에는 스스로 해당 안건의 심의 · 의결에서 회피해야 한다.

7) 수당

관세범칙조사심의위원회의 회의에 출석한 공무원이 아닌 위원에 대해 예산의 범위에서 수당을 지급할 수 있다.

5 제285조(관세범에 관한 서류)

관세범에 관한 서류에는 연월일을 적고 서명날인하여야 한다.

6 제286조(조사처분에 관한 서류)

1) 관세범의 조사와 처분에 관한 서류에는 장마다 간인(間印)하여야 한다.
2) 문자를 추가하거나 삭제할 때와 난의 바깥에 기입할 때에는 날인(捺印)하여야 한다.
3) 문자를 삭제할 때에는 그 문자 자체를 그대로 두고 그 글자수를 적어야 한다.

7 제287조(조서의 서명)

1) 관세범에 관한 서류에 서명날인하는 경우 본인이 서명할 수 없을 때에는 다른 사람에게 대리서명하게 하고 도장을 찍어야 한다. 이 경우 도장을 지니지 아니하였을 때에는 손도장을 찍어야 한다.
2) 다른 사람에게 대리서명하게 한 경우에는 대리서명자가 그 사유를 적고 서명날인하여야 한다.

⑧ 제288조(서류의 송달)

관세범에 관한 서류는 인편이나 등기우편으로 송달한다.

⑨ 제289조(서류송달 시의 수령증)

관세범에 관한 서류를 송달하였을 때에는 수령증을 받아야 한다.

제2절 조 사

① 개념

1) 세관공무원은 관세범의 범죄사실이 있다고 인정할 때에는 범인, 범죄사실 및 증거를 조사하여야 한다. 관세범 조사라 함은 범죄사실을 확인하고 증거를 수립하는 행위를 말하는 것이며, 조사방법으로 임의조사와 강제조사의 두 가지가 있다. 임의조사란 피조사자의 자발적 동의하에 하는 조사를 말하는 것으로 출석요구, 조사, 검증수색 등을 말하며, 강제조사란 피조사자의 의사에 구애됨이 없이 조사자의 일방적인 강제력에 의하여 조사하는 것으로 수색 · 압수 · 체포 · 구속 등을 말한다.

2) 세관공무원이 관세범 조사상 필요하다고 인정할 때에는 피의자, 증인 · 참고인을 조사할 수 있고 피의자를 조사함에 있어서는 진술거부권(묵비권)이 있음을 미리 알려야 하고, 피의자에게 불이익한 사실뿐만 아니라 이익이 되는 사실을 진술할 기회도 부여하여야 하며, 공갈 · 협박 · 고문 등으로 자백을 강요하여 인권을 유린하는 일이 있어서는 안 된다.

② 제290조(관세범의 조사)

세관공무원은 관세범이 있다고 인정할 때에는 범인, 범죄사실 및 증거를 조사하여야 한다.

3 제291조(조사)

세관공무원은 관세범 조사에 필요하다고 인정할 때에는 피의자 · 증인 또는 참고인을 조사할 수 있다.

4 제292조(조서작성)

1) 세관공무원이 피의자 · 증인 또는 참고인을 조사하였을 때에는 조서를 작성하여야 한다.

2) 조서는 세관공무원이 진술자에게 읽어 주거나 열람하게 하여 기재 사실에 서로 다른 점이 있는지 물어보아야 한다.

3) 진술자가 조서 내용의 증감 변경을 청구한 경우에는 그 진술을 조서에 적어야 한다.

4) 조서에는 연월일과 장소를 적고 다음의 사람이 함께 서명날인하여야 한다.

> ① 조사를 한 사람
> ② 진술자
> ③ 참여자

5 제293조(조서의 대용)

1) 현행범인에 대한 조사로서 긴급히 처리할 필요가 있을 때에는 그 주요 내용을 적은 서면으로 조서를 대신할 수 있다.

2) 위의 1)에 따른 서면에는 연월일시와 장소를 적고 조사를 한 사람과 피의자가 이에 서명날인하여야 한다.

6 제294조(출석요구)

1) 세관공무원이 관세범 조사에 필요하다고 인정할 때에는 피의자 · 증인 또는 참고인의 출석을 요구할 수 있다.

2) 세관공무원이 관세범 조사에 필요하다고 인정할 때에는 지정한 장소에 피의자 · 증인 또는 참고인의 출석이나 동행을 명할 수 있다.

3) 피의자 · 증인 또는 참고인에게 출석 요구를 할 때에는 출석요구서를 발급하여야 한다.

7 ## 제295조(사법경찰권)

1) 세관공무원은 관세범에 관하여 「사법경찰관리의 직무를 수행할 자와 그 직무범위에 관한 법률」에서 정하는 바에 따라 사법경찰관리의 직무를 수행한다.

2) 사법경찰관리의 직무를 행하는 세관공무원이 법령에 의하여 피의자를 구속하는 때에는 세관관서·국가경찰관서 또는 교도관서에 유치하여야 한다.

8 ## 제296조(수색·압수영장)

1) 이 법에 따라 수색·압수를 할 때에는 관할 지방법원 판사의 영장을 받아야 한다. 다만, 긴급한 경우에는 사후에 영장을 발급받아야 한다.

2) 소유자·점유자 또는 보관자가 임의로 제출한 물품이나 남겨 둔 물품은 영장 없이 압수할 수 있다.

9 ## 제297조(현행범의 체포)

세관공무원이 관세범의 현행범인을 발견하였을 때에는 즉시 체포하여야 한다.

10 ## 제298조(현행범의 인도)

1) 관세범의 현행범인이 그 장소에 있을 때에는 누구든지 체포할 수 있다.

2) 위의 1)에 따라 범인을 체포한 자는 지체 없이 세관공무원에게 범인을 인도하여야 한다.

11 ## 제299조(압수물품의 국고귀속)

1) 세관장은 제269조(검증·수색 또는 압수조서의 기재사항), 제270조(몰수물품의 납부) 제1항부터 제3항까지 및 제272조(압수물품의 인계)부터 제274조(개청시간과 물품취급시간)까지의 규정에 해당되어 압수된 물품에 대하여 그 압수일부터 6개월 이내에 해당 물품의 소유자 및 범인을 알 수 없는 경우에는 해당 물품을 유실물로 간주하여 유실물 공고를 하여야 한다.

2) 위의 1)에 따른 공고일부터 1년이 지나도 소유자 및 범인을 알 수 없는 경우에는 해당 물품은 국고에 귀속된다.

12 제300조(검증수색)

세관공무원은 관세범 조사에 필요하다고 인정할 때에는 선박·차량·항공기·창고 또는 그 밖의 장소를 검증하거나 수색할 수 있다.

13 제301조(신변 수색 등)

1) 세관공무원은 범죄사실을 증명하기에 충분한 물품을 피의자가 신변에 은닉하였다고 인정될 때에는 이를 내보이도록 요구하고, 이에 따르지 아니하는 경우에는 신변을 수색할 수 있다.
2) 여성의 신변을 수색할 때에는 성년의 여성을 참여시켜야 한다.

14 제302조(참여)

1) 세관공무원이 수색을 할 때에는 다음의 하나에 해당하는 사람을 참여시켜야 한다. 다만, 이들이 모두 부재중일 때에는 공무원을 참여시켜야 한다.

① 선박·차량·항공기·창고 또는 그 밖의 장소의 소지인·관리인
② 동거하는 친척이나 고용된 사람
③ 이웃에 거주하는 사람

2) 위의 ② 및 ③에 따른 사람은 성년자이어야 한다.

15 제303조(압수와 보관)

1) 의의

(1) 세관공무원은 관세범 조사에 의하여 발견한 물품이 범죄의 사실을 증명하기에 충분하거나 몰수하여야 하는 것으로 인정될 때에는 이를 압수할 수 있다.
(2) 압수물품은 편의에 따라 소지자나 시·군·읍·면사무소에 보관시킬 수 있다.
(3) 관세청장이나 세관장은 압수물품이 다음의 하나에 해당하는 경우에는 피의자나 관계인에게 통고한 후 매각하여 그 대금을 보관하거나 공탁할 수 있다. 다만, 통고할 여유가 없을 때에는 매각한 후 통고하여야 한다.

① 부패 또는 손상되거나 그 밖에 사용할 수 있는 기간이 지날 우려가 있는 경우
② 보관하기가 극히 불편하다고 인정되는 경우
③ 처분이 지연되면 상품가치가 크게 떨어질 우려가 있는 경우
④ 피의자나 관계인이 매각을 요청하는 경우

(4) 통고 및 매각에 관하여는 법 제160조(장치물품의 폐기) 제5항 및 제326조(몰수품 등의 처분)를 준용한다.

2) 물품의 압수 및 보관

(1) 위의 1)의 규정에 의하여 물품을 압수하는 때에는 해당 물품에 봉인하여야 한다. 다만, 물품의 성상에 따라 봉인할 필요가 없거나 봉인이 곤란하다고 인정되는 때에는 그러하지 아니하다.
(2) 위의 1)의 규정에 의하여 압수물품을 보관시키는 때에는 수령증을 받고 그 요지를 압수당시의 소유자에게 통지하여야 한다.

3) 몰수물품의 납부

몰수에 해당하는 물품으로서 시·군·읍·면사무소에서 보관한 것은 그대로 납부절차를 행할 수 있다.

16 제304조(압수물품의 폐기)

1) 관세청장이나 세관장은 압수물품 중 다음의 하나에 해당하는 것은 피의자나 관계인에게 통고한 후 폐기할 수 있다. 다만, 통고할 여유가 없을 때에는 폐기한 후 즉시 통고하여야 한다.

① 사람의 생명이나 재산을 해칠 우려가 있는 것
② 부패하거나 변질된 것
③ 유효기간이 지난 것
④ 상품가치가 없어진 것

2) 통고에 관하여는 법 제160조(장치물품의 폐기) 제5항을 준용한다.

17 제305조(압수조서 등의 작성)

1) 의의

(1) 검증·수색 또는 압수를 하였을 때에는 조서를 작성하여야 한다.

(2) 검증·수색 또는 압수조서에 관하여는 법 제292조(조서 작성) 제2항 및 제3항을 준용한다.

(3) 현행범인에 대한 수색이나 압수로서 긴급한 경우의 조서작성에 관하여는 법 제293조(조서의 대용)를 준용한다.

2) 검증·수색 또는 압수조서의 기재사항

위의 1)의 규정에 의한 검증·수색 또는 압수조서에는 다음의 사항을 기재하여야 한다.

① 해당 물품의 품명 및 수량
② 포장의 종류·기호·번호 및 개수
③ 검증·수색 또는 압수의 장소 및 일시
④ 소유자 또는 소지자의 주소 또는 거소와 성명
⑤ 보관장소

18 제306조(야간집행의 제한)

1) 해 진 후(일몰 후)부터 해 뜨기 전(일출 전)까지는 검증·수색 또는 압수를 할 수 없다. 다만, 현행범인 경우에는 그러하지 아니하다.

2) 이미 시작한 검증·수색 또는 압수는 계속할 수 있다.

19 제307조(조사 중 출입금지)

세관공무원은 피의자·증인 또는 참고인에 대한 조사·검증·수색 또는 압수 중에는 누구를 막론하고 그 장소에의 출입을 금할 수 있다.

20 제308조(신분 증명)

1) 세관공무원은 조사·검증·수색 또는 압수를 할 때에는 제복을 착용하거나 그 신분을 증

명할 증표를 지니고 그 처분을 받을 자가 요구하면 이를 보여 주어야 한다.

2) 위의 1)에 따른 세관공무원이 제복을 착용하지 아니한 경우로서 그 신분을 증명하는 증표 제시 요구를 따르지 아니하는 경우에는 처분을 받을 자는 그 처분을 거부할 수 있다.

21 제309조(경찰관의 원조)

세관공무원은 조사·검증·수색 또는 압수를 할 때 필요하다고 인정하는 경우에는 경찰공무원의 원조를 요구할 수 있다.

22 제310조(조사 결과의 보고)

1) 세관공무원은 조사를 종료하였을 때에는 관세청장이나 세관장에게 서면으로 그 결과를 보고하여야 한다.

2) 세관공무원은 보고를 할 때에는 관계 서류를 함께 제출하여야 한다.

제3절 처 분

1 개념

1) 일반적 의의

(1) 통고처분은 비교적 경미하고 대량으로 발생하는 범죄들을 간이·신속하게 처리하기 위한 절차로, 법원에 의하여 자유형·재산형에 처하는 과벌제도에 갈음하여 행정관청이 법규위반자에게 범칙금이라는 금전적 제재를 통고하고 기간내에 이를 이행한 경우에는 해당 위반행위에 대한 소추를 면하게 하는 제도이다.

(2) 이러한 통고처분은 매우 특이한 점을 지닌다. 왜냐하면 그의 효과가 선택적으로 존재하고 선택권은 통고처분의 상대방에게 부여된다고 하는 일반 행정작용에서는 볼 수 없는 구조를 가지고 있기 때문이다. 통고처분을 행정소송의 대상이 되지 않는다고 보는 논거로서 "상대방의

임의의 승복에 맡겨져 있다."고 하는 설명은 이러한 특징을 함축하고 있다. 통고처분은 통고처분대로 이행을 하여 더 이상의 제재를 받지 않을 것인가 아니면 이행하지 아니하여 형사절차에 의한 처벌을 받을 것인가의 선택이 주어지고 통고처분의 상대방에게 그에 대한 선택의 권리가 부여되어 있는 것이다.

(3) 이에 반해 과태료는 공법상의 의무 이행을 태만히 한 사람에게 물게 하는 돈을 말하며, 벌금과 달리 형벌의 성질을 가지지 않는 법령 위반에 대하여 부과하는 것이다

2) 법상의 의미

(1) 통고처분을 할 수 있는 자는 관세청장·세관장이 되며, 범죄의 확증이 있어야 통고처분을 할 수 있다. 통고처분은 벌금, 몰수·추징금과 같은 형사처벌을 직접하는 것을 말하는 것이 아니고, ① 벌금에 해당하는 금액, ② 몰수에 해당하는 물품, ③ 추징금에 상당한 금액을 납부할 것을 통고하는 처분으로서 하나의 행정처분이지 사법처분은 아니다.

(2) 통고처분은 사법적 절차에 의한 번잡한 절차와 장기간에 걸쳐 완결되는 번거로움을 경감하면서 징벌의 효과는 충분히 거둘 수 있다. 관세청장·세관장은 통고처분을 받는 자가 벌금·추징금에 상당한 금액을 예납하려는 경우에는 이를 예납시킬 수 있다.

② 제311조(통고처분)

1) 의의

(1) 관세청장이나 세관장은 관세범을 조사한 결과 범죄의 확증을 얻었을 때에는 대통령령으로 정하는 바에 따라 그 대상이 되는 자에게 그 이유를 구체적으로 밝히고 다음에 해당하는 금액이나 물품을 납부할 것을 통고할 수 있다.

> ① 벌금에 상당하는 금액
> ② 몰수에 해당하는 물품
> ③ 추징금에 해당하는 금액

(2) 관세청장이나 세관장은 통고처분을 받는 자가 벌금이나 추징금에 상당한 금액을 예납하려는 경우에는 이를 예납시킬 수 있다.
(3) 위의 (1)에 따른 통고가 있는 때에는 공소의 시효는 정지된다.

(4) 위의 (1)에 따른 벌금에 상당하는 금액의 부과기준은 대통령령으로 정한다.

(5) 통고처분을 받은 자는 납부하여야 할 금액을 다음의 정보통신망을 이용하여 신용카드, 직불카드 등(이하 "신용카드 등"이라 한다)에 의한 결재를 수행하는 기관을 통하여 신용카드, 직불카드 등으로 납부할 수 있다.

① 「민법」 제32조(비영리법인의 설립과 허가)에 따라 설립된 금융결제원
② 시설, 업무수행능력, 자본금 규모 등을 고려하여 관세청장이 지정하는 자

(6) 위의 (5)에 따라 신용카드 등으로 납부하는 경우에는 통고처분납부대행기관의 승인일을 납부일로 본다.

(7) 위의 (5) 및 (6)에서 정한 사항 외에 통고처분납부대행기관의 지정 및 운영, 납부대행 수수료 등 통고처분에 따른 금액을 신용카드등으로 납부하는 경우에 필요한 세부사항은 대통령령으로 정한다.

(8) 관세청장이나 세관장은 통고처분 대상자의 연령과 환경, 법 위반의 동기와 결과, 범칙금 부담능력과 그 밖에 정상을 고려하여 제284조의2(관세범칙조사심의위원회)에 따른 관세범칙조사심의위원회의 심의 · 의결을 거쳐 위의 (1)에 따른 통고처분을 면제할 수 있다. 이 경우 관세청장이나 세관장은 관세범칙조사심의위원회의 심의 · 의결 결과를 따라야 한다.

(9) 위의 (8)에 따른 통고처분 면제는 다음의 요건을 모두 갖춘 관세범을 대상으로 한다.

① 위의 (1) ①의 금액이 30만원 이하일 것
② 위의 (1) ②의 물품의 가액과 ③의 금액을 합한 금액이 100만원 이하일 것

2) 통고처분

(1) 위의 1) (1) ①에 따른 벌금에 상당하는 금액은 해당 벌금 최고액의 30/100으로 한다. 다만, [별표 4]에 해당하는 범죄로서 해당 물품의 원가가 해당 벌금의 최고액 이하인 경우에는 해당 물품 원가의 30/100으로 한다.

(2) 관세청장이나 세관장은 관세범이 조사를 방해하거나 증거물을 은닉 · 인멸 · 훼손한 경우 등 관세청장이 정하여 고시하는 「관세범의 고발 및 통고처분에 관한 훈령」 사유에 해당하는 경우에는 금액의 50/100에서 관세청장이 정하여 고시하는 비율에 따라 그 금액을 늘릴 수 있다.

(3) 관세청장이나 세관장은 관세범이 조사 중 해당 사건의 부족세액을 자진하여 납부한 경우, 심신미약자인 경우 또는 자수한 경우 등 관세청장이 정하여 고시하는 사유에 해당하는 경우에

는 금액의 50/100 범위에서 관세청장이 정하여 고시하는 비율에 따라 그 금액을 줄일 수 있다.

(4) 관세범이 위의 (2) 및 (3)에 따른 사유에 2가지 이상 해당하는 경우에는 각각의 비율을 합산하되, 합산한 비율이 50/100을 초과하는 경우에는 50/100으로 한다.

(5) 관세청장이나 세관장은 위의 1) (1)에 따라 통고처분을 하는 경우 관세범의 조사를 마친 날부터 10일 이내에 그 범칙행위자 및 법 제279조(양벌 규정)가 적용되는 법인 또는 개인별로 통고서를 작성하여 통고해야 한다.

(6) 통고처분납부대행기관은 납부대행의 대가로 기획재정부령으로 정하는 바에 따라 납부대행 수수료를 받을 수 있다.

(7) 관세청장은 납부에 사용되는 신용카드 등의 종류 등 납부에 필요한 사항을 정할 수 있다.

3) 신용카드 등에 의한 통고처분 납부

법 시행령 제270조의2(통고처분) 제7항에 따른 납부대행수수료는 관세청장이 통고처분납부대행기관의 운영경비 등을 종합적으로 고려하여 승인하되, 해당 납부금액의 10/1,000을 초과할 수 없다.

4) 벌금 또는 추징금의 예납신청

(1) 위의 1) (1) ②의 규정에 의하여 벌금 또는 추징금에 상당한 금액을 예납하고자 하는 자는 다음의 사항을 기재한 신청서를 관세청장 또는 세관장에게 제출하여야 한다.

① 주소 및 성명
② 예납금액
③ 신청사유

(2) 예납금을 받은 관세청장 또는 세관장은 그 보관증을 예납자에게 교부하여야 한다.

(3) 관세청장 또는 세관장은 보관한 예납금으로써 예납자가 납부하여야 하는 벌금 또는 추징금에 상당하는 금액에 충당하고 잔금이 있는 때에는 지체없이 예납자에게 환급하여야 한다.

5) 관세범의 조사에 관한 통지

관세청장 또는 세관장의 조사위촉을 받은 수사기관의 장은 그 조사전말을 관세청장 또는 세관장에게 통지하여야 한다.

3 제312조(즉시 고발)

1) 의의

관세청장이나 세관장은 범죄의 정상이 징역형에 처해질 것으로 인정될 때에는 제311조(통고처분) 제1항에도 불구하고 즉시 고발하여야 한다.

2) 압수물품의 인계

(1) 관세청장 또는 세관장은 법 제312조·법 제316조(통고의 불이행과 고발) 및 법 제318조(무자력 고발)에 따라 관세범을 고발하는 경우 압수물품이 있는 때에는 압수물품조서를 첨부하여 인계하여야 한다.

(2) 관세청장 또는 세관장은 압수물품이 법 제303조(참여) 제2항의 규정에 해당하는 것인 때에는 당해 보관자에게 인계의 요지를 통지하여야 한다.

4 제313조(압수물품의 반환)

1) 관세청장이나 세관장은 압수물품을 몰수하지 아니할 때에는 그 압수물품이나 그 물품의 환가대금을 반환하여야 한다.

2) 물품이나 그 환가대금을 반환받을 자의 주소 및 거소가 분명하지 아니하거나 그 밖의 사유로 반환할 수 없을 때에는 그 요지를 공고하여야 한다.

3) 위의 2)에 따라 공고를 한 날부터 6개월이 지날 때까지 반환의 청구가 없는 경우에는 그 물품이나 그 환가대금을 국고에 귀속시킬 수 있다.

4) 위의 1)의 물품에 대하여 관세가 미납된 경우에는 반환받을 자로부터 해당 관세를 징수한 후 그 물품이나 그 환가대금을 반환하여야 한다.

5 제314조(통고서의 작성)

1) 통고처분을 할 때에는 통고서를 작성하여야 한다.
2) 통고서에는 다음의 사항을 적고 처분을 한 자가 서명날인하여야 한다.

① 처분을 받을 자의 성명, 나이, 성별, 직업 및 주소
② 벌금에 상당한 금액, 몰수에 해당하는 물품 또는 추징금에 상당한 금액
③ 범죄사실
④ 적용 법조문
⑤ 이행 장소
⑥ 통고처분 연월일

6 제315조(통고서의 송달)

통고처분의 고지는 통고서를 송달하는 방법으로 하여야 한다.

7 제316조(통고의 불이행과 고발)

관세범인이 통고서의 송달을 받았을 때에는 그 날부터 15일 이내에 이를 이행하여야 하며, 이 기간 내에 이행하지 아니하였을 때에는 관세청장이나 세관장은 즉시 고발하여야 한다. 다만, 15일이 지난 후 고발이 되기 전에 관세범인이 통고처분을 이행한 경우에는 그러하지 아니하다.

8 제317조(일사부재리)

1) 「형사소송법」상 어떤 사건에 대하여 유죄 또는 무죄의 실체적 판결 또는 면소의 판결이 확정되었을 경우 판결의 기판력의 효과로서 동일사건에 대하여 두 번 다시 공소의 제기를 허용하지 않는 일을 말한다. 잘못하여 다시 공소가 제기되었을 때에는 실체적 소송조건의 흠결을 이유로 면소의 판결이 선고된다. 피고인의 인권 옹호와 법적 안정의 보호와 유지를 위하여 설정된 것이다. 민사소송에 있어서는 확정판결에 일사부재리의 원칙은 적용하지 않는다. 따라서 민사소송의 소송물(訴訟物)인 법률효과는 판결이 있은 후에도 새로 발생하거나 또는 소멸할 가능성이 부단히 생기므로 엄격히 말하여 동일사건이라는 것을 생각할 수 없다. 그러나 승 소한 당사자가 동일소송물에 대하여 재차 제소한 경우에는 권리보호의 이익을 결여한다고 하여 각하(却下)되는 일이 있으나, 이 경우에도 특히 필요가 있는 경우에는 재소(再訴)가 인정된다.

2) 관세범인이 통고의 요지를 이행하였을 때에는 동일사건에 대하여 다시 처벌을 받지 아니한다.

⑨ 제318조(무자력고발)

범인이 통고를 이행할 수 있는 자력이 없다고 인정되는 때와 주소 및 거소불명등으로 이행불능인 때 즉시 고발하는 것이다. 관세청장이나 세관장은 다음의 하나의 경우에는 법 제311조(통고처분) 제1항에도 불구하고 즉시 고발하여야 한다.

① 관세범인이 통고를 이행할 수 있는 자금능력이 없다고 인정되는 경우
② 관세범인의 주소 및 거소가 분명하지 아니하거나 그 밖의 사유로 통고를 하기 곤란하다고 인정되는 경우

⑩ 제319조(준용)

관세범에 관하여는 이 법에 특별한 규정이 있는 것을 제외하고는 「형사소송법」을 준용한다.

제13장

보 칙

1 제320조(가산세의 세목)

이 법에 따른 가산세는 관세의 세목으로 한다.

2 제321조(세관의 업무시간·물품취급시간)

1) 의의

(1) 세관의 업무시간, 보세구역과 운송수단에 있어서의 물품의 취급시간은 대통령령으로 정하는 바에 따른다.

(2) 다음의 하나에 해당하는 자는 대통령령으로 정하는 바에 따라 세관장에게 미리 통보하여야 한다.

① 세관의 업무시간이 아닌 때에 통관절차·보세운송절차 또는 입출항절차를 밟으려는 자
② 운송수단의 물품취급시간이 아닌 때에 물품을 취급하려는 자

(3) 위의 (2)에 따라 사전통보를 한 자는 기획재정부령으로 정하는 바에 따라 수수료를 납부하여야 한다.

2) 개청시간과 물품취급시간

세관의 개청시간과 보세구역 및 운수수단의 물품취급시간은 다음의 구분에 의한다.

① 세관의 개청시간 및 운송수단의 물품취급시간 : 「국가공무원 복무규정」에 의한 공무원의 근무시간. 다만, 항공기 · 선박 등이 상시 입 · 출항하는 등 세관의 업무특성상 필요한 경우에 세관장은 관세청장의 승인을 얻어 부서별로 근무시간을 달리 정할 수 있다.
② 보세구역의 물품취급시간 : 24시간. 다만, 감시 · 단속을 위하여 필요한 경우 세관장은 그 시간을 제한할 수 있다.

3) 임시개청 및 시간외 물품취급

(1) 법 제8조(기간 및 기한의 계산) 제3항 제1호부터 제3호까지에 해당하는 날 또는 위의 1) (2)에 따라 개청시간외에 통관절차 · 보세운송절차 또는 입출항절차를 밟고자 하는 자는 사무의 종류 및 시간과 사유를 기재한 통보서를 세관장에게 제출해야 한다. 다만, 법 제241조(수출·수입 또는 반송의 신고)에 따라 신고를 해야 하는 우편물외의 우편물에 대해서는 그렇지 않다.

(2) 위의 1) (2)에 따라 물품취급시간외에 물품의 취급을 하려는 자는 다음의 어느 하나에 해당하는 경우를 제외하고는 통보서를 세관장에게 제출하여야 한다.

① 우편물(법 제241조(수출 · 수입 또는 반송의 신고)에 따라 신고를 하여야 하는 것은 제외한다)을 취급하는 경우
② 위의 ①의 규정에 의하여 통보한 시간내에 해당 물품의 취급을 하는 경우
③ 보세공장에서 보세작업을 하는 경우. 다만, 감시 · 단속에 지장이 있다고 세관장이 인정할 때에는 예외로 한다.
④ 보세전시장 또는 보세건설장에서 전시 · 사용 또는 건설공사를 하는 경우
⑤ 수출신고수리시 세관의 검사가 생략되는 수출물품을 취급하는 경우
⑥ 법 시행령 제155조(개항의 지정) 제1항에 따른 항구나 공항에서 하역작업을 하는 경우
⑦ 재해 기타 불가피한 사유로 인하여 해당 물품을 취급하는 경우. 이 경우에는 사후에 경위서를 세관장에게 제출하여 그 확인을 받아야 한다.

(3) 위의 (1) 규정에 의한 통보서에는 다음의 사항을 기재하여야 한다.

① 해당 물품의 내외국물품의 구분과 품명 및 수량
② 포장의 종류 · 번호 및 개수
③ 취급물품의 종류
④ 물품취급의 시간 및 장소

(4) 위의 1) (2)의 규정에 의한 사전통보는 부득이한 경우를 제외하고는 「국가공무원 복무규정」에 의한 공무원의 근무시간내에 하여야 한다.

4) 개청시간 및 물품취급시간외 통관절차 등에 관한 수수료

(1) 위의 1) (3)에 따라 납부하여야 하는 개청시간외 통관절차 · 보세운송절차 또는 입출항절차에 관한 수수료(구호용 물품의 경우 해당 수수료를 면제한다)는 기본수수료 4,000원(휴일은 12,000원)에 다음의 구분에 의한 금액을 합한 금액으로 한다. 다만, 수출물품의 통관절차 또는 출항절차에 관한 수수료는 수입물품의 통관절차 또는 출항절차에 관한 수수료의 1/4에 상당하는 금액으로 한다.

① 오전 6시부터 오후 6시까지 : 1시간당 3,000원
② 오후 6시부터 오후 10시까지 : 1시간당 4,800원
③ 오후 10시부터 그 다음날 오전 6시까지 : 1시간당 7,000원

(2) 수수료를 계산함에 있어서 관세청장이 정하는 「세관수수료 징수사무처리에 관한 고시」 물품의 경우 여러 건의 수출입물품을 1건으로 하여 통관절차 · 보세운송절차 또는 입출항절차를 신청하는 때에는 이를 1건으로 한다.

(3) 위의 1) (3)에 따라 납부하여야 하는 물품취급시간외의 물품취급에 관한 수수료는 해당 물품을 취급하는 때에 세관공무원이 참여하는 경우에는 기본수수료 2,000원(휴일은 6,000원)에 다음의 하나에 해당하는 금액을 합한 금액으로 하며, 세관공무원이 참여하지 아니하는 경우에는 기본수수료 2,000원(휴일은 6,000원)으로 한다. 다만, 수출물품을 취급하는 때에는 그 금액의 1/4분에 상당하는 금액(보세구역에 야적하는 산물인 광석류의 경우에는 그 금액의 1/5에 상당하는 금액)으로 한다.

① 오전 6시부터 오후 6시까지 : 1시간당 1,500원
② 오후 6시부터 오후 10시까지 : 1시간당 2,400원
③ 오후 10시부터 그 다음날 오전 6시까지 : 1시간당 3,600원

(4) 수수료금액을 계산함에 있어서 소요시간 중 1시간이 위의 (1) 각 호 상호 간 또는 (3) 각 호 상호 간에 걸쳐 있는 경우의 수수료는 금액이 많은 것으로 한다.

(5) 세관장은 위의 (1) 및 (3)에 따른 수수료를 일정기간별로 일괄하여 납부하게 할 수 있다.

(6) 위의 (1) 및 (3)에 따른 수수료를 납부하여야 하는 자가 관세청장이 정하는 바에 따라 이를 따로 납부한 때에는 그 사실을 증명하는 증표를 세관장에게 제출하여야 한다.

3 제322조(통계 및 증명서의 작성 및 교부 등)

1) 의의

(1) 관세청장은 다음의 사항에 관한 통계를 작성하고 그 열람이나 교부를 신청하는 자가 있으면 이를 열람하게 하거나 교부하여야 한다.

① 수출하거나 수입한 화물에 관한 사항
② 입항하거나 출항한 국제무역선 및 국제무역기에 관한 사항
③ 수입물품에 대한 관세 및 내국세등에 관한 사항
④ 그 밖에 외국무역과 관련하여 관세청장이 필요하다고 인정하는 사항

(2) 관세청장은 위의 (1)에 따라 통계를 집계하고 대통령령으로 정하는 바에 따라 정기적으로 그 내용을 공표할 수 있다.

(3) 위의 (1)에 따른 통계 외 통관 관련 세부 통계자료를 열람하거나 교부받으려는 자는 사용용도 및 내용을 구체적으로 밝혀 관세청장에게 신청할 수 있다. 이 경우 관세청장은 열람 또는 교부의 대상이 되는 자료가 「공공기관의 정보공개에 관한 법률」 제9조(비공개 대상 정보) 제1항 각 호의 어느 하나에 해당하는 경우를 제외하고는 이를 열람하게 하거나 교부하여야 한다.

(4) 관세청장은 위의 (1)에 따른 통계 및 (3)에 따른 통계자료를 전산처리가 가능한 전달매체에 기록하여 교부하거나 전산처리설비를 이용하여 교부할 수 있다. 이 경우 교부할 수 있는 통계의 범위와 그 절차는 관세청장이 정한다.

(5) 관세청장은 위의 (1)에 따른 통계, 위의 (3)에 따른 통계자료 및 위의 (4)에 따른 통계의 작성 및 교부 업무를 대행할 자(이하 "대행기관"이라 한다)를 지정하여 그 업무를 대행하게 할 수 있다. 이 경우 관세청장은 통계작성을 위한 기초자료를 대행기관에 제공하여야 한다.

(6) 세관사무에 관한 증명서와 위의 (1)에 따른 통계, (3)에 따른 통계자료 및 (4)에 따른 통계를 교부받으려는 자는 기획재정부령으로 정하는 바에 따라 관세청장에게 수수료를 납부하여야 한다. 다만, 위의 (5)에 따라 대행기관이 업무를 대행하는 경우에는 대행기관이 정하는 수수료를 해당 대행기관에 납부하여야 한다.

(7) 대행기관은 위의 (6) 단서에 따라 수수료를 정할 때에는 기획재정부령으로 정하는 바에 따라 관세청장의 승인을 받아야 한다. 승인을 받은 사항을 변경하려는 경우에도 또한 같다.

(8) 위의 (6) 단서에 따라 대행기관이 수수료를 징수한 경우 그 수입은 해당 대행기관의 수입으로 한다.

(9) 위의 (6)에 따른 증명서 중 수출·수입 또는 반송에 관한 증명서는 해당 물품의 수출·수입 또는 반송 신고의 수리일부터 5년 내의 것에 관하여 발급한다.

(10) 관세청장은 다음의 어느 하나에 해당하는 자가 관세정책의 평가 및 연구 등에 활용하기 위하여 통계 작성에 사용된 기초자료와 관세청장이 생산·가공·분석한 데이터(이하 "관세무역데이터"라 한다)를 직접 분석하기를 원하는 경우, 법 제116조(비밀유지) 제1항 각 호 외의 부분 본문에도 불구하고 관세청 내에 설치된 아래의 (11)의 요건을 모두 갖춘 시설로서 관세청장이 정하는 시설(이하 "관세무역데이터센터"라고 한다) 내에서 관세무역데이터를 그 사용목적에 맞는 범위에서 제공할 수 있다. 이 경우 관세무역데이터는 개별 납세자의 과세정보를 직접적 또는 간접적 방법으로 확인할 수 없는 상태로 제공하여야 한다.

① 국회의원
② 「국회법」에 따른 국회사무총장·국회도서관장·국회예산정책처장·국회입법조사처장 및 「국회미래연구원법」에 따른 국회미래연구원장
③ 「정부조직법」 제2조(중앙행정기관의 설치와 조직 등)에 따른 중앙행정기관의 장
④ 「지방자치법」 제2조(지방자치단체의 종류)에 따른 지방자치단체의 장
⑤ 「정부출연연구기관 등의 설립·운영 및 육성에 관한 법률」 제2조(정의)에 따른 정부출연연구기관의 장 등 다음에 해당하는 자

> ㉮ 「고등교육법」 제2조(학교의 종류)에 따른 학교의 장
> ㉯ 「공공기관의 운영에 관한 법률」 제4조(공공기관)에 따른 공공기관의 장
> ㉰ 「정부출연연구기관 등의 설립·운영 및 육성에 관한 법률」 제2조(정의)에 따른 정부출연연구기관의 장
> ㉱ 위의 ㉰에 준하는 민간 연구기관의 장
> ㉲ 관세정책의 평가 및 연구를 목적으로 관세무역데이터의 적정성 점검 등을 수행하는 기관의 장

(11) 위의 (10)에서 법 제116조 제1항 각 호 외의 부분 본문에도 불구하고 관세청 내에 설치된 다음의 요건을 모두 갖춘 시설로서 관세청장이 정하는 시설이란 다음의 시설을 말한다.

① 해당 시설 외부에서 내부통신망에 접근·침입하는 것을 방지하기 위한 정보보호시스템을 갖춘 시설일 것
② 관세정책의 평가·연구 등에 활용하기 위하여 통계 작성에 사용된 기초자료와 관세청장이 생산·가공·분석한 데이터를 분석할 수 있는 설비 등을 갖춘 시설일 것

(12) 위의 (1)에 따라 열람·교부된 통계(위의 (2)에 따라 공표된 것은 제외한다), (3)에 따라 열람·교부된 통계자료, 위의 (4)에 따라 교부된 통계 및 위의 (10)에 따라 제공된 관세무역데이터를 알게 된 자는 그 통계, 통계자료 및 관세무역데이터를 목적 외의 용도로 사용하여서는 아니 된다.

(13) 세관사무에 관한 증명서, 위의 (1)에 따른 통계, (3)에 따른 통계자료 및 (4)에 따른 통계의 열람 또는 교부 절차와 (10)에 따른 관세무역데이터의 제공 절차에 필요한 사항은 대통령령으로 정한다.

2) 통계·증명서의 작성 및 교부의 신청

(1) 위의 1) (1) 및 (3)에 의하여 통계의 열람 또는 교부를 신청하고자 하는 자는 다음의 사항을 기재한 신청서를 관세청장에게 제출하여야 한다.

① 통계의 종류 및 내용
② 열람 또는 교부의 사유

(2) 위의 1) (2)의 규정에 의한 통계의 공표는 연 1회 이상으로 한다.

(3) 위의 1) (6)에 따라 증명서, 통계 또는 통계자료를 교부받으려는 자는 다음의 사항을 적은 신청서를 관세청장·세관장 또는 위의 1) (5)에 따라 업무를 대행하는 자에게 제출하여야 한다.

① 증명서, 통계 또는 통계자료의 내용이 기록되는 매체의 종류 및 내용
② 교부받으려는 사유

3) 증명서 및 통계의 교부수수료

(1) 위의 1) (6)에 따른 세관사무에 관한 증명서, 통계 및 통관관련 세부통계자료의 교부수수료는 별표 7과 같다.

(2) 위의 1) (5)에 따른 대행기관은 위의 1) (7)에 따라 교부수수료를 정하거나 변경하려는 경우에는 이해관계인의 의견을 수렴할 수 있도록 대행기관의 인터넷 홈페이지에 30일간 정하거나 변경하려는 교부수수료의 내용을 게시하여야 한다. 다만, 긴급하다고 인정되는 경우에는 대행기관의 인터넷 홈페이지에 그 사유를 소명하고 10일간 게시할 수 있다.

(3) 대행기관은 위의 (2)의 수렴된 의견을 고려하여 (1)에 따른 교부수수료의 범위에서 정한 교부수수료에 대하여 관세청장의 승인을 받아야 한다. 이 경우 대행기관은 원가명세서 등 교부수수료의 승인에 필요한 자료를 관세청장에게 제출하여야 한다.

(4) 대행기관은 위의 (3)에 따라 승인받은 교부수수료의 금액을 대행기관의 인터넷 홈페이지를 통하여 공개하여야 한다.

(5) 관세청장은 3년마다 원가명세서, 대행기관의 교부수수료 수입·지출 내역 등을 검토하여

교부수수료 수준을 평가하여야 하며, 필요한 경우 적정한 교부수수료 수준을 통보할 수 있다.

(6) 일일자료교부 등 새로운 컴퓨터프로그램이나 전산처리설비를 필요로 하는 방식으로 교부신청을 하는 경우에는 추가되는 비용의 범위에서 위의 (1) 및 (3)에 따른 교부수수료를 인상하여 적용할 수 있다.

(7) 정부 및 지방자치단체에 대하여는 위의 (1) 및 (3)에 따른 교부수수료를 면제한다.

(8) 「공공기관의 운영에 관한 법률」 제4조(공공기관)[1]에 따른 공공기관 및 법 시행령 제233조(구비조건의 확인)에 따라 관세청과 정보통신망을 연결하여 구비조건을 확인하고 있는 기관에 대하여는 관세청장이 정하는 (「무역통계 작성 및 교부에 관한 고시」) 바에 따라 위의 (1) 및 (3)에 따른 교부수수료를 인하하거나 면제할 수 있다.

4) 관세무역데이터 제공시설 및 제공절차

(1) 위의 1) (10)의 어느 하나에 해당하는 자는 같은 항에 따라 관세무역데이터를 직접 분석하기를 원하는 경우에는 다음의 사항을 포함한 관세무역데이터센터 이용 요청서를 관세청장에게 제출해야 한다.

① 관세무역데이터의 이용 목적
② 관세무역데이터의 명칭 및 내용
③ 관세무역데이터센터 이용 기간 및 이용자

(2) 위의 (1)에 따른 관세무역데이터센터 이용 요청서를 받은 관세청장은 그 요청서를 받은

---

1) 제4조(공공기관) ① 기획재정부장관은 국가 · 지방자치단체가 아닌 법인·단체 또는 기관(이하 "기관"이라 한다)으로서 다음 각 호의 어느 하나에 해당하는 기관을 공공기관으로 지정할 수 있다.1. 다른 법률에 따라 직접 설립되고 정부가 출연한 기관. 2. 정부지원액(법령에 따라 직접 정부의 업무를 위탁받거나 독점적 사업권을 부여받은 기관의 경우에는 그 위탁업무나 독점적 사업으로 인한 수입액을 포함한다)이 총수입액의 1/2을 초과하는 기관. 3. 정부가 50/100 이상의 지분을 가지고 있거나 30/100 이상의 지분을 가지고 임원 임명권한 행사 등을 통하여 해당 기관의 정책 결정에 사실상 지배력을 확보하고 있는 기관. 4. 정부와 제1호 내지 제3호의 어느 하나에 해당하는 기관이 합하여 50/100 이상의 지분을 가지고 있거나 30/100 이상의 지분을 가지고 임원 임명권한 행사 등을 통하여 해당 기관의 정책 결정에 사실상 지배력을 확보하고 있는 기관. 5. 제1호 내지 제4호의 어느 하나에 해당하는 기관이 단독으로 또는 두개 이상의 기관이 합하여 50/100 이상의 지분을 가지고 있거나 30/100 이상의 지분을 가지고 임원 임명권한 행사 등을 통하여 해당 기관의 정책 결정에 사실상 지배력을 확보하고 있는 기관. 6. 제1호 내지 제4호의 어느 하나에 해당하는 기관이 설립하고, 정부 또는 설립 기관이 출연한 기관. ② 제1항의 규정에 불구하고 기획재정부장관은 다음 각 호의 어느 하나에 해당하는 기관을 공공기관으로 지정할 수 없다. 1. 구성원 상호 간의 상호부조 · 복리증진 · 권익향상 또는 영업질서 유지 등을 목적으로 설립된 기관. 2. 지방자치단체가 설립하고, 그 운영에 관여하는 기관. 3. 방송법에 따른 한국방송공사와 한국교육방송공사법에 따른 한국교육방송공사. ③ 제1항 제2호의 규정에 따른 정부지원액과 총수입액의 산정 기준 · 방법 및 동항 제3호 내지 제5호의 규정에 따른 사실상 지배력 확보의 기준에 관하여 필요한 사항은 대통령령으로 정한다.

날부터 30일 이내에 관세무역데이터센터의 이용 가능 여부 및 이용 기간을 통보해야 한다.

(3) 관세청장은 다음의 어느 하나에 해당하는 경우에는 관세무역데이터의 제공을 거부할 수 있다. 이 경우 위의 (2)에 따라 이용 가능 여부를 통보할 때에 거부 사유를 함께 통보해야 한다.

① 관세무역데이터센터 이용 요청자가 요청한 자료를 보유하고 있지 않은 경우
② 관세무역데이터의 이용 목적이 불분명하거나 이용 목적과 무관한 관세무역데이터의 제공을 요청하는 경우
③ 「공공기관의 정보공개에 관한 법률」 제9조(비공개 대상 정보) 각 호에 해당하는 비공개정보의 제공을 요청하는 경우
④ 이미 공표된 통계를 요청하거나 공표된 통계로 이용 목적을 달성할 수 있는 경우
⑤ 관세무역데이터센터 이용 요청 전에 위의 1) (12)를 위반한 사실이 있는 경우

(4) 위의 (1)에 따른 관세무역데이터 이용 요청서의 서식 및 그 밖에 관세무역데이터센터 이용에 필요한 사항은 관세청장이 정하여 고시한다.

4️⃣ 제322조의2(연구개발사업의 추진)

1) 관세청장은 관세행정에 필요한 연구·실험·조사·기술개발(이하 "연구개발사업"이라 한다) 및 전문인력 양성 등 소관 분야의 과학기술진흥을 위한 시책을 마련하여 추진할 수 있다.

2) 위의 1)에 따른 연구개발사업은 단계별·분야별 연구개발과제를 선정하여 다음 각 호의 기관 또는 단체 등과 협약을 맺어 실시하게 할 수 있다.

① 국가 또는 지방자치단체가 직접 설치하여 운영하는 연구기관
② 「특정연구기관 육성법」 제2조(특정연구기관)에 따른 특정연구기관
③ 「과학기술분야 정부출연연구기관 등의 설립·운영 및 육성에 관한 법률」에 따라 설립된 과학기술분야 정부출연연구기관
④ 「고등교육법」에 따른 대학·산업대학·전문대학 및 기술대학
⑤ 「기초연구진흥 및 기술개발지원에 관한 법률」 제14조의2(기업부설연구소 또는 연구개발전담부서의 인정 등) 제1항에 따라 인정받은 기업부설연구소 또는 기업의 연구개발전담부서
⑥ 「민법」이나 다른 법률에 따라 설립된 법인으로서 관세행정 관련 연구를 하는 기관
⑦ 그 밖에 대통령령으로 정하는 관세행정 분야의 연구기관 또는 단체

3) 관세청장은 위의 2)에 따른 기관 또는 단체 등에 연구개발사업을 실시하는 데 필요한 자금의 전부 또는 일부를 출연하거나 보조할 수 있다.

4) 위의 3)에 따른 출연금 및 보조금의 지급·사용 및 관리 등에 필요한 사항은 대통령령으로 정한다.

5 제323조(세관설비의 사용)

1) 의의

물품장치나 통관을 위한 세관설비를 사용하려는 자는 기획재정부령으로 정하는 사용료를 납부하여야 한다.

2) 세관설비사용료

(1) 납부하여야 하는 세관설비사용료는 기본사용료 12,000원에 다음의 구분에 의한 금액을 합한 금액으로 한다.

> ① 토지 : 분기마다 1㎡당 780원
> ② 건물 : 분기마다 1㎡당 1,560원

(2) 세관장은 토지의 상황 기타의 사정에 의하여 필요하다고 인정하는 때에는 관세청장의 승인을 얻어 위의 (1)에 따른 세관설비사용료를 경감할 수 있다.

(3) 법 시행규칙 제68조(특허수수료) 제3항 내지 제5항의 규정은 위의 (1)에 따른 세관설비사용료에 관하여 이를 준용한다.

6 제324조(포상)

1) 의의

(1) 관세청장은 다음의 하나에 해당하는 사람에게는 대통령령으로 정하는 바에 따라 포상할 수 있다.

> ① 법 제269조(밀수출입죄)부터 제271조(미수범 등)까지, 제274조(밀수품의 취득죄 등), 제275조의2(체납처분면탈죄 등) 및 제275조의3(타인에 대한 명의대여죄)에 해당되는 관세범을 세관이나 그 밖의 수사기관에 통보하거나 체포한 자로서 공로가 있는 사람
> ② 제269조부터 제274조까지의 규정에 해당되는 범죄물품을 압수한 사람으로서 공로가 있는 사람
> ③ 이 법이나 다른 법률에 따라 세관장이 관세 및 내국세 등을 추가 징수하는 데에 공로가 있는 사람
> ④ 관세행정의 개선이나 발전에 특별히 공로가 있는 사람

(2) 관세청장은 체납자의 체납자가 은닉한 현금·예금·주식이나 그 밖에 재산적 가치가 있는 유형·무형의 재산을 신고한 사람에게 대통령령으로 정하는 바에 따라 10억원의 범위에서 포상금을 지급할 수 있다. 다만, 다음의 하나에 해당하는 재산은 제외한다. 다만, 은닉재산의 신고를 통하여 징수된 금액이 2,000만원 미만인 경우 또는 공무원이 그 직무와 관련하여 은닉재산을 신고한 경우에는 포상금을 지급하지 아니한다.

① 「국세징수법」 제30조(사해행위의 취소 및 원상회복)에 따른 사해행위 취소소송의 대상이 되어 있는 재산
② 세관공무원이 은닉 사실을 알고 조사를 시작하거나 체납처분 절차를 진행하기 시작한 재산
③ 그 밖에 체납자의 은닉재산을 신고받을 필요가 없다고 인정되는 재산으로서 체납자 본인의 명의로 등기된 국내소재 부동산

(3) 위의 (2)에서 "은닉재산"이란 체납자가 은닉한 현금·예금·주식이나 그 밖에 재산적 가치가 있는 유형·무형의 재산을 말한다. 다만, 다음 각 호의 어느 하나에 해당하는 재산은 제외한다.

① 「국세징수법」 제25조(사해행위의 취소 및 원상회복)에 따른 사해행위 취소소송의 대상이 되어 있는 재산
② 세관공무원이 은닉 사실을 알고 조사를 시작하거나 강제징수 절차를 진행하기 시작한 재산
③ 그 밖에 체납자의 은닉재산을 신고받을 필요가 없다고 인정되는 재산으로서 체납자 본인의 명의로 등기된 국내소재 부동산
④ 위의 ②에 따른 은닉재산의 신고는 신고자의 성명과 주소를 적고 서명하거나 날인한 문서로 하여야 한다.

2) 포상방법

(1) 포상은 관세청장이 정하는 바에 의하여 포상장 또는 포상금을 수여하거나 포상장과 포상금을 함께 수여할 수 있다.

(2) 관세청장이 포상금의 수여기준을 정하는 경우 포상금의 수여대상자가 공무원인 때에는 공무원에게 수여하는 포상금총액을 그 공로에 의한 실제 국고수입액의 25/100 이내로 하여야 한다. 다만, 1인당 수여액을 100만원 이하로 하는 때에는 그러하지 아니다.

(3) 위의 1) (1)에 따른 공로자 중 관세범을 세관, 그 밖의 수사기관에 통보한 자와 위의 1) (2)에 따라 체납자의 은닉재산을 신고한 자에 대하여는 관세청장이 정하는 바에 의하여 익명으로 포상할 수 있다.

(4) 위의 1) (2)에 따라 체납자의 은닉재산을 신고한 자에 대해서는 은닉재산의 신고를 통하여 징수된 금액(이하 "징수금액"이라 한다)에 다음의 지급률을 곱하여 계산한 금액을 포상금으로 지급할 수 있다. 다만, 10억원을 초과하는 부분은 지급하지 않는다.

징수금액	지급률
2,000만원 이상 5억원 이하	20/100
5억원 초과 20억원 이하	1억원+5억원 초과 금액의 15/100
20억원 초과 30억원 이하	3억 2,500만원+20억원 초과 금액의 10/100
30억원 초과	4억 2,500만원+30억원 초과 금액의 5/100

(5) 은닉재산을 신고한 자에 대한 포상금은 재산은닉 체납자의 체납액에 해당하는 금액을 징수한 후 지급한다.

3) 공로심사

(1) 관세청장 또는 세관장은 공로자의 공로사실을 조사하여 포상할 필요가 있다고 인정되는 자에 대하여 포상할 수 있다.

(2) 관세청장 또는 세관장은 포상을 받을 만한 공로가 있는 자에게 공정하게 포상의 기회를 부여하여야 한다.

(3) 포상에 필요한 공로의 기준·조사방법과 그 밖에 필요한 사항은 관세청장이 정한다. 다만, 동일한 공로에 대하여 이중으로 포상할 수 없다.

7 제325조(편의 제공)

이 법에 따라 물품의 운송·장치 또는 그 밖의 취급을 하는 자는 세관공무원의 직무집행에 대하여 편의를 제공하여야 한다.

8 제326조(몰수품 등의 처분)

1) 의의

(1) 세관장은 이 법에 따라 몰수되거나 국고에 귀속된 물품(이하 "몰수품등"이라 한다)을 공매 또는 그 밖의 방법으로 처분할 수 있다.

(2) 몰수품 등의 공매에 관하여는 법 제210조(매각방법)를 준용한다. 다만, 관세청장이 정하는 물품은 경쟁입찰에 의하지 아니하고 수의계약이나 위탁판매의 방법으로 매각할 수 있다.

(3) 세관장은 관세청장이 정하는 기준에 해당하는 몰수품등을 처분하려면 관세청장의 지시

를 받아야 한다.

(4) 세관장은 몰수품등에 대하여 통상적인 물품의 보관료 및 관리비를 감안하여 관세청장이 정하여 고시(「국고귀속이전 보관료 지급에 관한 고시」)하는 금액을 말한다. 이 경우 해당 물품의 매각대금에서 보관료 및 관리비를 지급하는 경우에는 매각대금에서 매각비용을 공제한 금액을 초과하여 지급할 수 없는 금액의 범위에서 몰수 또는 국고귀속 전에 발생한 보관료 및 관리비를 지급할 수 있다.

(5) 세관장은 몰수품등의 매각대금에서 매각에 든 비용과 보관료 및 관리비를 직접 지급할 수 있다.

(6) 세관장은 몰수품등이 농산물인 경우로서 국내시장의 수급조절과 가격안정을 도모하기 위하여 농림축산식품부장관이 요청할 때에는 대통령령으로 정하는 바에 따라 몰수품등을 농림축산식품부장관에게 이관할 수 있다.

(7) 관세청장 또는 세관장은 위탁판매 물품에 대한 적정한 관리를 위하여 필요한 경우에는 수탁판매기관에게 물품의 판매 현황, 재고 현황 등 관리 현황을 관세청장 또는 세관장에게 보고하게 하거나 관련 장부 및 서류의 제출을 명할 수 있다. 이 경우 보고의 방법 및 절차 등 필요한 사항은 관세청장이 정한다.

2) 몰수농산물의 이관

(1) 세관장은 위의 1)의 규정에 의하여 공매 그 밖의 방법으로 처분할 수 있는 몰수품 등이 농산물(이하 "몰수농산물"이라 한다)인 경우에는 관세청장이 정하는 바에 따라 농림축산식품부장관에게 이를 통보하여야 한다.

(2) 위의 1)의 규정에 의하여 통보를 받은 농림축산식품부장관이 위의 1) (6)에 따라 몰수농산물을 이관받고자 하는 경우에는 통보받은 날부터 20일 이내에 관세청장이 정하는 바에 따라 이관요청서를 세관장에게 제출하여야 한다.

(3) 세관장은 농림축산식품부장관이 기한내에 이관요청서를 제출하지 아니하는 경우에는 위의 1) (1)의 규정에 의하여 처분할 수 있다.

(4) 위의 (2)에도 불구하고 농림축산식품부장관의 요청에 따라 이관하는 몰수농산물에 대한 보관료 및 관리비는 관세청장이 정하는 (「국고귀속이전 보관료 지급에 관한 고시」) 바에 따라 농림축산식품부장관이 지급하여야 한다.

3) 매각 및 폐기의 공고

(1) 법 시행령 제14조(담보물의 매각)에 규정된 경우를 제외하고 법의 규정에 의하여 물품을 일반경쟁입찰에 의하여 매각하고자 하는 때에는 다음 사항을 공고하여야 한다.

① 해당 물품의 품명·규격 및 수량
② 포장의 종류 및 개수
③ 매각의 일시 및 장소
④ 매각사유
⑤ 기타 필요한 사항

(2) 법의 규정에 따라 물품을 폐기하고자 하는 때에는 다음의 사항을 공고하여야 한다.

① 해당 물품의 품명 및 수량
② 포장의 종류·기호·번호 및 개수
③ 폐기의 일시 및 장소
④ 폐기사유
⑤ 화주의 주소 및 성명
⑥ 기타 필요한 사항

(3) 위의 (1) 및 (2)의 규정에 의하여 공고하는 때에는 소관세관관서의 게시판에 게시하여야 한다. 다만, 세관장은 필요하다고 인정되는 때에는 다른 장소에 게시하거나 관보 또는 신문에 게재할 수 있다.

4) 교부잔금의 공탁

세관장은 법의 규정에 의하여 물품 또는 증권을 매각하거나 기타 방법으로 처분한 경우에 교부할 잔금을 교부할 수 없는 때에는 공탁할 수 있다.

⑨ 제326조의2(사업에 관한 허가 등의 제한)

1) 의의

(1) 세관장은 납세자가 허가·인가·면허 및 등록 등(이하 "허가 등"이라 한다)을 받은 사업과 관련된 관세 또는 내국세 등을 체납한 경우 해당 사업의 주무관청에 그 납세자에 대하여 허가등

의 갱신과 그 허가 등의 근거 법률에 따른 신규 허가등을 하지 아니할 것을 요구할 수 있다. 다만, 재난, 질병 또는 사업의 현저한 손실, 그 밖에 다음의 어느 하나에 해당하는 경우로서 세관장이 인정하는 사유가 있는 경우에는 그러하지 아니하다.

① 공시송달의 방법으로 납부고지된 경우
② 법 제10조(천재지변 등으로 인한 기한의 연장)에 따른 기한의 연장 사유에 해당하는 경우
③「국세징수법 시행령」제101조(사업에 관한 허가 등의 제한의 예외) 제1항 제2호 및 제4호에 해당하는 경우
④ 법 제19조(납세의무자)제10항에 따라 양도담보재산으로써 발생한 납세의무(이하 "물적납세의무"라 한다)를 부담하는 양도담보권자가 그 물적납세의무와 관련된 관세 · 내국세 등 및 강제징수비를 체납한 경우
⑤ 위의 ①부터 ④까지의 규정에 준하는 사유가 있는 경우

(2) 세관장은 허가 등을 받아 사업을 경영하는 자가 해당 사업과 관련된 관세, 내국세 등을 3회 이상 체납하고 그 체납된 금액의 합계액이 500만원 이상인 경우 해당 주무관청에 사업의 정지 또는 허가 등의 취소를 요구할 수 있다. 다만, 재난, 질병 또는 사업의 현저한 손실, 그 밖에 다음의 어느 하나에 해당하는 경우에는 그러하지 아니하다.

① 위의 (1) 각 호의 어느 하나에 해당하는 경우로서 세관장이 인정하는 경우
② 그 밖에 세관장이 납세자에게 납부가 곤란한 사정이 있다고 인정하는 경우

(3) 위의 (2)의 관세 또는 내국세등을 체납한 횟수와 체납된 금액의 합계액을 정하는 기준과 방법은 대통령령으로 정한다.

(4) 세관장은 위의 (1) 또는 (2)의 요구를 한 후 해당 관세 또는 내국세 등을 징수한 경우 즉시 그 요구를 철회하여야 한다.

(5) 해당 주무관청은 위의 (1) 또는 (2)에 따른 세관장의 요구가 있는 경우 정당한 사유가 없으면 요구에 따라야 하며, 그 조치 결과를 즉시 관할 세관장에 알려야 한다.

2) 체납한 횟수 및 체납된 금액의 합계액의 계산

(1) 위의 1) (3)의 체납한 횟수는 납부고지서 1통을 1회로 보아 계산한다.
(2) 위의 1) (3)의 체납된 금액의 합계액은 다음 각 호의 금액을 합한 금액으로 한다.

① 관세 및 내국세 등
② 관세 및 내국세 등의 가산세
③ 관세 및 내국세 등의 강제징수비

🔟 제327조(국가관세종합정보시스템의 구축 및 운영)

1) 의의

(1) 관세청장은 전자통관의 편의를 증진하고, 외국세관과의 세관정보 교환을 통하여 수출입의 원활화와 교역안전을 도모하기 위하여 전산처리설비와 데이터베이스에 관한 국가관세종합정보시스템(이하 "관세정보시스템"이라 한다)을 구축·운영할 수 있다.

(2) 세관장은 관세청장이 정하는 바에 따라 관세정보시스템의 전산처리설비를 이용하여 이 법에 따른 신고·신청·보고·납부 등과 법령에 따른 허가·승인 또는 그 밖의 조건을 갖출 필요가 있는 물품의 증명 및 확인신청 등(이하 "전자신고 등"이라 한다)을 하게 할 수 있다.

(3) 세관장은 관세청장이 정하는 바에 따라 관세정보시스템 또는 「정보통신망 이용촉진 및 정보보호 등에 관한 법률」 제2조 제1항 제1호에 따른 정보통신망으로서 이 법에 따른 송달을 위하여 관세정보시스템과 연계된 정보통신망(이하 "연계정보통신망"이라 한다)을 이용하여 전자신고등의 승인·허가·수리 등에 대한 교부·통지·통고 등(이하 "전자송달"이라 한다)을 할 수 있다.

(4) 전자신고 등을 할 때에는 관세청장이 정하는 바에 따라 관계 서류를 관세정보시스템의 전산처리설비를 이용하여 제출하게 하거나, 그 제출을 생략하게 하거나 간소한 방법으로 하게 할 수 있다.

(5) 위의 (2)에 따라 이행된 전자신고 등은 관세청장이 정하는 관세정보시스템의 전산처리설비에 저장된 때에 세관에 접수된 것으로 보고, 전자송달은 송달받을 자가 지정한 전자우편주소나 관세정보시스템의 전자사서함 또는 연계정보통신망의 전자고지함(연계정보통신망의 이용자가 접속하여 본인에게 송달된 고지내용을 확인할 수 있는 곳을 말한다)에 고지내용이 저장된 때에 그 송달을 받아야 할 자에게 도달된 것으로 본다.

(6) 전자송달은 대통령령으로 정하는 바에 따라 송달을 받아야 할 자가 신청하는 경우에만 한다.

(7) 위의 (6)에도 불구하고 관세정보시스템 또는 연계정보통신망의 전산처리설비의 장애로 전자송달이 불가능한 경우, 그 밖에 다음의 사유가 있는 경우에는 교부·인편 또는 우편의 방법으로 송달할 수 있다.

① 정전, 프로그램의 오류 그 밖의 부득이한 사유로 인하여 금융기관 또는 체신관서의 전산처리장치의 가동이 정지된 경우
② 전자송달을 받으려는 자의 위의 (1)에 따른 국가관세종합정보망 또는 위의 (3)에 따른 연계정보통신망 이용권한이 정지된 경우
③ 그 밖의 전자송달이 불가능한 경우로서 관세청장이 정하는 경우

(8) 위의 (6)에 따라 전자송달할 수 있는 대상의 구체적 범위·송달방법 등에 관하여 필요한 사항은 대통령령으로 정한다.

2) 전자송달

(1) 위의 1) (6)에 따라 전자송달을 받으려는 자는 관세청장이 정하는 바에 따라 전자송달에 필요한 설비를 갖추고 다음의 사항을 기재한 신청서를 관할 세관장에게 제출해야 한다.

> ① 성명·주민등록번호 등 인적사항
> ② 주소·거소 또는 영업소의 소재지
> ③ 전자우편주소, 위의 1) (1)에 따른 국가관세종합정보망의 전자사서함 또는 위의 1) (3)에 따른 연계정보통신망의 전자고지함 등 전자송달을 받을 곳
> ④ 위의 ③의 규정에 의한 서류 중 전자송달을 받고자 하는 서류의 종류
> ⑤ 그 밖의 필요한 사항으로서 관세청장이 정하는 것

(2) 위의 1) (8)에 따라 전자송달할 수 있는 서류는 납부서·납부고지서·환급통지서 및 그 밖에 관세청장이 정하는 서류로 한다.

(3) 관세청장은 위의 (2)에 따른 서류 중 납부서·납부고지서·환급통지서 및 관세청장이 따로 정하는 서류를 전자송달하는 경우에는 위의 1) (1)에 따른 국가관세종합정보망의 전자사서함 또는 위의 1) (3)에 따른 연계정보통신망의 전자고지함에 저장하는 방식으로 이를 송달해야 한다.

(4) 관세청장이 위의 (3)의 규정에 의한 서류외의 서류를 전자송달하는 경우에는 전자송달을 받고자 하는 자가 지정한 전자우편주소로 이를 송달하여야 한다.

⑪ 제327조의2(한국관세정보원의 설립)

1) 정부는 관세정보시스템을 안정적으로 운영·관리하고, 관세정보시스템의 지능정보화를 촉진하여 통상환경을 개선함으로써 국민경제의 발전에 이바지하기 위하여 한국관세정보원(이하 "관세정보원"이라 한다)을 설립한다.

2) 관세정보원은 법인으로 한다.

3) 관세정보원은 그 주된 사무소의 소재지에 설립등기를 함으로써 성립한다.

4) 관세정보원의 정관에는 다음 각 호의 사항이 포함되어야 하며, 정관을 변경할 때에는 관세청장의 인가를 받아야 한다.

① 명칭
② 목적
③ 주된 사무소의 소재지
④ 이사회에 관한 사항
⑤ 임직원에 관한 사항
⑥ 조직에 관한 사항
⑦ 업무 및 그 집행에 관한 사항
⑧ 재산과 회계에 관한 사항
⑨ 공고에 관한 사항
⑩ 정관의 변경에 관한 사항
⑪ 내부 규정의 제정 · 개정 · 폐지에 관한 사항

5) 관세정보원은 다음의 사업을 한다.

① 관세정보시스템의 운영 및 관리
② 관세정보시스템 기술지원센터의 운영
③ 관세정보시스템의 지능정보화 촉진을 위한 기획 · 조사 · 컨설팅 · 연구 · 교육 · 홍보
④ 그 밖에 국가, 지방자치단체 또는 「공공기관의 운영에 관한 법률」에 따른 공공기관 등으로부터 위탁받은 사업

6) 관세정보원장은 정관으로 정하는 바에 따라 관세청장이 임명한다.

7) 관세정보원은 관세청장의 승인을 받아 위의 5)에 따른 사업 외에 설립목적 달성에 필요한 경비를 조달하기 위하여 수익사업을 할 수 있다.

8) 정부는 관세정보원의 시설, 운영 및 사업에 필요한 경비를 예산의 범위에서 출연하거나 보조할 수 있다.

9) 관세정보원에 대하여 이 법과 「공공기관의 운영에 관한 법률」에서 규정한 것 외에는 「민법」 중 재단법인에 관한 규정을 준용한다.

10) 이 법에 따른 관세정보원이 아닌 자는 한국관세정보원 또는 이와 유사한 명칭을 사용하지 못한다.

11) 관세청장은 관세정보원의 업무를 지도 · 감독한다.

⑫ 제327조의3(전자문서중계사업자의 지정 등)

1) 의의

(1)「전기통신사업법」제2조(정의) 제8호에 따른 전기통신사업자로서 전자신고 등 및 전자송달을 중계하는 업무(이하 "전자문서중계업무"라 한다)를 수행하려는 자는 대통령령으로 정하는 기준과 절차에 따라 관세청장의 지정을 받아야 한다.

(2) 다음의 어느 하나에 해당하는 자는 위의 (1)에 따른 지정을 받을 수 없다.

> ① 법 제175조(운영인의 결격사유) 제2호부터 제5호까지의 어느 하나에 해당하는 자
> ② 아래의 (3)에 따라 지정이 취소(법 제175조 제2호 또는 제3호에 해당하여 지정이 취소된 경우는 제외한다) 된 날부터 2년이 지나지 아니한 자
> ③ 위의 ① 또는 ②에 해당하는 자를 임원으로 하는 법인

(3) 관세청장은 위의 (1)에 따라 지정을 받은 자(이하 "전자문서중계사업자"라 한다)가 다음의 어느 하나에 해당하는 경우에는 그 지정을 취소하거나 1년 이내의 기간을 정하여 전자문서중계업무의 전부 또는 일부의 정지를 명할 수 있다. 다만, 아래의 ① 및 ②에 해당하는 경우에는 그 지정을 취소하여야 한다.

> ① 위의 (2) 각 호의 어느 하나에 해당한 경우. 다만, 위의 (2) ③에 해당하는 경우로서 법 제175조 제2호 또는 제3호에 해당하는 사람을 임원으로 하는 법인이 3개월 이내에 해당 임원을 변경한 경우에는 그러하지 아니 하다.
> ② 거짓이나 그 밖의 부정한 방법으로 위의 (1)에 따른 지정을 받은 경우
> ③ 위의 (1)에 따른 기준을 충족하지 못하게 된 경우
> ④ 아래의 (7)에 따른 관세청장의 지도ㆍ감독을 위반한 경우
> ⑤ 아래의 (8)에 따른 관세청장의 시정명령을 그 정하여진 기간 이내에 이행하지 아니한 경우
> ⑥ 법 제327조의4 제3항을 위반하여 업무상 알게 된 전자문서상의 비밀과 관련 정보에 관한 비밀을 누설하거나 도용한 경우

(4) 관세청장은 위의 (3)에 따른 업무정지가 그 이용자에게 심한 불편을 주거나 그 밖에 공익을 해칠 우려가 있는 경우에는 업무정지처분을 갈음하여 1억원 이하의 과징금을 부과할 수 있다. 이 경우 과징금을 부과하는 위반행위의 종류와 위반 정도 등에 따른 과징금의 금액 등에 관하여 필요한 사항은 대통령령으로 정한다.

(5) 위의 (4)에 따른 과징금을 납부하여야 할 자가 납부기한까지 이를 납부하지 아니한 경우에는 법 제26조(담보 등이 없는 경우의 관세징수)를 준용한다.

(6) 전자문서중계사업자는 전자문서중계업무를 제공받는 자에게 기획재정부령으로 정하는 바에 따라 수수료 등 필요한 요금을 부과할 수 있다.

(7) 관세청장은 전자문서중계사업의 안정적인 운영을 위하여 전자문서중계사업자에게 사업실적 등 운영사업과 관련한 주요 내용을 매년 보고하도록 하거나 관련 장부 및 서류를 제출하도록 명할 수 있다. 이 경우 보고의 방법 및 절차 등 필요한 사항은 관세청장이 정한다.

(8) 관세청장은 전자문서중계사업자의 업무 수행의 방법, 절차 등이 부적절하여 전자문서중계의 안정성을 저해하거나 저해할 우려가 있는 경우 6개월 이내의 기간을 정하여 그 시정을 명할 수 있다.

(9) 위의 (3)에 따른 지정취소 및 업무정지 처분의 세부기준에 관한 사항은 기획재정부령으로 정한다.

2) 전자문서중계사업자의 지정기준

(1) 위의 1) (1)에 따른 전자문서중계사업자의 지정기준은 다음과 같다.

① 「상법」상 주식회사로서 납입자본금이 10억원 이상일 것
② 정부, 「공공기관의 운영에 관한 법률」 제4조(공공기관)에 따른 공공기관 및 비영리법인을 제외한 동일인이 의결권있는 주식총수의 15/100를 초과하여 소유하거나 사실상 지배하지 아니할 것
③ 전자문서중계사업을 영위하기 위한 설비와 기술인력을 보유할 것

(2) 위의 (1) ②에서 주주 1명 또는 그와 다음의 하나에 해당하는 자가 자기 또는 타인의 명의로 소유하는 주식의 범위는 기획재정부령으로 정한다. 다음의 규정은 외국인에게도 이를 준용한다.

① 주주 1인의 배우자, 8촌 이내의 혈족 또는 4촌 이내의 인척(이하 "친족"이라 한다)
② 주주 1인이 법인인 경우에 해당 법인이 30/100 이상을 출자 또는 출연하고 있는 법인과 해당 법인에 30/100 이상을 출자 또는 출연하고 있는 법인이나 개인
③ 주주 1인이 개인인 경우에 해당 개인 또는 그와 그 친족이 30/100 이상을 출자 또는 출연하고 있는 법인
④ 주주 1인 또는 그 친족이 최다수 주식소유자 또는 최다액 출자자로서 경영에 참여하고 있는 법인
⑤ 주주 1인과 그 친족이 이사 또는 업무집행사원의 과반수인 법인

(3) 위의 (1) ③의 규정에 의한 지정기준의 세부적인 사항은 다음과 같다.

① 전자문서중계사업에 필요한 다음의 설비에 대한 정당한 사용권을 가질 것

  ㉮ 전자문서중계사업을 안정적으로 수행할 수 있는 충분한 속도 및 용량의 전산설비
  ㉯ 전자문서를 변환ㆍ처리ㆍ전송 및 보관할 수 있는 소프트웨어
  ㉰ 전자문서를 전달하고자 하는 자의 전산처리설비로부터 관세청의 전산처리설비까지 전자문서를 안전하게 전송할 수 있는 통신설비 및 통신망
  ㉱ 전자문서의 변환ㆍ처리ㆍ전송ㆍ보관, 데이터베이스의 안전한 운영과 보안을 위한 전산설비 및 소프트웨어

② 전자문서중계사업에 필요한 다음의 기술인력을 보유할 것

  ㉮ 「국가기술자격법」에 의한 정보처리 또는 통신 분야의 기술사 이상의 자격이 있는 자 1인 이상
  ㉯ 전자문서중계사업을 위한 표준전자문서의 개발 또는 전자문서중계방식과 관련한 기술 분야의 근무 경력이 2년 이상인 자 2인 이상
  ㉰ 전자문서와 데이터베이스의 보안관리를 위한 전문요원 1인 이상
  ㉱ 「관세사법」에 의한 관세사 자격이 있는 자 1인 이상

③ 위의 ① ㉮ 및 ㉯의 세부적인 사항은 관세청장이 정하여 고시한다.

3) 전자문서중계사업자의 지정취소 및 업무정지 기준

위의 1) (3)에 따른 전자문서중계사업자의 지정취소 및 업무정지 처분의 세부기준은 별표 8과 같다.

4) 전자문서중계업무의 수수료

전자문서중계사업자는 위의 1) (6)에 따라 수수료 등 필요한 요금을 부과하기 위하여 요금을 정하거나 변경하고자 하는 경우에는 그 금액과 산출기초를 기재한 서류를 첨부하여 관세청장에게 신고하여야 한다. 이 경우 관세청장은 수수료 등의 금액이 관세청장이 정하는 (「국가관세종합정보망의 이용 및 운영 등에 관한 고시」) 산출기준에 맞지 아니하거나 그 밖에 적정하지 아니하여 보완이 필요하다고 인정되는 경우에는 그 수리전에 보완을 요구할 수 있다.

5) 전자문서중계사업자의 지정절차

(1) 위의 1) (1)에 따른 전자문서중계사업자의 지정을 받고자 하는 자는 관세청장이 정하는

(「국가관세종합정보망의 이용 및 운영에 관한 고시」) 서류를 갖추어 관세청장에게 신청하여야 한다. 지정을 받은 전자문서중계사업자가 지정받은 사항을 변경하고자 할 때에도 또한 같다.

　(2) 관세청장은 위의 1) (1)에 따라 지정을 한 때에는 해당 신청인에게 지정증을 교부하고, 그 사실을 관계행정기관의 장 및 관세업무 관련기관의 장에게 통지하여야 한다.

6) 전자문서중계사업자에 대한 과징금의 부과기준 등

　(1) 위의 1) (4)에 따라 부과하는 과징금의 금액은 아래의 ①의 기간에 ②의 금액을 곱하여 산정한다. 이 경우 산정한 금액이 1억원을 넘을 때에는 1억원으로 한다.

> ① 기간 : 위의 1) (3)에 따라 산정된 업무정지 일수(1개월은 30일을 기준으로 한다)
> ② 1일당 과징금 금액 : 30만원

　(2) 관세청장은 전자문서중계사업자의 사업규모 · 위반행위의 정도 및 횟수 등을 참작하여 위의 (1)의 규정에 의한 과징금의 금액의 1/4의 범위 안에서 이를 가중 또는 경감할 수 있다. 이 경우 가중하는 때에도 과징금의 총액이 1억원을 초과할 수 없다.

7) 과징금의 납부

　(1) 관세청장은 위의 1) (4)에 따라 위반행위를 한 자에게 과징금을 부과하고자 할 때에는 그 위반행위의 종별과 해당 과징금의 금액을 명시하여 이를 납부할 것을 서면 또는 전자문서로 통지하여야 한다.

　(2) 위의 (1)에 따라 통지를 받은 자는 납부통지일부터 20일 이내에 과징금을 관세청장이 지정하는 수납기관에 납부해야 한다.

　(3) 위의 (2)의 규정에 의하여 과징금의 납부를 받은 수납기관은 영수증을 납부자에게 서면으로 교부하거나 전자문서로 송부하여야 한다.

　(4) 과징금의 수납기관은 위의 (2)의 규정에 의하여 과징금을 수납한 때에는 그 사실을 관세청장에게 서면 또는 전자문서로 지체없이 통지하여야 한다.

8) 「국가를 당사자로 하는 계약에 관한 법률」의 적용

　법의 규정에 의한 물품 또는 증권의 매각에 관하여 법 시행령에 규정되지 아니한 사항은 「국가를 당사자로 하는 계약에 관한 법률」의 규정에 의한다.

9) 서식의 제정

법 또는 법 시행령에 따른 신청서 및 그 밖의 서식으로서 기획재정부령으로 정하는 것을 제외하고는 관세청장이 정하여 고시한다.

⑬ 제327조의4(전자문서 등 관련 정보에 관한 보안)

1) 의의

① 누구든지 관세정보시스템 또는 전자문서중계사업자의 전산처리설비에 기록된 전자문서 등 관련 정보를 위조 또는 변조하거나 위조 또는 변조된 정보를 행사하여서는 아니 된다.

② 누구든지 관세정보시스템 또는 전자문서중계사업자의 전산처리설비에 기록된 전자문서 등 관련 정보를 훼손하거나 그 비밀을 침해하여서는 아니 된다.

③ 관세정보원 또는 전자문서중계사업자의 임직원이거나, 임직원이었던 자는 업무상 알게 된 전자문서상의 비밀과 관련 정보에 관한 비밀을 누설하거나 도용하여서는 아니 된다.

2) 민감정보 및 고유식별정보의 처리

(1) 관세청장, 세관장 또는 세관공무원은 법 및 법 시행령에 따른 관세의 부과·징수 및 수출입물품의 통관에 관한 사무를 처리하기 위하여 불가피한 경우 「개인정보보호법 시행령」 제18조(민감정보의 범위) 제2항에 따른 범죄경력자료에 해당하는 정보나 같은 법 시행령 제19조(권리사용료의 산출) 제1항 제2호 또는 제4호에 따른 주민등록번호, 여권번호 또는 외국인등록번호가 포함된 자료를 처리할 수 있다.

(2) 과세자료제출기관의 장은 법 제264조의4(과세자료의 제출방법) 및 제264조의5(과세자료의 수집에 관한 협조)에 따라 과세자료를 제출하기 위하여 불가피한 경우 「개인정보보호법 시행령」 제19조(고유식별정보의 범위) 제1항, 제2항 또는 제4항에 따른 주민등록번호, 여권번호 또는 외국인등록번호가 포함된 자료를 처리할 수 있다.

⑭ 제327조의5(전자문서의 표준)

관세청장은 제240조의6(과세자료의 관리 및 활용 등)에 따른 국가 간 세관정보의 원활한 상호교환을 위하여 세계관세기구 등 국제기구에서 정하는 사항을 고려하여 전자신고등 및 전자송달에 관한 전자문서의 표준을 정할 수 있다.

⑮ 제328조(청문)

세관장은 다음의 어느 하나에 해당하는 처분을 하려면 청문을 하여야 한다.

① 법 제164조(보세구역의 자율관리) 제6항에 따른 자율관리보세구역 지정의 취소
② 법 제165조(보세사의 자격 등) 제5항에 따른 보세사 등록의 취소 및 업무정지
③ 법 제167조(지정보세구역 지정 취소)에 따른 지정보세구역 지정의 취소
④ 법 제172조(물품에 대한 보관책임) 제6항에 따른 화물관리인 지정의 취소
⑤ 법 제178조(반입정지 등과 특허의 취소) 제1항 및 제2항에 따른 물품반입 등의 정지 및 운영인 특허의 취소
⑥ 법 제204조(종합보세구역 지정의 취소 등) 제1항에 따른 종합보세구역 지정의 취소
⑦ 법 제204조 제2항에 따른 종합보세기능의 수행 중지
⑧ 법 제204조 제3항에 따른 종합보세사업장의 폐쇄
⑨ 법 제224조(보세운송업자 등의 행정제재) 제1항에 따른 보세운송업자 등의 등록 취소 및 업무정지
⑩ 법 제255조의5(수출입안전관리우수업체 공인 취소)에 따른 수출입안전관리우수업체 공인의 취소
⑪ 법 제327조의3(전자문서중계사업자 지정 등) 제3항에 따른 전자문서중계사업자 지정의 취소 및 사업·업무의 전부 또는 일부의 정지

⑯ 제329조(권한 또는 업무의 위임·위탁)

1) 의의

(1) 이 법에 따른 기획재정부장관의 권한 중 다음의 권한은 대통령령으로 정하는 바에 따라 관세청장에게 위임할 수 있다.

① 법 제56조(덤핑방지관세에 대한 재심사 등) 제2항에 따른 덤핑방지관세 재심사에 필요한 사항의 조사
② 법 제62조(상계관세에 대한 재심사 등) 제2항에 따른 상계관세 재심사에 필요한 사항의 조사

(2) 이 법에 따른 관세청장이나 세관장의 권한은 대통령령으로 정하는 바에 그 권한의 일부를 세관장이나 그 밖의 소속 기관의 장에게 위임할 수 있다.

(3) 세관장은 대통령령으로 정하는 바에 따라 법 제257조(우편물의 검사)부터 법 제259조(세관장의 통지)까지의 규정에 따른 권한을 체신관서의 장에게 위탁할 수 있다.

(4) 세관장은 대통령령으로 정하는 바에 따라 법 제157조(물품의 반입·반출), 법 제158조(보수작업) 제2항, 법 제159조(해체·절단 등의 작업) 제2항, 법 제165조(보세사의 자격 등) 제3항, 법 제209조(통고), 법 제213조(보세운송의 신고) 제2항(보세운송신고의 접수만 해당한다)·제3항, 법

제215조(보세운송보고) , 법 제222조(보세운송업자등의 등록 및 보고) 제1항 제1호, 및 법 제246조(물품의 검사) 제1항에 따른 권한을 다음의 자에게 위탁할 수 있다.

① 통관질서의 유지와 수출입화물의 효율적인 관리를 위하여 설립된 비영리법인
② 화물관리인
③ 운영인
④ 법 제222조(보세운송업자등의 등록 및 보고)에 따라 등록한 보세운송업자

(5) 이 법에 따른 관세청장 또는 세관장의 업무 중 다음의 업무는 대통령령으로 정하는 바에 따라 대통령령으로 정하는 단체에 위탁할 수 있다.

① 법 제173조(세관검사장) 제3항 단서에 따른 물품 검사비용 지원 업무 중 신청서 접수, 지원 요건 및 금액에 관한 심사
② 법 제235조(지식재산권 보호) 제2항에 따른 지식재산권의 신고 업무 중 신고서 접수 및 보완 요구
③ 법 제255조의2(수출입 안전관리 우수업체의 공인) 제2항에 따른 수출입안전관리우수업체 공인 심사 지원 및 같은 조 제3항에 따른 예비심사 지원
④ 법 제265조(물품 또는 운송수단 등에 대한 검사 등)에 따른 물품 또는 운송수단 등에 대한 검사 등에 관한 업무 중 국제항을 출입하는 자가 휴대하는 물품 및 국제항을 출입하는 자가 사용하는 운송수단에 대한 검사

2) 권한 또는 업무의 위임 · 위탁

(1) 기획재정부장관은 위의 1) (1)에 따라 다음의 사항에 관한 조사 권한을 관세청장에게 위임한다.

① 법 시행령 제70조(덤핑방지관세 및 약속의 재심사) 제11항상의 다음의 사항

㉮ 덤핑방지조치 물품의 수입 및 징수실적
㉯ 가격수정 · 수출중지 등의 약속 준수 여부
㉰ 그 밖에 기획재정부장관이 덤핑방지관세의 부과와 약속의 재심사를 위하여 조사가 필요하다고 인정하는 사항

② 법 시행령 제84조(상계관세 및 약속의 재심사) 제11항상의 다음의 사항

㉮ 상계조치 물품의 수입 및 징수실적
㉯ 가격수정 등의 약속 준수 여부
㉰ 그 밖에 기획재정부장관이 상계관세의 부과와 약속의 재심사를 위하여 조사가 필요하다고 인정하는 사항

(2) 관세청장은 위의 1) (2)에 따라 법 제324조(포상)에 따른 포상에 관한 권한 중 관세청장이 정하여 고시하는 권한을 세관장에게 위임한다.

(3) 관세청장은 위의 1) (2)에 따라 다음의 권한을 관세평가분류원장에게 위임한다.

① 법 제18조(과세환율)에 따른 과세환율의 결정
② 법 제30조(과세가격 결정의 원칙)에 따라 가산 또는 공제하는 금액의 결정
③ 법 제33조(국내판매가격을 기초로 한 과세가격의 결정) 제1항 제1호 및 제2호에 따른 금액의 결정
④ 법 제37조(과세가격 결정방법의 사전심사)에 따른 과세가격 결정방법의 사전심사
⑤ 법 제86조(특정물품에 적용될 품목분류의 사전심사)에 따른 품목분류사전심사
⑥ 제246조(물품의 검사) 제6항에 따른 환율의 결정

(4) 관세청장은 위의 1) (2)에 따라 법 제255조의2(수출입 안전관리 우수업체의 공인) 제2항 및 제3항에 따른 수출입안전관리우수업체의 심사 및 예비심사에 관한 권한을 세관장 또는 관세평가분류원장에게 위임한다.

(5) 세관장은 위의 1) (4)에 따라 법 제209조(통고) 제1항에 따른 통고(자가용보세구역에서의 통고를 제외한다)의 권한을 보세구역의 운영인 또는 화물관리인에게 위탁한다.

(6) 세관장은 위의 1) (4)에 따라 법 제215조(보세운송 보고)에 따른 보세운송의 도착보고의 수리에 관한 권한을 보세구역의 운영인 또는 화물관리인에게 위탁한다.

(7) 세관장은 위의 1) (4)에 따라 법 제165조(보세사의 자격 등) 제3항에 따른 보세사의 등록과 법 제222조(보세운송업자 등의 등록 및 보고) 제1항 제1호에 따른 보세운송업자의 등록에 관한 권한을 「민법」 제32조(비영리법인의 설립과 허가)에 따라 설립된 사단법인 중 관세청장이 지정하여 고시하는 법인의 장에게 위탁한다.

(8) 관세청장 또는 세관장은 위의 1) (5) ①에 따라 법 제173조(세관검사장) 제3항 단서에 따른 물품 검사비용 지원업무의 일부(신청서 접수, 지원요건 및 금액에 관한 심사에 한정한다)를 세관 검사비용 지급 업무에 전문성이 있다고 인정되어 관세청장이 지정·고시하는 법인 또는 단체에 위탁할 수 있다.

(9) 관세청장은 위의 1) (5) ②에 따라 법 제235조(지식재산권 보호) 제2항에 따른 지식재산권의 신고에 관한 업무(신고서의 접수 및 보완요구만 해당한다)를 「민법」 제32조(비영리법인의 설립과 허가)에 따라 설립된 사단법인 중 지식재산권 보호업무에 전문성이 있다고 인정되어 관세청장이 지정·고시하는 법인에 위탁한다.

(10) 관세청장은 위의 1) (5) ③에 따라 법 제255조의2(수출입 안전관리 우수업체의 공인) 제2항에 따른 수출입안전관리우수업체 공인심사지원 및 같은 조 제3항에 따른 예비심사 지원 업무

를 「민법」 제32조에 따라 설립된 사단법인 중 수출입 안전관리 심사 업무에 전문성이 있다고 인정되어 관세청장이 지정·고시하는 법인에 위탁할 수 있다.

(11) 관세청장 또는 세관장은 위의 1) (5) ④에 따라 법 제155조(물품의 장치) 제1항에 따른 국제항(보세구역을 포함한다)으로부터 나오는 사람의 휴대품 및 운송수단에 대한 검사 업무를 관세청장이 정하는 기준에 따라 검사 업무에 전문성이 있다고 인정되어 관세청장이 지정·고시하는 법인 또는 단체에 위탁할 수 있다.

(12) 관세청장 또는 세관장이 위의 (8), (10) 및 (11)에 따라 업무를 위탁하는 경우에는 위탁받은 법인 또는 단체와 위탁 업무의 내용을 고시해야 한다.

(13) 위의 (5)부터 (11)까지의 규정에 따라 업무의 위탁을 받은 자에 대한 지휘·감독에 관한 사항은 관세청장이 정한다.

⑰ 제330조(벌칙 적용에서 공무원 의제)

다음에 해당하는 사람은 「형법」 제127조(공무상 비밀의 누설) 및 제129조(수뢰, 사전수뢰)부터 제132조(알선수뢰)까지의 규정을 적용할 때에는 공무원으로 본다.

① 법 제208조(매각대상 및 매각절차) 제4항에 따라 대행 업무에 종사하는 사람
② 법 제233조의2(한국원산지정보원의 설립) 제1항에 따른 한국원산지정보원의 업무에 종사하는 사람
③ 법 제322조(통계 및 증명서의 작성 및 교부 등) 제5항에 따라 대행 업무(법 제116조(비밀유지) 제5항에 따라 과세정보를 제공하는 경우를 포함한다)에 종사하는 사람
④ 법 제327조의2(한국관세정보원의 설립) 제1항에 따른 관세정보원의 임직원
⑤ 법 제327조의3(전자문서중계사업자의 지정 등) 제3항에 따른 전자문서중계사업자
⑥ 법 제329조(권한 또는 업무의 위임·위탁) 제3항부터 제5항까지의 규정에 따라 위탁받은 업무에 종사하는 사람
⑦ 다음의 위원회의 위원 중 공무원이 아닌 사람

> ㉮ 법 제45조(관세체납정리위원회) 제1항에 따른 관세체납정리위원회
> ㉯ 법 제85조(품목분류의 적용기준 등) 제2항에 따른 관세품목분류위원회
> ㉰ 법 제116조의2(고액·상습체납자 등의 명단 공개) 제2항에 따른 관세정보위원회
> ㉱ 법 제118조의4(납세자보호위원회) 제1항에 따른 납세자보호위원회
> ㉲ 법 제165조의5(보세사징계위원회)에 따른 보세사징계위원회
> ㉳ 법 제176조의3(보세판매장 특허심사위원회) 제1항에 따른 보세판매장 특허심사위원회
> ㉴ 법 제176조의4(보세판매장 제도운영위원회)에 따른 보세판매장 제도운영위원회
> ㉵ 법 제284조의2(관세범칙조사심의위원회)에 따른 관세범칙조사심의위원회

제3부

관세환급특례법

제1절　관세환급의 개요

1 관세환급의 의의

1) 현행 법령상 세관에서의 관세환급은 납세업무의 형평과 징세행정의 공정을 위한 법상의 환급(과오납환급과의 계약내용과 상이한 물품 등에 대한 관세환급)과 수출업체 지원을 위한 특례법상의 환급이 있으며 일반적으로 관세환급이라 함은 수출용원재료에 대한 환급을 말하며 관세 등의 환급으로 표현하고 있다.

2) 관세환급은 수출용원재료를 수입하는 때에 관세 등을 납부하였거나 납부할 물품으로 수출물품을 생산(수출물품의 가공·조립·수리·재생 또는 개조하는 것 포함)하여 수출 등의 용도에 제공한 경우에 수출자 또는 수출물품의 생산자에게 관세 등을 되돌려 주는 것을 말한다.

2 관세환급의 특징

1) 국제경쟁력강화에 기여

관세환급금은 수출용원재료에 대한 관세부담을 면제해줄 뿐만 아니라 국내산업보호를 위하여 설치된 관세장벽을 수출의 경우에는 제거하여 우리나라 수출물품의 경쟁력강화에 기여하고 있는 수출지원제도이다.

2) 환급비용의 발생

관세환급제도의 운영에 있어 업체는 물론 세관행정에서도 많은 비용이 발생하고 있어 비환급업체와 형평성 문제도 제기되고 있다. 향후 장기적으로는 수익자 부담원칙에 따라 일정비율에 해당하는 만큼 공제하고 환급금을 지급하고 있다.

3) 관세환급의 이론적 배경

수출 등에 제공한 물품에 대하여 관세 등을 환급하는 이론적 배경은 관세 등이 부과된 수출용원재료로 생산된 수출물품이 국내에서 소비되지 않는다는 점에서 찾아볼 수 있으며, 관세 등은 소비세의 일종으로서 국내에서 소비되는 것을 전제로 부과되는 조세이기 때문이다.

4) 외화획득행위에 대한 지원

특례법령에서는 국내에서 소비되는 경우에도 환급대상 수출로 인정하고 있는 것(국내 외화판매 또는 공사)도 있고, 외국으로 수출되어도 환급대상 수출로 인정하지 않는 것도 있는 점을 볼때에 외화획득행위(외화가득주의)를 지원하는데 중점을 두고 있는 것을 알 수 있다.

5) 자국의 수출산업 지원

수출물품 생산에 사용된 수출용원재료에 대한 관세 등 환급금은 WTO의 수출보조금 지급금지규정에서 제외되어 있고, WCO의 교토협약에서도 관세 등 환급절차가 규정되어 있어 세계각국은 자국의 수출산업을 지원하기 위하여 환급제도를 운영하고 있다.

제2절 특례법의 목적과 정의

1 제1조(목적)

「관세환급특례법」(「수출용 원재료에 대한 관세 등 환급에 관한 특례법」)(이하 "특례법"이라 한다. 「관세환급특례법 시행령」은 "특례법 시행령", 「관세환급특례법 시행규칙」은 "특례법 시행규칙"이라 한다)

은 수출용 원재료에 대한 관세, 임시수입부가세, 개별소비세, 주세, 교통·에너지·환경세, 농어촌특별세 및 교육세의 환급을 적정하게 함으로써 능률적인 수출 지원과 균형 있는 산업발전에 이바지하기 위하여 「관세법」, 「임시수입부가세법」, 「개별소비세법」, 「주세법」, 「교통·에너지·환경세법」, 「농어촌특별세법」, 「교육세법」, 「국세기본법」 및 「국세징수법」에 대한 특례를 규정함을 목적으로 한다.

② 제2조(정의)

1) 관세 등 : 관세, 임시수입부가세, 개별소비세, 주세, 교통·에너지·환경세, 농어촌특별세 및 교육세를 말한다.

2) 수출 등 : 「관세법」, 「임시수입부가세법」, 「개별소비세법」, 「주세법」, 「교통·에너지·환경세법」, 「농어촌특별세법」 및 「교육세법」(이하 "「관세법」 등"이라 한다)의 규정에도 불구하고 특례법 제4조(환급대상 수출 등)의 하나에 해당하는 것을 말한다.

3) 수출물품 : 수출 등의 용도에 제공되는 물품을 말한다.

4) 소요량 : 수출물품을 생산(수출물품을 가공·조립·수리·재생 또는 개조하는 것을 포함한다. 이하 같다)하는 데에 드는 원재료의 양으로서 생산과정에서 정상적으로 발생되는 손모량을 포함한 것을 말한다.

5) 환급 : 특례법 제3조(환급대상 원재료)에 따른 수출용원재료를 수입하는 때에 납부하였거나 납부할 관세 등을 「관세법」 등의 규정에도 불구하고 특례법에 따라 수출자나 수출물품의 생산자에게 되돌려 주는 것을 말한다.

6) 정산 : 특례법 제6조(관세등의 일괄납부 등) 제1항에 따라 제3조(환급대상원재료)에 따른 수출용원재료에 대하여 일정 기간별로 일괄납부할 관세 등과 제16조(환급금의 지급) 제3항에 따라 지급이 보류된 환급금을 상계하는 것을 말한다.

제2장

환급대상 수출과 환급액의 정산

제1절   환급대상 수출

---

1 제3조(환급대상 원재료)

1) 관세 등을 환급받을 수 있는 원재료(이하 "수출용원재료"라 한다)는 다음의 하나에 해당하는 것으로 한다.

> ① 수출물품을 생산한 경우 : 다음의 하나에 해당하는 것으로서 소요량을 객관적으로 계산할 수 있는 것
>
> > ㉮ 해당 수출물품에 물리적 또는 화학적으로 결합되는 물품
> > ㉯ 해당 수출물품을 생산하는 공정에 투입되어 소모되는 물품. 다만, 수출물품 생산용 기계·기구 등의 작동 및 유지를 위한 물품 등 수출물품의 생산에 간접적으로 투입되어 소모되는 물품은 제외한다.
> > ㉰ 해당 수출물품의 포장용품
>
> ② 수입한 상태 그대로 수출한 경우 : 해당 수출물품

2) 국내에서 생산된 원재료와 수입된 원재료가 동일한 질(質)과 특성을 갖고 있어 상호 대체 사용이 가능하여 수출물품의 생산과정에서 이를 구분하지 아니하고 사용되는 경우에는 수출용 원재료가 사용된 것으로 본다.

② 제4조(환급대상수출 등)

1) 의의

환급대상이 되기 위해서는 물품을 우선 수출 등에 제공하여야 하는 바, 이를 "환급대상수출"
이라 한다. 특례법상의 환급대상수출은 일반유상수출 이외에도 무상수출, 국내에서의 외화판
매·외화공사 및 보세공장 등에의 물품공급까지를 포함하고 있으며, 수출신고하여 수출신고필
증이 교부된 물품은 선박(항공기)에 선(기)적하고 선(기)적 사실이 관세청 전산시스템으로 확인이
되어야 환급신청이 가능하다. 수출용원재료에 대한 관세 등을 환급받을 수 있는 수출 등은 다음
의 하나에 해당하는 것으로 한다.

2) 환급대상수출

수출용원재료에 대한 관세 등을 환급받을 수 있는 수출 등은 다음의 어느 하나에 해당하는 것
으로 한다.

(1) 「관세법」에 따라 수출신고가 수리(受理)된 수출. 다만, 무상으로 수출하는 것에 대하여는
다음의 수출로 한정한다.

① 외국에서 개최되는 박람회·전시회·견본시장·영화제 등에 출품하기 위하여 무상으로 반출하는 물품의
  수출. 다만, 외국에서 외화를 받고 판매된 경우에 한한다.
② 해외에서 투자·건설·용역·산업설비수출 기타 이에 준하는 사업에 종사하고 있는 우리나라의 국민(법인을
  포함한다)에게 무상으로 송부하기 위하여 반출하는 기계·시설자재 및 근로자용 생활필수품 기타 그 사업과
  관련하여 사용하는 물품으로서 주무부장관 또는 주무부장관이 지정한 기관의 장이 확인한 물품의 수출
③ 수출된 물품이 계약조건과 서로 달라서 반품된 물품에 대체하기 위한 물품의 수출
④ 해외구매자와의 수출계약을 위하여 무상으로 송부하는 견본용 물품의 수출
⑤ 외국으로부터 가공임 또는 수리비를 받고 국내에서 가공 또는 수리를 할 목적으로 수입된 원재료로 가공하
  거나 수리한 물품의 수출 또는 해당 원재료 중 가공하거나 수리하는데 사용되지 아니한 물품의 반환을 위한
  수출
⑥ 외국에서 위탁가공할 목적으로 반출하는 물품의 수출
⑦ 위탁판매를 위하여 무상으로 반출하는 물품의 수출(외국에서 외화를 받고 판매된 경우에 한한다)

(2) 우리나라 안에서 외화를 획득하는 판매 또는 공사 중 외화를 획득하는 판매 또는 공사로
서 다음의 어느 하나에 해당하는 것을 말한다.

① 우리나라 안에 주류하는 미합중국군대(이하 "주한미군"이라 한다)에 대한 물품의 판매
② 주한미군 또는 「관세법」 제88조(외교관용 물품 등의 면세) 제1항 제1호 및 제3호의 규정에 의한 기관이
   시행하는 공사
③ 「관세법」 제88조와 「대한민국과 아메리카합중국 간의 상호방위조약」 제4조에 의한 시설과 구역 및 대한
   민국에서의 합중국군대의 지위에 관한 협정」에 의하여 수입하는 승용자동차에 대하여 관세 등의 면제를 받
   을 수 있는 자에 대한 국산승용자동차의 판매. 다만, 주무부장관의 면세추천서를 제출하는 경우에 한한다.
④ 「외국인투자촉진법」 제5조(외국인투자 신고)의 규정에 의하여 외국인 투자 또는 출자의 신고를 한 자에 대
   한 자본재(우리나라에서 생산된 것에 한한다)의 판매. 다만, 해당 자본재가 수입되는 경우 「조세특례제한법」
   제121조의3(관세 등의 면제)의 규정에 의하여 관세가 면제되는 경우에 한한다.
⑤ 국제금융기구로부터 제공되는 차관자금에 의한 국제경쟁입찰에서 낙찰(낙찰받은 자로부터 도급을 받는 경
   우를 포함한다)된 물품(우리나라에서 생산된 것에 한한다)의 판매. 다만, 해당 물품이 수입되는 경우 「관세
   법」에 의하여 관세가 감면되는 경우에 한한다.

(3) 「관세법」에 따른 보세구역 중 다음의 어느 하나에 해당하는 구역 또는 「자유무역지역의
지정 및 운영에 관한 법률」에 따른 자유무역지역의 입주기업체에 대한 공급

① 「관세법」 제183조(보세창고)에 따른 보세창고. 다만, 수출한 물품에 대한 수리·보수 또는 해외조립생산을
   위하여 부품 등을 반입하는 경우에 한한다.
② 「관세법」 제185조(보세공장)에 따른 보세공장. 다만, 수출용원재료로 사용될 목적으로 공급되는 경우에
   한한다.
③ 「관세법」 제196조(보세판매장)에 따른 보세판매장
④ 「관세법」 제197조(종합보세구역의 지정 등)에 따른 종합보세구역(수출용원재료로 공급하거나 수출한 물
   품에 대한 수리 · 보수 또는 해외조립생산을 위하여 부품 등을 반입하는 경우 또는 보세구역에서 판매하기
   위하여 반입하는 경우에 한한다)

(4) 그 밖에 수출로 인정되어 다음의 어느 하나에 해당하는 수출을 말한다.

① 우리나라와 외국간을 왕래하는 선박 또는 항공기에 선용품 또는 기용품으로 사용되는 물품의 공급
② 「원양산업발전법」 제6조(원양어업허가 및 신고) 제1항, 제17조(시험어업 및 연구어업·교습어업) 제1항 및
   제3항에 따라 해양수산부장관의 허가 · 승인 또는 지정을 받은 자가 그 원양어선에 무상으로 송부하기 위하
   여 반출하는 물품으로서 해양수산부장관 또는 해양수산부장관이 지정한 기관의 장이 확인한 물품의 수출

3) 수출 등의 사실확인

위의 2) (1) 단서 및 2) (2)부터 (4)까지의 규정에 따른 수출 등에 제공된 물품에 대하여 관세
등의 환급을 받으려는 자는 관세청장이 정하는 바에 따라 물품을 공급할 때 또는 환급을 신청할
때 세관장으로부터 수출 등의 사실을 확인받아야 한다.

제2절　환급액의 정산

❶　제5조(수출용원재료에 대한 관세 등의 징수)

1) 세관장은 수입하는 수출용원재료에 대하여는 「관세법」 등의 규정에도 불구하고 수입하는 때에 해당 관세 등을 징수한다.

2) 수출용원재료가 내국신용장(Local L/C)이나 그 밖에 다음의 하나에 해당하는 서류(이하 "내국신용장 등"이라 한다)에 의하여 거래되는 것으로서 관세청장이 특례법 제6조(관세등의 일괄납부 등) 제1항에 따른 관세 등의 일괄납부 및 제7조(수출용원재료에 대한 관세등과 환급액의 정산)에 따른 정산이 가능하다고 인정하는 경우에는 「관세법」 등의 규정에도 불구하고 내국신용장 등에 의하여 수출용원재료를 공급하는 것을 수출로, 공급받는 것을 수입으로 볼 수 있다.

> ① 외국환은행의 장 또는 「전자무역 촉진에 관한 법률」 제6조(전자무역기반사업자의 지정 등) 제2항에 따른 전자무역기반사업자가 내국신용장에 준하여 발급하는 구매확인서
> ② 관세청장이 인정하는 매매계약서 기타 이와 유사한 서류

❷　제6조(관세 등의 일괄납부 등)

1) 의의

수출용원재료에 대한 관세는 수입할 때에 징수하는 것이 원칙이나 수출업체의 금융비용절감 등 지원을 위하여 수출용원재료에 대한 관세를 매수입 건별로 수입신고수리시에 징수하지 않고 일정기간에 여러 건으로 수입된 원재료에 대한 세액을 1건으로 일괄징수하는 것이 일괄납부 제도이다.

2) 관세의 일괄납부

(1) 세관장은 「관세법」 등의 규정에도 불구하고 수출용원재료를 수입하는 자가 대통령령으로 정하는 바에 따라 신청하는 경우에는 그 원재료에 대한 관세 등을 6개월의 범위에서 대통령령으로 정하는 일정 기간(이하 "일괄납부기간"이라 한다)별로 일괄납부할 수 있는 자(이하 "관세 등

의 일괄납부업체"라 한다)로 지정하여 일괄납부하게 할 수 있다. 이 경우 세관장은 관세등의 일괄납부업체로 지정을 받으려는 자가 다음의 어느 하나에 해당하는 경우에는 대통령령으로 정하는 바에 따라 일괄납부하려는 세액에 상당하는 금액의 담보제공을 요구할 수 있다.

① 특례법 제23조(벌칙) 또는 「관세법」을 위반하여 징역형의 실형을 선고받고 그 집행이 끝나거나(집행이 끝난 것으로 보는 경우를 포함한다) 면제된 후 2년이 지나지 아니한 자
② 특례법 제23조(벌칙) 또는 「관세법」을 위반하여 징역형의 집행유예를 선고받고 그 유예기간 중에 있는 자
③ 특례법 제23조(벌칙) 또는 「관세법」 제269조(밀수출입죄), 제270조(관세포탈죄 등), 제270조의2(가격조작죄), 제271조(미수범 등), 제274조(밀수품의 취득죄 등), 제275조의2(체납처분면탈죄 등) 및 제275조의3(타인에 대한 명의대여죄)에 따라 벌금형 또는 통고처분을 받은 자로서 그 벌금형을 선고받거나 통고처분을 이행한 후 2년이 지나지 아니한 자.
④ 「관세법」 제241조(수출·수입 또는 반송의 신고) 또는 제244조(입항전 수입신고)에 따른 수입신고일을 기준으로 최근 2년 동안 관세 등 조세를 체납한 사실이 있는 자
⑤ 수입실적, 수입물품의 관세율 등을 고려하여 다음의 어느 하나의 경우에 해당하는 자

> ㉮ 최근 2년간 계속해서 수입실적이 없는 경우
> ㉯ 파산, 청산 또는 개인회생 절차가 진행 중인 경우
> ㉰ 수입실적, 자산, 영업이익 및 수입물품의 관세율 등을 고려할 때 관세채권 확보가 곤란한 경우로서 관세청장이 정하는 요건에 해당하는 경우

(2) 세관장은 위의 (1)에 따라 관세 등의 일괄납부업체를 지정하려면 일괄납부할 수 있는 세액의 한도를 정하여야 한다.

(3) 위의 (1)에 따른 관세 등의 납부기한은 해당 일괄납부기간이 끝나는 날이 속하는 달의 다음 달 15일까지로 한다.

(4) 관세 등의 일괄납부업체로 지정을 받은 자가 일괄납부할 수 있는 세액의 한도를 조정받으려면 세관장에게 그 세액의 한도 조정을 신청하여야 한다. 이 경우 세관장은 추가로 담보제공을 요구할 수 있다.

(5) 세관장은 관세 등의 일괄납부업체로 지정을 받은 자가 위의 (1) 각 호의 어느 하나에 해당하면 그 지정을 취소하여야 한다.

(6) 세관장은 위의 (5)에 따라 지정 취소를 받은 자가 관세 등을 완납하거나 특례법 제8조(직권정산) 제1항에 따라 직권정산이 완료된 후 다시 관세 등의 일괄납부업체로 지정 신청하는 경우에는 위의 (1) 후단에 따라 담보제공을 요구할 수 있다.

(7) 관세청장은 위의 (1)에 따른 관세 등의 일괄납부업체의 지정에 필요한 기준과 절차를 정할 수 있다.

3) 관세 등의 일괄납부기간

(1) 위의 2) (1) 각 호 외의 부분 전단에 따른 일괄납부기간은 1개월·2개월 또는 3개월로 한다. 다만, 특례법 제7조(수출용원재료에 대한 관세 등과 환급액의 정산)에 따른 정산업무를 효율적으로 수행하기 위하여 필요하다고 인정하여 기획재정부령으로 정하는 경우에는 6개월의 범위에서 일괄납부기간을 따로 정할 수 있다. 이 경우의 일괄납부기간은 다음과 같이 정해진다.

① 주로 수출하는 물품 또는 수출물품을 생산하는 자에게 공급하는 물품의 생산기간이 3월이상 소요되는 업체가 수입하는 수출용원재료의 경우에는 수출용원재료의 수입신고 수리일이 속하는 반기.
② 「중소기업기본법」 제2조의 규정에 의한 중소기업자가 수입하는 수출용원재료의 경우에는 최초로 관세 등의 일괄납부를 신청한 날이 속하는 달의 1일부터 계산하여 4월. 다만, 해당 중소기업자가 영 제2조제1항 본문을 적용받고자 하는 경우에는 그러하지 아니하다.

(2) 위의 2) (1) 각 호 외의 부분 전단에 따라 관세 등의 일괄납부를 신청하려는 자는 제1항의 규정에 따른 일괄납부기간 중 어느 하나를 선택하여야 한다.

(3) 위의 (1)에 따른 일괄납부기간은 관세 등의 일괄납부를 신청하는 날이 속하는 달의 1일부터 기산한다.

(4) 위의 (2)의 규정에 따라 선택한 일괄납부기간은 관세 등의 일괄납부를 신청하는 날이 속하는 달의 1일부터 1년이 경과하기 전에는 변경할 수 없다.

4) 담보물의 종류 및 담보제공절차

(1) 세관장이 위의 2) (1) 각 호 외의 부분 후단에 따라 관세 등의 일괄납부업체로 지정받으려는 자에게 요구할 수 있는 담보물의 종류는 다음과 같다.

① 금전
② 국가 또는 지방자치단체가 발행한 채권 및 증권
③ 은행지급보증
④ 납세보증보험증권
⑤ 「신용보증기금법」 또는 「지역신용보증재단법」의 규정에 의한 신용보증
⑥ 「기술보증기금법」에 따른 기술보증 및 신용보증

(2) 위의 2) (1) 각 호 외의 부분 후단에 따라 수출용원재료에 대한 관세 등의 담보를 제공하려는 자는 제공할 담보의 종류·수량·금액 등을 기재한 담보제공서를 세관장에게 제출하여야 한다.

(3) 위의 (2)의 규정에 의하여 담보를 제공하는 자는 일괄납부하고자 하는 세액에 상당하는 담보를 포괄하여 수입신고전에 제조장을 관할하는 세관장(주된 사무소에서 환급업무를 취급하는 경우에는 그 주된 사무소를 관할하는 세관장을 말하며, 이하 "관할지세관장"이라 한다)에게 제공하여야 한다.

(4) 위의 (3)의 규정에 불구하고 수입신고할 때마다 관세 등에 대한 담보를 제공하고자 하는 자는 수입신고시에 통관지세관장에게 담보를 제공할 수 있다.

(5) 담보의 제공 및 해제에 대한 절차 기타 필요한 사항은 관세청장이 정한다.

③ 제7조(수출용원재료에 대한 관세 등과 환급액의 정산)

1) 의의

수출용원재료를 수입할 때 관세 등을 징수하지 않고 수출기업이 납부해야 할 세액과 그 기업이 지급받아야 할 환급금을 분기별로 서로 상계처리하여 차액만 징수 · 환급하는 것이 정산제도이다.

2) 관세와 환급액의 정산

(1) 세관장은 대통령령으로 정하는 바에 따라 관세 등의 일괄납부업체가 특례법 제6조(관세 등의 일괄납부 등) 제1항에 따라 일괄납부하여야 할 관세 등과 특례법 제16조(환급금의 지급) 제3항에 따라 지급이 보류된 환급금을 정산하고, 제2조 제1항에 따른 일괄납부기간이 종료되는 달의 다음 달 1일까지 관세 등의 일괄납부업체에 그 정산 결과를 통지(이하 "정산통지"라 한다)하여야 한다.

(2) 세관장은 위의 (1)에 따른 정산 결과 징수하여야 할 관세 등이 있는 경우에는 제1항에 따른 통지기한까지 「관세법」 제39조(부과고지) 제3항에 따라 납세고지를 하여야 한다.

(3) 위의 (2)에 따른 납세고지를 받은 관세 등의 일괄납부업체는 일괄납부기간이 끝나는 날이 속하는 달의 다음 달 15일까지 관세 등을 납부하여야 한다.

(4) 세관장은 위의 (1)에 따른 정산 결과 지급하여야 할 환급금이 있는 경우에는 특례법 제16조 제1항 및 제4항에 따라 해당 금액을 즉시 지급하여야 한다.

(5) 세관장은 정산통지를 한 후 정산금액에 과부족이 있는 것을 알았을 때에는 이를 경정할 수 있다.

3) 정산통지

(1) 세관장은 위의 2) (1)에 따라 다음의 사항이 포함된 정산결과를 관세 등의 일괄납부업체에 통지하여야 한다.

> ① 특례법 제6조(관세 등의 일괄납부 등) 제1항에 따라 일괄납부하여야 할 관세 등의 내역
> ② 특례법 제16조(환급금의 지급) 제3항에 따라 지급이 보류된 환급금의 내역
> ③ 정산결과 납부하여야 할 관세등의 세액 또는 지급하여야 할 환급액

(2) 위의 2) (3)에 따라 관세 등의 일괄납부업체가 납부한 관세 등은 그 관세 등에 대한 정산결과를 통지한 세관장의 세입금으로 한다.

4 제8조(직권정산)

1) 세관장은 다음의 하나에 해당하는 사유가 발생한 경우에는 관세 등의 채권 확보를 위하여 납부기한이 도래하지 아니한 관세 등과 지급이 보류된 환급금을 즉시 정산(이하 "직권정산"이라 한다)하여야 한다.

> ① 특례법 제23조(벌칙) 또는 관세법 제268조의2(전자문서 위조·변조죄 등), 제269조(밀수출입죄), 제270조(관세포탈죄 등), 제270조의2(가격조작죄), 제271조(미수범 등), 제274조(밀수품의 취득죄 등), 제275조의2(체납처분면탈죄 등), 제275조의3(타인에 대한 명의대여죄) 및 제276조(허위신고죄 등)의 위반으로 처벌을 받은 경우
> ② 관세 등의 체납이 발생된 경우. 다만, 독촉기간내에 자진납부하는 경우를 제외한다.
> ③ 파산선고·어음부도 등으로 인하여 관세 등의 채권확보가 필요한 경우
> ④ 그 밖에 관세 등의 채권확보 등을 위하여 필요하다고 인정하여 일괄납부업체가 세관장에게 일괄납부의 적용제외를 요청하는 경우

2) 세관장은 위의 1)의 사유가 발생하여 관세 등의 채권 확보를 위하여 특례법 제6조(관세 등의 일괄납부 등) 제3항에 따른 납부기한이 도래하지 아니한 관세 등과 특례법 제16조(환급금의 지급) 제3항에 따라 지급이 보류된 환급금을 즉시 정산(직권정산)하려는 경우에는 해당 업체에 그 사실을 통지하여야 한다.

3) 세관장은 직권정산한 결과 지급하여야 할 환급금이 있는 경우에는 즉시 특례법 제16조(환급금의 지급)에 따라 환급금을 지급하여야 한다.

4) 세관장은 직권정산한 결과 징수하여야 할 관세등이 있는 경우에는 「관세법」 제39조(부과고지) 제3항에 따라 납세고지를 하여야 한다. 이 경우 납세고지를 받은 자는 그 고지를 받은 날부터 10일 내에 해당 세액을 세관장에게 납부하여야 한다.

5) 세관장은 담보를 제공한 관세 등의 일괄납부업체로서 납세고지를 받은 자가 해당 관세 등을 납부하지 아니한 경우에는 그 담보물을 해당 관세 등에 충당하여야 한다.

 **제3장**

환급금의 산출과 산출방법

제1절 환급금의 산출

---

① 제9조(관세 등의 환급)

1) 의의

(1) 세관장은 물품이 수출 등에 제공된 경우에는 다음의 어느 하나에 해당하는 날이 속하는 달의 말일부터 소급하여 2년 이내에 수입된 해당 물품의 수출용원재료에 대한 관세 등을 환급한다. 다만, 수출 등에 제공되는 데에 장기간이 소요되는 물품으로서 「대외무역법」 제32조(플랜트수출의 촉진 등) 제1항에 따른 플랜트수출에 제공되는 물품에 대하여 무역 상대국의 전쟁·사변, 천재지변 또는 중대한 정치적·경제적 위기로 인하여 불가피하게 수출등이 지연되었다고 관세청장이 인정하는 경우에는 소급하여 3년 이내에 수입된 해당 물품의 수출용원재료에 대한 관세 등을 환급한다. 「대외무역법」 제32조 제1항에 따른 플랜트수출에 제공되는 물품을 말한다.

> ① 특례법 제4조(환급대상 수출 등) 제1호에 따른 수출의 경우에는 수출신고를 수리한 날
> ② 특례법 제4조(환급대상 수출 등) 제2호부터 제4호까지의 규정에 따른 수출 등의 경우에는 수출·판매·공사 또는 공급을 완료한 날

(2) 수출용원재료가 내국신용장 등에 의하여 거래되고, 그 거래가 직전의 내국신용장 등에 의한 거래(직전의 내국신용장 등에 의한 거래가 없는 경우에는 수입을 말한다)가 있은 날부터 1년에 이루어진 경우를 말한다. 다만, 물품의 특성상 또는 거래의 사정상 부득이한 사유로 관세청장이

정하는 바에 따라 6개월의 범위에서 추가하여 관할지세관장의 연장 승인을 받은 경우에는 그 기간을 말한다. 해당 수출용원재료가 수입된 날부터 내국신용장 등에 의한 최후의 거래가 있은 날까지의 기간은 위의 (1)에 따른 기간에 산입(算入)하지 아니한다. 다만, 수출용원재료가 수입된 상태 그대로 거래된 경우에는 그러하지 아니하다.

2) 수출이행기간 기준일

위의 1) (1) 본문에 따라 관세 등을 환급하는 수출용원재료는 수출이행기간 기준일부터 소급하여 2년 이내에 다음의 어느 하나에 해당하는 수입신고수리 · 반출승인 · 즉시반출신고 · 거래 등이 행하여진 것이어야 한다.

① 「관세법」 제248조(신고의 수리)에 따른 수입신고수리
② 「관세법」 제252조(수입신고수리전 반출)에 따른 수입신고수리전 반출승인
③ 「관세법」 제253조(수입신고전의 물품 반출)에 따른 수입신고전 즉시반출신고
④ 수출용원재료가 특례법 제5조(수출용원재료에 대한 관세 등의 징수) 제3항에 따른 내국신용장 등(이하 "내국신용장 등"이라 한다)에 의하여 거래된 경우에는 최후의 거래

② 제10조(환급금의 산출 등)

1) 의의

소요량이란 수출물품을 생산하는데 소요되는 원재료의 종류별 양을 말하며, 소요량은 수출물품 생산에 소요되는 원재료의 수입시 납부하였거나 납부하여야 할 관세 등을 수출자(또는 생산자)에게 되돌려 주는 관세환급금을 산출하는데 있어 가장 기본적인 요소이다.

2) 환급금의 산출

(1) 환급신청자는 대통령령으로 정하는 바에 따라 수출물품에 대한 원재료의 소요량을 계산한 서류(이하 "소요량계산서"라 한다)를 작성하고 그 소요량계산서에 따라 환급금을 산출한다.

(2) 관세청장은 위의 (1)에도 불구하고 소요량 계산업무의 간소화 등을 위하여 필요하다고 인정하는 경우에는 수출물품별 평균 소요량 등을 기준으로 한 표준 소요량을 정하여 고시하고, 환급신청자로 하여금 이를 선택적으로 적용하게 할 수 있다.

(3) 수출용원재료를 사용하여 생산되는 물품이 둘 이상인 경우에는 생산되는 물품의 가격을 기준으로 관세청장이 정하는 바에 따라 관세 등을 환급한다.

(4) 관세청장은 다음의 어느 하나에 해당하는 경우로서 수출용원재료를 수입할 때에 납부하는 세액보다 관세 등을 환급할 때 현저히 과다 또는 과소 환급이 발생할 우려가 있다고 인정되는 경우(아래의 ②에 해당하는 경우 수입된 원재료에 아래의 ① 각 목의 사유가 있으면 그 사유도 함께 고려되어야 한다)에는 기획재정부령으로 정하는 바에 따라 환급받을 수 있는 수입신고필증의 유효기간을 특례법 제9조(관세 등의 환급) 제1항에서 정한 기간보다 짧게 정하여 환급하게 하거나, 업체별 수출용원재료의 재고 물량과 수출입 비율 등을 기준으로 하여 환급에 사용할 수 있는 수출용원재료의 물량을 정하여 환급하게 할 수 있다.

① 수출용원재료(수입된 원재료의 경우로 한정한다)에 대하여 다음의 어느 하나에 해당하는 사유가 있는 경우

㉠ 관세율 변동
㉡ 수입가격 변동
㉢ 둘 이상의 관세율 적용

② 국내에서 생산된 원재료와 수입된 원재료가 특례법 제3조(환급대상 원재료) 제2항에 해당하여 수출용원재료가 되는 경우로서 각 원재료가 생산과정에서 수출물품과 국내공급 물품에 구분하지 아니하고 사용되는 경우

3) 소요량의 계산

(1) 위의 2) (1)의 규정에 따라 소요량계산서를 작성하고자 하는 자(이하 "소요량계산서 작성업체"라 한다)는 다음의 사항을 관할지세관장에게 신고하고 그 신고된 바에 따라 소요량을 계산하여야 한다.

① 수출물품명
② 소요량 산정방법
③ 소요량 산정의 기준이 되는 기간 및 적용기간
④ 수출물품의 제조공정 및 공정설명서
⑤ 기타 소요량계산과 관련된 사항으로서 관세청장이 정하는 사항

(2) 소요량계산서 작성업체는 위의 (1) 각호의 내용을 변경하고자 하는 경우에는 그 내용을 즉시 관할지세관장에게 신고하여야 한다.

(3) 특례법 제14조(환급신청) 제1항의 규정에 의한 환급신청자와 수출물품의 생산자가 다른

경우 환급신청자는 해당 수출물품을 생산한 자가 산정한 소요량에 의하여 소요량계산서를 작성하여야 한다. 다만, 위의 2) (2)의 규정에 의하여 표준소요량을 적용하는 경우에는 그러하지 아니하다.

(4) 소요량의 산정 및 관리에 대한 기준과 그 절차에 관하여 필요한 사항은 관세청장이 정한다.

4) 관세 등 환급방법의 조정

관세청장이 위의 2) (4)에 따라 환급을 받을 수 있는 수입신고필증의 유효기간 및 환급에 사용할 수 있는 수출용원재료의 물량을 따로 정하는 (「농림축산물에 대한 관세등 환급사무처리에 관한 고시」) 경우 관세율의 변동 정도, 수출물품의 생산공정, 해당 업종의 재고자산 회전기간 및 수출입절차에 소요되는 기간 등을 종합적으로 참작하여 적정한 환급이 이루어지도록 하되, 그 내용이 다음의 하나에 해당하는 경우에는 미리 기획재정부장관과 협의를 하여야 한다.

① 수출용원재료에 대하여 환급받을 수 있는 수입신고필증의 유효기간을 6개월보다 짧게 정하려는 경우
② 업체별 수출용원재료의 재고물량, 수출비율 또는 수입비율 등을 기준으로 하여 환급에 사용할 수 있는 수출용원재료의 물량을 정하려는 경우

제2절   환급금의 산출방법

❶ 제10조의2(소요량 사전심사의 신청 등)

1) 의의

(1) 관세 등을 환급받으려는 자는 특례법 제14조(환급신청)에 따른 환급신청을 하기 전에 특례법 제10조(환급금의 산출 등) 제1항에 따라 산정한 소요량 및 소요량 계산방법의 적정 여부를 세관장에게 미리 심사(이하 "소요량 사전심사"라 한다)하여 줄 것을 신청할 수 있다.

(2) 위의 (1)에 따라 소요량 사전심사의 신청을 받은 세관장은 위의 (1)에 따른 신청을 받은 날부터 30일(아래의 2) (3) 단서에 따라 현지 확인을 실시하는 경우에는 50일) 내에 산정한 소요량 및 소요량 계산방법의 적정 여부를 심사한 후 그 결과를 신청인에게 통지하여야 한다. 이 경우 아래의

2) (2)에 따른 보정에 소요되는 기간은 제외한다. 다만, 제출 자료의 미비 등으로 심사가 곤란한 경우에는 그 사실을 통지하고 소요량 사전심사를 거절하거나 제출 자료를 보정하게 할 수 있다.

(3) 위의 (2) 본문에 따라 소요량 사전심사 결과를 통지받은 자는 통지 결과에 이의가 있는 경우 그 결과를 통지받은 날부터 30일 내에 세관장에게 재심사를 신청할 수 있다. 이 경우 재심사의 기간 및 결과의 통지에 관하여는 위의 (2)을 준용한다.

(4) 세관장은 관세 등을 환급받으려는 자가 위의 (2) 또는 (3)에 따라 통지된 소요량 사전심사 결과를 적용하여 특례법 제14조(환급신청)에 따른 환급신청을 한 경우에는 그 통지된 내용에 따라 소요량을 계산하여 환급하여야 한다.

(5) 위의 (2) 또는 (3)에 따라 통지받은 소요량 사전심사 결과의 유효기간은 통지를 받은 날부터 1년으로 한다. 다만, 다음의 어느 하나에 해당하는 경우에는 그 사유가 있는 날부터 해당 소요량 사전심사 결과는 그 효력을 잃는다.

① 사실관계 또는 생산공정의 변경 등으로 인하여 소요량 계산 근거가 달라진 경우
② 허위자료 제출 등 신청인에게 책임 있는 사유로 인하여 심사결과가 잘못 통지된 경우
③ 신청 내용과 동일한 사안에 대한 이의신청 · 심사청구 · 심판청구 또는 소송제기 등을 받은 권한 있는 기관의 최종결정 또는 법원의 판결이 심사결과와 다르게 된 경우
④ 신청인의 요청에 따라 심사결과와 다른 방법으로 소요량을 계산하는 것이 타당하다고 관할지세관장이 인정하는 경우

(6) 위의 (1)부터 (5)까지에서 규정한 사항 외에 소요량 사전심사의 절차 및 방법, 그 밖에 소요량 사전심사에 필요한 사항은 대통령령으로 정한다.

2) 소요량 사전심사의 신청

(1) 위의 1) (1)에 따른 소요량 사전심사 또는 같은 조 1) (3)에 따른 재심사를 신청하려는 자는 소요량 사전심사 또는 재심사 사유를 기재한 신청서에 특례법 시행령 제11조(소요량의 계산 등) 제1항 각 호의 사항에 관한 자료를 첨부하여 관할지세관장에게 제출하여야 한다.

(2) 관할지세관장은 위의 1) (2) 단서에 따라 20일 이내의 기간을 정하여 위의 (1)에 따라 제출받은 신청서 및 관련 자료를 보정하게 할 수 있다.

(3) 관할지세관장은 위의 (1)에 따라 제출받은 신청서 및 관련 자료를 검토하여 심사하는 것을 원칙으로 한다. 다만, 신청서 및 관련 자료의 검토를 위하여 제조공정 등을 확인할 필요가 있는 경우에는 신청인의 동의를 받아 현지 확인을 병행하여 실시할 수 있다.

(4) 관할지세관장은 다음의 어느 하나에 해당하는 경우에는 심사를 거절할 수 있다.

① 위의 (2)에 따라 보정을 요청한 신청서 및 관련 자료를 기한 내에 제출하지 아니한 경우
② 신청 내용과 동일한 사안에 대한 범칙사건의 조사, 관세조사 또는 이의신청·심사청구·심판청구·소송제기 등의 불복절차가 진행 중인 경우

2 제11조(평균세액증명)

1) 의의

평균세액증명(평세증)제도란 세관장이 수출물품 제조업체에서 해당 월에 외국으로부터 수입하거나 내국신용장 등에 의하여 국내에서 매입한 수입원재료를 HSK 10단위별로 규격을 통합하고 환급대상 전체물량의 평균세액을 산출하여 증명해 주는 제도를 말한다. 환급신청시 규격별로 환급금을 산출하지 아니하고 단위당 평균세액으로 환급액을 산출함으로써 환급금 계산이 간편하다. 이 제도는 개별환급방법에 의한 환급금 산출이 원재료별·규격별로 산출하는데 따른 불편을 해소하고 절차를 간소화하기 위하여 도입된 제도이다.

(1) 세관장은 수출용원재료에 대한 관세 등의 환급업무를 간소화하기 위하여 필요하다고 인정하는 경우에는 대통령령으로 정하는 바에 따라 수출용원재료를 수입(내국신용장 등에 의한 매입을 포함한다)하는 자의 신청에 의하여 그가 매월 수입한 수출용원재료의 품목별 물량과 단위당 평균세액을 증명하는 서류(이하 "평균세액증명서"라 한다)를 발행할 수 있다. 이 경우 해당 수출용원재료에 대하여는 수입한 날이 속하는 달의 1일에 수입된 것으로 보아 이 법을 적용한다.

(2) 위의 (1)에도 불구하고 세관장은 다음의 어느 하나에 해당하는 자 중 관세청장이 정하는 기준에 해당되는 자로 하여금 대통령령으로 정하는 바에 따라 평균세액증명서를 발급하게 할 수 있다.

① 수출용원재료를 수입한 자
② 관세사(위의 ①에 해당하는 자로부터 위임받은 자로 한정한다)

(3) 위의 (1)이나 (2) ②에 따라 세관장 또는 관세사로부터 평균세액증명서를 발급받은 자나 위의 (2) ①에 따라 평균세액증명서를 발급한 자가 평균세액증명서에 기재된 수출용원재료와 「관세법」 제50조(세율 적용의 우선순위) 제1항의 관세율표상 10단위 품목분류가 동일한 물품으로서 수출 등에 제공할 목적 외의 목적으로 수입한 물품에 대하여는 평균세액증명서에 기재

된 수출용원재료에 대한 관세 등의 환급이 끝난 경우에만 관세 등을 환급할 수 있다. 이 경우 물품별 환급액은 그 물품이 수입된 달의 평균세액증명서에 기재된 수출용원재료의 평균세액 (수입된 달의 평균세액증명서에 기재된 수출용원재료가 없는 경우에는 해당 물품이 수입된 달부터 소급하여 최초로 그 물품과 품명이 같은 수출용원재료가 수입된 달의 평균세액증명서에 기재된 수출용원재료의 평균세액을 말한다)을 초과할 수 없다.

2) 평균세액증명

(1) 위의 1) (1)의 규정에 의하여 평균세액증명서를 발급받고자 하는 자는 관할지세관장으로부터 평균세액증명 대상 물품의 지정을 받아야 한다. 이 경우 수출용원재료의 관세·통계통합 품목분류표의 품목번호(이하 "품목번호"라 한다) 또는 소요량이 달라지는 등 평균세액의 결정이 곤란하다고 인정하여 관세청장이 정하는 물품에 대하여는 평균세액증명서의 발급대상으로 지정을 받을 수 없다.

(2) 위의 (1)의 규정에 의하여 지정받은 물품에 대하여 평균세액증명서를 발급받고자 하는 자는 다음의 사항을 기재한 신청서에 관세청장이 정하는 증빙서류를 첨부하여 수출용원재료를 수입한 날 또는 내국신용장 등에 의하여 매입한 날이 속하는 달의 다음 달 1일 이후에 관할지세관장에게 제출하여야 한다.

① 지정받은 물품별 수입량 및 관세 등의 세액
② 지정받은 물품별 내국신용장 등에 의한 매입량 및 관세 등의 세액
③ 기타 평균세액 증명과 관련된 사항으로서 관세청장이 정하는 사항

(3) 세관장은 평균세액증명서를 발급한 후에 위의 (2) 각 호에 규정된 사항의 전부 또는 일부가 변경된 때에는 기획재정부령이 정하는 바에 따라 평균세액증명서를 발급하여야 한다.

(4) 평균세액증명서는 품목번호를 기준으로 매월 수입하거나 내국신용장 등에 의하여 매입한 수출용원재료 전량에 대하여 일괄신청하여야 한다. 다만, 다음의 하나에 해당하는 경우에는 그러하지 아니하다.

① 평균세액증명서의 발급을 신청할 때에 신청대상에서 누락된 수출용원재료에 대하여 신청하는 것으로서 관세청장이 정하는 경우
② 평균세액증명서의 발급을 받고자 하는 자의 신청에 의하여 사업장 또는 사업분야별로 구분하여 발급신청할 수 있도록 관세청장으로부터 인정받아 그 사업장 또는 사업분야별로 일괄신청하는 경우

(5) 위의 (1)의 규정에 의하여 지정을 받은 물품에 대하여는 계속하여 평균세액증명서의 발급을 신청하여야 한다.

(6) 평균세액증명서의 발급을 받아야 할 수출용원재료에 대한 수입신고필증 또는 기초원재료납세증명서 등은 관세등의 환급신청 또는 다음 국내 거래단계에 따른 기초원재료납세증명서 등의 발급신청자료로 사용하지 못한다.

(7) 세관장은 평균세액증명서에 의하여 환급 또는 기초원재료납세증명서 등을 발급하는 것이 수출용원재료에 대한 관세 등의 세액과 현저한 차이가 있다고 인정하는 경우에는 평균세액증명서 발급대상물품의 지정을 취소하여야 한다.

3) 평균세액증명서의 변경발급

세관장은 평균세액증명서를 발급한 후에 위의 2) (2) 각 호 사항의 전부 또는 일부가 변경된 때에는 다음의 규정에 의하여 이를 처리한다.

① 평균세액증명서를 환급 등에 사용하지 아니하였거나 일부만 사용한 경우에는 평균세액증명서를 회수하고 다시 발급한다.
② 평균세액증명서가 관세 등의 환급에 전부 사용된 경우에는 다음 달의 평균세액증명서를 발급할 때에 그 사실을 참작하여 발급한다. 다만, 다음 달의 평균세액증명서(다음 달의 평균세액증명서가 관세 등의 환급에 전부 사용되었거나 없는 경우에는 그 다음 달의 평균세액증명서를 말한다)가 발급된 경우에는 이를 회수하고 다시 발급한다.
③ 위의 ① 및 ② 외에 평균세액증명서의 변경발급에 관하여는 관세청장이 정하는 바에 의한다.

4) 평균세액증명서 일괄발급신청의 예외

(1) 위의 2) (4) ①의 규정에 의하여 평균세액증명서의 발급을 추가로 신청하는 경우에는 이미 발급받은 평균세액증명서를 첨부하여 신청하여야 한다.

(2) 위의 (1)에 따라 신청받은 평균세액증명서의 추가발급은 다음에 따라 처리한다.

① 제출된 평균세액증명서가 관세 등의 환급이나 특례법 제12조(기초원재료납세증명 등) 제1항에 따른 기초원재료납세증명서(이하 "기초원재료납세증명서"라 한다) 또는 같은 항에 따른 수입세액분할증명서(이하 "수입세액분할증명서(분증)"라 한다) 발급에 사용되지 아니하였거나 일부만 사용된 경우에는 사용되지 아니한 수출용원재료의 물량 및 세액과 추가발급신청된 수출용원재료의 물량 및 세액을 합산하여 평균세액을 산정하되, 평균세액증명서는 1부만 발급한다.

② 제출된 평균세액증명서가 관세 등의 환급이나 기초원재료납세증명서 또는 수입세액분할증명서 발급에 전부 사용된 경우에는 다음달의 평균세액증명서(다음 달의 평균세액증명서가 관세등의 환급이나 기초원재료납세증명서 또는 수입세액분할증명서 발급에 전부 사용되었거나 평균세액증명서의 발급대상이 되는 수출용원재료가 없는 경우에는 그후 최초의 평균세액증명서를 말한다)의 물량 및 세액과 추가발급신청된 수출용원재료의 물량 및 세액을 합산하여 평균세액을 산정하되, 평균세액증명서는 평균세액증명 대상물품을 수입한 날이 속하는 월별로 발급한다.

③ 위의 ① 및 ② 외에 평균세액증명서의 추가발급에 관하여는 관세청장이 정하는 바에 의한다.

❸ 제12조(기초원재료납세증명 등)

1) 의의

(1) 기초원재료납세증명(기납증)은 외국으로부터 수입한 원재료를 제조·가공하지 않고 수입한 원상태대로 수출용원재료로 국내공급하는 경우에 공급자의 신청에 의거 세관장이 증명하는 제도를 말한다. 수입원재료의 원상태 국내거래는 수출물품의 외화가득율 제고에 전혀 도움이 되지 아니하므로 수출이행기간의 연장 등 각종 지원조치의 대상이 되지 않는다. 따라서 분할증명에 의하여 공급되는 원재료의 수출이행기간은 최초 수입신고수리일로부터 계산된다.

(2) 기초원재료납세증명서란 내국신용장 등에 의하여 공급된 수출용원재료의 납부세액을 증명한 서류를 말한다. 외국으로부터 수입한 원재료를 제조·가공한 후 이를 수출물품 제조업체에 수출용원재료로 공급하는 때(중간원재료를 제조·가공하여 공급하는 경우 포함)에는 국내거래공급업자의 신청에 의거 이 공급물품에 포함되어 있는 기초원재료의 수입시 납부세액과 이 물품의 공급사실을 증명하는 제도로서 양수자가 개별환급방법에 의한 관세환급 또는 기납증 발급신청시 납부세액증빙서류로 사용하는 제도이다.

2) 기초원재료납세증명

(1) 세관장은 수출용원재료가 내국신용장 등에 의하여 거래된 경우(특례법 제5조(수출용원재료에 대한 관세 등의 징수) 제3항을 적용받는 경우는 제외한다) 관세 등의 환급업무를 효율적으로 수행하기 위하여 대통령령으로 정하는 바에 따라 제조·가공 후 거래된 수출용원재료에 대한 납부세액을 증명하는 서류(이하 "기초원재료납세증명서"라 한다)를 발급하거나 수입된 상태 그대로 거래된 수출용원재료에 대한 납부세액을 증명하는 서류(이하 "수입세액분할증명서"라 한다)를 발급할 수 있다.

(2) 위의 (1)에도 불구하고 세관장은 다음의 어느 하나에 해당하는 자 중 관세청장이 정하는 기준에 해당되는 자로 하여금 대통령령으로 정하는 바에 따라 기초원재료납세증명서 또는 수입세액분할증명서를 발급하게 할 수 있다.

① 내국신용장 등에 의하여 물품을 공급한 자
② 관세사(위의 ①에 해당하는 자로부터 위임받은 자로 한정한다)

(3) 위의 (1)이나 (2)에 따라 기초원재료납세증명서 또는 수입세액분할증명서를 발급할 때 증명하는 세액은 특례법 제10조(환급금의 산출 등)에 따른 환급금 산출방법에 따르며, 증명세액의 정확 여부의 심사에 대하여는 특례법 제14조(환급신청) 제2항 및 제3항을 준용한다.

3) 기초원재료납세증명 및 수입세액분할증명

(1) 위의 2) (1)에 따라 기초원재료납세증명서 또는 수입세액분할증명서를 발급받고자 하는 자는 다음의 사항을 기재한 증명서발급신청서를 관할지세관장에게 제출하여야 한다.

① 양도자 및 양수자
② 양도일자
③ 품명 및 규격
④ 양도한 물량 및 세액
⑤ 그 밖에 기초원재료납세증명서 등의 발급에 필요한 사항으로서 관세청장이 정하는 사항

(2) 세관장은 특례법 제17조(환급의 제한)에 따라 관세 등의 환급이 제한되는 물품에 대하여는 환급이 제한된 세액을 공제하고 기초원재료납세증명서 등을 발급하여야 한다.

(3) 하나의 내국신용장 등에 의하여 거래되는 물품이 2회이상 분할공급되는 경우의 기초원재료납세증명서 등은 최초의 물품이 거래된 날에 해당 수출용원재료가 전부 거래된 것으로 보아 기초원재료납세증명서 등을 발급하여야 한다. 다만, 내국신용장 등에 의하여 수출용원재료를 공급하는 자가 원하지 아니하는 경우에는 그러하지 아니하다.

(4) 관세청장은 기초원재료납세증명서 등의 발급업무를 효율적으로 수행하기 위하여 필요하다고 인정하는 경우에는 이를 발급하는 세관장을 따로 지정할 수 있다.

4 제13조(정액환급률표)

1) 의의

(1) 관세청장은 단일 수출용원재료에 의하여 둘 이상의 제품이 동시에 생산되는 등 생산공정이 특수한 수출물품과 중소기업 수출물품에 대한 관세 등의 환급 절차를 간소화하기 위하여 필요하다고 인정하는 경우에는 대통령령으로 정하는 바에 따라 수출용원재료에 대한 관세 등의 평균 환급액 또는 평균 납부세액 등을 기초로 수출물품별로 정액환급률표를 정하여 고시할 수 있다.

(2) 위의 (1)에 따라 정액환급률표에 정하여진 금액은 해당 물품을 생산하는 데 드는 수출용원재료를 수입한 때에 납부하는 관세 등으로 보아 환급한다.

(3) 위의 (1)에 따라 정액환급률표를 적용받을 수 있는 자는 대통령령으로 정하는 바에 따라 관세청장에게 정액환급률표를 정하여 고시할 것을 요청할 수 있다.

(4) 관세청장은 수출구조, 원재료 수입구조, 관세율 및 환율의 변동 등으로 정액환급률표에 고시된 환급액이 많거나 적어 정액환급률표를 적용하는 것이 부적당하다고 인정하는 경우에는 그 적용을 중지하거나 정액환급률표의 전부 또는 일부를 조정하여 고시할 수 있다.

2) 정액환급의 기준

(1) 위의 1) (1)의 규정에 의한 정액환급률표는 수출물품의 품목번호를 기준으로 정하되, 필요한 경우에는 수출물품의 품명 또는 규격별로 정할 수 있다.

(2) 위의 (1)에 따른 정액환급률표를 정할 때에는 적정한 환급을 위하여 관세율 및 환율의 변동등을 고려하여 일정률을 가감할 수 있다.

(3) 수출물품 또는 내국신용장 등에 의하여 거래된 물품이 위의 1) (1)에 따른 정액환급률표에 기재된 경우에는 수출 등에 제공된 날 또는 내국신용장 등에 의하여 거래된 날에 시행되는 정액환급률표에 정하여진 바에 따라 환급하거나 기초원재료납세증명서를 발급한다. 다만, 관세청장이 정하는 (「수출용원재료에 대한 관세 등 환급사무처리에 관한 고시」) 바에 따라 정액환급률표를 적용하지 아니하기로 승인(이하 "비적용승인"이라 한다)을 받은 경우에는 그러하지 아니하다.

(4) 특례법 시행령 15조(특수공정물품의 정액환급)의 규정에 의한 정액환급률표가 적용되는 물품에 대하여는 특례법 시행령 제16조(간이정액환급)의 규정에 의한 정액환급률표를 적용하지 아니한다.

(5) 위의 (3) 단서에 따라 비적용승인을 받은 자의 모든 수출물품(내국신용장 등에 의하여 거

래된 물품을 포함한다)에 대하여는 정액환급률표를 적용하지 아니한다.

(6) 위의 (3) 단서에 따라 비적용승인을 받은 자가 관세청장이 정하는 바에 따라 정액환급률표의 적용을 신청하거나 정액환급률표의 적용승인을 받은 자가 다시 비적용승인을 신청하는 경우에는 비적용승인 또는 적용승인을 받은 날부터 2년 이내에는 이를 신청할 수 없다. 다만, 다음 각 호의 어느 하나에 해당하는 때에는 관세청장이 정하는 (「수출용원재료에 대한 관세 등 환급사무처리에 관한 고시」) 바에 따라 2년 이내에도 신청할 수 있다.

① 생산공정의 변경 등으로 인하여 소요량계산서의 작성이 곤란하게 된 때
② 정액환급률표에 의한 환급액이 특례법 제10조(환급금의 산출 등)의 규정에 의하여 산출된 환급액의 70%에 미달하게 된 때
③ 비적용승인을 받은 날부터 적용승인을 신청하는 날까지 관세 등을 환급받은 실적이 없을 때

(7) 위의 (3) 단서 또는 (6)에 따라 비적용승인을 받은 경우에는 그 승인을 받은 날 이후 수출 등에 제공되거나 내국신용장 등에 의하여 거래된 물품에 대하여 정액환급률표를 적용하지 아니하고, 위의 (6)에 따라 적용승인을 받은 경우에는 그 승인을 받은 날 이후 수출 등에 제공되거나 내국신용장등에 의하여 거래된 물품에 대하여 정액환급률표를 적용한다. 다만, 관세 등을 환급받은 실적(특례법 제3조(환급대상 원재료) 제1항 제2호에 따른 수출용원재료에 대한 관세 등의 환급은 제외한다)이 없는 자로서 최초로 비적용승인을 받은 경우에는 그 승인을 받은 날 전에 수출 등에 제공되거나 내국신용장 등에 의해 거래된 물품에 대해서도 정액환급률표를 적용하지 않을 수 있다.

(8) 관세청장은 다음의 어느 하나에 해당하는 경우에는 기획재정부장관과 미리 협의하여야 한다.

① 위의 2) (1)에 따라 정액환급률표를 정하여 고시하는 경우
② 위의 2) (4)에 따라 정액환급률표의 전부 또는 일부를 조정하여 고시하는 경우

3) 특수공정물품의 정액환급

(1) 관세청장은 위의 1) (1)의 규정에 의하여 생산공정이 특수한 수출물품의 정액환급률표(이하 "특수공정물품 정액환급률표"라 한다)를 정할 때에는 최근 6월 이상 기간동안의 수입 또는 내국신용장 등에 의하여 매입한 원재료에 대한 관세 등의 평균환급액 또는 평균납부세액을 기초로 하여야 한다.

(2) 관세청장은 특수공정물품 정액환급률표를 정하거나 고시된 특수공정물품 정액환급률표의 조정을 위하여 필요한 경우에는 해당 물품의 생산자에게 관련자료의 제출을 요청할 수 있다.

(3) 특수공정물품 정액환급률표의 적용을 받는 자는 수출물품별로 수출용원재료에 대한 관세등의 납부세액, 제조공정의 변동 등에 관한 사항을 관세청장에게 신고하여야 한다. 이 경우 관세청장은 신고된 자료를 기초로 특수공정물품 정액환급률표를 조정하여 고시할 수 있다.

4) 간이정액환급

(1) 관세청장은 위의 1) (1)의 규정에 의하여 중소기업의 수출물품에 적용하는 정액환급률표 (이하 "간이정액환급률표"라 한다)를 정할 때에는 최근 6월 이상 기간동안의 수출물품의 품목번호별 평균환급액 또는 평균납부세액 등을 기초로 하여 적정한 환급액을 정하여야 한다. 다만, 최근 6월 이상의 기간동안 수출물품의 품목번호별 환급실적(간이정액환급실적을 제외한다)이 없거나 미미하여 해당 물품의 품목번호별 평균환급액 또는 평균납부세액 등을 기초로 간이정액환급률표의 환급액을 정하는 것이 불합리한 것으로 판단되는 경우에는 직전의 간이정액환급률표의 환급액을 기초로 하여 적정한 환급액을 정할 수 있다.

(2) 위의 1)의 규정에 의한 간이정액환급률표는 「중소기업기본법」 제2조(중소기업자의 범위)에 따른 중소기업자로서 다음의 요건을 모두 갖춘 자가 생산하는 수출물품에만 적용한다. 이 경우 수출자와 수출물품의 생산자가 다른 경우에는 수출물품의 생산자가 직접 관세등의 환급을 신청하는 경우에 한한다.

① 환급신청일이 속하는 연도의 직전 2년간 매년도 환급실적(기초원재료납세증명서상의 발급 금액을 포함하며, 특례법 제3조(환급대상 원재료) 제1항 제2호의 수출물품을 대상으로 하여 받은 환급실적은 제외한다. 이하 이 조에서 같다)이 8억원 이하일 것
② 환급신청일이 속하는 연도의 1월 1일부터 환급신청일까지의 환급실적(해당 환급신청일에 기초원재료납세증명서의 발급을 신청한 금액과 환급을 신청한 금액을 포함하며, 특례법 제3조 제1항 제2호의 수출물품을 대상으로 환급을 신청한 금액은 제외한다)이 8억원 이하일 것

5) 정액환급률표의 고시요청

(1) 위의 1) (3)의 규정에 의하여 정액환급률표의 고시를 요청하고자 하는 자는 다음의 서류를 첨부한 신청서를 관세청장에게 제출하여야 한다.

① 고시요청사유서
② 수출물품의 품목번호별 소요원재료의 내역
③ 원재료별 최근 1년동안의 관세납부내역
④ 기타 정액환급률표의 고시요청의 필요성을 입증하는 서류등 관세청장이 정하는 서류

(2) 관세청장은 위의 (1)의 규정에 의한 정액환급률표의 고시를 요청받은 경우에는 제출된 서류 및 환급실적 등을 기초로 이를 고시하여야 한다. 다만, 해당 물품의 거래의 특수성 등으로 현저히 과다·과소환급의 우려가 있어 정액환급 대상물품으로 부적합하다고 인정되는 경우에는 이를 고시하지 아니할 수 있다.

제1절　환급신청과 환급금의 지급

1　제14조(환급신청)

1) 의의

(1) 관세 등을 환급받으려는 자는 대통령령으로 정하는 바에 따라 물품이 수출 등에 제공된 날부터 5년 이내에 관세청장이 지정한 세관에 환급신청을 하여야 한다. 다만, 수출 등에 제공된 수출용원재료에 대한 관세 등의 세액에 대하여 다음의 어느 하나에 해당하는 사유가 있는 때에는 그 사유가 있는 날부터 5년 이내에 환급신청을 할 수 있다.

> ① 「관세법」 제38조의2(보정)에 따른 보정
> ② 「관세법」 제38조의3(수정 및 경정)에 따른 수정 또는 경정
> ③ 특례법 제21조(과다환급금의 징수 등)에 따른 환급금액이나 과다환급금액의 징수 또는 자진 신고 · 납부

(2) 세관장은 위의 (1)에 따른 환급신청을 받았을 때에는 환급신청서의 기재 사항과 이 법에 따른 확인 사항 등을 심사하여 환급금을 결정하되, 환급금의 정확 여부에 대하여는 대통령령으로 정하는 바에 따라 환급 후에 심사할 수 있다.

(3) 세관장은 위의 (2)에도 불구하고 과다 환급의 우려가 있는 경우로서 환급한 후에 심사하는 것이 부적당하다고 인정되어 다음의 어느 하나에 해당하는 경우에는 환급하기 전에 이를 심사하여야 한다.

① 특례법 제23조(벌칙)의 규정을 위반하여 처벌을 받은 자가 관세 등의 환급을 신청하거나 기초원재료납세증명서 또는 수입세액분할증명서의 발급을 신청하는 경우
② 수출용원재료 소요량산출의 특수성 등으로 인하여 과다 또는 부정환급의 우려가 있다고 인정하여 관세청장이 따로 정한 품목의 관세 등의 환급을 신청하거나 기초원재료납세증명서 또는 수입세액분할증명서의 발급을 신청하는 경우
③ 특례법 시행령 제11조(소요량의 계산 등) 제1항 및 제2항의 규정에 의한 신고를 하지 아니하고 관세 등의 환급을 신청하거나 기초원재료납세증명서 또는 수입세액분할증명서의 발급을 신청한 것이 확인되는 경우
④ 그 밖에 세관장이 환급 후나 기초원재료납세증명서 또는 수입세액분할증명서의 발급 후에 심사하는 것이 적합하지 아니하다고 인정하는 경우
⑤ 위의 ① 및 ③의 적용기간은 2년의 범위내에서 관세청장이 정한다.

2) 환급의 신청

(1) 위의 1) (1)에 따른 관세 등의 환급신청은 다음의 어느 하나에 해당하는 자가 하여야 한다.

① 특례법 제4조(환급대상 수출 등) 제1호의 수출인 경우에는 수출자(수출위탁의 경우에는 수출위탁자를 말한다) 또는 수출물품의 생산자중에서 수출신고필증에 환급신청인으로 기재된 자
② 특례법 제4조(환급대상 수출 등) 제2호 내지 제4호의 경우에는 수출 등에 제공한 사실을 확인하기 위하여 관세청장이 정하는 서류에 해당 물품을 수출·판매 또는 공급 등을 하거나 공사를 한 자로 기재된 자
③ 위의 ① 또는 ②에 해당하는 법인이 합병한 경우 합병 후 존속하는 법인 또는 합병으로 설립된 법인
④ 위의 ① 또는 ②에 해당하는 자로부터 상속을 받은 경우 그 상속인 (「민법」 제1000조(상속의 순위), 제1001조(대습상속), 제1003조(배우자의 상속순위) 및 제1004조(상속인의 결격사유)에 따른 상속인을 말하며, 「상속세 및 증여세법」 제2조(정의) 제5호에 따른 수유자(受遺者)를 포함한다) 또는 「민법」 제1053조(상속인없는 재산의 관리인)에 따른 상속재산관리인

(2) 위의 1) (1)의 규정에 의하여 관세등의 환급을 받고자 하는 자는 관세청장이 정하는 관세 등의 환급신청서에 다음 각호의 서류를 첨부하여 관할지세관장에게 제출하여야 한다. 다만, 정액환급률표가 적용되는 수출물품에 대하여는 아래의 ② 및 ③의 서류를 첨부하지 아니한다.

① 위의 (1) 각 호의 규정에 의하여 수출 등에 제공한 사실을 확인할 수 있는 서류
② 소요량계산서
③ 소요원재료의 납부세액을 확인할 수 있는 서류
④ 기타 환급금의 확인과 관련하여 관세청장이 정하는 서류

(3) 관세 등의 환급신청은 수출물품의 생산에 소요된 원재료에 대하여 일괄신청하여야 한다. 다만, 일괄신청하는 것이 불합리하다고 인정하여 관세청장이 따로 정한 경우에는 그러하지 아니하다.

(4) 위의 1) (1)의 규정에 의한 관세 등의 환급신청은 다음의 하나에 해당하는 경우에 할 수 있다.

① 특례법 제4조(환급대상 수출 등) 제1호의 규정에 의한 수출의 경우에는 수출물품이 선적 또는 기적된 경우
② 특례법 제4조(환급대상 수출 등) 제2호 내지 제4호의 규정에 의한 수출의 경우에는 수출물품의 수출·판매·공사 또는 공급 등을 완료한 경우

(5) 위의 1) (1)에 따른 관세 등의 환급을 받고자 할 때에는 특례법 제4조(환급대상 수출등) 제1호의 경우는 수출신고수리일, 특례법 제4조(환급대상 수출 등) 제2호부터 제4호까지의 규정에 따른 수출·판매·공사 또는 공급 등을 한 경우는 해당 수출·판매·공사 또는 공급 등을 완료한 날부터 5년 이내에 신청하여야 한다.

(6) 환급신청인은 환급신청전에 관세청장이 정하여 고시하는 바에 따라 계좌를 개설하고 관할지세관장에게 그 계좌번호를 통보하여야 한다.

(7) 세관장은 위의 (2) 및 (4)의 규정에 불구하고 간이정액환급률표가 적용되는 수출물품에 대하여는 관세청장이 정하는 바에 따라 수출신고시 수출신고서에 환급신청 사항을 간략히 기재함으로써 환급신청에 갈음할 수 있도록 할 수 있다.

3) 환급금의 사후심사

(1) 세관장은 위의 1) (2)에 따라 환급금의 정확 여부를 심사할 필요가 있는 경우에는 환급신청서 및 그 첨부서류 또는 특례법 제20조(서류의 보관 및 제출 등)에 따라 제출받은 서류나 실지조사에 의하여 정확 여부를 심사한다.

(2) 위의 (1)에 따른 심사는 환급신청일부터 5년 이내에 완료하여야 한다. 다만, 관세청장이 조사기간을 따로 정하는 경우에는 그러하지 아니하다.

(3) 위의 (1)에 따른 심사의 절차·방법과 그 밖에 필요한 사항은 관세청장이 정한다.

4) 환급신청세관의 지정

관세청장은 관세 등의 환급업무를 효율적으로 수행하기 위하여 필요하다고 인정하는 경우에

는 환급신청인의 신청 또는 직권에 의하여 관세 등의 환급을 신청할 세관을 지정하거나 그 지정을 변경할 수 있다.

5) 고유식별정보의 처리

세관장은 위의 1)에 따른 환급신청에 대한 심사·결정 및 특례법 제16조(간이정액환급)에 따른 환급금의 지급 사무를 수행하기 위하여 불가피한 경우 「개인정보 보호법 시행령」 제19조(고유식별정보의 범위) 제1호 또는 제4호에 따른 주민등록번호 또는 외국인등록번호가 포함된 자료를 처리할 수 있다.

② 제15조(전산처리설비의 이용)

1) 세관장은 관세청장이 정하는 (「수출용 원재료에 대한 관세 등 환급사무처리에 관한 고시」) 바에 따라 전산처리설비를 이용하여 특례법에 따른 신고, 납부, 신청 등(이하 "전자신고 등"이라 한다)을 하게 하거나 통지, 납세고지, 교부, 발급, 지정, 승인 등(이하 "전자송달"이라 한다)을 할 수 있다.

2) 위의 1)에 따라 전자신고 등을 할 때에는 관세청장이 정하는 (「수출용 원재료에 대한 관세 등 환급사무처리에 관한 고시」) 바에 따라 관계 서류를 전산처리설비를 이용하여 제출하게 할 수 있으며, 그 제출을 생략하거나 간단한 방법으로 하게 할 수 있다.

3) 위의 1)에 따라 전자신고 등은 관세청장이 정하는 전산처리설비에 입력된 때에 세관에 접수된 것으로 보며, 전자송달은 송달받을 자가 미리 지정한 컴퓨터에 입력된 때나 송달받을 자의 신청에 의하여 관세청장이 정하는 전산처리설비에 입력된 때에 그 송달을 받아야 할 자에게 도달된 것으로 본다.

4) 위의 1)에 따른 전자송달에 관하여는 「관세법」 제327조(국가관세종합정보망의 구축 및 운영) 제6항부터 제8항까지의 규정을 준용한다.

③ 제16조(환급금의 지급)

1) 의의

(1) 특례법에 따른 관세 등의 환급금은 「국가재정법」 제17조(예산총계주의)에도 불구하고 「한

국은행법」에 따른 한국은행(이하 "한국은행"이라 한다)이 환급금의 지급을 결정한 세관장의 소관 세입금계정에서 지급한다. 이 경우 지급 절차는 대통령령으로 정한다.

(2) 관세청장은 위의 (1)에 따른 세관장의 소관 세입금계정에 부족이 있는 경우에는 대통령령으로 정하는 바에 따라 세관장 소관 세입금계정 간의 조정을 한국은행에 요청할 수 있다.

(3) 위의 (1)에도 불구하고 세관장은 관세 등의 일괄납부업체가 환급신청하여 결정된 환급금은 그 환급금 결정일이 속하는 일괄납부기간별로 특례법 제7조(수출용원재료에 대한 관세 등과 환급액의 정산) 제1항에 따라 정산하는 날까지 지급을 보류한다.

(4) 세관장은 환급신청자가 세관에 납부하여야 할 다음의 금액이 있는 경우에는 결정한 환급금을 다음의 순서에 따른 금액에 우선 충당할 수 있으며, 충당하고 남은 금액은 그 신청자에게 지급하여야 한다.

> ① 체납된 관세 등(부가가치세를 포함한다)과 가산금, 가산세 및 체납처분비
> ② 그 외 다음의 금액
> > ㉮ 「관세법」 제28조(잠정가격의 신고 등) 제4항에 따라 잠정가격을 기초로 신고납부한 세액과 확정된 가격에 따른 세액의 차액으로서 징수하여야 하는 금액
> > ㉯ 특례법 제21조(환급금의 이체 및 지급) 제1항 및 제2항에 따라 징수하여야 하는 금액

(5) 세관장은 결정한 환급금을 위의 (4) ②의 금액에 충당할 때에는 환급신청자의 충당 신청을 받아 충당한다. 이 경우 충당된 세액의 충당 신청을 한 날에 해당 세액을 납부한 것으로 본다.

(6) 관세청장은 위의 (4) 및 (5)에 따른 관세 등의 충당에 필요한 방법과 절차를 정할 수 있다.

2) 환급금의 이체 및 지급

(1) 위의 1) (1)의 규정에 의한 환급금은 특례법 제18조(용도 외 사용 시 관세 등의 징수) 제6항의 규정에 의하여 환급신청인이 통보한 계좌에 입금하는 방법으로 지급한다.

(2) 위의 (1)에 의하여 환급금을 지급하고자 하는 세관장은 해당 환급금을 환급신청인의 계좌에 입금할 것을 한국은행에 요구하여야 한다.

(3) 위의 (2)의 규정에 의하여 환급금의 지급요구를 받은 한국은행은 지급을 요구한 세관장의 해당 연도 소관 세입금계정에서 즉시 해당 환급금을 이체하여 환급신청인의 계좌에 입금시키고 이체 및 입금내역을 해당 세관장에게 통지하여야 한다.

(4) 환급금은 위의 (3)의 규정에 의하여 신청인의 계좌에 입금된 때에 지급된 것으로 본다.

3) 세관장 소관세입금계정간의 조정

(1) 세관장은 소관세입금계정의 세입금이 환급금을 지급하기에 부족하거나 부족이 생길 우려가 있는 때에는 관세청장에게 필요한 금액의 이체를 받을 수 있도록 조치할 것을 요청할 수 있다.

(2) 위의 (1)의 규정에 의한 요청을 받은 관세청장은 소관세입금계정에 세입금의 여유가 있는 세관장(이하 "이체하는 세관장"이라 한다)으로 하여금 필요한 금액을 세입금의 이체를 요청한 세관장(이하 "이체받는 세관장"이라 한다)에게 이체할 것을 한국은행에 요구하도록 이체하는 세관장에게 지시하고 그 사실을 이체받는 세관장에게 통보하여야 한다.

(3) 지시를 받은 세관장은 소관세입금계정으로부터 해당 금액을 이체받는 세관장의 소관세입금계정으로 이체할 것을 한국은행에 요구하여야 한다.

(4) 한국은행은 위의 (3)의 규정에 의한 요구를 받은 때에는 지체없이 세입금을 이체하고 이체받는 세관장과 이체하는 세관장에게 각각 통지하여야 한다.

4) 미지급자금의 정리

(1) 한국은행은 특례법 시행령 제21조(환급금의 이체 및 지급)의 규정에 의하여 지급을 요구받은 환급금중 신청인의 계좌에 입금시키지 못한 환급금이 있을 경우에는 그 사실을 즉시 해당 세관장에게 통지하여야 한다.

(2) 통지를 받은 세관장은 즉시 환급신청인의 계좌 등을 조사하여 환급금이 지급될 수 있도록 조치하여야 하며 환급금결정일부터 1년이 경과될 때까지 지급되지 아니한 환급금은 그 기간이 종료된 날이 속하는 회계연도의 세입에 편입되도록 조치하여야 한다.

(3) 세관장의 세입금계정에 편입된 환급금을 환급신청인이 수령하고자 할 때에는 다음의 사항을 기재한 신청서를 관할지세관장에게 제출하여야 한다. 이 경우 세관장은 이를 조사·확인하여 그 지급에 필요한 조치를 하여야 한다.

① 환급받고자 하는 관세 등의 금액
② 환급금결정일부터 1년이내에 환급금을 지급받지 못한 사유

(4) 환급금의 지급요구를 받은 한국은행은 지급을 요구한 세관장의 해당 연도 소관 세입금계정에서 즉시 해당 환급금을 이체하여 환급신청인의 계좌에 입금시키고 이체 및 입금내역을 해당 세관장에게 통지하여야 한다. 환급금은 신청인의 계좌에 입금된 때에 지급된 것으로 본다.

5) 환급금의 지급보류 및 체납충당사실통지

세관장은 위의 1) (3) 및 (4)의 규정에 의하여 환급금지급을 보류하거나 환급금을 체납한 관세 등과 가산금·가산세 및 체납처분비에 충당한 때에는 그 사실을 해당 환급신청인에게 통지하여야 한다. 다만, 환급신청인의 요청에 의하여 충당한 경우에는 그 통지를 하지 아니할 수 있다.

제2절 환급의 제한과 서류의 보관·제출

1 제17조(환급의 제한)

1) 의의

(1) 수출물품의 생산에 국산 원재료의 사용을 촉진하기 위하여 필요하다고 인정되는 경우에는 특례법 제9조(관세 등의 환급)에도 불구하고 대통령령으로 정하는 바에 따라 환급을 제한할 수 있다.
(2) 위의 (1)에 따라 환급을 제한하는 물품과 그 제한 비율은 기획재정부령으로 정한다.

2) 환급의 제한

(1) 관계행정기관의 장 또는 이해관계인은 다음의 자료를 기획재정부장관에게 제출하여 위의 1) (1)의 규정에 의한 환급의 제한을 요청할 수 있다.

① 해당 물품의 품명·규격 및 용도
② 환급을 제한하고자 하는 비율 및 그 이유
③ 해당 연도와 전년도의 해당 물품에 대한 국내수요·생산실적 및 생산능력
④ 최근 1년간의 월별 수입가격·수입량 및 총수입금액
⑤ 최근 1년간의 월별 주요국내제조업체별 공장도가격 및 출고실적
⑥ 향후 1년간의 해당 물품에 대한 국내생산전망 및 수요전망

(2) 위의 (1)의 규정에 의하여 환급의 제한을 요청받은 기획재정부장관은 관세 등의 환급의 제한에 관하여 필요한 사항을 조사하기 위하여 필요하다고 인정하는 경우에는 관계기관·수출

자·수입자 기타 이해관계인 등에 대하여 관계자료의 제출 기타 필요한 협조를 요청할 수 있다.

(3) 위의 1) (2)의 규정에 의하여 관세 등의 환급을 제한하는 물품과 그 제한비율은 별표와 같다. 다만, 「관세법」 제185조(보세공장)의 규정에 의한 보세공장과 「자유무역지역의 지정 및 운영에 관한 법률」 제2조(정의) 제1호에 따른 자유무역지역안의 입주기업체에서 생산하여 수입된 수출용원재료를 제외한다.

❷ 제18조(용도 외 사용 시 관세 등의 징수)

1) 의의

(1) 세관장은 특례법 제4조(환급대상 수출 등) 제2호의 용도에 제공되어 관세 등을 환급받은 물품이 그 용도에 제공된 날부터 3년의 범위에서 관세청장이 정하는 기간에 관세 등을 환급받은 용도 외에 사용된 경우에는 그 용도 외에 사용한 자로부터 환급받은 관세 등을 즉시 징수한다. 다만, 재해 등 부득이한 사유로 멸실되었거나 미리 세관장의 승인을 받아 없애버린 경우에는 그러하지 아니하다.

(2) 특례법 제4조(환급대상 수출 등) 제3호의 용도에 제공되어 관세 등을 환급받은 물품은 「관세법」 등을 적용할 때 외국물품으로 본다.

2) 용도 외 사용 등에 대한 승인신청

위의 1) (1)의 규정에 의하여 관세 등의 환급을 받은 물품에 대한 용도 외 사용 또는 멸각승인을 얻고자 하는 자는 다음의 사항을 기재한 신청서를 해당 물품의 소재지를 관할하는 세관장에게 제출하여야 한다.

① 해당 물품의 품명·규격 및 물량
② 용도 외 사용 또는 멸각승인신청의 사유
③ 해당 물품의 공급자
④ 기타 신청인의 인적사항 등 관세청장이 정하는 사항

❸ 제19조(환급을 갈음하는 관세 등의 세율 인하)

1) 의의

(1) 수출용원재료 중 수출용으로만 사용될 것으로 예상되는 특정품목은 기본관세율보다 훨씬 세율을 인하하여 수입시에 이 세율을 적용하고 다음에 환급을 받지 않도록 하고 있는데 이것을 환급에 갈음하는 관세의 세율인하(환특세율)라고 한다. 수출 등에 제공되는 물품의 생산에 주로 사용하기 위하여 수입되는 물품에 대하여는 그 수출 등에 제공되는 비율을 고려하여 관세 등의 세율을 인하할 수 있다. 관세 등의 세율을 인하하는 물품과 세율은 대통령령으로 정한다. 다만 관세 등의 세율이 인하된 물품에 대하여는 특례법에 따른 관세 등의 일괄납부 및 환급을 하지 아니한다.

(2) 수출 등에 제공되는 물품의 생산에 주로 사용하기 위하여 수입되는 물품에 대하여는 그 수출등에 제공되는 비율을 고려하여 관세 등의 세율을 인하할 수 있다.

(3) 위의 (2)에 따라 관세 등의 세율을 인하하는 물품과 세율은 대통령령으로 정한다.

(4) 위의 (2)에 따라 관세 등의 세율이 인하된 물품에 대하여는 이 법에 따른 관세 등의 일괄납부 및 환급을 하지 아니한다.

2) 환급에 갈음하는 관세 등의 세율 인하

(1) 관계행정기관의 장 또는 이해관계인은 해당 물품에 대한 다음의 자료를 기획재정부장관에게 제출하여 위의 1) (2)의 규정에 의한 관세 등의 세율인하를 요청할 수 있다.

① 해당 물품의 품명·규격 및 용도
② 국내주요생산업체의 최근 1년간의 수출용·내수용별 생산량 및 생산능력
③ 최근 1년간의 수출용·내수용별 월별 수입량 및 수입금액
④ 최근 1년간의 국내 주요수요업체의 사용실적
⑤ 향후 1년간의 국내 생산전망 및 수요전망

(2) 기획재정부장관은 환급에 갈음하는 관세 등의 세율인하에 관하여 필요한 사항을 조사하기 위하여 필요하다고 인정하는 경우에는 관계기관·수출자·수입자 기타 이해관계인 등에 대하여 관계자료의 제출 기타 필요한 협조를 요청할 수 있다.

(3) 관계행정기관의 장은 관세 등의 세율이 인하된 물품(이하 "관세 등의 세율인하물품"이라 한다)에 대하여 관계법령이 정하는 바에 의하여 관세 등의 세율인하의 기초가 된 수출 및 내수비

율에 따라 수출용·내수용별 수입허가비율 또는 승인비율을 정할 수 있다.

(4) 관계행정기관의 장은 관세 등의 세율인하물품에 대하여 위의 (3)의 규정에 의한 수출용·내수용별 수입허가비율 또는 승인비율 기타 관세 등의 세율인하의 기초가 된 중요사항을 변경하고자 할 때에는 미리 기획재정부장관과 협의하여야 한다.

(5) 관세청장과 관세 등의 세율인하물품에 대한 수입을 허가 또는 승인한 기관의 장은 관세 등의 세율인하물품에 관한 수출용·내수용별 수입실적과 수입허가실적 또는 승인실적을 분기별로 기획재정부장관과 관계행정기관의 장에게 각각 통보하여야 한다.

(6) 관세 등의 세율이 인하되기 전에 수입한 수출용원재료를 관세 등의 세율이 인하된 후 수출 등에 제공하고 관세 등의 환급을 받고자 하는 자는 수출용으로 수입된 해당 물품의 물량과 관세 등의 세액을 기획재정부령이 정하는 바에 따라 관세 등의 세율이 인하된 날부터 30일이내에 관할지세관장에게 신고하여 확인을 받아야 한다.

(7) 위의 1) (2)의 규정에 의한 관세 등의 세율을 인하하는 물품과 세율은 따로 대통령령으로 정한다.

3) 수출용원재료의 재고신고

(1) 위의 2) (6)의 규정에 의하여 수출용원재료의 물량과 관세 등의 세액을 신고하고자 하는 자는 다음의 사항을 기재한 신청서에 해당 물품의 수입신고필증을 첨부하여 수출용으로 수입된 해당 물품 또는 이를 생산한 물품의 소재지를 관할하는 세관장에게 제출하여야 한다. 다만, 특례법 제12조(기초원재료납세증명 등)에 따라 기초원재료납세증명서 또는 수입세액분할증명서의 발급을 받은 경우에는 신고를 하지 아니할 수 있다.

① 해당 물품의 품명·물량 및 관세등의 세액
② 해당 물품의 수입신고번호 및 수입신고수리일자
③ 기타 신고인의 인적사항 등 관세청장이 정하는 사항

(2) 위의 (1)의 규정에 의한 신고는 위의 1) (3)의 규정에 의하여 관세 등의 세율이 인하된 날에 신고인이 보유하고 있는 신고대상물품전량을 일괄하여 신고하여야 한다. 다만, 관세청장이 부득이한 사유가 있다고 인정하는 경우에는 그러하지 아니하다.

(3) 위의 (1)의 규정에 의한 신고를 받은 세관장은 관세청장이 정하는 바에 따라 이를 확인하여야 하며, 신고된 물품은 관세청장이 정하는 경우를 제외하고는 세관장이 확인할 때까지 다른 장소로 옮기거나 이를 사용할 수 없다.

4 제20조(서류의 보관 및 제출 등)

1) 의의

(1) 특례법에 따른 관세 등의 환급에 관한 서류로서 대통령령으로 정하는 서류는 환급 등의 신청일부터 5년의 범위에서 대통령령으로 정하는 기간 동안 보관하여야 한다.

(2) 위의 (1)에 따른 서류는 관세청장이 정하는 바에 따라 마이크로필름, 광디스크, 그 밖의 자료보존 매체에 의하여도 보관할 수 있다.

(3) 관세청장이나 세관장은 특례법 제14조(환급신청)에 따른 환급금의 정확 여부를 심사하는 데 필요하다고 인정하는 경우에는 환급받은 자, 수출용원재료 수입자, 내국신용장 등에 의한 수출용원재료의 공급자, 그 밖에 이와 관련된 자에게 위의 (1)에 따른 서류나 그 밖의 관계 자료의 제출을 요구할 수 있다.

2) 서류의 보관과 제출

(1) 위의 1) (1)에 따라 보관해야 할 서류와 그 기간은 다음과 같다.

① 수출물품별 원재료의 소요량계산근거서류 및 계산내역에 대한 서류는 환급신청일부터 5년. 다만, 「중소기업기본법」 제2조(중소기업자의 범위) 제1항에 따른 중소기업자가 보관해야 하는 원재료출납대장 및 수출물품출납대장의 보관기간은 3년으로 한다.
② 내국신용장 등 수출용원재료의 거래관계서류는 해당 물품의 기초원재료납세증명서 등의 발급일부터 3년
③ 수출신고필증 등 특례법 제4조(환급대상수출 등)에서 정한 수출사실을 증명할 수 있는 서류는 환급신청일부터 3년
④ 수입신고필증 등 원재료의 납부세액을 증명할 수 있는 서류는 환급신청 등에 사용한 날부터 3년
⑤ 기타 관세청장이 정하는 서류는 환급신청 등에 사용한 날부터 3년

(2) 관세청장 및 세관장은 위의 1) (3)의 규정에 따라 관계서류 또는 자료의 제출을 요구할 때에는 문서로 이를 하여야 한다.

제5장

과다환급금·과소환급금의 징수(환급)와 벌칙

제1절   과다(소) 환급금의 징수(환급)

1 **제21조(과다환급금의 징수등)**

1) 의의

(1) 세관장은 특례법 제16조(환급금의 지급)에 따라 지급한 환급금이 다음의 어느 하나에 해당하는 경우에는 그 환급금액 또는 과다환급금액을 「관세법」 제47조(과다환급관세의 징수) 제1항에 따라 관세 등을 환급받은 자(기초원재료납세증명서 또는 수입세액분할증명서를 발급받은 자를 포함한다)로부터 징수한다.

① 특례법에 따라 환급받아야 할 금액보다 과다하게 환급받은 경우
② 특례법 제12조(기초원재료납세증명 등)에 따른 기초원재료납세증명서 또는 수입세액분할증명서에 관세 등의 세액을 과다하게 증명받은 경우로서 그 기초원재료납세증명서 또는 수입세액분할증명서가 환급 등에 이미 사용되어 수정·재발급이 불가능한 경우
③ 선적(船積)이나 기적(機積)을 하지 아니하고 관세 등을 환급받은 경우. 다만, 해당 금액을 징수하기 전에 선적되거나 기적된 경우에는 그러하지 아니하다.
④ 특례법 제13조(정액환급률표)에 따른 정액환급률표를 적용할 수 없는 물품에 대하여 정액환급률표에 따라 환급받은 경우

(2) 위의 (1)에 따라 환급금액 또는 과다환급금액을 징수할 때에는 환급한 날의 다음 날부터 징수결정을 하는 날까지의 기간에 대하여 대통령령으로 정하는 이율에 따라 계산한 금액을 환

급금액 또는 과다환급금액에 가산하여야 한다. 다만,「관세법」제28조(잠정가격의 신고 등)에 따라 잠정가격을 기초로 신고납부한 세액과 확정된 가격에 따른 세액의 차액으로 인하여 환급금액 또는 과다환급금액을 징수하는 경우에는 가산하지 아니한다.

(3) 위의 (1)과 (2)에 따라 환급금액 또는 과다환급금액 및 이에 가산하여야 할 금액을 징수하려는 경우에는 미리 관세 등을 환급받은 자에게 그 내용을 서면으로 통지하여야 한다. 이 경우「관세법」제118조(과세전 적부심사)를 준용한다.

(4) 관세 등을 환급받은 자 또는 특례법 제7조(수출용원재료에 대한 관세 등과 환급액의 정산) 제1항에 따른 정산통지를 받은 자는 위의 (1) 각 호의 어느 하나에 해당하는 사실을 알았을 때 또는 정산통지를 받은 후 납부하여야 할 관세 등이 부족하게 정산된 사실을 알았을 때에는 대통령령으로 정하는 바에 따라 세관장에게 그 사실을 자진신고하고 그 환급금액 또는 과다환급금액이나 관세 등을 납부할 수 있다.

(5) 위의 (4)에 따라 환급금액 또는 과다환급금액이나 관세 등을 납부할 때에는 대통령령으로 정하는 기간 및 이율 등에 따라 계산하는 금액을 환급금액 또는 과다환급금액이나 관세 등에 가산하여 납부하여야 한다. 다만,「관세법」제28조(잠정가격의 신고 등)에 따라 잠정가격을 기초로 신고납부한 세액과 확정된 가격에 따른 세액의 차액으로 인하여 환급금액 또는 과다환급금액이나 관세 등을 납부하는 경우에는 가산하지 아니한다.

(6) 위의 (1) ①에 따라 환급받아야 할 금액보다 과다하게 환급받은 경우에 해당하여 위의 (2) 또는 (5)에 따라 과다환급금액에 가산한 금액(이하 "가산금액"이라 한다)을 납부한 자는 그 가산금액 중 다음의 어느 하나에 해당하는 금액에 대하여 특례법 제14조(환급신청) 제1항 단서에서 정하는 기간 이내에 지급을 신청할 수 있다. 이 경우 다음의 가산금액의 지급신청 및 지급은 특례법 제14조 및 특례법 제16조(환급금의 지급) 제1항·제2항·제4항을 준용한다.

① 특례법 제14조(환급신청) 제1항 제3호에 해당하는 사유로 환급신청을 하는 경우 그 환급분에 해당하는 가산금액
② 특례법 제14조(환급신청) 제1항 제3호에 해당하는 사유로 환급을 이미 받은 경우 그 환급분에 해당하는 가산금액

(7) 위의 (6)에 따른 지급신청이 거짓이나 그 밖의 부정한 방법으로 과다하게 환급을 받은 사유로 인하여 납부한 가산금액과 관련된 경우에는 세관장은 그 가산금액을 지급하지 아니할 수 있다.

2) 가산금액

(1) 위의 1) (2) 본문 및 특례법 제22조(과소환급금의 환급) 제2항에 따라 다음의 어느 하나에 해당하는 금액에 가산할 금액의 이율은 1일 39/100,000로 한다.

> ① 위의 1) (1)에 따라 세관장이 징수하는 환급금액 또는 과다환급금액(이하 "과다환급금 등"이라 한다)
> ② 특례법 제22조(과소환급금의 환급) 제1항에 따라 세관장이 지급하는 과소환급금

(2) 위의 1) (5)에 따라 과다환급금 등을 자진신고하고 해당 관세 등을 납부하는 경우 과다환급금 등에 가산할 금액의 이율은 환급받은 날(「자유무역협정의 이행을 위한 관세법의 특례에 관한 법률」 제9조(협정관세 사후적용의 신청)에 따라 사후에 협정관세를 적용함으로써 발생하는 과다환급금 등을 자진신고하고 해당 관세 등을 납부하는 경우에는 같은 조 제5항 후단에 따라 세관장이 협정관세의 적용 등을 통지한 날을 말한다)의 다음 날부터 자진신고를 하는 날까지의 기간에 대하여 징수할 금액의 1일 10/100,000으로 한다. 다만, 환급받은 날부터 3개월 이내에 과다환급금 등을 자진신고하는 경우 가산할 금액의 이율은 「은행법」에 따른 인가를 받아 설립된 은행으로서 서울특별시에 본점을 둔 은행의 1년 만기 정기예금 이자율의 평균을 고려하여 12/1,000로 한다.

(3) 위의 (2)에도 불구하고 다음의 어느 하나에 해당하여 과다환급금 등을 자진신고하는 경우에는 위의 (2) 본문에 따른 기간에 대하여 과다환급금 등에 가산할 금액의 이율은 1일 39/100,000로 한다.

> ① 위의 1) (3)에 따라 과다환급금 등에 대한 징수 내용을 서면으로 통지한 경우
> ② 「관세법」 제114조(관세조사의 사전통지와 연기신청) 제1항 본문에 따라 조사의 통지를 한 경우
> ③ 「관세법」 제114조(관세조사의 사전통지와 연기신청) 제1항 단서에 따라 조사의 통지를 하지 않고 조사를 시작한 경우

3) 과다환급금 등에 대한 자진신고

(1) 위의 1) (4)에 따라 과다환급금 등 또는 부족하게 정산된 금액을 자진신고하려는 자는 다음의 사항을 기재한 신고서를 환급을 했거나 정산통지를 한 세관장에게 제출하여야 한다.

> ① 환급, 과다환급 또는 부족정산과 관련된 환급신청 등의 내역
> ② 환급, 과다환급 또는 부족정산된 세액의 계산내역
> ③ 환급, 과다환급 또는 부족정산한 사유
> ④ 그 밖에 신고인의 인적사항 등 관세청장이 정하는 사항

(2) 위의 (1)에 따른 자진신고의 기간은 다음의 구분에 따른 날부터 「관세법」 제21조(관세부과의 제척기간) 제1항에 따른 기간이 지나기 전까지로 한다.

> ① 특례법 제7조(수출용원재료에 대한 관세 등과 환급액의 정산) 제1항에 따른 정산이 부족하게 정산된 경우 : 해당 정산 결과를 통지받은 날
> ② 위의 1) (1) ①, ③ 또는 ④에 해당하는 경우 : 해당 환급금을 지급받은 날
> ③ 위의 1) (1) ②에 해당하는 경우 : 해당 기초원재료납세증명서 등을 발급받은 날

(3) 위의 (1)에 따라 자진신고한 관세 등은 신고한 날부터 15일 이내에 해당 세액을 납부하여야 한다.

② 제22조(과소환급금의 환급)

1) 의의

1) 세관장은 특례법 제16조(환급금의 지급)에 따라 지급한 환급금이 특례법에 따라 환급하여야 할 금액보다 과소(過少)하게 환급된 사실을 알았을 때에는 지체 없이 해당 과소환급금을 지급하여야 한다.

2) 위의 1)에 따라 과소환급금을 지급할 때에는 환급한 날의 다음 날부터 과소환급금의 지급을 결정하는 날까지의 기간에 대하여 특례법 제21조(과다환급금의 징수 등) 제2항에 따라 대통령령으로 정한 이율로 계산한 금액을 과소환급금에 가산하여야 한다.

2) 가산금지급대상인 과소환급

위의 1) (1)에서 과소하게 환급한 경우는 환급신청인이 신청한 환급금을 세관장의 귀책사유로 인하여 신청한 금액보다 적게 지급한 경우로 한다.

3) 서식

특례법 시행령에 의한 신청서 · 통지서 · 지시서 및 기타 서식은 관세청장이 정한다.

제2절 벌칙 및 조사와 처분

1 제23조(벌칙)

1) 거짓이나 그 밖의 부정한 방법으로 관세 등을 환급받은 자 : 3년 이하의 징역 또는 환급받은 세액의 5배 이하에 상응하는 벌금.

2) 다음의 하나에 해당하는 자 : 3년 이하의 징역 또는 2,000만원 이하의 벌금.

> ① 특례법 제10조(환급금의 산출 등) 제1항에 따른 소요량계산서를 거짓으로 작성한 자
> ② 거짓이나 그 밖의 부정한 방법으로 특례법 제12조(기초원재료납세증명 등) 제1항 또는 제2항에 따라 세관장 또는 관세사로부터 기초원재료납세증명서 또는 수입세액분할증명서를 발급받은 자
> ③ 특례법 제12조 제2항에 따라 기초원재료납세증명서 또는 수입세액분할증명서를 발급하는 자로서 기초원재료납세증명서 또는 수입세액분할증명서를 거짓으로 발급한 자

3) 정당한 사유 없이 특례법 제20조(서류의 보관 및 제출 등) 제1항 위반한 자 : 2,000만원 이하의 벌금.

4) 정당한 사유 없이 특례법 제20조 제3항에 따라 관세청장이나 세관장이 요청한 서류나 그 밖의 관계 자료를 제출하지 아니한 자 : 1,000만원 이하의 벌금.

5) 세관장은 위의 1)이나 2)에 해당하는 자에 대하여는 그가 환급받은 관세 등을 즉시 징수한다.

2 제23조의2(미수범 등)

1) 그 정황을 알면서 특례법 제23조(벌칙) 제1항 또는 제2항에 따른 행위를 교사하거나 방조한 자는 정범(正犯)에 준하여 처벌한다.

2) 특례법 제23조 제1항의 미수범은 본죄에 준하여 처벌한다.

3) 특례법 제23조 제2항의 죄를 저지를 목적으로 예비를 한 자에게는 본죄에 정한 형의 1/2을 감경하여 처벌한다.

③ 제23조의3(징역과 벌금의 병과)

특례법 제23조(벌칙) 제1항 또는 제2항의 죄를 저지른 자에게는 정상(情狀)에 따라 징역과 벌금을 병과할 수 있다.

④ 제23조의4(「형법」 적용의 일부 배제)

특례법에 따른 벌칙에 해당하는 행위를 한 자에게는 「형법」 제38조(경합범과 처벌례) 제1항 제2호 중 벌금경합에 관한 제한가중규정을 적용하지 아니한다.

⑤ 제23조의5(양벌규정)

법인의 대표자나 법인 또는 개인의 대리인, 사용인, 그 밖의 종업원이 그 법인 또는 개인의 업무에 관하여 특례법 제23조(벌칙)의 위반행위를 하면 그 행위자를 벌하는 외에 그 법인 또는 개인에게도 해당 조문의 벌금형을 부과한다. 다만, 법인 또는 개인이 그 위반행위를 방지하기 위하여 해당 업무에 관하여 상당한 주의와 감독을 게을리하지 아니한 경우에는 그러하지 아니하다.

⑥ 제24조(조사와 처분)

특례법 제23조(벌칙) 제1항부터 제4항까지의 규정에 해당하는 자에 대하여는 「관세법」 제283조(관세범)부터 제319조(준용)까지의 규정을 적용한다.

색인

저자 소개

한낙현

경남대학교 무역물류학과 졸업(경제학사)
서강대학교 대학원 무역학과 졸업(상학석사)
일본 와세다대학 대학원 상학연구과 졸업(상학박사)
경남대학교 무역물류학과 교수
한국무역학회 회장
한국해양비즈니스학회 회장
관세사 2차 시험 출제위원
보세판매장 특허심사위원회 위원
대한상사중재원 중재인
경상남도 항만물류분과 위원회 위원
경제 · 인문사회연구회 국책연구기관 심사위원
(현) 경남대학교 무역물류학과 명예교수
(현) 한국무역경영학회 편집위원장

박지문

Boise State Univ(Business Economics 전공, BA)
서울대학교 경제학석사
성균관대학교 무역학과 경제학박사
한국해양대학교 학술연구교수
원산지정보원 선임연구원
(현) 서울대학교 아시아연구소 연구원

허윤석

제주대학교 무역학과 졸업(경영학사)
성균관대학교 대학원 무역학과 졸업(경제학 석사)
동 대학원 무역학과 졸업(경영학 박사)
North Dakota State Univ., Center for Agricultural Policy and Trade Studies 객원 연구원
Waseda Univ., Graduate School of Commerce 객원 연구원
Delaware State Univ., College of Business 객원 교수
제주특별자치도 물류정책위원
제주대학교 경상대학 부학장
(현) 제주대학교 무역학과 부교수
(현) 보세판매장 특허심사위원회 위원

최신 관세법

초판발행	2024년 9월 20일
지은이	한낙현 · 박지문 · 허윤석
펴낸이	안종만 · 안상준
편 집	양수정
기획/마케팅	김민규
표지디자인	Ben Story
제 작	고철민 · 김원표
펴낸곳	(주) **박영사**
	서울특별시 금천구 가산디지털2로 53, 210호(가산동, 한라시그마밸리)
	등록 1959. 3. 11. 제300-1959-1호(倫)
전 화	02)733-6771
f a x	02)736-4818
e-mail	pys@pybook.co.kr
homepage	www.pybook.co.kr
ISBN	979-11-303-2940-6 93360

정 가   42,000원